REAL
REAL ORIGINAL

전국연합학력평가
3개년 기출 모의고사
고1 수학 [16회]

KB213641

Contents

● [중간•기말고사] 대비 예상 문제 4회 PDF

[모의고사 PDF 신청 방법 안내]
① 스마트폰으로 QR 코드 스캔하기
② 이름과 이메일을 체크하시면 PDF 파일을 보내드립니다.

수능 모의고사 전문 출판
입시플라이

실전은 연습처럼! 연습은 실전처럼! 「리얼 오리지널」

수능 시험장에 가면 낯선 환경과 긴장감 때문에 실력을 제대로 발휘 못하는 경우가 많습니다. 실전 연습은 여러분의 실력이 됩니다.

01

실제 시험지와 똑같은 문제지

고1 수학 전국연합 모의고사는 총 16회분의 문제가 수록되어 있으며, 실전과 동일하게 학습할 수 있습니다.

❶ 리얼 오리지널 모의고사는 실제 시험지의 크기와 느낌을 그대로 살려 실전과 동일한 조건 속에서 문제를 풀어 볼 수 있습니다.

❷ 문제를 풀기 전에 먼저 학습 체크표에 학습 날짜와 시간을 기록 하고, [100분] 타이머를 작동해 실전처럼 풀어 보십시오.

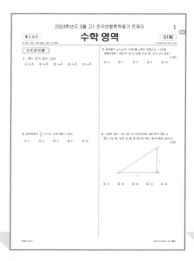

02

고1 학력평가 + 학교시험 대비

연 4회 [3월·6월·9월·11월] 시행되는 전국연합 학력평가와 고1 학교 내신까지 대비해 학습할 수 있습니다.

❶ 월별로 시행되는 학력평가를 대비해 12회분 문제를 풀어 보면 실제 시험에서 실력을 마음껏 발휘할 수 있습니다.

❷ 학교 시험에 학력평가 문제를 변형하거나 지문을 활용해 문제를 출제하는 학교가 많아 내신까지 대비할 수 있습니다.

03

중간·기말 PDF 4회 & 등급 컷

내신에서 좋은 점수를 받을 수 있도록 중간·기말고사 대비 모의고사 4회 PDF와 회차별 등급 컷을 제공합니다.

❶ 고1 학교 시험 [중간·기말고사]를 대비할 수 있도록 출제 확률이 높은 문제 중심으로 모의고사 4회를 제공합니다.

❷ 내신 모의고사 PDF 파일은 교재 첫 페이지 [목차 하단]에 있는 QR코드를 이용해 신청하시면 e-mail로 보내드립니다.

★ 모의고사를 실전과 똑같이 풀어보면
내 실력과 점수는 반드시 올라갈 수밖에 없습니다.

04

특별 부록 [실전 모의고사] 4회

3·6·9·11월 전국연합 학력평가와 고1 학교 시험을 대비해
실전 모의고사 4회분을 제공합니다.

❶ 3·6·9·11월 시행되는 고1 학력평가와 1·2학기 학교 시험을
완벽 대비할 수 있습니다.

❷ 실전 모의고사는 고1 학력평가 문항 중 우수 문항만을 재구성한
문제로 학력평가와 내신을 대비해 꼭 풀어 봐야 합니다.

05

단계적 해설 & 문제 해결 꿀 팁

혼자서도 학습이 충분하도록 자세한 [단계적 해설]과 함께
고난도 문제는 문제 해결 꿀~팁까지 수록을 했습니다.

❶ 문제 속 핵심 단서를 제시해주는 단계별 STEP 풀이가 수록되어
있으며, 일부 문항은 다른 풀이까지 수록했습니다.

❷ 수학에서 등급을 가르는 고난도 문제는 많이 틀린 이유와 함께
문제 해결 꿀 팁까지 명쾌한 해설을 수록했습니다.

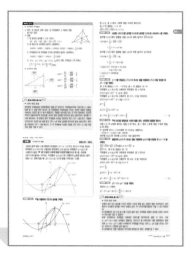

06

정답률 & SPEED 정답 체크 표

문제를 푼 후 빠르게 정답을 확인할 수 있는 SPEED 정답
체크 표와, 문항별 정답률까지 제공합니다.

❶ 문제를 푼 후 빠르게 정답을 확인할 수 있는 SPEED 정답 체크
표를 제공하며, 오려서 책갈피로도 사용할 수 있습니다.

❷ 문항별로 정답률을 제공하므로 문제의 난이도를 파악할 수 있어
문제 풀이에 답답함이 없습니다.

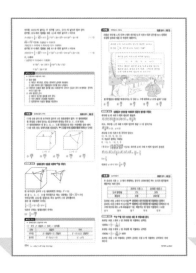

STUDY 플래너 & 등급 컷

① 문제를 풀기 전 먼저 〈학습 체크표〉에 학습 날짜와 시간을 기록하세요.
② 회분별 기출 문제는 영역별로 정해진 시간 안에 푸는 습관을 기르세요.
③ 정답 확인 후 점수와 등급을 적고 성적 변화를 체크하면서 학습 계획을 세우세요.
④ 리얼 오리지널은 실제 수능 시험과 똑같이 학습하는 교재이므로 실전을 연습하는 것처럼 문제를 풀어 보세요.

● 수학영역 | 시험 개요

문항 수	문항당 배점	문항별 점수 표기	원점수 만점	시험 시간	문항 형태
30문항	2점, 3점, 4점	• 각 문항 끝에 점수 표기	100점	100분	5지 선다형, 단답형

● 수학영역 | 등급 컷 원점수

회분	학습 날짜	학습 시간	틀린 문제	채점 결과		등급 컷 원점수							
				점수	등급	1등급	2등급	3등급	4등급	5등급	6등급	7등급	8등급
01회 2024학년도 3월	월 일	시 분 ~ 시 분				88	77	63	50	37	29	19	13
02회 2023학년도 3월	월 일	시 분 ~ 시 분				88	79	69	57	44	32	19	13
03회 2022학년도 3월	월 일	시 분 ~ 시 분				88	77	66	54	43	31	21	14
04회 2024학년도 6월	월 일	시 분 ~ 시 분				88	80	69	54	38	23	15	11
05회 2023학년도 6월	월 일	시 분 ~ 시 분				88	76	65	53	39	24	16	12
06회 2022학년도 6월	월 일	시 분 ~ 시 분				85	76	65	52	35	22	15	10
07회 2024학년도 9월	월 일	시 분 ~ 시 분				88	76	68	55	36	22	16	12
08회 2023학년도 9월	월 일	시 분 ~ 시 분				80	72	61	47	33	22	16	12
09회 2022학년도 9월	월 일	시 분 ~ 시 분				84	74	62	50	36	24	16	12
10회 2023학년도 11월	월 일	시 분 ~ 시 분				83	70	54	41	29	20	14	10
11회 2022학년도 11월	월 일	시 분 ~ 시 분				88	77	65	48	32	20	14	11
12회 2021학년도 11월	월 일	시 분 ~ 시 분				85	77	66	51	35	24	16	11

※ 9월, 11월 기출 문제는 [2022 교육과정]에 맞춰 재구성 했습니다. [등급 컷]은 참고만 하세요.   ※ 등급 컷 원점수는 추정치입니다. 실제와 다를 수 있으니 학습 참고용으로 활용하십시오.

● [특별 부록] 실전 모의고사

회분	학습 날짜	학습 시간	채점 결과	틀린 문제	시간 부족 문제
01회 3월 대비 실전 모의고사	월 일	시 분 ~ 시 분			
02회 6월 대비 실전 모의고사	월 일	시 분 ~ 시 분			
03회 9월 대비 실전 모의고사	월 일	시 분 ~ 시 분			
04회 11월 대비 실전 모의고사	월 일	시 분 ~ 시 분			

수학 영역

제 2 교시

01회

● 문항수 30개 | 배점 100점 | 제한 시간 100분

● 배점은 2점. 3점 또는 4점

5 지 선 다 형

1. $\sqrt{20}+\sqrt{5}$ 의 값은? [2점]

① $2\sqrt{5}$ ② $3\sqrt{5}$ ③ $4\sqrt{5}$ ④ $5\sqrt{5}$ ⑤ $6\sqrt{5}$

2. 일차방정식 $\dfrac{x}{2}+7=2x-8$ 의 해는? [2점]

① 2 ② 4 ③ 6 ④ 8 ⑤ 10

3. 일차함수 $y=ax$ 의 그래프를 y축의 방향으로 -3만큼 평행이동한 그래프가 점 $(2, 9)$를 지날 때, 상수 a의 값은? [2점]

① 6 ② 7 ③ 8 ④ 9 ⑤ 10

4. 그림과 같이 $\angle B=90°$ 인 직각삼각형 ABC에서 $\overline{AB}=3$, $\overline{BC}=2$일 때, 선분 AC를 한 변으로 하는 정사각형의 넓이는? [3점]

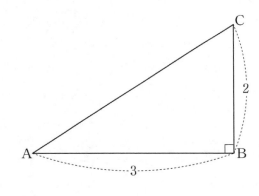

① 11 ② 12 ③ 13 ④ 14 ⑤ 15

5. 다음은 어느 동호회 회원 15명의 나이를 줄기와 잎 그림으로 나타낸 것이다. 이 자료의 최빈값은? [3점]

(1|7은 17세)

줄기	잎
1	7 8 9 9
2	0 5 5 8 8
3	4 4 4 5
4	1 6

① 19 세   ② 25 세   ③ 28 세
④ 34 세   ⑤ 41 세

6. 다항식 $(x+a)(x-3)$을 전개한 식이 x^2+bx+6일 때, ab의 값은? (단, a, b는 상수이다.) [3점]

① 10   ② 12   ③ 14   ④ 16   ⑤ 18

7. 두 일차방정식
$$x-2y=7, \quad 2x+y=-1$$
의 그래프의 교점의 좌표를 (a, b)라 할 때, $a+b$의 값은? [3점]

① -6 ② -5 ③ -4 ④ -3 ⑤ -2

8. 서로 다른 두 개의 주사위를 동시에 던질 때, 각각의 주사위에서 나오는 눈의 수의 차가 2 또는 4일 확률은? [3점]

① $\frac{1}{3}$　　② $\frac{4}{9}$　　③ $\frac{5}{9}$　　④ $\frac{2}{3}$　　⑤ $\frac{7}{9}$

10. x에 대한 이차방정식 $(x-a)^2=27$의 두 근이 모두 양수가 되도록 하는 자연수 a의 최솟값은? [3점]

① 5　　② 6　　③ 7　　④ 8　　⑤ 9

9. 그림과 같이 원 위의 세 점 A, B, C와 원 밖의 한 점 P에 대하여 직선 PA와 직선 PB는 원의 접선이고, $\angle ACB = 65°$이다. 각 BPA의 크기는? [3점]

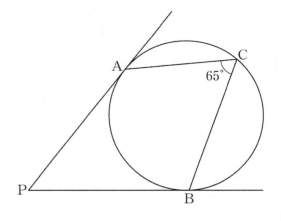

① 35°　　② 40°　　③ 45°　　④ 50°　　⑤ 55°

11. 다음은 어느 학교의 학생 45명을 대상으로 한 달 동안의 독서 시간을 조사하여 나타낸 도수분포표이다.

독서 시간(시간)	학생 수(명)
0^{이상} ~ 5^{미만}	7
5 ~ 10	11
10 ~ 15	a
15 ~ 20	10
20 ~ 25	b
합계	45

이 도수분포표에서 독서 시간이 10시간 이상 15시간 미만인 계급의 상대도수가 0이 아닌 유한소수일 때, $2a+b$의 값은? [3점]

① 24   ② 26   ③ 28   ④ 30   ⑤ 32

12. 두 밑변 AD, BC의 길이가 각각 x^2-2x+3, $2x^2+x+6$이고 높이가 4인 사다리꼴 ABCD가 있다. 선분 CD의 중점을 E라 할 때, 사각형 ABED의 넓이는? [3점]

① $3x^2-x+8$ ② $3x^2-x+9$ ③ $4x^2-3x+12$

④ $4x^2-3x+13$ ⑤ $5x^2-3x+14$

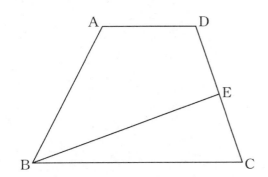

13. [그림 1]과 같이 한 모서리의 길이가 4인 정육면체가 있다. 이 정육면체의 한 꼭짓점 A에서 만나는 세 모서리의 중점을 각각 B, C, D라 하자. 이 정육면체에서 네 점 A, B, C, D를 꼭짓점으로 하는 사면체를 잘라 내어 [그림 2]와 같은 입체도형을 만들었다. [그림 2]의 입체도형의 부피는? [3점]

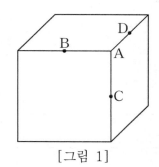

[그림 1]

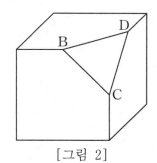

[그림 2]

① $\dfrac{179}{3}$　② $\dfrac{182}{3}$　③ $\dfrac{185}{3}$　④ $\dfrac{188}{3}$　⑤ $\dfrac{191}{3}$

14. 다음은 과수원 A의 사과 6개와 과수원 B의 사과 6개의 당도를 brix 단위로 측정한 결과에 대한 두 학생의 대화이다.

> 과수원 A의 사과 6개의 당도의 평균은 11이고 분산은 $\dfrac{5}{3}$야. 과수원 B의 사과는 어때?

> 과수원 B의 사과 6개 각각의 당도는
>
> | 11, | 9, | 12, | 9, | a, | $a+1$ |
>
> 이므로 평균은 과수원 A의 사과 6개의 당도의 평균과 같고, 분산은 b가 되네. 그러니까 과수원 A의 사과 6개의 당도가 더 고르구나.

위 학생들의 대화를 만족시키는 두 상수 a, b에 대하여 $a+b$의 값은? [4점]

① $\dfrac{37}{3}$　② $\dfrac{40}{3}$　③ $\dfrac{43}{3}$　④ $\dfrac{46}{3}$　⑤ $\dfrac{49}{3}$

15. 두 온라인 서점 A, B에서 판매하는 정가가 12000원인 어느 도서의 할인율과 배송비는 표와 같다.

	온라인 서점 A	온라인 서점 B
도서 할인율	5%	10%
배송비	0원	4000원

온라인 서점 A에서 이 도서를 한번에 x권 주문할 때 지불하는 금액이 온라인 서점 B에서 이 도서를 한번에 x권 주문할 때 지불하는 금액보다 더 크게 되도록 하는 x의 최솟값은? (단, 배송비는 한 번만 지불한다.) [4점]

① 5　　　② 6　　　③ 7　　　④ 8　　　⑤ 9

16. 그림과 같이 양수 a에 대하여 두 반비례 관계 $y = \dfrac{a}{x}$, $y = -\dfrac{2a}{x}$의 그래프가 직선 $y = 6$과 만나는 점을 각각 A, B라 하고, 두 선분 OA, OB가 직선 $y = 3$과 만나는 점을 각각 C, D라 하자. 사각형 ABDC의 넓이가 27일 때, a의 값은? (단, O는 원점이다.) [4점]

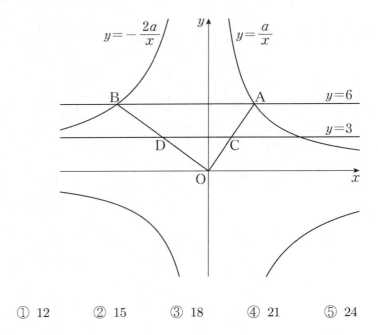

① 12　　　② 15　　　③ 18　　　④ 21　　　⑤ 24

17. 그림과 같이 원점 O를 지나고 제4사분면 위의 점 A를 꼭짓점으로 하는 이차함수 $y = f(x)$의 그래프가 있다. 두 점 B$(-5, 0)$, C$(0, -6)$에 대하여 선분 AB와 선분 OC가 점 D에서 만난다. 삼각형 OCA의 넓이가 6이고, 삼각형 OBD의 넓이와 삼각형 DCA의 넓이가 같을 때, $f(10)$의 값은? (단, 점 D는 점 C가 아니다.) [4점]

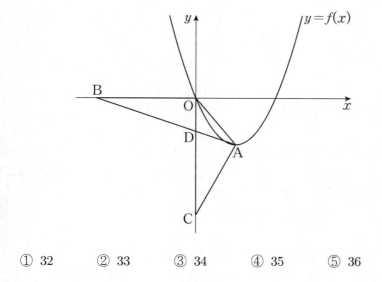

① 32 ② 33 ③ 34 ④ 35 ⑤ 36

18. 원 모양의 종이를 이용하여 그림과 같은 한복 저고리 모양과 한복 바지 모양을 만들 수 있다.

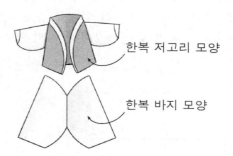

한복 저고리 모양

한복 바지 모양

다음은 반지름의 길이가 4 cm인 원 모양의 종이 두 장을 이용하여 한복 바지 모양을 만드는 과정이다.

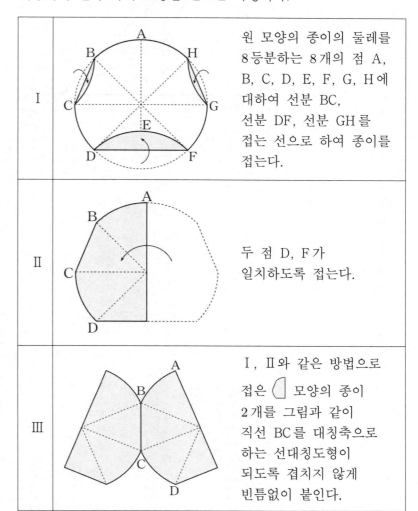

| I | 원 모양의 종이의 둘레를 8등분하는 8개의 점 A, B, C, D, E, F, G, H에 대하여 선분 BC, 선분 DF, 선분 GH를 접는 선으로 하여 종이를 접는다. |

| II | 두 점 D, F가 일치하도록 접는다. |

| III | I, II와 같은 방법으로 접은 ◖ 모양의 종이 2개를 그림과 같이 직선 BC를 대칭축으로 하는 선대칭도형이 되도록 겹치지 않게 빈틈없이 붙인다. |

위와 같은 방법으로 만든 ⌒⌒ 모양의 도형의 넓이는 a cm² 이다. a의 값은? (단, 종이의 두께는 고려하지 않는다.) [4점]

① $6 + 6\pi + 6\sqrt{2}$ ② $8 + 6\pi + 6\sqrt{2}$ ③ $6 + 8\pi + 8\sqrt{2}$
④ $8 + 8\pi + 8\sqrt{2}$ ⑤ $10 + 8\pi + 10\sqrt{2}$

19. 한 변의 길이가 $x\,(x>4)$인 정사각형 ABCD에 대하여 선분 CD 위에 $\overline{CE}=2$인 점 E와 선분 AD 위에 $\overline{FD}=2$인 점 F가 있다. 선분 BC의 연장선 위에 $\overline{CG}=x-2$인 점 G를 잡을 때, 삼각형 EGF의 넓이는 7이다. x의 값은? [4점]

① $2+2\sqrt{2}$ ② $2+3\sqrt{2}$ ③ $3+3\sqrt{2}$

④ $4+3\sqrt{2}$ ⑤ $3+4\sqrt{2}$

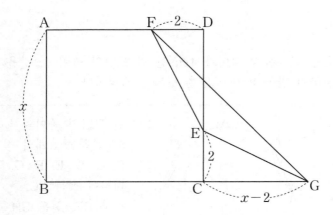

20. 그림과 같이 한 변의 길이가 12인 정삼각형 ABC의 변 BC 위에 $\overline{DC}=4$인 점 D가 있다. 선분 AD를 한 변으로 하는 정삼각형 ADE에 대하여 선분 AC와 선분 DE가 만나는 점을 F라 하자.

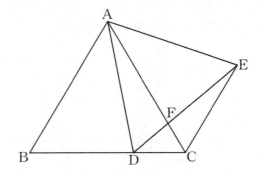

다음은 선분 CF의 길이를 구하는 과정이다.

두 정삼각형 ABC, ADE에서
$$\overline{AB}=\overline{AC},\ \overline{AD}=\overline{AE}$$
이고,
$$\angle BAD=60°-\angle DAC=\angle CAE$$
이므로 삼각형 ABD와 삼각형 ACE는 서로 합동이다.
그러므로
$$\angle ECA=60°,\ \overline{CE}=\boxed{\ (가)\ }$$
이다.
한편 각 AFD와 각 CFE는 서로 맞꼭지각이고,
$\angle FDA=\angle ECF$ 이므로
$$\angle DAF=\angle FEC$$
이다.
또한 $\angle ACD=\angle ECF$ 이므로 삼각형 ACD와 삼각형 ECF는 서로 닮은 도형이고,
삼각형 ACD와 삼각형 ECF의 닮음비는 $\boxed{\ (나)\ }$: 2 이다.
따라서
$$\overline{CF}=\boxed{\ (다)\ }$$
이다.

위의 (가), (나), (다)에 알맞은 수를 각각 $p,\ q,\ r$이라 할 때, $p+q+r$의 값은? (단, 선분 AB와 선분 DE는 만나지 않는다.) [4점]

① $\dfrac{41}{3}$ ② 14 ③ $\dfrac{43}{3}$ ④ $\dfrac{44}{3}$ ⑤ 15

21. 그림과 같이 $\overline{AB} = \overline{AC} = 25$ 이고 $\overline{BC} = 40$ 인 이등변삼각형 ABC에 대하여 점 C에서 직선 AB에 내린 수선의 발을 D라 하자. 삼각형 ABC의 내심을 I, 삼각형 DBC의 내심을 J라 할 때, 선분 IJ의 길이는? [4점]

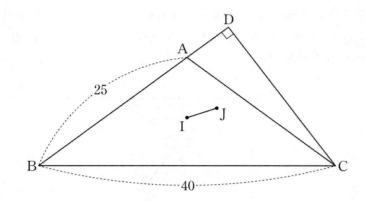

① $\dfrac{11\sqrt{10}}{9}$ ② $\dfrac{4\sqrt{10}}{3}$ ③ $\dfrac{13\sqrt{10}}{9}$

④ $\dfrac{14\sqrt{10}}{9}$ ⑤ $\dfrac{5\sqrt{10}}{3}$

22. 이차함수 $y = x^2 - 2x + 6$의 그래프의 꼭짓점의 좌표가 (a, b)일 때, $a+b$의 값을 구하시오. [3점]

23. $\angle B = 90°$인 직각삼각형 ABC에서 $\overline{BC} = 9$, $\sin A = \dfrac{3}{5}$일 때, 선분 AC의 길이를 구하시오. [3점]

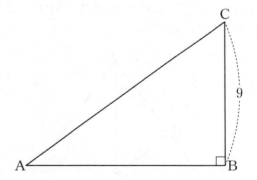

24. 두 자리의 자연수 m과 세 자리의 자연수 n에 대하여
$m \times n = 1265$일 때, $m+n$의 값을 구하시오. [3점]

26. 그림과 같이 한 변의 길이가 $4\sqrt{2}$인 정사각형 ABCD의
선분 AD 위에 $\overline{DE} = \dfrac{\sqrt{2}}{2}$인 점 E가 있다. 정사각형 내부의
한 점 F에 대하여 $\angle CFE = 90\,^\circ$이고 $\overline{EF} : \overline{FC} = 4:7$이다.
정사각형 ABCD에서 사각형 EFCD를 잘라 내어 ⬕ 모양의
도형을 만들었을 때, 이 도형의 둘레의 길이는 a이다. a^2의
값을 구하시오. [4점]

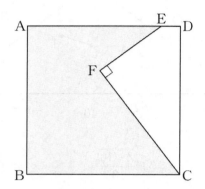

25. 그림과 같이 $\overline{AB} = \overline{AC}$, $\angle A < 90\,^\circ$인 이등변삼각형 ABC의
외심을 O라 하자. 점 O에서 선분 AB에 내린 수선의 발을
D라 하고, 직선 AO와 선분 BC의 교점을 E라 하자.
$\overline{AO} = 3\overline{OE}$이고 삼각형 ADO의 넓이가 6일 때, 삼각형 ABC의
넓이를 구하시오. [3점]

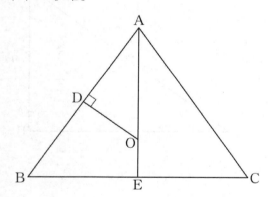

27. 네 수 $-\dfrac{1}{2}$, $\dfrac{6}{5}$, $-\dfrac{3}{4}$, $\dfrac{2}{9}$ 중 서로 다른 두 수를 곱하여 나올 수 있는 값으로 가장 큰 수를 a, 가장 작은 수를 b라 할 때, $120(a-b)$의 값을 구하시오. [4점]

28. 그림과 같이 $\overline{AB}=\sqrt{41}$, $\overline{BC}=4$, $\angle C>90°$인 삼각형 ABC의 무게중심을 G라 하자. 직선 AG와 선분 BC가 만나는 점을 D라 할 때, 삼각형 ADC의 넓이가 4이다.

$\overline{DG}\times\tan(\angle CDA)=\dfrac{q}{p}$일 때, $p+q$의 값을 구하시오.

(단, p와 q는 서로소인 자연수이다.) [4점]

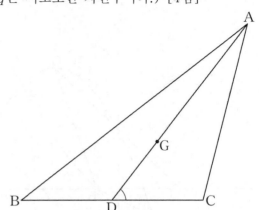

29. 그림과 같이 양수 a에 대하여 꼭짓점이 A$(-3, -a)$이고 점 B$(1, 0)$을 지나는 이차함수 $y=f(x)$의 그래프와 꼭짓점이 C$(3, 3a)$인 이차함수 $y=g(x)$의 그래프가 있다. 점 A에서 x축에 내린 수선의 발을 D라 할 때, 사각형 ABCD의 넓이는 16이다. 이차함수 $y=g(x)$의 그래프가 y축과 만나는 점이 선분 CD 위에 있을 때, $f(-1) \times g(-3)$의 값을 구하시오. [4점]

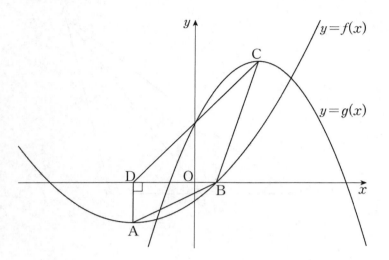

30. 그림과 같이 $\overline{AB}=5\sqrt{5}$, $\overline{BC}=12$, $\angle CBA < 90°$이고 넓이가 120인 평행사변형 ABCD가 있다. 선분 AD 위에 $\overline{AE}=3\overline{ED}$인 점 E를 잡고, 선분 CB의 연장선 위에 $\overline{BF}=\overline{ED}$인 점 F를 잡는다. 점 E를 지나고 직선 AB와 평행한 직선이 선분 DF와 만나는 점을 G라 할 때, $\sin(\angle AGF)=\dfrac{q}{p}\sqrt{85}$이다. $p+q$의 값을 구하시오. (단, p와 q는 서로소인 자연수이다.) [4점]

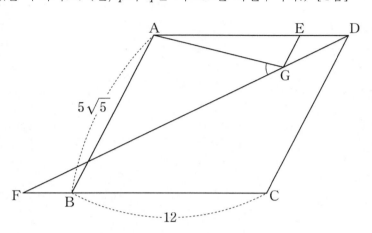

2023학년도 3월 고1 전국연합학력평가 문제지

수학 영역

제 2 교시

02회

● 문항수 30개 | 배점 100점 | 제한 시간 100분

● 배점은 2점, 3점 또는 4점

1

5지선다형

1. $\sqrt{\dfrac{12}{5}} \times \sqrt{\dfrac{5}{3}}$ 의 값은? [2점]

① 1 ② 2 ③ 3 ④ 4 ⑤ 5

2. 다항식 $(2x+1)^2 - (2x^2 + x - 1)$의 일차항의 계수는? [2점]

① 1 ② 2 ③ 3 ④ 4 ⑤ 5

3. 그림과 같이 $\overline{AC} = 8\sqrt{3}$, $\angle A = 30°$, $\angle B = 90°$ 인 직각삼각형 ABC에서 선분 AB의 길이는? [2점]

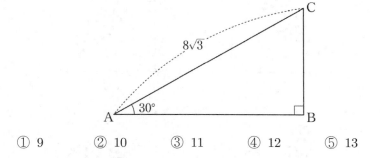

① 9 ② 10 ③ 11 ④ 12 ⑤ 13

4. 좌표평면 위의 두 점 $(1, -1)$, $(2, 1)$을 지나는 직선의 y절편은? [3점]

① -3 ② -2 ③ -1 ④ 0 ⑤ 1

5. 어느 회사가 위치한 지역의 일일 최저 기온(℃)과 이 회사의 일일 난방비(원)를 30일 동안 조사한 결과, 일일 최저 기온이 높을수록 일일 난방비가 감소한다고 한다. 일일 최저 기온을 x℃, 일일 난방비를 y원이라 할 때, x와 y 사이의 상관관계를 나타낸 산점도로 가장 적절한 것은? [3점]

①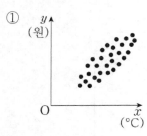

②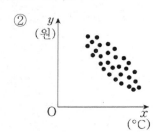

③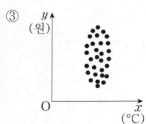

④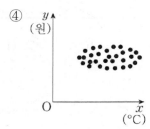

⑤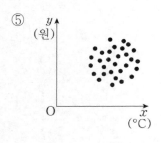

6. 원 위의 두 점 A, B에 대하여 호 AB의 길이가 원의 둘레의 길이의 $\frac{1}{5}$일 때, 호 AB에 대한 원주각의 크기는? [3점]

① 36°   ② 40°   ③ 44°   ④ 48°   ⑤ 52°

7. 한 변의 길이가 2인 정사각형을 밑면으로 하는 직육면체의 부피가 12일 때, 이 직육면체의 겉넓이는? [3점]

① 24   ② 26   ③ 28   ④ 30   ⑤ 32

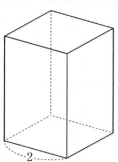

8. 다음은 어느 학급 학생 25명을 대상으로 키를 조사하여 나타낸 도수분포표이다.

키(cm)		학생 수(명)
150^{이상} ~160^{미만}		a
160 ~170		8
170 ~180		b
180 ~190		6
합계		25

이 학생들 중에서 키가 170cm 미만인 학생 수가 조사한 학생 수의 40%일 때, 키가 170cm 이상 180cm 미만인 학생 수는? [3점]

① 7   ② 8   ③ 9   ④ 10   ⑤ 11

9. 두 일차방정식 $ax + 2y - b = 0$, $2ax + by - 3 = 0$의 그래프의 교점의 좌표가 (2, 1)일 때, $a + b$의 값은? (단, a, b는 상수이다.) [3점]

① $\dfrac{3}{2}$ ② 2   ③ $\dfrac{5}{2}$ ④ 3   ⑤ $\dfrac{7}{2}$

10. 그림과 같이 제1사분면 위의 점 A(a, b)는 이차함수 $y = x^2 - 3x + 2$의 그래프 위에 있다. 이 이차함수의 그래프가 y축과 만나는 점 B에 대하여 삼각형 OAB의 넓이가 4일 때, $a + b$의 값은? (단, O는 원점이다.) [3점]

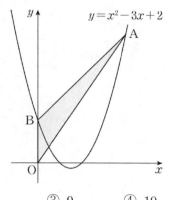

① 7   ② 8   ③ 9   ④ 10   ⑤ 11

11. 어느 학생이 집에서 출발하여 갈 때는 시속 3km로, 집으로 돌아올 때는 같은 경로를 시속 4km로 이동하려고 한다. 이동한 전체 시간이 2시간 이하가 되도록 할 때, 이 학생이 집에서 출발하여 집으로 돌아올 때까지 이동한 거리의 최댓값은? [3점]

① $\dfrac{45}{7}$km 　　② $\dfrac{48}{7}$km 　　③ $\dfrac{51}{7}$km

④ $\dfrac{54}{7}$km 　　⑤ $\dfrac{57}{7}$km

12. 이차함수 $y=f(x)$의 그래프 위의 서로 다른 네 점 A$(1,\ 1)$, B$(8,\ 1)$, C$(6,\ 4)$, D$(a,\ b)$에 대하여 $\overline{\mathrm{AB}} /\!/ \overline{\mathrm{CD}}$일 때, $a+b$의 값은? [3점]

① 5 　　② 6 　　③ 7 　　④ 8 　　⑤ 9

02회

13. 두 자연수 a, b에 대하여 다항식 $2x^2 + 9x + k$가 $(2x+a)(x+b)$로 인수분해되도록 하는 실수 k의 최솟값은?

[3점]

① 1 ② 4 ③ 7 ④ 10 ⑤ 13

14. 수직선 위의 두 점 P, Q가 원점에 있다. 동전을 한 번 던질 때마다 두 점 P, Q가 다음 규칙에 따라 이동한다.

> (가) 동전의 앞면이 나오면 점 P가 양의 방향으로 2만큼 이동한다.
> (나) 동전의 뒷면이 나오면 점 Q가 음의 방향으로 1만큼 이동한다.

동전을 30번 던진 후 두 점 P, Q 사이의 거리가 46일 때, 동전의 앞면이 나온 횟수는? [4점]

① 12 ② 13 ③ 14 ④ 15 ⑤ 16

15. 그림과 같이 $\overline{AB}=a(4<a<8)$, $\overline{BC}=8$인 직사각형 ABCD가 있다. 점 B를 중심으로 하고 점 A를 지나는 원이 선분 BC와 만나는 점을 P, 점 C를 중심으로 하고 점 P를 지나는 원이 선분 CD와 만나는 점을 Q라 하자. 사각형 APQD의 넓이가 $\dfrac{79}{4}$일 때, a의 값은? [4점]

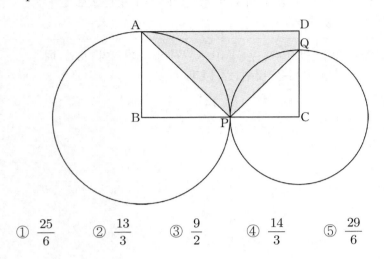

① $\dfrac{25}{6}$ ② $\dfrac{13}{3}$ ③ $\dfrac{9}{2}$ ④ $\dfrac{14}{3}$ ⑤ $\dfrac{29}{6}$

16. 그림과 같이 마름모 ABCD와 이 마름모의 외부의 한 점 E에 대하여 $\angle ADE=72°$이고 직선 CD가 선분 BE를 수직이등분할 때, 각 CEB의 크기는? (단, $0°<\angle ADC<72°$) [4점]

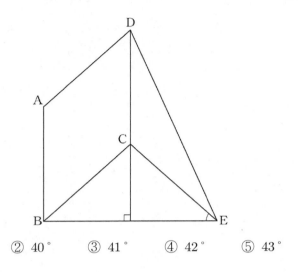

① $39°$ ② $40°$ ③ $41°$ ④ $42°$ ⑤ $43°$

17. 두 이차함수 $f(x)=ax^2-4ax+5a+1$, $g(x)=-x^2-2ax$의 그래프의 꼭짓점을 각각 A, B라 하자. 이차함수 $y=f(x)$의 그래프가 y축과 만나는 점 C에 대하여 사각형 OACB의 넓이가 7일 때, 양수 a의 값은? (단, O는 원점이다.) [4점]

① $\dfrac{2}{5}$ ② $\dfrac{1}{2}$ ③ $\dfrac{3}{5}$ ④ $\dfrac{7}{10}$ ⑤ $\dfrac{4}{5}$

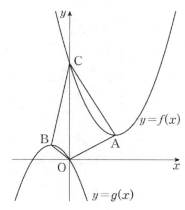

18. [그림1]과 같이 $\overline{AB}=\overline{AC}=\sqrt{2}$, $\angle CAB=90°$인 삼각형 ABC의 무게중심 D에 대하여 $\overline{DE}=\overline{DF}=2\sqrt{2}$, $\angle FDE=90°$이고 $\overline{BC}\,/\!/\,\overline{EF}$인 삼각형 DEF가 있다.

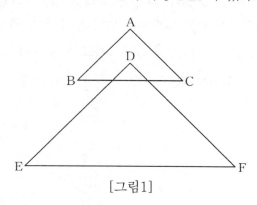

[그림1]

[그림2]와 같이 두 삼각형 ABC와 DEF로 만들어지는 ⛰ 모양 도형의 둘레의 길이는? (단, 점 A는 삼각형 DEF의 외부에 있다.) [4점]

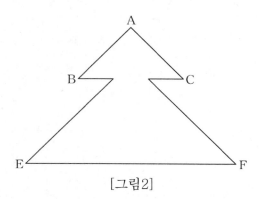

[그림2]

① $\dfrac{16+16\sqrt{2}}{3}$ ② $\dfrac{17+16\sqrt{2}}{3}$ ③ $\dfrac{16+17\sqrt{2}}{3}$

④ $\dfrac{17+17\sqrt{2}}{3}$ ⑤ $\dfrac{18+17\sqrt{2}}{3}$

19. 그림과 같이 반비례 관계 $y = \dfrac{a}{x}(a > 0)$의 그래프가 두

정비례 관계 $y = mx$, $y = nx$의 그래프와 제1사분면에서 만나는
점을 각각 P, Q라 하자. 점 P를 지나고 y축과 평행한 직선이
정비례 관계 $y = nx$의 그래프와 만나는 점 R에 대하여 삼각형
PRQ의 넓이가 $\dfrac{3}{2}$이다. 점 Q의 x좌표가 점 P의 x좌표의
2배일 때, 실수 a의 값은? (단, $m > n > 0$) [4점]

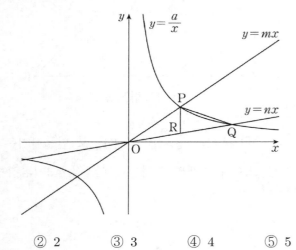

① 1   ② 2   ③ 3   ④ 4   ⑤ 5

20. 그림과 같이 중심이 O이고 중심각의 크기가 120°인 부채꼴
OAB가 있다. $\angle \text{AOC} = \angle \text{DOB} = 30°$인 호 AB 위의 두 점 C,
D에 대하여 선분 OC와 선분 AD가 만나는 점을 E라 하자.
선분 OD의 수직이등분선과 선분 OB가 만나는 점 F에 대하여
$\overline{\text{BF}} = \dfrac{2\sqrt{3}}{3}$일 때, 삼각형 ODE의 넓이는? [4점]

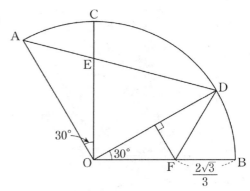

① $\dfrac{3 + \sqrt{3}}{2}$ ② $\dfrac{4 + \sqrt{3}}{2}$ ③ $\dfrac{3 + 2\sqrt{3}}{2}$

④ $2 + \sqrt{3}$ ⑤ $\dfrac{3 + 3\sqrt{3}}{2}$

21. 그림과 같이 삼각형 ABC의 내심 I를 지나고 선분 BC에 평행한 직선이 두 선분 AB, AC와 만나는 점을 각각 D, E라 하자. $\overline{AI}=3$이고, 삼각형 ABC의 내접원의 반지름의 길이가 1이다. 삼각형 ABC의 넓이가 $5\sqrt{2}$일 때, <보기>에서 옳은 것만을 있는 대로 고른 것은? [4점]

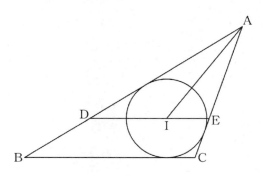

─────── < 보 기 > ───────

ㄱ. $\angle BID = \angle IBD$

ㄴ. 삼각형 ADE의 둘레의 길이는 $7\sqrt{2}$이다.

ㄷ. $\overline{DE}=2\sqrt{2}$

① ㄱ   ② ㄱ, ㄴ   ③ ㄱ, ㄷ

④ ㄴ, ㄷ   ⑤ ㄱ, ㄴ, ㄷ

단 답 형

22. 이차방정식 $x^2-2ax+5a=0$의 한 근이 $x=3$일 때, 상수 a의 값을 구하시오. [3점]

23. 연립일차방정식 $\begin{cases} x-y=4 \\ 2x+y=11 \end{cases}$ 의 해가 $x=a,\ y=b$일 때, $a+b$의 값을 구하시오. [3점]

24. 그림과 같이 $\angle B = 72°$, $\angle C = 48°$인 삼각형 ABC가 있다. 점 C를 지나고 직선 AB에 평행한 직선 위의 점 D와 선분 AB 위의 점 E에 대하여 $\angle CDE = 52°$이다. 선분 DE와 선분 AC의 교점을 F라 할 때, $\angle EFC = x°$이다. x의 값을 구하시오. (단, $\angle BCD > 90°$이고, 점 E는 점 A가 아니다.) [3점]

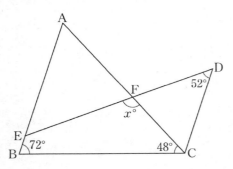

25. 한 개의 주사위를 두 번 던져서 나오는 눈의 수를 차례로 a, b라 할 때, $a+b$가 14의 약수가 되도록 하는 모든 순서쌍 (a, b)의 개수를 구하시오. [3점]

26. 세 실수 a, b, c에 대하여 다음 자료의 중앙값이 6.5, 평균이 6, 최빈값이 c일 때, $a+b+c$의 값을 구하시오. [4점]

$$9, \ 5, \ 6, \ 4, \ 8, \ 1, \ a, \ b$$

27. 가로의 길이가 150cm, 세로의 길이가 120cm인 직사각형 ABCD 모양의 종이가 있다. [그림1]과 같이 $\overline{CE}=60$cm인 선분 BC 위의 점 E와 $\overline{CF}=48$cm인 선분 CD 위의 점 F에 대하여 두 선분 CE, CF를 변으로 하는 직사각형 모양의 종이를 잘라내고 남은 ⌐ 모양의 종이를 만들었다.

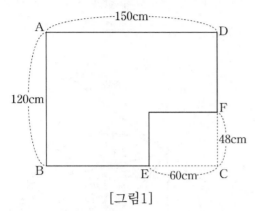

[그림1]

[그림2]와 같이 ⌐ 모양의 종이의 내부에 한 변의 길이가 자연수이고 모두 합동인 정사각형 모양의 종이를 서로 겹치지 않고 빈틈없이 붙이려고 할 때, 붙일 수 있는 종이의 개수의 최솟값을 구하시오. [4점]

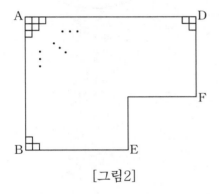

[그림2]

28. $p < q$인 두 소수 p, q에 대하여 $p^2q < n \leq pq^2$을 만족시키는 자연수 n의 개수가 308일 때, $p+q$의 값을 구하시오. [4점]

29. 그림과 같이 삼각형 ABC의 선분 AC 위의 점 D와 직선 BD 위의 점 E에 대하여 $\overline{DE}:\overline{DA}:\overline{DB}=1:2:4$이다. 점 D를 지나고 직선 BC와 평행한 직선이 두 선분 AB, EC와 만나는 점을 각각 F, G라 할 때, $\overline{FD}=2$, $\overline{DG}=1$이고 삼각형 AFD의 넓이가 3이다. 삼각형 EDG의 넓이가 $\dfrac{q}{p}$일 때, $p+q$의 값을 구하시오. (단, 점 E는 삼각형 ABC의 외부에 있고, p와 q는 서로소인 자연수이다.) [4점]

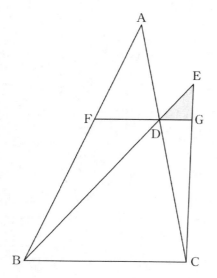

30. 그림과 같이 $\overline{AB}=\overline{BC}=2$인 삼각형 ABC에 외접하는 원 O가 있다. 점 B를 지나고 직선 AC에 수직인 직선이 원 O와 만나는 점 중 B가 아닌 점을 D, 선분 AC와 선분 BD가 만나는 점을 E라 하자. 원 O 위의 점 C에서의 접선과 점 D에서의 접선이 만나는 점을 F라 할 때, $\overline{FD}=2$이다.
$\overline{AE}=\dfrac{a+b\sqrt{17}}{2}$일 때, a^2+b^2의 값을 구하시오. (단, a, b는 정수이다.) [4점]

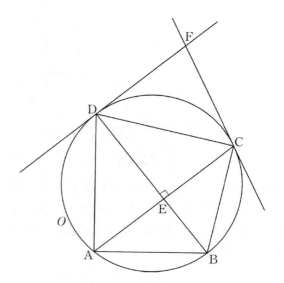

수학 영역

5 지 선 다 형

1. $\sqrt{\dfrac{20}{3}} \times \sqrt{\dfrac{6}{5}}$ 의 값은? [2점]

① $\sqrt{2}$ ② $2\sqrt{2}$ ③ $3\sqrt{2}$ ④ $4\sqrt{2}$ ⑤ $5\sqrt{2}$

2. 다항식 $(2x-1)(x+3)$의 전개식에서 x의 계수는? [2점]

① 1 ② 2 ③ 3 ④ 4 ⑤ 5

3. $\sin 60° \times \cos 30°$ 의 값은? [2점]

① $\dfrac{1}{4}$ ② $\dfrac{3}{8}$ ③ $\dfrac{1}{2}$ ④ $\dfrac{5}{8}$ ⑤ $\dfrac{3}{4}$

4. 이차함수 $y = -x^2 + 4x + 3$의 그래프의 꼭짓점의 y좌표는? [3점]

① 4 ② 5 ③ 6 ④ 7 ⑤ 8

5. 다음은 어느 봉사 동아리 학생들의 한 달 동안의 봉사 시간을 조사하여 나타낸 히스토그램이다.

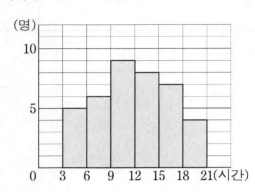

한 달 동안의 봉사 시간이 6시간 이상 12시간 미만인 학생의 수는? [3점]

① 11   ② 13   ③ 15   ④ 17   ⑤ 19

6. 그림과 같이 삼각형 ABC의 외심을 O라 하자. $\angle OBC = 17°$, $\angle OCA = 52°$일 때, 각 OAB의 크기는? [3점]

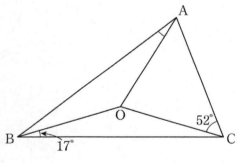

① 18°   ② 19°   ③ 20°   ④ 21°   ⑤ 22°

7. 일차부등식 $\dfrac{x+5}{2} - x \leq a$의 해가 $x \geq 4$일 때, 실수 a의 값은? [3점]

① $\dfrac{1}{8}$ ② $\dfrac{1}{4}$ ③ $\dfrac{3}{8}$ ④ $\dfrac{1}{2}$ ⑤ $\dfrac{5}{8}$

8. 그림과 같이 밑면의 반지름의 길이가 3이고 높이가 8인 원뿔과 밑면의 반지름의 길이가 2인 원기둥이 있다. 두 입체도형의 부피가 같을 때, 원기둥의 겉넓이는? [3점]

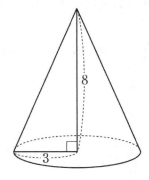 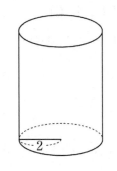

① 32π　　② 34π　　③ 36π　　④ 38π　　⑤ 40π

9. 두 일차방정식

$$ax+4y=12, \ 2x+ay=a+5$$

의 그래프의 교점이 y축 위에 있을 때, 상수 a의 값은? [3점]

① 2　　② $\dfrac{5}{2}$　　③ 3　　④ $\dfrac{7}{2}$　　⑤ 4

10. $2-\sqrt{6}$ 보다 크고 $5+\sqrt{15}$ 보다 작은 정수의 개수는? [3점]

① 7　　② 8　　③ 9　　④ 10　　⑤ 11

11. 세 변의 길이가 각각 x, $x+1$, $x+3$인 삼각형이
직각삼각형일 때, x의 값은? (단, $x > 2$) [3점]

① $2\sqrt{3}$　　　　② $2+\sqrt{3}$　　　　③ $1+2\sqrt{3}$

④ $3\sqrt{3}$　　　　⑤ $2+2\sqrt{3}$

12. 어느 학교에서 학생들에게 나누어 줄 구슬을 구입하였다.
구입한 구슬을 한 상자에 250개씩 n개의 상자에 담았더니
50개의 구슬이 남았고, 한 상자에 200개씩 $n+1$개의 상자에
담았더니 100개의 구슬이 남았다. 이 학교에서 구입한 구슬의
총 개수는? [3점]

① 800　　② 1050　　③ 1300　　④ 1550　　⑤ 1800

13. 두 이차방정식

$$x^2 - x - 2 = 0, \quad 2x^2 + kx - 6 = 0$$

이 공통인 해를 갖도록 하는 모든 실수 k의 값의 합은? [3점]

① -5 ② -4 ③ -3 ④ -2 ⑤ -1

14. 그림과 같이 반비례 관계 $y = \dfrac{a}{x} (a > 0)$의 그래프가 두 직선 $x = 2$, $y = 2$와 만나는 점을 각각 A, B라 하자. 점 C$(2, 2)$에 대하여 사각형 OACB의 넓이가 $\dfrac{22}{7}$일 때, 상수 a의 값은? (단, O는 원점이고, 점 A의 y좌표는 2보다 작다.) [4점]

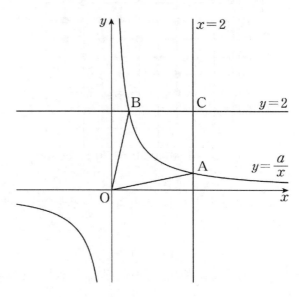

① $\dfrac{6}{7}$ ② 1 ③ $\dfrac{8}{7}$ ④ $\dfrac{9}{7}$ ⑤ $\dfrac{10}{7}$

15. 다음은 어느 학급 학생 20명의 수학 과목의 중간고사 점수와 기말고사 점수에 대한 산점도이다.

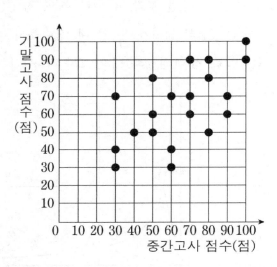

위의 산점도에 대하여 〈보기〉에서 옳은 것만을 있는 대로 고른 것은? [4점]

—————— 〈 보 기 〉 ——————

ㄱ. 중간고사와 기말고사의 점수에 변화가 없는 학생의 수는 5이다.

ㄴ. 기말고사 점수가 중간고사 점수보다 높은 학생의 비율은 학급 학생 20명의 40%이다.

ㄷ. 중간고사 점수의 평균은 기말고사 점수의 평균보다 크다.

① ㄱ   ② ㄱ, ㄴ   ③ ㄱ, ㄷ
④ ㄴ, ㄷ   ⑤ ㄱ, ㄴ, ㄷ

16. 서로 다른 네 실수 a, b, $\dfrac{1}{6}$, $\dfrac{2}{3}$에 대응하는 점을 수직선 위에 나타내면 이웃한 두 점 사이의 거리가 모두 같다. $ab < 0$일 때, $a+b$의 최댓값은? [4점]

① $\dfrac{3}{4}$ ② $\dfrac{5}{6}$ ③ $\dfrac{11}{12}$ ④ 1   ⑤ $\dfrac{13}{12}$

[해설편 p.027]

17. 한 개의 주사위를 두 번 던져서 나오는 눈의 수를 차례로 a, b라 하자. $a^2 \times 3^b \times 5$가 $2^2 \times 3^5$의 배수일 확률은? [4점]

① $\dfrac{1}{6}$　　② $\dfrac{7}{36}$　　③ $\dfrac{2}{9}$　　④ $\dfrac{1}{4}$　　⑤ $\dfrac{5}{18}$

18. 그림과 같이 $\angle ABC = 60°$인 삼각형 ABC의 두 변 AB, AC의 중점을 각각 D, E라 하자. 선분 DE를 지름으로 하는 원이 선분 BC와 접할 때, 이 원이 선분 AB와 만나는 점 중 D가 아닌 점을 F라 하자.

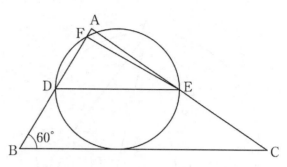

다음은 삼각형 ABC의 넓이가 16일 때, 삼각형 AFE의 넓이를 구하는 과정이다.

원의 반지름의 길이를 r라 하면
$$\overline{DE} = 2r, \quad \overline{BC} = 4r$$
이다.

점 A에서 선분 BC에 내린 수선의 발을 H라 하면
$$\overline{AH} = \boxed{\text{(가)}} \times r$$
이고, $\triangle ABC = 16$이므로
$$r = \boxed{\text{(나)}}$$
이다.

삼각형 ADE와 삼각형 ABC는 서로 닮음이므로
$\triangle ADE = 4$이다.

삼각형 FDE에서 꼭짓점 F는 원 위의 점이므로
삼각형 FDE의 넓이는 $\boxed{\text{(다)}}$이다.

따라서 구하는 삼각형 AFE의 넓이는 $4 - \boxed{\text{(다)}}$이다.

위의 (가), (나), (다)에 알맞은 수를 각각 a, b, c라 할 때, $a \times b \times c$의 값은? [4점]

① $5\sqrt{3}$　　② $6\sqrt{3}$　　③ $7\sqrt{3}$

④ $8\sqrt{3}$　　⑤ $9\sqrt{3}$

19. 그림과 같이 $\overline{AB} = \overline{AC}$인 이등변삼각형 ABC에 외접하는 원이 있다. 선분 AC 위의 점 D에 대하여 원과 직선 BD가 만나는 점 중 B가 아닌 점을 E라 하자. $\overline{AE} = 2\overline{BC}$, $\overline{CD} = 1$이고 $\angle ADB + \angle AEB = 180°$일 때, 선분 BC의 길이는? [4점]

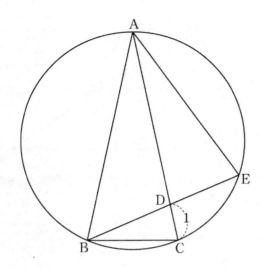

① $3 - \sqrt{2}$　　　② $\dfrac{7}{3}$　　　③ $1 + \sqrt{2}$

④ $\dfrac{5}{2}$　　　⑤ $4 - \sqrt{2}$

20. 그림과 같이 제1사분면 위의 점 A를 꼭짓점으로 하는 이차함수 $y = ax^2 + bx$의 그래프가 직선 $x = 3$에 대하여 대칭이다. 점 $B\left(0, \dfrac{10}{3}\right)$에서 선분 OA에 내린 수선의 발 H에 대하여 $\overline{BH} = 2$일 때, $a + b$의 값은? (단, a, b는 상수이고, O는 원점이다.) [4점]

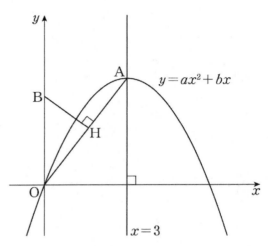

① $\dfrac{20}{9}$　　② $\dfrac{7}{3}$　　③ $\dfrac{22}{9}$　　④ $\dfrac{23}{9}$　　⑤ $\dfrac{8}{3}$

21. 그림과 같이 삼각형 ABC에서 선분 AB 위의 점 D에 대하여 $\overline{BD}=2\overline{AD}$ 이다. 점 A에서 선분 CD에 내린 수선의 발 E에 대하여 $\overline{AE}=4$, $\overline{BE}=\overline{CE}=10$일 때, 삼각형 ABC의 넓이는? (단, $\angle CAB > 90°$) [4점]

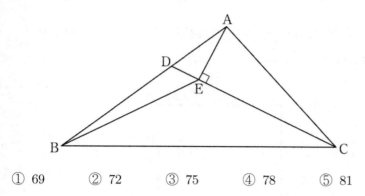

① 69   ② 72   ③ 75   ④ 78   ⑤ 81

22. 일차함수 $y=3x+a$의 그래프가 점 $(-3,\ 2)$를 지날 때, 상수 a의 값을 구하시오. [3점]

23. 다항식 $x^2-2x-80$이 $x+a$를 인수로 가진다. a가 자연수일 때, a의 값을 구하시오. [3점]

24. 그림과 같이 오각형 ABCDE에서 ∠A = 105°, ∠B = x°, ∠C = y°, ∠D = 109°, ∠E = 92°일 때, $x+y$의 값을 구하시오. [3점]

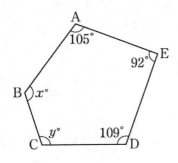

25. 다음 조건을 만족시키는 두 자리의 자연수 n의 최댓값을 구하시오. [3점]

> (가) n은 4의 배수이다.
> (나) n의 소인수의 개수가 3이다.

26. 그림과 같이 길이가 1인 선분 AB 위의 점 C에 대하여 선분 AC를 한 변으로 하는 정사각형 ACDE가 있다. 선분 CD를 삼등분하는 점 중 점 D에 가까운 점을 F라 하자. 정사각형 ACDE의 넓이와 삼각형 BFC의 넓이의 합이 $\frac{5}{8}$일 때, $\overline{AC} = \frac{q}{p}$이다. $p+q$의 값을 구하시오. (단, p와 q는 서로소인 자연수이다.) [4점]

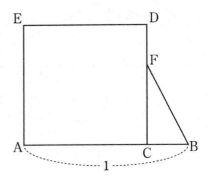

27. 그림과 같이 반지름의 길이가 2이고 중심각의 크기가 $90°$인 부채꼴 OAB가 있다. 선분 OA를 지름으로 하는 반원의 호 위의 점 P에 대하여 직선 OP가 호 AB와 만나는 점을 Q라 하고, 점 Q에서 선분 OA에 내린 수선의 발을 H라 하자.

$\angle \text{QOA} = 30°$일 때, 삼각형 PHQ의 넓이는 $\dfrac{a\sqrt{3}-b}{4}$이다.

$a+b$의 값을 구하시오. (단, a와 b는 자연수이다.) [4점]

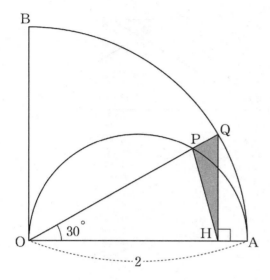

28. 다음은 8명의 학생이 1년 동안 읽은 책의 권수를 조사하여 나타낸 자료이다.

4, 3, 12, 5, 4, a, b, c

이 자료의 중앙값과 평균이 모두 7일 때, 분산을 구하시오.

[4점]

29. 좌표평면에서 이차항의 계수가 양수인 이차함수 $y=f(x)$의 그래프 위의 두 점 A, B가 다음 조건을 만족시킨다.

> (가) $a<2<b$인 두 수 a, b에 대하여 A$(a, 1)$, B$(b, 1)$이다.
> (나) 점 C$(2, 1)$에 대하여 $\overline{AC}=3\overline{BC}$이다.

이차함수 $y=f(x)$의 그래프 위의 점 D에 대하여 삼각형 ADB가 $\angle \text{ADB}=90°$인 이등변삼각형이고 넓이가 16일 때, $f(8)$의 값을 구하시오. [4점]

30. 그림과 같이 $\overline{AD} \, /\!/ \, \overline{BC}$인 사다리꼴 ABCD에서 두 대각선의 교점을 E라 하자. 점 E를 지나고 선분 AD와 평행한 직선이 선분 CD와 만나는 점을 F라 하고, 두 선분 AC, BF의 교점을 G라 하자. $\overline{AD}=4$, $\overline{EF}=3$일 때, 사다리꼴 ABCD의 넓이는 삼각형 EGF의 넓이의 k배이다. $9k$의 값을 구하시오. [4점]

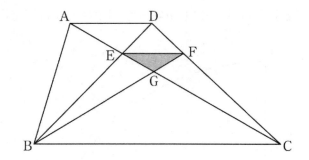

수학 영역

제 2 교시

● 문항수 30개 | 배점 100점 | 제한 시간 100분

● 배점은 2점, 3점 또는 4점

04회

5지선다형

1. $(1-3i)+2i$ 의 값은? (단, $i=\sqrt{-1}$) [2점]

① $-1-2i$ ② $-1-i$ ③ $1-i$ ④ $1+i$ ⑤ $1+2i$

2. 두 다항식 $A=3x^2-5x+1$, $B=2x^2+x+3$ 에 대하여 $A-B$를 간단히 하면? [2점]

① x^2-4x-2 ② x^2-4x+2 ③ x^2-4x+4

④ x^2-6x-2 ⑤ x^2-6x+2

3. 다항식 $2x^3-x^2-x+4$를 $x-1$로 나눈 나머지는? [2점]

① 1 ② 2 ③ 3 ④ 4 ⑤ 5

4. x에 대한 이차부등식 $x^2+ax+6<0$의 해가 $2<x<3$일 때, 상수 a의 값은? [3점]

① -5 ② -4 ③ -3 ④ -2 ⑤ -1

5. 등식

$$2x^2 + ax + b = x(x-3) + (x+1)(x+3)$$

이 x에 대한 항등식일 때, ab의 값은? (단, a, b는 상수이다.)

[3점]

① 1　　　② 2　　　③ 3　　　④ 4　　　⑤ 5

6. $x+y-z=5$, $xy-yz-zx=4$일 때, $x^2+y^2+z^2$의 값은?

[3점]

① 15　　② 17　　③ 19　　④ 21　　⑤ 23

7. x에 대한 이차방정식 $x^2 - 2kx + k^2 + 3k - 22 = 0$이 서로 다른 두 허근을 갖도록 하는 자연수 k의 최솟값은? [3점]

① 5　　　② 6　　　③ 7　　　④ 8　　　⑤ 9

8. $2024^4 + 2024^2 + 1$을 2022로 나눈 나머지는? [3점]

① 17　　② 18　　③ 19　　④ 20　　⑤ 21

9. x에 대한 부등식 $|x-1| < n$을 만족시키는 정수 x의 개수가 9가 되도록 하는 자연수 n의 값은? [3점]

① 3 　　② 4 　　③ 5 　　④ 6 　　⑤ 7

10. 사차방정식 $(x^2-3x)(x^2-3x+6)+5=0$의 서로 다른 두 실근을 α, β라 할 때, $\alpha\beta$의 값은? [3점]

① 1 　　② 2 　　③ 3 　　④ 4 　　⑤ 5

11. x에 대한 두 다항식 x^3+2x^2+3x+6과 x^3+x+a가 모두 $x+b$로 나누어떨어질 때, $a+b$의 값은? (단, a, b는 실수이다.) [3점]

① 11   ② 12   ③ 13   ④ 14   ⑤ 15

12. 삼차방정식 $x^3+x^2+x-3=0$의 서로 다른 두 허근을 α, β라 할 때, $(\alpha^2+2\alpha+6)(\beta^2+2\beta+8)$의 값은? [3점]

① 11   ② 12   ③ 13   ④ 14   ⑤ 15

13. x, y에 대한 연립방정식

$$\begin{cases} x-y=3 \\ x^2-xy-y^2=k \end{cases}$$

의 해를 $\begin{cases} x=\alpha \\ y=\alpha-3 \end{cases}$ 또는 $\begin{cases} x=\beta \\ y=\beta-3 \end{cases}$ 이라 하자.

α, β가 서로 다른 두 실수가 되도록 하는 자연수 k의 최댓값은? [3점]

① 10   ② 11   ③ 12   ④ 13   ⑤ 14

14. 그림과 같이 이차함수 $y=-x^2+4x+5$의 그래프와 직선 $y=2x+a$가 한 점 A에서만 만난다.
이차함수 $y=-x^2+4x+5$의 그래프가 x축과 만나는 두 점 B, C에 대하여 삼각형 ABC의 넓이는?
(단, a는 상수이다.) [4점]

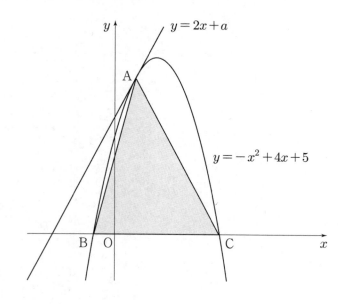

① 21   ② 22   ③ 23   ④ 24   ⑤ 25

15. x에 대한 다항식 $(x+2)(x+3)(x+4)(x+5)+k$가 $\left(x^2+ax+b\right)^2$으로 인수분해되도록 하는 세 실수 a, b, k에 대하여 $a+b+k$의 값은? [4점]

① 11   ② 13   ③ 15   ④ 17   ⑤ 19

16. x에 대한 다항식 x^3+ax^2+bx-4를 $x+1$로 나누었을 때의 몫은 $Q(x)$이고 나머지는 3이다. $\left(x^2+a\right)Q(x-2)$가 $x-2$로 나누어떨어질 때, $Q(1)$의 값은? (단, a, b는 상수이다.) [4점]

① -15 ② -13 ③ -11 ④ -9 ⑤ -7

17. 실수 a에 대하여 복소수 z를 $z = a^2 - 1 + (a-1)i$라 하자. z^2이 음의 실수일 때,

$$\left(\frac{1-i}{\sqrt{2}}\right)^n = \frac{(z-\bar{z})i}{4}$$

가 되도록 하는 100 이하의 자연수 n의 개수는? (단, $\bar{z}$는 z의 켤레복소수이고, $i = \sqrt{-1}$ 이다.) [4점]

① 8   ② 9   ③ 10   ④ 11   ⑤ 12

18. $-2 \le x \le 2$에서 이차함수

$$f(x) = x^2 - (2a-b)x + a^2 - 4b$$

가 다음 조건을 만족시킨다.

> (가) 함수 $f(x)$는 $x = 1$에서 최솟값을 가진다.
> (나) 함수 $f(x)$의 최댓값은 0이다.

$a+b$의 값은? (단, a, b는 상수이다.) [4점]

① 10   ② 11   ③ 12   ④ 13   ⑤ 14

19. 그림과 같이 길이가 $2a$인 선분 AB를 지름으로 하는 반원이 있다. 호 AB 위의 두 점 C, D가

$$\overline{AC}=\overline{CD}=a-1, \ \overline{BD}=8$$

을 만족시킬 때, $a^3-\dfrac{1}{a^3}$ 의 값은? (단, a는 $a>4$인 상수이다.)

[4점]

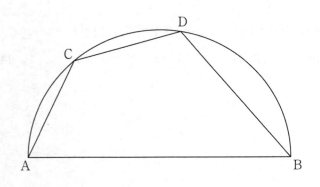

① 231   ② 232   ③ 233   ④ 234   ⑤ 235

20. x에 대한 삼차방정식

$$x^3-(a^2+a-1)x^2-a(a-3)x+4a=0$$

이 서로 다른 세 실근 α, β, $\gamma(\alpha<\beta<\gamma)$를 가질 때, $\alpha\times\gamma=-4$가 되도록 하는 모든 실수 a의 값의 합은? [4점]

① 1   ② 2   ③ 3   ④ 4   ⑤ 5

21. 최고차항의 계수가 2인 이차함수 $f(x)$와 최고차항의 계수가 -1인 이차함수 $g(x)$가 다음 조건을 만족시킨다.

> (가) 함수 $y=f(x)$의 그래프가 직선 $y=x$와 원점이 아닌 서로 다른 두 점 P, Q에서 만난다.
>
> (나) 함수 $y=g(x)$의 그래프가 직선 $y=x$와 한 점 P에서만 만난다.
>
> (다) 점 P의 x좌표는 점 Q의 x좌표보다 작고, $\overline{\mathrm{OP}}=\overline{\mathrm{PQ}}$ 이다.

부등식 $f(x)+g(x)\geq 0$의 해가 모든 실수일 때, 점 P의 x좌표의 최댓값은? (단, O는 원점이다.) [4점]

① $1+\sqrt{3}$ ② $2+\sqrt{3}$ ③ $3+\sqrt{3}$
④ $4+\sqrt{3}$ ⑤ $5+\sqrt{3}$

단답형

22. 다항식 $(2x+y)^3$의 전개식에서 xy^2의 계수를 구하시오. [3점]

23. x에 대한 이차방정식 $x^2-3x+a=0$의 두 근이 1, b일 때, ab의 값을 구하시오. (단, a, b는 상수이다.) [3점]

24. 복소수 z에 대하여 등식 $3z - 2\bar{z} = 5 + 10i$가 성립할 때, $z\bar{z}$의 값을 구하시오. (단, $\bar{z}$는 z의 켤레복소수이고, $i = \sqrt{-1}$이다.) [3점]

25. 다항식 $x^4 + 2x^3 + 11x - 4$를 $x^2 + 2x + 3$으로 나누었을 때의 몫과 나머지를 각각 $Q(x)$, $R(x)$라 하자. $Q(2) + R(1)$의 값을 구하시오. [3점]

26. x에 대한 이차방정식 $3x^2 - 5x + k = 0$의 두 근을 α, β라 할 때, $(3\alpha - k)(\alpha - 1) + (3\beta - k)(\beta - 1) = -10$을 만족시키는 실수 k의 값을 구하시오. [4점]

[해설편 p.038]

27. x에 대한 연립부등식

$$\begin{cases} x^2 - 11x + 24 < 0 \\ x^2 - 2kx + k^2 - 9 > 0 \end{cases}$$

의 해가 $\alpha < x < \beta$일 때, $\beta - \alpha = 2$를 만족시키는 모든 실수 k의 값의 합을 구하시오. [4점]

28. 이차다항식 $f(x)$와 일차다항식 $g(x)$에 대하여 $f(x)g(x)$를 $f(x) - 2x^2$으로 나누었을 때의 몫은 $x^2 - 3x + 3$이고 나머지는 $f(x) + xg(x)$이다. $f(-2)$의 값을 구하시오. [4점]

29. 그림과 같이 반지름의 길이가 1이고 중심각의 크기가 90°인 부채꼴 OAB가 있다. 호 AB 위의 점 C에 대하여 선분 BC를 지름으로 하는 원을 그린다. 선분 BC의 중점을 지나고 직선 OB에 평행한 직선이 원과 만나는 점 중 점 B에 가까운 점을 P라 하자. $\overline{BC}=x$일 때, 삼각형 OAP의 넓이를 $S(x)$라 하자. $S(x)$의 최댓값이 $\dfrac{q}{p}$일 때, $p+q$의 값을 구하시오.

(단, $0<x<\sqrt{2}$ 이고, p와 q는 서로소인 자연수이다.) [4점]

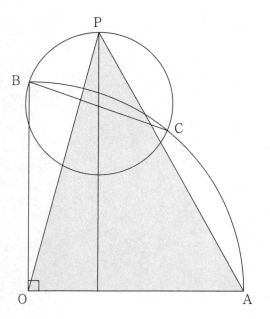

30. 두 이차함수 $f(x)$, $g(x)$가 다음 조건을 만족시킨다.

> (가) 모든 실수 x에 대하여 $f(x)\le 0 \le g(x)$이다.
>
> (나) $k-2\le x\le k+2$에서 함수 $f(x)$의 최댓값과 $k-2\le x\le k+2$에서 함수 $g(x)$의 최솟값이 같게 되도록 하는 실수 k의 최솟값은 0, 최댓값은 1이다.
>
> (다) 방정식 $f(x)=f(0)$의 모든 실근의 합은 음수이다.

$f(1)=-2$, $g(1)=2$일 때, $f(3)+g(11)$의 값을 구하시오. [4점]

* 확인 사항

○ 답안지의 해당란에 필요한 내용을 정확히 기입(표기)했는지 확인하시오.

수학 영역

5 지 선 다 형

1. $i(1-i)$의 값은? (단, $i=\sqrt{-1}$) [2점]

① $-1-i$ ② $-1+i$ ③ i ④ $1-i$ ⑤ $1+i$

2. 두 다항식 $A=2x^2-4x+3$, $B=-x^2+9x+6$에 대하여 $A+B$를 간단히 하면? [2점]

① x^2+5x+9 ② x^2+5x-9 ③ x^2-5x+9
④ $-x^2+5x+9$ ⑤ $-x^2-5x+9$

3. x에 대한 다항식 x^3-2x^2-8x+a가 $x-3$으로 나누어떨어질 때, 상수 a의 값은? [2점]

① 6 ② 9 ③ 12 ④ 15 ⑤ 18

4. 등식

$$x^2+ax-3=x(x+2)+b$$

가 x에 대한 항등식일 때, $a+b$의 값은? (단, a, b는 상수이다.) [3점]

① -5 ② -4 ③ -3 ④ -2 ⑤ -1

5. 부등식 $|2x-3|<5$의 해가 $a<x<b$일 때, $a+b$의 값은? [3점]

① 2   ② $\dfrac{5}{2}$ ③ 3   ④ $\dfrac{7}{2}$ ⑤ 4

7. $\dfrac{2022\times(2023^2+2024)}{2024\times2023+1}$의 값은? [3점]

① 2018   ② 2020   ③ 2022   ④ 2024   ⑤ 2026

6. 이차함수 $y=x^2+5x+9$의 그래프와 직선 $y=x+k$가 만나지 않도록 하는 자연수 k의 개수는? [3점]

① 1   ② 2   ③ 3   ④ 4   ⑤ 5

8. $x=1-2i$, $y=1+2i$일 때, $x^3y+xy^3-x^2-y^2$의 값은? (단, $i=\sqrt{-1}$) [3점]

① -24 ② -22 ③ -20 ④ -18 ⑤ -16

9. 연립방정식

$$\begin{cases} 4x^2 - y^2 = 27 \\ 2x + y = 3 \end{cases}$$

의 해를 $x = \alpha$, $y = \beta$라 할 때, $\alpha - \beta$의 값은? [3점]

① 2   ② 4   ③ 6   ④ 8   ⑤ 10

10. x에 대한 이차방정식 $2x^2 + ax + b = 0$의 한 근이 $2 - i$일 때, $b - a$의 값은? (단, a, b는 실수이고, $i = \sqrt{-1}$이다.) [3점]

① 12   ② 14   ③ 16   ④ 18   ⑤ 20

[해설편 p.042]

11. 최고차항의 계수가 1인 이차다항식 $P(x)$가 다음 조건을 만족시킬 때, $P(4)$의 값은? [3점]

> (가) $P(x)$를 $x-1$로 나누었을 때의 나머지는 1이다.
> (나) $xP(x)$를 $x-2$로 나누었을 때의 나머지는 2이다.

① 6   ② 7   ③ 8   ④ 9   ⑤ 10

12. x에 대한 삼차방정식 $x^3-(2a+1)x^2+(a+1)^2x-(a^2+1)=0$의 서로 다른 두 허근을 α, β라 하자. $\alpha+\beta=8$일 때, $\alpha\beta$의 값은? (단, a는 실수이다.) [3점]

① 16   ② 17   ③ 18   ④ 19   ⑤ 20

[해설편 p.042]

13. x에 대한 다항식 $x^5 + ax^2 + (a+1)x + 2$를 $x-1$로 나누었을 때의 몫은 $Q(x)$이고 나머지는 6이다. $a + Q(2)$의 값은? (단, a는 상수이다.) [3점]

① 33   ② 35   ③ 37   ④ 39   ⑤ 41

14. 분자 사이에 인력이나 반발력이 작용하지 않고 분자의 크기를 무시할 수 있는 가상의 기체를 이상 기체라 한다. 강철 용기에 들어 있는 이상 기체의 부피를 $V(\text{L})$, 몰수를 $n(\text{mol})$, 절대 온도를 $T(\text{K})$, 압력을 $P(\text{atm})$이라 할 때, 다음과 같은 관계식이 성립한다.

$$V = R\left(\frac{nT}{P}\right) \quad \text{(단, } R \text{는 기체 상수이다.)}$$

강철 용기 A와 강철 용기 B에 부피가 각각 V_A, V_B인 이상 기체가 들어 있다. 강철 용기 A에 담긴 이상 기체의 몰수는 강철 용기 B에 담긴 이상 기체의 몰수의 $\frac{1}{4}$배이고, 강철 용기 A에 담긴 이상 기체의 압력은 강철 용기 B에 담긴 이상 기체의 압력의 $\frac{3}{2}$배이다.

강철 용기 A와 강철 용기 B에 담긴 이상 기체의 절대 온도가 같을 때, $\dfrac{V_A}{V_B}$의 값은? [4점]

① $\frac{1}{6}$ ② $\frac{1}{3}$ ③ $\frac{1}{2}$ ④ $\frac{2}{3}$ ⑤ $\frac{5}{6}$

15. 그림과 같이 직선 $x=t(0<t<3)$이 두 이차함수 $y=2x^2+1$, $y=-(x-3)^2+1$의 그래프와 만나는 점을 각각 P, Q라 하자. 두 점 A(0, 1), B(3, 1)에 대하여 사각형 PAQB의 넓이의 최솟값은? [4점]

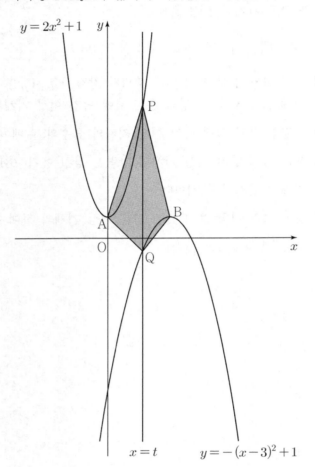

① $\dfrac{15}{2}$ ② 9 ③ $\dfrac{21}{2}$ ④ 12 ⑤ $\dfrac{27}{2}$

16. x에 대한 삼차방정식 $(x-a)\{x^2+(1-3a)x+4\}=0$이 서로 다른 세 실근 1, α, β를 가질 때, $\alpha\beta$의 값은? (단, a는 상수이다.) [4점]

① 4 ② 6 ③ 8 ④ 10 ⑤ 12

17. 그림과 같이 이차함수 $y = ax^2\,(a > 0)$의 그래프와 직선 $y = x+6$이 만나는 두 점 A, B의 x좌표를 각각 α, β라 하자. 점 B에서 x축에 내린 수선의 발을 H, 점 A에서 선분 BH에 내린 수선의 발을 C라 하자. $\overline{BC} = \dfrac{7}{2}$일 때, $\alpha^2 + \beta^2$의 값은? (단, $\alpha < \beta$) [4점]

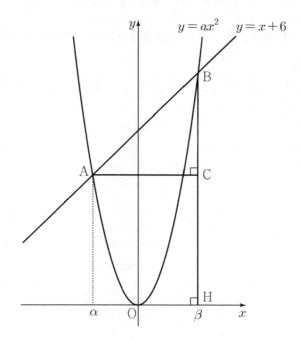

① $\dfrac{23}{4}$ ② $\dfrac{25}{4}$ ③ $\dfrac{27}{4}$ ④ $\dfrac{29}{4}$ ⑤ $\dfrac{31}{4}$

18. 다음은 자연수 n에 대하여 x에 대한 사차방정식

$$4x^4 - 4(n+2)x^2 + (n-2)^2 = 0$$

이 서로 다른 네 개의 정수해를 갖도록 하는 20 이하의 모든 n의 값을 구하는 과정이다.

$P(x) = 4x^4 - 4(n+2)x^2 + (n-2)^2$이라 하자.
$x^2 = X$라 하면 주어진 방정식 $P(x) = 0$은
$4X^2 - 4(n+2)X + (n-2)^2 = 0$이고
근의 공식에 의해 $X = \dfrac{n+2 \pm \sqrt{\boxed{(가)}}}{2}$ 이다.

그러므로 $X = \left(\sqrt{\dfrac{n}{2}} + 1\right)^2$ 또는 $X = \left(\sqrt{\dfrac{n}{2}} - 1\right)^2$에서

$x = \sqrt{\dfrac{n}{2}} + 1$ 또는 $x = -\sqrt{\dfrac{n}{2}} - 1$ 또는 $x = \sqrt{\dfrac{n}{2}} - 1$

또는 $x = -\sqrt{\dfrac{n}{2}} + 1$이다.

방정식 $P(x) = 0$이 정수해를 갖기 위해서는 $\sqrt{\dfrac{n}{2}}$ 이 자연수가 되어야 한다.
따라서 자연수 n에 대하여 방정식 $P(x) = 0$이 서로 다른 네 개의 정수해를 갖도록 하는 20 이하의 모든 n의 값은 $\boxed{(나)}$, $\boxed{(다)}$ 이다.

위의 (가)에 알맞은 식을 $f(n)$이라 하고, (나), (다)에 알맞은 수를 각각 a, b라 할 때, $f(b-a)$의 값은? (단, $a < b$) [4점]

① 48 ② 56 ③ 64 ④ 72 ⑤ 80

19. 그림과 같이 선분 AB를 빗변으로 하는 직각삼각형 ABC가 있다. 점 C에서 선분 AB에 내린 수선의 발을 H라 할 때, $\overline{CH}=1$이고 삼각형 ABC의 넓이는 $\frac{4}{3}$이다.

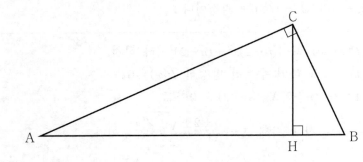

$\overline{BH}=x$라 할 때, $3x^3-5x^2+4x+7$의 값은? (단, $x<1$) [4점]

① $13-3\sqrt{7}$ ② $14-3\sqrt{7}$ ③ $15-3\sqrt{7}$

④ $16-3\sqrt{7}$ ⑤ $17-3\sqrt{7}$

20. 실수 a에 대하여 이차함수 $f(x)=(x-a)^2$이 다음 조건을 만족시킨다.

> (가) $2 \leq x \leq 10$에서 함수 $f(x)$의 최솟값은 0이다.
> (나) $2 \leq x \leq 6$에서 함수 $f(x)$의 최댓값과
> $6 \leq x \leq 10$에서 함수 $f(x)$의 최솟값은 같다.

$f(-1)$의 최댓값을 M, 최솟값을 m이라 할 때, $M+m$의 값은?
[4점]

① 34   ② 35   ③ 36   ④ 37   ⑤ 38

21. 1이 아닌 양수 k에 대하여 직선 $y=k$와 이차함수 $y=x^2$의 그래프가 만나는 두 점을 각각 A, B라 하고, 직선 $y=k$와 이차함수 $y=x^2-6x+6$의 그래프가 만나는 두 점을 각각 C, D라 할 때, <보기>에서 옳은 것만을 있는 대로 고른 것은? (단, 점 A의 x좌표는 점 B의 x좌표보다 작고, 점 C의 x좌표는 점 D의 x좌표보다 작다.) [4점]

─────── < 보 기 > ───────

ㄱ. $k=6$일 때, $\overline{CD}=6$이다.

ㄴ. k의 값에 관계없이 $\overline{CD}^2-\overline{AB}^2$의 값은 일정하다.

ㄷ. $\overline{CD}+\overline{AB}=4$일 때, $k+\overline{BC}=\dfrac{17}{16}$이다.

① ㄱ   ② ㄱ, ㄴ   ③ ㄱ, ㄷ
④ ㄴ, ㄷ   ⑤ ㄱ, ㄴ, ㄷ

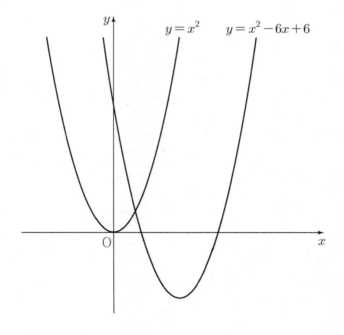

단 답 형

22. 다항식 $(4x-y-3z)^2$의 전개식에서 yz의 계수를 구하시오. [3점]

23. x에 대한 부등식 $x^2+ax+b\le 0$의 해가 $-2\le x\le 4$일 때, ab의 값을 구하시오. (단, a, b는 상수이다.) [3점]

24. 다항식 x^3+2를 $(x+1)(x-2)$로 나누었을 때의 나머지를 $ax+b$라 할 때, $a+b$의 값을 구하시오. (단, a, b는 상수이다.) [3점]

25. 이차방정식 $x^2-6x+11=0$의 서로 다른 두 허근을 α, β라 할 때, $11\left(\dfrac{\overline{\alpha}}{\alpha}+\dfrac{\overline{\beta}}{\beta}\right)$의 값을 구하시오.

(단, $\overline{\alpha}$, $\overline{\beta}$는 각각 α, β의 켤레복소수이다.) [3점]

26. 다음은 삼차다항식 $P(x)=ax^3+bx^2+cx+11$을 $x-3$으로 나누었을 때의 몫과 나머지를 조립제법을 이용하여 구하는 과정의 일부를 나타낸 것이다.

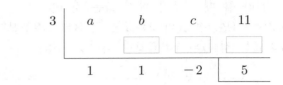

$P(x)$를 $x-4$로 나누었을 때의 나머지를 구하시오. (단, a, b, c는 상수이다.) [4점]

[해설편 p.046]

27. 자연수 n에 대하여 x에 대한 연립부등식

$$\begin{cases} |x-n| > 2 \\ x^2 - 14x + 40 \leq 0 \end{cases}$$

을 만족시키는 자연수 x의 개수가 2가 되도록 하는 모든 n의 값의 합을 구하시오. [4점]

28. 그림과 같이 이차함수 $y = x^2 - 4x + \dfrac{25}{4}$의 그래프가

직선 $y = ax(a > 0)$과 한 점 A에서만 만난다.

이차함수 $y = x^2 - 4x + \dfrac{25}{4}$의 그래프가 y축과 만나는 점을 B,

점 A에서 x축에 내린 수선의 발을 H라 하고, 선분 OA와 선분 BH가 만나는 점을 C라 하자.

삼각형 BOC의 넓이를 S_1, 삼각형 ACH의 넓이를 S_2라 할 때,

$S_1 - S_2 = \dfrac{q}{p}$이다. $p+q$의 값을 구하시오. (단, O는 원점이고, p와 q는 서로소인 자연수이다.) [4점]

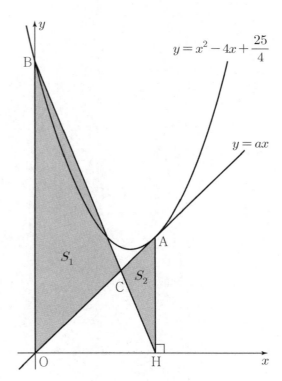

29. 49 이하의 두 자연수 m, n이

$$\left\{ \left(\frac{1+i}{\sqrt{2}} \right)^m - i^n \right\}^2 = 4$$

를 만족시킬 때, $m+n$의 최댓값을 구하시오. (단, $i = \sqrt{-1}$)

[4점]

30. 두 이차함수 $f(x)$, $g(x)$가 다음 조건을 만족시킨다.

(가) 함수 $y = f(x)$의 그래프는 x축과 한 점 $(0, 0)$에서만 만난다.

(나) 부등식 $f(x) + g(x) \geq 0$의 해는 $x \geq 2$이다.

(다) 모든 실수 x에 대하여 $f(x) - g(x) \geq f(1) - g(1)$이다.

x에 대한 방정식 $\{f(x) - k\} \times \{g(x) - k\} = 0$이 실근을 갖지 않도록 하는 정수 k의 개수가 5일 때, $f(22) + g(22)$의 최댓값을 구하시오. [4점]

★ 확인 사항

○ 답안지의 해당란에 필요한 내용을 정확히 기입(표기)했는지 확인하시오.

수학 영역

5 지 선 다 형

1. $1+2i+i(1-i)$의 값은? (단, $i=\sqrt{-1}$ 이다.) [2점]

① $-2+3i$ ② $-1+3i$ ③ $-1+4i$ ④ $2+3i$ ⑤ $2+4i$

2. 두 다항식 $A=4x^2+2x-1$, $B=x^2+x-3$에 대하여 $A-2B$를 간단히 하면? [2점]

① x^2+2 　　② x^2+5 　　③ $2x^2+5$

④ x^2-x+4 　　⑤ $2x^2-x+4$

3. 다항식 x^3+x^2+x+1을 $2x-1$로 나눈 나머지는? [2점]

① $\dfrac{9}{8}$ ② $\dfrac{11}{8}$ ③ $\dfrac{13}{8}$ ④ $\dfrac{15}{8}$ ⑤ $\dfrac{17}{8}$

4. x에 대한 이차부등식 $x^2+ax+b<0$의 해가 $-4<x<3$일 때, 두 상수 a, b에 대하여 $a-b$의 값은? [3점]

① 5 　　② 7 　　③ 9 　　④ 11 　　⑤ 13

5. 부등식 $|x-2|<5$를 만족시키는 모든 정수 x의 개수는? [3점]

① 5　　　② 6　　　③ 7　　　④ 8　　　⑤ 9

6. $101^3 - 3 \times 101^2 + 3 \times 101 - 1$의 값은? [3점]

① 10^5　　② 3×10^5　③ 10^6　　④ 3×10^6　⑤ 10^7

7. 어느 가족이 작년까지 한 변의 길이가 10m인 정사각형 모양의 밭을 가꾸었다. 올해는 그림과 같이 가로의 길이를 xm 만큼, 세로의 길이를 $(x-10)$m만큼 늘여서 새로운 직사각형 모양의 밭을 가꾸었다. 올해 늘어난 ⌐ 모양의 밭의 넓이가 500m^2일 때, x의 값은? (단, $x>10$) [3점]

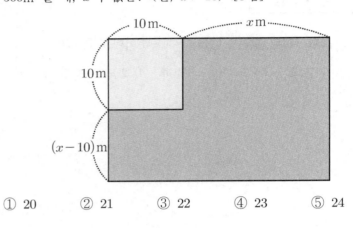

① 20　　② 21　　③ 22　　④ 23　　⑤ 24

8. 다항식 $Q(x)$에 대하여 등식

$$x^3 - 5x^2 + ax + 1 = (x-1)Q(x) - 1$$

이 x에 대한 항등식일 때, $Q(a)$의 값은? (단, a는 상수이다.) [3점]

① -6　　② -5　　③ -4　　④ -3　　⑤ -2

9. $x=2+i$, $y=2-i$일 때, $x^4+x^2y^2+y^4$의 값은?

   (단, $i=\sqrt{-1}$ 이다.) [3점]

   ① 9　　　② 10　　　③ 11　　　④ 12　　　⑤ 13

10. 이차함수 $y=x^2+2(a-1)x+2a+13$의 그래프가 x축과 만나지 않도록 하는 모든 정수 a의 값의 합은? [3점]

    ① 12　　　② 14　　　③ 16　　　④ 18　　　⑤ 20

11. x에 대한 이차방정식 $x^2+k(2p-3)x-(p^2-2)k+q+2=0$이 실수 k의 값에 관계없이 항상 1을 근으로 가질 때, 두 상수 p, q에 대하여 $p+q$의 값은? [3점]

① -5　　② -2　　③ 1　　④ 4　　⑤ 7

12. 연립방정식

$$\begin{cases} x+y+xy=8 \\ 2x+2y-xy=4 \end{cases}$$

의 해를 $x=\alpha$, $y=\beta$라 할 때, $\alpha^2+\beta^2$의 값은? [3점]

① 8　　② 10　　③ 12　　④ 14　　⑤ 16

13. 삼차방정식

$$x^3 + 2x^2 - 3x - 10 = 0$$

의 서로 다른 두 허근을 α, β라 할 때, $\alpha^3 + \beta^3$의 값은? [3점]

① -2 ② -3 ③ -4 ④ -5 ⑤ -6

14. x에 대한 이차방정식 $x^2 - 2kx - k + 20 = 0$이 서로 다른 두 실근 α, β를 가질 때, $\alpha\beta > 0$을 만족시키는 모든 자연수 k의 개수는? [4점]

① 14   ② 15   ③ 16   ④ 17   ⑤ 18

15. 이차다항식 $P(x)$가 다음 조건을 만족시킬 때, $P(-1)$의 값은? [4점]

> (가) 부등식 $P(x) \geq -2x-3$의 해는 $0 \leq x \leq 1$이다.
> (나) 방정식 $P(x) = -3x-2$는 중근을 가진다.

① -3　　② -4　　③ -5　　④ -6　　⑤ -7

16. 그림과 같이 한 변의 길이가 2인 정삼각형 ABC에 대하여 변 BC의 중점을 P라 하고, 선분 AP 위의 점 Q에 대하여 선분 PQ의 길이를 x라 하자. $\overline{AQ}^2 + \overline{BQ}^2 + \overline{CQ}^2$은 $x = a$에서 최솟값 m을 가진다. $\dfrac{m}{a}$의 값은? (단, $0 < x < \sqrt{3}$이고, a는 실수이다.) [4점]

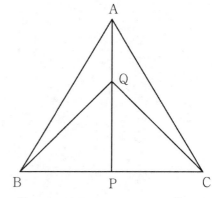

① $3\sqrt{3}$　　② $\dfrac{7}{2}\sqrt{3}$　　③ $4\sqrt{3}$　　④ $\dfrac{9}{2}\sqrt{3}$　　⑤ $5\sqrt{3}$

17. x에 대한 다항식 x^3+x^2+ax+b가 $(x-1)^2$으로 나누어떨어질 때의 몫을 $Q(x)$라 하자. 두 상수 a, b에 대하여 $Q(ab)$의 값은? [4점]

① -15　　② -14　　③ -13　　④ -12　　⑤ -11

18. 그림과 같이 빗변의 길이가 c이고 둘레의 길이가 10인 직각삼각형 ABC가 있다.

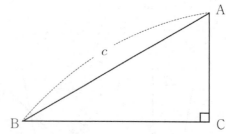

다음은 직각삼각형 ABC의 빗변의 길이 c의 범위를 구하는 과정이다.

$\overline{BC}=a$, $\overline{CA}=b$라 하면
삼각형 ABC의 둘레의 길이가 10이고 $\overline{AB}=c$이므로
$a+b=$ $\boxed{\text{(가)}}$ $\cdots\cdots$ ㉠
이다. 삼각형 ABC가 직각삼각형이므로
$a^2+b^2=c^2$에서 $(a+b)^2-2ab=c^2$ $\cdots\cdots$ ㉡
이다. ㉠을 ㉡에 대입하면 $ab=$ $\boxed{\text{(나)}}$ 이다.

a, b를 두 실근으로 가지고 이차항의 계수가 1인 x에 대한 이차방정식은
$x^2-($ $\boxed{\text{(가)}}$ $)x+$ $\boxed{\text{(나)}}$ $=0$ $\cdots\cdots$ ㉢
이고 ㉢의 판별식 $D\geq0$이다.

빗변의 길이 c는 양수이므로
부등식 $D\geq0$의 해를 구하면 $c\geq$ $\boxed{\text{(다)}}$ 이다.

㉢의 두 실근 a, b는 모두 양수이므로
두 근의 합 $\boxed{\text{(가)}}$ 와 곱 $\boxed{\text{(나)}}$ 는 모두 양수이다.
따라서 빗변의 길이 c의 범위는 $\boxed{\text{(다)}}$ $\leq c<5$이다.

위의 (가), (나)에 알맞은 식을 각각 $f(c)$, $g(c)$라 하고 (다)에 알맞은 수를 k라 할 때, $\dfrac{k}{25}\times f\left(\dfrac{9}{2}\right)\times g\left(\dfrac{9}{2}\right)$의 값은? [4점]

① $10(\sqrt{2}-1)$　　② $11(\sqrt{2}-1)$　　③ $12(\sqrt{2}-1)$
④ $10(\sqrt{2}+1)$　　⑤ $11(\sqrt{2}+1)$

19. 이차함수 $y=x^2-3x+1$의 그래프와 직선 $y=x+2$로 둘러싸인 도형의 내부에 있는 점 중에서 x좌표와 y좌표가 모두 정수인 점의 개수는? [4점]

① 6   ② 7   ③ 8   ④ 9   ⑤ 10

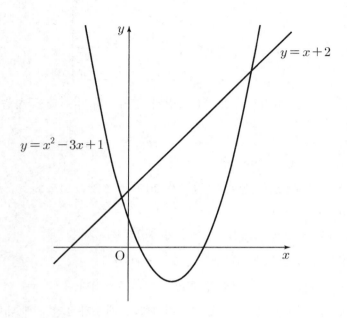

20. 모든 실수 x에 대하여 다항식 $P(x)$가

$$\{P(x)+2\}^2=(x-a)(x-2a)+4$$

를 만족시킬 때, 모든 $P(1)$의 값의 합은? (단, a는 실수이다.) [4점]

① -9 ② -8 ③ -7 ④ -6 ⑤ -5

21. $1 \leq x \leq 2$에서 이차함수 $f(x) = (x-a)^2 + b$의 최솟값이 5일 때, 두 실수 a, b에 대하여 옳은 것만을 <보기>에서 있는 대로 고른 것은? [4점]

─── < 보 기 > ───

ㄱ. $a = \dfrac{3}{2}$일 때, $b = 5$이다.

ㄴ. $a \leq 1$일 때, $b = -a^2 + 2a + 4$이다.

ㄷ. $a + b$의 최댓값은 $\dfrac{29}{4}$이다.

① ㄱ   ② ㄱ, ㄴ   ③ ㄱ, ㄷ
④ ㄴ, ㄷ   ⑤ ㄱ, ㄴ, ㄷ

단 답 형

22. 다항식 $(x+2y)^3$을 전개한 식에서 xy^2의 계수를 구하시오. [3점]

23. $(3+ai)(2-i) = 13+bi$를 만족시키는 두 실수 a, b에 대하여 $a+b$의 값을 구하시오. (단, $i = \sqrt{-1}$이다.) [3점]

24. 연립방정식

$$\begin{cases} x - y = -5 \\ 4x^2 + y^2 = 20 \end{cases}$$

의 해를 $x = \alpha$, $y = \beta$라 할 때, $\alpha + \beta$의 값을 구하시오. [3점]

25. x에 대한 이차방정식 $x^2 - 3x + k = 0$의 두 근을 α, β라 할 때, $\dfrac{1}{\alpha^2 - \alpha + k} + \dfrac{1}{\beta^2 - \beta + k} = \dfrac{1}{4}$을 만족시키는 실수 k의 값을 구하시오. [3점]

26. x에 대한 사차방정식 $x^4 - (2a - 9)x^2 + 4 = 0$이 서로 다른 네 실근 α, β, γ, δ ($\alpha < \beta < \gamma < \delta$)를 가진다. $\alpha^2 + \beta^2 = 5$일 때, 상수 a의 값을 구하시오. [4점]

27. 100 이하의 자연수 n에 대하여

$$(1-i)^{2n} = 2^n i$$

를 만족시키는 모든 n의 개수를 구하시오.
(단, $i = \sqrt{-1}$ 이다.) [4점]

28. x에 대한 연립부등식

$$\begin{cases} x^2 - (a^2-3)x - 3a^2 < 0 \\ x^2 + (a-9)x - 9a > 0 \end{cases}$$

을 만족시키는 정수 x가 존재하지 않기 위한 실수 a의
최댓값을 M이라 하자. M^2의 값을 구하시오. (단, $a > 2$) [4점]

29. 삼차다항식 $P(x)$와 일차다항식 $Q(x)$가 다음 조건을 만족시킨다.

(가) $P(x)Q(x)$는 $(x^2-3x+3)(x-1)$로 나누어떨어진다.

(나) 모든 실수 x에 대하여 $x^3-10x+13-P(x)=\{Q(x)\}^2$ 이다.

$Q(0)<0$일 때, $P(2)+Q(8)$의 값을 구하시오. [4점]

30. 두 이차함수 $f(x)$, $g(x)$는 다음 조건을 만족시킨다.

(가) 모든 실수 x에 대하여 $f(x) \geq f(0)$, $g(x) \leq g(0)$이다.

(나) $f(0)$은 정수이고, $g(0)-f(0)=4$이다.

x에 대한 방정식 $f(x)+p=k$의 서로 다른 실근의 개수와
x에 대한 방정식 $g(x)-p=k$의 서로 다른 실근의 개수가
같게 되도록 하는 정수 k의 개수가 1일 때,
실수 p의 최솟값을 m, 최댓값을 M이라 하자.
$m+10M$의 값을 구하시오. [4점]

＊ 확 인 사 항

○ 답안지의 해당란에 필요한 내용을 정확히 기입(표기) 했는지 확인하시오.

수학 영역

● 문항수 30개 | 배점 100점 | 제한 시간 100분 ● 배점은 2점, 3점 또는 4점

07회

5 지 선 다 형

1. 두 다항식 $A = x^2 + 3xy + 2y^2$, $B = 2x^2 - 3xy - y^2$에 대하여 $A + B$를 간단히 하면? [2점]

① $x^2 + 3y^2$　　　② $3x^2 - 2y^2$　　　③ $3x^2 + y^2$

④ $x^2 - 2xy + 3y^2$　　　⑤ $3x^2 - 2xy + y^2$

● 2024학년도 3월(고2)

2. $_4C_2$의 값은? [2점]

① 6　　　② 7　　　③ 8　　　④ 9　　　⑤ 10

● 2014학년도 6월(고2 A)

3. 행렬 $B = \begin{pmatrix} 1 & 2 \\ -1 & 1 \end{pmatrix}$에 대하여 $A - B = E$를 만족시키는 행렬 A는? (단, E는 단위행렬이다.) [2점]

① $\begin{pmatrix} 2 & 2 \\ -1 & 2 \end{pmatrix}$　　　② $\begin{pmatrix} 0 & -2 \\ 1 & 0 \end{pmatrix}$　　　③ $\begin{pmatrix} -1 & -4 \\ 2 & -1 \end{pmatrix}$

④ $\begin{pmatrix} 3 & 4 \\ -2 & 3 \end{pmatrix}$　　　⑤ $\begin{pmatrix} 2 & 4 \\ 1 & -2 \end{pmatrix}$

● 2021학년도 9월(고1)

4. 등식 $(2+3i)(1-i) = a + bi$를 만족시키는 두 실수 a, b에 대하여 $a + b$의 값은? (단, $i = \sqrt{-1}$) [3점]

① 3　　　② 4　　　③ 5　　　④ 6　　　⑤ 7

● 2021학년도 3월(고2)

5. 등식 $_{10}P_3 = n \times {}_{10}C_3$을 만족시키는 n의 값은? [3점]

① 2　　　　② 4　　　　③ 6　　　　④ 8　　　　⑤ 10

7. x에 대한 이차방정식 $x^2 - x + k = 0$이 서로 다른 두 근 α, β를 갖는다. $\alpha^3 + \beta^3 = 10$일 때, 상수 k의 값은? [3점]

① -7　　② -6　　③ -5　　④ -4　　⑤ -3

● 2014학년도 6월(고2 A)

6. 이차정사각행렬 A, B가

$$(A+B)^2 = \begin{pmatrix} 2 & 2 \\ -1 & -1 \end{pmatrix}, \quad A^2 + B^2 = \begin{pmatrix} 0 & -2 \\ 1 & 3 \end{pmatrix}$$

을 만족시킬 때, 행렬 $AB + BA$는? [3점]

① $\begin{pmatrix} -1 & -3 \\ 5 & -2 \end{pmatrix}$　　② $\begin{pmatrix} 1 & 5 \\ -1 & 8 \end{pmatrix}$　　③ $\begin{pmatrix} 1 & 7 \\ 8 & 4 \end{pmatrix}$

④ $\begin{pmatrix} 2 & 4 \\ -2 & -4 \end{pmatrix}$　　⑤ $\begin{pmatrix} 2 & -7 \\ 6 & -2 \end{pmatrix}$

8. x에 대한 이차부등식 $x^2 + ax - 12 \leq 0$의 해가 $-4 \leq x \leq b$일 때, 두 상수 a, b에 대하여 $a-b$의 값은? [3점]

① -6 ② -5 ③ -4 ④ -3 ⑤ -2

● 2024학년도 3월(고2)

9. 삼차방정식 $x^3 + x^2 - 2 = 0$의 한 허근을 $a+bi$라 할 때, $|a|+|b|$의 값은? (단, a, b는 실수이고, $i = \sqrt{-1}$ 이다.) [3점]

① 4 ② $\dfrac{7}{2}$ ③ 3 ④ $\dfrac{5}{2}$ ⑤ 2

● 2014학년도 6월(고2 A)

10. 이차정사각행렬 A에 대하여 $A\begin{pmatrix} 1 \\ 0 \end{pmatrix} = \begin{pmatrix} 2 \\ 3 \end{pmatrix}$, $A\begin{pmatrix} 0 \\ 1 \end{pmatrix} = \begin{pmatrix} -1 \\ 2 \end{pmatrix}$이다.

$A\begin{pmatrix} 1 \\ 2 \end{pmatrix} = \begin{pmatrix} p \\ q \end{pmatrix}$일 때, $p+q$의 값은? [3점]

① 6 ② 7 ③ 8 ④ 9 ⑤ 10

11. 연립부등식

$$\begin{cases} x^2 - x - 12 \le 0 \\ x^2 - 3x + 2 > 0 \end{cases}$$

을 만족시키는 모든 정수 x의 값의 합은? [3점]

① 1 ② 2 ③ 3 ④ 4 ⑤ 5

12. 다항식 $(x^2 + x)(x^2 + x + 2) - 8$이
$(x - 1)(x + a)(x^2 + x + b)$로 인수분해될 때, 두 상수 a, b에
대하여 $a + b$의 값은? [3점]

① 3 ② 4 ③ 5 ④ 6 ⑤ 7

● 2021학년도 9월(고1)

13. 부등식 $|2x-1| \le 5$를 만족시키는 모든 정수 x의 개수는?

[3점]

① 2   ② 4   ③ 6   ④ 8   ⑤ 10

14. x에 대한 이차방정식 $x^2 - 2(k-a)x + k^2 - 4k + b = 0$이 실수 k에 값에 관계없이 항상 중근을 가질 때, 두 상수 a, b에 대하여 $a+b$의 값은? [4점]

① 2   ② 3   ③ 4   ④ 5   ⑤ 6

15. x에 대한 삼차방정식 $x^3+5x^2+(a-6)x-a=0$의 서로
다른 실근의 개수가 2가 되도록 하는 모든 실수 a의 값의 합은?
[4점]

① 1　　　② 2　　　③ 3　　　④ 4　　　⑤ 5

● 2021학년도 3월(고2)

16. 어느 학교에서는 '확률과 통계', '미적분', '기하'의 수학 과목
3개와 '물리학Ⅱ', '화학Ⅱ', '생명과학Ⅱ', '지구과학Ⅱ'의 과학
과목 4개를 선택 교육 과정으로 운영한다. 두 학생 A, B가 이
7개의 과목 중에서 다음 조건을 만족시키도록 과목을
선택하려고 한다.

- A, B는 각자 1개 이상의 수학 과목을 포함한 3개의 과
  목을 선택한다.
- A가 선택하는 3개의 과목과 B가 선택하는 3개의 과목
  중에서 서로 일치하는 과목의 개수는 1이다.

다음은 A, B가 과목을 선택하는 경우의 수를 구하는 과정이다.

A, B가 선택하는 과목 중에서 서로 일치하는 과목이 수학
과목인 경우와 과학 과목인 경우로 나누어 구할 수 있다.
(ⅰ) 서로 일치하는 과목이 수학 과목일 때
　　3개의 수학 과목 중에서 1개를 선택하는 경우의 수는
　　$_3C_1=3$
　　위의 각 경우에 대하여 나머지 6개의 과목 중에서 A가
　　2개를 선택하고, 나머지 4개의 과목 중에서 B가 2개를
　　선택하는 경우의 수는
　　　　(가)
　　이때의 경우의 수는
　　$3\times$ (가)
(ⅱ) 서로 일치하는 과목이 과학 과목일 때
　　4개의 과학 과목 중에서 1개를 선택하는 경우의 수는
　　$_4C_1=4$
　　위의 각 경우에 대하여 나머지 6개의 과목 중에서 A, B
　　는 수학 과목을 1개 이상 선택해야 하므로 다음 두 가지
　　경우로 나눌 수 있다.
　　(ⅱ-1) A, B 모두 수학 과목 1개와 과학 과목 1개를
　　　　　선택하는 경우의 수는
　　　　　$(_3C_1\times_3C_1)\times(_2C_1\times_2C_1)=36$
　　(ⅱ-2) A, B 중 한 명은 수학 과목 2개를 선택하고, 다
　　　　　른 한 명은 수학 과목 1개와 과학 과목 1개를 선택하
　　　　　는 경우의 수는
　　　　　　　(나)
　　이때의 경우의 수는
　　$4\times\left(36+\right.$ (나) $\left.\right)$
(ⅰ), (ⅱ)에 의하여 구하는 경우의 수는
$3\times$ (가) $+4\times\left(36+\right.$ (나) $\left.\right)$이다.

위의 (가), (나)에 알맞은 수를 각각 p, q라 할 때, $p+q$의
값은? [4점]

① 102　　② 108　　③ 114　　④ 120　　⑤ 126

17. $1 \le k \le 3$인 실수 k에 대하여 직선 $y=k(x+4)$ 위에 x좌표가 $-k$인 점 P가 있다. 두 점 Q$(-2,\ 0)$, R$(0,\ 1)$에 대하여 사각형 PQOR의 넓이의 최댓값은? (단, O는 원점이다.) [4점]

① $\dfrac{9}{2}$　　② $\dfrac{75}{16}$　　③ $\dfrac{39}{8}$　　④ $\dfrac{81}{16}$　　⑤ $\dfrac{21}{4}$

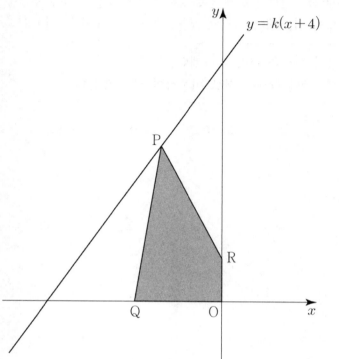

18. 다항식 $f(x)$가 다음 조건을 만족시킨다.

> (가) $f(x)$를 x^3-1로 나눈 몫과 나머지는 서로 같다.
>
> (나) $f(x)-x$는 x^2+x+1로 나누어떨어진다.

$f(x)$를 $x-2$로 나눈 나머지가 72일 때, $f(1)$의 값은? [4점]

① 4　　② 7　　③ 10　　④ 13　　⑤ 16

19. 최고차항의 계수의 절댓값이 같은 두 이차함수 $y=f(x)$, $y=g(x)$의 그래프가 서로 다른 두 점 A, B에서 만나고 직선 AB의 기울기는 -1이다. 두 함수 $f(x)$, $g(x)$가 다음 조건을 만족시킬 때, $f(-1)+g(-1)$의 값은? [4점]

(가) $f(x)-g(x)=-4(x+3)(x-2)$

(나) $f(-3)+g(2)=5$

---

① 4　　② 5　　③ 6　　④ 7　　⑤ 8

● 2024학년도 3월(고2)

20. 그림과 같이 둥근 의자 3개와 사각 의자 3개가 교대로 나열되어 있다.

1학년 학생 2명, 2학년 학생 2명, 3학년 학생 2명이 다음 조건을 만족시키도록 이 6개의 의자에 모두 앉는 경우의 수는? [4점]

(가) 2학년 학생은 사각 의자에만 앉는다.

(나) 같은 학년 학생은 서로 이웃하여 앉지 않는다.

---

① 64　　② 72　　③ 80　　④ 88　　⑤ 96

21. 세 양수 a, b, c에 대하여 두 이차함수

$$f(x) = (x-a)^2 + b, \ g(x) = -\frac{1}{2}(x-c)^2 + 11$$

이 있다. x에 대한 이차방정식 $f(x) = g(x)$는 서로 다른
두 실근 α, $\beta(\alpha < \beta)$를 갖는다.
함수 $h(x)$가

$$h(x) = \begin{cases} f(x) \ (\alpha \le x \le \beta) \\ g(x) \ (x < \alpha \ \text{또는} \ x > \beta) \end{cases}$$

일 때, 함수 $h(x)$는 다음 조건을 만족시킨다.

> 함수 $y = h(x)$의 그래프와 직선 $y = k$가 서로 다른
> 세 점에서만 만나도록 하는 실수 k의 값은 2와 3이다.

함수 $y = h(x)$의 그래프가 직선 $y = 2$와 만나는 서로 다른
세 점의 x좌표의 합을 S라 하고, 직선 $y = 3$과 만나는 서로
다른 세 점의 x좌표의 합을 T라 하자.
$T - S = \frac{a}{2}$일 때, $h(\alpha + \beta)$의 값은? [4점]

① $\frac{17}{2}$ ② 9 ③ $\frac{19}{2}$ ④ 10 ⑤ $\frac{21}{2}$

단답형

22. x에 대한 다항식 $x^3 + 2x^2 - 9x + a$를 $x - 1$로 나눈
나머지가 7일 때, 상수 a의 값을 구하시오. [3점]

23. 연립부등식

$$\begin{cases} 2x \le x + 11 \\ x + 5 < 4x - 2 \end{cases}$$

를 만족시키는 모든 정수 x의 개수를 구하시오. [3점]

● 2021학년도 3월(고2)

24. 7개의 문자 c, h, e, e, r, u, p를 모두 일렬로 나열할 때, 2개의 문자 e가 서로 이웃하게 되는 경우의 수를 구하시오.

[3점]

● 2021학년도 6월(고1)

25. x, y에 대한 이차식 $x^2 + kxy - 3y^2 + x + 11y - 6$이 x, y에 대한 두 일차식의 곱으로 인수분해 되도록 하는 자연수 k의 값을 구하시오. [3점]

● 2021학년도 6월(고1)

26. $\left(\dfrac{\sqrt{2}}{1+i}\right)^n + \left(\dfrac{\sqrt{3}+i}{2}\right)^n = 2$를 만족시키는 자연수 n의 최솟값을 구하시오. (단, $i = \sqrt{-1}$) [4점]

● 2014학년도 6월(고2 A)

27. 이차정사각행렬 $A = \begin{pmatrix} 2 & 0 \\ 1 & 1 \end{pmatrix}$, $B = \dfrac{1}{2}\begin{pmatrix} -1 & 0 \\ 1 & -2 \end{pmatrix}$에 대하여

행렬 $B^4 A^8$의 모든 성분의 합을 구하시오. [4점]

● 2021학년도 9월(고1)

28. 다항식 $P(x)$와 최고차항의 계수가 1인 삼차다항식 $Q(x)$가 모든 실수 x에 대하여

$$\{Q(x+1)\}^2 + \{Q(x)\}^2 = (x^2 - x)P(x)$$

를 만족시킨다. $P(x)$를 $Q(x)$로 나눈 나머지를 $R(x)$라 할 때, $R(3)$의 값을 구하시오. (단, 다항식 $Q(x)$의 계수는 실수이다.)

[4점]

29. 두 양수 p, q에 대하여 이차함수 $f(x) = (x-p)^2 + q$와 자연수 m이 다음 조건을 만족시킬 때, $f(10)$의 값을 구하시오. [4점]

(가) $0 \le x \le 3$에서 함수 $f(x)$의 최솟값은 m이고 최댓값은 $m+4$이다.

(나) $0 \le x \le 5$에서 함수 $f(x)$의 최솟값은 m이고 최댓값은 $4m$이다.

● 2021학년도 9월(고1)

30. $t \ge 0$인 실수 t에 대하여 $t \le x \le t+3$에서 이차함수 $f(x) = x^2 - 4tx + 10t$의 최댓값과 최솟값의 합을 $g(t)$라 하자. t에 대한 방정식 $g(t) = -4t + a$의 서로 다른 실근의 개수가 4가 되도록 하는 모든 실수 a의 값의 범위는 $p < a < q$이다. $4p + 7q$의 값을 구하시오. (단, p와 q는 상수이다.) [4점]

★ 확인 사항

○ 답안지의 해당란에 필요한 내용을 정확히 기입(표기)했는지 확인하시오.

제2교시

수학 영역

08회

● 문항수 30개 | 배점 100점 | 제한 시간 100분
● 배점은 2점, 3점 또는 4점

5지선다형

1. 두 다항식 $A = x^2 - 2x + 1$, $B = 2x^2 + 2x - 2$에 대하여 $A + B$를 간단히 하면? [2점]

① $x^2 - x - 1$ ② $x^2 + x + 1$ ③ $x^2 + 1$

④ $3x^2 - 1$ ⑤ $3x^2 + 1$

2. 등식 $x^2 + (a+2)x = x^2 + 4x + (b-1)$이 x에 대한 항등식일 때, 두 상수 a, b에 대하여 $a+b$의 값은? [2점]

① 1   ② 2   ③ 3   ④ 4   ⑤ 5

● 2014학년도 6월(고2 A)

3. 이차정사각행렬 A의 (i, j)성분 a_{ij}를

$$a_{ij} = i + 3j \quad (i = 1, 2, \quad j = 1, 2)$$

라 하자. 행렬 A의 $(2, 1)$ 성분은? [2점]

① 4   ② 5   ③ 6   ④ 7   ⑤ 8

4. 연립부등식

$$\begin{cases} x + 6 \le 4x \\ 3x + 4 < x + 16 \end{cases}$$

을 만족시키는 모든 정수 x의 개수는? [3점]

① 1   ② 2   ③ 3   ④ 4   ⑤ 5

5. 등식 $\dfrac{2}{1-i}=a+bi$를 만족시키는 두 실수 a, b에 대하여 $a+b$의 값은? (단, $i=\sqrt{-1}$) [3점]

① -2 ② -1 ③ 0 ④ 1 ⑤ 2

6. 다항식 x^3+ax^2+bx+3이 $(x+1)^2$으로 나누어떨어질 때, 두 상수 a, b에 대하여 $a+b$의 값은? [3점]

① 10 ② 11 ③ 12 ④ 13 ⑤ 14

● 2013학년도 6월(고2 A)

7. 표는 2013학년도 수시 모집에서 어느 대학 A 학과와 B 학과의 선발 인원수와 경쟁률을 나타낸 것이다.

<선발 인원수>

구분	A 학과	B 학과
일반 전형	30	40
특별 전형	10	20

<경쟁률>

구분	일반 전형	특별 전형
A 학과	5.1	21.4
B 학과	10.7	11.5

경쟁률은 $\dfrac{(지원자\ 수)}{(선발\ 인원수)}$의 값이고, 일반 전형과 특별 전형에 동시에 지원할 수 없으며, A 학과와 B 학과에 동시에 지원할 수 없다고 한다. 2013학년도 수시 모집에서 이 대학 A, B 두 학과의 일반 전형 지원자 수의 합을 m, B 학과의 일반 전형과 특별 전형 지원자 수의 합을 n이라 하자.

두 행렬 $P=\begin{pmatrix} 30 & 40 \\ 10 & 20 \end{pmatrix}$, $Q=\begin{pmatrix} 5.1 & 21.4 \\ 10.7 & 11.5 \end{pmatrix}$에 대하여 $m+n$의 값과 같은 것은? [3점]

① 행렬 PQ의 $(1,1)$성분과 $(2,2)$성분의 합
② 행렬 PQ의 $(1,1)$성분과 행렬 QP의 $(1,1)$성분의 합
③ 행렬 PQ의 $(1,1)$성분과 행렬 QP의 $(2,2)$성분의 합
④ 행렬 PQ의 $(2,2)$성분과 행렬 QP의 $(1,1)$성분의 합
⑤ 행렬 PQ의 $(2,2)$성분과 행렬 QP의 $(2,2)$성분의 합

8. 이차방정식 $x^2+2x+7=0$의 서로 다른 두 근을 α, β라 할 때, $\alpha^2+\alpha\beta+\beta^2$의 값은? [3점]

① -3　　② -1　　③ 1　　④ 3　　⑤ 5

9. 연립방정식

$$\begin{cases} 2x-y=1 \\ 5x^2-y^2=-5 \end{cases}$$

의 해를 $x=\alpha$, $y=\beta$라 할 때, $\alpha-\beta$의 값은? [3점]

① 1　　② 2　　③ 3　　④ 4　　⑤ 5

● 2020학년도 9월(고1)

10. 다항식 $(x^2+x)(x^2+x+1)-6$이 $(x+2)(x-1)(x^2+ax+b)$로 인수분해될 때, 두 상수 a, b에 대하여 $a+b$의 값은? [3점]

① 1　　② 2　　③ 3　　④ 4　　⑤ 5

● 2023학년도 3월(고2)

11. 1학년 학생 2명과 2학년 학생 4명이 있다. 이 6명의 학생이 일렬로 나열된 6개의 의자에 다음 조건을 만족시키도록 모두 앉는 경우의 수는? [3점]

(가) 1학년 학생끼리는 이웃하지 않는다.

(나) 양 끝에 있는 의자에는 모두 2학년 학생이 앉는다.
---

① 96   ② 120   ③ 144   ④ 168   ⑤ 192

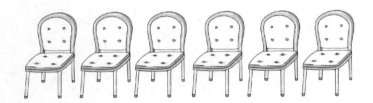

12. 연립부등식

$$\begin{cases} x^2 - 4x - 12 \leq 0 \\ x^2 - 4x + 4 > 0 \end{cases}$$

을 만족시키는 모든 정수 x의 개수는? [3점]

① 5   ② 6   ③ 7   ④ 8   ⑤ 9

13. 모든 실수 x에 대하여 이차부등식

$$x^2 + (m+2)x + 2m + 1 > 0$$

이 성립하도록 하는 모든 정수 m의 값의 합은? [3점]

① 3   ② 4   ③ 5   ④ 6   ⑤ 7

● 2020학년도 3월(고2)

14. 삼각형 ABC에서, 꼭짓점 A와 선분 BC 위의 네 점을 연결하는 4개의 선분을 그리고, 선분 AB 위의 세 점과 선분 AC 위의 세 점을 연결하는 3개의 선분을 그려 그림과 같은 도형을 만들었다. 이 도형의 선들로 만들 수 있는 삼각형의 개수는? [4점]

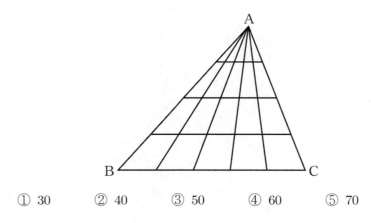

① 30   ② 40   ③ 50   ④ 60   ⑤ 70

15. 이차함수 $y = -x^2$의 그래프를 x축에 대하여 대칭이동한 후, x축의 방향으로 4만큼, y축의 방향으로 m만큼 평행이동한 그래프가 직선 $y = 2x + 3$에 접할 때, 상수 m의 값은? [4점]

① 8 ② 9 ③ 10 ④ 11 ⑤ 12

● 2020학년도 9월(고1)

16. x에 대한 삼차방정식 $x^3 + (k-1)x^2 - k = 0$의 한 허근을 z라 할 때, $z + \bar{z} = -2$이다. 실수 k의 값은? (단, $\bar{z}$는 z의 켤레복소수이다.) [4점]

① $\dfrac{3}{2}$ ② 2 ③ $\dfrac{5}{2}$ ④ 3 ⑤ $\dfrac{7}{2}$

● 2020학년도 3월(고2)

17. 그림과 같이 크기가 같은 6개의 정사각형에 1부터 6까지의 자연수가 하나씩 적혀 있다.

1	2	3
4	5	6

서로 다른 4가지 색의 일부 또는 전부를 사용하여 다음 조건을 만족시키도록 6개의 정사각형에 색을 칠하는 경우의 수는? (단, 한 정사각형에 한 가지 색만을 칠한다.) [4점]

> (가) 1이 적힌 정사각형과 6이 적힌 정사각형에는 같은 색을 칠한다.
> (나) 변을 공유하는 두 정사각형에는 서로 다른 색을 칠한다.

① 72   ② 84   ③ 96   ④ 108   ⑤ 120

18. 세 실수 a, b, c 에 대하여 삼차다항식

$$P(x) = x^3 + ax^2 + bx + c$$

가 다음 조건을 만족시킨다.

> (가) x에 대한 삼차방정식 $P(x) = 0$은 한 실근과 서로 다른 두 허근을 갖고, 서로 다른 두 허근의 곱은 5이다.
> (나) x에 대한 삼차방정식 $P(3x-1) = 0$은 한 근 0과 서로 다른 두 허근을 갖고, 서로 다른 두 허근의 합은 2이다.

$a+b+c$의 값은? [4점]

① 3   ② 4   ③ 5   ④ 6   ⑤ 7

08회

● 2013학년도 6월(고2 A)

19. 이차정사각행렬 A가 등식 $A^2-2A+E=O$를 만족시킨다. 다음은 n이 2 이상의 자연수일 때, 행렬 A^n을 구하는 과정이다. (단, E는 단위행렬이고, O는 영행렬이다.)

$A^2-2A+E=O$에서

$A^2-A=A-E$

$A^3-A^2=A(A^2-A)=A(A-E)=A^2-A$
　　　　$=A-E$

$A^4-A^3=A(A^3-A^2)=A(A-E)=A^2-A$
　　　　$=A-E$

　　　　$\vdots$

$A^n-A^{n-1}=A-E$

위 등식들을 변끼리 더하면

$A^n-A=\boxed{(가)}(A-E)$

$\therefore A^n=\boxed{(나)}A-\boxed{(가)}E$

위의 과정에서 (가), (나)에 알맞은 식을 각각 $f(n)$, $g(n)$이라 할 때, $f(100)+g(100)$의 값은? [4점]

① 191　　② 193　　③ 195　　④ 197　　⑤ 199

● 2021학년도 3월(고2)

20. 그림과 같이 좌석 번호가 적힌 10개의 의자가 배열되어 있다.

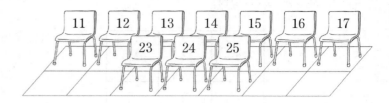

두 학생 A, B를 포함한 5명의 학생이 다음 규칙에 따라 10개의 의자 중에서 서로 다른 5개의 의자에 앉는 경우의 수는? [4점]

(가) A의 좌석 번호는 24 이상이고, B의 좌석 번호는 14 이하이다.

(나) 5명의 학생 중에서 어느 두 학생도 좌석 번호의 차가 1이 되도록 앉지 않는다.

(다) 5명의 학생 중에서 어느 두 학생도 좌석 번호의 차가 10이 되도록 앉지 않는다.

---

① 54　　② 60　　③ 66　　④ 72　　⑤ 78

21. 이차함수 $f(x)$와 이차항의 계수가 1인 이차함수 $g(x)$에 대하여 x에 대한 이차방정식

$$\{x-f(k)\}\{x-g(k)\}=0$$

이 서로 다른 두 실근 0, 4를 갖도록 하는 모든 실수 k의 개수가 3이다. $f(2)=4$일 때, $g(8)-f(8)$의 값은? [4점]

① 62　　　② 64　　　③ 66　　　④ 68　　　⑤ 70

22. 다항식 x^3-3x^2+3x-6을 $x-3$으로 나누었을 때의 나머지를 구하시오. [3점]

23. 부등식 $|x-5|$를 만족시키는 모든 정수 x의 값의 합을 구하시오. [3점]

24. x에 대한 이차방정식 $x^2 + 2ax + a^2 + 4a - 28 = 0$이 실근을 갖도록 하는 모든 자연수 a의 개수를 구하시오. [3점]

● 2013학년도 6월(고2 A)

25. 행렬 $A = \begin{pmatrix} 2 & -1 \\ 5 & -2 \end{pmatrix}$에 대하여 행렬 A^{2013}의 모든 성분의 합을 구하시오. [3점]

● 2020학년도 11월(고1)

26. 좌표평면에서 직선 $y = t$가 두 이차함수 $y = \dfrac{1}{2}x^2 + 3$, $y = -\dfrac{1}{2}x^2 + x + 5$의 그래프와 만날 때, 만나는 서로 다른 점의 개수가 3인 모든 실수 t의 값의 합을 구하시오. [4점]

27. 다항식 $P(x)$에 대하여 $(x-2)P(x)-x^2$을 $P(x)-x$로 나누었을 때의 몫은 $Q(x)$, 나머지는 $P(x)-3x$이다. $P(x)$를 $Q(x)$로 나눈 나머지가 10일 때, $P(30)$의 값을 구하시오. (단, 다항식 $P(x)-x$이 0아니다.) [4점]

● 2023학년도 3월(고2)

28. 서로 다른 네 종류의 인형이 각각 2개씩 있다. 이 8개의 인형 중에서 5개를 선택하는 경우의 수를 구하시오. (단, 같은 종류의 인형끼리는 서로 구별하지 않는다.) [4점]

● 2021학년도 11월(고1)

29. 이차함수 $f(x) = a(x-1)^2 - 10$ (a는 양의 상수)와 실수 k에 대하여 $k-1 \le x \le k+1$에서 함수 $|f(x)|$의 최댓값을 $g(k)$라 할 때, 함수 $g(k)$가 다음 조건을 만족시킨다.

$g(k) = 10$을 만족시키는 실수 k의 최댓값은 $\sqrt{10}$ 이다.

함수 $g(k)$가 $k=b$와 $k=c$에서 최솟값 m을 가질 때, $b^2 + c^2 + m^2$의 값을 구하시오. (단, b, c는 서로 다른 상수이다.)

[4점]

● 2020학년도 6월(고1)

30. 50 이하의 두 자연수 m, n에 대하여 $\left\{ i^n + \left(\dfrac{1}{i} \right)^{2n} \right\}^m$ 의 값이 음의 실수가 되도록 하는 순서쌍 (m, n)의 개수를 구하시오. (단, $i = \sqrt{-1}$ 이다.) [4점]

★ 확인 사항

○ 답안지의 해당란에 필요한 내용을 정확히 기입(표기)했는지 확인하시오.

2022학년도 9월 고1 전국연합학력평가 문제지

1

제 2 교시

수학 영역

09회

● 문항수 30개 | 배점 100점 | 제한 시간 100분

● 배점은 2점, 3점 또는 4점

09회

5 지 선 다 형

1. 두 다항식 $A = x^2 - 2xy + y^2$, $B = x^2 + 2xy + y^2$에 대하여 $A + B$를 간단히 하면? [2점]

① $x^2 + y^2$
② $2x^2 + 2y^2$
③ $3x^2 + 3y^2$
④ $2x^2 - 2xy + 2y^2$
⑤ $2x^2 + 2xy + 2y^2$

● 2013학년도 6월(고2 A)

2. 행렬 $A = \begin{pmatrix} 2 & -3 \\ 4 & -1 \end{pmatrix}$에 대하여 $A + B = E$를 만족시키는 행렬 B는? (단, E는 단위행렬이다.) [2점]

① $\begin{pmatrix} 3 & -3 \\ 4 & 0 \end{pmatrix}$
② $\begin{pmatrix} 2 & -3 \\ 1 & -2 \end{pmatrix}$
③ $\begin{pmatrix} -1 & 3 \\ -1 & -2 \end{pmatrix}$
④ $\begin{pmatrix} -2 & -3 \\ 4 & 1 \end{pmatrix}$
⑤ $\begin{pmatrix} -1 & 3 \\ -4 & 2 \end{pmatrix}$

● 2022학년도 3월(고2)

3. $_5C_3 \times 3!$의 값은? [2점]

① 15
② 30
③ 45
④ 60
⑤ 75

● 2021학년도 6월(고1)

4. x의 값에 관계없이 등식

$$3x^2 + ax + 4 = bx(x-1) + c(x-1)(x-2)$$

가 항상 성립할 때, $a + b + c$의 값은? (단, a, b, c는 상수이다.) [3점]

① -6
② -5
③ -4
④ -3
⑤ -2

● 2022학년도 3월(고2)

5. 복소수 $\dfrac{a+3i}{2-i}$의 실수부분과 허수부분의 합이 3일 때,

실수 a의 값은? (단, $i=\sqrt{-1}$) [3점]

① 1   ② 2   ③ 3   ④ 4   ⑤ 5

6. 부등식 $|2x+1|<7$의 해가 $a<x<b$일 때, ab의 값은? [3점]

① -12 ② -10 ③ -8 ④ -6 ⑤ -4

7. 다항식 x^4-x^2-12가 $(x-a)(x+a)(x^2+b)$로
인수분해될 때, 두 양수 a, b에 대하여 $a+b$의 값은? [3점]

① 4   ② 5   ③ 6   ④ 7   ⑤ 8

8. 이차방정식 $x^2+2x+k=0$의 서로 다른 두 근을 α, β라 할 때, $\alpha^2+\beta^2=8$이다. 상수 k의 값은? [3점]

① -5 ② -4 ③ -3 ④ -2 ⑤ -1

10. 연립방정식

$$\begin{cases} x-y+1=0 \\ x^2-2y^2-2=0 \end{cases}$$

의 해를 $x=\alpha$, $y=\beta$라 할 때, $\alpha+\beta$의 값은? [3점]

① -5 ② -4 ③ -3 ④ -2 ⑤ -1

09회

● 2022학년도 3월(고2)

9. 숫자 1, 2, 3, 4, 5가 하나씩 적혀 있는 5장의 카드가 있다. 이 5장의 카드를 모두 일렬로 나열할 때, 짝수가 적혀 있는 카드끼리 서로 이웃하지 않도록 나열하는 경우의 수는? [3점]

① 24   ② 36   ③ 48   ④ 60   ⑤ 72

11. 연립부등식

$$\begin{cases} x^2 - 3x - 18 \leq 0 \\ x^2 - 8x + 15 \geq 0 \end{cases}$$

을 만족시키는 모든 정수 x의 값의 합은? [3점]

① 7　　　② 8　　　③ 9　　　④ 10　　　⑤ 11

● 2022학년도 11월(고1)

12. 삼차방정식 $x^3 + (k+1)x^2 + (4k-3)x + k + 7 = 0$은 서로 다른 세 실근 1, α, β를 갖는다. $|\alpha - \beta|$의 값은? (단, k는 상수이다.) [3점]

① 5　　　② 7　　　③ 9　　　④ 11　　　⑤ 13

● 2012학년도 6월(고2 A)
13. 행렬 $A = \begin{pmatrix} -2 & 3 \\ -1 & 2 \end{pmatrix}$에 대하여 등식 $A^{2012}\begin{pmatrix} p \\ q \end{pmatrix} = \begin{pmatrix} -2 \\ 3 \end{pmatrix}$이 성립할 때, 두 실수 p, q의 합 $p+q$의 값은? [3점]

① -5 ② -1 ③ 0 ④ 1 ⑤ 5

● 2019학년도 3월(고2 가)
14. 9개의 숫자 0, 0, 0, 1, 1, 1, 1, 1, 1을 0끼리는 어느 것도 이웃하지 않도록 일렬로 나열하여 만들 수 있는 아홉 자리의 자연수의 개수는? [4점]

① 12   ② 14   ③ 16   ④ 18   ⑤ 20

09회

● 2021학년도 6월(고1)

15. 물체가 등속 원운동을 하기 위해 원의 중심방향으로
작용하는 일정한 크기의 힘을 구심력이라 한다.
질량이 m인 물체가 반지름의 길이가 r인 원의 궤도를 따라
v의 속력으로 등속 원운동을 할 때 작용하는 구심력의 크기
F는 다음과 같다.

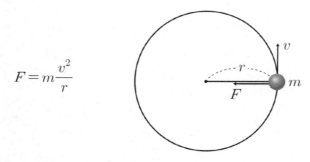

$$F = m\frac{v^2}{r}$$

물체 A와 물체 B는 반지름의 길이가 각각 r_A, r_B인 원의
궤도를 따라 등속 원운동을 한다.
물체 A의 질량은 물체 B의 질량의 3배이고, 물체 A의 속력은
물체 B의 속력의 $\frac{1}{2}$배이다. 물체 A와 물체 B의 구심력의

크기가 같을 때, $\dfrac{r_A}{r_B}$의 값은? [4점]

① $\dfrac{3}{8}$ ② $\dfrac{1}{2}$ ③ $\dfrac{5}{8}$ ④ $\dfrac{3}{4}$ ⑤ $\dfrac{7}{8}$

16. 이차함수 $y = \dfrac{1}{2}(x-k)^2$의 그래프와 직선 $y = x$가

서로 다른 두 점 A, B에서 만난다. 두 점 A, B에서 x축에
내린 수선의 발을 각각 C, D라 하자. 선분 CD의 길이가
6일 때, 상수 k의 값은? [4점]

① $\dfrac{7}{2}$ ② 4 ③ $\dfrac{9}{2}$ ④ 5 ⑤ $\dfrac{11}{2}$

● 2013학년도 9월(고2 A)

17. 다음은 이차정사각행렬 $A = \begin{pmatrix} a & b \\ c & a+6 \end{pmatrix}$ 에 대하여 $A^2 = E$ 를 만족시키는 행렬 A 의 개수를 구하는 과정이다. (단, a, b, c 는 정수이고 E 는 단위행렬이다.)

A 가 $A^2 = E$ 를 만족시키므로

$A^2 = \begin{pmatrix} a^2 + bc & 2b \times (a+3) \\ 2c \times (a+3) & (a+6)^2 + bc \end{pmatrix} = \begin{pmatrix} 1 & 0 \\ 0 & 1 \end{pmatrix}$ 이다.

(i) $a \neq \boxed{(가)}$ 인 경우

$b = 0$ 이고 $c = 0$ 이므로 $A^2 = \begin{pmatrix} a^2 & 0 \\ 0 & (a+6)^2 \end{pmatrix}$ ...... ㉠

이다.

㉠ 에서 $A^2 \neq E$ 이므로 주어진 조건에 모순이다.

(ii) $a = \boxed{(가)}$ 인 경우

주어진 조건 $A^2 = E$ 에서 $bc = \boxed{(나)}$ 이다.

b, c 가 정수이므로

$bc = \boxed{(나)}$ 를 만족시키는 순서쌍 (b, c) 의 개수는 $\boxed{(다)}$ 이다.

따라서 $A^2 = E$ 를 만족시키는 행렬 A 의 개수는 $\boxed{(다)}$ 이다.

위의 (가), (나), (다)에 알맞은 수를 각각 p, q, r 라 할 때, $p + q + r$ 의 값은? [4점]

① -3 ② -1 ③ 0 ④ 1 ⑤ 3

18. 함수 $f(x) = x^2 + 4x - 3k^2 - 12k + 40$ 의 그래프와 x 축이 만나는 점의 개수와, 함수 $g(x) = x^2 - 12x + 3k^2 - 36k + 96$ 의 그래프와 x 축이 만나는 점의 개수가 서로 같도록 하는 모든 정수 k 의 개수는? [4점]

① 11   ② 13   ③ 15   ④ 17   ⑤ 19

09회

● 2021학년도 6월(고1)

19. 복소수 z에 대하여 $z + \bar{z} = -1$, $z\bar{z} = 1$일 때,

$$\frac{\bar{z}}{z^5} + \frac{(\bar{z})^2}{z^4} + \frac{(\bar{z})^3}{z^3} + \frac{(\bar{z})^4}{z^2} + \frac{(\bar{z})^5}{z}$$의 값은?

(단, $\bar{z}$는 z의 켤레복소수이다.) [4점]

① 2   ② 3   ③ 4   ④ 5   ⑤ 6

20. 최고차항의 계수가 1인 사차다항식 $f(x)$가 다음 조건을 만족시킬 때, $f(4)$의 값은? [4점]

> (가) $f(x)$를 $x+1$로 나눈 나머지와 $f(x)$를 x^2-3으로 나눈 나머지는 서로 같다.
>
> (나) $f(x+1)-5$는 x^2+x로 나누어떨어진다.

① -9 ② -8 ③ -7 ④ -6 ⑤ -5

● 2021학년도 6월(고1)

21. 두 이차함수 $f(x)$, $g(x)$는 다음 조건을 만족시킨다.

> (가) $f(x)g(x) = (x^2-4)(x^2-9)$
>
> (나) $f(\alpha) = f(\alpha+5) = 0$인 실수 α가 존재한다.

<보기>에서 옳은 것만을 있는 대로 고른 것은? [4점]

> ─────── < 보 기 > ───────
>
> ㄱ. $f(2) = 0$일 때, $g(3) = 0$이다.
>
> ㄴ. $g(2) > 0$일 때, $f\left(\dfrac{5}{2}\right) < g\left(\dfrac{5}{2}\right)$이다.
>
> ㄷ. x에 대한 방정식 $f(x) - g(x) = 0$이 서로 다른 두 정수 m, n을 근으로 가질 때, $|m+n| = 5$이다.

① ㄱ   ② ㄱ, ㄴ   ③ ㄱ, ㄷ
④ ㄴ, ㄷ   ⑤ ㄱ, ㄴ, ㄷ

┌─────────────┐
│   **단 답 형**   │
└─────────────┘

22. x에 대한 다항식 $x^3 - x^2 - 10x + a$가 $x-1$로 나누어떨어질 때, 상수 a의 값을 구하시오. [3점]

● 2014학년도 3월(고3 A)

23. 행렬 $A = \begin{pmatrix} 2 & -1 \\ 1 & -2 \end{pmatrix}$에 대하여 행렬 $A + A^2 + A^3 + A^4$의 모든 성분의 합을 구하시오. [3점]

24. x에 대한 이차방정식 $x^2-(k+2)x+k+5=0$이 서로 다른 두 허근을 갖도록 하는 모든 정수 k의 개수를 구하시오. [3점]

● 2017학년도 6월(고3 나)

25. 어느 학교 동아리 회원은 1학년이 6명, 2학년이 4명이다. 이 동아리에서 7명을 뽑을 때, 1학년에서 4명, 2학년에서 3명을 뽑는 경우의 수를 구하시오. [3점]

● 2019학년도 11월(고1)

26. 그림과 같이 $\angle C=90°$인 직각삼각형 ABC가 있다. $\overline{AB}=2\sqrt{6}$이고 삼각형 ABC의 넓이가 3일 때, $\overline{AC}^3+\overline{BC}^3$의 값을 구하시오. [4점]

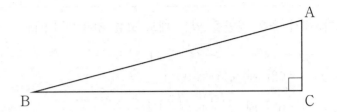

27. x에 대한 사차방정식

$$x^4 + (2a+1)x^3 + (3a+2)x^2 + (a+2)x = 0$$

의 서로 다른 실근의 개수가 3이 되도록 하는 모든 실수 a의 값의 곱을 구하시오. [4점]

● 2020학년도 3월(고2)

28. 서로 다른 종류의 꽃 4송이와 같은 종류의 초콜릿 2개를 5명의 학생에게 남김없이 나누어 주려고 한다. 아무것도 받지 못하는 학생이 없도록 꽃과 초콜릿을 나누어 주는 경우의 수를 구하시오. [4점]

29. 두 실수 a, b에 대하여 이차방정식 $x^2 + ax + b = 0$의 서로 다른 두 근은 α, β이고, 이차방정식 $x^2 + 3ax + 3b = 0$의 서로 다른 두 근은 $\alpha + 2$, $\beta + 2$이다. 다음 조건을 만족시키는 자연수 n의 최솟값을 구하시오. [4점]

> (가) $\alpha^n + \beta^n > 0$
>
> (나) $\alpha^n + \beta^n = \alpha^{n+1} + \beta^{n+1}$

30. 최고차항의 계수가 1인 이차함수 $y = f(x)$의 그래프를 원점에 대하여 대칭이동하면 이차함수 $y = g(x)$의 그래프와 일치한다. 방정식 $f(x) = g(x)$는 서로 다른 두 실근 α, $\beta \, (\alpha < \beta)$를 갖고, 함수 $h(x)$는

$$h(x) = \begin{cases} f(x) & (x < \alpha \text{ 또는 } x > \beta) \\ g(x) & (\alpha \le x \le \beta) \end{cases}$$

일 때, 함수 $h(x)$는 다음 조건을 만족시킨다.

> (가) 방정식 $h(x) = h(\beta)$는 서로 다른 세 실근을 갖고, 세 실근의 합은 -4이다.
>
> (나) 함수 $y = h(x)$의 그래프 위의 점 중에서 y좌표가 음의 정수인 점의 개수는 15이다.

$h(2) + h(5)$의 값을 구하시오. [4점]

> ★ 확인 사항
>
> ○ 답안지의 해당란에 필요한 내용을 정확히 기입(표기)했는지 확인하시오.

제 2 교시

수학 영역

10회

● 문항수 **30개** | 배점 **100점** | 제한 시간 **100분**

● 배점은 **2점, 3점 또는 4점**

5 지 선 다 형

1. 두 다항식

$$A = 2x^2 + 3y^2 - 2, \quad B = x^2 - y^2$$

에 대하여 $A - B$는? [2점]

① $-x^2 + y^2 - 2$ ② $-x^2 + 4y^2$ ③ $x^2 + y^2$

④ $x^2 + y^2 + 2$ ⑤ $x^2 + 4y^2 - 2$

2. 두 집합

$$A = \{1, \ 4\}, \quad B = \{1, \ 2, \ a\}$$

에 대하여 $A \subset B$가 되도록 하는 상수 a의 값은? [2점]

① 4   ② 5   ③ 6   ④ 7   ⑤ 8

3. 이차방정식 $x^2 - 2x + 5 = 0$의 두 근을 α, β라 할 때, $\dfrac{1}{\alpha} + \dfrac{1}{\beta}$의 값은? [2점]

① $\dfrac{1}{10}$ ② $\dfrac{1}{5}$ ③ $\dfrac{3}{10}$ ④ $\dfrac{2}{5}$ ⑤ $\dfrac{1}{2}$

4. 연립부등식

$$\begin{cases} 3x \geq 2x + 3 \\ x - 10 \leq -x \end{cases}$$

를 만족시키는 모든 정수 x의 값의 합은? [3점]

① 10   ② 12   ③ 14   ④ 16   ⑤ 18

5. 좌표평면에서 원 $(x-a)^2+(y+4)^2=16$을
x축의 방향으로 2만큼, y축의 방향으로 5만큼 평행이동한
도형이 원 $(x-8)^2+(y-b)^2=16$일 때, $a+b$의 값은?
(단, a, b는 상수이다.) [3점]

① 5   ② 6   ③ 7   ④ 8   ⑤ 9

● 2012학년도 6월(고2 A)

6. 행렬 $A=\begin{pmatrix} -1 & a \\ a & 1 \end{pmatrix}$에 대하여 $A^2=\begin{pmatrix} 4 & 0 \\ 0 & 4 \end{pmatrix}$일 때, a^2의 값은?

[3점]

① 2   ② 3   ③ 4   ④ 5   ⑤ 6

● 2024학년도 9월(고1)

7. 좌표평면 위의 두 점 $A(1, 2)$, $B(a, b)$에 대하여
선분 AB를 $1:2$로 내분하는 점의 좌표가 $(2, 3)$일 때,
$a+b$의 값은? [3점]

① 6   ② 7   ③ 8   ④ 9   ⑤ 10

[해설편 p.081]

8. 실수부분이 1인 복소수 z에 대하여 $\dfrac{z}{2+i}+\dfrac{\overline{z}}{2-i}=2$일 때, $z\overline{z}$의 값은? (단, $i=\sqrt{-1}$이고, $\overline{z}$는 z의 켤레복소수이다.) [3점]

① 2   ② 4   ③ 6   ④ 8   ⑤ 10

9. 좌표평면 위에 두 점 $\mathrm{A}(2,\ 4)$, $\mathrm{B}(5,\ 1)$이 있다. 직선 $y=-x$ 위의 점 P에 대하여 $\overline{\mathrm{AP}}=\overline{\mathrm{BP}}$일 때, 선분 OP의 길이는? (단, O는 원점이다.) [3점]

① $\dfrac{\sqrt{2}}{4}$ ② $\dfrac{\sqrt{2}}{2}$ ③ $\sqrt{2}$ ④ $2\sqrt{2}$ ⑤ $4\sqrt{2}$

10. 다항식 $(x^2+4)^2-3x(x^2+4)-4x^2$이 $(x+a)^2(x^2+bx+c)$로 인수분해될 때, 세 정수 a, b, c에 대하여 $a+b+c$의 값은? [3점]

① 3   ② 5   ③ 7   ④ 9   ⑤ 11

11. x에 대한 연립부등식

$$\begin{cases} |x-5| < 1 \\ x^2 - 4ax + 3a^2 > 0 \end{cases}$$

이 해를 갖지 않도록 하는 자연수 a의 개수는? [3점]

① 3   ② 4   ③ 5   ④ 6   ⑤ 7

12. 좌표평면 위의 두 점 $A(1, 0)$, $B(6, 5)$와 직선 $y=x$ 위의 점 P에 대하여 $\overline{AP} + \overline{BP}$의 값이 최소가 되도록 하는 점 P를 P_0이라 하자. 직선 AP_0을 직선 $y=x$에 대하여 대칭이동한 직선이 점 $(9, a)$를 지날 때, a의 값은? [3점]

① 4   ② 5   ③ 6   ④ 7   ⑤ 8

13. 실수 x에 대한 두 조건

$$p : (x+1)(x+2)(x-3) = 0,$$
$$q : x^2 + kx + k - 1 = 0$$

에 대하여 p가 q이기 위한 필요조건이 되도록 하는 모든 정수 k의 값의 곱은? [3점]

① -18　② -16　③ -14　④ -12　⑤ -10

14. 원 $C : x^2 + y^2 - 2x - ay - b = 0$에 대하여 좌표평면에서 원 C의 중심이 직선 $y = 2x - 1$ 위에 있다.
원 C와 직선 $y = 2x - 1$이 만나는 서로 다른 두 점을 A, B라 하자. 원 C 위의 점 P에 대하여 삼각형 ABP의 넓이의 최댓값이 4일 때, $a+b$의 값은? (단, a, b는 상수이고, 점 P는 점 A도 아니고 점 B도 아니다.) [4점]

① 1　② 2　③ 3　④ 4　⑤ 5

● 2011학년도 6월(고2 나)

15. 두 이차정사각행렬 A, B가 $A+B=E$, $AB=E$를 만족시킬 때, $A^{2012}+B^{2012}$과 같은 행렬은? (단, E는 단위행렬이다.) [4점]

① $-2E$ ② $-E$ ③ E

④ $2E$ ⑤ $3E$

● 2023학년도 3월(고2)

16. 다음 조건을 만족시키는 집합 A의 개수는? [4점]

> (가) $\{0\} \subset A \subset \{x \,|\, x$는 실수$\}$
> (나) $a^2-2 \notin A$이면 $a \notin A$이다.
> (다) $n(A)=4$

① 3   ② 4   ③ 5   ④ 6   ⑤ 7

17. 양수 k에 대하여 이차함수 $f(x) = -x^2 + 4x + k + 3$의 그래프와 직선 $y = 2x + 3$이 서로 다른 두 점 $(\alpha, f(\alpha))$, $(\beta, f(\beta))$에서 만난다. $\alpha \le x \le \beta$에서 함수 $f(x)$의 최댓값이 10일 때, $\alpha \le x \le \beta$에서 함수 $f(x)$의 최솟값은? (단, $\alpha < \beta$) [4점]

① 1   ② 2   ③ 3   ④ 4   ⑤ 5

18. 다항식 $f(x)$와 최고차항의 계수가 1인 삼차다항식 $g(x)$가 다음 조건을 만족시킨다.

> 다항식 $f(x) + g(x)$를 x로 나누었을 때의 나머지와 다항식 $f(x) + g(x)$를 $x^2 + 2x - 2$로 나누었을 때의 나머지가 $x^2 + 2x - \dfrac{1}{2} f(x)$로 같다.

$g(1) = 7$일 때, $f(3)$의 값은? [4점]

① 20   ② 22   ③ 24   ④ 26   ⑤ 28

● 2019학년도 3월(고2 나)

19. 두 집합

$$A = \{x \mid x \text{는 } 10 \text{ 이하의 자연수}\},$$
$$B = \{x \mid x \text{는 } 6 \text{ 이상 } 15 \text{ 이하의 자연수}\}$$

가 있다. 다음은

$$X \subset A, \; n(X \cup B) = 12$$

를 만족시키는 집합 X의 개수를 구하는 과정이다.

$X \subset A$이므로 세 집합 A, B, X를 벤다이어그램으로 나타내면 다음과 같다.

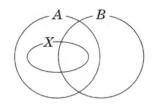

$X_1 = X \cap (A - B)$, $X_2 = X \cap (A \cap B)$ 라 하면
$X = X_1 \cup X_2$ 이고 $X_1 \cap X_2 = \varnothing$ 이다.

(i) $n(X \cup B) = 12$ 이고 $n(B) = 10$ 이므로

   $n(X_1) = $ (가)

   따라서 가능한 집합 X_1의 개수는 (나) 이다.

(ii) 집합 X_2는 집합 $A \cap B$의 부분집합이므로

   가능한 집합 X_2의 개수는 (다) 이다.

(i), (ii)에 의하여 집합 X의 개수는

   (나) $\times$ (다)

이다.

위의 (가), (나), (다)에 알맞은 수를 각각 p, q, r라 할 때, $p + q + r$의 값은? [4점]

① 44　　② 47　　③ 50　　④ 53　　⑤ 56

20. 실수 $t(t > 0)$에 대하여 좌표평면 위에 네 점 A$(1, 4)$, B$(5, 4)$, C$(2t, 0)$, D$(0, t)$가 있다. 선분 CD 위에 $\angle \text{APB} = 90°$인 점 P가 존재하도록 하는 t의 최댓값을 M, 최솟값을 m이라 할 때, $M - m$의 값은? [4점]

① $2\sqrt{5}$　　② $\dfrac{5\sqrt{5}}{2}$　　③ $3\sqrt{5}$　　④ $\dfrac{7\sqrt{5}}{2}$　　⑤ $4\sqrt{5}$

[해설편 p.084]

21. $n(U)=5$인 전체집합 U의 세 부분집합 A, B, C에 대하여

$$n(B\cap C)=2,\ n(B-A)=1,\ n(C-A)=2$$

일 때, <보기>에서 옳은 것만을 있는 대로 고른 것은? [4점]

—— < 보 기 > ——

ㄱ. $n(A\cap B\cap C)\neq 0$

ㄴ. $n(A\cap B\cap C)=2$이면 $n(C)=4$이다.

ㄷ. $n(A)\times n(B)\times n(C)$의 최댓값과 최솟값의 합은 42이다.

① ㄱ   ② ㄱ, ㄴ   ③ ㄱ, ㄷ

④ ㄴ, ㄷ   ⑤ ㄱ, ㄴ, ㄷ

단 답 형

● 2019학년도 3월(고2 나)

22. $_4\mathrm{P}_2$의 값을 구하시오. [3점]

23. 다항식 x^3+ax^2-7을 $x-2$로 나눈 나머지가 17일 때, 상수 a의 값을 구하시오. [3점]

24. 연립방정식

$$\begin{cases} x - y = 3 \\ x^2 - 3xy + 2y^2 = 6 \end{cases}$$

의 해가 $x = \alpha$, $y = \beta$일 때, $\alpha + \beta$의 값을 구하시오. [3점]

25. 정수 k에 대한 두 조건 p, q가 모두 참인 명제가 되도록 하는 모든 k의 값의 합을 구하시오. [3점]

> p : 모든 실수 x에 대하여 $x^2 + 2kx + 4k + 5 > 0$이다.
>
> q : 어떤 실수 x에 대하여 $x^2 = k - 2$이다.

26. 좌표평면에서 점 (a, a)를 지나고 곡선 $y = x^2 - 4x + 10$에 접하는 두 직선이 서로 수직일 때, 이 두 직선의 기울기의 합을 구하시오. [4점]

● 2019학년도 3월(고2 나)

27. 어느 관광지에서 7명의 관광객 A, B, C, D, E, F, G가 마차를 타려고 한다. 그림과 같이 이 마차에는 4개의 2인용 의자가 있고, 마부는 가장 앞에 있는 2인용 의자의 오른쪽 좌석에 앉는다. 7명의 관광객이 다음 조건을 만족시키도록 비어 있는 7개의 좌석에 앉는 경우의 수를 구하시오. [4점]

> (가) A와 B는 같은 2인용 의자에 이웃하여 앉는다.
> (나) C와 D는 같은 2인용 의자에 이웃하여 앉지 않는다.

28. 그림과 같이 직육면체 ABCD – EFGH에서 단면 AFC가 생기도록 사면체 F – ABC를 잘라내었다.
입체도형 ACD – EFGH의 모든 모서리의 길이의 합을 l_1, 겉넓이를 S_1이라 하고, 사면체 F – ABC의 모든 모서리의 길이의 합을 l_2, 겉넓이를 S_2라 하자.
$l_1 - l_2 = 28$, $S_1 - S_2 = 61$일 때, $\overline{AC}^2 + \overline{CF}^2 + \overline{FA}^2$의 값을 구하시오. [4점]

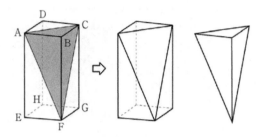

10회

수학 영역

● 2014학년도 6월(고2 A)

29. 다음 조건을 만족시키는 행렬 $A = \begin{pmatrix} a & b \\ c & a \end{pmatrix}$ 의 개수를 구하시오.

[4점]

(가) 세 수 a, b, c는 집합 $\{-3, -2, -1, 0, 1, 2, 3, 4\}$의 서로 다른 원소이다.

(나) 행렬 A^2의 모든 성분은 양수이다.
---

30. 양수 m에 대하여 두 함수 $f(x)$, $g(x)$는

$$f(x) = x^2 + 2x, \quad g(x) = (x-m)^2 + m$$

이다. 실수 $t(t > -1)$에 대하여 집합

$$\{x \mid f(x) = t \text{ 또는 } g(x) = t, x는 실수\}$$

의 모든 원소의 합을 $h(t)$라 하자. 함수 $h(t)$의 치역의 모든 원소의 합이 19일 때, m의 값을 구하시오. [4점]

---
* 확인 사항

○ 답안지의 해당란에 필요한 내용을 정확히 기입(표기)했는지 확인하시오.

[해설편 p.087]

수학 영역

5 지 선 다 형

● 2012학년도 6월(고2 A)

1. 두 행렬 $A = \begin{pmatrix} -3 & 1 \\ 2 & 4 \end{pmatrix}$, $B = \begin{pmatrix} 2 & 3 \\ 4 & -1 \end{pmatrix}$에 대하여 행렬 $2A + B$는?

[2점]

① $\begin{pmatrix} -4 & 5 \\ 8 & 7 \end{pmatrix}$ ② $\begin{pmatrix} -1 & 5 \\ 6 & 7 \end{pmatrix}$ ③ $\begin{pmatrix} -4 & 4 \\ 8 & 3 \end{pmatrix}$

④ $\begin{pmatrix} -1 & 4 \\ 6 & 3 \end{pmatrix}$ ⑤ $\begin{pmatrix} -2 & 5 \\ 6 & 2 \end{pmatrix}$

2. 두 집합 $A = \{1, 2, 3, 4, 5, 6\}$, $B = \{2, 4, 6, 8\}$에 대하여 $n(A - B)$의 값은? [2점]

① 1   ② 2   ③ 3   ④ 4   ⑤ 5

3. 복소수 $z = 2 + i$의 켤레복소수가 $\bar{z}$일 때, $z + i\bar{z}$의 값은?
(단, $i = \sqrt{-1}$) [2점]

① $1 - 3i$ ② $1 + i$ ③ $1 + 3i$

④ $3 - i$ ⑤ $3 + 3i$

4. 부등식 $|x - 2| \leq 3$을 만족시키는 정수 x의 개수는? [3점]

① 3   ② 5   ③ 7   ④ 9   ⑤ 11

5. 좌표평면 위의 두 점 $(-2, 5)$, $(1, 1)$을 지나는 직선의 y절편은? [3점]

① 2   ② $\dfrac{7}{3}$ ③ $\dfrac{8}{3}$ ④ 3   ⑤ $\dfrac{10}{3}$

6. 등식 $2x^2 + ax + 1 = (bx+1)(x+1)$이 x에 대한 항등식일 때, $a+b$의 값은? (단, a, b는 상수이다.) [3점]

① 1   ② 2   ③ 3   ④ 4   ⑤ 5

7. 연립부등식

$$\begin{cases} 2x - 6 \geq 0 \\ x^2 - 8x + 12 \leq 0 \end{cases}$$

을 만족시키는 모든 자연수 x의 값의 합은? [3점]

① 15   ② 16   ③ 17   ④ 18   ⑤ 19

● 2024학년도 3월(고2)

8. 전체집합 $U=\{1, 2, 4, 8, 16, 32\}$의 두 부분집합 A, B가 다음 조건을 만족시킨다.

> (가) $A \cap B = \{2, 8\}$
> (나) $A^C \cup B = \{1, 2, 8, 16\}$

집합 A의 모든 원소의 합은? [3점]

① 26 ② 31 ③ 36 ④ 41 ⑤ 46

● 2012학년도 6월(고2 A)

9. 행렬 $A = \begin{pmatrix} 0 & 1 \\ -1 & 0 \end{pmatrix}$일 때, 집합 S를 $S = \{A^n \,|\, n$은 자연수$\}$라 하자. 집합 S의 원소의 개수는? [3점]

① 3 ② 4 ③ 5 ④ 6 ⑤ 8

10. 좌표평면에서 두 점 $(-3, 0)$, $(1, 0)$을 지름의 양 끝점으로 하는 원과 직선 $kx + y - 2 = 0$이 오직 한 점에서 만나도록 하는 양수 k의 값은? [3점]

① $\dfrac{1}{3}$ ② $\dfrac{2}{3}$ ③ 1 ④ $\dfrac{4}{3}$ ⑤ $\dfrac{5}{3}$

● 2020학년도 11월(고1)

11. 실수 a에 대한 조건

'모든 실수 x에 대하여 $x^2 - 2ax + 4a - 4 \geq 0$이다.'

가 참인 명제가 되도록 하는 a의 값은? [3점]

① 1   ② 2   ③ 3   ④ 4   ⑤ 5

12. 좌표평면 위의 세 점 A, B, C를 꼭짓점으로 하는 삼각형 ABC의 무게중심이 원점이고 선분 BC의 중점의 좌표가 $(1, 2)$이다. 점 A의 좌표를 (a, b)라 할 때, $a \times b$의 값은? [3점]

① 6   ② 8   ③ 10   ④ 12   ⑤ 14

13. 실수 x에 대한 두 조건

$$p : x^2 - 6x + 9 \le 0,$$
$$q : |x - a| \le 2$$

에 대하여 p가 q이기 위한 충분조건이 되도록 하는 실수 a의 최댓값과 최솟값의 합은? [3점]

① 6   ② 7   ③ 8   ④ 9   ⑤ 10

● 2016학년도 4월(고3 나)

14. 할머니, 아버지, 어머니, 아들, 딸로 구성된 5명의 가족이 있다. 이 가족이 그림과 같이 번호가 적힌 5개의 의자에 모두 앉을 때 아버지, 어머니가 모두 홀수 번호가 적힌 의자에 앉는 경우의 수는? [4점]

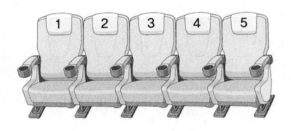

① 28   ② 30   ③ 32   ④ 34   ⑤ 36

15. 좌표평면 위에 두 점 A$(-3, 2)$, B$(5, 4)$가 있다. $\overline{BP}=3$인 점 P와 x축 위의 점 Q에 대하여 $\overline{AQ}+\overline{QP}$의 최솟값은? [4점]

① 5　　　② 6　　　③ 7　　　④ 8　　　⑤ 9

16. x에 대한 다항식 $(x-1)(x-4)(x-5)(x-8)+a$가 $(x+b)^2(x+c)^2$으로 인수분해될 때, 세 정수 a, b, c에 대하여 $a+b+c$의 값은? [4점]

① 19　　　② 21　　　③ 23　　　④ 25　　　⑤ 27

17. 함수 $f(x) = x - 3$에 대하여 $-1 \le x \le 5$에서
함수 $f(x) \times f(|x-2|)$의 최댓값과 최솟값의 합은? [4점]

① 1   ② 2   ③ 3   ④ 4   ⑤ 5

18. 최고차항의 계수가 1인 삼차다항식 $f(x)$가 다음 조건을
만족시킬 때, $f(0)$의 값은? [4점]

> (가) 다항식 $f(x+3) - f(x)$는 $(x-1)(x+2)$로
> 나누어떨어진다.
> (나) 다항식 $f(x)$를 $x-2$로 나누었을 때의 나머지는 -3이다.

① 13   ② 14   ③ 15   ④ 16   ⑤ 17

● 2014학년도 3월(고2 B)

19. 자연수 n에 대하여 함수 $f(n)$이

$$f(1) = 1, \quad f(n) = \begin{cases} f\left(\dfrac{n}{2}\right) & (n = 2, 4, 6, \cdots) \\ f\left(\dfrac{n-1}{2}\right) + 1 & (n = 3, 5, 7, \cdots) \end{cases}$$

을 만족시킨다. $f(n) = 2$인 100 이하의 자연수 n의 개수는?

[4점]

① 15　　② 17　　③ 19　　④ 21　　⑤ 23

20. 양수 k에 대하여 좌표평면 위에 두 점 $A(k, 0)$, $B(0, k)$가 있다. 삼각형 OAB의 내부에 있으며 $\angle AOP = \angle BAP$를 만족시키는 점 P에 대하여 점 P의 y좌표의 최댓값을 $M(k)$라 하자. 다음은 $M(k)$를 구하는 과정이다. (단, O는 원점이고, $\angle AOP < 180°$, $\angle BAP < 180°$ 이다.)

원의 접선과 그 접점을 지나는 현이 이루는 각의 크기는 이 각의 내부에 있는 호에 대한 원주각의 크기와 같다. 그러므로 점 O를 지나고 직선 AB와 점 A에서 접하는 원을 C라 할 때, 삼각형 OAB의 내부에 있으며 $\angle AOP = \angle BAP$를 만족시키는 점 P는 원 C 위의 점이다.

원 C의 중심을 C라 하면 $\angle OAC = 45°$ 이므로 점 C의 좌표는 $\left(\dfrac{k}{2}, \boxed{(가)}\right)$이고 원 C의 반지름의 길이는 $\boxed{(나)}$ 이다.

점 P의 y좌표는 $\angle PCO = 45°$ 일 때 최대이므로 $M(k) = (\boxed{(다)}) \times k$이다.

위의 (가), (나)에 알맞은 식을 각각 $f(k)$, $g(k)$라 하고, (다)에 알맞은 수를 p라 할 때, $f(p) + g\left(\dfrac{1}{2}\right)$의 값은? [4점]

① $\dfrac{\sqrt{2}}{16}$　　② $\dfrac{1}{8}$　　③ $\dfrac{\sqrt{2}}{8}$　　④ $\dfrac{1}{4}$　　⑤ $\dfrac{\sqrt{2}}{4}$

● 2024학년도 9월(고1)

21. 그림과 같이 좌표평면 위에 세 점 A$(-8, a)$, B$(7, 3)$, C$(-6, 0)$이 있다. 선분 AB를 $2 : 1$로 내분하는 점을 P라 할 때, 직선 PC가 삼각형 AOB의 넓이를 이등분한다. 양수 a의 값은? (단, O는 원점이다.) [4점]

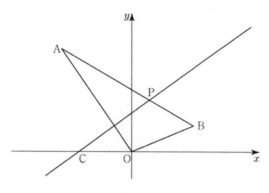

① $\dfrac{21}{2}$ ② 11 ③ $\dfrac{23}{2}$ ④ 12 ⑤ $\dfrac{25}{2}$

● 2019학년도 3월(고2 가)

22. $_5C_1 + _5C_2$의 값을 구하시오. [3점]

● 2012학년도 6월(고2 A)

23. 두 행렬 $A = \begin{pmatrix} 10 & -b \\ 3 & a-b \end{pmatrix}$, $B = \begin{pmatrix} 2a & a-15 \\ 3 & -5 \end{pmatrix}$에 대하여

$A = B$가 성립할 때, 두 실수 a, b의 곱 ab의 값을 구하시오.

[3점]

24. 연립방정식

$$\begin{cases} 2x - y - 1 = 0 \\ 4x^2 - 6y + 3 = 0 \end{cases}$$

의 해를 $x = \alpha$, $y = \beta$라 할 때, $\alpha \times \beta$의 값을 구하시오. [3점]

25. 두 양의 실수 a, b에 대하여 두 일차함수

$$f(x) = \frac{a}{2}x - \frac{1}{2}, \ g(x) = \frac{1}{b}x + 1$$

이 있다. 직선 $y = f(x)$와 직선 $y = g(x)$가 서로 평행할 때, $(a+1)(b+2)$의 최솟값을 구하시오. [3점]

26. 사차방정식 $(x^2 + kx + 2)(x^2 + kx + 6) + 3 = 0$이 실근과 허근을 모두 갖도록 하는 자연수 k의 값을 구하시오. [4점]

수학 영역

● 2020학년도 11월(고1)

27. 전체집합 $U=\{x\,|\,x\text{는 20 이하의 자연수}\}$의 두 부분집합 A, B가 다음 조건을 만족시킨다.

> (가) $n(A)=n(B)=8$, $n(A\cap B)=1$
> (나) 집합 A의 임의의 서로 다른 두 원소의 합은 9의 배수가 아니다.
> (다) 집합 B의 임의의 서로 다른 두 원소의 합은 10의 배수가 아니다.

집합 A의 모든 원소의 합을 $S(A)$, 집합 B의 모든 원소의 합을 $S(B)$라 할 때, $S(A)-S(B)$의 최댓값을 구하시오. [4점]

28. 전체집합 $U=\{1,\ 2,\ 4,\ 8,\ 16,\ 32\}$의 두 부분집합 A, B가 다음 조건을 만족시킨다.

> (가) 집합 $A\cup B^C$의 모든 원소의 합은 집합 $B-A$의 모든 원소의 합의 6배이다.
> (나) $n(A\cup B)=5$

집합 A의 모든 원소의 합의 최솟값을 구하시오.
(단, $2\le n(B-A)\le 4$) [4점]

29. 그림과 같이 모든 모서리의 길이가 a인 정사각뿔 O-ABCD가 있다. 네 선분 OA, OB, OC, OD 위의 네 점 E, F, G, H를 $\overline{OE}=\overline{OF}=\overline{OG}=\overline{OH}=b$가 되도록 잡는다.

두 정사각뿔 O-ABCD, O-EFGH의 부피의 합이 $2\sqrt{2}$이고 선분 AF의 길이가 2일 때, 사각형 ABFE의 넓이를 S라 하자. $32\times S^2$의 값을 구하시오. (단, a, b는 $a>b>0$인 상수이다.)

[4점]

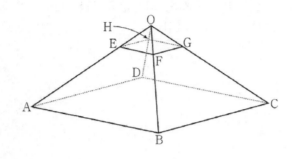

30. 두 양수 a, m에 대하여 두 함수 $f(x)$, $g(x)$를

$$f(x)=ax^2,$$
$$g(x)=mx+4a$$

라 하자. 그림과 같이 곡선 $y=f(x)$와 직선 $y=g(x)$가 만나는 두 점을 A, B라 할 때, 선분 AB를 지름으로 하고 원점 O를 지나는 원 C가 있다. 원 C와 곡선 $y=f(x)$는 서로 다른 네 점에서 만나고, 원 C와 곡선 $y=f(x)$가 만나는 네 점 중 O, A, B가 아닌 점을 P$(k, f(k))$라 하자. 삼각형 ABP의 넓이가 삼각형 AOB의 넓이의 5배일 때, $f(k)\times g(-k)$의 값을 구하시오.

[4점]

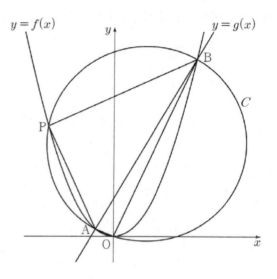

수학 영역

● 문항수 30개 | 배점 100점 | 제한 시간 100분

● 배점은 2점, 3점 또는 4점

5 지 선 다 형

1. 두 다항식

$$A = x^2 - 2xy + y^2, \quad B = 3xy - y^2$$

에 대하여 $A+B$는? [2점]

① $x^2 - xy$ ② $x^2 + xy$ ③ $x^2 + 2xy$

④ $2x^2 - xy$ ⑤ $2x^2 + xy$

2. 모든 실수 x에 대하여 등식

$$x^2 + (a+1)x + 4 = x^2 + 3x + b$$

가 성립할 때, $a+b$의 값은? (단, a, b는 상수이다.) [2점]

① 6   ② 8   ③ 10   ④ 12   ⑤ 14

● 2012학년도 6월(고2 A)

3. 세 행렬 $A = \begin{pmatrix} 4 & 3 \\ -2 & 1 \end{pmatrix}$, $B = \begin{pmatrix} 1 & 2 \\ 6 & 0 \end{pmatrix}$, $C = \begin{pmatrix} 2 & 0 \\ -7 & 3 \end{pmatrix}$에 대하여

행렬 $A(B+C)$는? [2점]

① $\begin{pmatrix} -9 & -17 \\ 7 & 1 \end{pmatrix}$ ② $\begin{pmatrix} -9 & 17 \\ -7 & 1 \end{pmatrix}$ ③ $\begin{pmatrix} -9 & 17 \\ 7 & -1 \end{pmatrix}$

④ $\begin{pmatrix} 9 & 17 \\ 7 & 1 \end{pmatrix}$ ⑤ $\begin{pmatrix} 9 & 17 \\ -7 & -1 \end{pmatrix}$

4. 좌표평면 위의 점 $(3, 9)$를 지나고 기울기가 2인 직선의 y절편은? [3점]

① 3   ② 4   ③ 5   ④ 6   ⑤ 7

5. 좌표평면에서 직선 $3x-2y+a=0$을 원점에 대하여 대칭이동한 직선이 점 $(3, 2)$를 지날 때, 상수 a의 값은? [3점]

① 1   ② 2   ③ 3   ④ 4   ⑤ 5

7. 다항식 $f(x)$에 대하여 다항식 $(x+3)\{f(x)-2\}$를 $x-1$로 나눈 나머지가 16일 때, 다항식 $f(x)$를 $x-1$로 나눈 나머지는? [3점]

① 6   ② 7   ③ 8   ④ 9   ⑤ 10

● 2014학년도 3월(고2 B)

6. $_nC_2 + {}_{n+1}C_3 = 2{}_nP_2$를 만족시키는 자연수 n의 값은? (단, $n \geq 2$) [3점]

① 5   ② 6   ③ 7   ④ 8   ⑤ 9

8. 좌표평면에서 원 $x^2+y^2=10$ 위의 점 $(3,1)$에서의 접선이 점 $(1,a)$를 지날 때, a의 값은? [3점]

① 3   ② 4   ③ 5   ④ 6   ⑤ 7

● 2018학년도 11월(고1)

9. 세 조건 p, q, r에 대하여 두 명제 $p \to \sim r$와 $q \to r$가 모두 참일 때, 다음 명제 중에서 항상 참인 것은? [3점]

① $p \to \sim q$ ② $q \to p$ ③ $\sim q \to \sim r$
④ $r \to p$ ⑤ $r \to q$

10. 좌표평면에서 직선 $y = mx - 4$가 이차함수 $y = x^2 + x$의 그래프에 접하도록 하는 양의 m의 값은? [3점]

① 1   ② 3   ③ 5   ④ 7   ⑤ 9

12회

11. 실수 x에 대한 두 조건

$$p : |x| \leq n,$$

$$q : x^2 + 2x - 8 \leq 0$$

에 대하여 p가 q이기 위한 필요조건이 되도록 하는 자연수 n의 최솟값은? [3점]

① 1   ② 2   ③ 3   ④ 4   ⑤ 5

12. 연립방정식

$$\begin{cases} 3x - 2y = 7 \\ 6x^2 - xy - 2y^2 = 0 \end{cases}$$

의 해를 $x = \alpha$, $y = \beta$라 할 때, $\alpha - \beta$의 값은? [3점]

① 1   ② 2   ③ 3   ④ 4   ⑤ 5

[해설편 p.097]

13. 좌표평면에서 두 양수 a, b에 대하여

원 $(x-a)^2+(y-b)^2=b^2$을 x축의 방향으로 3만큼, y축의 방향으로 -8만큼 평행이동한 원을 C라 하자. 원 C가 x축과 y축에 동시에 접할 때, $a+b$의 값은? [3점]

① 5 ② 6 ③ 7 ④ 8 ⑤ 9

14. $\angle C = 90°$ 인 직각삼각형 ABC에 대하여 ABC의 넓이가 16일 때, $\overline{AB}^2$의 최솟값은? [4점]

① 48 ② 56 ③ 64 ④ 72 ⑤ 80

15. x에 대한 연립부등식

$$\begin{cases} x^2 - 2x - 3 \geq 0 \\ x^2 - (5+k)x + 5k \leq 0 \end{cases}$$

을 만족시키는 정수 x의 개수가 5가 되도록 하는 모든 정수 k의 값의 곱은? [4점]

① -36 ② -30 ③ -24 ④ -18 ⑤ -12

16. 2 이상의 네 자연수 a, b, c, d에 대하여

$(14^2 + 2 \times 14)^2 - 18 \times (14^2 + 2 \times 14) + 45 = a \times b \times c \times d$일 때, $a+b+c+d$의 값은? [4점]

① 56   ② 58   ③ 60   ④ 62   ⑤ 64

[해설편 p.098]

17. 좌표평면 위에 두 점 $\mathrm{A}(0,\ \sqrt{3})$, $\mathrm{B}(1,\ 0)$과 원 $C:(x-1)^2+(y-10)^2=9$가 있다. 원 C 위의 점 P에 대하여 삼각형 ABP의 넓이가 자연수가 되도록 하는 모든 점 P의 개수는? [4점]

① 9   ② 10   ③ 11   ④ 12   ⑤ 13

18. 두 복소수

$$z_1=a+bi, \quad z_2=c+di$$

에 대하여 a, b, c, d는 자연수이고 $z_1\overline{z_1}=10$일 때, <보기>에서 옳은 것만을 있는 대로 고른 것은? (단, $i=\sqrt{-1}$이고, $\overline{z}$는 복소수 z의 켤레복소수이다.) [4점]

         < 보 기 >

ㄱ. $a^2+b^2=10$

ㄴ. $z_1+\overline{z_2}=3$이면 $c+d=5$이다.

ㄷ. $(z_1+z_2)\overline{(z_1+z_2)}=41$이면 $z_2\overline{z_2}$의 최댓값은 17이다.

---

① ㄱ   ② ㄱ, ㄴ   ③ ㄱ, ㄷ
④ ㄴ, ㄷ   ⑤ ㄱ, ㄴ, ㄷ

● 2018학년도 11월(고1)

19. 18 이하의 자연수 k에 대하여 두 집합

$$A = \{\, x \mid x \text{는 } k \text{의 양의 약수}\,\}, \quad B = \{2, 5, 6\}$$

이 있다. $n(A \cap B) = 2$일 때, <보기>에서 옳은 것만을 있는 대로 고른 것은? [4점]

―――――――― < 보 기 > ――――――――

ㄱ. $A \cap B = \{2, 5\}$이면 $k = 10$이다.

ㄴ. $A \cap B = \{5, 6\}$을 만족하는 k가 존재한다.

ㄷ. 집합 $A - B$의 모든 원소의 합이 홀수가 되는
    모든 k의 값의 합은 28이다.

① ㄱ   ② ㄷ   ③ ㄱ, ㄷ
④ ㄴ, ㄷ   ⑤ ㄱ, ㄴ, ㄷ

20. 전체집합 $U = \{\, x \mid x \text{는 } 10 \text{ 이하의 자연수}\,\}$의 두 부분집합

$$A = \{1, 2, 3, 4, 5\}, \quad B = \{3, 4, 5, 6, 7\}$$

에 대하여 집합 U의 부분집합 X가 다음 조건을 만족시킬 때, 집합 X의 모든 원소의 합의 최솟값은? [4점]

(가) $n(X) = 6$

(나) $A - X = B - X$

(다) $(X - A) \cap (X - B) \neq \varnothing$

① 26   ② 27   ③ 28   ④ 29   ⑤ 30

[해설편 p.099]

21. $1 \le a < b$인 두 상수 a, b에 대하여 세 집합

$$A = \left\{ (x, y) \middle| y = \frac{4}{3}x \text{이고 } (x+2)^2 + (y+1)^2 = 1 \right\},$$

$$B = \left\{ (x, y) \middle| y = \frac{4}{3}x \text{이고 } (x-a-1)^2 + (y-a)^2 = a^2 \right\},$$

$$C = \left\{ (x, y) \middle| y = \frac{4}{3}x \text{이고 } (x-b-1)^2 + (y-b)^2 = b^2 \right\}$$

이 있다. $n(A \cup B \cup C) = 3$일 때, $a+b$의 값은? [4점]

① $\dfrac{14}{5}$ ② 3 ③ $\dfrac{16}{5}$ ④ $\dfrac{17}{5}$ ⑤ $\dfrac{18}{5}$

22. 두 집합 $A = \{2, 5\}$, $B = \{2, 4, a\}$에 대하여 $A \subset B$일 때, 상수 a의 값을 구하시오. [3점]

● 2016학년도 4월(고3 나)

23. $_nP_2 = 56$일 때, 자연수 n의 값을 구하시오. [3점]

● 2012학년도 6월(고2 A)

24. 행렬 $A = \begin{pmatrix} -1 & a \\ 0 & -1 \end{pmatrix}$에 대하여 행렬 A^3의 모든 성분의 합이 91일 때, 실수 a의 값을 구하시오. [3점]

25. 세 양수 a, b, c에 대하여 좌표평면 위에 서로 다른 네 점 O$(0, 0)$, A$(a, 7)$, B(b, c), C$(5, 5)$가 있다.
사각형 OABC가 선분 OB를 대각선으로 하는 마름모일 때, $a+b+c$의 값을 구하시오. (단, 네 점 O, A, B, C 중 어느 세 점도 한 직선 위에 있지 않다.) [3점]

26. $0 \le x \le 2$에서 정의된 이차함수 $f(x) = x^2 - 2ax + 2a^2$의 최솟값이 10일 때, 함수 $f(x)$의 최댓값을 구하시오. (단, a는 양수이다.) [4점]

[해설편 p.101]

● 2019학년도 6월(고1)

27. 두 이차다항식 $P(x)$, $Q(x)$가 다음 조건을 만족시킨다.

> (가) 모든 실수 x에 대하여 $2P(x)+Q(x)=0$이다.
>
> (나) $P(x)Q(x)$는 x^2-3x+2로 나누어떨어진다.

$P(0)=-4$일 때, $Q(4)$의 값을 구하시오. [4점]

● 2010학년도 6월(고2 나)

28. 두 행렬 $A=\begin{pmatrix} a & -1 \\ 1 & b \end{pmatrix}$, $B=\begin{pmatrix} -1 & -1 \\ 0 & -2 \end{pmatrix}$에 대하여

$AB+A=O$를 만족시킬 때, $A+A^2+A^3+\cdots+A^{2010}=\begin{pmatrix} p & q \\ r & s \end{pmatrix}$

이다. $p^2+q^2+r^2+s^2$의 값을 구하시오. (단, O는 영행렬이다.)

[4점]

29. 그림과 같이 $\overline{AD}=4$인 등변사다리꼴 ABCD에 대하여 선분 AB를 지름으로 하는 원과 선분 CD를 지름으로 하는 원이 오직 한 점에서 만난다. 사각형 ABCD의 넓이와 둘레의 길이를 각각 S, l이라 하면 $S^2+8l=6720$이다. $\overline{BD}^2$의 값을 구하시오. (단, $\overline{AD}<\overline{BC}$, $\overline{AB}=\overline{CD}$) [4점]

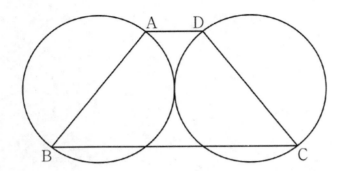

● 2016학년도 10월(고3 나)

30. 교내 수학경시대회에 A 학급 학생 3명, B 학급 학생 3명, C 학급 학생 2명이 참가 신청하였다. 그림과 같이 두 분단, 네 줄의 좌석에 다음 조건을 만족시키도록 이 학생 8명을 배정하는 방법의 수를 구하시오. [4점]

> (가) 같은 줄의 바로 옆에 같은 학급 학생이 앉지 않도록 배정한다.
> (나) 같은 분단의 바로 앞뒤에 같은 학급 학생이 앉지 않도록 배정한다.
> (다) 같은 학급 학생을 같은 분단에 배정 할 경우 학급 번호가 작을수록 교탁에 가까운 자리에 배정한다.

	교탁	

	1분단 ↓	2분단 ↓
첫째 줄 →		
둘째 줄 →		
셋째 줄 →		
넷째 줄 →		

> ★ 확인 사항
> ○ 답안지의 해당란에 필요한 내용을 정확히 기입(표기)했는지 확인하시오.

수학 영역

● 문항수 **30**개 | 배점 **100**점 | 제한 시간 **100**분

● 배점은 2점, 3점 또는 4점   ● 출처 : 고1 학력평가

5 지 선 다 형

1. $\dfrac{5}{2} \div \left(-\dfrac{1}{2}\right)^2$ 의 값은? [2점]

① -10 ② -5 ③ 2 ④ 5 ⑤ 10

2. 두 수 $2^2 \times 3$, $2 \times 3 \times 5$ 의 최대공약수는? [2점]

① 2 ② 3 ③ 4 ④ 5 ⑤ 6

3. 일차방정식 $7x+3 = 5x+1$ 의 해는? [2점]

① -2 ② -1 ③ 0 ④ 1 ⑤ 2

4. 다항식 $x^2 + 6x + 8$ 을 인수분해하면 $(x+2)(x+a)$ 일 때, 상수 a 의 값은? [3점]

① 1 ② 2 ③ 3 ④ 4 ⑤ 5

5. 함수 $y = \dfrac{a}{x}$ 의 그래프가 두 점 $(3, 4)$, $(6, b)$를 지날 때, 두 상수 a, b의 합 $a+b$의 값은? [3점]

① 13 ② 14 ③ 15 ④ 16 ⑤ 17

6. 두 자연수 a, b에 대하여 $(7^3 \times 9)^3 = 7^a \times 3^b$이 성립할 때, $a+b$의 값은? [3점]

① 11 ② 13 ③ 15 ④ 17 ⑤ 19

7. 일차함수 $y = 2x$의 그래프를 평행이동하였더니 일차함수 $y = ax+b$의 그래프와 겹쳐졌다. 이 그래프의 x절편이 3일 때, $a+b$의 값은? (단, a, b는 상수이다.) [3점]

① -8 ② -7 ③ -6 ④ -5 ⑤ -4

8. $\angle B = 90°$인 직각삼각형 ABC에서 $\sin A = \dfrac{2\sqrt{2}}{3}$일 때, $\cos A$의 값은? [3점]

① $\dfrac{1}{6}$ ② $\dfrac{1}{3}$ ③ $\dfrac{1}{2}$ ④ $\dfrac{2}{3}$ ⑤ $\dfrac{5}{6}$

9. 연립방정식

$$\begin{cases} 2x+y=7 \\ 3x-2y=0 \end{cases}$$

의 해가 $x=a$, $y=b$일 때, $a+b$의 값은? [3점]

① 4   ② 5   ③ 6   ④ 7   ⑤ 8

10. 그림과 같이 사각형 ABCD에서 $\overline{AB}=4$, $\overline{BC}=9$, $\overline{AD}=3$이다. 대각선 BD는 $\angle B$의 이등분선이고 $\angle BDA = \angle BCD$일 때, 선분 DC의 길이는? [3점]

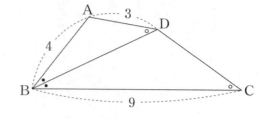

① 4   ② $\dfrac{17}{4}$ ③ $\dfrac{9}{2}$ ④ $\dfrac{19}{4}$ ⑤ 5

11. 숫자 1, 2, 3, 4, 5, 6이 하나씩 적혀 있는 카드 6장이 있다. 이 중 1장의 카드를 임의로 뽑을 때, 2의 배수 또는 5의 배수가 적혀 있는 카드가 나올 확률은? [3점]

① $\dfrac{1}{6}$ ② $\dfrac{1}{3}$ ③ $\dfrac{1}{2}$ ④ $\dfrac{2}{3}$ ⑤ $\dfrac{5}{6}$

12. 그림과 같이 $\angle C = 90°$, $\overline{BC} = 12$인 직각삼각형 ABC 의 내접원의 반지름의 길이가 2이다. 이 직각삼각형 ABC 의 외접원의 둘레의 길이는? [3점]

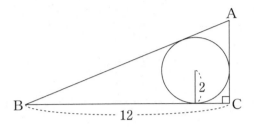

① 13π ② 14π ③ 15π ④ 16π ⑤ 17π

13. 그림은 어느 동호회 회원 25명의 나이를 조사하여 나타낸 히스토그램의 일부이다. 이 히스토그램을 이용하여 계산한 동호회 회원 25명의 나이의 평균은? [3점]

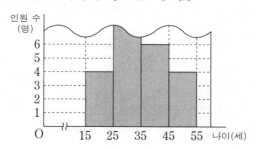

① 31세   ② 32세   ③ 33세   ④ 34세   ⑤ 35세

14. 그림과 같이 구름다리의 두 지점을 각각 A, B라 하자. 이 구름다리를 따라 두 지점 A, B를 연결하면 반지름의 길이가 6 m인 원의 일부가 된다. 선분 AB의 중점을 M, 점 M을 지나고 선분 AB에 수직인 직선이 호 AB와 만나는 점을 N이라 하자. $\overline{AB} = 8\,m$일 때, $\overline{MN} = a\,m$이다. a의 값은? (단, $a < 6$) [4점]

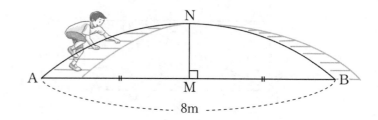

① $5 - 2\sqrt{5}$ ② $6 - 2\sqrt{5}$ ③ $7 - 2\sqrt{5}$
④ $5 - \sqrt{5}$ ⑤ $6 - \sqrt{5}$

15. 그림과 같이 $\overline{AB}=2$, $\overline{BC}=4$인 직사각형 ABCD가 있다. 대각선 BD 위에 한 점 O를 잡고, 점 O에서 네 변 AB, BC, CD, DA에 내린 수선의 발을 각각 P, Q, R, S라 하자. 사각형 APOS와 사각형 OQCR의 넓이의 합이 3이고 $\overline{AP} < \overline{PB}$일 때, 선분 AP의 길이는? [4점]

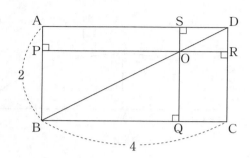

① $\dfrac{3}{8}$ ② $\dfrac{7}{16}$ ③ $\dfrac{1}{2}$ ④ $\dfrac{9}{16}$ ⑤ $\dfrac{5}{8}$

16. 그림과 같이 좌표평면에서 두 점 A(2, 6), B(8, 0)에 대하여 일차함수 $y=\dfrac{1}{2}x+\dfrac{1}{2}$의 그래프가 x축과 만나는 점을 C, 선분 AB와 만나는 점을 D라 할 때, 삼각형 CBD의 넓이는? [4점]

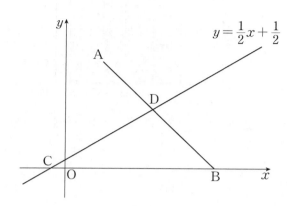

① $\dfrac{23}{2}$ ② 12   ③ $\dfrac{25}{2}$ ④ 13   ⑤ $\dfrac{27}{2}$

17. 그림과 같이 $\overline{AD}=3$, $\overline{DC}=2\sqrt{3}$ 인 직사각형 ABCD가 있다. 선분 AD 위의 점 E, 선분 BC 위의 점 F에 대하여 두 선분 EC, DF가 선분 AB를 지름으로 하는 반원 위의 두 점 G, H에서 각각 접한다. 선분 GH의 길이는? [4점]

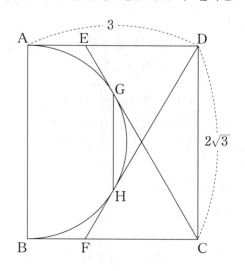

① 1   ② $\sqrt{2}$ ③ $\dfrac{3}{2}$ ④ $\sqrt{3}$ ⑤ 2

18. 좌표평면 위의 두 점 A(2, 2), B(8, 2)에 대하여 이차함수 $y=ax^2+bx+c\,(a<0)$의 그래프가 다음 조건을 만족시킬 때, $a+b+c$의 값은? (단, a, b, c는 상수이다.) [4점]

> (가) 꼭짓점의 y좌표는 4이다.
> (나) 선분 AB와 두 점 P, Q에서 만나고 $\overline{AP}=\overline{PQ}=\overline{QB}=2$이다.

① -28 ② -26 ③ -24 ④ -22 ⑤ -20

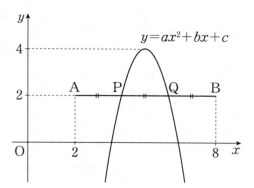

19. 그림과 같이 $\angle A = 90°$이고 $\overline{AB} = 3$, $\overline{AC} = 4$인 직각삼각형 ABC에 대하여 점 A에서 선분 BC에 내린 수선의 발을 H라 하자. 선분 HC 위의 점 D에 대하여 $\tan(\angle ADH) = 2$일 때, <보기>에서 옳은 것만을 있는 대로 고른 것은? [4점]

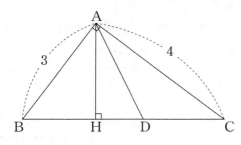

――――――――――< 보 기 >――――――――――

ㄱ. $\overline{AH} = \dfrac{12}{5}$

ㄴ. $\overline{BD} = \dfrac{16}{5}$

ㄷ. $\tan(\angle BAD) = 2$

① ㄱ   ② ㄴ   ③ ㄱ, ㄴ

④ ㄱ, ㄷ   ⑤ ㄱ, ㄴ, ㄷ

20. 좌표평면에서 두 이차함수

$$y = x^2 - 2x + 1, \quad y = -\frac{1}{2}x^2 + 3x - \frac{5}{2}$$

의 그래프가 x축에 수직인 직선과 만나는 두 점을 각각 A, B라 하자.
다음은 점 $C(k, 0)$에 대하여 삼각형 ABC가 정삼각형이 되도록 하는 양수 k의 값을 구하는 과정이다.

두 점 A, B를 지나는 직선의 방정식을 $x = t$라 하고 직선 $x = t$와 x축과의 교점을 D라 하자.
삼각형 ABC가 정삼각형이 되기 위해서는 직선 CD가 선분 AB를 수직이등분해야 한다.
그러므로 $\overline{AD} = \overline{BD}$에서
$$t^2 + \boxed{\text{(가)}} = 0$$
$$t = 1 \ \text{또는} \ t = \boxed{\text{(나)}}$$
이때 $t = 1$인 경우는 조건을 만족시키지 않고
$t = \boxed{\text{(나)}}$인 경우는 조건을 만족시킨다.
따라서 양수 k의 값은 $\boxed{\text{(다)}}$이다.

위의 (가)에 알맞은 식을 $f(t)$라 하고 (나), (다)에 알맞은 수를 각각 a, b라 할 때, $f(a) + b$의 값은? [4점]

① $-12 + 16\sqrt{3}$ ② $-11 + 16\sqrt{3}$ ③ $-12 + 17\sqrt{3}$

④ $-12 + 18\sqrt{2}$ ⑤ $-11 + 18\sqrt{2}$

21. 한 변의 길이가 10 cm인 정사각형 모양의 종이를 다음과
같이 차례로 접는다.

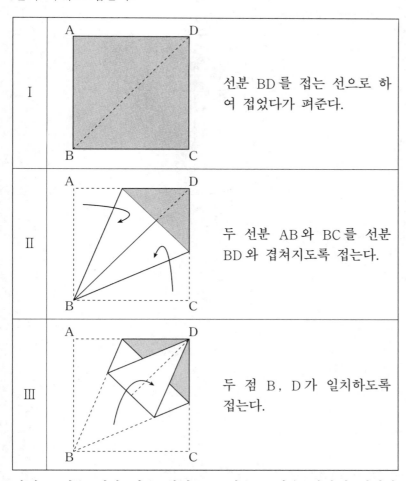

I	선분 BD를 접는 선으로 하여 접었다가 펴준다.
II	두 선분 AB와 BC를 선분 BD와 겹쳐지도록 접는다.
III	두 점 B, D가 일치하도록 접는다.

아래 그림은 위와 같은 방법으로 접은 모양을 나타낸 것이다.
선분 PQ의 길이가 $(a+b\sqrt{2})$ cm일 때, $a+b$의 값은?
(단, a, b는 정수이고, 종이의 두께는 무시한다.) [4점]

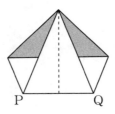

① 6   ② 7   ③ 8   ④ 9   ⑤ 10

---

22. 다항식 $\frac{1}{2}(4x+3)+4(x-1)$ 을 간단히 하였을 때, x의 계수를
구하시오. [3점]

23. 부등식 $2 < \sqrt{3x} < \sqrt{26}$ 을 만족시키는 자연수 x의 개수를
구하시오. [3점]

24. 10보다 작은 두 자연수 a, b에 대하여 $\dfrac{15}{22}$ 를 순환소수로 나타내면 $0.6\dot{a}\dot{b}$ 이다. $10a+b$의 값을 구하시오. [3점]

26. 그림과 같이 두 밑면의 넓이는 각각 $4x$, x이고 높이는 $x+5$인 원뿔대가 있다. 이 원뿔대의 부피가 700일 때, x의 값을 구하시오. [4점]

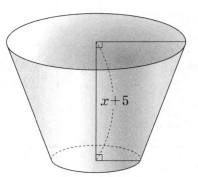

[해설편 p.111]

25. 그림과 같이 한 변의 길이가 a인 정사각형 2개와 한 변의 길이가 b인 정사각형 3개를 모두 사용하여 직사각형 ABCD를 만들었다. 직사각형 ABCD의 둘레의 길이가 88일 때, $a+b$의 값을 구하시오. [3점]

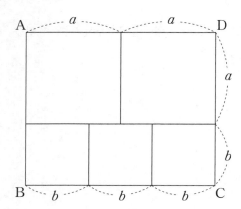

27. 6명의 학생이 팔씨름 시합을 하여 이기는 학생에게는 2점, 지는 학생에게는 0점을 주기로 하였다. 6명의 학생은 모두 서로 한 번씩 시합을 하였고 총 15번의 시합 중 비기는 경우는 없었다. 다음은 학생들이 받은 점수를 조사하여 표로 나타낸 것이다. 학생들이 받은 점수의 분산을 V라 할 때, $30V$의 값을 구하시오. (단, a, b는 상수이다.) [4점]

받은 점수(점)	학생 수(명)
2	1
4	a
6	b
8	1
합계	6

28. 좌표평면에서 이차함수 $y = f(x)$의 그래프의 꼭짓점을 A라 하고 이차함수 $y = f(x)$의 그래프가 x축과 만나는 두 점을 B, C라 할 때, 세 점 A, B, C가 다음 조건을 만족시킨다.

> (가) 점 A는 이차함수 $y = -x^2 - 2x - 7$의 그래프의 꼭짓점이다.
> (나) 삼각형 ABC의 넓이는 12이다.

$f(3)$의 값을 구하시오. [4점]

29. 그림과 같이 삼각형 ABC에서 변 BC의 중점을 M, 변 AC를 삼등분하는 두 점을 각각 D, E라 하자. 또 선분 AM이 두 선분 BD, BE와 만나는 점을 각각 P, Q라 하자.

$\overline{PQ}=1$일 때, $\overline{AM}=\dfrac{q}{p}$이다. $p+q$의 값을 구하시오.

(단, p와 q는 서로소인 자연수이다.) [4점]

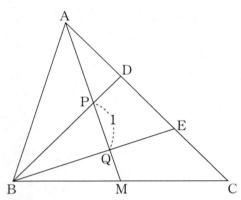

30. 한 눈금의 길이가 1인 모눈종이 위에 그림과 같이 두 점 A, B를 포함하여 81개의 점이 그려져 있다. 이 점 중에서 한 점을 선택하여 그 점을 C라 하자. 세 점 A, B, C를 꼭짓점으로 하는 삼각형이 예각삼각형이 되도록 하는 점 C의 개수를 구하시오. [4점]

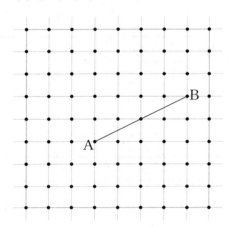

수학 영역

● 문항수 **30**개 | 배점 **100점** | 제한 시간 **100분**

● 배점은 2점, 3점 또는 4점   ● 출처 : 고1 학력평가

5 지 선 다 형

1. $(-2+4i)-3i$ 의 값은? (단, $i=\sqrt{-1}$ 이다.) [2점]

① $-2-i$ ② $-2+i$ ③ $3-i$ ④ $3+i$ ⑤ $2i$

2. 두 다항식 $A=3x^2+4x-2$, $B=x^2+x+3$ 에 대하여 $A-B$를 간단히 하면? [2점]

① $2x^2+3x-5$ ② $2x^2+3x-3$ ③ $2x^2+3x-1$

④ $2x^2-3x+3$ ⑤ $2x^2-3x+5$

3. x에 대한 다항식 x^3+ax-8이 $x-1$로 나누어떨어지도록 하는 상수 a의 값은? [2점]

① 1   ② 3   ③ 5   ④ 7   ⑤ 9

4. 모든 실수 x에 대하여 등식

$$x^2+5x+a=(x+4)(x+b)$$

가 성립할 때, $a+b$의 값은? (단, a, b는 상수이다.) [3점]

① 1   ② 2   ③ 3   ④ 4   ⑤ 5

5. 다음은 조립제법을 이용하여 다항식 $x^3 - 3x^2 + 5x - 5$를 $x - 2$로 나누었을 때, 나머지를 구하는 과정을 나타낸 것이다.

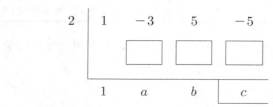

위 과정에 들어갈 세 상수 a, b, c에 대하여 abc의 값은? [3점]

① -6 ② -5 ③ -4 ④ -3 ⑤ -2

6. 부등식 $|x-3| \le 2$를 만족시키는 모든 정수 x의 값의 합은? [3점]

① 13 ② 14 ③ 15 ④ 16 ⑤ 17

7. 그림과 같이 한 변의 길이가 $a+6$인 정사각형 모양의 색종이에서 한 변의 길이가 a인 정사각형 모양의 색종이를 오려 내었다. 오려낸 후 남아 있는 ▢ 모양의 색종이의 넓이가 $k(a+3)$일 때, 상수 k의 값은? [3점]

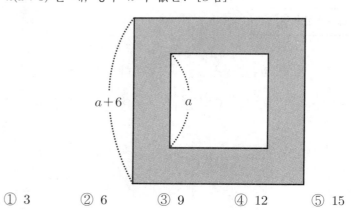

① 3 ② 6 ③ 9 ④ 12 ⑤ 15

8. 다항식 x^4+7x^2+16 이

$$(x^2+ax+b)(x^2-ax+b)$$

로 인수분해될 때, 두 양수 a, b에 대하여 $a+b$의 값은? [3점]

① 5   ② 6   ③ 7   ④ 8   ⑤ 9

9. $2016\times2019\times2022=2019^3-9a$ 가 성립할 때, 상수 a의 값은? [3점]

① 2018   ② 2019   ③ 2020   ④ 2021   ⑤ 2022

10. 이차함수 $y=x^2+5x+2$의 그래프와 직선 $y=-x+k$가 서로 다른 두 점에서 만나도록 하는 정수 k의 최솟값은? [3점]

① -10 ② -8 ③ -6 ④ -4 ⑤ -2

11. 이차함수 $y = -2x^2 + 5x$의 그래프와 직선 $y = 2x + k$가 적어도 한 점에서 만나도록 하는 실수 k의 최댓값은? [3점]

① $\dfrac{3}{8}$　　② $\dfrac{3}{4}$　　③ $\dfrac{9}{8}$　　④ $\dfrac{3}{2}$　　⑤ $\dfrac{15}{8}$

12. $x - y = 3$, $x^3 - y^3 = 18$일 때, $x^2 + y^2$의 값은? [3점]

① 7　　② 8　　③ 9　　④ 10　　⑤ 11

[해설편 p.117]

13. 두 복소수 $\alpha = \dfrac{1-i}{1+i}$, $\beta = \dfrac{1+i}{1-i}$ 에 대하여

$(1-2\alpha)(1-2\beta)$ 의 값은? (단, $i = \sqrt{-1}$ 이다.) [3점]

① 1   ② 2   ③ 3   ④ 4   ⑤ 5

14. 망원경에서 대물렌즈 지름의 길이를 구경이라 하고 천체로부터 오는 빛을 모으는 능력을 집광력이라 한다. 구경이 $D(\text{mm})$인 망원경의 집광력 F는 다음과 같은 관계식이 성립한다.

$$F = kD^2 \quad (\text{단, } k \text{는 양의 상수이다.})$$

구경이 40인 망원경 A의 집광력은 구경이 x인 망원경 B의 집광력의 2배일 때, x의 값은? [4점]

① $10\sqrt{2}$ ② $15\sqrt{2}$ ③ $20\sqrt{2}$ ④ $25\sqrt{2}$ ⑤ $30\sqrt{2}$

15. 그림과 같이 유리수 a, b에 대하여 두 이차함수

$y = x^2 - 3x + 1$과 $y = -x^2 + ax + b$의 그래프가 만나는 두 점을

각각 P, Q라 하자. 점 P의 x좌표가 $1 - \sqrt{2}$ 일 때, $a + 3b$의

값은? [4점]

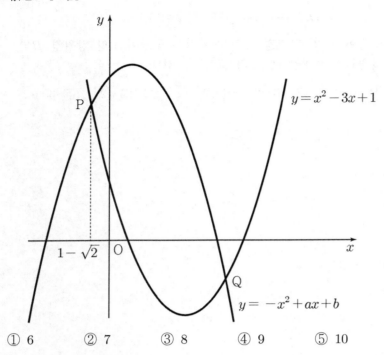

① 6   ② 7   ③ 8   ④ 9   ⑤ 10

16. 이차방정식 $x^2 + x - 1 = 0$의 서로 다른 두 근을 α, β라

하자. 다항식 $P(x) = 2x^2 - 3x$에 대하여 $\beta P(\alpha) + \alpha P(\beta)$의 값은?

[4점]

① 5   ② 6   ③ 7   ④ 8   ⑤ 9

17. 직선 $y=-\dfrac{1}{4}x+1$이 y축과 만나는 점을 A, x축과 만나는 점을 B라 하자. 점 $\mathrm{P}(a,b)$가 점 A에서 직선 $y=-\dfrac{1}{4}x+1$을 따라 점 B까지 움직일 때, a^2+8b의 최솟값은? [4점]

① 5   ② $\dfrac{17}{3}$ ③ $\dfrac{19}{3}$ ④ 7   ⑤ $\dfrac{23}{3}$

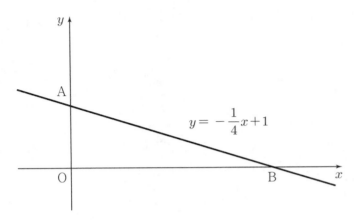

18. 한 변의 길이가 a인 정사각형 ABCD와 한 변의 길이가 b인 정사각형 EFGH가 있다. 그림과 같이 네 점 A, E, B, F가 한 직선 위에 있고 $\overline{\mathrm{EB}}=1$, $\overline{\mathrm{AF}}=5$가 되도록 두 정사각형을 겹치게 놓았을 때, 선분 CD와 선분 HE의 교점을 I라 하자. 직사각형 EBCI의 넓이가 정사각형 EFGH의 넓이의 $\dfrac{1}{4}$일 때, b의 값은? (단, $1<a<b<5$) [4점]

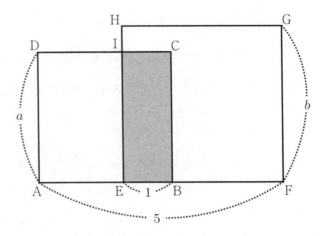

① $-2+\sqrt{26}$ ② $-2+3\sqrt{3}$ ③ $-2+2\sqrt{7}$
④ $-2+\sqrt{29}$ ⑤ $-2+\sqrt{30}$

19. 다음은 x에 대한 방정식

$$(x^2+ax+a)(x^2+x+a)=0$$

의 근 중 서로 다른 허근의 개수가 2이기 위한 실수 a의 값의 범위를 구하는 과정이다.

---

(1) $a=1$인 경우

주어진 방정식은 $(x^2+x+1)^2=0$이다.

이 때, 방정식 $x^2+x+1=0$의 근은

$$x=\frac{-1\pm\sqrt{\boxed{(가)}}\,i}{2} \quad (단,\ i=\sqrt{-1}\,)$$이므로

방정식 $(x^2+x+1)^2=0$의 서로 다른 허근의 개수는 2이다.

(2) $a\neq 1$인 경우

방정식 $x^2+ax+a=0$의 근은 $x=\dfrac{-a\pm\sqrt{\boxed{(나)}}}{2}$

이다.

(i) $\boxed{(나)}<0$일 때, 방정식 $x^2+x+a=0$은 실근을 가져야 하므로 실수 a의 값의 범위는

$$0<a\leq\frac{1}{4}$$

이다.

(ii) $\boxed{(나)}\geq 0$일 때, 방정식 $x^2+x+a=0$은 허근을 가져야 하므로 실수 a의 값의 범위는

$$a\geq\boxed{(다)}$$

이다.

따라서 (1)과 (2)에 의하여

방정식 $(x^2+ax+a)(x^2+x+a)=0$의 근 중 서로 다른 허근의 개수가 2이기 위한 실수 a의 값의 범위는

$$0<a\leq\frac{1}{4}\ \ 또는\ a=1\ \ 또는\ a\geq\boxed{(다)}$$

이다.

위의 (가), (다)에 알맞은 수를 각각 p, q라 하고,
(나)에 알맞은 식을 $f(a)$라 할 때, $p+q+f(5)$의 값은? [4점]

① 8   ② 9   ③ 10   ④ 11   ⑤ 12

20. x에 대한 연립부등식

$$\begin{cases} x^2-a^2x\geq 0 \\ x^2-4ax+4a^2-1<0 \end{cases}$$

을 만족시키는 정수 x의 개수가 1이 되기 위한 모든 실수 a의 값의 합은? (단, $0<a<\sqrt{2}$) [4점]

① $\dfrac{3}{2}$ ② $\dfrac{25}{16}$ ③ $\dfrac{13}{8}$ ④ $\dfrac{27}{16}$ ⑤ $\dfrac{7}{4}$

21. 두 이차함수

$$f(x)=(x-a)^2-a^2,$$

$$g(x)=-(x-2a)^2+4a^2+b$$

가 다음 조건을 만족시킨다.

> (가) 방정식 $f(x)=g(x)$는 서로 다른 두 실근 α, β를 갖는다.
> (나) $\beta-\alpha=2$

<보기>에서 옳은 것만을 있는 대로 고른 것은?
(단, a, b는 상수이다.) [4점]

> ─── <보 기> ───
>
> ㄱ. $a=1$일 때, $b=-\dfrac{5}{2}$
>
> ㄴ. $f(\beta)-g(\alpha)\leq g(2a)-f(a)$
>
> ㄷ. $g(\beta)=f(\alpha)+5a^2+b$이면 $b=-16$

① ㄱ   ② ㄱ, ㄴ   ③ ㄱ, ㄷ
④ ㄴ, ㄷ   ⑤ ㄱ, ㄴ, ㄷ

단 답 형

22. 다항식 $(x+3)^3$을 전개한 식에서 x^2의 계수를 구하시오.
[3점]

23. x에 대한 이차방정식 $x^2-2x+a-6=0$이 중근을 갖도록 하는 상수 a의 값을 구하시오. [3점]

24. 연립부등식

$$\begin{cases} 2x+1 < x-3 \\ x^2+6x-7 < 0 \end{cases}$$

의 해가 $\alpha < x < \beta$일 때, $\beta - \alpha$의 값을 구하시오. [3점]

25. 이차방정식 $x^2+4x-3=0$의 두 실근을 α, β라 할 때,

$\dfrac{6\beta}{\alpha^2+4\alpha-4} + \dfrac{6\alpha}{\beta^2+4\beta-4}$ 의 값을 구하시오. [3점]

26. 실수 a에 대하여 복소수 $z=a+2i$가 $\overline{z} = \dfrac{z^2}{4i}$을 만족시킬

때, a^2의 값을 구하시오.

(단, $i=\sqrt{-1}$ 이고, $\overline{z}$는 z의 켤레복소수이다.) [4점]

27. 최고차항의 계수가 $a \, (a > 0)$인 이차함수 $f(x)$가 다음 조건을 만족시킨다.

> (가) 직선 $y = 4ax - 10$과 함수 $y = f(x)$의 그래프가 만나는 두 점의 x좌표는 1과 5이다.
> (나) $1 \le x \le 5$에서 $f(x)$의 최솟값은 -8이다.

$100a$의 값을 구하시오. [4점]

28. 두 이차다항식 $P(x)$, $Q(x)$가 다음 조건을 만족시킨다.

> (가) 모든 실수 x에 대하여 $2P(x) + Q(x) = 0$이다.
> (나) $P(x)Q(x)$는 $x^2 - 3x + 2$로 나누어떨어진다.

$P(0) = -4$일 때, $Q(4)$의 값을 구하시오. [4점]

29. $-2 \le x \le 5$ 에서 정의된 이차함수 $f(x)$ 가

$$f(0)=f(4), \quad f(-1)+|f(4)|=0$$

을 만족시킨다. 함수 $f(x)$ 의 최솟값이 -19 일 때, $f(3)$ 의 값을 구하시오. [4점]

30. 선분 AB 를 지름으로 하는 반원이 있다. 그림과 같이 호 AB 위의 점 P 에서 선분 AB 에 내린 수선의 발을 Q 라 하고, 선분 AQ 와 선분 QB 를 지름으로 하는 반원을 각각 그린다. 호 AB, 호 AQ 및 호 QB 로 둘러싸인 ⌢ 모양 도형의 넓이를 S_1, 선분 PQ 를 지름으로 하는 반원의 넓이를 S_2 라 하자. $\overline{AQ} - \overline{QB} = 8\sqrt{3}$ 이고 $S_1 - S_2 = 2\pi$ 일 때, 선분 AB 의 길이를 구하시오. [4점]

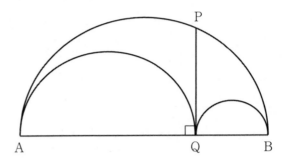

수학 영역

● 문항수 **30개** | 배점 **100점** | 제한 시간 **100분**　　　　　　　● 배점은 2점, 3점 또는 4점　● 출처 : 고1 학력평가

5 지 선 다 형

1. 두 다항식 $A = x^2 + 5x + 4$, $B = x^2 + 2$에 대하여 $A - B$는?

[2점]

① $5x - 2$　　　② $5x + 2$　　　③ $x^2 + 5x$

④ $x^2 + 5x - 2$　　　⑤ $x^2 + 5x + 2$

3. 이차정사각행렬 A의 (i, j)성분 a_{ij}를

$$a_{ij} = ij + 1 \quad (i = 1, 2, \ j = 1, 2)$$

라 하자. 행렬 A의 모든 성분의 합은? [2점]

① 10　　　② 11　　　③ 12　　　④ 13　　　⑤ 14

2. $_5\mathrm{P}_3$의 값은? [2점]

① 20　　　② 30　　　③ 40　　　④ 50　　　⑤ 60

4. 다항식 $x^3 - x^2 + 3$을 $x - 2$로 나눈 나머지는? [3점]

① 3　　　② 4　　　③ 5　　　④ 6　　　⑤ 7

5. 부등식 $|x-2|<3$을 만족시키는 정수 x의 개수는? [3점]

① 1   ② 2   ③ 3   ④ 4   ⑤ 5

6. 서로 다른 6개의 과목 중에서 서로 다른 3개를 선택하는 경우의 수는? [3점]

① 12   ② 14   ③ 16   ④ 18   ⑤ 20

7. 복소수 0, i, $-2i$, $3i$, $-4i$, $5i$가 적힌 다트판에 3개의 다트를 던져 맞히는 게임이 있다. 3개의 다트를 모두 다트판에 맞혔을 때, 얻을 수 있는 세 복소수를 a, b, c라 하자. a^2-bc의 최솟값은? (단, $i=\sqrt{-1}$ 이고 경계에 맞는 경우는 없다.) [3점]

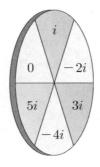

① -49 ② -47 ③ -45 ④ -43 ⑤ -41

8. 연립방정식

$$\begin{cases} x-y-1=0 \\ x^2-xy+2y=4 \end{cases}$$

의 해를 $x=\alpha$, $y=\beta$라 할 때, $\alpha+\beta$의 값은? [3점]

① 1   ② 2   ③ 3   ④ 4   ⑤ 5

9. 어느 식품회사의 숙성창고 출입문은 다음 규칙에 따라 생성되는 번호 $\boxed{a}\,\boxed{b}\,\boxed{c}\,\boxed{d}$에 의해 작동된다.

> (가) 출입문 번호 $\boxed{a}\,\boxed{b}\,\boxed{c}\,\boxed{d}$는 다음 날
> $$\begin{pmatrix} 1 & 0 \\ 2 & 1 \end{pmatrix}\begin{pmatrix} a & b \\ c & d \end{pmatrix} = \begin{pmatrix} a' & b' \\ c' & d' \end{pmatrix}$$에 의해 얻어지는 새로운 수
> a', b', c', d'의 각각의 일의 자리숫자로 구성된
> $\boxed{p}\,\boxed{q}\,\boxed{r}\,\boxed{s}$로 자동으로 바뀐다.
> (나) 출입문 번호는 (가)에 따라 매일 한 번씩 바뀐다.
> (다) 처음 설정한 번호가 $\boxed{a}\,\boxed{b}\,\boxed{c}\,\boxed{d}$일 때, 바뀐 번호
> 가 다시 $\boxed{a}\,\boxed{b}\,\boxed{c}\,\boxed{d}$가 되는 날 숙성창고 출입문이
> 처음으로 열린다.

예를 들어, 어느 날 번호가 $\boxed{3}\,\boxed{8}\,\boxed{2}\,\boxed{4}$이면
$$\begin{pmatrix} 1 & 0 \\ 2 & 1 \end{pmatrix}\begin{pmatrix} 3 & 8 \\ 2 & 4 \end{pmatrix} = \begin{pmatrix} 3 & 8 \\ 8 & 20 \end{pmatrix}$$이므로 다음날 번호는 $\boxed{3}\,\boxed{8}\,\boxed{8}\,\boxed{0}$으로
자동으로 바뀐다. 수요일에 처음 설정한 번호가 $\boxed{1}\,\boxed{1}\,\boxed{2}\,\boxed{5}$
일 때, 숙성창고 출입문이 처음으로 열리는 요일은? [3점]

① 월요일   ② 화요일   ③ 수요일
④ 목요일   ⑤ 금요일

10. 삼차방정식 $x^3+x^2+x-3=0$의 두 허근을 각각 z_1, z_2라 할 때, $z_1\overline{z_1}+z_2\overline{z_2}$의 값은? (단, $\overline{z_1}$, $\overline{z_2}$는 각각 z_1, z_2의 켤레복소수이다.) [3점]

① 2   ② 4   ③ 6   ④ 8   ⑤ 10

11. 그림과 같이 한 줄에 3개씩 모두 6개의 좌석이 있는
케이블카가 있다. 두 학생 A, B를 포함한 5명의 학생이
이 케이블카에 탑승하여 A, B는 같은 줄의 좌석에 앉고
나머지 세 명은 맞은편 줄의 좌석에 앉는 경우의 수는? [3점]

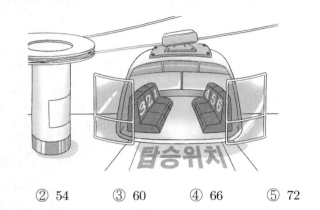

① 48   ② 54   ③ 60   ④ 66   ⑤ 72

12. x에 대한 이차방정식 $x^2 - 2(m+a)x + m^2 + m + b = 0$이 실수
m의 값에 관계없이 항상 중근을 가질 때, $12(a+b)$의 값은?
(단, a, b는 상수이다.) [3점]

① 9   ② 10   ③ 11   ④ 12   ⑤ 13

13. 기울기가 5인 직선이 이차함수 $f(x) = x^2 - 3x + 17$의 그래프에 접할 때, 이 직선의 y절편은? [3점]

① 1   ② 2   ③ 3   ④ 4   ⑤ 5

14. x에 대한 이차부등식

$$x^2 - (n+5)x + 5n \leq 0$$

을 만족시키는 정수 x의 개수가 3이 되도록 하는 모든 자연수 n의 값의 합은? [4점]

① 8   ② 9   ③ 10   ④ 11   ⑤ 12

15. 그림과 같이 9개의 칸으로 나누어진 정사각형의 각 칸에 1부터 9까지의 자연수가 적혀 있다.

1	2	3
4	5	6
7	8	9

이 9개의 숫자 중 다음 조건을 만족시키도록 2개의 숫자를 선택하려고 한다.

(가) 선택한 2개의 숫자는 서로 다른 가로줄에 있다.
(나) 선택한 2개의 숫자는 서로 다른 세로줄에 있다.

예를 들어, 숫자 1과 5를 선택하는 것은 조건을 만족시키지만, 숫자 3과 9를 선택하는 것은 조건을 만족시키지 않는다.
조건을 만족시키도록 2개의 숫자를 선택하는 경우의 수는?

[4점]

① 9   ② 12   ③ 15   ④ 18   ⑤ 21

16. 최고차항의 계수가 1인 삼차다항식 $f(x)$가 다음 조건을 만족시킨다.

(가) $f(0) = 0$
(나) $f(x)$를 $(x-2)^2$으로 나눈 나머지가 $2(x-2)$이다.

$f(x)$를 $x-1$로 나눈 몫을 $Q(x)$라 할 때, $Q(5)$의 값은? [4점]

① 3   ② 6   ③ 9   ④ 12   ⑤ 15

17. 양수 a에 대하여 $0 \leq x \leq a$에서 이차함수

$$f(x)= x^2 - 8x + a + 6$$

의 최솟값이 0이 되도록 하는 모든 a의 값의 합은? [4점]

① 11   ② 12   ③ 13   ④ 14   ⑤ 15

18. 그림과 같이 최고차항의 계수의 절댓값이 같은 세 이차함수 $y = f(x)$, $y = g(x)$, $y = h(x)$의 그래프가 있다. 방정식 $f(x) + g(x) + h(x) = 0$의 모든 근의 합은? [4점]

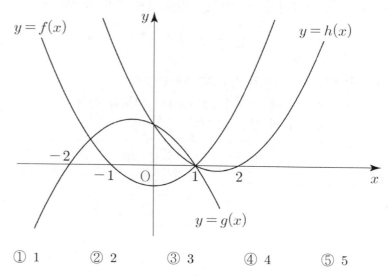

① 1   ② 2   ③ 3   ④ 4   ⑤ 5

19. 9 이하의 자연수 n에 대하여 다항식 $P(x)$가

$$P(x)=x^4+x^2-n^2-n$$

일 때, <보기>에서 옳은 것만을 있는 대로 고른 것은? [4점]

─── < 보 기 > ───

ㄱ. $P(\sqrt{n})=0$

ㄴ. 방정식 $P(x)=0$의 실근의 개수는 2이다.

ㄷ. 모든 정수 k에 대하여 $P(k)\neq 0$이 되도록 하는
　　모든 n의 값의 합은 31이다.

① ㄱ　　　　　② ㄷ　　　　　③ ㄱ, ㄴ
④ ㄴ, ㄷ　　　　⑤ ㄱ, ㄴ, ㄷ

20. 다음은 2022^{10}을 505로 나누었을 때의 나머지를 구하는 과정이다.

─────────────────────────

다항식 $(4x+2)^{10}$을 x로 나누었을 때의 몫을 $Q(x)$,

나머지를 R라고 하면

$(4x+2)^{10}=xQ(x)+R$이다.

이때, $R=\boxed{\quad(가)\quad}$이다.

등식 $(4x+2)^{10}=xQ(x)+\boxed{\quad(가)\quad}$에

$x=505$를 대입하면

$2022^{10}=505\times Q(505)+\boxed{\quad(가)\quad}$

$\qquad =505\times\{Q(505)+\boxed{\ (나)\ }\}+\boxed{\ (다)\ }$이다.

따라서 2022^{10}을 505로 나누었을 때의 나머지는

$\boxed{\quad(다)\quad}$이다.

─────────────────────────

위의 (가), (나), (다)에 알맞은 수를 각각 a, b, c라 할 때, $a+b+c$의 값은? [4점]

① 1038　② 1040　③ 1042　④ 1044　⑤ 1046

21. 그림과 같이 한 변의 길이가 1인 정오각형 ABCDE가 있다.
두 대각선 AC와 BE가 만나는 점을 P라 하면
$\overline{BE} : \overline{PE} = \overline{PE} : \overline{BP}$가 성립한다.

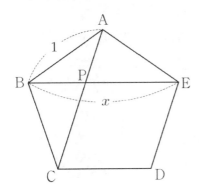

대각선 BE의 길이를 x라 할 때,
$1 - x + x^2 - x^3 + x^4 - x^5 + x^6 - x^7 + x^8 = p + q\sqrt{5}$ 이다.
$p+q$의 값은? (단, p, q는 유리수이다.) [4점]

① 22   ② 23   ③ 24   ④ 25   ⑤ 26

22. $(7+2i)(7-2i)$의 값을 구하시오. (단, $i = \sqrt{-1}$) [3점]

23. 이차함수 $f(x) = -x^2 - 4x + k$의 최댓값이 20일 때,
상수 k의 값을 구하시오. [3점]

22. $(7+2i)(7-2i)$의 값을 구하시오. (단, $i = \sqrt{-1}$) [3점]

수학 영역

24. 이차정사각행렬 A, B가

$$A+2B=\begin{pmatrix} 5 & 13 \\ 2 & 10 \end{pmatrix}, \ 2A+B=\begin{pmatrix} 4 & 11 \\ 1 & 11 \end{pmatrix}$$

을 만족시킬 때, 행렬 $A+B$의 모든 성분의 합을 구하시오.
[3점]

25. 이차함수 $y=x^2+2(a-4)x+a^2+a-1$의 그래프가 x축과 만나지 않도록 하는 정수 a의 최솟값을 구하시오. [3점]

26. 연립부등식

$$\begin{cases} x^2-x-56 \le 0 \\ 2x^2-3x-2 > 0 \end{cases}$$

을 만족시키는 정수 x의 개수를 구하시오. [4점]

[해설편 p.129]

27. 이차정사각행렬 A, B와 실수 k에 대하여

$$A + kB = \begin{pmatrix} 2 & 2 \\ 1 & 3 \end{pmatrix}, \ A + B = E, \ B^2 = B$$

가 성립할 때, $10k$의 값을 구하시오. (단, E는 단위행렬이다.)

[4점]

28. 양수 a에 대하여 이차함수 $y = 2x^2 - 2ax$의 그래프의 꼭짓점을 A, x축과 만나는 두 점을 각각 O, B라 하자. 점 A를 지나고 최고차항의 계수가 -1인 이차함수 $y = f(x)$의 그래프가 x축과 만나는 두 점을 각각 B, C라 할 때, 선분 BC의 길이는 3이다. 삼각형 ACB의 넓이를 구하시오. (단, O는 원점이다.) [4점]

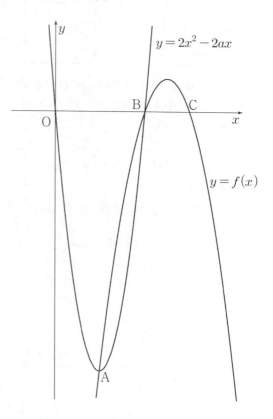

29. 그림과 같이 한 개의 정삼각형과 세 개의 정사각형으로 이루어진 도형이 있다.

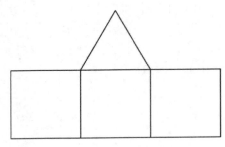

숫자 1, 2, 3, 4, 5, 6 중에서 중복을 허락하여 네 개를 택해 네 개의 정다각형 내부에 하나씩 적을 때, 다음 조건을 만족시키는 경우의 수를 구하시오. [4점]

(가) 세 개의 정사각형에 적혀 있는 수는 모두 정삼각형에 적혀 있는 수보다 작다.

(나) 변을 공유하는 두 정사각형에 적혀 있는 수는 서로 다르다.

30. 5 이상의 자연수 n에 대하여 다항식

$$P_n(x) = (1+x)(1+x^2)(1+x^3)\cdots(1+x^{n-1})(1+x^n)-64$$

가 x^2+x+1로 나누어떨어지도록 하는 모든 자연수 n의 값의 합을 구하시오. [4점]

* 확인 사항
○ 답안지의 해당란에 필요한 내용을 정확히 기입(표기)했는지 확인하시오.

수학 영역

제 2 교시

● 문항수 30개 | 배점 100점 | 제한 시간 100분

● 배점은 2점, 3점 또는 4점 ● 출처 : 고1 학력평가

5 지 선 다 형

1. 두 다항식

$$A = xy + x - 1, \qquad B = xy - x + 2$$

에 대하여 $A + B$는? [2점]

① $xy + 1$ ② $xy + 2$ ③ $2xy + 1$

④ $2xy + 2$ ⑤ $2xy + 3$

2. 두 행렬 $A = \begin{pmatrix} a-1 & 4 \\ 2 & 6 \end{pmatrix}$, $B = \begin{pmatrix} 5 & 4 \\ 2 & b+2 \end{pmatrix}$에 대하여

$A = B$일 때, $a + b$의 값은? [2점]

① 9   ② 10   ③ 11   ④ 12   ⑤ 13

3. 복소수 z의 켤레복소수 $\bar{z}$가 $2-i$일 때, $z + \bar{z}$의 값은?
  (단, $i = \sqrt{-1}$) [2점]

① -4 ② -2 ③ 0 ④ 2 ⑤ 4

4. 등식 $_{n}P_2 - {}_7C_2 = 21$을 만족시키는 자연수 n의 값은? [3점]

① 6   ② 7   ③ 8   ④ 9   ⑤ 10

5. 두 직선 $y = 7x - 1$과 $y = (3k-2)x + 2$가 서로 평행할 때, 상수 k의 값은? [3점]

① 1 　　② 2 　　③ 3 　　④ 4 　　⑤ 5

7. x에 대한 이차방정식 $x^2 + ax + b = 0$의 두 근이 2, 8일 때, 두 상수 a, b에 대하여 $a + b$의 값은? [3점]

① 3 　　② 4 　　③ 5 　　④ 6 　　⑤ 7

6. $0 \le x \le 3$에서 이차함수 $y = -x^2 + 2x + 5$의 최솟값은? [3점]

① 2 　　② 1 　　③ 0 　　④ -1 　　⑤ -2

수학 영역

3

8. 다항식 $(x^2+x)^2+2(x^2+x)-3$이 $(x^2+ax-1)(x^2+x+b)$로 인수분해될 때, 두 상수 a, b에 대하여 $a+b$의 값은? [3점]

① 1 ② 2 ③ 3 ④ 4 ⑤ 5

10. 부등식 $x > |3x+1| - 7$을 만족시키는 모든 정수 x의 값의 합은? [3점]

① -2 ② -1 ③ 0 ④ 1 ⑤ 2

9. 좌표평면 위의 세 점 A, B, C를 꼭짓점으로 하는 삼각형 ABC에서 점 A의 좌표가 $(1, 1)$, 변 BC의 중점의 좌표가 $(7, 4)$이다. 삼각형 ABC의 무게중심의 좌표가 (a, b)일 때, $a+b$의 값은? [3점]

① 4 ② 5 ③ 6 ④ 7 ⑤ 8

04회

11. 이차정사각행렬 A, B가 $A+B=-E$, $AB=E$를 만족시킬 때, $(A+B)+(A^2+B^2)+\cdots+(A^{2011}+B^{2011})$을 간단히 한 것은? (단, E는 단위행렬이다.) [3점]

① $-2E$　　② $-E$　　③ E　　④ $2E$　　⑤ $3E$

12. 실수 x에 대한 두 조건

$$p: |x-5| \leq n$$
$$q: x \geq 0$$

에 대하여 p가 q이기 위한 충분조건이 되도록 하는 모든 자연수 n의 개수는? [3점]

① 1　　② 2　　③ 3　　④ 4　　⑤ 5

13. 항공기가 수평면에서 일정한 선회 속도와 선회각을 유지한 채 360° 회전하는 선회 비행을 할 때 생기는 원의 반지름을 선회 반경이라 한다.

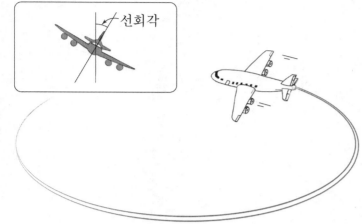

항공기의 선회 속도를 V, 선회각을 θ, 선회 반경을 R라 하면 다음과 같은 관계식이 성립한다고 한다.

$$R = \frac{V^2}{g\tan\theta}$$

(단, $0° < \theta < 90°$이고, g는 중력 가속도이다.)

어떤 항공기가 선회 속도 V_1, 선회각 30°로 선회 비행할 때의 선회 반경을 R_1이라 하고, 선회 속도 V_2, 선회각 30°로 선회 비행할 때의 선회 반경을 R_2라 하자.

선회 속도 V_1과 V_2의 비가 2 : 3일 때, $\dfrac{R_1}{R_2}$의 값은? [3점]

① $\dfrac{1}{9}$ ② $\dfrac{2}{9}$ ③ $\dfrac{1}{3}$ ④ $\dfrac{4}{9}$ ⑤ $\dfrac{5}{9}$

14. 좌표평면 위의 점 $(2, -4)$에서 원 $x^2 + y^2 = 2$에 그은 두 접선이 각각 y축과 만나는 점의 좌표를 $(0, a)$, $(0, b)$라 할 때, $a+b$의 값은? [4점]

① 4 ② 6 ③ 8 ④ 10 ⑤ 12

15. 실수 x에 대한 두 조건

$$p : |x-k| \leq 2,$$
$$q : x^2 - 4x - 5 \leq 0$$

이 있다. 명제 $p \to q$와 명제 $p \to {\sim}q$가 모두 거짓이 되도록 하는 모든 정수 k의 값의 합은? [4점]

① 14   ② 16   ③ 18   ④ 20   ⑤ 22

16. 한 모서리의 길이가 6이고 부피가 108인 직육면체를 만들려고 한다. 이때, 만들 수 있는 직육면체의 대각선의 길이의 최솟값은? [4점]

① $6\sqrt{2}$ ② 9   ③ $7\sqrt{2}$ ④ 11   ⑤ $8\sqrt{2}$

17. 그림과 같이 좌표평면에서 직선 $y=-x+10$과 y축과의 교점을 A, 직선 $y=3x-6$과 x축과의 교점을 B, 두 직선 $y=-x+10$, $y=3x-6$의 교점을 C라 하자. x축 위의 점 $D(a, 0)$ $(a>2)$에 대하여 삼각형 ABD의 넓이가 삼각형 ABC의 넓이와 같도록 하는 a의 값은? [4점]

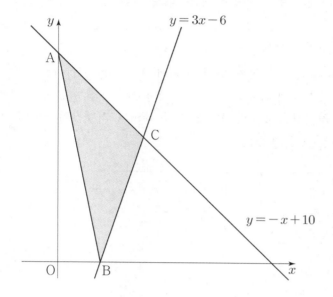

① 5 ② $\dfrac{26}{5}$ ③ $\dfrac{27}{5}$ ④ $\dfrac{28}{5}$ ⑤ $\dfrac{29}{5}$

18. 최고차항의 계수가 1인 두 이차다항식 $f(x)$, $g(x)$가 다음 조건을 만족시킨다.

> (가) $f(x)-g(x)$를 $x-2$로 나눈 몫과 나머지가 서로 같다.
> (나) $f(x)g(x)$는 x^2-1로 나누어떨어진다.

$g(4)=3$일 때, $f(2)+g(2)$의 값은? [4점]

① 1 ② 2 ③ 3 ④ 4 ⑤ 5

19. 곡선 $y=x^2$ 위의 임의의 점 $A(t,\,t^2)$ $(0<t<1)$을 직선 $y=x$에 대하여 대칭이동한 점을 B라 하고 두 점 A, B에서 y축에 내린 수선의 발을 각각 C, D라 하자. 다음은 사각형 ABDC의 넓이가 $\dfrac{1}{8}$이 되는 상수 t의 값을 구하는 과정이다.

점 A에서 y축에 내린 수선의 발이 C이므로 $\overline{AC}=t$
점 B에서 y축에 내린 수선의 발이 D이므로 $\overline{BD}=t^2$
$\overline{DC}=$ [(가)] 이므로

사각형 ABDC의 넓이는 $\dfrac{1}{2}t^2\times\left(\ \boxed{\text{(나)}}\ \right)$

사각형 ABDC의 넓이가 $\dfrac{1}{8}$이므로

$\dfrac{1}{2}t^2\times\left(\ \boxed{\text{(나)}}\ \right)=\dfrac{1}{8}$

따라서 $t=$ [(다)]

위의 (가), (나)에 알맞은 식을 각각 $f(t)$, $g(t)$라 하고, (다)에 알맞은 수를 k라 할 때, $f(k)\times g(k)$의 값은? [4점]

① $\dfrac{\sqrt{2}-1}{4}$ ② $\dfrac{\sqrt{3}-1}{2}$ ③ $\dfrac{\sqrt{3}+1}{4}$

④ $\dfrac{2\sqrt{2}-1}{2}$ ⑤ $\dfrac{2\sqrt{2}+1}{4}$

20. 이차함수 $f(x)$가 다음 조건을 만족시킨다.

(가) $f(-4)=0$
(나) 모든 실수 x에 대하여 $f(x)\le f(-2)$이다.

<보기>에서 옳은 것만을 있는 대로 고른 것은? [4점]

─── < 보 기 > ───
ㄱ. $f(0)=0$
ㄴ. $-1\le x\le 1$에서 함수 $f(x)$의 최솟값은 $f(1)$이다.
ㄷ. 실수 p에 대하여 $p\le x\le p+2$에서 함수 $f(x)$의 최솟값을 $g(p)$라 할 때, 함수 $g(p)$의 최댓값이 1이면 $f(-2)=\dfrac{4}{3}$이다.

① ㄱ   ② ㄱ, ㄴ   ③ ㄱ, ㄷ
④ ㄴ, ㄷ   ⑤ ㄱ, ㄴ, ㄷ

[해설편 p.136]

21. 전체집합 $U=\{x \mid x$는 20 이하의 자연수$\}$의 부분집합

$$A_k = \{x \mid x(y-k) = 30, \ y \in U\}$$

$$B = \left\{ x \ \middle| \ \frac{30-x}{5} \in U \right\}$$

에 대하여 $n(A_k \cap B^C) = 1$이 되도록 하는 모든 자연수 k의 개수는? [4점]

① 3   ② 5   ③ 7   ④ 9   ⑤ 11

단 답 형

22. 전체집합 $U=\{1, 2, 3, 4\}$의 부분집합 $A=\{4\}$에 대하여 집합 A^C의 모든 원소의 합을 구하시오. [3점]

23. $_3\mathrm{P}_2$의 값을 구하시오. [3점]

24. 두 실수 x, y에 대하여 두 행렬 A, B를

$$A = \begin{pmatrix} -1 & x \\ 3 & 0 \end{pmatrix}, \quad B = \begin{pmatrix} -2 & 2 \\ y & -1 \end{pmatrix}$$

이라 하자. $(A+B)(A-B) = A^2 - B^2$일 때 $x^2 + y^2$의 값을 구하시오. [3점]

25. 어느 세 점도 한 직선 위에 있지 않은 5개의 점 중 세 점을 꼭짓점으로 하는 삼각형의 개수를 구하시오. [3점]

26. 좌표평면 위의 두 점 $A(5, 12)$, $B(a, b)$에 대하여 선분 AB의 길이가 3일 때, $a^2 + b^2$의 최댓값을 구하시오. [4점]

27. 좌표평면 위에 두 점 $A(1, 2)$, $B(2, 1)$이 있다. x축 위의 점 C에 대하여 삼각형 ABC의 둘레의 길이의 최솟값이 $\sqrt{a} + \sqrt{b}$일 때, 두 자연수 a, b의 합 $a+b$의 값을 구하시오. (단, 점 C는 직선 AB 위에 있지 않다.) [4점]

28. 1보다 큰 자연수 k에 대하여 전체집합

$$U = \{x \mid x는 k \text{ 이하의 자연수}\}$$

의 두 부분집합

$$A = \{x \mid x는 k \text{ 이하의 짝수}\}, \quad B = \{x \mid x는 k\text{의 약수}\}$$

가 $n(A) \times n((A \cup B)^C) = 15$를 만족시킨다. 집합 $(A \cup B)^C$의 모든 원소의 곱을 구하시오. [4점]

29. 자연수 n에 대하여 이차함수 $y=2x^2$의 그래프와
직선 $y=nx$의 교점 중 원점이 아닌 점을 A,
이차함수 $y=2x^2$의 그래프와 직선 $y=(n+2)x$의 교점 중
원점이 아닌 점을 B라 하자.
다음은 삼각형 OAB의 넓이를 $S(n)$이라 할 때,
$S(n)>100$을 만족시키는 n의 최솟값을 구하는 과정이다.
(단, O는 원점이다.)

이차함수 $y=2x^2$의 그래프와 직선 $y=nx$의 교점 A의

x좌표를 구하면 $2x^2=nx\,(x\neq0)$에서 $x=\dfrac{n}{2}$

점 A를 지나고 x축에 수직인 직선이
직선 $y=(n+2)x$와 만나는 점을 A′이라 하자.
선분 AA′의 길이는

$$\overline{AA'}=\boxed{(가)}-\frac{n^2}{2}$$

이므로 삼각형 OAB의 넓이 $S(n)$은

$$S(n)=\frac{1}{2}\times n\times\left(\boxed{(나)}\right)$$

따라서 $S(n)>100$을 만족시키는
자연수 n의 최솟값은 $\boxed{(다)}$ 이다.

위의 (가), (나)에 알맞은 식을 각각 $f(n)$, $g(n)$이라 하고,
(다)에 알맞은 수를 k라 할 때, $f(k)+g(k)$의 값을 구하시오.

[4점]

30. 그림과 같이 좌표평면 위의 네 점 $O(0,0)$, $A(4,0)$, $B(4,5)$,
$C(0,5)$에 대하여 선분 BA의 양 끝점이 아닌 서로 다른
두 점 D, E가 선분 BA 위에 있다. 직선 OD와 직선 CE가
만나는 점을 $F(a,b)$라 하면 사각형 OAEF의 넓이는
사각형 BCFD의 넓이보다 4만큼 크고, 직선 OD와 직선 CE의
기울기의 곱은 $-\dfrac{7}{9}$이다. 두 상수 a, b에 대하여 $22(a+b)$의
값을 구하시오. (단, $0<a<4$) [4점]

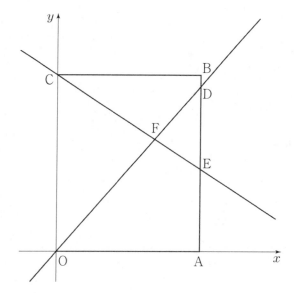

REAL

REAL ORIGINAL

전국연합학력평가
3개년 기출 모의고사

고1 수학 16회 | 해설편

Contents

REAL
ORIGINAL

※ 수록된 정답률은 실제와 차이가 있을 수 있습니다.
문제 난도를 파악하는데 참고용으로 활용하시기
바랍니다.

•정답•
01 ② 02 ⑤ 03 ① 04 ③ 05 ④ 06 ① 07 ⑤ 08 ① 09 ④ 10 ② 11 ② 12 ③ 13 ④ 14 ③ 15 ③
16 ⑤ 17 ⑤ 18 ④ 19 ② 20 ① 21 ② 22 6 23 15 24 126 25 32 26 578 27 153 28 29 29 9 30 91

★ 표기된 문항은 [등급을 가르는 문제]에 해당하는 문항입니다.

01 거듭제곱근의 계산   정답률 93% | 정답 ②

❶ $\sqrt{20} + \sqrt{5}$ 의 값은? [2점]

① $2\sqrt{5}$ ② $3\sqrt{5}$ ③ $4\sqrt{5}$ ④ $5\sqrt{5}$ ⑤ $6\sqrt{5}$

STEP 01 ❶에서 $\sqrt{20}+\sqrt{5}$ 를 계산한다.

$\sqrt{20}+\sqrt{5}=2\sqrt{5}+\sqrt{5}=3\sqrt{5}$

02 일차방정식   정답률 93% | 정답 ⑤

일차방정식 ❶ $\dfrac{x}{2}+7=2x-8$ 의 해는? [2점]

① 2 ② 4 ③ 6 ④ 8 ⑤ 10

STEP 01 ❶에서 동류항끼리 모아서 계산한다.

$\dfrac{x}{2}+7=2x-8$에서 $x+14=4x-16$

$3x=30$

$x=10$

03 직선의 평행이동   정답률 93% | 정답 ①

일차함수 ❶ $y=ax$의 그래프를 y축의 방향으로 -3만큼 평행이동한 그래프가 점 $(2,9)$를 지날 때, 상수 a의 값은? [2점]

① 6 ② 7 ③ 8 ④ 9 ⑤ 10

STEP 01 ❶에서 직선을 평행이동한다.

일차함수 $y=ax$의 그래프를 y축의 방향으로 -3만큼 평행이동한 그래프를 나타내는 일차함수의 식은

$y=ax-3$

STEP 02 점을 대입하여 상수 a를 구한다.

이 일차함수의 그래프가 점 $(2, 9)$를 지나므로

$y=ax-3$에 $x=2$, $y=9$를 대입하면

$9=2a-3$

$2a=12$

따라서 $a=6$

04 피타고라스 정리   정답률 93% | 정답 ③

그림과 같이 $\angle B=90°$인 직각삼각형 ABC에서 ❶ $\overline{AB}=3$, $\overline{BC}=2$일 때, 선분 AC를 한 변으로 하는 정사각형의 넓이는? [3점]

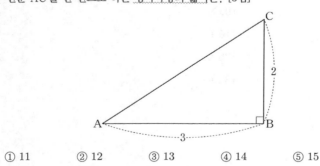

① 11 ② 12 ③ 13 ④ 14 ⑤ 15

STEP 01 ❶에서 피타고라스 정리를 이용해 선분 AC와 정사각형의 넓이를 구한다.

직각삼각형 ABC에서 피타고라스 정리에 의하여

$\overline{AC}^2=\overline{AB}^2+\overline{BC}^2$
$\phantom{\overline{AC}^2}=3^2+2^2=13$

따라서 선분 AC를 한 변으로 하는 정사각형의 넓이는

$\overline{AC}^2=13$

05 줄기와 잎 그림   정답률 95% | 정답 ④

다음은 어느 동호회 회원 15명의 나이를 줄기와 잎 그림으로 나타낸 것이다. 이 자료의 최빈값은? [3점]

(1|7은 17세)

줄기	잎				
1	7	8	9	9	
2	0	5	5	8	8
3	4	4	4	5	
4	1	6			

① 19세 ② 25세 ③ 28세 ④ 34세 ⑤ 41세

STEP 01 줄기와 잎 그림을 이용하여 최빈값을 구한다.

주어진 줄기와 잎 그림에서

34세가 3번,

19세, 25세, 28세가 각각 2번씩,

17세, 18세, 20세, 35세, 41세, 46세가 각각 1번씩 나타난다.

34세가 3번으로 가장 많이 나타나므로 최빈값은 34세이다.

06 다항식의 전개   정답률 94% | 정답 ①

다항식 ❶ $(x+a)(x-3)$을 전개한 식이 ❷ x^2+bx+6일 때, ab의 값은? (단, a, b는 상수이다.) [3점]

① 10 ② 12 ③ 14 ④ 16 ⑤ 18

STEP 01 ❶과 ❷를 비교하여 상수 a, b를 구한 후, ab를 구한다.

$(x+a)(x-3)=x^2+(a-3)x-3a=x^2+bx+6$에서

$a-3=b$, $-3a=6$

$a=-2$이고, 이를 $a-3=b$에 대입하면 $b=-5$

따라서 $ab=(-2)\times(-5)=10$

●핵심 공식

▶ 단항식과 다항식의 계산

(1) 계산 방법
  ① 계수는 계수끼리, 문자는 문자끼리 곱하여 계산한다.
  ② 같은 문자의 곱은 거듭제곱의 지수를 써서 나타낸다.
(2) 다항식의 덧셈과 뺄셈 괄호를 풀고 동류항끼리 모아서 간단히 한다. (※ 동류항 : 문자와 차수가 같은 항)
(3) 사칙 연산의 순서
  ① 괄호가 있으면 괄호를 먼저 푼다.
  ② 식의 곱셈과 나눗셈을 계산한다.
  ③ 동류항끼리 덧셈과 뺄셈을 계산한다.

07 연립방정식   정답률 87% | 정답 ⑤

두 일차방정식

❶ $x-2y=7$, $2x+y=-1$

의 그래프의 교점의 좌표를 (a, b)라 할 때, $a+b$의 값은? [3점]

① -6 ② -5 ③ -4 ④ -3 ⑤ -2

STEP 01 ❶의 두 식을 연립하여 a, b를 구한 후 $a+b$를 구한다.

두 일차방정식의 그래프의 교점의 좌표는 x, y에 대한 연립방정식의 해이다.

$\begin{cases} x-2y=7 & \cdots\cdots \ \ㄱ \\ 2x+y=-1 & \cdots\cdots \ \ㄴ \end{cases}$

ㄱ$+2\times$ㄴ에서 $5x=5$

$x=1$이므로 $y=-3$

$a=1$, $b=-3$

따라서 $a+b=1+(-3)=-2$

08 확률   정답률 80% | 정답 ①

서로 다른 두 개의 주사위를 동시에 던질 때, 각각의 주사위에서 나오는 눈의 수의 ❶ 차가 2 또는 4일 확률은? [3점]

① $\dfrac{1}{3}$ ② $\dfrac{4}{9}$ ③ $\dfrac{5}{9}$ ④ $\dfrac{2}{3}$ ⑤ $\dfrac{7}{9}$

STEP 01 전체 경우의 수를 구한다.

서로 다른 두 개의 주사위를 동시에 던져 나오는 모든 경우의 수는 $6\times6=36$

STEP 02 나오는 눈의 수를 ❶에서 제시된 경우로 나눠서 구한다.

나오는 눈의 수를 각각 a, b라 하고 이것을 순서쌍 (a, b)로 나타내면
(i) a와 b의 차가 2인 경우
   $(1, 3)$, $(2, 4)$, $(3, 5)$, $(4, 6)$, $(3, 1)$, $(4, 2)$, $(5, 3)$, $(6, 4)$의 8가지
(ii) a와 b의 차가 4인 경우
   $(1, 5)$, $(2, 6)$, $(5, 1)$, $(6, 2)$의 4가지
(i), (ii)의 경우는 동시에 일어나지 않으므로
나오는 눈의 수의 차가 2 또는 4인 경우의 수는 $8+4=12$

따라서 구하는 확률은 $\dfrac{12}{36}=\dfrac{1}{3}$

---

09 원의 접선   정답률 84% | 정답 ④

그림과 같이 원 위의 세 점 A, B, C와 원 밖의 한 점 P에 대하여 직선 PA와 직선 PB는 원의 접선이고, $\angle ACB = 65°$ 이다. 각 BPA의 크기는? [3점]

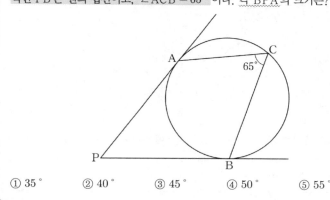

① 35°   ② 40°   ③ 45°   ④ 50°   ⑤ 55°

STEP 01 원의 접선의 성질과 내각의 성질을 이용하여 각 BPA의 크기를 구한다.

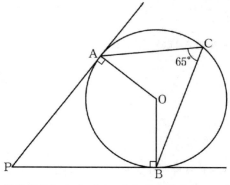

원의 중심을 O라 하자. 직선 PA와 직선 PB가 원의 접선이므로
$\angle PAO = \angle OBP = 90°$
호 AB에 대한 중심각의 크기는 원주각의 크기의 2배이므로
$\angle AOB = 2 \times \angle ACB = 2 \times 65° = 130°$
사각형 APBO의 내각의 크기의 합은 360°이므로
$\angle BPA + \angle PAO + \angle AOB + \angle OBP = 360°$
$\angle BPA + 90° + 130° + 90° = 360°$
$\angle BPA = 360° - 90° - 130° - 90° = 50°$

●핵심 공식

▶ 원의 반지름과 접선
(1) 접선의 길이(l) : 원 밖의 한 점에서 원에 접선을 그 었을 때, 그 점에서 접점까지의 거리
(2) 원의 외부에 있는 한 점에서 그 원에 그은 두 접선 의 길이는 같다.

▶ 원과 현
(1) 원의 중심에서 현에 대한 수선은 현을 이등분한다.
$\overline{AB} \perp \overline{OM}$
$\overline{AB} = 2\overline{AM} = 2\overline{BM}$
(2) 현의 수직이등분선은 원의 중심을 지난다.
(3) 한 원에서 중심으로부터 같은 거리에 있는 현의 길이는 같다.

---

10 이차방정식   정답률 70% | 정답 ②

x에 대한 이차방정식 ❶ $(x-a)^2 = 27$의 두 근이 모두 양수가 되도록 하는 자연수 a의 최솟값은? [3점]

① 5   ② 6   ③ 7   ④ 8   ⑤ 9

STEP 01 ❶에서 이차방정식의 근을 구한다.

$(x-a)^2 = 27$
$x-a = \pm\sqrt{27}$
$x = a \pm \sqrt{27}$

STEP 02 두 근이 모두 양수가 되기 위한 부등식을 세운다.

두 근이 모두 양수이기 위해서는
$a + \sqrt{27} > 0$이고 $a - \sqrt{27} > 0$이어야 하므로
$a > \sqrt{27}$
$\sqrt{25} < \sqrt{27} < \sqrt{36}$ 이므로
$5 < \sqrt{27} < 6$
따라서 구하는 자연수 a의 최솟값은 6

---

11 도수분포표   정답률 50% | 정답 ②

다음은 어느 학교의 학생 45명을 대상으로 한 달 동안의 독서 시간을 조사하여 나타낸 도수분포표이다.

독서 시간(시간)	학생 수(명)
$0^{이상} \sim 5^{미만}$	7
$5 \sim 10$	11
$10 \sim 15$	a
$15 \sim 20$	10
$20 \sim 25$	b
합계	45

이 도수분포표에서 독서 시간이 10시간 이상 15시간 미만인 계급의 상대도수가 ❶ 0이 아닌 유한소수일 때, $2a+b$의 값은? [3점]

① 24   ② 26   ③ 28   ④ 30   ⑤ 32

STEP 01 도수분포표와 유한소수의 성질을 이용하여 a, b를 구한다.

도수의 총합이 45이므로
$7 + 11 + a + 10 + b = 45$
$a + b = 17$ ...... ㉠

독서 시간이 10시간 이상 15시간 미만인 계급의 상대도수는 $\dfrac{a}{45}$이고,
상대도수가 0이 아니므로 $a > 0$
45를 소인수분해하면 $45 = 3^2 \times 5$
$\dfrac{a}{45} = \dfrac{a}{3^2 \times 5}$가 유한소수이기 위해서는 기약분수로 나타내었을 때
분모의 소인수가 2 또는 5뿐이어야 하므로 a는 9의 배수이다.   ...... ㉡
㉠, ㉡에서 $a = 9$, $b = 8$
따라서 $2a+b = 2 \times 9 + 8 = 26$

---

12 다항식의 연산   정답률 69% | 정답 ③

두 밑변 AD, BC의 길이가 각각 ❶ x^2-2x+3, $2x^2+x+6$이고 높이가 4인 사다리꼴 ABCD가 있다. 선분 CD의 중점을 E라 할 때, 사각형 ABED의 넓이는? [3점]

① $3x^2 - x + 8$ ② $3x^2 - x + 9$ ③ $4x^2 - 3x + 12$
④ $4x^2 - 3x + 13$ ⑤ $5x^2 - 3x + 14$

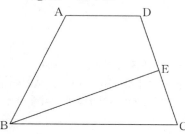

STEP 01 사다리꼴을 삼각형 2개로 나누어 ❶을 이용해 사각형 ABED의 넓이를 구한다.

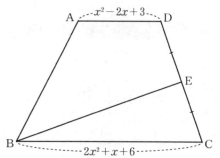

사각형 ABED의 넓이는 두 삼각형 ABD, BED의 넓이의 합과 같다.

삼각형 ABD에서 밑변을 선분 AD라 하면 높이가 4이므로

$$\triangle ABD = \frac{1}{2} \times \overline{AD} \times 4 = \frac{1}{2} \times (x^2 - 2x + 3) \times 4 = 2x^2 - 4x + 6 \quad \cdots\cdots \ \text{㉠}$$

$\overline{DE} = \overline{CE}$ 이므로 $\triangle BED = \triangle BCE$

$\triangle BCD = \triangle BED + \triangle BCE = 2 \times \triangle BED$

삼각형 BCD에서 밑변을 선분 BC라 하면 높이가 4이므로

$$\triangle BCD = \frac{1}{2} \times \overline{BC} \times 4 = \frac{1}{2} \times (2x^2 + x + 6) \times 4 = 4x^2 + 2x + 12 \quad \cdots\cdots \ \text{㉡}$$

㉠, ㉡에서

$$\square ABED = \triangle ABD + \triangle BED$$
$$= (2x^2 - 4x + 6) + \frac{1}{2}(4x^2 + 2x + 12)$$
$$= 4x^2 - 3x + 12$$

●핵심 공식

▶ 단항식과 다항식의 계산

(1) 계산 방법
  ① 계수는 계수끼리, 문자는 문자끼리 곱하여 계산한다.
  ② 같은 문자의 곱은 거듭제곱의 지수를 써서 나타낸다.

(2) 다항식의 덧셈과 뺄셈 괄호를 풀고 동류항끼리 모아서 간단히 한다.(※ 동류항 : 문자와 차수가 같은 항)

(3) 사칙 연산의 순서
  ① 괄호가 있으면 괄호를 먼저 푼다.
  ② 식의 곱셈과 나눗셈을 계산한다.
  ③ 동류항끼리 덧셈과 뺄셈을 계산한다.

---

13 입체도형의 부피
정답률 65% | 정답 ④

[그림 1]과 같이 한 모서리의 길이가 4인 정육면체가 있다. 이 정육면체의 한 꼭짓점 A에서 만나는 세 모서리의 중점을 각각 B, C, D라 하자.
이 정육면체에서 네 점 A, B, C, D를 꼭짓점으로 하는 사면체를 잘라 내어 [그림 2]와 같은 입체도형을 만들었다. ❶ [그림 2]의 입체도형의 부피는? [3점]

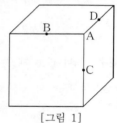
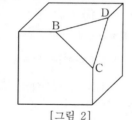

[그림 1]   [그림 2]

① $\dfrac{179}{3}$ ② $\dfrac{182}{3}$ ③ $\dfrac{185}{3}$ ④ $\dfrac{188}{3}$ ⑤ $\dfrac{191}{3}$

STEP 01 입체도형의 성질을 이용해 ❶을 구한다.

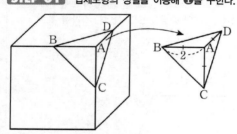

한 모서리의 길이가 4인 정육면체의 부피는 $4^3 = 64$

네 점 A, B, C, D를 꼭짓점으로 하는 사면체는 $\overline{AB} = \overline{AD} = 2$인 직각삼각형 ABD를 밑면으로 하고 높이가 2인 삼각뿔이다.

잘라 낸 사면체의 부피는

$$\frac{1}{3} \times \left(\frac{1}{2} \times 2 \times 2 \right) \times 2 = \frac{4}{3}$$

따라서 구하는 입체도형의 부피는

$$64 - \frac{4}{3} = \frac{188}{3}$$

●핵심 공식

▶ 입체도형의 겉넓이와 부피
(V : 부피, S : 겉넓이, h : 높이, r : 반지름)

도형	겉넓이	부피
각기둥	$S = (밑넓이 \times 2) + 옆넓이$	$V = S \times h$ (S : 밑넓이)
원기둥	$S = 2\pi r(r + h)$	$V = \pi r^2 h$

---

14 대푯값과 산포도
정답률 64% | 정답 ③

다음은 과수원 A의 사과 6개와 과수원 B의 사과 6개의 당도를 brix 단위로 측정한 결과에 대한 두 학생의 대화이다.

> 과수원 A의 사과 6개의 당도의 평균은 11이고 분산은 $\dfrac{5}{3}$야. 과수원 B의 사과는 어때?

> 과수원 B의 사과 6개 각각의 당도는
>
> | 11, 9, 12, 9, a, $a+1$ |
>
> 이므로 평균은 과수원 A의 사과 6개의 당도의 평균과 같고, 분산은 b가 되네. 그러니까 과수원 A의 사과 6개의 당도가 더 고르구나.

위 학생들의 대화를 만족시키는 두 상수 a, b에 대하여 $a + b$의 값은? [4점]

① $\dfrac{37}{3}$ ② $\dfrac{40}{3}$ ③ $\dfrac{43}{3}$ ④ $\dfrac{46}{3}$ ⑤ $\dfrac{49}{3}$

STEP 01 대푯값과 산포도를 이해하여 평균과 분산을 구한다.

과수원 B의 사과 6개의 당도의 평균은

$$\frac{11 + 9 + 12 + 9 + a + (a+1)}{6} = \frac{42 + 2a}{6}$$

이고, 과수원 A의 사과 6개의 당도의 평균 11과 같으므로

$$\frac{42 + 2a}{6} = 11, \ a = 12$$

과수원 B의 사과 6개 각각의 당도는

11, 9, 12, 9, 12, 13

이 자료의 편차는 차례로

0, -2, 1, -2, 1, 2

$(분산) = \dfrac{(편차)^2의 \ 총합}{(변량)의 \ 개수}$ 이므로 과수원 B의 사과 6개의 당도의 분산은

$$\frac{0^2 + (-2)^2 + 1^2 + (-2)^2 + 1^2 + 2^2}{6} = \frac{14}{6} = \frac{7}{3}$$

$$b = \frac{7}{3}$$

따라서 $a + b = 12 + \dfrac{7}{3} = \dfrac{43}{3}$

---

15 일차부등식
정답률 73% | 정답 ③

두 온라인 서점 A, B에서 판매하는 정가가 12000원인 어느 도서의 할인율과 배송비는 표와 같다.

	온라인 서점 A	온라인 서점 B
도서 할인율	5%	10%
배송비	0원	4000원

온라인 서점 A에서 이 도서를 ❶ 한번에 x권 주문할 때 지불하는 금액이 온라인 서점 B에서 이 도서를 ❷ 한번에 x권 주문할 때 지불하는 금액보다 더 크게 되도록 하는 x의 최솟값은? (단, 배송비는 한 번만 지불한다.) [4점]

① 5 ② 6 ③ 7 ④ 8 ⑤ 9

STEP 01 ❶과 ❷를 각각 식으로 세운 후 부등식을 푼다.

온라인 서점 A에서 x권 주문할 때 지불하는 금액은

$$12000 x \times \left(1 - \frac{5}{100} \right)$$

온라인 서점 B에서 x권 주문할 때 지불하는 금액은

$$12000 x \times \left(1 - \frac{10}{100} \right) + 4000$$

온라인 서점 A에 지불하는 금액이 온라인 서점 B에 지불하는 금액보다 커야 하므로

$$12000x \times \left(1 - \frac{5}{100}\right) > 12000x \times \left(1 - \frac{10}{100}\right) + 4000$$

이 부등식을 풀면

$$3x \times \left(1 - \frac{5}{100}\right) > 3x \times \left(1 - \frac{10}{100}\right) + 1$$

$$3x \times \frac{95}{100} - 3x \times \frac{90}{100} > 1$$

$$3x \times \frac{5}{100} > 1, \quad \frac{3}{20}x > 1$$

$$x > \frac{20}{3}$$

STEP 02 x가 자연수임을 이용하여 x의 최솟값을 구한다.

$6 < \frac{20}{3} < 7$이므로 x가 7 이상이면 온라인 서점 A에서 주문할 때 지불하는 금액이 온라인 서점 B에서 주문할 때 지불하는 금액보다 더 크다.
따라서 x의 최솟값은 7

---

16 반비례 함수   정답률 48% | 정답 ⑤

그림과 같이 양수 a에 대하여 두 반비례 관계 ❶ $y = \frac{a}{x}$, $y = -\frac{2a}{x}$의 그래프가 직선 ❷ $y = 6$과 만나는 점을 각각 A, B라 하고, 두 선분 OA, OB가 직선 ❸ $y = 3$과 만나는 점을 각각 C, D라 하자. 사각형 ABDC의 넓이가 27일 때, a의 값은? (단, O는 원점이다.) [4점]

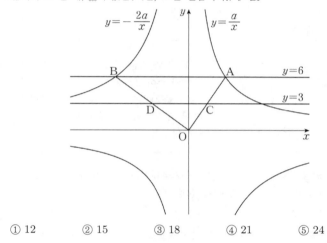

① 12   ② 15   ③ 18   ④ 21   ⑤ 24

STEP 01 ❶에 ❷와 ❸을 대입하여 길이를 a에 관한 식으로 나타낸다.

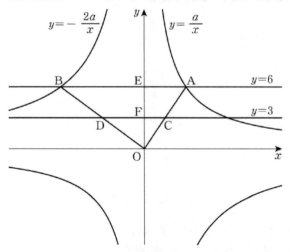

두 직선 $y = 6$, $y = 3$이 y축과 만나는 점을 각각 E, F라 하자.

반비례 관계 $y = \frac{a}{x}$의 그래프와 직선 $y = 6$이 만나는 점 A의 좌표가 $\left(\frac{a}{6}, 6\right)$이므로 $\overline{EA} = \frac{a}{6}$

반비례 관계 $y = -\frac{2a}{x}$의 그래프와 직선 $y = 6$이 만나는 점 B의 좌표가 $\left(-\frac{a}{3}, 6\right)$이므로 $\overline{BE} = \frac{a}{3}$

그러므로 $\overline{BA} = \overline{BE} + \overline{EA} = \frac{a}{3} + \frac{a}{6} = \frac{a}{2}$

STEP 02 삼각형의 닮음 조건을 이용하여 a를 구한다.
삼각형 DOC와 삼각형 BOA에서 각 COD는 공통이고,
두 직선 $y = 3$, $y = 6$이 서로 평행하므로 $\angle DCO = \angle BAO$
그러므로 두 삼각형은 서로 닮음이다.

평행선 사이의 선분의 길이의 비에서
$\overline{OF} : \overline{OE} = \overline{OC} : \overline{OA} = 1 : 2$
이므로 삼각형 DOC와 삼각형 BOA의 닮음비는 $1 : 2$이고,
두 삼각형의 넓이의 비는 $1 : 4$이다.

$$\square ABDC = \triangle BOA - \triangle DOC = \triangle BOA - \frac{1}{4} \times \triangle BOA$$
$$= \frac{3}{4} \times \triangle BOA = \frac{3}{4} \times \left(\frac{1}{2} \times \overline{AB} \times \overline{OE}\right)$$

그러므로 $27 = \frac{3}{4} \times \left(\frac{1}{2} \times \frac{a}{2} \times 6\right)$

따라서 $a = 24$

● 핵심 공식

▶ 닮은 도형의 닮음비
두 도형의 길이의 비가 $m : n$일 때,

길이의 비	$m : n$
넓이의 비	$m^2 : n^2$
부피의 비	$m^3 : n^3$

▶ 삼각형의 닮음 조건
(1) SSS닮음: 세 쌍의 변의 길이의 비가 같다.
(2) SAS닮음: 두 쌍의 변의 길이의 비가 같고, 그 끼인각의 크기가 서로 같다.
(3) AA닮음: 두 쌍의 각의 크기가 서로 같다.

---

17 이차함수의 활용   정답률 51% | 정답 ⑤

그림과 같이 원점 O를 지나고 제4사분면 위의 점 A를 꼭짓점으로 하는 이차함수 $y = f(x)$의 그래프가 있다. 두 점 B$(-5, 0)$, C$(0, -6)$에 대하여 선분 AB와 선분 OC가 점 D에서 만난다. ❶ 삼각형 OCA의 넓이가 6이고, ❷ 삼각형 OBD의 넓이와 삼각형 DCA의 넓이가 같을 때, $f(10)$의 값은? (단, 점 D는 점 C가 아니다.) [4점]

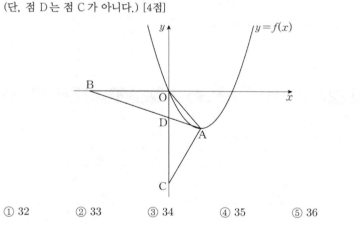

① 32   ② 33   ③ 34   ④ 35   ⑤ 36

STEP 01 점 A에서 y축에 수선의 발을 내려 점 H라 놓은 후 ❶을 이용한다.

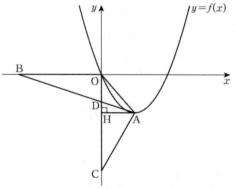

점 A에서 y축에 내린 수선의 발을 H라 하자.
삼각형 OCA에서 밑변을 선분 OC라 하면
높이가 $\overline{AH}$이므로

$$\triangle OCA = \frac{1}{2} \times \overline{OC} \times \overline{AH} = \frac{1}{2} \times 6 \times \overline{AH} = 3\overline{AH}$$

삼각형 OCA의 넓이가 6이므로 $\overline{AH} = 2$

STEP 02 선분 OD의 길이를 미지수로 놓은 후 ❷를 이용하여 선분 OD의 길이를 구한다.
점 A는 제4사분면 위의 점이므로 점 A의 x좌표는 2   ……㉠
$\overline{OD} = a\,(0 < a < 6)$이라 하면
$\overline{DC} = 6 - a$
삼각형 OBD에서 밑변을 선분 OB라 하면 높이가 $\overline{OD}$이므로

$$\triangle OBD = \frac{1}{2} \times \overline{OB} \times \overline{OD} = \frac{1}{2} \times 5 \times a = \frac{5}{2}a$$

삼각형 DCA에서 밑변을 선분 DC 라 하면

높이가 $\overline{AH}$ 이므로

$$\triangle DCA = \frac{1}{2} \times \overline{DC} \times \overline{AH} = \frac{1}{2} \times (6-a) \times 2 = 6-a$$

$\triangle OBD = \triangle DCA$ 에서

$$\frac{5}{2}a = 6-a, \quad a = \frac{12}{7}$$

STEP 03 삼각형의 닮음을 이용하여 점 A의 y좌표를 구한다.

$\angle ODB = \angle HDA$ (맞꼭지각)

$\angle BOD = \angle AHD$ 이므로

삼각형 OBD 와 삼각형 HAD 는 서로 닮음이다.

즉, $\overline{BO} : \overline{AH} = \overline{OD} : \overline{HD}$ 이므로 $5 : 2 = \frac{12}{7} : \overline{HD}$

$$\overline{HD} = \frac{1}{5} \times 2 \times \frac{12}{7} = \frac{24}{35}$$

$$\overline{OH} = \overline{OD} + \overline{HD} = \frac{12}{7} + \frac{24}{35} = \frac{12}{5}$$

점 A 는 제4 사분면 위의 점이므로

점 A 의 y좌표는 $-\dfrac{12}{5}$ ...... ⓛ

STEP 04 점 A의 좌표가 $y=f(x)$ 의 꼭짓점인 것을 이용하여 답을 구한다.

㉠, ⓛ에서 점 A 의 좌표는 $\left(2, -\dfrac{12}{5}\right)$ 이고,

이 점은 이차함수 $y=f(x)$ 의 그래프의 꼭짓점이므로

$$f(x) = p(x-2)^2 - \frac{12}{5} \ (p \text{ 는 상수})$$

이차함수 $y=f(x)$ 의 그래프가 원점 O 를 지나므로

$$f(0) = p(0-2)^2 - \frac{12}{5} = 4p - \frac{12}{5} = 0$$

$p = \dfrac{3}{5}$ 에서 $f(x) = \dfrac{3}{5}(x-2)^2 - \dfrac{12}{5}$

따라서

$$f(10) = \frac{3}{5}(10-2)^2 - \frac{12}{5} = 36$$

● 핵심 공식

▶ 닮은 도형의 닮음비

두 도형의 길이의 비가 $m:n$일 때,

길이의 비	$m:n$
넓이의 비	$m^2 : n^2$
부피의 비	$m^3 : n^3$

▶ 삼각형의 닮음 조건

(1) SSS닮음 : 세 쌍의 변의 길이의 비가 같다.

(2) SAS닮음 : 두 쌍의 변의 길이의 비가 같고, 그 끼인각의 크기가 서로 같다.

(3) AA닮음 : 두 쌍의 각의 크기가 서로 같다.

▶ 직선의 방정식

(1) 기울기가 m이고 점 (x_1, y_1)을 지나는 직선 : $y - y_1 = m(x - x_1)$

(2) 두 점 (x_1, y_1), (x_2, y_2)를 지나는 직선 : $y - y_1 = \dfrac{y_2 - y_1}{x_2 - x_1}(x - x_1)$

(3) x절편이 a, y절편이 b인 직선 : $\dfrac{x}{a} + \dfrac{y}{b} = 1$

▶ 이차함수의 그래프

(1) $y = ax^2 \ (a \neq 0)$

① 꼭짓점의 좌표 $(0, 0)$

② 대칭축 $x = 0$

③ $a > 0$이면 아래로 볼록, $a < 0$이면 위로 볼록한 그래프

④ $|a|$가 클수록 그래프의 폭이 좁아진다. (y축에 가까워진다.)

(2) $y = ax^2 + q \ (a \neq 0)$

① $y = ax^2 \ (a \neq 0)$의 그래프를 y축 방향으로 q만큼 평행이동

② 꼭짓점의 좌표 $(0, q)$

③ 대칭축 $x = 0$

(3) $y = a(x-p)^2 \ (a \neq 0)$

① $y = ax^2 \ (a \neq 0)$의 그래프를 x축 방향으로 p만큼 평행이동

② 꼭짓점의 좌표 $(p, 0)$

③ 대칭축 $x = p$

(4) $y = a(x-p)^2 + q \ (a \neq 0)$

① $y = ax^2 \ (a \neq 0)$의 그래프를 x축 방향으로 p만큼, y축으로 q만큼 평행이동

② 꼭짓점의 좌표 (p, q)

③ 대칭축 $x = p$

---

18 선대칭도형

원 모양의 종이를 이용하여 그림과 같은 한복 저고리 모양과 한복 바지 모양을 만들 수 있다.

한복 저고리 모양

한복 바지 모양

다음은 반지름의 길이가 4cm 인 원 모양의 종이 두 장을 이용하여 한복 바지 모양을 만드는 과정이다.

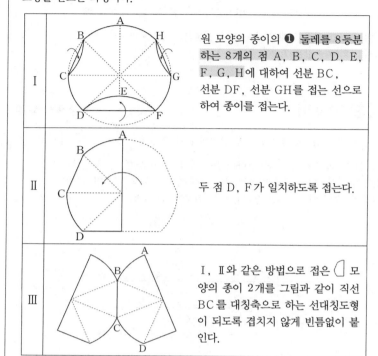

I		원 모양의 종이의 ❶ 둘레를 8등분하는 8개의 점 A, B, C, D, E, F, G, H에 대하여 선분 BC, 선분 DF, 선분 GH를 접는 선으로 하여 종이를 접는다.
II		두 점 D, F 가 일치하도록 접는다.
III		I, II와 같은 방법으로 접은 ⌒ 모양의 종이 2개를 그림과 같이 직선 BC를 대칭축으로 하는 선대칭도형이 되도록 겹치지 않게 빈틈없이 붙인다.

위와 같은 방법으로 만든 ⋀⋀ 모양의 도형의 넓이는 $a \text{ cm}^2$이다. $\underline{a}$의 값은? (단, 종이의 두께는 고려하지 않는다.) [4점]

① $6 + 6\pi + 6\sqrt{2}$ ② $8 + 6\pi + 6\sqrt{2}$ ③ $6 + 8\pi + 8\sqrt{2}$

④ $8 + 8\pi + 8\sqrt{2}$ ⑤ $10 + 8\pi + 10\sqrt{2}$

STEP 01 ❶에 부채꼴의 호의 길이가 중심각의 크기에 비례함을 이용한다.

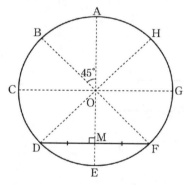

점 A, B, C, D, E, F, G, H 는 원의 둘레를 8등분하는 점이고, 부채꼴의 호의 길이는 중심각의 크기에 정비례하므로

그림의 8 개의 부채꼴의 중심각의 크기는 모두 45 ° 이다.

원의 중심을 O 라 하고, 선분 DF 의 중점을 M 이라 하면 직선 OM 은 선분 DF 를 수직이등분한다.

STEP 02 도형을 적절히 나눈 후 삼각비를 이용하여 a의 값을 구한다.

한편 ⋀⋀ 모양의 도형의 넓이는 ⌒ 모양의 도형의 넓이의 2 배와 같다.

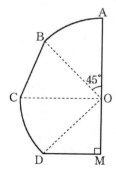

부채꼴 AOB의 넓이를 S라 하면

(◗ 모양의 도형의 넓이)$=2S+\triangle OBC+\triangle ODM$

$S=\pi\times 4^2\times\dfrac{45}{360}=2\pi(\mathrm{cm}^2)$

$\triangle OBC=\dfrac{1}{2}\times 4\times 4\times \sin45°=\dfrac{1}{2}\times 4\times 4\times\dfrac{\sqrt2}{2}=4\sqrt2(\mathrm{cm}^2)$

직각삼각형 ODM에서 $\dfrac{\overline{DM}}{4}=\sin45°=\dfrac{\sqrt2}{2}$

$\overline{DM}=2\sqrt2$

$\triangle ODM=\dfrac{1}{2}\times 2\sqrt2\times 2\sqrt2=4(\mathrm{cm}^2)$

(⧢ 모양의 도형의 넓이)$=$(◗ 모양의 도형의 넓이)$\times2$
$=(2\times2\pi+4\sqrt2+4)\times2$
$=8\pi+8\sqrt2+8(\mathrm{cm}^2)$

따라서 $a=8+8\pi+8\sqrt2$

---

19 삼각형의 합동   정답률 52% | 정답 ②

한 변의 길이가 $x(x>4)$인 정사각형 ABCD에 대하여 선분 CD 위에 $\overline{CE}=2$인 점 E와 선분 AD 위에 $\overline{FD}=2$인 점 F가 있다. 선분 BC의 연장선 위에 $\overline{CG}=x-2$인 점 G를 잡을 때, 삼각형 EGF의 넓이는 7이다. ❶ x의 값은? [4점]

① $2+2\sqrt2$ ② $2+3\sqrt2$ ③ $3+3\sqrt2$

④ $4+3\sqrt2$ ⑤ $3+4\sqrt2$

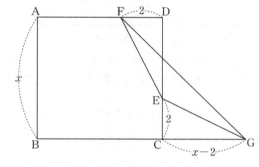

STEP 01 사다리꼴임을 이용하여 사각형 ABGF를 x에 관한 식으로 나타낸다.

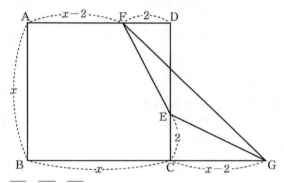

$\overline{AF}=\overline{AD}-\overline{FD}=x-2$

$\overline{BG}=\overline{BC}+\overline{CG}=x+(x-2)=2x-2$

사각형 ABGF는 두 밑변의 길이가 $\overline{AF}$, $\overline{BG}$이고, 높이가 x인 사다리꼴이므로

$\square ABGF=\dfrac{1}{2}\times\{(x-2)+(2x-2)\}\times x=\dfrac{1}{2}\times(3x-4)\times x=\dfrac{3}{2}x^2-2x$ ……㉠

STEP 02 삼각형의 합동을 이용하여 사각형 ABGF를 x에 관한 식으로 나타낸다.

$\overline{DE}=\overline{CG}=x-2$, $\overline{FD}=\overline{EC}=2$이고 $\angle FDE=\angle ECG=90°$이므로 삼각형 FDE와 삼각형 ECG는 서로 합동이다.

오각형 ABCEF의 넓이를 S라 하면

$\square ABGF=S+\triangle ECG+\triangle EGF$
$=S+\triangle FDE+\triangle EGF$
$=\square ABCD+\triangle EGF$
$=x^2+7$ ……㉡

STEP 03 ㉠, ㉡을 비교하여 ❶을 구한다.

㉠, ㉡에서

$\dfrac{3}{2}x^2-2x=x^2+7$

$\dfrac{1}{2}x^2-2x-7=0$

$x^2-4x-14=0$

근의 공식에 의하여

$x=\dfrac{-(-4)\pm\sqrt{(-4)^2-4\times1\times(-14)}}{2\times1}=\dfrac{4\pm\sqrt{72}}{2}=2\pm3\sqrt2$

$x>4$이므로 $x=2+3\sqrt2$

---

20 삼각형의 닮음   정답률 59% | 정답 ①

그림과 같이 한 변의 길이가 12인 정삼각형 ABC의 변 BC 위에 $\overline{DC}=4$인 점 D가 있다. 선분 AD를 한 변으로 하는 정삼각형 ADE에 대하여 선분 AC와 선분 DE가 만나는 점을 F라 하자.

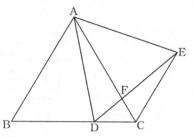

다음은 선분 CF의 길이를 구하는 과정이다.

> 두 정삼각형 ABC, ADE에서
> $\overline{AB}=\overline{AC}$, $\overline{AD}=\overline{AE}$
> 이고,
> $\angle BAD=60°-\angle DAC=\angle CAE$
> 이므로 ❶ 삼각형 ABD와 삼각형 ACE는 서로 합동이다.
> 그러므로
> $\angle ECA=60°$, $\overline{CE}=$ (가)
> 이다.
> 한편 ❷ 각 AFD와 각 CFE는 서로 맞꼭지각이고,
> $\angle FDA=\angle ECF$이므로
> $\angle DAF=\angle FEC$
> 이다.
> 또한 $\angle ACD=\angle ECF$이므로 삼각형 ACD와 삼각형 ECF는 서로 닮은 도형이고,
> 삼각형 ACD와 삼각형 ECF의 닮음비는 (나) : 2이다.
> 따라서
> $\overline{CF}=$ (다)
> 이다.

위의 (가), (나), (다)에 알맞은 수를 각각 p, q, r이라 할 때, $p+q+r$의 값은? (단, 선분 AB와 선분 DE는 만나지 않는다.) [4점]

① $\dfrac{41}{3}$ ② 14   ③ $\dfrac{43}{3}$ ④ $\dfrac{44}{3}$ ⑤ 15

STEP 01 ❶을 이용하여 (가)를 구한다.

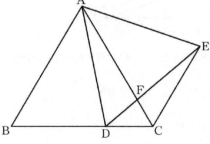

두 정삼각형 ABC, ADE에서 $\overline{AB}=\overline{AC}$, $\overline{AD}=\overline{AE}$이고,

$\angle BAD=60°-\angle DAC=\angle CAE$이므로

삼각형 ABD와 삼각형 ACE는 서로 합동이다.

그러므로 $\angle DBA=\angle ECA$, $\overline{BD}=\overline{CE}$이고,

$\angle DBA=60°$, $\overline{BD}=\overline{BC}-\overline{DC}=12-4=8$이므로

$\angle ECA=60°$, $\overline{CE}=\boxed{8}$

STEP 02 ❷를 이용하여 (나)를 구한다.

한편 각 AFD와 각 CFE는 서로 맞꼭지각이고, $\angle FDA=\angle ECF$이므로

$\angle DAF=\angle FEC$

또한 $\angle ACD=\angle ECF$이므로 삼각형 ACD와 삼각형 ECF는 서로 닮은 도형이고,

삼각형 ACD와 삼각형 ECF의 닮음비는 $\overline{AC}:\overline{EC}=12:8=\boxed{3}:2$이다.

STEP 03 비율관계를 따져 (다)와 답을 구한다.

따라서 $\overline{\text{CD}}:\overline{\text{CF}}=3:2$, $\overline{\text{CD}}=4$에서 $3\overline{\text{CF}}=4\times2$, $\overline{\text{CF}}=\boxed{\dfrac{8}{3}}$

따라서 $p=8$, $q=3$, $r=\dfrac{8}{3}$에서

$$p+q+r=\dfrac{41}{3}$$

●핵심 공식

▶ 삼각형의 닮음 조건
(1) SSS닮음 : 세 쌍의 변의 길이의 비가 같다.
(2) SAS닮음 : 두 쌍의 변의 길이의 비가 같고, 그 끼인각의 크기가 서로 같다.
(3) AA닮음 : 두 쌍의 각의 크기가 서로 같다.

▶ 닮은 도형의 닮음비
두 도형의 길이의 비가 $m:n$일 때,

길이의 비	$m:n$
넓이의 비	$m^2:n^2$
부피의 비	$m^3:n^3$

★★★ 등급을 가르는 문제!

21 삼각형의 내심　　　정답률 32% | 정답 ②

그림과 같이 $\overline{\text{AB}}=\overline{\text{AC}}=25$이고 $\overline{\text{BC}}=40$인 이등변삼각형 ABC에 대하여 점 C에서 직선 AB에 내린 수선의 발을 D라 하자. ❶ 삼각형 ABC의 내심을 I, 삼각형 DBC의 내심을 J라 할 때, 선분 IJ의 길이는? [4점]

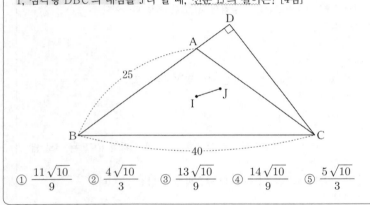

① $\dfrac{11\sqrt{10}}{9}$　② $\dfrac{4\sqrt{10}}{3}$　③ $\dfrac{13\sqrt{10}}{9}$　④ $\dfrac{14\sqrt{10}}{9}$　⑤ $\dfrac{5\sqrt{10}}{3}$

STEP 01 선분 BC의 수직이등분점을 M으로 놓고 피타고라스 정리를 이용해 $\overline{\text{AM}}$을 구한다.

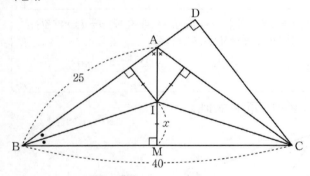

삼각형 ABC는 $\overline{\text{AB}}=\overline{\text{AC}}$인 이등변삼각형이므로 각 BAC의 이등분선은 밑변을 수직이등분한다.
각 BAC의 이등분선이 선분 BC와 만나는 점을 M이라 하면
$\overline{\text{BM}}=\overline{\text{CM}}=20$, $\angle\text{AMB}=90\degree$
직각삼각형 ABM에서 피타고라스 정리에 의하여
$\overline{\text{AB}}^2=\overline{\text{BM}}^2+\overline{\text{AM}}^2$, $25^2=20^2+\overline{\text{AM}}^2$
$\overline{\text{AM}}^2=225$, $\overline{\text{AM}}=15$

STEP 02 ❶과 닮음을 이용하여 선분 CD의 길이를 구한다.
점 I는 삼각형 ABC의 내심이므로 선분 AM 위에 있다.
두 삼각형 ABM, CBD에서 각 MBA는 공통이고
$\angle\text{AMB}=\angle\text{CDB}=90\degree$이므로 삼각형 ABM과 삼각형 CBD는 서로 닮음이다.
그러므로 $\overline{\text{AB}}:\overline{\text{CB}}=\overline{\text{BM}}:\overline{\text{BD}}$에서 $25:40=20:\overline{\text{BD}}$
$\overline{\text{BD}}=\dfrac{40\times20}{25}=32$
$\overline{\text{AD}}=\overline{\text{BD}}-\overline{\text{BA}}=32-25=7$
마찬가지로 $\overline{\text{AB}}:\overline{\text{CB}}=\overline{\text{AM}}:\overline{\text{CD}}$에서 $25:40=15:\overline{\text{CD}}$
$\overline{\text{CD}}=\dfrac{40\times15}{25}=24$

STEP 03 ❶을 이용해 삼각형 ABC의 내접원의 반지름의 길이를 x라 놓고 △ABC의 넓이와 비교하여 x를 구한다.

삼각형 ABC의 내접원의 반지름의 길이를 x라 하면 점 I가 삼각형 ABC의 내심이므로 점 I에서 삼각형 ABC의 세 변 AB, BC, CA에 이르는 거리가 x로 모두 같다.
세 삼각형 ABI, BCI, CAI의 밑변을 각각 선분 AB, 선분 BC, 선분 CA라 하면 높이는 모두 x이므로
$\triangle\text{ABC}=\triangle\text{ABI}+\triangle\text{BCI}+\triangle\text{CAI}$
$\qquad=\dfrac{1}{2}\times\overline{\text{AB}}\times x+\dfrac{1}{2}\times\overline{\text{BC}}\times x+\dfrac{1}{2}\times\overline{\text{CA}}\times x$
$\qquad=\dfrac{1}{2}\times(25+40+25)\times x=45x$

삼각형 ABC에서 밑변을 선분 BC라 하면 높이가 $\overline{\text{AM}}$이므로
$\triangle\text{ABC}=\dfrac{1}{2}\times\overline{\text{BC}}\times\overline{\text{AM}}=\dfrac{1}{2}\times40\times15=300$

그러므로 $45x=300$에서 $x=\dfrac{20}{3}$

STEP 04 ❶을 이용해 삼각형 DBC의 내접원의 반지름의 길이를 y라 놓고 △DBC의 넓이와 비교하여 y를 구한다.

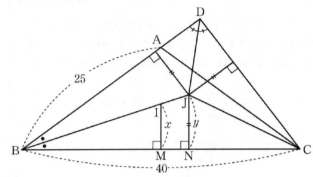

삼각형 DBC의 내접원의 반지름의 길이를 y라 하면 점 J가 삼각형 DBC의 내심이므로 점 J에서 삼각형 DBC의 세 변 DB, BC, CD에 이르는 거리가 y로 모두 같다.
세 삼각형 DBJ, BCJ, CDJ의 밑변을 각각 선분 DB, 선분 BC, 선분 CD라 하면 높이는 모두 y이므로
$\triangle\text{DBC}=\triangle\text{DBJ}+\triangle\text{BCJ}+\triangle\text{CDJ}$
$\qquad=\dfrac{1}{2}\times\overline{\text{DB}}\times y+\dfrac{1}{2}\times\overline{\text{BC}}\times y+\dfrac{1}{2}\times\overline{\text{CD}}\times y$
$\qquad=\dfrac{1}{2}\times(32+40+24)\times y=48y$

삼각형 DBC에서 밑변을 선분 BD라 하면 높이가 $\overline{\text{CD}}$이므로
$\triangle\text{DBC}=\dfrac{1}{2}\times\overline{\text{BD}}\times\overline{\text{CD}}=\dfrac{1}{2}\times32\times24=384$

그러므로 $48y=384$에서 $y=8$

STEP 05 삼각형의 닮음과 피타고라스 정리를 이용해 답을 구한다.
직각삼각형 IBM에서 피타고라스 정리에 의하여
$$\overline{\text{IB}}^2=\overline{\text{BM}}^2+\overline{\text{IM}}^2=20^2+\left(\dfrac{20}{3}\right)^2=\dfrac{4000}{9}$$
$$\overline{\text{IB}}=\dfrac{20\sqrt{10}}{3}$$

점 J에서 선분 BC에 내린 수선의 발을 N이라 하자.
두 삼각형 IBM, JBN에서 각 MBI는 공통이고,
$\angle\text{IMB}=\angle\text{JNB}=90\degree$이므로
삼각형 IBM과 삼각형 JBN은 서로 닮음이고,
그 닮음비는 $x:y=\dfrac{20}{3}:8=5:6$

$\overline{\text{JB}}=\dfrac{6}{5}\overline{\text{IB}}$이므로

$\overline{\text{IJ}}=\overline{\text{JB}}-\overline{\text{IB}}=\dfrac{6}{5}\overline{\text{IB}}-\overline{\text{IB}}=\dfrac{1}{5}\overline{\text{IB}}=\dfrac{1}{5}\times\dfrac{20\sqrt{10}}{3}$

따라서 $\overline{\text{IJ}}=\dfrac{4\sqrt{10}}{3}$

●핵심 공식

▶ 삼각형의 내심(내접원의 중심)
(1) 내심 : 삼각형의 세 내각의 이등분선의 교점
(2) 내심에서 삼각형의 각 변에 이르는 거리는 내접원의 반지름으로 모두 같다.
(3) 삼각형의 넓이 $=\dfrac{1}{2}rl$
($r=$원의 반지름, $l=$삼각형의 둘레)

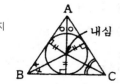

▶ 삼각형의 닮음 조건
(1) SSS닮음 : 세 쌍의 변의 길이의 비가 같다.
(2) SAS닮음 : 두 쌍의 변의 길이의 비가 같고, 그 끼인각의 크기가 서로 같다.
(3) AA닮음 : 두 쌍의 각의 크기가 서로 같다.

★★ 문제 해결 꿀~팁 ★★

▶ 문제 해결 방법
적절한 보조선을 그어 수직이등분선 및 수직이등분하는 점을 만들어야 한다. 직각이 있어야 피타고라스 정리를 써서 길이를 나타낼 수 있기 때문이다. 위 문제에서는 선분BC 위에 점 M을 놓고 피타고라스 정리를 써서 선분 AM의 길이를 구할 수 있다.
내심이라는 조건을 보면 삼각형의 내접원을 그려봄으로써 내심에서 세 변에 이르는 길이가 원의 반지름으로 같음을 알 수 있다. 길이가 같다는 점을 이용해 각을 알 수 있고, 이는 후에 삼각형의 합동 및 닮음 조건을 이용할 수 있기에 문제풀이에 있어 중요한 단서가 된다. 위 문제에서는 각각의 반지름의 길이를 x, y로 놓고 삼각형의 닮음 및 피타고라스 정리를 이용하여 답을 구할 수 있다.

22 이차함수 　　　정답률 76% | 정답 6

이차함수 $y=x^2-2x+6$의 그래프의 꼭짓점의 좌표가 ❶ (a, b)일 때, $a+b$의 값을 구하시오. [3점]

STEP 01 ❶을 대입하여 $a+b$를 구한다.

$y=x^2-2x+6$
$=(x^2-2x+1)+5$
$=(x-1)^2+5$
이 이차함수의 그래프의 꼭짓점의 좌표는 $(1, 5)$
$a=1$, $b=5$
따라서 $a+b=6$

23 삼각비 　　　정답률 87% | 정답 15

$\angle B=90°$인 직각삼각형 ABC에서 ❶ $\overline{BC}=9$, $\sin A=\dfrac{3}{5}$일 때, 선분 AC의 길이를 구하시오. [3점]

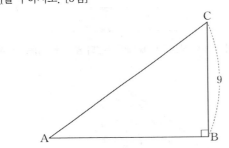

STEP 01 ❶에서 삼각비를 이용하여 선분 AC의 길이를 구한다.

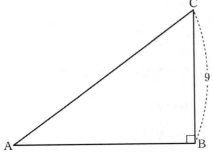

$\angle B=90°$인 직각삼각형 ABC에서 $\sin A=\dfrac{\overline{BC}}{\overline{AC}}=\dfrac{9}{\overline{AC}}=\dfrac{3}{5}$

따라서 $\overline{AC}=15$

24 소인수분해 　　　정답률 62% | 정답 126

두 자리의 자연수 m과 세 자리의 자연수 n에 대하여 ❶ $m\times n=1265$일 때, $m+n$의 값을 구하시오. [3점]

STEP 01 소인수분해를 하여 ❶을 추론한다.

1265 를 소인수분해하면
$1265=5\times11\times23$
$m\times n=5\times11\times23$

m이 두 자리의 수이므로 가능한 m의 값은
11, 23, 55

STEP 02 경우를 나누어 $m+n$을 계산한다.

(i) $m=11$이면 $n=5\times23=115$이므로
n이 세 자리의 수가 되어 조건을 만족시킨다.
(ii) $m=23$이면 $n=5\times11=55$이므로
n이 두 자리의 수가 되어 조건을 만족시키지 않는다.
(iii) $m=55$이면 $n=23$이므로
n이 두 자리의 수가 되어 조건을 만족시키지 않는다.
(i), (ii), (iii)에서 조건을 만족시키는 두 자연수 m, n의 값은 $m=11$, $n=115$
따라서 $m+n=11+115=126$

★★★ 등급을 가르는 문제! ★★★

25 외심 　　　정답률 40% | 정답 32

그림과 같이 ❶ $\overline{AB}=\overline{AC}$, $\angle A<90°$인 이등변삼각형 ABC의 외심을 O라 하자. 점 O에서 선분 AB에 내린 수선의 발을 D라 하고, 직선 AO와 선분 BC의 교점을 E라 하자. ❷ $\overline{AO}=3\overline{OE}$이고 삼각형 ADO의 넓이가 6일 때, 삼각형 ABC의 넓이를 구하시오. [3점]

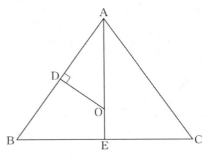

STEP 01 외심의 성질과 ❶을 이용해 $\triangle ABO$의 넓이를 구한다.

점 O는 삼각형 ABC의 외심이므로
$\overline{OA}=\overline{OB}=\overline{OC}$
삼각형 OAB는 이등변삼각형이고, 점 O에서 선분 AB에 내린 수선의 발이 점 D이므로
직선 OD는 선분 AB를 수직이등분한다.
$\overline{AD}=\overline{BD}$이므로
$\triangle BDO=\triangle ADO=6$이 되어
$\triangle ABO=\triangle BDO+\triangle ADO=12$

STEP 02 ❷와 삼각형의 합동을 이용하여 삼각형 ABC의 넓이를 구한다.

두 삼각형 ABO, ACO에서
$\overline{AB}=\overline{AC}$, $\overline{OB}=\overline{OC}$이고,
선분 OA는 공통이므로 삼각형 ABO와 삼각형 ACO는 서로 합동이 되어
$\triangle ABO=\triangle ACO=12$
$\overline{AO}=3\overline{OE}$이므로
$\triangle ABO=3\times\triangle OBE=12$, $\triangle OBE=4$
$\triangle ACO=3\times\triangle OCE=12$, $\triangle OCE=4$
따라서
$\triangle ABC=\triangle ABO+\triangle ACO+\triangle OBE+\triangle OCE$
$=12+12+4+4=32$

● 핵심 공식

▶ 삼각형의 외심

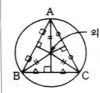

(1) 외심 : 삼각형의 세 변의 수직이등분선의 교점
(2) 외심에서 세 꼭짓점에 이르는 거리(외접원의 반지름)는 같다.
(3) 외심의 위치는 예각삼각형에서는 삼각형의 내부에, 직각삼각형에서는 빗변의 중점에, 둔각삼각형은 삼각형의 외부에 존재한다.

★★ 문제 해결 꿀~팁 ★★

▶ 문제 해결 방법
외심 조건이 나왔으므로 외접원을 그려보면 조금 더 쉽게 문제를 접근할 수 있다. 외접원의 반지름의 길이가 외심에서 각 꼭짓점에 이르는 거리임으로 $\overline{OA}=\overline{OB}=\overline{OC}$을 얻을 수 있다. 또한 외접원의 반지름의 길이이므로 $\triangle ABO$와$\triangle ACO$가 이등변삼각형이자 합동임을 알 수 있다.
$\overline{AO}=3\overline{OE}$라는 문제 조건까지 쓰면 $\triangle ABC=\triangle ABO+\triangle ACO+\triangle OBE+\triangle OCE$로 넓이를 구할 수 있다.

그림과 같이 한 변의 길이가 $4\sqrt{2}$ 인 정사각형 ABCD의 선분 AD 위에 $\overline{DE}=\dfrac{\sqrt{2}}{2}$ 인 점 E가 있다. 정사각형 내부의 한 점 F에 대하여 $\angle CFE=90°$ 이고 ❶ $\overline{EF}:\overline{FC}=4:7$ 이다.

정사각형 ABCD에서 사각형 EFCD를 잘라 내어 ◺ 모양의 도형을 만들었을 때, 이 도형의 둘레의 길이는 a 이다. a^2 의 값을 구하시오. [4점]

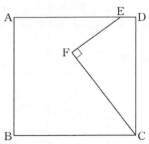

STEP 01 피타고라스 정리를 이용하여 선분 EC에 관련된 식을 세운다.

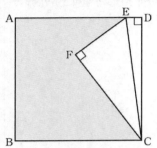

$\overline{DE}=\dfrac{\sqrt{2}}{2}$ 이므로

$$\overline{AE}=\overline{AD}-\overline{ED}=4\sqrt{2}-\dfrac{\sqrt{2}}{2}=\dfrac{7\sqrt{2}}{2} \quad\quad \cdots\cdots \text{㉠}$$

직각삼각형 ECD에서 피타고라스 정리에 의하여

$$\overline{EC}^2=\overline{ED}^2+\overline{DC}^2=\left(\dfrac{\sqrt{2}}{2}\right)^2+(4\sqrt{2})^2=\dfrac{65}{2}$$

직각삼각형 FCE에서 피타고라스 정리에 의하여

$$\overline{EC}^2=\overline{EF}^2+\overline{FC}^2$$

STEP 02 ❶을 이용하여 도형의 둘레를 구한 후, a^2 의 값을 구한다.

$\overline{EF}:\overline{FC}=4:7$ 에서 $\overline{EF}=\dfrac{4}{7}\overline{FC}$ 이므로

$$\overline{EC}^2=\left(\dfrac{4}{7}\overline{FC}\right)^2+\overline{FC}^2=\dfrac{65}{49}\times\overline{FC}^2$$

$$\dfrac{65}{49}\times\overline{FC}^2=\dfrac{65}{2} \text{ 에서 } \overline{FC}^2=\dfrac{49}{2}$$

$\overline{FC}=\dfrac{7\sqrt{2}}{2}$ 이고 $\overline{EF}=\dfrac{4}{7}\overline{FC}=2\sqrt{2}$ $\cdots\cdots \text{㉡}$

정사각형 ABCD에서

$\overline{AB}=\overline{BC}=4\sqrt{2}$ $\cdots\cdots \text{㉢}$

㉠, ㉡, ㉢에서

◺ 모양의 도형의 둘레의 길이는

$$\overline{AB}+\overline{BC}+\overline{CF}+\overline{FE}+\overline{EA}=4\sqrt{2}+4\sqrt{2}+\dfrac{7\sqrt{2}}{2}+2\sqrt{2}+\dfrac{7\sqrt{2}}{2}$$
$$=17\sqrt{2}$$

$a=17\sqrt{2}$

따라서 $a^2=578$

네 수 $-\dfrac{1}{2}$, $\dfrac{6}{5}$, $-\dfrac{3}{4}$, $\dfrac{2}{9}$ 중 ❶ 서로 다른 두 수를 곱하여 나올 수 있는 값으로 가장 큰 수를 a, 가장 작은 수를 b 라 할 때, $120(a-b)$ 의 값을 구하시오. [4점]

STEP 01 ❶이 가장 큰 값이 되기 위해 같은 부호의 수끼리 곱해야 함을 이용한다.

네 수 중 서로 다른 두 수를 곱하여 나올 수 있는 값으로 가장 큰 수는 양수이다. 곱하여 양수가 되는 두 수는 모두 양수이거나 모두 음수이므로 a 의 값은 $\dfrac{6}{5}\times\dfrac{2}{9}=\dfrac{4}{15}$ 와 $\left(-\dfrac{1}{2}\right)\times\left(-\dfrac{3}{4}\right)=\dfrac{3}{8}$ 중 하나이다.

$\dfrac{4}{15}=\dfrac{32}{120}$, $\dfrac{3}{8}=\dfrac{45}{120}$ 에서 $\dfrac{4}{15}<\dfrac{3}{8}$ 이므로 $a=\dfrac{3}{8}$

STEP 02 ❶이 가장 작은 값이 되기 위해 다른 부호의 수끼리 곱해야 함을 이용한다.

네 수 중 서로 다른 두 수를 곱하여 나올 수 있는 값으로 가장 작은 수는 음수이다. 곱하여 음수가 되게 하는 두 수는 양수 하나와 음수 하나이다. 주어진 네 수를 절댓값이 큰 수부터 차례로 나열하면

$$\dfrac{6}{5}, -\dfrac{3}{4}, -\dfrac{1}{2}, \dfrac{2}{9}$$

음수는 절댓값이 클수록 수가 작아지므로 두 양수 중 절댓값이 큰 수인 $\dfrac{6}{5}$ 과 두 음수 중 절댓값이 큰 수인 $-\dfrac{3}{4}$ 의 곱이 b 가 된다.

$$b=\dfrac{6}{5}\times\left(-\dfrac{3}{4}\right)=-\dfrac{9}{10}$$

STEP 03 $120(a-b)$ 의 값을 구한다.

$$a-b=\dfrac{3}{8}-\left(-\dfrac{9}{10}\right)=\dfrac{15+36}{40}=\dfrac{51}{40}$$

따라서 $120(a-b)=153$

★★★ 등급을 가르는 문제!

그림과 같이 $\overline{AB}=\sqrt{41}$, $\overline{BC}=4$, $\angle C>90°$ 인 ❶ 삼각형 ABC의 무게중심을 G라 하자. 직선 AG와 선분 BC가 만나는 점을 D라 할 때, 삼각형 ADC의 넓이가 4이다. $\overline{DG}\times\tan(\angle CDA)=\dfrac{q}{p}$ 일 때, $p+q$ 의 값을 구하시오. (단, p 와 q 는 서로소인 자연수이다.) [4점]

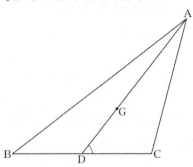

STEP 01 ❶과 점 A에서 직선 BC에 내린 수선의 발 H를 이용하여 $\overline{AH}$ 의 길이를 구한다.

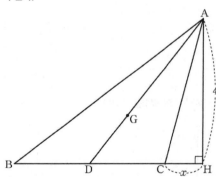

점 G가 삼각형 ABC의 무게중심이므로 점 D는 선분 BC의 중점이다.
그러므로 $\overline{BD}=\overline{DC}=2$
점 A에서 직선 BC에 내린 수선의 발을 H라 하자.
$$\triangle ADC=\dfrac{1}{2}\times\overline{DC}\times\overline{AH}=\dfrac{1}{2}\times2\times\overline{AH}=4, \overline{AH}=4$$

STEP 02 $\overline{CH}$ 를 미지수로 놓고 피타고라스 정리를 이용해 $\overline{AD}$ 의 길이를 구한다.

$\overline{CH}=x$ 라 하면 $\overline{BH}=x+4$
직각삼각형 ABH에서 피타고라스 정리에 의하여
$$\sqrt{41}^2=(z+4)^2+4^2, (x+4)^2=25$$
$x>0$ 이므로 $x=1$, 즉 $\overline{CH}=1$
직각삼각형 ADH에서 $\overline{AD}^2=\overline{DH}^2+\overline{AH}^2$, $\overline{AD}^2=3^2+4^2=25$, $\overline{AD}=5$

STEP 03 ❶과 삼각비를 이용하여 답을 구한다.

점 G가 삼각형 ABC의 무게중심이므로 $\overline{AG}:\overline{DG}=2:1$, $\overline{DG}=\dfrac{1}{3}\times\overline{AD}=\dfrac{5}{3}$

$$\tan(\angle CDA)=\tan(\angle HDA)=\dfrac{\overline{AH}}{\overline{DH}}=\dfrac{4}{3}, \overline{DG}\times\tan(\angle CDA)=\dfrac{5}{3}\times\dfrac{4}{3}=\dfrac{20}{9}$$

$p=9$, $q=20$
따라서 $p+q=29$

● 핵심 공식

▶ **삼각형의 무게중심**

(1) 정의 : 세 중선의 교점 (★ 중선 : 한 꼭짓점에서 그 대변의 중점을 이은 직선)

(2) 성질

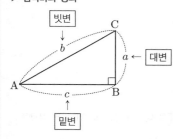

① 세 중선의 길이를 2 : 1로 나눈다.
$$\overline{AG} : \overline{DG} = \overline{BG} : \overline{EG} = \overline{CG} : \overline{FG} = 2 : 1$$

② 세 중선으로 삼각형의 넓이는 6등분된다.
$$\triangle AFG = \triangle FBG = \triangle BDG = \triangle DCG = \triangle CEG = \triangle EAG = \frac{1}{6}\triangle ABC$$

③ 무게중심과 세 꼭짓점을 이으면 삼각형의 넓이는 3등분된다.
$$\triangle ABG = \triangle BCG = \triangle ACG = \frac{1}{3}\triangle ABC$$

④ $A(x_1, y_1)$, $B(x_2, y_2)$, $C(x_3, y_3)$라고 하면, 무게중심 G의 좌표는 $\left(\dfrac{x_1+x_2+x_3}{3}, \dfrac{y_1+y_2+y_3}{3}\right)$이다.

▶ **삼각비의 정의**

$$\sin A = \frac{\overline{BC}}{\overline{AC}} = \frac{대변}{빗변} = \frac{a}{b}$$

$$\cos A = \frac{\overline{AB}}{\overline{AC}} = \frac{밑변}{빗변} = \frac{c}{b}$$

$$\tan A = \frac{\overline{BC}}{\overline{AB}} = \frac{대변}{밑변} = \frac{a}{c}$$

★★ 문제 해결 꿀~팁 ★★

▶ **문제 해결 방법**

삼각형의 무게중심은 도형문제에서 엄청 큰 조건이다. 무게중심이라는 조건으로 2 : 1길이 비를 알 수 있을 뿐만 아니라, 한 꼭짓점에서 무게중심을 지나는 직선은 대변의 중점을 지난다는 것까지 알 수 있기 때문이다. 적절한 보조선을 긋는 것 역시 중요하다. 되도록 직각이 만들어지도록 보조선을 그어야 변의 길이를 미지수로 잡고 피타고라스 정리를 쓰기에 용이하다. 위 문제의 경우 무게중심 조건을 이용하여 $\overline{BD} = \overline{DC} = 2$를 얻고, 적절한 보조선으로 수선의 발 H를 얻고 $\overline{CH} = x$로 변의 길이를 미지수로 잡고 피타고라스 정리를 이용하여 $\overline{AD} = 5$를 얻는다. 그 후 무게중심 조건을 이용해 $\overline{AG} : \overline{DG} = 2 : 1$를 이용하여 답을 구할 수 있다.

★★★ 등급을 가르는 문제! ★★★

29 이차함수의 활용   정답률 29% | 정답 **9**

그림과 같이 양수 a에 대하여 꼭짓점이 $A(-3, -a)$이고 점 $B(1, 0)$을 지나는 이차함수 $y = f(x)$의 그래프와 꼭짓점이 $C(3, 3a)$인 이차함수 $y = g(x)$의 그래프가 있다. ❶ 점 A에서 x축에 내린 수선의 발을 D라 할 때, 사각형 ABCD의 넓이는 16이다. 이차함수 $y = g(x)$의 그래프가 y축과 만나는 점이 선분 CD 위에 있을 때, $f(-1) \times g(-3)$의 값을 구하시오. [4점]

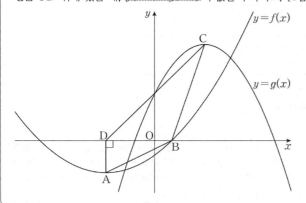

STEP 01 ❶을 이용하여 $\overline{DB}$의 길이를 구한다.

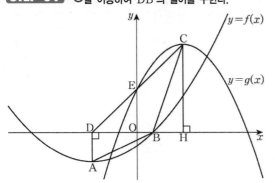

점 D는 점 A에서 x축에 내린 수선의 발이므로
점 D의 좌표는 $(-3, 0)$
$$\overline{DB} = \overline{DO} + \overline{OB} = 3 + 1 = 4$$

STEP 02 사각형 ABCD를 삼각형 DAB와 삼각형 CDB로 나누어서 a를 구한다.

삼각형 DAB에서 밑변을 선분 DB라 하면 높이가 $\overline{DA}$이므로
$$\triangle DAB = \frac{1}{2} \times \overline{DB} \times \overline{DA}$$
$$= \frac{1}{2} \times 4 \times a = 2a$$

삼각형 CDB에서 밑변을 선분 DB라 하면 높이가 $3a$이므로
$$\triangle CDB = \frac{1}{2} \times \overline{DB} \times 3a$$
$$= \frac{1}{2} \times 4 \times 3a = 6a$$

$$\square ABCD = \triangle DAB + \triangle CDB$$
$$= 2a + 6a = 8a$$

$\square ABCD = 16$이므로
$$a = 2$$

STEP 03 $a = 2$를 대입하고 $f(x)$가 지나는 점을 이용하여 $f(x)$식을 완성한 후 $f(-1)$을 구한다.

점 A의 좌표는 $(-3, -2)$이고 점 C의 좌표는 $(3, 6)$
이차함수 $y = f(x)$의 그래프의 꼭짓점이 점 A이므로
$$f(x) = p(x+3)^2 - 2 \ (p는 상수)$$
이차함수 $y = f(x)$의 그래프가 점 $B(1, 0)$을 지나므로
$$f(1) = p(1+3)^2 - 2 = 16p - 2 = 0$$
$$p = \frac{1}{8}$$
$$f(x) = \frac{1}{8}(x+3)^2 - 2$$
$$f(-1) = \frac{1}{8}(-1+3)^2 - 2 = -\frac{3}{2} \quad \cdots\cdots ㉠$$

STEP 04 ❶과 유사한 방법으로 수선의 발을 잡고, 삼각형의 닮음을 찾는다.

선분 CD가 y축과 만나는 점을 E라 하고, 점 C에서 x축에 내린 수선의 발을 H라 하자.
두 삼각형 EDO, CDH에서 각 ODE는 공통이고,
$\angle EOD = \angle CHD = 90°$이므로
삼각형 EDO와 삼각형 CDH는 서로 닮음이다.

STEP 05 닮음비와 $g(x)$가 지나는 점을 이용하여 $g(x)$식을 완성한 후 $g(-3)$을 구한다.

$\overline{DO} : \overline{DH} = \overline{EO} : \overline{CH}$에서 $3 : 6 = \overline{EO} : 6$
$\overline{EO} = 3$, 점 E의 좌표는 $(0, 3)$
이차함수 $y = g(x)$의 그래프의 꼭짓점이 점 C이므로
$$g(x) = q(x-3)^2 + 6 \ (q는 상수)$$
이차함수 $y = g(x)$의 그래프가 점 $E(0, 3)$을 지나므로
$$g(0) = q(0-3)^2 + 6 = 9q + 6 = 3$$
$$q = -\frac{1}{3}$$
$$g(x) = -\frac{1}{3}(x-3)^2 + 6$$
$$g(-3) = -\frac{1}{3}(-3-3)^2 + 6 = -6 \quad \cdots\cdots ㉡$$

STEP 06 $f(-1) \times g(-3)$을 구한다.

따라서 ㉠, ㉡에서
$$f(-1) \times g(-3) = \left(-\frac{3}{2}\right) \times (-6) = 9$$

★★ 문제 해결 꿀~팁 ★★

▶ **문제 해결 방법**

도형의 길이 또는 넓이를 구하기 위해선 수선의 발을 놓는 방법이 제일 효과적이다. 삼각형이나 사각형의 넓이를 구하기 위해선 높이, 즉 수직거리를 알아야 구할 수 있기 때문이다.
위 문제에서도 점 D와 점 E를 수선의 발로 잡고 사각형을 적절히 삼각형 2개로 나누어서 미지수를 구할 수 있었다.
또한 이차함수의 꼭짓점을 이용하면 미지수를 획기적으로 줄일 수 있다. 기존 $y = ax^2 + bx + c$라는 이차함수 꼴에서는 미지수가 총 3개이지만 이를 완전제곱식 꼴로 바꾼 $y = a(x-p)^2 + q$에서 이차함수의 꼭짓점을 안다는 것은 p, q의 값을 안다는 것으로, 미지수가 1개밖에 남지 않는다.
위 문제에서도 이를 이용하여 미지수를 최대한으로 줄여, 문제를 풀 수 있다.

30 평행사변형   정답률 8% | 정답 91

그림과 같이 $\overline{AB}=5\sqrt{5}$, $\overline{BC}=12$, $\angle CBA < 90°$ 이고 넓이가 120인 평행사변형 ABCD가 있다. 선분 AD 위에 ❶ $\overline{AB}=3\overline{ED}$인 점 E를 잡고, 선분 CB의 연장선 위에 ❷ $\overline{BF}=\overline{ED}$인 점 F를 잡는다. 점 E를 지나고 직선 AB와 평행한 직선이 선분 DF와 만나는 점을 G라 할 때,

$\sin(\angle AGF)=\dfrac{q}{p}\sqrt{85}$ 이다. $p+q$의 값을 구하시오. (단, p와 q는 서로소인 자연수이다.)[4점]

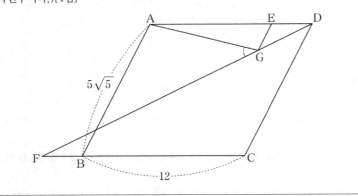

STEP 01 점 D에서 직선 BC에 수선의 발 H를 내린 후 $\overline{DH}$의 길이를 구한다.

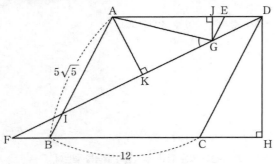

점 D에서 직선 BC에 내린 수선의 발을 H라 하면

$\square ABCD = \overline{BC} \times \overline{DH} = 12 \times \overline{DH} = 120$

$\overline{DH} = 10$

STEP 02 평행사변형 조건과 ❶, ❷를 이용하여 $\overline{FH}$와 $\overline{DF}$의 길이를 차례로 구한다.

사각형 ABCD가 평행사변형이므로

$\overline{AD} = \overline{BC}$, $\overline{AB} = \overline{DC}$

직각삼각형 DCH에서 피타고라스 정리에 의하여

$\overline{CD}^2 = \overline{CH}^2 + \overline{DH}^2$, $(5\sqrt{5})^2 = \overline{CH}^2 + 10^2$

$\overline{CH}^2 = 125 - 100 = 25$, $\overline{CH} = 5$

$\overline{AE} = 3\overline{ED}$이므로

$\overline{AD} = \overline{AE} + \overline{ED} = 3\overline{ED} + \overline{ED} = 4\overline{AE} = 12$

$\overline{ED} = 3$

$\overline{BF} = \overline{ED}$이므로 $\overline{BF} = 3$

$\overline{FH} = \overline{FB} + \overline{BC} + \overline{CH} = 3 + 12 + 5 = 20$

직각삼각형 DFH에서 피타고라스 정리에 의하여

$\overline{DF}^2 = \overline{FH}^2 + \overline{DH}^2 = 20^2 + 10^2 = 500$

$\overline{DF} = 10\sqrt{5}$

STEP 03 동위각과 엇각을 찾아 삼각형의 닮음을 찾는다.

선분 AB가 선분 DF와 만나는 점을 I라 하자.

$\overline{AB} /\!/ \overline{EG}$이므로 $\angle DEG = \angle DAB$ (동위각)이고,

$\overline{AD} /\!/ \overline{FC}$이므로 $\angle DAB = \angle FBI$(엇각)

그러므로 $\angle DEG = \angle FBI$

삼각형 EGD와 삼각형 BIF에서

$\angle DEG = \angle FBI$, $\overline{DE} = \overline{FB} = 3$, $\angle EDG = \angle BFI$(엇각)이므로 두 삼각형은 서로 합동이다.

삼각형 EGD와 삼각형 AID에서 각 EDG는 공통이고,

$\angle DGE = \angle DIA$(동위각)이므로

두 삼각형은 서로 닮음이다.

STEP 04 닮음비를 이용해 비례식을 세워 $\overline{GD}$와 $\overline{EG}$의 길이를 차례로 구한다.

$\overline{DE} : \overline{DA} = 3 : 12 = 1 : 4$이므로 삼각형 EGD와 삼각형 AID의 닮음비는 $1 : 4$이다.

$\overline{FI} = \overline{GD} = x$라 하면 $\overline{ID} = 4x$이므로

$\overline{FD} = \overline{FI} + \overline{ID} = 5x = 10\sqrt{5}$

$x = 2\sqrt{5}$, 즉 $\overline{FI} = \overline{GD} = 2\sqrt{5}$

$\overline{IB} = \overline{EG} = y$라 하면 $\overline{AI} = 4y$이므로

$\overline{AB} = \overline{AI} + \overline{IB} = 5y = 5\sqrt{5}$

$y = \sqrt{5}$, 즉 $\overline{IB} = \overline{EG} = \sqrt{5}$

STEP 05 점 G에서 선분 AD에 수선의 발 J를 내린 후 삼각형 GEJ와 삼각형 DCH의 닮음을 이용해 $\overline{AG}$의 길이를 구한다.

점 G에서 선분 AD에 내린 수선의 발을 J라 하자.

$\overline{GE} /\!/ \overline{CD}$이므로 $\angle JEG = \angle ADC$ (동위각)이고, $\overline{AD} /\!/ \overline{CH}$이므로 $\angle ADC = \angle HCD$(엇각)

그러므로 $\angle JEG = \angle HCD$

삼각형 GEJ와 삼각형 DCH에서 $\angle JEG = \angle HCD$

$\angle GJE = \angle DHC = 90°$이므로 두 삼각형은 서로 닮음이다.

$\overline{GE} : \overline{DC} = \sqrt{5} : 5\sqrt{5} = 1 : 5$이므로 삼각형 GEJ와 삼각형 DCH의 닮음비는 $1 : 5$이다.

$\overline{EJ} : \overline{CH} = \overline{EJ} : 5 = 1 : 5$에서 $\overline{EJ} = 1$

$\overline{GJ} : \overline{DH} = \overline{GJ} : 10 = 1 : 5$에서 $\overline{GJ} = 2$

$\overline{AJ} = \overline{AD} - \overline{ED} - \overline{JE} = 12 - 3 - 1 = 8$

직각삼각형 AGJ에서 피타고라스 정리에 의하여

$\overline{AG}^2 = \overline{GJ}^2 + \overline{AJ}^2 = 2^2 + 8^2 = 68$

$\overline{AG} = 2\sqrt{17}$

STEP 06 점 A에서 선분 DF에 수선의 발 K을 내린 후 삼각형 ADK와 삼각형 DFH의 닮음을 이용하여 $\overline{AK}$의 길이를 구한다.

점 A에서 선분 DF에 내린 수선의 발을 K라 하면 삼각형 ADK와 삼각형 DFH에서

$\angle ADK = \angle DFH$ (엇각), $\angle DKA = \angle FHD = 90°$이므로 두 삼각형은 서로 닮음이다.

$\overline{AK} : \overline{DH} = \overline{AD} : \overline{DF}$에서 $\overline{AK} : 10 = 12 : 10\sqrt{5}$이므로

$\overline{AK} = \dfrac{120}{10\sqrt{5}} = \dfrac{12\sqrt{5}}{5}$

STEP 07 삼각비를 이용하여 답을 구한다.

직각삼각형 AGK에서

$\sin(\angle AGK) = \dfrac{\overline{AK}}{\overline{AG}} = \dfrac{12\sqrt{5}}{5} \times \dfrac{1}{2\sqrt{17}} = \dfrac{12\sqrt{5}}{5} \times \dfrac{\sqrt{17}}{34} = \dfrac{6}{85}\sqrt{85}$

$\angle AGF = \angle AGK$이므로 $\sin(\angle AGF) = \dfrac{6}{85}\sqrt{85}$

따라서 $p = 85$, $q = 6$에서 $p + q = 91$

●핵심 공식

▶ 삼각형의 닮음 조건

(1) SSS닮음 : 세 쌍의 변의 길이의 비가 같다.

(2) SAS닮음 : 두 쌍의 변의 길이의 비가 같고, 그 끼인각의 크기가 서로 같다.

(3) AA닮음 : 두 쌍의 각의 크기가 서로 같다.

▶ 닮은 도형의 닮음비

두 도형의 길이의 비가 $m : n$일 때,

길이의 비	$m : n$
넓이의 비	$m^2 : n^2$
부피의 비	$m^3 : n^3$

★★ 문제 해결 꿀~팁 ★★

▶ 문제 해결 방법

수선의 발을 적절히 설정하면 문제를 쉽게 풀 수 있다. 수선의 발을 놓는다는 것은 없던 직각을 그림 상으로 나타낸다는 것으로, 직각이 생김으로 인해 피타고라스 정리 또는 삼각형의 닮음을 이용할 여지가 충분해진다. 위 문제에서도 H라는 수선의 발을 내려, 피타고라스 정리를 이용하여 $\overline{DF}$의 길이를 구할 수 있다.

도형에서 삼각형의 닮음 조건은 보통 각 1개 또는 2개가 같음을 이용하여 찾는다. 평행사변형이 문제에서 나와있는 이상, 평행사변형 조건을 이용한 각을 찾는 것이 중요하다. 위 문제에선 동위각과 엇각으로 각의 크기가 같음을 이용하여 삼각형의 닮음을 찾을 수 있다.

•정답•

01 ② 02 ③ 03 ④ 04 ① 05 ② 06 ① 07 ⑤ 08 ③ 09 ③ 10 ④ 11 ② 12 ③ 13 ② 14 ⑤ 15 ③
16 ④ 17 ⑤ 18 ① 19 ④ 20 ① 21 ② 22 9 23 6 24 112 25 7 26 23 27 420 28 18 29 25 30 2

★ 표기된 문항은 [등급을 가르는 문제]에 해당하는 문항입니다.

---

01 근호를 포함한 식의 계산 정답률 94% | 정답 ②

❶ $\sqrt{\dfrac{12}{5}} \times \sqrt{\dfrac{5}{3}}$ 의 값은? [2점]

① 1 ② 2 ③ 3 ④ 4 ⑤ 5

STEP 01 근호의 성질을 이용하여 ❶의 값을 구한다.

$$\sqrt{\frac{12}{5}} \times \sqrt{\frac{5}{3}} = \sqrt{\frac{12}{5} \times \frac{5}{3}}$$
$$= \sqrt{4} = 2$$

---

02 다항식의 계산 정답률 89% | 정답 ③

다항식 ❶ $(2x+1)^2 - (2x^2 + x - 1)$ 의 일차항의 계수는? [2점]

① 1 ② 2 ③ 3 ④ 4 ⑤ 5

STEP 01 ❶의 식을 정리하여 일차항의 계수를 구한다.

$$(2x+1)^2 - (2x^2 + x - 1) = (4x^2 + 4x + 1) - (2x^2 + x - 1)$$
$$= 4x^2 + 4x + 1 - 2x^2 - x + 1$$
$$= 2x^2 + 3x + 2$$

따라서 일차항의 계수는 3

---

03 삼각비 정답률 94% | 정답 ④

그림과 같이 $\overline{AC} = 8\sqrt{3}$, $\angle A = 30°$, $\angle B = 90°$ 인 직각삼각형 ABC에서 선분 AB의 길이는? [2점]

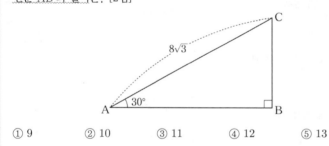

① 9 ② 10 ③ 11 ④ 12 ⑤ 13

STEP 01 주어진 직각삼각형에서 삼각비를 이용하여 선분 AB의 길이를 구한다.

삼각형 ABC에서 $\cos 30° = \dfrac{\overline{AB}}{8\sqrt{3}}$

$$\overline{AB} = 8\sqrt{3} \times \cos 30° = 8\sqrt{3} \times \frac{\sqrt{3}}{2} = 12$$

다른 풀이

직각삼각형 ABC에서

$$\overline{AC} : \overline{AB} = 2 : \sqrt{3}$$
$$8\sqrt{3} : \overline{AB} = 2 : \sqrt{3}$$
$$\overline{AB} = \frac{8\sqrt{3} \times \sqrt{3}}{2} = 12$$

●핵심 공식

▶ 특수각의 삼각비

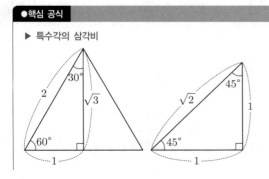

각(A) 삼각비	30°	45°	60°
$\sin A$	$\dfrac{1}{2}$	$\dfrac{\sqrt{2}}{2}$	$\dfrac{\sqrt{3}}{2}$
$\cos A$	$\dfrac{\sqrt{3}}{2}$	$\dfrac{\sqrt{2}}{2}$	$\dfrac{1}{2}$
$\tan A$	$\dfrac{\sqrt{3}}{3}$	1	$\sqrt{3}$

---

04 직선의 방정식 정답률 81% | 정답 ①

좌표평면 위의 ❶ 두 점 $(1, -1)$, $(2, 1)$을 지나는 직선의 y절편은? [3점]

① -3 ② -2 ③ -1 ④ 0 ⑤ 1

STEP 01 ❶의 방정식을 구한 후 y절편을 구한다.

두 점 $(1, -1)$, $(2, 1)$을 지나는 직선의 기울기를 a, y절편을 b라 하자.

$a = \dfrac{1-(-1)}{2-1} = 2$이므로 두 점 $(1, -1)$, $(2, 1)$을 지나는 직선의 방정식은

$y = 2x + b$

이 직선이 점 $(1, -1)$을 지나므로

$-1 = 2 \times 1 + b$, $b = -3$

따라서 y절편은 -3

다른 풀이

두 점 $(1, -1)$, $(2, 1)$을 지나는 직선의 방정식은

$$y - (-1) = \frac{1-(-1)}{2-1}(x-1)$$
$$y + 1 = 2(x-1), \quad y = 2x - 3$$

따라서 y절편은 -3

●핵심 공식

▶ 직선의 방정식

(1) 기울기가 m이고 점 (x_1, y_1)을 지나는 직선 : $y - y_1 = m(x - x_1)$

(2) 두 점 (x_1, y_1), (x_2, y_2)를 지나는 직선 : $y - y_1 = \dfrac{y_2 - y_1}{x_2 - x_1}(x - x_1)$

(3) x절편이 a, y절편이 b인 직선 : $\dfrac{x}{a} + \dfrac{y}{b} = 1$

---

05 산점도 정답률 91% | 정답 ②

어느 회사가 위치한 지역의 일일 최저 기온(℃)과 이 회사의 일일 난방비(원)를 30일 동안 조사한 결과, 일일 최저 기온이 높을수록 일일 난방비가 감소한다고 한다. 일일 최저 기온을 x℃, 일일 난방비를 y원이라 할 때, x와 y 사이의 상관관계를 나타낸 산점도로 가장 적절한 것은? [3점]

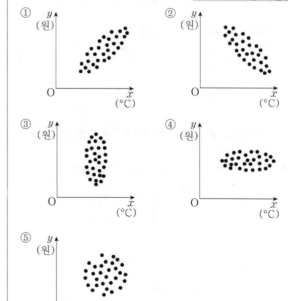

STEP 01 x와 y사이의 상관관계를 파악하여 적절한 산점도를 찾는다.

일일 최저 기온이 높을수록 일일 난방비가 감소하므로 두 변량 x, y 사이에는 음의 상관관계가 있다.

따라서 x와 y 사이의 상관관계를 나타낸 산점도로 가장 적절한 것은 다음과 같다.

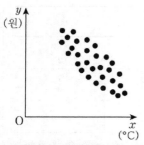

06 원주각과 중심각 사이의 관계 · 정답률 86% | 정답 ①

원 위의 두 점 A, B에 대하여 ❶ 호 AB의 길이가 원의 둘레의 길이의 $\frac{1}{5}$ 일 때, 호 AB에 대한 원주각의 크기는? [3점]

① 36° ② 40° ③ 44° ④ 48° ⑤ 52°

STEP 01 ❶에서 호 AB에 대한 중심각의 크기를 구한 후 원주각의 크기를 구한다.

호의 길이는 중심각의 크기에 비례하므로 호 AB에 대한 중심각의 크기는

$360° \times \frac{1}{5} = 72°$

호에 대한 원주각의 크기는 중심각의 크기의 $\frac{1}{2}$ 배이므로

호 AB에 대한 원주각의 크기는 $72° \times \frac{1}{2} = 36°$

07 직육면체의 겉넓이 · 정답률 88% | 정답 ⑤

❶ 한 변의 길이가 2인 정사각형을 밑면으로 하는 직육면체의 부피가 12일 때, 이 직육면체의 겉넓이는? [3점]

① 24 ② 26 ③ 28 ④ 30 ⑤ 32

STEP 01 ❶에서 직육면체의 높이를 구한 후 겉넓이를 구한다.

직육면체의 높이를 h라 하면 부피는
$2 \times 2 \times h = 12$, $h = 3$
직육면체의 겉넓이는
$2 \times ($밑면의 넓이$) + ($옆면의 넓이$) = 2 \times 4 + 4 \times 2 \times 3 = 8 + 24 = 32$

08 도수분포표 · 정답률 90% | 정답 ③

다음은 어느 학급 학생 25명을 대상으로 키를 조사하여 나타낸 도수분포표이다.

키(cm)	학생 수(명)
150 이상 ~160 미만	a
160 ~170	8
170 ~180	b
180 ~190	6
합계	25

이 학생들 중에서 ❶ 키가 170cm 미만인 학생 수가 조사한 학생 수의 40%일 때, 키가 170cm 이상 180cm 미만인 학생 수는? [3점]

① 7 ② 8 ③ 9 ④ 10 ⑤ 11

STEP 01 ❶에서 a를 구한 후 b를 구한다.

조사한 학생의 수가 25이고 키가 170cm 미만인 학생의 수는 $a+8$이므로

$\frac{a+8}{25} = \frac{40}{100}$

$a+8 = 10$, $a = 2$
조사한 학생의 수가 25이므로
$a+8+b+6 = 2+8+b+6 = 25$
따라서 $b = 9$

09 일차함수와 일차방정식의 관계 · 정답률 85% | 정답 ③

두 일차방정식 ❶ $ax+2y-b=0$, $2ax+by-3=0$의 그래프의 교점의 좌표가 $(2, 1)$일 때, $a+b$의 값은? (단, a, b는 상수이다.) [3점]

① $\frac{3}{2}$ ② 2 ③ $\frac{5}{2}$ ④ 3 ⑤ $\frac{7}{2}$

STEP 01 ❶의 두 식에 $(2, 1)$을 대입한 후 연립하여 a, b를 구한 다음 합을 구한다.

두 일차방정식
$ax+2y-b=0$ ······ ㉠
$2ax+by-3=0$ ······ ㉡
의 그래프의 교점의 좌표가 $(2, 1)$이므로 $x=2$, $y=1$을 ㉠, ㉡에 각각 대입하면
$2a-b+2=0$, $4a+b-3=0$
a, b에 대한 연립방정식
$\begin{cases} 2a-b=-2 \\ 4a+b=3 \end{cases}$ ······ ㉢ ······ ㉣

에서 ㉢과 ㉣을 변끼리 더하면
$6a=1$, $a=\frac{1}{6}$

$a=\frac{1}{6}$ 을 ㉢에 대입하면

$2 \times \frac{1}{6} - b = -2$, $b = \frac{7}{3}$

따라서 $a+b = \frac{1}{6} + \frac{7}{3} = \frac{5}{2}$

10 이차함수의 그래프 · 정답률 82% | 정답 ④

그림과 같이 제1사분면 위의 점 $A(a, b)$는 이차함수 ❶ $y = x^2 - 3x + 2$의 그래프 위에 있다. 이 이차함수의 그래프가 y축과 만나는 점 B에 대하여 ❷ 삼각형 OAB의 넓이가 4일 때, $a+b$의 값은? (단, O는 원점이다.) [3점]

① 7 ② 8 ③ 9 ④ 10 ⑤ 11

STEP 01 ❶에서 점 B의 좌표를 구한 후 ❷에서 a를 구한 다음 b를 구하여 $a+b$의 값을 구한다.

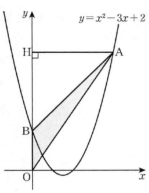

점 B는 이차함수 $y = x^2 - 3x + 2$의 그래프가 y축과 만나는 점이므로
이차함수 $y = x^2 - 3x + 2$에 $x = 0$을 대입하면
$y = 0^2 - 3 \times 0 + 2 = 2$이므로 점 B의 좌표는 $(0, 2)$
점 A에서 y축에 내린 수선의 발을 $H(0, b)$라 하면
$\triangle OAB = \dfrac{1}{2} \times \overline{OB} \times \overline{AH} = \dfrac{1}{2} \times 2 \times a = 4$, $a = 4$
즉 점 A의 x좌표가 4이므로
이차함수 $y = x^2 - 3x + 2$에 $x = 4$, $y = b$를 대입하면
$b = 4^2 - 3 \times 4 + 2 = 6$이므로 점 A의 좌표는 $(4, 6)$
따라서 $a + b = 4 + 6 = 10$

---

11 일차부등식의 활용   정답률 75% | 정답 ②

어느 학생이 집에서 출발하여 갈 때는 시속 3km 로, 집으로 돌아올 때는 같은 경로를 시속 4km 로 이동하려고 한다. ❶ 이동한 전체 시간이 2시간 이하가 되도록 할 때, 이 학생이 집에서 출발하여 집으로 돌아올 때까지 이동한 거리의 최댓값은? [3점]

① $\dfrac{45}{7}$km   ② $\dfrac{48}{7}$km   ③ $\dfrac{51}{7}$km   ④ $\dfrac{54}{7}$km   ⑤ $\dfrac{57}{7}$km

STEP 01 이동한 거리를 미지수로 놓고 갈 때, 올 때 걸리는 시간을 각각 구한다.

학생이 집에서 출발하여 갈 때 이동한 거리를 Lkm 라 하자.
$(\text{시간}) = \dfrac{(\text{거리})}{(\text{속력})}$이므로

$(\text{갈 때 걸리는 시간}) = \dfrac{L}{3}$ 시간, $(\text{돌아올 때 걸리는 시간}) = \dfrac{L}{4}$ 시간

집에서 출발하여 집으로 돌아올 때까지 걸리는 전체 시간은 $\dfrac{L}{3} + \dfrac{L}{4} = \dfrac{7}{12}L$

STEP 02 ❶의 부등식을 세워 이동한 거리의 최댓값을 구한다.

이 학생이 집에서 출발하여 집으로 돌아올 때까지 이동한 전체 시간이 2시간 이하가 되어야 하므로
$\dfrac{7}{12}L \le 2$, $L \le \dfrac{24}{7}$
학생이 집에서 출발하여 집으로 돌아올 때까지 이동한 거리는 $2L$이므로
$2L \le \dfrac{48}{7}$

따라서 이동한 거리의 최댓값은 $\dfrac{48}{7}$km

---

12 이차함수의 그래프의 성질   정답률 64% | 정답 ③

이차함수 $y = f(x)$의 그래프 위의 서로 다른 네 점 $A(1, 1)$, $B(8, 1)$, $C(6, 4)$, $D(a, b)$에 대하여 ❶ $\overline{AB} \parallel \overline{CD}$일 때, $a+b$의 값은? [3점]

① 5   ② 6   ③ 7   ④ 8   ⑤ 9

STEP 01 이차함수의 그래프의 대칭성과 ❶을 이용하여 a, b를 각각 구한 후 합을 구한다.

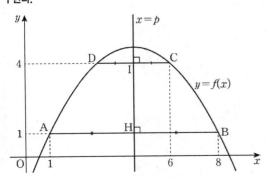

이차함수 $y = f(x)$의 그래프 위의 두 점 A와 B의 y좌표가 서로 같으므로
직선 AB는 x축에 평행하고 선분 AB의 수직이등분선은 이차함수 $y = f(x)$의 그래프의 축이다.
축의 방정식을 $x = p$라 하자. 선분 AB와 직선 $x = p$가 만나는 점을 H라 하면
$\overline{AH} = \overline{BH}$에서 $p - 1 = 8 - p$, $p = \dfrac{9}{2}$
직선 CD는 직선 AB에 평행하므로 직선 CD도 x축에 평행한 직선이다.
점 C의 y좌표가 4이므로 직선 CD의 방정식은 $y = 4$
점 $D(a, b)$는 직선 $y = 4$ 위에 있으므로 $b = 4$
선분 CD와 직선 $x = \dfrac{9}{2}$가 만나는 점을 I라 하면 $\overline{CI} = \overline{DI}$이고
점 C의 x좌표가 $\dfrac{9}{2}$보다 크므로 $a < \dfrac{9}{2}$
$6 - \dfrac{9}{2} = \dfrac{9}{2} - a$, $a = 3$
따라서 $a + b = 3 + 4 = 7$

다른 풀이

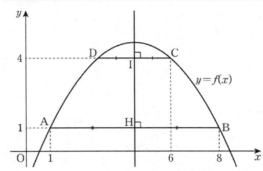

이차함수 $y = f(x)$의 그래프 위의 두 점 A와 B의 y좌표가 서로 같으므로
직선 AB는 x축에 평행하고
선분 AB의 수직이등분선은 이차함수 $y = f(x)$의 그래프의 축이다.
이차함수 $y = f(x)$의 그래프는 축에 대하여 대칭이므로
$8 - 6 = a - 1$, $a = 3$
직선 CD는 직선 AB에 평행하므로 직선 CD도 x축에 평행한 직선이다.
점 C의 y좌표가 4이므로 $b = 4$
따라서 $a + b = 3 + 4 = 7$

---

13 다항식의 인수분해   정답률 42% | 정답 ②

두 자연수 a, b에 대하여 다항식 ❶ $2x^2 + 9x + k$가 ❷ $(2x + a)(x + b)$로 인수분해되도록 하는 실수 k의 최솟값은? [3점]

① 1   ② 4   ③ 7   ④ 10   ⑤ 13

STEP 01 ❷를 전개한 후 ❶과 계수를 비교하여 가능한 자연수 (a, b)를 구한 후 k의 최솟값을 구한다.

$2x^2 + 9x + k = (2x + a)(x + b) = 2x^2 + (a + 2b)x + ab$
에서 $a + 2b = 9$, $k = ab$
a, b는 자연수이므로 가능한 a, b, k의 값은 다음 표와 같다.

a	b	k
7	1	7
5	2	10
3	3	9
1	4	4

따라서 실수 k의 최솟값은 4

---

14 일차방정식의 활용   정답률 83% | 정답 ⑤

수직선 위의 두 점 P, Q가 원점에 있다. 동전을 한 번 던질 때마다 두 점 P, Q가 다음 규칙에 따라 이동한다.

> (가) 동전의 앞면이 나오면 점 P가 양의 방향으로 2만큼 이동한다.
> (나) 동전의 뒷면이 나오면 점 Q가 음의 방향으로 1만큼 이동한다.

동전을 30번 던진 후 ❶ 두 점 P, Q사이의 거리가 46 일 때, ❷ 동전의 앞면이 나온 횟수는? [4점]

① 12   ② 13   ③ 14   ④ 15   ⑤ 16

STEP 01 ❷를 미지수로 놓고 조건에서 두 점 P, Q의 위치를 각각 구한 후 ❶의 방정식을 세워 ❷를 구한다.

동전을 30번 던질 때, 앞면이 나온 횟수를 n이라 하면 뒷면이 나온 횟수는

$30-n$이다.

두 조건 (가), (나)에서 두 점 P, Q의 위치는 각각 $P(2n)$, $Q(n-30)$

이때, 두 점 P, Q사이의 거리가 46이므로

$2n-(n-30)=n+30=46$, $n=16$

따라서 동전의 앞면이 나온 횟수는 16

---

15 이차방정식의 활용   정답률 67% | 정답 ③

그림과 같이 ❶ $\overline{AB}=a(4<a<8)$, $\overline{BC}=8$인 직사각형 ABCD가 있다.
점 B를 중심으로 하고 점 A를 지나는 원이 선분 BC와 만나는 점을 P,
점 C를 중심으로 하고 점 P를 지나는 원이 선분 CD와 만나는 점을 Q라
하자. ❷ 사각형 APQD의 넓이가 $\dfrac{79}{4}$일 때, a의 값은? [4점]

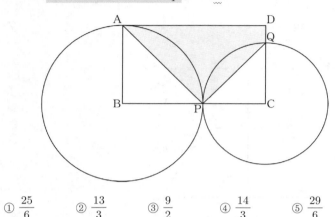

① $\dfrac{25}{6}$ ② $\dfrac{13}{3}$ ③ $\dfrac{9}{2}$ ④ $\dfrac{14}{3}$ ⑤ $\dfrac{29}{6}$

STEP 01 ❶에서 직사각형 ABCD의 넓이와 두 삼각형 ABP, PCQ의 넓이를 각각
구한 후 ❷를 이용하여 a의 값을 구한다.

점 B를 중심으로 하고 점 A를 지나는 원의 반지름의 길이가 $\overline{AB}$이므로

$\overline{BP}=a$, $\overline{PC}=8-a$

점 C를 중심으로 하고 점 P를 지나는 원의 반지름의 길이가 $\overline{PC}$이므로

$\overline{CQ}=\overline{PC}=8-a$

$\triangle ABP=\dfrac{1}{2}\times\overline{AB}\times\overline{BP}=\dfrac{1}{2}a^2$, $\triangle PCQ=\dfrac{1}{2}\times\overline{PC}\times\overline{CQ}=\dfrac{1}{2}(8-a)^2$

$\square ABCD=8a$이므로

$\square APQD=\square ABCD-\triangle ABP-\triangle PCQ$

$=8a-\dfrac{1}{2}a^2-\dfrac{1}{2}(8-a)^2=8a-\dfrac{1}{2}a^2-\dfrac{1}{2}(a^2-16a+64)$

$=8a-\dfrac{1}{2}a^2-\dfrac{1}{2}a^2+8a-32=-a^2+16a-32=\dfrac{79}{4}$

$-4a^2+64a-128-79=0$

$4a^2-64a+207=0$

$(2a-9)(2a-23)=0$

$a=\dfrac{9}{2}$ 또는 $a=\dfrac{23}{2}$

$4<a<8$이므로 $a=\dfrac{9}{2}$

---

16 평면도형의 성질   정답률 72% | 정답 ④

그림과 같이 마름모 ABCD와 이 마름모의 외부의 한 점 E에 대하여
$\angle ADE=72°$이고 직선 CD가 선분 BE를 수직이등분할 때, 각 CEB의
크기는? (단, $0°<\angle ADC<72°$) [4점]

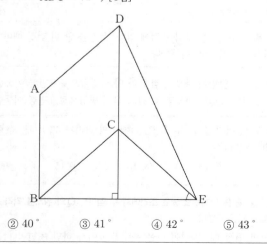

① $39°$ ② $40°$ ③ $41°$ ④ $42°$ ⑤ $43°$

STEP 01 마름모의 성질을 이용하여 합동인 삼각형을 찾아 각 CDE의 크기를 구한 후
삼각형의 세 내각의 크기의 합을 이용하여 각 CEB의 크기를 구한다.

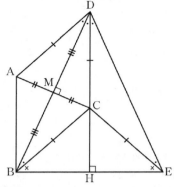

사각형 ABCD는 마름모이므로 두 대각선 AC와 BD는 서로의 수직이등분선이다.

두 대각선 AC와 BD가 만나는 점을 M이라 하면

$\overline{AM}=\overline{MC}$, $\overline{BM}=\overline{MD}$

$\angle AMB=\angle CMB=\angle CMD=\angle AMD=90°$

이므로 네 삼각형 AMB, CMB, CMD, AMD는 서로 합동이다.

$\angle ADB=\angle CDB$ …… ㉠

직선 CD와 선분 BE가 만나는 점을 H라 하자.

세 점 C, D, H는 선분 BE의 수직이등분선 위의 점이므로

$\overline{BD}=\overline{ED}$, $\overline{BC}=\overline{EC}$, $\overline{BH}=\overline{EH}$

두 삼각형 BCD, ECD에서 $\overline{BD}=\overline{ED}$, $\overline{BC}=\overline{EC}$이고 선분 CD는 공통이므로

두 삼각형 BCD, ECD는 합동인 이등변삼각형이다.

$\angle CBD=\angle CED=\angle CDB=\angle CDE$ …… ㉡

$\angle ADE=\angle ADB+\angle CDB+\angle CDE=72°$

㉠, ㉡에서 $\angle ADB=\angle CDB=\angle CDE=\angle CED=24°$

$\overline{BC}=\overline{EC}$, $\overline{BH}=\overline{EH}$이고 선분 CH는 공통이므로

두 삼각형 BCH, ECH는 서로 합동이다.

$\angle CEB=\angle CEH=\angle CBH$

$\angle CDE=\angle EDH=24°$, $\angle BED=\angle DEH$이고

삼각형 DHE의 세 내각의 크기의 합은 $180°$이므로

$\angle EDH+\angle DEH+\angle DHE=\angle EDH+(\angle CED+\angle CEB)+\angle DHE$

$=24°+(24°+\angle CEB)+90°=180°$

따라서 $\angle CEB=42°$

●핵심 공식

▶ **마름모의 성질**

(1) 두 쌍의 마주보는 변이 서로 평행하다.

(2) 네 변의 길이가 같다.

(3) 두 쌍의 마주보는 각의 크기가 같다.

(4) 두 대각선이 서로 수직이다.

(5) 대각선이 다른 대각선을 이등분한다.

▶ **삼각형의 닮음 조건**

(1) SSS닮음 : 세 쌍의 변의 길이의 비가 같다.

(2) SAS닮음 : 두 쌍의 변의 길이의 비가 같고, 그 끼인각의 크기가 서로 같다.

(3) AA닮음 : 두 쌍의 각의 크기가 서로 같다.

---

17 이차함수의 그래프   정답률 61% | 정답 ⑤

❶ 두 이차함수 $f(x)=ax^2-4ax+5a+1$, $g(x)=-x^2-2ax$의 그래프의
꼭짓점을 각각 A, B라 하자. 이차함수 $y=f(x)$의 그래프가 y축과 만나는
점 C에 대하여 ❷ 사각형 OACB의 넓이가 7일 때, 양수 a의 값은?
(단, O는 원점이다.) [4점]

① $\dfrac{2}{5}$ ② $\dfrac{1}{2}$ ③ $\dfrac{3}{5}$ ④ $\dfrac{7}{10}$ ⑤ $\dfrac{4}{5}$

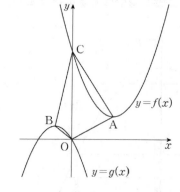

STEP 01 ❶의 꼭짓점과 y절편을 각각 구하여 세 점 A, B, C의 좌표를 구한다.

$f(x)=ax^2-4ax+5a+1=a(x-2)^2+a+1$

이므로 점 A의 좌표는 $(2,\ a+1)$

$g(x)=-x^2-2ax=-(x+a)^2+a^2$

이므로 점 B의 좌표는 $(-a,\ a^2)$

$f(x)=ax^2-4ax+5a+1$에 $x=0$을 대입하면

$f(0)=a\times0^2-4a\times0+5a+1=5a+1$

이므로 점 C의 좌표는 $(0,\ 5a+1)$

STEP 02 두 삼각형 OAC와 OCB의 넓이의 합을 이용하여 사각형 OACB의 넓이를 구한 다음 ❷를 이용하여 양수 a의 값을 구한다.

$$\square OACB = \triangle OAC + \triangle OCB$$
$$=\frac{(5a+1)\times2}{2}+\frac{(5a+1)\times a}{2}=\frac{(5a+1)(2+a)}{2}=7$$

$(5a+1)(2+a)=14$

$5a^2+11a-12=0$

$(5a-4)(a+3)=0$

$a=\dfrac{4}{5}$ 또는 $a=-3$

$a>0$이므로 $a=\dfrac{4}{5}$

---

18 삼각형의 무게중심의 성질   정답률 59% | 정답 ①

[그림1]과 같이 $\overline{AB}=\overline{AC}=\sqrt{2}$, $\angle CAB=90°$인 삼각형 ABC의 무게중심 D에 대하여 $\overline{DE}=\overline{DF}=2\sqrt{2}$, $\angle FDE=90°$이고 $\overline{BC}/\!/\overline{EF}$인 삼각형 DEF가 있다.

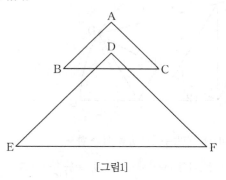

[그림1]

[그림2]와 같이 두 삼각형 ABC와 DEF로 만들어지는 ⛰ 모양 도형의 둘레의 길이는? (단, 점 A는 삼각형 DEF의 외부에 있다.) [4점]

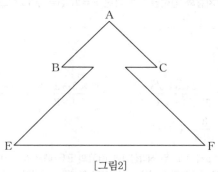

[그림2]

① $\dfrac{16+16\sqrt{2}}{3}$ ② $\dfrac{17+16\sqrt{2}}{3}$ ③ $\dfrac{16+17\sqrt{2}}{3}$

④ $\dfrac{17+17\sqrt{2}}{3}$ ⑤ $\dfrac{18+17\sqrt{2}}{3}$

STEP 01 직각이등변삼각형 ABC에서 무게중심의 성질을 이용하여 $\overline{DP}$의 길이를 구한다.

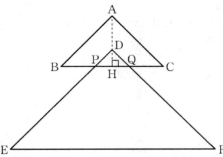

선분 BC가 두 선분 DE, DF와 만나는 점을 각각 P, Q라 하자.

$\overline{AB}=\overline{AC}$이고 $\angle CAB=90°$이므로 $\angle ABC=\angle ACB=45°$

$\overline{DE}=\overline{DF}$이고 $\angle FDE=90°$이므로 $\angle DEF=\angle DFE=45°$

$\overline{BC}/\!/\overline{EF}$이므로

$\angle DPQ=\angle DEF=45°$ (동위각)

$\angle DQP=\angle DFE=45°$ (동위각)

삼각형 ABC와 삼각형 DPQ는 서로 닮은 도형이다.

선분 BC의 중점을 H라 하자.

점 D가 삼각형 ABC의 무게중심이므로 점 D는 선분 AH 위에 있다.

삼각형 ABC가 이등변삼각형이므로 선분 AH와 선분 BC는 서로 수직이다.

무게중심의 성질에 의해 $\overline{AD}:\overline{DH}=2:1$이므로 $\overline{AH}:\overline{DH}=3:1$

두 삼각형 ABC, DPQ의 닮음비는 $3:1$이므로 $\overline{BC}:\overline{PQ}=3:1$

$\overline{AB}=\overline{AC}=\sqrt{2}$이므로 피타고라스 정리에 의해 $\overline{BC}=2$

따라서

$\overline{PQ}=\dfrac{2}{3}$

$\overline{PH}=\overline{HQ}$이므로

$\overline{BP}=\overline{QC}=\dfrac{1}{2}\times\left(2-\dfrac{2}{3}\right)=\dfrac{2}{3}$

$\overline{AB}=\overline{AC}=\sqrt{2}$이고 두 삼각형 ABC, DPQ의 닮음비가 $3:1$이므로

$\overline{DP}=\overline{DQ}=\dfrac{\sqrt{2}}{3}$

STEP 02 직각이등변삼각형 DEF에서 $\overline{QF}$와 $\overline{EF}$의 길이를 구한 다음 주어진 도형의 둘레의 길이를 구한다.

$$\overline{PE}=\overline{DE}-\overline{DP}=2\sqrt{2}-\frac{\sqrt{2}}{3}=\frac{5\sqrt{2}}{3}$$

같은 방법으로 $\overline{QF}=\dfrac{5\sqrt{2}}{3}$

$\overline{DE}=\overline{DF}=2\sqrt{2}$이므로 피타고라스 정리에 의해 $\overline{EF}=4$

따라서 ⛰ 모양 도형의 둘레의 길이는

$$2\left(\sqrt{2}+\frac{2}{3}+\frac{5\sqrt{2}}{3}\right)+4=\frac{16+16\sqrt{2}}{3}$$

다른 풀이

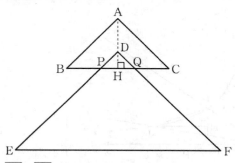

$\overline{AB}=\overline{AC}$이고 $\angle CAB=90°$이므로

$\angle ABC=\angle ACB=45°$

$\overline{DE}=\overline{DF}$이고 $\angle FDE=90°$이므로

$\angle DEF=\angle DFE=45°$

삼각형 ABC와 삼각형 DEF는 서로 닮은 도형이며 $\overline{AB}=\sqrt{2}$, $\overline{DE}=2\sqrt{2}$이므로 닮음비는 $1:2$이다.

선분 BC가 두 선분 DE, DF와 만나는 점을 각각 P, Q라 하자.

$\overline{BC}/\!/\overline{EF}$이므로

$\angle DPQ=\angle DEF=45°$ (동위각)

$\angle DQP=\angle DFE=45°$ (동위각)

삼각형 ABC와 삼각형 DPQ는 서로 닮은 도형이다.

선분 BC의 중점을 H라 하자.

점 D가 삼각형 ABC의 무게중심이므로 점 D는 선분 AH 위에 있다.

삼각형 ABC가 이등변삼각형이므로 선분 AH와 선분 BC는 서로 수직이다.

무게중심의 성질에 의해 $\overline{AD}:\overline{DH}=2:1$이므로

$\overline{AH}:\overline{DH}=3:1$

$\overline{AB}=\overline{AC}=\sqrt{2}$이므로 피타고라스 정리에 의해 $\overline{BC}=2$

두 삼각형 ABC, DPQ의 닮음비는 $3:1$이므로

세 삼각형 DPQ, ABC, DEF는 닮음이고 닮음비는 $1:3:6$이다.

구하는 ⛰ 모양 도형의 둘레의 길이는

삼각형 ABC의 둘레+삼각형 DEF의 둘레−삼각형 DPQ의 둘레의 길이와 같다.

삼각형 ABC의 둘레의 길이를 $3l$이라 하면 구하는 도형의 둘레의 길이는

$3l+6l-l=8l$

삼각형 ABC의 둘레의 길이는 $\sqrt{2}+\sqrt{2}+2=2+2\sqrt{2}=3l$

따라서 구하는 도형의 둘레의 길이는

$$\frac{8}{3}(2+2\sqrt{2})=\frac{16+16\sqrt{2}}{3}$$

●핵심 공식

▶ 삼각형의 무게중심
(1) 정의 : 세 중선의 교점이다.
(2) 성질 : 중선을 $2:1$로 내분한다.

---

19 정비례와 반비례 관계 〈정답률 47% | 정답 ④〉

그림과 같이 반비례 관계 $y=\dfrac{a}{x}(a>0)$의 그래프가 두 정비례 관계 $y=mx$, $y=nx$의 그래프와 제1사분면에서 만나는 점을 각각 P, Q라 하자. 점 P를 지나고 y축과 평행한 직선이 정비례 관계 $y=nx$의 그래프와 만나는 점 R에 대하여 ❶ 삼각형 PRQ의 넓이가 $\dfrac{3}{2}$이다. ❷ 점 Q의 x좌표가 점 P의 x좌표의 2배일 때, 실수 a의 값은? (단, $m>n>0$) [4점]

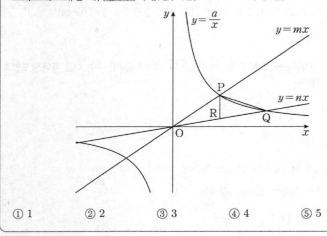

① 1　② 2　③ 3　④ 4　⑤ 5

STEP 01 점 R의 좌표를 미지수를 이용하여 놓고 ❷와 각 그래프의 비례관계를 이용하여 두 점 P, Q의 좌표를 구한다.

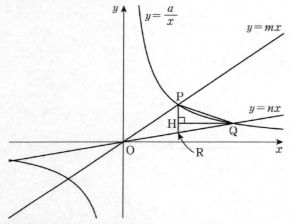

점 R의 좌표를 $(p,\ q)$라 하면 점 P의 x좌표는 p이다.
두 점 R, Q는 정비례 관계 $y=nx$의 그래프 위의 점이고,
점 Q의 x좌표가 점 R의 x좌표의 2배이므로 점 Q의 좌표는 $(2p,\ 2q)$이다.
두 점 P, Q는 반비례 관계 $y=\dfrac{a}{x}$의 그래프 위의 점이고,

점 P의 x좌표가 점 Q의 x좌표의 $\dfrac{1}{2}$배이므로 점 P의 y좌표는 점 Q의

y좌표의 2배이다.
그러므로 점 P의 좌표는 $(p,\ 4q)$이다.

STEP 02 ❶을 이용하여 pq를 구한 후 점 P의 좌표를 $y=\dfrac{a}{x}$에 대입하여 a의 값을 구한다.

점 Q에서 선분 RP에 내린 수선의 발을 H라 하면
$\overline{QH}=2p-p=p,\quad \overline{RP}=4q-q=3q$

$\triangle PRQ=\dfrac{1}{2}\times\overline{RP}\times\overline{QH}=\dfrac{1}{2}\times 3q\times p=\dfrac{3}{2}pq$

$\triangle PRQ=\dfrac{3}{2}$이므로 $pq=1$

점 $P(p,\ 4q)$는 반비례 관계 $y=\dfrac{a}{x}$의 그래프 위의 점이므로

$4q=\dfrac{a}{p},\quad a=4pq$
따라서 $a=4$

★★★ 등급을 가르는 문제!

20 삼각비를 이용한 삼각형의 넓이 〈정답률 33% | 정답 ①〉

그림과 같이 중심이 O이고 중심각의 크기가 $120°$인 부채꼴 OAB가 있다. $\angle AOC=\angle DOB=30°$인 호 AB 위의 두 점 C, D에 대하여 선분 OC와 선분 AD가 만나는 점을 E라 하자. 선분 OD의 수직이등분선과 선분 OB가 만나는 점 F에 대하여 $\overline{BF}=\dfrac{2\sqrt{3}}{3}$일 때, 삼각형 ODE의 넓이는? [4점]

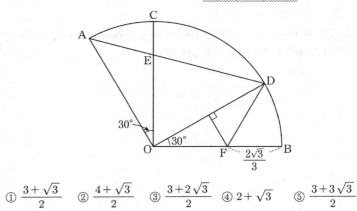

① $\dfrac{3+\sqrt{3}}{2}$　② $\dfrac{4+\sqrt{3}}{2}$　③ $\dfrac{3+2\sqrt{3}}{2}$　④ $2+\sqrt{3}$　⑤ $\dfrac{3+3\sqrt{3}}{2}$

STEP 01 $\overline{OF}=x$라 하고 직각삼각형 OFH에서 삼각비를 이용하여 각 변의 길이를 구한 후 부채꼴 OBD의 반지름의 길이와의 관계를 이용하여 x와 부채꼴의 반지름의 길이를 구한다.

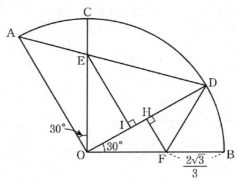

점 F에서 선분 OD에 내린 수선의 발을 H라 하자.
$\overline{OF}=x$라 하면 직각삼각형 OFH에서 $\cos 30°=\dfrac{\overline{OH}}{\overline{OF}}$이므로

$\dfrac{\sqrt{3}}{2}=\dfrac{\overline{OH}}{x},\quad \overline{OH}=\dfrac{\sqrt{3}}{2}x$

부채꼴 OAB의 반지름의 길이를 r라 하면 $r=2\overline{OH}=\sqrt{3}x$이므로
$r=\overline{OF}+\overline{BF}=x+\dfrac{2\sqrt{3}}{3}=\sqrt{3}x$

$(\sqrt{3}-1)x=\dfrac{2\sqrt{3}}{3}$

$x=\dfrac{2\sqrt{3}}{3(\sqrt{3}-1)}=\dfrac{2\sqrt{3}(\sqrt{3}+1)}{3(\sqrt{3}-1)(\sqrt{3}+1)}=\dfrac{2\times 3+2\sqrt{3}}{3\times 2}=\dfrac{3+\sqrt{3}}{3}$

$r=\sqrt{3}x=\dfrac{3\sqrt{3}+3}{3}=\sqrt{3}+1$

STEP 02 $\overline{OI}=y$라 하고 두 직각삼각형 EOI와 EID에서 삼각비를 이용하여 각 변의 길이를 구한 후 부채꼴 OCD의 반지름의 길이와의 관계를 이용하여 y를 구한다.

점 E에서 선분 OD에 내린 수선의 발을 I라 하고 $\overline{OI}=y$라 하면
$\angle EOI=\angle AOB-\angle AOC-\angle DOB=120°-30°-30°=60°$
직각삼각형 EOI에서

$\tan(\angle EOI)=\tan 60°=\dfrac{\overline{EI}}{\overline{OI}}=\dfrac{\overline{EI}}{y}$

$\overline{EI}=y\times\tan 60°=\sqrt{3}y$

$\overline{OA}=\overline{OD}$인 이등변삼각형 AOD에서
$\angle AOD=\angle AOC+\angle COD=\angle AOC+\angle EOI=30°+60°=90°$
이므로 삼각형 AOD가 직각삼각형이다.
그러므로 $\angle EDI=\angle ADO=45°$

$\tan(\angle EDI)=\tan 45°=\dfrac{\overline{EI}}{\overline{DI}}=\dfrac{\sqrt{3}y}{\overline{DI}}$

$\overline{DI}=\sqrt{3}y\times\dfrac{1}{\tan 45°}=\sqrt{3}y$

$\overline{OD}=\overline{OI}+\overline{DI}=y+\sqrt{3}y=(\sqrt{3}+1)y$
$\sqrt{3}+1=(\sqrt{3}+1)y,\quad y=1$

STEP 03 부채꼴의 반지름의 길이와 y를 이용하여 삼각형 ODE의 넓이를 구한다.

따라서

$$\triangle ODE = \frac{1}{2} \times \overline{OD} \times \overline{EI} = \frac{1}{2} \times r \times \sqrt{3}\,y = \frac{1}{2} \times (\sqrt{3}+1) \times \sqrt{3} = \frac{3+\sqrt{3}}{2}$$

●핵심 공식

▶ 특수각의 삼각비

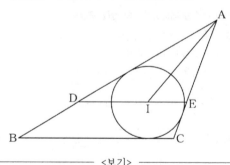

각(A) 삼각비	30°	45°	60°
$\sin A$	$\frac{1}{2}$	$\frac{\sqrt{2}}{2}$	$\frac{\sqrt{3}}{2}$
$\cos A$	$\frac{\sqrt{3}}{2}$	$\frac{\sqrt{2}}{2}$	$\frac{1}{2}$
$\tan A$	$\frac{\sqrt{3}}{3}$	1	$\sqrt{3}$

★★ 문제 해결 꿀~팁 ★★

▶ 문제 해결 방법

직각삼각형 OFH 에서 $\overline{OF}=x$ 라 하면 $\overline{OH}=\frac{\sqrt{3}}{2}x$, $\overline{OD}=\sqrt{3}x$, $\overline{OB}=x+\frac{2\sqrt{3}}{3}$, $\overline{OD}=\overline{OB}$ 이므로 $\sqrt{3}x=x+\frac{2\sqrt{3}}{3}$ 이다. 따라서 $x=\frac{3+\sqrt{3}}{3}$, $r=\sqrt{3}+1$

같은 방법으로 직각삼각형 EOI에서 $\overline{OI}=y$ 라 하면 $\overline{EI}=\sqrt{3}y$, $\overline{EI}=\overline{DI}$, $\overline{OD}=\overline{OI}+\overline{DI}=y+\sqrt{3}y=r$ 이다. 따라서 $y=1$ 이제 삼각형 ODE의 넓이를 구하면 된다. 각각의 직각삼각형에서 삼각비를 이용하여 필요한 선분의 길이를 구할 수 있어야 하고 각 변과 부채꼴의 반지름의 관계를 이용하여 식을 세울 수 있어야 한다. 직각삼각형의 삼각비를 손쉽게 이용할 수 있도록 각 변의 길이의 비를 알아두는 것이 좋다.

★★★ 등급을 가르는 문제!

21 삼각형의 내심과 피타고라스 정리　정답률 23% | 정답 ②

그림과 같이 삼각형 ABC 의 내심 I를 지나고 선분 BC 에 평행한 직선이 두 선분 AB, AC 와 만나는 점을 각각 D, E 라 하자. $\overline{AI}=3$ 이고, 삼각형 ABC 의 내접원의 반지름의 길이가 1이다. ❶ 삼각형 ABC 의 넓이가 $5\sqrt{2}$ 일 때, 〈보기〉에서 옳은 것만을 있는 대로 고른 것은? [4점]

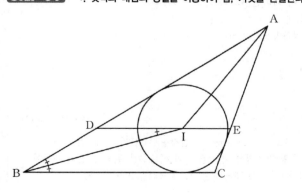

― 〈보기〉 ―

ㄱ. $\angle BID = \angle IBD$
ㄴ. 삼각형 ADE 의 둘레의 길이는 $7\sqrt{2}$ 이다.
ㄷ. $\overline{DE}=2\sqrt{2}$

① ㄱ　② ㄱ, ㄴ　③ ㄱ, ㄷ　④ ㄴ, ㄷ　⑤ ㄱ, ㄴ, ㄷ

STEP 01 ㄱ. 엇각과 내심의 성질을 이용하여 참, 거짓을 판별한다.

ㄱ. 직선 DE와 직선 BC 가 평행하므로 $\angle IBC = \angle BID$ (엇각) 점 I가 삼각형 ABC 의 내심이므로 $\angle IBC = \angle IBD$ 가 되어 $\angle BID = \angle IBD$　∴ 참

STEP 02 ㄴ. 삼각형 ADE 의 둘레의 길이와 길이가 같은 선분을 찾고 ❶을 이용하여 $\overline{BC}$ 의 길이를 구한다.

ㄴ. $\angle BID = \angle IBD$ 이므로 삼각형 DBI는 $\overline{DB}=\overline{DI}$ 인 이등변삼각형이다. 그러므로 $\overline{AB}=\overline{AD}+\overline{DB}=\overline{AD}+\overline{DI}$ 같은 방법으로 $\overline{CA}=\overline{IE}+\overline{EA}$, $\overline{DE}=\overline{DI}+\overline{IE}$ 이므로 삼각형 ADE 의 둘레의 길이는

$$\overline{AD}+\overline{DE}+\overline{EA} = \overline{AD}+(\overline{DI}+\overline{IE})+\overline{EA}$$
$$= (\overline{AD}+\overline{DI})+(\overline{IE}+\overline{EA})$$
$$= \overline{AB}+\overline{CA}$$

점 I에서 세 선분 AB, BC, CA에 내린 수선의 발을 각각 P, Q, R 라 하면 피타고라스 정리에 의해

$$\overline{AP}=\sqrt{3^2-1^2}=2\sqrt{2}$$

$\overline{AP}$, $\overline{RA}$ 는 점 A에서 내접원에 그은 접선이므로 $\overline{AP}=\overline{RA}$ 같은 방법으로 $\overline{PB}=\overline{BQ}$, $\overline{QC}=\overline{CR}$

$$\triangle ABC = \triangle ABI + \triangle BCI + \triangle CAI$$
$$= \frac{1}{2}\times\overline{AB}\times 1 + \frac{1}{2}\times\overline{BC}\times 1 + \frac{1}{2}\times\overline{CA}\times 1$$
$$= \frac{1}{2}\times(\overline{AB}+\overline{BC}+\overline{CA})$$
$$= \frac{1}{2}\times(\overline{AP}+\overline{PB}+\overline{BQ}+\overline{QC}+\overline{CR}+\overline{RA})$$
$$= \frac{1}{2}\times(4\sqrt{2}+2\overline{PB}+2\overline{CR})$$
$$= 2\sqrt{2}+\overline{PB}+\overline{CR}$$
$$= 5\sqrt{2}$$
$$\overline{PB}+\overline{CR}=3\sqrt{2}$$

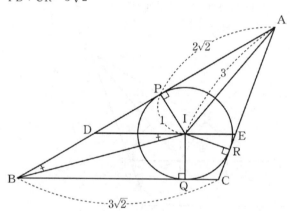

STEP 03 내접원의 성질을 이용하여 삼각형 ADE 의 둘레의 길이를 구하여 참, 거짓을 판별한다.

그러므로 삼각형 ADE 의 둘레의 길이는

$$\overline{AD}+\overline{DE}+\overline{EA} = \overline{AB}+\overline{CA}$$
$$= \overline{AP}+\overline{PB}+\overline{CR}+\overline{RA}$$
$$= 4\sqrt{2}+\overline{PB}+\overline{CR}$$
$$= 4\sqrt{2}+3\sqrt{2}$$
$$= 7\sqrt{2}$$　∴ 참

STEP 04 ㄷ. $\overline{AS}$ 와 $\overline{AH}$ 의 길이를 구하여 두 삼각형 ABC, ADE 의 닮음비를 구한 다음 $\overline{BC}$ 의 길이를 이용하여 $\overline{DE}$ 의 길이를 구하여 참, 거짓을 판별한다.

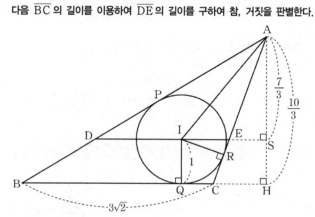

ㄷ. $\overline{PB}=\overline{BQ}$, $\overline{QC}=\overline{CR}$ 이므로 $\overline{BC}=\overline{BQ}+\overline{QC}=\overline{PB}+\overline{CR}=3\sqrt{2}$ 점 A에서 직선 BC 에 내린 수선의 발을 H 라 하면

$$\triangle ABC = \frac{1}{2} \times \overline{BC} \times \overline{AH} = \frac{1}{2} \times 3\sqrt{2} \times \overline{AH} = 5\sqrt{2}$$

이므로 $\overline{AH} = \dfrac{10}{3}$

직선 DE와 선분 AH가 만나는 점을 S라 하면
$\angle BQI = \angle BHA = 90°$이므로 두 직선 IQ와 AH는 서로 평행하다.
직선 BC와 직선 DE가 평행하므로 사각형 IQHS가 평행사변형이 되어
$\overline{SH} = \overline{IQ} = 1$
$$\overline{AS} = \overline{AH} - \overline{SH} = \frac{10}{3} - 1 = \frac{7}{3}$$
$\angle BAC$는 공통, $\angle ADE = \angle ABC$ (동위각)
이므로 두 삼각형 ABC, ADE는 서로 닮은 도형이고 닮음비는
$$\frac{10}{3} : \frac{7}{3} = 10 : 7$$
그러므로 $\overline{DE} = \dfrac{7}{10} \times \overline{BC} = \dfrac{7}{10} \times 3\sqrt{2} = \dfrac{21}{10}\sqrt{2}$ ∴ 거짓
따라서 옳은 것은 ㄱ, ㄴ이다.

다른 풀이

ㄴ. $\angle BID = \angle IBD$이므로 삼각형 DBI는 $\overline{DB} = \overline{DI}$인 이등변삼각형이다.
그러므로 $\overline{AB} = \overline{AD} + \overline{DB} = \overline{AD} + \overline{DI}$
같은 방법으로 $\overline{CA} = \overline{IE} + \overline{EA}$, $\overline{DE} = \overline{DI} + \overline{IE}$이므로
삼각형 ADE의 둘레의 길이는
$$\overline{AD} + \overline{DE} + \overline{EA} = \overline{AD} + (\overline{DI} + \overline{IE}) + \overline{EA}$$
$$= (\overline{AD} + \overline{DI}) + (\overline{IE} + \overline{EA})$$
$$= \overline{AB} + \overline{CA}$$
점 I에서 세 선분 AB, BC, CA에 내린 수선의 발을 각각 P, Q, R라 하면 피타고라스 정리에 의해
$$\overline{AP} = \sqrt{3^2 - 1^2} = 2\sqrt{2}$$
$\overline{AP}$, $\overline{RA}$는 점 A에서 내접원에 그은 접선이므로 $\overline{AP} = \overline{RA}$
같은 방법으로 $\overline{PB} = \overline{BQ}$, $\overline{QC} = \overline{CR}$

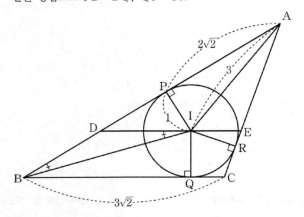

$\overline{PB} = \overline{BQ} = a$, $\overline{QC} = \overline{CR} = b$, 원의 반지름의 길이를 r, 삼각형 ABC의 둘레를 l이라 하면
삼각형 ABC의 넓이 $= \dfrac{1}{2} rl = \dfrac{1}{2} \times 1 \times 2 \times (2\sqrt{2} + a + b)$
$$= 2\sqrt{2} + a + b = 5\sqrt{2} \text{ 이다.}$$
따라서 $a + b = = 3\sqrt{2}$
그러므로 삼각형 ADE의 둘레의 길이는
$$\overline{AD} + \overline{DE} + \overline{EA} = \overline{AB} + \overline{CA} = \overline{AP} + \overline{PB} + \overline{CR} + \overline{RA}$$
$$= 4\sqrt{2} + a + b = 4\sqrt{2} + 3\sqrt{2} = 7\sqrt{2} \qquad ∴ 참$$
ㄷ. $\overline{BC} = a + b = 3\sqrt{2}$,
삼각형 ABC의 둘레의 길이는 $2 \times (2\sqrt{2} + a + b) = 10\sqrt{2}$이고
삼각형 ADE의 둘레의 길이는 $7\sqrt{2}$이다.
한편 $\angle BAC$는 공통, $\angle ADE = \angle ABC$ (동위각)이므로
두 삼각형 ABC, ADE는 서로 닮은 도형이고 닮음비는 $10\sqrt{2} : 7\sqrt{2} = 10 : 7$
그러므로 $\overline{DE} = \dfrac{7}{10} \times \overline{BC} = \dfrac{7}{10} \times 3\sqrt{2} = \dfrac{21}{10}\sqrt{2}$ ∴ 거짓

● 핵심 공식

▶ 삼각형의 내심(내접원의 중심)
(1) 내심 : 삼각형의 세 내각의 이등분선의 교점
(2) 내심에서 삼각형의 각 변에 이르는 거리는 내접원의 반지름으로 모두 같다.
(3) 삼각형의 넓이 $= \dfrac{1}{2} rl$
    (r = 원의 반지름, l = 삼각형의 둘레)

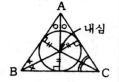

▶ 원의 반지름과 접선
(1) 접선의 길이(l) : 원 밖의 한 점에서 원에 접선을 그었을 때, 그 점에서 접점까지의 거리
(2) 원의 외부에 있는 한 점에서 그 원에 그은 두 접선의 길이는 같다.

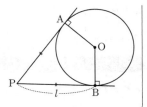

★★ 문제 해결 꿀~팁 ★★

▶ 문제 해결 방법
이 문제를 해결하기 위해서는 내접원의 성질을 잘 알고 있어야 한다. ㄱ에서는 직선 DE와 직선 BC가 평행하므로 $\angle IBC = \angle BID$ (엇각)이고, 점 I가 삼각형 ABC의 내심이므로 $\angle IBC = \angle IBD$가 되어 $\angle BID = \angle IBD$이다. 내심과 외접하는 삼각형의 각 꼭짓점을 연결한 선분들을 그었을 때 외접하는 삼각형의 각들은 각각 이등분이 되고, 비슷한 방법으로 외심에서는 변을 이등분하게 된다. 이 성질은 매우 유용하게 쓰이므로 정확하게 구분하여 반드시 알아두어야 한다.
또한 직선 DE와 직선 BC가 평행하다는 것에서 우리는 두 삼각형 ABC와 ADE가 닮음이라는 사실을 알 수 있다.
ㄴ에서 또 한가지 중요한 공식이 쓰이게 된다. 내접원의 반지름과 외접하는 삼각형의 둘레를 이용하여 외접하는 삼각형의 넓이를 구하는 공식이다. 외접하는 삼각형의 넓이 $= \dfrac{1}{2} rl$ (r = 내접원의 반지름, l = 삼각형의 둘레)이다. 공식이 유추되는 과정이 풀이 과정에 나와 있다. 이러한 사실을 공식으로 알아 두면 매번 풀이와 같은 과정을 되풀이 하지 않고 보다 빠르게 문제를 해결할 수 있다.
직각삼각형 IPA에서 피타고라스 정리에 의하여 $\overline{AP} = 2\sqrt{2}$이고 내접원의 성질에 의하여 $\overline{AP} = \overline{RA}$, $\overline{PB} = \overline{BQ}$, $\overline{QC} = \overline{CR}$이다.
$\overline{PB} = \overline{BQ} = a$, $\overline{QC} = \overline{CR} = b$라 하면 삼각형 ABC의 넓이 $= \dfrac{1}{2} rl = 2\sqrt{2} + a + b = 5\sqrt{2}$ 이다. 그러므로 $a + b = \overline{BC} = 3\sqrt{2}$ 이다.
이제 길이가 같은 변들의 관계를 이용하여 삼각형 ADE의 둘레의 길이를 구하면 $7\sqrt{2}$이다. 삼각형 ABC의 둘레의 길이가 $10\sqrt{2}$이므로 두 삼각형 ABC와 ADE의 닮음비는 $10 : 7$이다.
ㄷ에서 두 삼각형의 닮음비를 해설처럼 구해도 무방하나 두 삼각형의 둘레의 길이를 이용하면 보다 쉽게 닮음비를 구할 수 있다. 두 삼각형의 닮음비가 $10 : 7$이고 $\overline{BC} = 3\sqrt{2}$이므로 $\overline{DE} = \dfrac{7}{10} \times \overline{BC} = \dfrac{7}{10} \times 3\sqrt{2} = \dfrac{21}{10}\sqrt{2}$ 이다.
내접원과 외접원의 성질을 정확하고 세세하게 알아두는 것이 좋다.

---

22 이차방정식의 근   정답률 93% | 정답 9

이차방정식 ❶ $x^2 - 2ax + 5a = 0$의 한 근이 $x = 3$일 때, 상수 a의 값을 구하시오. [3점]

STEP 01 ❶에 $x = 3$을 대입하여 a의 값을 구한다.

이차방정식 $x^2 - 2ax + 5a = 0$의 한 근이 $x = 3$이므로
$x^2 - 2ax + 5a = 0$에 $x = 3$을 대입하면
$9 - 6a + 5a = 0$, $9 - a = 0$
따라서 $a = 9$

---

23 연립일차방정식   정답률 93% | 정답 6

연립일차방정식 ❶ $\begin{cases} x - y = 4 \\ 2x + y = 11 \end{cases}$ 의 해가 $x = a$, $y = b$일 때, $a + b$의 값을 구하시오. [3점]

STEP 01 ❶의 연립방정식을 풀어 해를 구한 후 $a + b$의 값을 구한다.

연립일차방정식
$\begin{cases} x - y = 4 & \cdots\cdots \text{㉠} \\ 2x + y = 11 & \cdots\cdots \text{㉡} \end{cases}$
에서 ㉠과 ㉡을 변끼리 더하면 $3x = 15$, $x = 5$
$x = 5$를 ㉠에 대입하면 $5 - y = 4$, $y = 1$
이므로 구하는 연립방정식의 해는 $x = 5$, $y = 1$
그러므로 $a = 5$, $b = 1$
따라서 $a + b = 5 + 1 = 6$

---

24 평면도형의 성질   정답률 71% | 정답 112

그림과 같이 $\angle B = 72°$, $\angle C = 48°$인 삼각형 ABC가 있다. 점 C를 지나고 직선 AB에 평행한 직선 위의 점 D와 선분 AB 위의 점 E에 대하여 $\angle CDE = 52°$이다. 선분 DE와 선분 AC의 교점을 F라 할 때,

∠EFC = x °이다. x의 값을 구하시오. (단, ∠BCD > 90°이고, 점 E는 점 A가 아니다.) [3점]

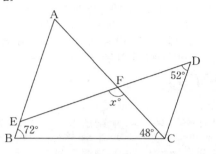

삼각형의 세 내각의 크기의 합과 두 선분 AB와 CD가 서로 평행함을 이용하여 ∠A, ∠ACD, ∠DFC를 차례로 구한 후 x의 값을 구한다.

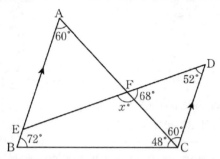

삼각형 ABC의 세 내각의 크기의 합이 180°이므로
∠A + ∠B + ∠C = 180°
∠B = 72°, ∠C = 48°이므로
∠A = 180° − 72° − 48° = 60°
한편, 두 선분 AB와 CD가 서로 평행하므로
∠ACD = ∠A = 60° (엇각)
삼각형 CDF의 세 내각의 크기의 합이 180°이므로
∠FCD + ∠CDF + ∠DFC = 180°
∠DFC = 180° − 60° − 52° = 68°
∠EFC = 180° − ∠DFC = 180° − 68° = 112°
따라서 $x = 112$°

---

25 경우의 수   정답률 74% | 정답 7

한 개의 주사위를 두 번 던져서 나오는 눈의 수를 차례로 a, b라 할 때, $a + b$가 14의 약수가 되도록 하는 모든 순서쌍 (a, b)의 개수를 구하시오. [3점]

STEP 01 14의 약수 중 $a + b$가 될 수 있는 경우에 대하여 각각 만족하는 순서쌍 (a, b)를 구한 후 개수를 구한다.

14의 약수는 1, 2, 7, 14이다.
a, b는 1이상 6이하의 자연수이므로 14의 약수 중 $a + b$의 값으로 가능한 것은 2 또는 7이다.
(i) $a + b = 2$인 경우
　$a = 1$이면 $b = 1$이므로 가능한 순서쌍의 개수는 (1, 1)의 1
(ii) $a + b = 7$인 경우
　$a = 1$이면 $b = 6$, $a = 2$이면 $b = 5$, $a = 3$이면 $b = 4$
　$a = 4$이면 $b = 3$, $a = 5$이면 $b = 2$, $a = 6$이면 $b = 1$
　이므로 가능한 순서쌍의 개수는
　(1, 6), (2, 5), (3, 4), (4, 3), (5, 2), (6, 1)의 6
(i), (ii)에서 가능한 모든 순서쌍 (a, b)의 개수는
1 + 6 = 7

---

26 중앙값, 평균, 최빈값   정답률 78% | 정답 23

세 실수 a, b, c에 대하여 다음 자료의 ❶ 중앙값이 6.5, 평균이 6, 최빈값이 c일 때, $a + b + c$의 값을 구하시오. [4점]

9, 5, 6, 4, 8, 1, a, b

STEP 01 자료를 크기순으로 정렬한 후 ❶을 이용하여 a, b의 값을 구한다.

두 실수 a, b에 대하여 $a \le b$라 하자.
a, b를 제외한 자료의 값을 크기순으로 정렬하면
1, 4, 5, 6, 8, 9
중앙값이 6.5보다 작은 값의 개수는 1, 4, 5, 6의 4이고 변량의 개수가 8이므로 a와 b는 모두 6.5보다 크다.

변량의 개수가 짝수이고 중앙값이 6.5이므로
$6.5 = \dfrac{6 + a}{2}$, $a = 7$
평균이 6이므로
$\dfrac{1 + 4 + 5 + 6 + 7 + 8 + 9 + b}{8} = \dfrac{40 + b}{8} = 6$
$40 + b = 48$, $b = 8$

STEP 02 a, b의 값을 대입한 자료를 크기순으로 정렬한 후 c를 구한 다음 $a + b + c$의 값을 구한다.

자료의 값을 크기순으로 정렬하면
1, 4, 5, 6, 7, 8, 8, 9
이므로 최빈값은 8이다.
$c = 8$
따라서 $a + b + c = 7 + 8 + 8 = 23$

★★★ 등급을 가르는 문제!

27 소인수분해의 활용   정답률 38% | 정답 420

가로의 길이가 150cm, 세로의 길이가 120cm인 직사각형 ABCD 모양의 종이가 있다. [그림1]과 같이 $\overline{CE}$ = 60cm인 선분 BC 위의 점 E와 $\overline{CF}$ = 48cm인 선분 CD 위의 점 F에 대하여 두 선분 CE, CF를 변으로 하는 직사각형 모양의 종이를 잘라내고 남은 ⌐ 모양의 종이를 만들었다.

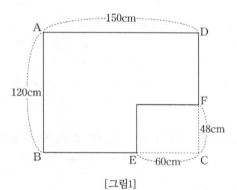

[그림1]

[그림2]와 같이 ⌐ 모양의 종이의 내부에 ❶ 변의 길이가 자연수이고 모두 합동인 정사각형 모양의 종이를 서로 겹치지 않고 빈틈없이 붙이려고 할 때, 붙일 수 있는 종이의 개수의 최솟값을 구하시오. [4점]

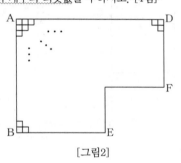

[그림2]

STEP 01 주어진 조건을 만족하도록 하는 ❶의 한 변의 길이의 조건을 파악한다.

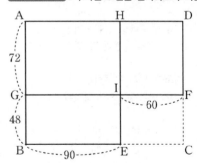

그림과 같이 선분 AB에 수직이고 점 F를 지나는 직선이 선분 AB와 만나는 점을 G, 선분 BC에 수직이고 점 E를 지나는 직선이 선분 DA와 만나는 점을 H, 두 선분 GF와 EH가 만나는 점을 I라 하자.
직사각형 AGIH의 내부에 정사각형을 서로 겹치지 않고 빈틈없이 붙이려면 붙이는 정사각형 모양의 종이의 한 변의 길이가 두 선분 AG, GI의 길이의 공약수가 되어야 한다.
이때 붙이는 정사각형 모양의 종이의 개수가 최소가 되기 위해서는 정사각형 모양의 종이의 한 변의 길이가 두 선분 AG, GI의 길이의 최대공약수가 되어야 한다.
같은 방법으로 직사각형 GBEI의 내부에 정사각형 모양의 종이를 서로 겹치지

않고 빈틈없이 붙일 때, 붙이는 종이의 개수가 최소가 되기 위해서는 정사각형 모양의 종이의 한 변의 길이가 두 선분 GB, BE의 길이의 최대공약수가 되어야 한다.

같은 방법으로 직사각형 HIFD의 내부에 정사각형 모양의 종이를 서로 겹치지 않고 빈틈없이 붙일 때, 붙이는 종이의 개수가 최소가 되기 위해서는 정사각형 모양의 종이의 한 변의 길이가 두 선분 HI, IF의 길이의 최대공약수가 되어야 한다.

STEP 02 세 직사각형 AGIH, GBEI, HIFD의 각 변의 길이를 소인수분해한 후 각 사각형의 변들끼리의 최대공약수를 구한 후 세 수의 최대공약수를 구한다.

$\overline{\text{AG}} = 72$, $\overline{\text{GI}} = 90$에서
$72 = 2^3 \times 3^2$
$90 = 2 \times 3^2 \times 5$
이므로
72와 90의 최대공약수는 $2 \times 3^2 = 18$
$\overline{\text{GB}} = 48$, $\overline{\text{BE}} = 90$에서
$48 = 2^4 \times 3$
$90 = 2 \times 3^2 \times 5$
이므로
48과 90의 최대공약수는 $2 \times 3 = 6$
$\overline{\text{HI}} = 72$, $\overline{\text{IF}} = 60$에서
$72 = 2^3 \times 3^2$
$60 = 2^2 \times 3 \times 5$
이므로
72와 60의 최대공약수는 $2^2 \times 3 = 12$

세 직사각형 AGIH, GBEI, HIFD에 합동인 정사각형 모양의 종이를 붙여야 하므로 한 변의 길이는 18, 6, 12의 공약수가 되어야 한다.

이때 ⌐ 모양의 종이의 내부에 붙이는 정사각형 모양의 종이의 개수가 최소가 되기 위해서는 정사각형 모양의 종이의 한 변의 길이가 18, 6, 12의 최대공약수 6이 되어야 한다.

STEP 03 [그림1]의 넓이와 ❶의 넓이를 이용하여 필요한 종이의 개수를 구한다.

그러므로 붙이는 정사각형 모양의 종이 1개의 넓이는 $6^2 = 36$
$(\square \text{AGIH} + \square \text{GBEI} + \square \text{HIFD}) \div 36 = (72 \times 90 + 48 \times 90 + 72 \times 60) \div 36 = 420$
따라서 붙일 수 있는 종이의 개수의 최솟값은 420

다른 풀이

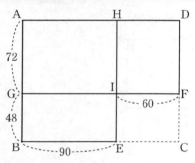

[그림 1]

그림과 같이 선분 AB에 수직이고 점 F를 지나는 직선이 선분 AB와 만나는 점을 G, 선분 BC에 수직이고 점 E를 지나는 직선이 선분 DA와 만나는 점을 H, 두 선분 GF와 EH가 만나는 점을 I라 하자.

세 직사각형의 내부에 정사각형을 서로 겹치지 않고 빈틈없이 붙이려면 붙이는 정사각형 모양의 종이의 한 변의 길이는 각 직사각형의 각 변의 길이의 공약수가 되어야 한다.

이때 붙이는 정사각형 모양의 종이의 개수가 최소가 되기 위해서는 정사각형 모양의 종이의 한 변의 길이는 각 직사각형의 각 변의 길이의 최대공약수가 되어야 한다.

그러므로 정사각형 모양의 종이의 한 변의 길이는 72, 90, 48, 60의 최대공약수이다.

네 수를 소인수분해하면
$72 = 2^3 \times 3^2$
$90 = 2 \times 3^2 \times 5$
$48 = 2^4 \times 3$
$60 = 2^2 \times 3 \times 5$
이므로 네 수의 최대공약수는 $2 \times 3 = 6$이다.

[그림 1]에 붙이는 종이의 개수는
(직사각형 ABCD에 붙이는 종이의 개수) − (직사각형 IECF에 붙이는 종이의 개수)이다.

직사각형 ABCD의 가로의 길이는 150, 세로의 길이는 120으로 가로에는

한 줄에 $150 \div 6 = 25$개, 세로에는 한 줄에 $120 \div 6 = 20$개씩 붙일 수 있으므로 직사각형 ABCD에는 모두 $25 \times 20 = 500$개의 종이를 붙일 수 있다.

같은 방법으로 직사각형 IECF의 가로의 길이는 60, 세로의 길이는 48로 가로에는 한 줄에 $60 \div 6 = 10$개, 세로에는 한 줄에 $48 \div 6 = 8$개씩 붙일 수 있으므로 직사각형 IECF에는 모두 $10 \times 8 = 80$개의 종이를 붙일 수 있다.

따라서 붙일 수 있는 종이의 개수의 최솟값은 $500 - 80 = 420$

★★ 문제 해결 꿀~팁 ★★

▶ **문제 해결 방법**

구하는 정사각형의 한 변의 길이는 결국 세 직사각형의 각 변의 길이의 최대공약수이다. 이를 해설처럼 각각의 직사각형의 변의 길이의 최대공약수를 구한 후 다시 그 최대공약수들의 최대공약수를 구해도 무방하나 다른 풀이처럼 각 변의 길이들의 최대공약수를 한 번에 구하는 것이 좀 더 효과적이라 할 수 있다. 각 변의 길이를 소인수분해한 후 각 수들의 공통인수를 찾으면 된다. 마찬가지로 최소공배수를 구하는 방법도 같이 알아 두어야 한다. 또한 필요한 종이의 개수를 구할 때도 사각형들의 넓이를 이용하거나 각 변의 길이를 이용하거나 하여 본인에게 편한 방법으로 구할 수 있으면 된다.

---

28 소인수분해의 활용   정답률 41% | 정답 18

$p < q$인 두 소수 p, q에 대하여 ❶ $p^2q < n \leq pq^2$을 만족시키는 자연수 n의 개수가 308일 때, $p+q$의 값을 구하시오. [4점]

STEP 01 ❶을 만족하는 자연수 n의 개수를 구한 후 308을 소인수분해하여 만족하는 p, q를 구한 다음 $p+q$의 값을 구한다.

$p^2q < n \leq pq^2$을 만족시키는 자연수 n의 개수는 $pq^2 - p^2q$이므로
$pq^2 - p^2q = pq(q-p) = 308$
$p < q$이므로 $q-p > 0$이고 p, q가 자연수이므로 $q-p$도 자연수이다.
$p < q$이고 $q - p < q$이므로 세 자연수 p, q, $q-p$ 중 q가 가장 큰 자연수이다.
308을 소인수분해하면
$308 = 2^2 \times 7 \times 11$
q는 308의 가장 큰 소인수이므로 $q = 11$
p는 308의 소인수이고 $p < q$이므로 $p = 2$ 또는 $p = 7$
(i) $p = 2$인 경우
　　$pq(q-p) = 2 \times 11 \times (11-2) = 198$
(ii) $p = 7$인 경우
　　$pq(q-p) = 7 \times 11 \times (11-7) = 308$
(i), (ii)에 의하여 $pq(q-p) = 308$일 때
$p = 7$, $q = 11$
따라서 $p + q = 18$

★★★ 등급을 가르는 문제!

29 삼각형의 닮음   정답률 15% | 정답 25

그림과 같이 삼각형 ABC의 선분 AC 위의 점 D와 직선 BD 위의 점 E에 대하여 ❶ $\overline{\text{DE}} : \overline{\text{DA}} : \overline{\text{DB}} = 1 : 2 : 4$이다. 점 D를 지나고 직선 BC와 평행한 직선이 두 선분 AB, EC와 만나는 점을 각각 F, G라 할 때, ❷ $\overline{\text{FD}} = 2$, $\overline{\text{DG}} = 1$이고 ❸ 삼각형 AFD의 넓이가 3이다. 삼각형 EDG의 넓이가 $\frac{q}{p}$일 때, $p+q$의 값을 구하시오. (단, 점 E는 삼각형 ABC의 외부에 있고, p와 q는 서로소인 자연수이다.) [4점]

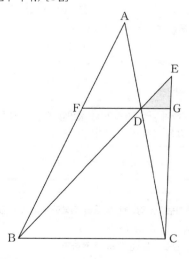

STEP 01 닮음인 삼각형들을 찾고 ❶과 ❷를 이용하여 각 삼각형의 닮음비를 구하고 ❸을 이용하여 삼각형 EDG의 넓이를 구한 후 $p+q$의 값을 구한다.

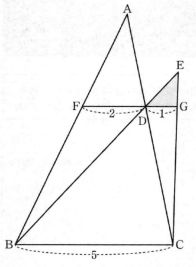

두 삼각형 EDG, EBC 에서 $\overline{DG} /\!/ \overline{BC}$ 이므로
두 삼각형 EDG, EBC 는 서로 닮은 도형이다.
$\overline{DE} : \overline{DB} = 1 : 4$ 이므로
$\overline{DE} : \overline{BE} = \overline{DG} : \overline{BC} = 1 : 5$
$\overline{BC} = 5$
$\overline{BD} : \overline{BE} = 4 : 5$ ...... ㉠
두 삼각형 EDG와 EBC의 닮음비가 $1 : 5$ 이므로
넓이의 비는 $1^2 : 5^2 = 1 : 25$ 이고
$\triangle EBC = 25 \times \triangle EDG$
㉠에서
$\triangle BCD = \dfrac{4}{5} \times \triangle EBC = \dfrac{4}{5} \times (25 \times \triangle EDG) = 20 \times \triangle EDG$
두 삼각형 AFD, ABC 에서 $\overline{FD} /\!/ \overline{BC}$ 이므로
두 삼각형 AFD, ABC 는 서로 닮은 도형이다.
$\overline{FD} : \overline{BC} = 2 : 5$ 이므로
$\overline{AD} : \overline{AC} = 2 : 5$
$\overline{DC} : \overline{AC} = 3 : 5$ ...... ㉡
두 삼각형 AFD와 ABC의 닮음비가 $2 : 5$ 이므로
넓이의 비는 $2^2 : 5^2 = 4 : 25$ 이고
$\triangle ABC = \dfrac{25}{4} \times \triangle AFD = \dfrac{75}{4}$ 이다.
㉡에서
$\triangle BCD = \dfrac{3}{5} \times \triangle ABC = \dfrac{3}{5} \times \dfrac{75}{4} = \dfrac{45}{4}$
삼각형 BCD의 넓이는 $20 \times \triangle EDG = \dfrac{45}{4}$ 이므로
$\triangle EDG = \dfrac{9}{16}$
$p = 16$, $q = 9$
따라서 $p + q = 16 + 9 = 25$

다른 풀이

두 삼각형 EDG, EBC 에서 $\overline{DG} /\!/ \overline{BC}$ 이므로
두 삼각형 EDG, EBC 는 서로 닮은 도형이다.
$\overline{DE} : \overline{DB} = 1 : 4$ 이므로
$\overline{EG} : \overline{GC} = 1 : 4$
$\overline{DE} : \overline{BE} = \overline{DG} : \overline{BC} = 1 : 5$
$\overline{BC} = 5$
두 삼각형 AFD, ABC 에서 $\overline{FD} /\!/ \overline{BC}$ 이므로
두 삼각형 AFD, ABC 는 서로 닮은 도형이다.
$\overline{FD} : \overline{BC} = 2 : 5$ 이므로
$\overline{AD} : \overline{AC} = 2 : 5$
$\overline{AD} : \overline{DC} = \overline{AF} : \overline{FB} = 2 : 3$
삼각형 EDG의 넓이를 a 라 하면
$\triangle DCG = 4a$, $\triangle EDC = 5a$, $\triangle DBC = 4 \times 5a = 20a$
$\triangle DFB = \dfrac{2}{5} \times 20a = 8a$
$\triangle AFD = \dfrac{2}{3} \times 8a = \dfrac{16}{3} a = 3$ 이므로
$a = 3 \times \dfrac{3}{16} = \dfrac{9}{16} = \dfrac{q}{p}$
따라서 $p + q = 16 + 9 = 25$

▶ 닮은 도형의 닮음비
두 도형의 길이의 비가 $m : n$ 일 때,

길이의 비	$m : n$
넓이의 비	$m^2 : n^2$
부피의 비	$m^3 : n^3$

★★ 문제 해결 꿀~팁 ★★

▶ 문제 해결 방법
평행인 선분과 주어진 길이의 비, 주어진 선분의 길이를 이용하여 닮음인 삼각형들을 찾아 길이의 비를 구하는 것이 우선이다.
두 쌍의 닮음인 삼각형들이 나오는데 두 삼각형 EDG, EBC와 두 삼각형 AFD, ABC가 서로 닮음이다. 여기에서 각 변들의 길이의 비를 구할 수 있다. 각 선분들의 길이의 비를 이용하여 넓이의 비를 구하고 주어진 삼각형 AFD의 넓이가 3임을 이용하여 삼각형 EDG의 넓이를 구하면 된다.
다른 풀이에서처럼 가장 작은 도형의 넓이를 미지수 a로 놓고 다른 도형의 넓이를 차례로 a를 이용하여 나타내는 방법도 좋은 방법이다. 이때 길이의 비와 넓이의 비를 혼동해서는 안 된다.
예를 들면 $\triangle EDG = a$이면 $\triangle EBC = 25a$이지만 $\triangle DCG = 4a$이면 $\triangle DFB = 8a$이다.
앞의 두 삼각형은 닮음으로 넓이의 비가 $1^2 : 5^2 = 1 : 25$이지만 뒤의 두 삼각형은 한 변의 길이의 비만 $1 : 2$이고 높이는 같기 때문에 넓이의 비도 $1 : 2$이다.
이 두 상황을 잘 구분할 수 있어야 한다.

★★★ 등급을 가르는 문제!

30 원의 성질   정답률 12% | 정답 ②

그림과 같이 $\overline{AB} = \overline{BC} = 2$ 인 삼각형 ABC에 외접하는 원 O 가 있다.
점 B를 지나고 직선 AC에 수직인 직선이 원 O 와 만나는 점 중 B가 아닌 점을 D, 선분 AC와 선분 BD가 만나는 점을 E라 하자. 원 O 위의 점 C에서의 접선과 점 D에서의 접선이 만나는 점을 F라 할 때, $\overline{FD} = 2$ 이다.
$\overline{AE} = \dfrac{a + b\sqrt{17}}{2}$ 일 때, $a^2 + b^2$ 의 값을 구하시오. (단, a, b 는 정수이다.)

[4점]

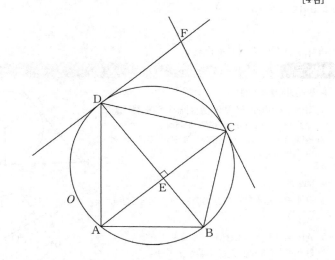

STEP 01 닮음과 합동인 삼각형들을 찾는다.

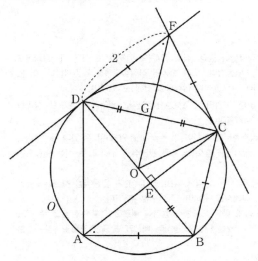

$\overline{AB} = \overline{CB}$, 선분 BE는 공통, $\angle AEB = \angle CEB = 90°$ 이므로

두 삼각형 ABE, CBE는 서로 합동이다.

그러므로 $\overline{AE} = \overline{CE}$

직선 BD는 삼각형 ABC의 변 AC의 수직이등분선이므로 외접원 O의 중심은 선분 BD 위에 있다.

원 O의 중심을 O, 선분 OF와 선분 CD가 만나는 점을 G라 하자.

원 O 외부의 점 F에서 원 O에 그은 두 접선의 길이는 같으므로 $\overline{FC} = \overline{FD} = 2$

$\overline{FC} = \overline{FD}$, $\overline{OC} = \overline{OD}$, $\angle OCF = \angle ODF = 90°$이므로

두 삼각형 OCF, ODF는 서로 합동이다.

$\overline{OC} = \overline{OD}$, $\overline{OG}$가 공통이고 $\angle COG = \angle DOG$이므로

두 삼각형 COG, DOG는 서로 합동이다.

$\overline{CD} \perp \overline{OF}$, $\overline{CG} = \overline{DG}$

그러므로 $\overline{CD} = \overline{CG} + \overline{DG} = 2 \times \overline{DG}$

각 BAC와 각 BDC는 호 BC에 대한 원주각이므로

$\angle BAC = \angle BDC$, 즉 $\angle BAE = \angle EDC$

$\angle ABE = 90° - \angle BAE = 90° - \angle EDC = \angle FDG$

$\overline{AB} = \overline{FD} = 2$, $\angle ABE = \angle FDG$, $\angle AEB = \angle FGD = 90°$

이므로 두 직각삼각형 ABE, FDG는 서로 합동이다.

그러므로 $\overline{BE} = \overline{DG}$

$\angle EAB = \angle EDC$, $\angle AEB = \angle DEC = 90°$이므로

두 삼각형 ABE, DCE는 서로 닮음이다.

STEP 02 $\overline{AE} = x$, $\overline{BE} = y$라 하고 두 삼각형 AEB, DCE의 닮음과 피타고라스 정리에서 x, y의 관계식을 찾아 연립하여 x, y를 구한 다음 $a^2 + b^2$의 값을 구한다.

$\overline{AE} = x$, $\overline{BE} = y$라 하면 두 삼각형 AEB, DCE가 닮음이므로

$\overline{AB} : \overline{BE} = \overline{DC} : \overline{CE}$에서

$2 : y = 2y : x$

$x = y^2$ ...... ㉠

직각삼각형 ABE에서 피타고라스 정리에 의하여

$\overline{AB}^2 = \overline{BE}^2 + \overline{AE}^2$

$2^2 = y^2 + x^2$ ...... ㉡

㉠, ㉡을 연립하면

$x^2 + x - 4 = 0$

$x = \dfrac{-1 - \sqrt{17}}{2}$ 또는 $x = \dfrac{-1 + \sqrt{17}}{2}$

$x > 0$이므로 $x = \dfrac{-1 + \sqrt{17}}{2}$

$a = -1$, $b = 1$

따라서 $a^2 + b^2 = (-1)^2 + 1^2 = 2$

● **핵심 공식**

▶ 원의 반지름과 접선

(1) 접선의 길이(l) : 원 밖의 한 점에서 원에 접선을 그었을 때, 그 점에서 접점까지의 거리

(2) 원의 외부에 있는 한 점에서 그 원에 그은 두 접선의 길이는 같다.

▶ 원과 현

(1) 원의 중심에서 현에 대한 수선은 현을 이등분한다.

$\overline{AB} \perp \overline{OM}$

$\overline{AB} = 2\overline{AM} = 2\overline{BM}$

(2) 현의 수직이등분선은 원의 중심을 지난다.

(3) 한 원에서 중심으로부터 같은 거리에 있는 현의 길이는 같다.

★★ **문제 해결 꿀~팁** ★★

▶ 문제 해결 방법

원의 내부에 여러 개의 직각삼각형들이 있다. 직각삼각형의 내부에 또 다른 직각삼각형도 존재한다. 이러한 경우는 무조건 닮음이다. 또한 합동인 직각삼각형들도 존재한다. 이 많은 직각삼각형 중에서 문제풀이에 필요한 직각삼각형을 찾을 수 있어야 한다.

기본적으로 $\overline{AE} = x$라 하면, x를 구하라 했고, $\overline{AB} = 2$임을 알려 주었으므로 삼각형 ABE는 문제풀이에 꼭 필요한 삼각형이다.

$\overline{BE} = y$라 하면 여기서 피타고라스정리에 의하여 $2^2 = y^2 + x^2$임을 알 수 있다.

이제 x, y, 2가 들어가는 다른 삼각형을 찾아 x, y의 관계식을 구하고 두 식을 연립하면 x를 구할 수 있다.

삼각형 DCE가 바로 그 삼각형이다. 두 삼각형 ABE와 DCE가 닮음임을 찾을 수 있어야 한다. 두 삼각형의 닮음에서 비례식을 구하면 답을 구할 수 있다.

이러한 도형의 문제에서 문제풀이에 필요한 도형을 얼마나 빠르고 정확하게 찾을 수 있느냐가 문제풀이의 승패를 좌우한다. 많은 연습을 통하여 빠르게 필요한 도형을 찾는 훈련을 해야 한다.

•정답•

01 ② 02 ⑤ 03 ⑤ 04 ④ 05 ③ 06 ④ 07 ④ 08 ① 09 ② 10 ③ 11 ⑤ 12 ③ 13 ① 14 ① 15 ⑤
16 ② 17 ③ 18 ④ 19 ③ 20 ① 21 ② 22 11 23 8 24 234 25 84 26 7 27 5 28 10 29 13 30 320

★ 표기된 문항은 [등급을 가르는 문제]에 해당하는 문항입니다.

01 | 근호를 포함한 식의 계산 | 정답률 95% | 정답 ②

❶ $\sqrt{\dfrac{20}{3}} \times \sqrt{\dfrac{6}{5}}$의 값은? [2점]

① $\sqrt{2}$ ② $2\sqrt{2}$ ③ $3\sqrt{2}$ ④ $4\sqrt{2}$ ⑤ $5\sqrt{2}$

STEP 01 ❶을 계산하여 값을 구한다.

$\sqrt{\dfrac{20}{3}} \times \sqrt{\dfrac{6}{5}} = \sqrt{\dfrac{20}{3} \times \dfrac{6}{5}} = \sqrt{8} = 2\sqrt{2}$

02 | 다항식 | 정답률 95% | 정답 ⑤

다항식 ❶ $(2x-1)(x+3)$의 전개식에서 x의 계수는? [2점]

① 1 ② 2 ③ 3 ④ 4 ⑤ 5

STEP 01 ❶을 전개하여 x의 계수를 구한다.

$(2x-1)(x+3) = 2x^2 + 6x - x - 3 = 2x^2 + 5x - 3$

따라서 다항식 $(2x-1)(x+3)$의 전개식에서 x의 계수는 5

03 | 삼각비의 값 | 정답률 87% | 정답 ⑤

❶ $\sin 60° \times \cos 30°$의 값은? [2점]

① $\dfrac{1}{4}$ ② $\dfrac{3}{8}$ ③ $\dfrac{1}{2}$ ④ $\dfrac{5}{8}$ ⑤ $\dfrac{3}{4}$

STEP 01 삼각비의 값을 이용하여 ❶의 값을 구한다.

$\sin 60° \times \cos 30° = \dfrac{\sqrt{3}}{2} \times \dfrac{\sqrt{3}}{2} = \dfrac{3}{4}$

● **핵심 공식**

▶ 특수각의 삼각비

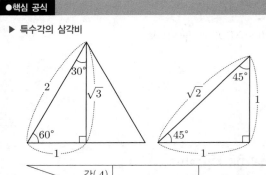

삼각비 \ 각(A)	30°	45°	60°
$\sin A$	$\dfrac{1}{2}$	$\dfrac{\sqrt{2}}{2}$	$\dfrac{\sqrt{3}}{2}$
$\cos A$	$\dfrac{\sqrt{3}}{2}$	$\dfrac{\sqrt{2}}{2}$	$\dfrac{1}{2}$
$\tan A$	$\dfrac{\sqrt{3}}{3}$	1	$\sqrt{3}$

04 | 이차함수의 그래프 | 정답률 84% | 정답 ④

이차함수 ❶ $y = -x^2 + 4x + 3$의 그래프의 꼭짓점의 y좌표는? [3점]

① 4 ② 5 ③ 6 ④ 7 ⑤ 8

STEP 01 ❶을 이차함수의 표준형으로 변형한 뒤 꼭짓점의 y좌표를 구한다.

$y = -x^2 + 4x + 3 = -(x^2 - 4x + 4 - 4) + 3 = -(x^2 - 4x + 4) + 7 = -(x-2)^2 + 7$

이므로 이차함수 $y = -x^2 + 4x + 3$의 그래프의 꼭짓점의 좌표는 $(2, 7)$이다.

따라서 꼭짓점의 y좌표는 7

05 히스토그램

정답률 95% | 정답 ③

다음은 어느 봉사 동아리 학생들의 한 달 동안의 봉사 시간을 조사하여 나타낸 히스토그램이다.

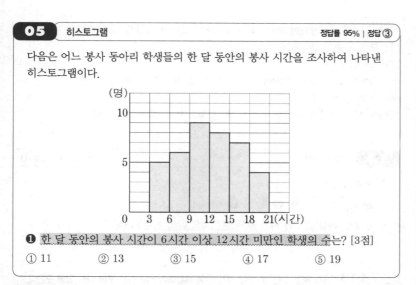

❶ 한 달 동안의 봉사 시간이 6시간 이상 12시간 미만인 학생의 수는? [3점]

① 11　　② 13　　③ 15　　④ 17　　⑤ 19

STEP 01 히스토그램을 이용하여 ❶을 구한다.

한 달 동안의 봉사 시간이 6시간 이상 9시간 미만인 학생의 수는 6,
9시간 이상 12시간 미만인 학생의 수는 9이므로
한 달 동안의 봉사 시간이 6시간 이상 12시간 미만인 학생의 수는
$6+9=15$

06 삼각형의 외심의 성질

정답률 94% | 정답 ④

그림과 같이 삼각형 ABC 의 외심을 O 라 하자. $\angle OBC = 17°$,
$\angle OCA = 52°$ 일 때, ❶ 각 OAB 의 크기는? [3점]

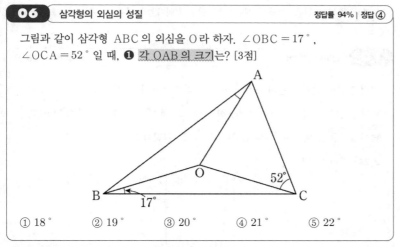

① 18°　　② 19°　　③ 20°　　④ 21°　　⑤ 22°

STEP 01 삼각형의 외심의 성질을 이용하여 ❶을 구한다.

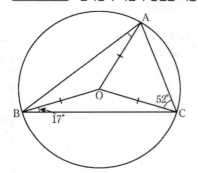

삼각형 ABC 의 외접원의 중심이 O 이므로 세 선분 OA, OB, OC 는 이 원의 반지름이다.
즉, $\overline{OA} = \overline{OB} = \overline{OC}$
삼각형 OAB 는 $\overline{OA} = \overline{OB}$ 인 이등변삼각형이고 이등변삼각형의 두 밑각의 크기는 같으므로
$\angle OAB = \angle ABO$
삼각형 OCA 는 $\overline{OA} = \overline{OC}$ 인 이등변삼각형이므로
$\angle OCA = \angle CAO = 52°$
삼각형 OBC 는 $\overline{OB} = \overline{OC}$ 이등변삼각형이므로
$\angle OBC = \angle BCO = 17°$ 이고
$\angle ABC = \angle ABO + \angle OBC = \angle ABO + 17° = \angle OAB + 17°$　……㉠
$\angle BCA = \angle BCO + \angle OCA = 17° + 52°$　……㉡
$\angle CAB = \angle CAO + \angle OAB = 52° + \angle OAB$　……㉢
삼각형 ABC 의 세 내각의 크기의 합은 180° 이므로
$\angle ABC + \angle BCA + \angle CAB = 180°$
㉠, ㉡, ㉢에서
$2 \times (\angle OAB + 17° + 52°) = 180°$
$\angle OAB + 17° + 52° = 90°$
따라서 $\angle OAB = 21°$

●핵심 공식

▶ 삼각형의 외심
(1) 외심 : 삼각형의 세 변의 수직이등분선의 교점
(2) 외심에서 세 꼭짓점에 이르는 거리(외접원의 반지름)는 같다.
(3) 외심의 위치는 예각삼각형에서는 삼각형의 내부에, 직각삼각형에서는 빗변의 중점에, 둔각삼각형은 삼각형의 외부에 존재한다.

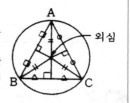

07 일차부등식

정답률 92% | 정답 ④

일차부등식 ❶ $\dfrac{x+5}{2} - x \le a$ 의 해가 $x \ge 4$일 때, 실수 a의 값은? [3점]

① $\dfrac{1}{8}$　　② $\dfrac{1}{4}$　　③ $\dfrac{3}{8}$　　④ $\dfrac{1}{2}$　　⑤ $\dfrac{5}{8}$

STEP 01 ❶의 부등식을 푼 후 해가 $x \ge 4$임을 이용하여 실수 a값을 구한다.

$\dfrac{x+5}{2} - x \le a,\ x + 5 - 2x \le 2a$
$-x \le 2a - 5,\ x \ge -2a + 5$
일차부등식의 해가 $x \ge 4$이므로 $-2a + 5 = 4,\ -2a = -1$
따라서 $a = \dfrac{1}{2}$

08 입체도형의 부피와 겉넓이

정답률 82% | 정답 ①

그림과 같이 밑면의 반지름의 길이가 3이고 높이가 8인 원뿔과 밑면의 반지름의 길이가 2인 원기둥이 있다. ❶ 두 입체도형의 부피가 같을 때, 원기둥의 겉넓이는? [3점]

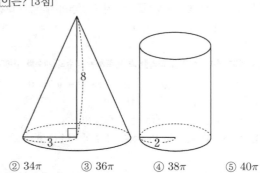

① 32π　　② 34π　　③ 36π　　④ 38π　　⑤ 40π

STEP 01 원뿔의 부피를 구한 후 ❶을 이용하여 원기둥의 높이를 구한 다음 겉넓이를 구한다.

밑면의 반지름의 길이가 3이고 높이가 8인 원뿔의 밑넓이는 $\pi \times 3^2 = 9\pi$이므로
부피는 $\dfrac{1}{3} \times 9\pi \times 8 = 24\pi$

원기둥의 밑넓이는 $\pi \times 2^2 = 4\pi$이므로 원기둥의 높이를 x라 하면
부피는 $4\pi \times x = 4\pi x$
원뿔과 원기둥의 부피가 서로 같으므로 $4\pi x = 24\pi$이다. 그러므로 $x = 6$
원기둥의 전개도를 그리면 다음과 같다.

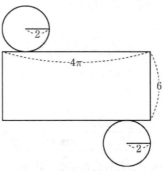

원기둥의 옆넓이는 $(2\pi \times 2) \times 6 = 24\pi$
따라서 원기둥의 겉넓이는 $(4\pi \times 2) + 24\pi = 32\pi$

●핵심 공식

▶ 입체도형의 겉넓이와 부피
(V : 부피, S : 겉넓이, h : 높이, r : 반지름)

도형	겉넓이	부피
각기둥	$S = (밑넓이 \times 2) + 옆넓이$	$V = S \times h\ (S : 밑넓이)$
원기둥	$S = 2\pi r(r+h)$	$V = \pi r^2 h$

원뿔	$S=\pi r^2+\pi rl\,(l:\text{모선의 길이})$	$V=\dfrac{1}{3}\pi r^2 h$
구	$S=4\pi r^2$	$V=\dfrac{4}{3}\pi r^3$

한편, 구슬을 한 상자에 200개씩 $n+1$개의 상자에 담았을 때 100개의 구슬이
남으므로 구슬의 총 개수는
$$200(n+1)+100 \qquad\qquad\qquad \cdots\cdots \text{ⓛ}$$
㉠, ⓛ에서 $250n+50=200(n+1)+100$, $250n+50=200n+300$
$50n=250$, $n=5$
따라서 이 학교에서 구입한 구슬의 총 개수는 $250\times5+50=1300$

---

09 연립일차방정식   정답률 77% | 정답 ②

두 일차방정식
$$ax+4y=12,\ 2x+ay=a+5$$
의 그래프의 교점이 y축 위에 있을 때, 상수 a의 값은? [3점]

① 2   ② $\dfrac{5}{2}$ ③ 3   ④ $\dfrac{7}{2}$ ⑤ 4

STEP 01 두 직선의 교점의 좌표를 구한 후 교점의 좌표를 일차방정식에 대입하여 상수 a의 값을 구한다.

두 직선
$$ax+4y=12 \qquad\qquad\qquad\qquad \cdots\cdots \text{㉠}$$
$$2x+ay=a+5 \qquad\qquad\qquad\qquad \cdots\cdots \text{ⓛ}$$
가 만나는 점이 y축 위에 있으므로 교점의 좌표를 $(0,\ t)$라 하자.
$x=0$, $y=t$를 ㉠에 대입하면 $4t=12$, $t=3$
그러므로 두 직선이 만나는 점의 좌표는 $(0,\ 3)$이다.
$x=0$, $y=3$을 ⓛ에 대입하면 $3a=a+5$이다.
따라서 $a=\dfrac{5}{2}$

---

10 실수의 대소 관계   정답률 68% | 정답 ③

❶ $2-\sqrt{6}$ 보다 크고 ❷ $5+\sqrt{15}$ 보다 작은 정수의 개수는? [3점]

① 7   ② 8   ③ 9   ④ 10   ⑤ 11

STEP 01 ❶과 ❷의 범위를 파악한 후 만족하는 정수의 개수를 구한다.

$2<\sqrt{6}<3$이므로 $-3<-\sqrt{6}<-2$, $-1<2-\sqrt{6}<0$
또한 $3<\sqrt{15}<4$이므로 $8<5+\sqrt{15}<9$
따라서 $2-\sqrt{6}$ 보다 크고 $5+\sqrt{15}$ 보다 작은 정수는
0, 1, 2, 3, 4, 5, 6, 7, 8로 만족하는 정수의 개수는 9

---

11 피타고라스 정리   정답률 82% | 정답 ⑤

세 변의 길이가 각각 x, $x+1$, $x+3$인 삼각형이 직각삼각형일 때, x의 값은?
(단, $x>2$) [3점]

① $2\sqrt{3}$ ② $2+\sqrt{3}$ ③ $1+2\sqrt{3}$ ④ $3\sqrt{3}$ ⑤ $2+2\sqrt{3}$

STEP 01 피타고라스 정리를 이용하여 x의 값을 구한다.

직각삼각형에서 가장 긴 변이 빗변이므로 $x+3$이 빗변의 길이다.
피타고라스 정리에 의하여
$$(x+3)^2=x^2+(x+1)^2$$
$$x^2+6x+9=x^2+x^2+2x+1$$
$$x^2-4x-8=0$$
근의 공식에 의하여
$$x=\frac{-(-4)\pm\sqrt{(-4)^2-4\times1\times(-8)}}{2\times1}=\frac{4\pm\sqrt{48}}{2}=2\pm2\sqrt{3}$$
$x>2$이므로 $x=2+2\sqrt{3}$

---

12 일차방정식의 활용   정답률 88% | 정답 ③

어느 학교에서 학생들에게 나누어 줄 구슬을 구입하였다. 구입한 구슬을 ❶ 한
상자에 250개씩 n개의 상자에 담았더니 50개의 구슬이 남았고, 한 상자에
200개씩 $n+1$개의 상자에 담았더니 100개의 구슬이 남았다.
이 학교에서 구입한 구슬의 총 개수는? [3점]

① 800   ② 1050   ③ 1300   ④ 1550   ⑤ 1800

STEP 01 ❶을 이용하여 방정식을 세운 후 방정식을 풀어 구슬의 총 개수를 구한다.

이 학교에서 구입한 구슬을 한 상자에 250개씩 n개의 상자에 담았을 때
50개의 구슬이 남으므로 구슬의 총 개수는
$$250n+50 \qquad\qquad\qquad\qquad \cdots\cdots \text{㉠}$$

---

13 이차방정식   정답률 78% | 정답 ①

두 이차방정식
❶ $x^2-x-2=0$, ❷ $2x^2+kx-6=0$
이 공통인 해를 갖도록 하는 모든 실수 k의 값의 합은? [3점]

① -5 ② -4 ③ -3 ④ -2 ⑤ -1

STEP 01 ❶의 해를 구한 후 해를 각각 ❷에 대입하여 k의 값을 구한 다음 합을 구한다.

$x^2-x-2=0$, $(x+1)(x-2)=0$
$x=-1$ 또는 $x=2$
(ⅰ) $x=-1$이 공통인 해인 경우
  $2x^2+kx-6=0$에 $x=-1$을 대입하면
  $2\times(-1)^2+k\times(-1)-6=0$, $2-k-6=0$, $k=-4$
(ⅱ) $x=2$가 공통인 해인 경우
  $2x^2+kx-6=0$에 $x=2$를 대입하면
  $2\times2^2+k\times2-6=0$, $8+2k-6=0$, $k=-1$
(ⅰ), (ⅱ)에서 조건을 만족시키는 모든 실수 k의 값의 합은 $(-4)+(-1)=-5$

---

14 반비례 관계식   정답률 68% | 정답 ①

그림과 같이 반비례 관계 $y=\dfrac{a}{x}\,(a>0)$의 그래프가 두 직선 $x=2$, $y=2$와
만나는 점을 각각 A, B라 하자. 점 C$(2,\ 2)$에 대하여 ❶ 사각형 OACB의
넓이가 $\dfrac{22}{7}$일 때, 상수 a의 값은? (단, O는 원점이고, 점 A의 y좌표는
2보다 작다.) [4점]

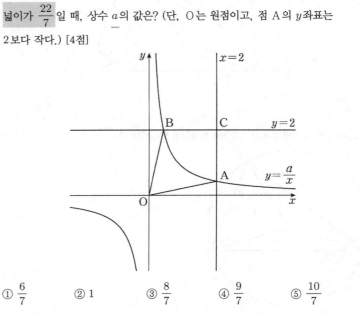

① $\dfrac{6}{7}$ ② 1   ③ $\dfrac{8}{7}$ ④ $\dfrac{9}{7}$ ⑤ $\dfrac{10}{7}$

STEP 01 네 점 A, B, D, E의 좌표를 구한다.

점 A는 직선 $x=2$ 위의 점이므로 점 A의 x좌표는 2이고
이 점은 반비례 관계 $y=\dfrac{a}{x}$의 그래프 위의 점이므로 A$\left(2,\ \dfrac{a}{2}\right)$
점 B는 직선 $y=2$ 위의 점이므로 점 B의 y좌표는 2이고
이 점은 반비례 관계 $y=\dfrac{a}{x}$의 그래프 위의 점이므로 B$\left(\dfrac{a}{2},\ 2\right)$

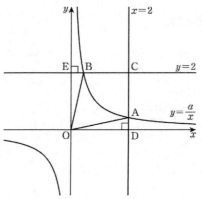

그림과 같이 직선 $x=2$가 x축과 만나는 점을 D,
직선 $y=2$가 y축과 만나는 점을 E 라 하면
D$(2, 0)$, E$(0, 2)$

STEP 02 사각형 ODCE와 두 삼각형 ODA, OBE의 넓이를 이용하여 사각형 OACB의 넓이를 구한 다음 ❶을 이용하여 상수 a의 값을 구한다.

삼각형 ODA와 삼각형 OBE는 직각삼각형이므로

$$\triangle \text{ODA} = \frac{1}{2} \times \overline{\text{OD}} \times \overline{\text{AD}} = \frac{1}{2} \times 2 \times \frac{a}{2} = \frac{a}{2}$$

$$\triangle \text{OBE} = \frac{1}{2} \times \overline{\text{OE}} \times \overline{\text{BE}} = \frac{1}{2} \times 2 \times \frac{a}{2} = \frac{a}{2}$$

사각형 ODCE는 한 변의 길이가 2인 정사각형이므로

$$\square\text{OACB} = \square\text{ODCE} - \triangle\text{ODA} - \triangle\text{OBE} = 2 \times 2 - \frac{a}{2} - \frac{a}{2} = 4 - a = \frac{22}{7}$$

따라서 $a = \dfrac{6}{7}$

---

15 산점도   정답률 66% | 정답 ⑤

다음은 어느 학급 학생 20명의 수학 과목의 중간고사 점수와 기말고사 점수에 대한 산점도이다.

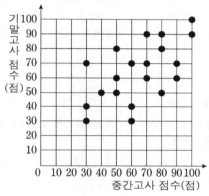

위의 산점도에 대하여 〈보기〉에서 옳은 것만을 있는 대로 고른 것은? [4점]

─ 〈보기〉 ─
ㄱ. ❶ 중간고사와 기말고사의 점수에 변화가 없는 학생의 수는 5이다.
ㄴ. ❷ 기말고사 점수가 중간고사 점수보다 높은 학생의 비율은 학급 학생 20명의 40%이다.
ㄷ. 중간고사 점수의 평균은 기말고사 점수의 평균보다 크다.

① ㄱ   ② ㄱ, ㄴ   ③ ㄱ, ㄷ   ④ ㄴ, ㄷ   ⑤ ㄱ, ㄴ, ㄷ

STEP 01 ㄱ. 산점도에서 ❶의 위치를 파악한 후 만족하는 점의 개수를 세어 참, 거짓을 판별한다.

ㄱ. 중간고사와 기말고사의 점수에 변화가 없는 학생의 수는 그림에서 대각선 위의 점의 개수와 같다.

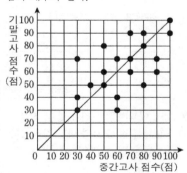

따라서 중간고사와 기말고사의 점수에 변화가 없는 학생의 수는 5이다.   ∴ 참

STEP 02 ㄴ. 산점도에서 ❷의 위치를 파악한 후 만족하는 점의 개수를 센 후 비율을 구하여 참, 거짓을 판별한다.

ㄴ. 기말고사 점수가 중간고사 점수보다 높은 학생의 수는 그림에서 대각선의 위쪽에 있는 점의 개수와 같다.

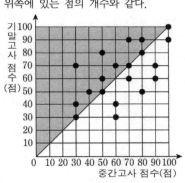

따라서 기말고사 점수가 중간고사 점수보다 높은 학생의 수는 8이므로

$$\frac{8}{20} \times 100 = 40(\%)$$

         ∴ 참

STEP 03 ㄷ. 산점도에서 중간고사 점수와 기말고사 점수의 차의 합을 구하여 참, 거짓을 판별한다.

ㄷ. ㄱ에서 중간고사와 기말고사의 점수에 변화가 없는 학생의 수는 5,
중간고사 점수가 기말고사 점수보다
10점 낮은 학생의 수는 5, 20점 낮은 학생의 수는 1,
30점 낮은 학생의 수는 1, 40점 낮은 학생의 수는 1,
중간고사 점수가 기말고사 점수보다
10점 높은 학생의 수는 2, 20점 높은 학생의 수는 2,
30점 높은 학생의 수는 3이다.
학급 학생 20명에 대하여
(중간고사 점수의 총합)-(기말고사 점수의 총합)
$= (-10) \times 5 + (-20) \times 1 + (-30) \times 1 + (-40) \times 1$
$\qquad\qquad\qquad + 10 \times 2 + 20 \times 2 + 30 \times 3 = 10$
이므로 중간고사 점수의 총합은 기말고사 점수의 총합보다 10점 높다.
그러므로 중간고사 점수의 평균은 기말고사 점수의 평균보다 크다.   ∴ 참
따라서 옳은 것은 ㄱ, ㄴ, ㄷ

[보충 설명]
학급 학생 20명의 중간고사 점수의 총합은 1290점이고 기말고사 점수의 총합은 1280점이므로

중간고사 점수의 평균은 $\dfrac{1290}{20} = 64.5$(점)이고 기말고사 점수의 평균은

$\dfrac{1280}{20} = 64$(점)이므로

중간고사 점수의 평균이 기말고사 점수의 평균보다 0.5점 크다.

---

16 수직선 위에서 실수의 대소 관계   정답률 81% | 정답 ②

서로 다른 네 실수 a, b, $\dfrac{1}{6}$, $\dfrac{2}{3}$에 대응하는 점을 수직선 위에 나타내면
❶ 이웃한 두 점 사이의 거리가 모두 같다. $ab < 0$일 때, $a+b$의 최댓값은?
[4점]

① $\dfrac{3}{4}$ ② $\dfrac{5}{6}$ ③ $\dfrac{11}{12}$ ④ 1   ⑤ $\dfrac{13}{12}$

STEP 01 ❶을 만족하도록 하는 네 실수의 대소 관계로 가능한 경우를 나눈 후 각각에 대하여 두 점 사이의 거리를 구하여 a, b를 구한 다음 $a+b$의 값을 구한다. $a+b$의 최댓값을 구한다.

두 실수 a, b에 대하여 $a < b$라 하자.

이웃한 두 점 사이의 거리가 서로 같으면서 네 실수 a, b, $\dfrac{1}{6}$, $\dfrac{2}{3}$의 대소 관계로 가능한 경우는 다음과 같다.

(i) $a < b < \dfrac{1}{6} < \dfrac{2}{3}$인 경우

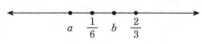

$\dfrac{2}{3} - \dfrac{1}{6} = \dfrac{1}{2}$이므로 이웃한 두 점 사이의 거리는 $\dfrac{1}{2}$

$b = \dfrac{1}{6} - \dfrac{1}{2} < 0$이고, $a < b < 0$이므로 $ab > 0$이 되어 조건을 만족시키지 않는다.

(ii) $a < \dfrac{1}{6} < b < \dfrac{2}{3}$인 경우

이웃한 두 점 사이의 거리는 $\dfrac{1}{4}$

$a = \dfrac{1}{6} - \dfrac{1}{4} < 0$이고 $b = \dfrac{1}{6} + \dfrac{1}{4} > 0$이므로 $ab < 0$이고

$a+b = \left(\dfrac{1}{6} - \dfrac{1}{4}\right) + \left(\dfrac{1}{6} + \dfrac{1}{4}\right) = \dfrac{1}{6} + \dfrac{1}{6} = \dfrac{1}{3}$

(iii) $a < \dfrac{1}{6} < \dfrac{2}{3} < b$인 경우

이웃한 두 점 사이의 거리는 $\dfrac{1}{2}$

$a = \dfrac{1}{6} - \dfrac{1}{2} < 0$이고 $b = \dfrac{2}{3} + \dfrac{1}{2} > 0$이므로 $ab < 0$이고

$a + b = \left(\dfrac{1}{6} - \dfrac{1}{2}\right) + \left(\dfrac{2}{3} + \dfrac{1}{2}\right) = \dfrac{1}{6} + \dfrac{2}{3} = \dfrac{5}{6}$

(iv) $\dfrac{1}{6} < a < b < \dfrac{2}{3}$, $\dfrac{1}{6} < a < \dfrac{2}{3} < b$, $\dfrac{1}{6} < \dfrac{2}{3} < a < b$인 경우

$ab > 0$이 되어 조건을 만족시키지 않는다.

(i)~(iv)에서 $a+b$의 최댓값은 $\dfrac{5}{6}$

마찬가지 방법으로 $a > b$인 경우 $a+b$의 최댓값은 $\dfrac{5}{6}$

따라서 구하는 최댓값은 $\dfrac{5}{6}$

---

17 경우의 수를 이용한 확률   정답률 38% | 정답 ③

한 개의 주사위를 두 번 던져서 나오는 눈의 수를 차례로 a, b라 하자.
❶ $a^2 \times 3^b \times 5$가 $2^2 \times 3^5$의 배수일 확률은? [4점]

① $\dfrac{1}{6}$ ② $\dfrac{7}{36}$ ③ $\dfrac{2}{9}$ ④ $\dfrac{1}{4}$ ⑤ $\dfrac{5}{18}$

STEP 01 ❶을 만족하도록 하는 a의 값에 따른 b의 값을 각각 구한 후 만족하는 경우의 수를 구하여 확률을 구한다.

한 개의 주사위를 두 번 던져서 나올 수 있는 모든 경우의 수는 $6 \times 6 = 36$

$a^2 \times 3^b \times 5$가 $2^2 \times 3^5$의 배수가 되기 위해서는 a가 2의 배수이어야 한다.

(i) $a = 2$인 경우
  $2^2 \times 3^b \times 5$의 값이 $2^2 \times 3^5$의 배수가 되도록 하는 b의 값은 5, 6

(ii) $a = 4$인 경우
  $4^2 \times 3^b \times 5$의 값이 $2^2 \times 3^5$의 배수가 되도록 하는 b의 값은 5, 6

(iii) $a = 6$인 경우
  $6^2 \times 3^b \times 5 = (2 \times 3)^2 \times 3^b \times 5 = 2^2 \times 3^2 \times 3^b \times 5 = 2^2 \times 3^{2+b} \times 5$
  이므로 $2^2 \times 3^{2+b} \times 5$가 $2^2 \times 3^5$의 배수가 되도록 하는 b의 값은 3, 4, 5, 6

(i)~(iii)에서 $a^2 \times 3^b \times 5$가 $2^2 \times 3^5$의 배수인 a, b의 모든 순서쌍 (a, b)는
$(2,5)$, $(2,6)$, $(4,5)$, $(4,6)$, $(6,3)$ $(6,4)$, $(6,5)$, $(6,6)$으로 개수는 8이다.

따라서 구하는 확률은 $\dfrac{8}{36} = \dfrac{2}{9}$

---

18 삼각형과 원의 성질   정답률 60% | 정답 ④

그림과 같이 $\angle \mathrm{ABC} = 60^\circ$인 삼각형 ABC의 두 변 AB, AC의 중점을 각각 D, E라 하자. 선분 DE를 지름으로 하는 원이 선분 BC와 접할 때, 이 원이 선분 AB와 만나는 점 중 D가 아닌 점을 F라 하자.

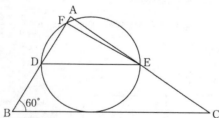

다음은 ❶ 삼각형 ABC의 넓이가 16일 때, 삼각형 AFE의 넓이를 구하는 과정이다.

> 원의 반지름의 길이를 r라 하면
> $\overline{\mathrm{DE}} = 2r$, $\overline{\mathrm{BC}} = 4r$
> 이다.
> 점 A에서 선분 BC에 내린 수선의 발을 H라 하면
> $\overline{\mathrm{AH}} = \boxed{\text{(가)}} \times r$
> 이고, $\triangle \mathrm{ABC} = 16$이므로
> $r = \boxed{\text{(나)}}$
> 이다.
> 삼각형 ADE와 삼각형 ABC는 서로 닮음이므로 $\triangle \mathrm{ADE} = 4$이다.
> 삼각형 FDE에서 꼭짓점 F는 원 위의 점이므로 삼각형 FDE의 넓이는
> $\boxed{\text{(다)}}$이다.
> 따라서 구하는 삼각형 AFE의 넓이는 $4 - \boxed{\text{(다)}}$이다.

위의 (가), (나), (다)에 알맞은 수를 각각 a, b, c라 할 때, $a \times b \times c$의 값은? [4점]

① $5\sqrt{3}$ ② $6\sqrt{3}$ ③ $7\sqrt{3}$ ④ $8\sqrt{3}$ ⑤ $9\sqrt{3}$

STEP 01 두 삼각형 BID와 BHA의 닮음을 이용하여 (가)를 구한 후 ❶을 이용하여 (나)를 구한다.

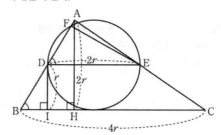

원의 반지름의 길이를 r라 하면 $\overline{\mathrm{DE}} = 2r$이다.

삼각형 ADE와 삼각형 ABC에서 $\overline{\mathrm{AD}} : \overline{\mathrm{AB}} = \overline{\mathrm{AE}} : \overline{\mathrm{AC}} = 1 : 2$이고 각 A는 공통이므로 삼각형 ADE와 삼각형 ABC는 서로 닮음이고 닮음비는 $1 : 2$이다.

따라서 $\overline{\mathrm{BC}} = 2 \times \overline{\mathrm{DE}} = 4r$

점 D에서 선분 BC에 내린 수선의 발을 I라 하면 선분 DE가 지름인 원이 선분 BC에 접하므로
$\overline{\mathrm{DI}} = r$

점 A에서 선분 BC에 내린 수선의 발을 H라 하면 삼각형 BID와 삼각형 BHA에서 각 B는 공통이고 $\angle \mathrm{BID} = \angle \mathrm{BHA} = 90^\circ$이므로 삼각형 BID와 삼각형 BHA는 서로 닮음이고 닮음비는 $1 : 2$이다. 그러므로 $\overline{\mathrm{AH}} = 2 \times \overline{\mathrm{DI}} = \boxed{2} \times r$ 이고

$\triangle \mathrm{ABC} = \dfrac{1}{2} \times \overline{\mathrm{BC}} \times \overline{\mathrm{AH}} = \dfrac{1}{2} \times 4r \times 2r = 4r^2 = 16$

이므로 $r^2 = 4$이고 $r > 0$이므로 $r = \boxed{2}$이다.

STEP 02 직각삼각형 FDE에서 각 변의 길이를 구한 후 넓이를 구하여 (다)를 구한 다음 $a \times b \times c$의 값을 구한다.

삼각형 ADE와 삼각형 ABC는 닮음비가 $1 : 2$이므로 두 삼각형의 넓이의 비는 $1 : 4$이다.

$\triangle \mathrm{ADE} = \dfrac{1}{4} \times \triangle \mathrm{ABC} = 4$이다.

삼각형 FDE에서 꼭짓점 F는 원 위의 점이고 각 DFE는 호 DE에 대한 원주각이므로 $\angle \mathrm{DFE} = 90^\circ$이다.

삼각형 ADE와 삼각형 ABC가 서로 닮음이므로 $\angle \mathrm{FDE} = \angle \mathrm{ABC} = 60^\circ$
$\overline{\mathrm{DE}} = 2r = 4$이므로 $\overline{\mathrm{DF}} = 2$, $\overline{\mathrm{EF}} = 2\sqrt{3}$
그러므로 삼각형 FDE의 넓이는
$\dfrac{1}{2} \times \overline{\mathrm{DF}} \times \overline{\mathrm{EF}} = \dfrac{1}{2} \times 2 \times 2\sqrt{3} = \boxed{2\sqrt{3}}$이다.

따라서 구하는 삼각형 AFE의 넓이는 $4 - \boxed{2\sqrt{3}}$이다.
그러므로 $a = 2$, $b = 2$, $c = 2\sqrt{3}$에서 $a \times b \times c = 8\sqrt{3}$

> ● 핵심 공식
>
> ▶ 삼각형의 닮음 조건
> (1) SSS닮음 : 세 쌍의 변의 길이의 비가 같다.
> (2) SAS닮음 : 두 쌍의 변의 길이의 비가 같고, 그 끼인각의 크기가 서로 같다.
> (3) AA닮음 : 두 쌍의 각의 크기가 서로 같다.

---

19 원주각의 성질   정답률 59% | 정답 ③

그림과 같이 $\overline{\mathrm{AB}} = \overline{\mathrm{AC}}$인 이등변삼각형 ABC에 외접하는 원이 있다. 선분 AC 위의 점 D에 대하여 원과 직선 BD가 만나는 점 중 B가 아닌 점을 E라 하자. ❶ $\overline{\mathrm{AE}} = 2\overline{\mathrm{BC}}$, $\overline{\mathrm{CD}} = 1$이고 ❷ $\angle \mathrm{ADB} + \angle \mathrm{AEB} = 180^\circ$일 때, 선분 BC의 길이는? [4점]

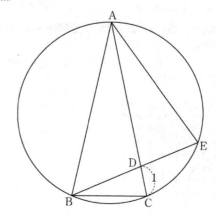

① $3 - \sqrt{2}$ ② $\dfrac{7}{3}$ ③ $1 + \sqrt{2}$ ④ $\dfrac{5}{2}$ ⑤ $4 - \sqrt{2}$

STEP 01 원주각의 성질을 이용하여 $\angle AEB$와 크기가 같은 각을 찾고 ❷를 이용하여 크기가 같은 각들을 찾는다. 이등변삼각형의 성질과 ❶을 이용하여 각 변의 길이를 나타낸다.

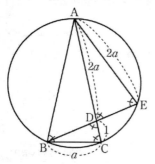

각 ACB와 각 AEB는 호 AB에 대한 원주각이므로 $\angle ACB = \angle AEB$
$\angle ADB + \angle AEB = 180°$이고 $\angle ADB + \angle ADE = 180°$이므로
$\angle AEB = \angle ADE$
각 ADE와 각 BDC는 맞꼭지각이므로 $\angle ADE = \angle BDC$이고 $\overline{AB} = \overline{AC}$이므로
$\angle ACB = \angle ABC$
삼각형 ABC와 삼각형 BCD에서 $\angle ABC = \angle BCD$, $\angle ACB = \angle BDC$이므로
삼각형 ABC와 삼각형 BCD는 서로 닮음이다.
$\overline{BC} = a$라 하면 $\overline{AE} = 2a$이고 삼각형 ADE는 $\overline{AD} = \overline{AE}$인 이등변삼각형이므로
$\overline{AD} = \overline{AE} = 2a$
따라서 $\overline{AC} = 2a + 1$

STEP 02 두 삼각형 ABC와 BCD의 닮음을 이용하여 선분 BC의 길이를 구한다.

삼각형 ABC와 삼각형 BCD는 서로 닮음이므로 $\overline{AB} : \overline{BC} = \overline{BC} : \overline{CD}$
$2a+1 : a = a : 1$, $a^2 = 2a+1$, $a^2 - 2a - 1 = 0$
근의 공식에 의하여
$a = \dfrac{-(-2) \pm \sqrt{(-2)^2 - 4 \times 1 \times (-1)}}{2 \times 1} = \dfrac{2 \pm \sqrt{8}}{2} = \dfrac{2 \pm 2\sqrt{2}}{2} = 1 \pm \sqrt{2}$
$a > 0$이므로 $a = 1 + \sqrt{2}$

● 핵심 공식

▶ 원주각의 정리
한 원 또는 합동인 원에서 같은 크기의 호에 대한 원주각의 크기는 모두 같다.

---

20 이차함수의 그래프의 성질 　　정답률 43% | 정답 ①

그림과 같이 제1사분면 위의 점 A를 꼭짓점으로 하는 이차함수
$y = ax^2 + bx$의 그래프가 직선 $x = 3$에 대하여 대칭이다. 점 $B\left(0, \dfrac{10}{3}\right)$에서
선분 OA에 내린 수선의 발 H에 대하여 $\overline{BH} = 2$일 때, $a + b$의 값은? (단, a, b는 상수이고, O는 원점이다.) [4점]

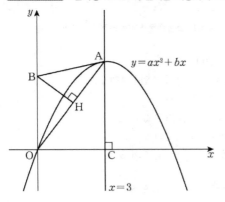

① $\dfrac{20}{9}$　② $\dfrac{7}{3}$　③ $\dfrac{22}{9}$　④ $\dfrac{23}{9}$　⑤ $\dfrac{8}{3}$

STEP 01 삼각형 OAB의 넓이를 이용하여 $\overline{OA}$를 구한다.

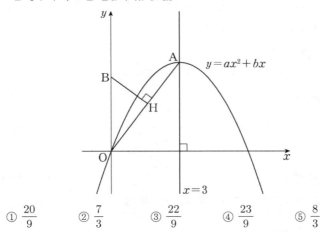

그림과 같이 이차함수 $y = ax^2 + bx$의 그래프는 원점을 지나고 직선 $x = 3$에 대하여 대칭이다.
점 A에서 x축에 내린 수선의 발을 C라 하면 삼각형 OAB의 넓이는
$\dfrac{1}{2} \times \overline{OB} \times \overline{OC} = \dfrac{1}{2} \times \overline{OA} \times \overline{BH}$
$\dfrac{1}{2} \times \dfrac{10}{3} \times 3 = \dfrac{1}{2} \times \overline{OA} \times 2$이므로 $\overline{OA} = 5$

STEP 02 직각삼각형 AOC에서 피타고라스 정리를 이용하여 $\overline{AC}$를 구한 후 점 A의 좌표를 구한다.

직각삼각형 AOC에서 피타고라스 정리에 의하여
$\overline{OA}^2 = \overline{OC}^2 + \overline{AC}^2$
$\overline{AC}^2 = \overline{OA}^2 - \overline{OC}^2 = 5^2 - 3^2 = 16$
그러므로 $\overline{AC} = 4$
따라서 점 A의 좌표는 $(3, 4)$이다.

STEP 03 점 A의 좌표를 이용하여 이차함수의 방정식을 구한 후 원점을 대입하여 a, b를 각각 구한 다음 합을 구한다.

$y = ax^2 + bx = a(x-3)^2 + 4$
이차함수 $y = a(x-3)^2 + 4$의 그래프가 원점을 지나므로
$9a + 4 = 0$, $a = -\dfrac{4}{9}$
$y = -\dfrac{4}{9}(x-3)^2 + 4 = -\dfrac{4}{9}x^2 + \dfrac{8}{3}x$
따라서 $a = -\dfrac{4}{9}$, $b = \dfrac{8}{3}$이므로
$a + b = \left(-\dfrac{4}{9}\right) + \dfrac{8}{3} = \dfrac{20}{9}$

STEP 01의 다른 풀이

삼각형 BOH는 $\angle OHB = 90°$인 직각삼각형이므로
$\angle HBO + \angle BOH = 90°$
또한 $\angle BOH + \angle AOC = 90°$이므로
$\angle HBO = \angle AOC$
두 삼각형 BOH, OAC에서 $\angle OHB = \angle ACO = 90°$이고
$\angle HBO = \angle AOC$이므로
삼각형 BOH와 삼각형 OAC는 서로 닮음이다.
$\overline{BO} = \dfrac{10}{3}$, $\overline{BH} = 2$, $\overline{OC} = 3$이므로
$\overline{BO} : \overline{OA} = \overline{BH} : \overline{OC}$
$\dfrac{10}{3} : \overline{OA} = 2 : 3$, $2 \times \overline{OA} = 3 \times \dfrac{10}{3}$
$\overline{OA} = 5$

★★★ 등급을 가르는 문제!

21 삼각형의 닮음 　　정답률 34% | 정답 ②

그림과 같이 삼각형 ABC에서 선분 AB 위의 점 D에 대하여
$\overline{BD} = 2\overline{AD}$이다. 점 A에서 선분 CD에 내린 수선의 발 E에 대하여 $\overline{AE} = 4$, $\overline{BE} = \overline{CE} = 10$일 때, 삼각형 ABC의 넓이는? (단, $\angle CAB > 90°$) [4점]

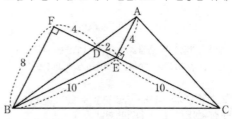

① 69　② 72　③ 75　④ 78　⑤ 81

STEP 01 보조선을 그어 직각삼각형 BDF를 만들고 두 삼각형 ADE와 BDF의 닮음을 이용하여 $\overline{BF}$를 구한다.

그림과 같이 점 B에서 선분 CD의 연장선 위에 내린 수선의 발을 F라 하자.

두 삼각형 ADE, BDF에서 $\angle DEA = \angle DFB = 90°$이고

맞꼭지각의 크기는 같으므로 $\angle ADE = \angle BDF$
그러므로 삼각형 ADE와 삼각형 BDF는 서로 닮음이다.
$\overline{AD}:\overline{BD}=1:2$ 이므로 $\overline{AE}:\overline{BF}=1:2$이다.
$\overline{AE}=4$이므로 $\overline{BF}=8$

STEP 02 삼각형 BEF에서 피타고라스 정리를 이용하여 $\overline{EF}$를 구한 다음 $\overline{ED}$, $\overline{DF}$를 구한다.

삼각형 BEF는 $\angle EFB = 90°$인 직각삼각형이므로 피타고라스 정리에 의하여
$\overline{BF}^2+\overline{EF}^2=\overline{BE}^2$, $\overline{EF}^2=\overline{BE}^2-\overline{BF}^2=10^2-8^2=36$
그러므로 $\overline{EF}=6$
$\overline{ED}:\overline{DF}=1:2$이므로 $\overline{ED}=2$, $\overline{DF}=4$

STEP 03 두 삼각형 ADC와 DBC의 넓이의 합을 이용하여 삼각형 ABC의 넓이를 구한다.

그러므로

$\triangle ADC = \dfrac{1}{2}\times\overline{DC}\times\overline{AE} = \dfrac{1}{2}\times(\overline{DE}+\overline{EC})\times\overline{AE}$

$= \dfrac{1}{2}\times(2+10)\times4 = \dfrac{1}{2}\times12\times4 = 24$

$\triangle DBC = \dfrac{1}{2}\times\overline{DC}\times\overline{BF} = \dfrac{1}{2}\times(\overline{DE}+\overline{EC})\times\overline{BF}$

$= \dfrac{1}{2}\times(2+10)\times8 = \dfrac{1}{2}\times12\times8 = 48$

$\triangle ABC = \triangle ADC + \triangle DBC = 24+48 = 72$
따라서 삼각형 ABC의 넓이는 72

다른 풀이

그림과 같이 선분 AE의 연장선 위에 $\overline{BF}$ // $\overline{DC}$가 되도록 하는 점을 F라 하자.

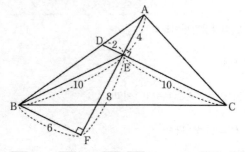

$\overline{BD}=2\times\overline{AD}$에서 $\overline{AD}:\overline{BD}=1:2$이고 $\overline{DE}$ // $\overline{BF}$이므로 $\overline{AE}:\overline{EF}=1:2$이다.
$\overline{AE}=4$이므로 $\overline{EF}=8$
삼각형 EBF는 $\angle EFB = 90°$인 직각삼각형이므로 피타고라스 정리에 의하여
$\overline{BF}^2+\overline{EF}^2=\overline{BE}^2$, $\overline{BF}^2=\overline{BE}^2-\overline{EF}^2=10^2-8^2=36$
그러므로 $\overline{BF}=6$
삼각형 ADE와 삼각형 ABF는 서로 닮음이고 닮음비가 $1:3$이므로
$\overline{DE}:\overline{BF}=1:3$
$\overline{BF}=6$이므로 $\overline{DE}=2$이다. 그러므로

$\triangle ADC = \dfrac{1}{2}\times\overline{DC}\times\overline{AE} = \dfrac{1}{2}\times(\overline{DE}+\overline{EC})\times\overline{AE}$

$= \dfrac{1}{2}\times(2+10)\times4 = \dfrac{1}{2}\times12\times4 = 24$

두 삼각형 ADC와 DBC의 넓이의 비는 선분 AD와 선분 DB의 길이의 비와 같고 $\overline{AD}:\overline{DB}=1:2$이므로
$\triangle ADC : \triangle DBC = 1:2$
$\triangle DBC = 2\times\triangle ADC$이므로 $\triangle DBC = 24\times2 = 48$
$\triangle ABC = \triangle ADC + \triangle DBC = 24+48 = 72$
따라서 삼각형 ABC의 넓이는 72

●핵심 공식

▶ 삼각형의 닮음 조건
(1) SSS닮음 : 세 쌍의 변의 길이의 비가 같다.
(2) SAS닮음 : 두 쌍의 변의 길이의 비가 같고, 그 끼인각의 크기가 서로 같다.
(3) AA닮음 : 두 쌍의 각의 크기가 서로 같다.

★★ 문제 해결 꿀~팁 ★★

▶ 문제 해결 방법
먼저 보조선을 그어 점 F를 잡아야 한다. 그러면 두 삼각형 ADE와 BDF는 닮음비가 $1:2$인 닮음으로 $\overline{BF}=8$이다. 다음으로 직각삼각형 BEF에서 피타고라스 정리에 의하여 $\overline{EF}=6$이므로 $\overline{ED}=2$, $\overline{DF}=4$이다.
이제 두 삼각형 ADC, DBC의 넓이를 각각 구하여 더하면 답을 구할 수 있다. 보조선을 적절하게 그을 수 있어야 하고, 닮음인 삼각형을 찾을 수 있어야 한다.

---

22 직선의 방정식 · 정답률 87% | 정답 11

일차함수 $y=3x+a$의 그래프가 점 $(-3, 2)$를 지날 때, 상수 a의 값을 구하시오. [3점]

STEP 01 점의 좌표를 일차함수에 대입하여 상수 a의 값을 구한다.

직선 $y=3x+a$가 점 $(-3, 2)$를 지나므로
$x=-3$, $y=2$를 대입하면 $2=3\times(-3)+a$이다.
따라서 $a=11$

23 다항식의 인수분해 · 정답률 75% | 정답 8

다항식 ❶ $x^2-2x-80$이 $x+a$를 인수로 가진다. a가 자연수일 때, a의 값을 구하시오. [3점]

STEP 01 ❶을 인수분해한 후 자연수 a의 값을 구한다.

$x^2-2x-80=(x+8)(x-10)$이므로
두 일차식 $x+8$, $x-10$은 다항식 $x^2-2x-80$의 인수이다.
따라서 구하는 자연수 a의 값은 8

24 다각형의 내각의 크기의 합 · 정답률 78% | 정답 234

그림과 같이 오각형 ABCDE에서 $\angle A = 105°$, $\angle B = x°$, $\angle C = y°$, $\angle D = 109°$, $\angle E = 92°$일 때, $x+y$의 값을 구하시오. [3점]

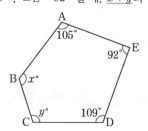

STEP 01 오각형의 내각의 크기의 합을 이용하여 $x+y$의 값을 구한다.

n각형의 내각의 크기의 합은 $180°\times(n-2)$이므로
오각형의 내각의 크기의 합은 $180°\times3=540°$
그러므로
$\angle A+\angle B+\angle C+\angle D+\angle E = 105°+x°+y°+109°+92° = 540°$
따라서 $x+y=234$

●핵심 공식

▶ 다각형의 성질
• n각형의 내각의 크기의 합 : $180°\times(n-2)$
• n각형의 대각선의 총수 : $\dfrac{n(n-3)}{2}$
• 다각형의 외각의 합 : $360°$
• 정n각형의 한 내각의 크기 : $\dfrac{180°\times(n-2)}{n}$
• 정n각형의 한 외각의 크기 : $\dfrac{360°}{n}$

25 소인수분해 · 정답률 48% | 정답 84

다음 조건을 만족시키는 두 자리의 자연수 n의 최댓값을 구하시오. [3점]

(가) n은 4의 배수이다.
(나) n의 소인수의 개수가 3이다.

STEP 01 두 자리의 4의 배수 중 큰 수부터 소인수분해하여 조건 (나)를 만족하는 n의 값을 구한다.

n은 4의 배수이므로 2를 소인수로 가진다.
두 자리의 자연수 중 4의 배수인 것을 큰 수부터 소인수분해하면
$96 = 4\times24 = 2^5\times3$의 소인수의 개수는 2, 3의 2
$92 = 4\times23 = 2^2\times23$의 소인수의 개수는 2, 23의 2
$88 = 4\times22 = 2^3\times11$의 소인수의 개수는 2, 11의 2
$84 = 4\times21 = 2^2\times3\times7$의 소인수의 개수는 2, 3, 7의 3
⋮
따라서 조건을 만족시키는 두 자리 자연수의 최댓값은 84

26 이차방정식의 활용 　　　　정답률 58% | 정답 7

그림과 같이 길이가 1인 선분 AB 위의 점 C에 대하여 선분 AC를 한 변으로 하는 정사각형 ACDE가 있다. 선분 CD를 삼등분하는 점 중 점 D에 가까운 점을 F라 하자. ❶ 정사각형 ACDE의 넓이와 삼각형 BFC의 넓이의 합이 $\dfrac{5}{8}$일 때, $\overline{AC}=\dfrac{q}{p}$이다. $p+q$의 값을 구하시오. (단, p와 q는 서로소인 자연수이다.) [4점]

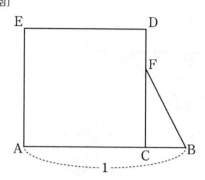

STEP 01 $\overline{AC}=a$라 하고 ❶을 이용하여 방정식을 세운 후 방정식을 풀어 a를 구한 다음 $p+q$의 값을 구한다.

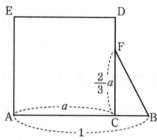

$\overline{AC}=a$라 하자. 사각형 ACDE는 정사각형이므로 $\square ACDE=a^2$

선분 CD를 삼등분하는 점 중 점 D에 가까운 점이 F이므로 $\overline{CF}=\dfrac{2}{3}a$

$\overline{BC}=1-a$이므로

$\triangle BFC=\dfrac{1}{2}\times(1-a)\times\dfrac{2}{3}a=\dfrac{1}{3}a-\dfrac{1}{3}a^2$

그러므로

$\square ACDE+\triangle BFC=a^2+\dfrac{1}{3}a-\dfrac{1}{3}a^2=\dfrac{2}{3}a^2+\dfrac{1}{3}a$이므로

$\dfrac{2}{3}a^2+\dfrac{1}{3}a=\dfrac{5}{8}$, $16a^2+8a-15=0$, $(4a+5)(4a-3)=0$

$a=-\dfrac{5}{4}$ 또는 $a=\dfrac{3}{4}$

$0<a<1$이므로 $a=\dfrac{3}{4}$

따라서 $p=4$, $q=3$ 이므로 $p+q=4+3=7$

★★★ 등급을 가르는 문제!

27 삼각비를 이용한 삼각형의 넓이 　　　정답률 42% | 정답 5

그림과 같이 반지름의 길이가 2이고 중심각의 크기가 90°인 부채꼴 OAB가 있다. 선분 OA를 지름으로 하는 반원의 호 위의 점 P에 대하여 직선 OP가 호 AB와 만나는 점을 Q라 하고, 점 Q에서 선분 OA에 내린 수선의 발을 H라 하자. ∠QOA = 30°일 때, 삼각형 PHQ의 넓이는 $\dfrac{a\sqrt{3}-b}{4}$이다.

$a+b$의 값을 구하시오. (단, a와 b는 자연수이다.) [4점]

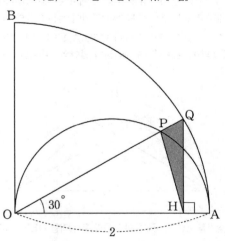

STEP 01 삼각형 OHQ에서 삼각비를 이용하여 $\overline{HQ}$를 구한다.

삼각형 OHQ에서 $\overline{OQ}=2$

$\dfrac{\overline{HQ}}{\overline{OQ}}=\sin30°$, $\overline{HQ}=\overline{OQ}\times\sin30°=2\times\dfrac{1}{2}=1$

STEP 02 삼각형 OAP에서 삼각비를 이용하여 $\overline{OP}$, $\overline{PQ}$를 구한다.

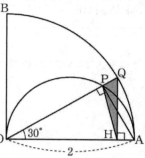

그림과 같이 선분 AP를 그으면 각 OPA는 반원에 대한 원주각이므로 ∠OPA = 90°

삼각형 OAP에서 $\dfrac{\overline{OP}}{\overline{OA}}=\cos30°$

$\overline{OP}=\overline{OA}\times\cos30°=2\times\dfrac{\sqrt{3}}{2}=\sqrt{3}$

$\overline{PQ}=\overline{OQ}-\overline{OP}=2-\sqrt{3}$

STEP 03 삼각형 PHQ에서 ∠HQP의 크기를 구한 후 삼각형 PHQ의 넓이를 구하여 $a+b$의 값을 구한다.

삼각형 PHQ에서 ∠HQP = 60° 이므로

$\triangle PHQ=\dfrac{1}{2}\times\overline{HQ}\times\overline{PQ}\times\sin60°$

$=\dfrac{1}{2}\times1\times(2-\sqrt{3})\times\dfrac{\sqrt{3}}{2}$

$=\dfrac{2\sqrt{3}-3}{4}$

따라서 $a=2$, $b=3$이므로 $a+b=2+3=5$

● 핵심 공식

▶ 원주각

(1) 한 호에 대한 원주각의 크기는 그 호에 대한 중심각의 크기의 $\dfrac{1}{2}$이다.

　∠AOB = 2∠APB

(2) 원주각의 정리
　한 원 또는 합동인 원에서 같은 크기의 호에 대한 원주각의 크기는 모두 같다.

(3) 반원의 원주각의 크기는 90°이다.

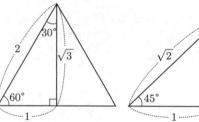

▶ 특수각의 삼각비

삼각비 　 각(A)	30°	45°	60°
$\sin A$	$\dfrac{1}{2}$	$\dfrac{\sqrt{2}}{2}$	$\dfrac{\sqrt{3}}{2}$
$\cos A$	$\dfrac{\sqrt{3}}{2}$	$\dfrac{\sqrt{2}}{2}$	$\dfrac{1}{2}$
$\tan A$	$\dfrac{\sqrt{3}}{3}$	1	$\sqrt{3}$

★★ 문제 해결 꿀~팁 ★★

▶ 문제 해결 방법

삼각형 OHQ에서 삼각비를 이용하면 $\overline{HQ}=1$,
마찬가지로 삼각형 OAP에서 $\overline{OP}=\sqrt{3}$ 이므로 $\overline{PQ}=2-\sqrt{3}$

삼각형 PHQ에서 ∠HQP = 60° 이므로 $\triangle PHQ=\dfrac{1}{2}\times\overline{HQ}\times\overline{PQ}\times\sin60°$으로 넓이를 구하면 된다.
특수각의 삼각비를 정확하게 알고 적용할 수 있으면 어렵지 않게 답을 구할 수 있다.

28 중앙값과 평균을 이용한 분산
정답률 41% | 정답 10

다음은 8명의 학생이 1년 동안 읽은 책의 권수를 조사하여 나타낸 자료이다.

$$4, \ 3, \ 12, \ 5, \ 4, \ a, \ b, \ c$$

이 자료의 중앙값과 평균이 모두 7일 때, 분산을 구하시오. [4점]

STEP 01 중앙값이 7임을 이용하여 a를 구한다.

자료의 개수가 8이므로 중앙값은 변량을 작은 값부터 크기순으로 나열하였을 때, 네 번째 변량과 다섯 번째 변량의 평균이다.

$a \le b \le c$ 라 하자.

$a \le 5$이면 중앙값이 7이 될 수 없으므로 $a > 5$

주어진 자료를 작은 값부터 크기순으로 나열하면

$3, 4, 4, 5, \cdots$ 이므로 네 번째 변량은 5이다.

중앙값이 7이므로 $a, b, c, 12$ 중 다섯 번째 변량은 a이고

$$\frac{5+a}{2}=7, \ a=9$$

STEP 02 평균이 7임을 이용하여 b, c를 구한다.

한편, 평균이 7이므로

$$\frac{3+4+4+5+9+12+b+c}{8}=7$$

$37+b+c=56, \ b+c=19$

$9 \le b \le c$이므로 $b=9, \ c=10$

STEP 03 편차를 구한 후 분산을 구한다.

주어진 자료는 3, 4, 4, 5, 9, 9, 10, 12이고 평균이 7이므로

이 자료의 편차는 차례로 $-4, -3, -3, -2, 2, 2, 3, 5$

따라서 구하는 분산은

$$\frac{(-4)^2+(-3)^2+(-3)^2+(-2)^2+2^2+2^2+3^2+5^2}{8}=10$$

● 핵심 공식

▶ 도수분포표에서의 평균과 분산

• (평균) $= \dfrac{\{(계급값) \times (도수)\}의 \ 총합}{(도수)의 \ 총합}$

• (분산) $= \dfrac{\{(편차)^2 \times (도수)\}의 \ 총합}{(도수)의 \ 총합}$

★★ 문제 해결 꿀~팁 ★★

▶ 문제 해결 방법

$a \le b \le c$라 하고 주어진 자료를 작은 값부터 크기순으로 나열하면 3, 4, 4, 5, a, b, c, 12일 가능성이 가장 크다. $a \le 5$이면 중앙값이 7이 될 수 없기 때문이다.

여기서 $\dfrac{5+a}{2}=7, \ a=9$

다음으로 평균이 7이므로 $b+c=19$이고, $a \le b \le c$이므로 $b=9, \ c=10$일수밖에 없다. 이제 자료의 모든 값을 구했으므로 분산을 구하면 된다. 중앙값, 평균, 분산을 구하는 방법을 정확하게 알고 있어야 한다.

29 이차함수의 그래프
정답률 15% | 정답 13

좌표평면에서 이차항의 계수가 양수인 이차함수 $y=f(x)$의 그래프 위의 두 점 A, B가 다음 조건을 만족시킨다.

> (가) $a<2<b$인 두 수 a, b에 대하여 $A(a, 1), B(b, 1)$이다.
> (나) 점 $C(2, 1)$에 대하여 $\overline{AC}=3\overline{BC}$ 이다.

이차함수 $y=f(x)$의 그래프 위의 점 D에 대하여 삼각형 ADB가 $\angle ADB=90°$인 이등변삼각형이고 ❶ 넓이가 16일 때, $f(8)$의 값을 구하시오. [4점]

STEP 01 주어진 조건을 만족하도록 이차함수 위에 세 점 A, B, D를 잡고 직각이등변삼각형의 성질을 이용하여 각 변들의 길이의 비를 구한 후 ❶을 이용하여 미지수를 구한 다음 세 점 A, B, D의 좌표를 구한다.

삼각형 ADB가 $\angle ADB=90°$인 이등변삼각형이므로 빗변은 선분 AB이고, $\overline{AD}=\overline{BD}$이다.

점 D에서 선분 AB에 내린 수선의 발을 H라 하면 직선 DH는 선분 AB의 수직이등분선이다.

한편, 이차함수 $y=f(x)$의 그래프 위의 두 점 A와 B의 y좌표는 같으므로 선분 AB의 수직이등분선은 이차함수 $y=f(x)$의 그래프의 축이다.

그러므로 점 D는 이차함수 $y=f(x)$의 그래프와 축의 교점이므로 꼭짓점이다.

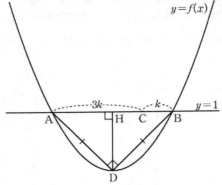

그림과 같이 $\overline{BC}=k$라 하면 $\overline{AC}=3 \times \overline{BC}$ 이므로

$\overline{AC}=3k$

삼각형 DHA는 $\angle DHA=90°$인 이등변삼각형이므로

$\overline{DH}=\overline{AH}=\dfrac{1}{2} \times \overline{AB}=\dfrac{1}{2} \times 4k=2k$

$\triangle ADB = \dfrac{1}{2} \times \overline{AB} \times \overline{DH} = \dfrac{1}{2} \times 4k \times 2k = 4k^2=16$

$k^2=4, \ k=2(k>0)$

그러므로 점 A의 좌표는 $(-4, 1)$, 점 B의 좌표는 $(4, 1)$, 점 D의 좌표는 $(0, -3)$

STEP 02 세 점 A, B, D의 좌표를 이용하여 이차함수 $y=f(x)$를 구한 후 $f(8)$의 값을 구한다.

이차함수 $y=f(x)$의 그래프의 꼭짓점의 좌표는 $(0, -3)$이므로

$f(x)=px^2-3$ (p는 상수)

$y=f(x)$의 그래프가 점 $(4, 1)$을 지나므로

$1=16p-3, \ p=\dfrac{1}{4}$

$f(x)=\dfrac{1}{4}x^2-3$

따라서 $f(8)=\dfrac{1}{4} \times 8^2-3=13$

★★ 문제 해결 꿀~팁 ★★

▶ 문제 해결 방법

먼저 주어진 조건을 만족하도록 그래프 위에 세 점 A, B, D를 잡으면 삼각형 ADB가 직각이등변삼각형이므로 삼각형 DHA도 직각이등변삼각형으로 $\overline{DH}=\overline{AH}$이고 $\overline{BC}=k$라 하면 $\overline{AC}=3k$, $\overline{DH}=\overline{AH}=2k$이다.

삼각형 ADB의 넓이가 16이므로 $k=2$이다. 그러므로 점 A$(-4, 1)$, 점 B$(4, 1)$, 점 D$(0, -3)$이고 점 D가 이차함수의 꼭짓점이므로 $f(x)=px^2-3$이다. 여기에 점 A의 좌표를 대입하면 $p=\dfrac{1}{4}$, $f(x)=\dfrac{1}{4}x^2-3$이다.

주어진 조건을 만족하도록 이차함수 위에 세 점을 적절하게 잡을 수 있어야 하고 직각이등변삼각형이 되도록 세 점을 잡고 나면 점 D가 이차함수의 꼭짓점임을 짐작할 수 있고 삼각형들의 변의 길이의 관계도 보다 쉽게 짐작할 수 있다. 주어진 조건을 최대한 활용하여 그래프를 그릴 수 있으면 보다 쉽게 문제를 해결할 수 있다.

30 삼각형의 닮음을 이용한 도형의 넓이
정답률 12% | 정답 320

그림과 같이 $\overline{AD} // \overline{BC}$인 사다리꼴 ABCD에서 두 대각선의 교점을 E라 하자. 점 E를 지나고 선분 AD와 평행한 직선이 선분 CD와 만나는 점을 F라 하고, 두 선분 AC, BF의 교점을 G라 하자. $\overline{AD}=4$, $\overline{EF}=3$일 때, 사다리꼴 ABCD의 넓이는 삼각형 EGF의 넓이의 k배이다. $9k$의 값을 구하시오. [4점]

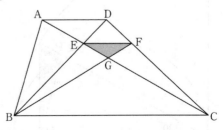

STEP 01 두 삼각형 ACD, ECF의 닮음과 두 삼각형 DEF, DBC의 닮음을 이용하여 $\overline{BC}$를 구한다.

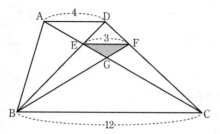

두 삼각형 ACD, ECF에서 $\overline{AD}\,\#\,\overline{EF}$이므로 삼각형 ACD와 삼각형 ECF는 서로 닮음이다.

$\overline{AD}:\overline{EF}=4:3$이므로 $\overline{CD}:\overline{CF}=4:3$, $\overline{CF}:\overline{FD}=3:1$ ······ ㉠

두 삼각형 DEF, DBC에서 $\overline{EF}\,\#\,\overline{BC}$이므로 삼각형 DEF와 삼각형 DBC는 서로 닮음이다.

$\overline{EF}:\overline{BC}=\overline{DF}:\overline{DC}=1:4$ 이므로 $\overline{BC}=12$

STEP 02 삼각형 EGF의 넓이를 S라 하고 각 삼각형들의 닮음비를 이용하여 각 삼각형들의 넓이를 S를 이용하여 나타낸다.

두 삼각형 EGF, CGB에서 $\overline{EF}\,\#\,\overline{BC}$이므로 삼각형 EGF와 삼각형 CGB는 서로 닮음이다.

$\overline{FG}:\overline{BG}=\overline{EG}:\overline{CG}=\overline{EF}:\overline{CB}=1:4$ ······ ㉡

두 삼각형 AED, CEB에서 $\overline{AD}\,\#\,\overline{BC}$이므로 삼각형 AED와 삼각형 CEB는 서로 닮음이다.

$\overline{AD}:\overline{CB}=\overline{DE}:\overline{BE}=1:3$ ······ ㉢

삼각형 EGF의 넓이를 S 라 하면

㉡에서
$\triangle EBG=4\times\triangle EGF=4S$, $\triangle FGC=4\times\triangle EGF=4S$

㉠에서
$\triangle DEF=\dfrac{1}{3}\times\triangle ECF=\dfrac{1}{3}(\triangle EGF+\triangle FGC)=\dfrac{5}{3}S$

$\triangle ABE=\triangle ABD-\triangle AED=\triangle ACD-\triangle AED$
$=\triangle DEC=\triangle DEF+\triangle EGF+\triangle FGC$
$=\dfrac{5}{3}S+S+4S=\dfrac{20}{3}S$

㉡에서 두 삼각형 EGF와 GBC의 닮음비가 $1:4$이므로 넓이의 비는 $1^2:4^2=1:16$이 되어
$\triangle GBC=16\times\triangle EGF=16S$

㉢에서 두 삼각형 AED와 CEB의 닮음비가 $1:3$이므로 넓이의 비는 $1^2:3^2=1:9$가 되어
$\triangle AED=\dfrac{1}{9}\times\triangle CEB=\dfrac{1}{9}(\triangle EBG+\triangle GBC)$
$=\dfrac{1}{9}(4S+16S)=\dfrac{20}{9}S$

STEP 03 삼각형들의 넓이의 합으로 사다리꼴 ABCD의 넓이를 구하여 k를 구한 후 $9k$의 값을 구한다.

사다리꼴 ABCD의 넓이는
$\triangle ABE+\triangle EBG+\triangle GBC+\triangle FGC+\triangle EGF+\triangle DEF+\triangle AED$
$=\dfrac{20}{3}S+4S+16S+4S+S+\dfrac{5}{3}S+\dfrac{20}{9}S=\dfrac{320}{9}S$

이므로 삼각형 EGF의 넓이의 $\dfrac{320}{9}$ 배이다.

따라서 $k=\dfrac{320}{9}$이므로 $9k=9\times\dfrac{320}{9}=320$

★★ 문제 해결 꿀~팁 ★★

▶ 문제 해결 방법

$\overline{AD}=4$, $\overline{EF}=3$에서 각 삼각형들의 닮음비를 찾아내야 한다.

먼저 두 삼각형 ACD, ECF에서 $\overline{CF}:\overline{FD}=3:1$이고 두 삼각형 DEF, DBC에서 $\overline{EF}:\overline{BC}=1:4$ 이므로 $\overline{BC}=12$이다.

이와 같이 각각의 닮음인 삼각형들을 찾아 닮음비를 구하고 삼각형 EGF의 넓이를 S라 할 때 사다리꼴 ABCD의 내부의 작은 삼각형들의 넓이를 모두 S를 이용하여 나타내어야 한다. 이때 닮음비와 넓이의 비를 구분하여 넓이를 구해야 한다. 높이가 같고 밑변의 길이가 k배이면 넓이도 k배이지만, 모든 변의 길이가 k배이면 넓이는 k^2배이다. 이 점에 유의하여 각 삼각형들의 넓이를 구해야 한다. 각 삼각형들의 넓이를 구한 후 합을 구하면 사다리꼴의 넓이를 구할 수 있다.

•정답•

01 ③ 02 ④ 03 ④ 04 ① 05 ③ 06 ② 07 ④ 08 ⑤ 09 ③ 10 ① 11 ② 12 ⑤ 13 ② 14 ④ 15 ⑤
16 ③ 17 ⑤ 18 ① 19 ④ 20 ① 21 ② 22 6 23 4 24 29 25 23 26 8 27 11 28 20 29 13 30 154

★ 표기된 문항은 [등급을 가르는 문제]에 해당하는 문항입니다.

01 복소수 정답률 95% | 정답 ③

❶ $(1-3i)+2i$의 값은? (단, $i=\sqrt{-1}$) [2점]

① $-1-2i$ ② $-1-i$ ③ $1-i$ ④ $1+i$ ⑤ $1+2i$

STEP 01 실수부분과 허수부분을 나누어 ❶을 계산한다.

$(1-3i)+2i=1+(-3i+2i)=1-i$이다.

02 다항식의 연산 정답률 93% | 정답 ④

두 다항식 $A=3x^2-5x+1$, $B=2x^2+x+3$에 대하여 ❶ $A-B$를 간단히 하면? [2점]

① x^2-4x-2 ② x^2-4x+2 ③ x^2-4x+4
④ x^2-6x-2 ⑤ x^2-6x+2

STEP 01 동류항끼리 묶어 ❶을 계산한다.

$A-B=(3x^2-5x+1)-(2x^2+x+3)=x^2-6x-2$이다.

03 나머지 정리 정답률 92% | 정답 ④

다항식 $2x^3-x^2-x+4$를 ❶ $x-1$로 나눈 나머지는? [2점]

① 1 ② 2 ③ 3 ④ 4 ⑤ 5

STEP 01 $x=1$을 대입하여 ❶을 계산한다.

$P(x)=2x^3-x^2-x+4$라 하자.

$P(x)$를 $x-1$로 나눈 나머지는 나머지정리에 의해 $P(1)$이므로

$P(1)=2-1-1+4=4$이다.

따라서 나머지는 4이다.

●핵심 공식

▶ 나머지정리

(1) 다항식의 나눗셈
다항식 A를 다항식 B (단, $B\neq0$)로 나누었을 때의 몫을 Q, 나머지를 R이라고 하면
$A=B\cdot Q+R$
이때, R의 차수는 B의 차수보다 낮다. 그리고, 위의 등식은 항등식이다.

(2) 나머지 정리
x에 대한 다항식 $f(x)$를 일차식 $x-\alpha$로 나누었을 때의 나머지는 $f(\alpha)$이다.

(3) 인수정리
x에 대한 다항식 $f(x)$가 $x-\alpha$로 나누어 떨어지기 위한 필요충분조건은 $f(\alpha)=0$이다.

04 이차부등식 정답률 91% | 정답 ①

x에 대한 이차부등식 $x^2+ax+6<0$의 해가 ❶ $2<x<3$일 때, 상수 a의 값은? [3점]

① -5 ② -4 ③ -3 ④ -2 ⑤ -1

STEP 01 이차부등식의 해가 ❶임을 이용해 이차부등식을 추론한다.

이차항의 계수가 1이고 해가 $2<x<3$인 이차부등식은
$(x-2)(x-3)<0$이다.

$x^2-5x+6<0$이므로 $a=-5$이다.

●핵심 공식

▶ 이차부등식의 풀이

이차부등식 $ax^2+bx+c>0$ (단, $a>0$)
또는 $ax^2+bx+c<0$ (단, $a<0$)의 좌변을 인수분해공식을 이용하거나 근의 공식을 이용하여 인수분해하여 해를 구하면, ($\alpha<\beta$일 때)

(1) $(x-\alpha)(x-\beta)>0$의 해는 $x<\alpha$, $x>\beta$

(2) $(x-\alpha)(x-\beta)<0$의 해는 $\alpha<x<\beta$

05 항등식   정답률 94% | 정답 ③

등식

$$2x^2 + ax + b = x(x-3) + (x+1)(x+3)$$

이 x에 대한 ❶ 항등식일 때, ab의 값은? (단, a, b는 상수이다.) [3점]

① 1   ② 2   ③ 3   ④ 4   ⑤ 5

STEP 01 ❶의 성질을 통해 계수비교법으로 미지수를 구한다.

$$x(x-3) + (x+1)(x+3) = x^2 - 3x + x^2 + 4x + 3$$
$$= 2x^2 + x + 3$$

이고, 주어진 등식은 x에 대한 항등식이므로
좌변과 우변의 계수를 비교하면
$a = 1$, $b = 3$이다.
따라서 $ab = 3$이다.

다른 풀이

주어진 등식의 양변에 $x = 0$을 대입하면 $b = 3$이고,
주어진 등식의 양변에 $x = -1$을 대입하면 $2 - a + 3 = 4$이므로
$a = 1$이다.
따라서 $ab = 3$이다.

● 핵심 공식

▶ 항등식

(1) 항등식 : 변수 값에 어떤 실수를 대입해도 항상 성립하는 식
(2) 항등식의 성질
다음 등식이 x에 대한 항등식일 때,
① $\begin{cases} ax+b=0 \Leftrightarrow a=0, \ b=0 \\ ax+b=a'x+b' \Leftrightarrow a=a', \ b=b' \end{cases}$
② $\begin{cases} ax^2+bx+c=0 \Leftrightarrow a=0, \ b=0, \ c=0 \\ ax^2+bx+c=a'x^2+b'x+c' \Leftrightarrow a=a', \ b=b', \ c=c' \end{cases}$

06 곱셈공식   정답률 85% | 정답 ②

❶ $x+y-z=5$, $xy-yz-zx=4$일 때, $x^2+y^2+z^2$의 값은? [3점]

① 15   ② 17   ③ 19   ④ 21   ⑤ 23

STEP 01 ❶을 제곱한 후 식을 전개해서 답을 구한다.

$$(x+y-z)^2 = x^2+y^2+(-z)^2+2xy+2y(-z)+2(-z)x$$
$$= x^2+y^2+z^2+2(xy-yz-zx)$$

이므로 $5^2 = x^2+y^2+z^2+2\times4$이다.
따라서 $x^2+y^2+z^2 = 17$이다.

● 핵심 공식

▶ 곱셈공식의 변형

(1) $a^2+b^2 = (a+b)^2-2ab = (a-b)^2+2ab$
(2) $(a+b)^2 = (a-b)^2+4ab$
(3) $a^2+b^2+c^2 = (a+b+c)^2-2(ab+bc+ca)$

07 이차방정식   정답률 83% | 정답 ④

x에 대한 이차방정식 $x^2-2kx+k^2+3k-22=0$이 ❶ 서로 다른 두 허근을
갖도록 하는 자연수 k의 최솟값은? [3점]

① 5   ② 6   ③ 7   ④ 8   ⑤ 9

STEP 01 ❶을 갖도록 하기 위해 판별식 $D < 0$임을 이용한다.

이차방정식 $x^2-2kx+k^2+3k-22=0$이 서로 다른 두 허근을 가지므로 판별식
$$\frac{D}{4} = (-k)^2-1\times(k^2+3k-22) = -3k+22 < 0$$이다.

따라서 $k > \dfrac{22}{3}$이므로 자연수 k의 최솟값은 8이다.

● 핵심 공식

▶ 판별식

이차방정식 $ax^2+bx+c=0$의 판별식 $D=b^2-4ac$를 이용한 근의 개수 판별
① $b^2-4ac>0 \leftrightarrow$ 서로 다른 두 실근
② $b^2-4ac=0 \leftrightarrow$ 한 개의 중근
③ $b^2-4ac<0 \leftrightarrow$ 실근이 없다

08 나머지정리   정답률 85% | 정답 ⑤

❶ 2024^4+2024^2+1을 2022로 나눈 나머지는? [3점]

① 17   ② 18   ③ 19   ④ 20   ⑤ 21

STEP 01 ❶을 x에 대한 다항식으로 바꾼 후, 나머지정리를 이용한다.

다항식 x^4+x^2+1을 $x-2$로 나누었을 때의 몫을 $Q(x)$,
나머지를 R라 하면 나머지정리에 의해
$R = 2^4+2^2+1 = 21$이다.

STEP 02 $x = 2024$를 대입한다.

그러므로 $x^4+x^2+1 = (x-2)Q(x)+21$에 $x = 2024$를 대입하면
$2024^2+2024^2+1 = (2024-2)Q(2024)+21$이다.
따라서 2024^4+2024^2+1을 2022로 나눈 나머지는 21이다.

● 핵심 공식

▶ 나머지정리

(1) 다항식의 나눗셈
다항식 A를 다항식 B (단, $B\neq0$)로 나누었을 때의 몫을 Q, 나머지를 R이라고 하면
$A = B \cdot Q + R$
이때, R의 차수는 B의 차수보다 낮다. 그리고, 위의 등식은 항등식이다.
(2) 나머지 정리
x에 대한 다항식 $f(x)$를 일차식 $x-\alpha$로 나누었을 때의 나머지는 $f(\alpha)$이다.
(3) 인수정리
x에 대한 다항식 $f(x)$가 $x-\alpha$로 나누어떨어지기 위한 필요충분조건은 $f(\alpha)=0$이다.

09 여러 가지 부등식   정답률 79% | 정답 ③

x에 대한 부등식 ❶ $|x-1| < n$을 만족시키는 정수 x의 개수가 9가 되도록
하는 자연수 n의 값은? [3점]

① 3   ② 4   ③ 5   ④ 6   ⑤ 7

STEP 01 ❶을 풀어서 정수 x의 개수가 9개가 되도록 만든다.

부등식 $|x-1| < n$의 해는
$-n+1 < x < n+1$이므로
정수 x의 개수는
$(n+1)-(-n+1)-1 = 2n-1$이다.
따라서 $2n-1 = 9$이므로
$n = 5$이다.

● 핵심 공식

▶ 절댓값 기호를 포함한 일차부등식

절댓값 기호를 포함한 부등식은 다음의 성질을 이용하여 절댓값 기호를 없앤 후 부등식을
푼다.

(1) $|a| = \begin{cases} a \ (a \geq 0) \\ -a \ (a < 0) \end{cases}$
(2) $0 < a < b$에 대하여
① $|x| < a \Rightarrow -a < x < a$
② $|x| > a \Rightarrow x > a$ 또는 $x < -a$
③ $a < |x| < b \Rightarrow a < x < b$ 또는 $-b < x < -a$

10 인수분해   정답률 67% | 정답 ①

사차방정식 ❶ $(x^2-3x)(x^2-3x+6)+5=0$의 ❷ 서로 다른 두 실근을
α, β라 할 때, $\alpha\beta$의 값은? [3점]

① 1   ② 2   ③ 3   ④ 4   ⑤ 5

STEP 01 ❶을 적절히 치환하여 나타낸다.

$x^2-3x = X$라 하면
$X(X+6)+5 = 0$
$X^2+6X+5 = 0$
$(X+1)(X+5) = 0$
$(x^2-3x+1)(x^2-3x+5) = 0$이다.

STEP 02 ❷를 가지는 방정식을 찾고, 근과 계수의 관계를 이용해 답을 구한다.

이차방정식 $x^2-3x+5=0$은 서로 다른 두 허근을 가지고,
이차방정식 $x^2-3x+1=0$은 서로 다른 두 실근 α, β를 가진다.
따라서 이차방정식의 근과 계수의 관계에 의해
$\alpha\beta = 1$이다.

---

11 항등식과 나머지정리 　　　　　 정답률 86% | 정답 ②

x에 대한 두 다항식 $x^3 + 2x^2 + 3x + 6$과 $x^3 + x + a$가 모두 $x + b$로 나누어떨어질 때, ❶ $a + b$의 값은? (단, a, b는 실수이다.) [3점]

① 11　　② 12　　③ 13　　④ 14　　⑤ 15

STEP 01 인수분해를 이용하여 ❶을 구한다.

$x^3 + 2x^2 + 3x + 6 = x^2(x+2) + 3(x+2) = (x+2)(x^2+3)$

이므로 $b = 2$이다.

$x^3 + x + a$가 $x + 2$로 나누어떨어지므로 인수정리에 의해

$-8 - 2 + a = 0$이므로 $a = 10$이다.

따라서 $a + b = 12$이다.

---

12 여러 가지 방정식 　　　　　 정답률 74% | 정답 ⑤

삼차방정식 ❶ $x^3 + x^2 + x - 3 = 0$의 ❷ 서로 다른 두 허근을 α, β라 할 때, $(\alpha^2 + 2\alpha + 6)(\beta^2 + 2\beta + 8)$의 값은? [3점]

① 11　　② 12　　③ 13　　④ 14　　⑤ 15

STEP 01 ❶을 인수분해하여 ❷에 관한 식을 구한다.

$x^3 + x^2 + x - 3 = 0$에서 $(x-1)(x^2+2x+3) = 0$이므로

삼차방정식 $x^3 + x^2 + x - 3 = 0$의 두 허근 α, β는

이차방정식 $x^2 + 2x + 3 = 0$의 두 근이다.

STEP 02 α, β를 대입하여 답을 구한다.

그러므로 $\alpha^2 + 2\alpha + 3 = 0$, $\beta^2 + 2\beta + 3 = 0$이다.

따라서 $(\alpha^2 + 2\alpha + 6)(\beta^2 + 2\beta + 8) = (0+3)(0+5) = 15$이다.

---

13 연립이차방정식 　　　　　 정답률 66% | 정답 ②

x, y에 대한 연립방정식

❶ $\begin{cases} x - y = 3 \\ x^2 - xy - y^2 = k \end{cases}$

의 해를 $\begin{cases} x = \alpha \\ y = \alpha - 3 \end{cases}$ 또는 $\begin{cases} x = \beta \\ y = \beta - 3 \end{cases}$ 이라 하자.

❷ α, β가 서로 다른 두 실수가 되도록 하는 자연수 k의 최댓값은? [3점]

① 10　　② 11　　③ 12　　④ 13　　⑤ 14

STEP 01 ❶을 연립한 x에 관한 식으로 나타낸다.

$x - y = 3$에서 $y = x - 3$이므로 $x^2 - xy - y^2 = k$에 대입하면

$x^2 - x(x-3) - (x-3)^2 = k$에서

$x^2 - 9x + k + 9 = 0$이다.

STEP 02 ❷를 이용하여 판별식으로 답을 구한다.

이차방정식 $x^2 - 9x + k + 9 = 0$은

서로 다른 두 실근을 가져야 하므로 판별식

$D = (-9)^2 - 4 \times 1 \times (k+9) > 0$이고

$45 - 4k > 0$, $k < \dfrac{45}{4}$ 이다.

따라서 자연수 k의 최댓값은 11이다.

---

14 이차함수와 이차방정식 　　　　　 정답률 80% | 정답 ④

그림과 같이 이차함수 $y = -x^2 + 4x + 5$의 그래프와 직선 $y = 2x + a$가 ❶ 한 점 A에서만 만난다. 이차함수 $y = -x^2 + 4x + 5$의 그래프가 ❷ x축과 만나는 두 점 B, C에 대하여 삼각형 ABC의 넓이는? (단, a는 상수이다.) [4점]

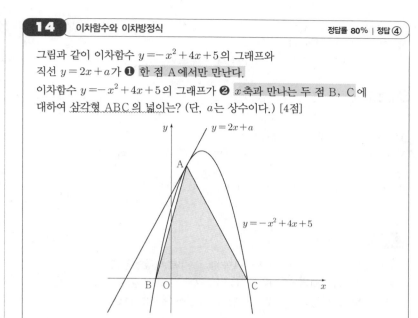

① 21　　② 22　　③ 23　　④ 24　　⑤ 25

STEP 01 ❶을 이용해 두 방정식의 해가 중근임을 이용한다.

점 A에서 x축에 내린 수선의 발을 H라 하자.

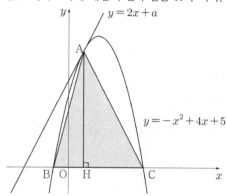

이차함수 $y = -x^2 + 4x + 5$의 그래프와

직선 $y = 2x + a$가 한 점 A에서만 만나므로

$-x^2 + 4x + 5 = 2x + a$, $x^2 - 2x + a - 5 = 0 \cdots \bigcirc$

은 중근을 가진다.

판별식 $\dfrac{D}{4} = (-1)^2 - 1 \times (a-5) = 0$에서 $a = 6$이다.

$a = 6$을 $\bigcirc$에 대입하면 $x^2 - 2x + 1 = 0$, $(x-1)^2 = 0$이므로

점 A의 x좌표는 1이다.

$A(1, 8)$이므로 $\overline{AH} = 8$이다.

STEP 02 ❷를 이용해 이차함수가 서로 다른 두 실근을 가짐을 이용한다.

이차함수 $y = -x^2 + 4x + 5$의 그래프가 x축과 만나는 두 점의 x좌표는

이차방정식 $-x^2 + 4x + 5 = 0$의 두 실근이다.

이차방정식 $-x^2 + 4x + 5 = -(x+1)(x-5) = 0$이므로

$B(-1, 0)$, $C(5, 0)$이고 $\overline{BC} = 6$이다.

STEP 03 삼각형의 넓이를 구한다.

따라서 삼각형 ABC의 넓이는

$\dfrac{1}{2} \times \overline{BC} \times \overline{AH} = \dfrac{1}{2} \times 6 \times 8 = 24$이다.

---

15 인수분해 　　　　　 정답률 80% | 정답 ⑤

x에 대한 다항식 ❶ $(x+2)(x+3)(x+4)(x+5) + k$가 $(x^2 + ax + b)^2$으로 인수분해되도록 하는 세 실수 a, b, k에 대하여 $a + b + k$의 값은? [4점]

① 11　　② 13　　③ 15　　④ 17　　⑤ 19

STEP 01 ❶을 적절히 전개하여 일차항의 계수가 같은 (이차식)×(이차식)으로 만든다.

$(x+2)(x+3)(x+4)(x+5) + k = (x+2)(x+5)(x+3)(x+4) + k$

$= (x^2 + 7x + 10)(x^2 + 7x + 12) + k$

STEP 02 공통부분을 치환하여 완전제곱식 꼴로 만들어 답을 구한다.

$x^2 + 7x = X$라 하면

$(X+10)(X+12) + k = X^2 + 22X + 120 + k$가 완전제곱식이 되어야 하므로

$120 + k = 11^2 = 121$에서 $k = 1$이다.

$X^2+22X+121 = (X+11)^2 = (x^2+7x+11)^2 = (x^2+ax+b)^2$

이므로 $a=7$, $b=11$이다.

따라서 $a+b+k = 7+11+1 = 19$이다.

다른 풀이

$x^2+7x+10 = X$라 하면

$X(X+2)+k = X^2+2X+k$에서 $k=1$이다.

$X^2+2X+1 = (X+1)^2 = (x^2+7x+11)^2 = (x^2+ax+b)^2$이므로

$a=7$, $b=11$이다.

따라서 $a+b+k = 7+11+1 = 19$이다.

---

16 나머지정리 정답률 63% | 정답 ③

x에 대한 다항식 x^3+ax^2+bx-4를 ❶ $x+1$로 나누었을 때의 몫은 $Q(x)$이고 나머지는 3이다. $(x^2+a)Q(x-2)$가 ❷ $x-2$로 나누어떨어질 때, $Q(1)$의 값은? (단, a, b는 상수이다.) [4점]

① -15 ② -13 ③ -11 ④ -9 ⑤ -7

STEP 01 나머지정리로 ❶을 정리한다.

다항식 x^3+ax^2+bx-4를 $x+1$로 나누었을 때의 몫은 $Q(x)$이고 나머지는 3이므로

$x^3+ax^2+bx-4 = (x+1)Q(x)+3$ …㉠

이다.

㉠의 양변에 $x=-1$을 대입하면 $-1+a-b-4=3$, $a-b=8$이다.

STEP 02 나머지정리로 ❷를 정리한다.

$(x^2+a)Q(x-2)$가 $x-2$로 나누어떨어지므로

나머지정리에 의해 $(4+a)Q(0)=0$이다.

㉠의 양변에 $x=0$을 대입하면 $-4=Q(0)+3$, $Q(0)=-7 \neq 0$이므로

$4+a=0$, $a=-4$이고

$a-b=8$이므로 $b=-12$이다.

STEP 03 $Q(1)$의 값을 구한다.

㉠의 양변에 $x=1$을 대입하면 $1-4-12-4=2Q(1)+3$이다.

따라서 $Q(1)=-11$이다.

● **핵심 공식**

▶ 나머지정리

(1) 다항식의 나눗셈
다항식 A를 다항식 B (단, $B \neq 0$)로 나누었을 때의 몫을 Q, 나머지를 R이라고 하면
$A = B \cdot Q + R$
이때, R의 차수는 B의 차수보다 낮다. 그리고, 위의 등식은 항등식이다.

(2) 나머지 정리
x에 대한 다항식 $f(x)$를 일차식 $x-\alpha$로 나누었을 때의 나머지는 $f(\alpha)$이다.

(3) 인수정리
x에 대한 다항식 $f(x)$가 $x-\alpha$로 나누어떨어지기 위한 필요충분조건은 $f(\alpha)=0$이다.

---

17 복소수 정답률 55% | 정답 ⑤

실수 a에 대하여 복소수 z를 $z = a^2-1+(a-1)i$라 하자.

❶ z^2이 음의 실수일 때,

❷ $\left(\dfrac{1-i}{\sqrt{2}}\right)^n = \dfrac{(z-\bar{z})i}{4}$

가 되도록 하는 100 이하의 자연수 n의 개수는? (단, $\bar{z}$는 z의 켤레복소수이고, $i = \sqrt{-1}$이다.) [4점]

① 8 ② 9 ③ 10 ④ 11 ⑤ 12

STEP 01 ❶을 이용하여 a값 및 z를 구한다.

$z^2 = (a^2-1)^2 + 2(a^2-1)(a-1)i - (a-1)^2$
$= (a^2-1)^2 - (a-1)^2 + 2(a^2-1)(a-1)i$

가 음의 실수이므로 허수부분

$2(a^2-1)(a-1) = 2(a+1)(a-1)^2 = 0$이다.

그러므로 $a=-1$ 또는 $a=1$이다.

$a=-1$이면 $z^2=-4$, $a=1$이면 $z^2=0$에서 z^2은 음의 실수이므로 $a=-1$이다.

$a=-1$을 $z = a^2-1+(a-1)i$에 대입하면 $z=-2i$이고,

$\dfrac{(z-\bar{z})i}{4} = \dfrac{\{-2i-(2i)\}i}{4} = \dfrac{(-4i)i}{4} = 1$이므로 $\left(\dfrac{1-i}{\sqrt{2}}\right)^n = 1$이다.

STEP 02 $\left(\dfrac{1-i}{\sqrt{2}}\right) = \alpha$로 치환한 후 규칙성을 찾고, ❷가 되게 하는 n의 개수를 구한다.

$\alpha = \left(\dfrac{1-i}{\sqrt{2}}\right)$라 하면

$\alpha^2 = \left(\dfrac{1-i}{\sqrt{2}}\right)^2 = \dfrac{-2i}{2} = -i$

$\alpha^3 = \alpha^2\alpha = (-i) \times \left(\dfrac{1-i}{\sqrt{2}}\right) = \dfrac{-1-i}{\sqrt{2}}$

$\alpha^4 = \alpha^2\alpha^2 = (-i) \times (-i) = -1$

$\alpha^5 = \alpha^4\alpha = (-1) \times \left(\dfrac{1-i}{\sqrt{2}}\right) = \dfrac{-1+i}{\sqrt{2}}$

$\alpha^6 = \alpha^4\alpha^2 = (-1) \times (-i) = i$

$\alpha^7 = \alpha^4\alpha^3 = (-1) \times \left(\dfrac{-1-i}{\sqrt{2}}\right) = \dfrac{1+i}{\sqrt{2}}$

$\alpha^8 = \alpha^4\alpha^4 = (-1) \times (-1) = 1$

$\alpha^8 = 1$이므로

$\alpha = \alpha^9 = \alpha^{17} = \cdots = \alpha^{97} = \dfrac{1-i}{\sqrt{2}}$

$\alpha^2 = \alpha^{10} = \alpha^{18} = \cdots = \alpha^{98} = -i$

$\alpha^3 = \alpha^{11} = \alpha^{19} = \cdots = \alpha^{99} = \dfrac{-1-i}{\sqrt{2}}$

$\alpha^4 = \alpha^{12} = \alpha^{20} = \cdots = \alpha^{100} = -1$

$\alpha^5 = \alpha^{13} = \alpha^{21} = \cdots = \alpha^{93} = \dfrac{-1+i}{\sqrt{2}}$

$\alpha^6 = \alpha^{14} = \alpha^{22} = \cdots = \alpha^{94} = i$

$\alpha^7 = \alpha^{15} = \alpha^{23} = \cdots = \alpha^{95} = \dfrac{1+i}{\sqrt{2}}$

$\alpha^8 = \alpha^{16} = \alpha^{24} = \cdots = \alpha^{96} = 1$

이다.

따라서 $\left(\dfrac{1-i}{\sqrt{2}}\right)^n = 1$이 되도록 하는 100 이하의 자연수 n은 8의 배수이므로 n의 개수는 12이다.

---

18 이차함수 정답률 60% | 정답 ①

$-2 \leq x \leq 2$에서 이차함수

$f(x) = x^2 - (2a-b)x + a^2 - 4b$

가 다음 조건을 만족시킨다.

(가) 함수 $f(x)$는 ❶ $x=1$에서 최솟값을 가진다.
(나) 함수 $f(x)$의 ❷ 최댓값은 0이다.

$a+b$의 값은? (단, a, b는 상수이다.) [4점]

① 10 ② 11 ③ 12 ④ 13 ⑤ 14

STEP 01 $f(x)$의 꼭짓점의 x좌표가 ❶임을 이용한다.

$f(x) = \left(x - \dfrac{2a-b}{2}\right)^2 + a^2 - 4b - \left(\dfrac{2a-b}{2}\right)^2$이므로

$x = \dfrac{2a-b}{2}$에서 최솟값을 가진다.

조건 (가)에 의해 $\dfrac{2a-b}{2} = 1$이므로 $b = 2a-2$이다.

그러므로 $f(x) = x^2 - 2x + a^2 - 8a + 8$이다.

STEP 02 ❶을 이용해 $x=-2$일 때, ❷를 만족한다는 것을 이용한 후 답을 구한다.

이차함수 $y=f(x)$의 그래프의 축이 $x=1$이므로

$-2 \leq x \leq 2$에서 함수 $f(x)$의 최댓값은 $f(-2)$이다.

조건 (나)에 의해 $f(-2)=0$이므로 이차함수 $y=f(x)$의 그래프는 다음과 같다.

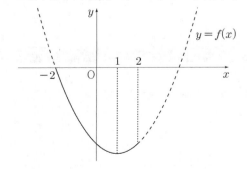

[문제편 p.042]

$f(-2) = 4+4+a^2-8a+8 = (a-4)^2 = 0$에서
$a=4$이고 $b=2a-2$이므로
$b=6$이다.
따라서 $a+b$의 값은 10이다.

★★★ 등급을 가르는 문제!

19 이차방정식의 활용   정답률 42% | 정답 ④

그림과 같이 길이가 $2a$인 선분 AB를 지름으로 하는 반원이 있다. 호 AB 위의 두 점 C, D가

❶ $\overline{AC} = \overline{CD} = a-1$, $\overline{BD} = 8$

을 만족시킬 때, ❷ $a^3 - \dfrac{1}{a^3}$ 의 값은? (단, a는 $a>4$인 상수이다.) [4점]

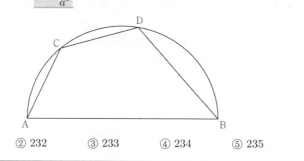

① 231   ② 232   ③ 233   ④ 234   ⑤ 235

STEP 01 선분 AD와 선분 OC가 만나는 점을 M이라 하고, 삼각형의 합동과 ❶을 이용하여 $\overline{OM}$을 구한다.

선분 AB의 중점을 O, 선분 AD와 선분 OC가 만나는 점을 M이라 하자.
$\triangle AOC \equiv \triangle DOC$ 이므로
$\angle ACO = \angle DCO$ 이다.
$\overline{CM}$이 $\angle ACD$의 이등분선이고
$\triangle ACD$가 $\overline{AC} = \overline{CD}$인 이등변삼각형이므로
$\overline{AM} = \overline{DM}$, $\angle AMC = 90°$ 이다.

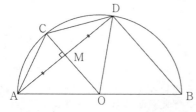

$\angle ADB = 90°$ 이고 $\triangle AMO \backsim \triangle ADB$, $\overline{BD} = 8$이므로
$\overline{OM} = 4$이다.

STEP 02 직각삼각형의 변들을 ❶을 이용하여 a로 나타낸다.

직각삼각형 AMC에서
$\overline{AM}^2 = \overline{AC}^2 - \overline{CM}^2$,
직각삼각형 AMO에서
$\overline{AM}^2 = \overline{AO}^2 - \overline{OM}^2$ 이므로
$\overline{AC}^2 - \overline{CM}^2 = \overline{AO}^2 - \overline{OM}^2$ 이다.
그러므로 $(a-1)^2 - (a-4)^2 = a^2 - 4^2$,

STEP 03 양변을 정리해 범위에 맞는 a의 값을 구하고, 곱셈 공식을 이용해 ❷를 구한다.

$a^2 - 6a - 1 = 0$에서 $a>4$이므로
$a = 3 + \sqrt{10}$ 이다.
$a^2 - 6a - 1 = 0$의 양변을 a로 나누면
$a - \dfrac{1}{a} = 6$이다.

따라서 $a^3 - \dfrac{1}{a^3} = \left(a - \dfrac{1}{a}\right)^3 + 3\left(a - \dfrac{1}{a}\right) = 6^3 + 3 \times 6 = 234$이다.

★★ 문제 해결 꿀~팁 ★★

▶ 문제 해결 방법
원 혹은 반원이 나오면 무조건 중심을 찍고 생각해보는 것이 좋다. 원 위의 여러 점이 찍혀 있을 때, 원의 중심을 찍었을 때 중심과 원 위의 점이 이루는 거리는 반지름으로 모두 같기 때문이다.
위 문제에서도 반원의 중심을 O라고 정의한 후 문제를 푼다.
또한 이런 문제에선 지름이 정의되었을 때, 지름을 포함한 삼각형을 그리는 것 역시 문제를 풀 때 도움이 된다. 위 문제에선 선분 AB가 지름이므로 삼각형 ABC 혹은 삼각형 ADB를 만들었을 때 무조건 직각삼각형이 되므로, 후에 피타고라스 정리 같은 직각이 있어야 쓸 수 있는 공식을 적용할 때 유용하다.

---

20 인수분해   정답률 43% | 정답 ①

x에 대한 삼차방정식

❶ $x^3 - (a^2+a-1)x^2 - a(a-3)x + 4a = 0$

이 서로 다른 세 실근 α, β, γ $(\alpha < \beta < \gamma)$를 가질 때, ❷ $\alpha \times \gamma = -4$가 되도록 하는 모든 실수 a의 값의 합은? [4점]

① 1   ② 2   ③ 3   ④ 4   ⑤ 5

STEP 01 ❶을 인수분해한다.

$x^3 - (a^2+a-1)x^2 - a(a-3)x + 4a = (x+1)\{x^2 - a(a+1)x + 4a\} = 0$
이므로 $x = -1$은 주어진 삼차방정식의 한 실근이다.

STEP 02 $\alpha = -1$일 때 ❷를 만족하게 하는 경우를 찾는다.

(i) $\alpha = -1$ 인 경우
$-1 \times \gamma = -4$에서 $\gamma = 4$이므로 $-1 < \beta < 4$이다.
이차방정식 $x^2 - a(a+1)x + 4a = 0$의 두 근이 $\beta, 4$이므로
근과 계수의 관계에 의해 $4\beta = 4a$에서 $\beta = a$이다.
$\gamma = 4$를 $x^2 = a(a+1)x + 4a = 0$에 대입하면
$16 - 4a^2 = 0$에서 $a = \pm 2$이다.
　i) $a = -2$인 경우
　　$\beta = -2$이므로 $-1 < \beta < 4$를 만족시키지 않는다.
　ii) $a = 2$인 경우
　　$\beta = 2$이므로 $-1 < \beta < 4$를 만족시킨다.
　i), ii)에 의해 $a = 2$이다.

STEP 03 $\beta = -1$일 때 ❷를 만족하게 하는 경우를 찾는다.

(ii) $\beta = -1$인 경우
α, γ는 이차방정식 $x^2 - a(a+1)x + 4a = 0$의 두 근이므로
근과 계수의 관계에 의해 $\alpha\gamma = 4a = -4$에서 $a = -1$이다.
$a = -1$을 $x^2 - a(a+1)x + 4a = 0$에 대입하면
$x^2 = 4, x = \pm 2$이다.
$\alpha = -2$, $\gamma = 2$이므로 $\alpha < \beta < \gamma$를 만족시킨다.

STEP 04 $\gamma = -1$일 때 ❷를 만족하게 하는 경우를 찾는다.

(iii) $\gamma = -1$인 경우
$\alpha \times (-1) = -4$에서 $\alpha = 4$이므로 $\alpha < \beta < \gamma$를 만족시키지 않는다.

STEP 05 (i), (ii), (iii)을 토대로 답을 구한다.

따라서 (i), (ii), (iii)에 의해 $a = 2$ 또는 $a = -1$이므로
모든 a의 값의 합은 1이다.

●핵심 공식

▶ 이차방정식의 근과 계수의 관계
(1) 이차방정식 $ax^2 + bx + c = 0$ (단, $a \neq 0$)의 두 근을 α, β라고 하면,
　$\alpha + \beta = -\dfrac{b}{a}$, $\alpha\beta = \dfrac{c}{a}$
(2) 두 수를 근으로 하는 이차방정식
① 두 수 α, β를 근으로 하는 이차방정식 $\Leftrightarrow x^2 - (\alpha+\beta)x + \alpha\beta = 0$
② 두 근의 합이 p, 곱이 q인 이차방정식 $\Leftrightarrow x^2 - px + q = 0$

★★★ 등급을 가르는 문제!

21 이차함수의 활용   정답률 41% | 정답 ②

최고차항의 계수가 2인 이차함수 $f(x)$와 최고차항의 계수가 -1인 이차함수 $g(x)$가 다음 조건을 만족시킨다.

(가) 함수 $y = f(x)$의 그래프가 직선 $y = x$와 원점이 아닌 ❶ 서로 다른 두 점 P, Q에서 만난다.
(나) 함수 $y = g(x)$의 그래프가 직선 $y = x$와 ❷ 한 점 P에서만 만난다.
(다) 점 P의 x좌표는 점 Q의 x좌표보다 작고, $\overline{OP} = \overline{PQ}$ 이다.

부등식 ❸ $f(x) + g(x) \geq 0$의 해가 모든 실수일 때, 점 P의 x좌표의 최댓값은? (단, O는 원점이다.) [4점]

① $1 + \sqrt{3}$ ② $2 + \sqrt{3}$ ③ $3 + \sqrt{3}$
④ $4 + \sqrt{3}$ ⑤ $5 + \sqrt{3}$

STEP 01 조건 (다)를 이용하여 미지수를 세워 세 함수의 위치 관계를 파악한다.

조건 (다)에 의해 점 P의 x좌표를 $k (k>0)$이라 하면 점 Q의 x좌표는 $2k$이므로
$y = f(x)$, $y = g(x)$, $y = x$의 위치 관계는 다음 그림과 같다.

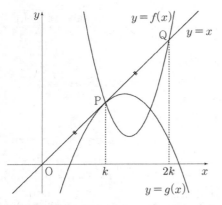

STEP 02 조건 (가)의 ❶을 이용하여 방정식을 세운다.

조건 (가)에 의해 이차방정식 $f(x)=x$는 k, $2k$를 두 근으로 가지므로
$f(x)-x=2(x-k)(x-2k)$, $f(x)=2(x-k)(x-2k)+x$이다.

STEP 03 조건 (나)의 ❷를 이용하여 방정식을 세운 후 두 방정식을 연립한다.

조건 (나)에 의해 이차방정식 $g(x)=x$는 k를 중근으로 가지므로
$g(x)-x=-(x-k)^2$, $g(x)=-(x-k)^2+x$이다.
그러므로
$f(x)+g(x)=2(x-k)(x-2k)+x-(x-k)^2+x=x^2+2(1-2k)x+3k^2$
이다.

STEP 04 판별식을 이용해 ❸을 만족시키는 x값의 최댓값을 구한다.

이차부등식 $x^2+2(1-2k)x+3k^2 \geq 0$의 해가 모든 실수이므로
이차방정식 $x^2+2(1-2k)x+3k^2=0$의 판별식
$\dfrac{D}{4}=(1-2k)^2-1\times 3k^2=k^2-4k+1 \leq 0$이고
$2-\sqrt{3} \leq k \leq 2+\sqrt{3}$이다.

따라서 점 P의 x좌표의 최댓값은 $2+\sqrt{3}$이다.

● 핵심 공식

▶ 이차함수와 이차방정식

(1) 포물선 $y=ax^2+bx+c$ (단, $a \neq 0$)의 그래프와 x축과의 위치 관계
$ax^2+bx+c=0$ (단, $a \neq 0$)의 판별식이 D라 할 때,
① $D>0$: 두 점에서 만난다.
② $D=0$: 접한다.
③ $D<0$: 만나지 않는다.
(2) 포물선 $y=ax^2+bx+c$ (단, $a \neq 0$)의 그래프와 직선 $y=mx+n$의 위치 관계
두 방정식을 연립한 이차방정식 $ax^2+bx+c=mx+n$의 판별식을 D라 하면,
① $D>0$: 두 점에서 만난다.
② $D=0$: 접한다.
③ $D<0$: 만나지 않는다.

★★ 문제 해결 꿀~팁 ★★

▶ 문제 해결 방법
두 함수가 만났을 때 교점의 개수는 두 함수를 연립한 방정식을 세웠을 때 실근의 개수와 같다 위 문제에선 $f(x)=x$라고 놓았을 때 이를 만족하는 서로 다른 두 실근을 가지고, $g(x)=x$라고 놓았을 때, 중근을 가진다고 볼 수 있다. 이렇게 방정식으로 놓은 후 몇 개의 실근을 가졌는지 파악을 하면, 그 뒤 판별식을 이용해서 방정식에 쓰인 미지수의 범위를 추론하기에 유용하다.

22 다항식의 연산　　　　　정답률 88% | 정답 6

다항식 $(2x+y)^3$의 전개식에서 ❶ $\underline{xy^2$의 계수}를 구하시오 [3점]

STEP 01 전개하여 ❶을 계산한다.

$(2x+y)^3=8x^3+12x^2y+6xy^2+y^3$이다.
따라서 xy^2의 계수는 6이다.

23 이차방정식　　　　　정답률 86% | 정답 4

x에 대한 이차방정식 $x^2-3x+a=0$의 두 근이 1, b일 때, ❶ $\underline{ab}$의 값을 구하시오. (단, a, b는 상수이다.) [3점]

STEP 01 근과 계수의 관계를 이용하여 ❶을 구한다.

이차방정식 $x^2-3x+a=0$에서 근과 계수의 관계에 의해
$1+b=3$, $1\times b=a$이다.
따라서 $a=2$, $b=2$이므로 $ab=4$이다.

● 핵심 공식

▶ 이차방정식의 근과 계수의 관계

(1) 이차방정식 $ax^2+bx+c=0$ (단, $a \neq 0$)의 두 근을 α, β라고 하면,
$\alpha+\beta=-\dfrac{b}{a}$, $\alpha\beta=\dfrac{c}{a}$
(2) 두 수를 근으로 하는 이차방정식
① 두 수 α, β를 근으로 하는 이차방정식 $\Leftrightarrow x^2-(\alpha+\beta)x+\alpha\beta=0$
② 두 근의 합이 p, 곱이 q인 이차방정식 $\Leftrightarrow x^2-px+q=0$

24 복소수　　　　　정답률 77% | 정답 29

복소수 z에 대하여 등식 $3z-2\bar{z}=5+10i$가 성립할 때, ❶ $\underline{z\bar{z}}$의 값을 구하시오. (단, $\bar{z}$는 z의 켤레복소수이고, $i=\sqrt{-1}$이다.) [3점]

STEP 01 $z=a+bi$로 놓고 계산하여 ❶을 구한다.

복소수 z를 $z=a+bi$ $(a, b$는 실수)라 하면
$3z-2\bar{z}=3(a+bi)-2(a-bi)=a+5bi$이다.
$a+5bi=5+10i$에서 $a=5$, $b=2$이므로
$z=5+2i$, $\bar{z}=5-2i$이다.
따라서 $z\bar{z}=(5+2i)(5-2i)=5^2+2^2=29$이다.

25 항등식과 나머지정리　　　　　정답률 75% | 정답 23

다항식 $x^4+2x^3+11x-4$를 x^2+2x+3으로 나누었을 때의 몫과 나머지를 각각 $Q(x)$, $R(x)$라 하자. ❶ $\underline{Q(2)+R(1)}$의 값을 구하시오. [3점]

STEP 01 다항식을 나누어 ❶을 구한다.

$$
\begin{array}{r}
x^2 \qquad\quad -3 \\
x^2+2x+3 \overline{)\, x^4+2x^3 \qquad\quad +11x-4} \\
\underline{x^4+2x^3+3x^2\qquad\qquad\quad} \\
-3x^2+11x-4 \\
\underline{-3x^2-6x-9} \\
17x+5
\end{array}
$$

이므로 $Q(x)=x^2-3$, $R(x)=17x+5$이다.
따라서 $Q(2)=1$, $R(1)=22$이고, $Q(2)+R(1)=1+22=23$이다.

● 핵심 공식

▶ 이차방정식의 근과 계수의 관계

(1) 이차방정식 $ax^2+bx+c=0$ (단, $a \neq 0$)의 두 근을 α, β라고 하면,
$\alpha+\beta=-\dfrac{b}{a}$, $\alpha\beta=\dfrac{c}{a}$
(2) 두 수를 근으로 하는 이차방정식
① 두 수 α, β를 근으로 하는 이차방정식 $\Leftrightarrow x^2-(\alpha+\beta)x+\alpha\beta=0$
② 두 근의 합이 p, 곱이 q인 이차방정식 $\Leftrightarrow x^2-px+q=0$

26 이차함수와 이차방정식　　　　　정답률 51% | 정답 8

x에 대한 이차방정식 $3x^2-5x+k=0$의 두 근을 α, β라 할 때, ❶ $(3\alpha-k)(\alpha-1)+(3\beta-k)(\beta-1)=-10$을 만족시키는 실수 k의 값을 구하시오. [4점]

STEP 01 근과 계수의 관계를 이용해 α, β의 관계 및 ❶의 값을 구한다.

이차방정식의 근과 계수의 관계에 의해 $\alpha+\beta=\dfrac{5}{3}$, $\alpha\beta=\dfrac{k}{3}$이다.

$$
\begin{aligned}
(3\alpha-k)(\alpha-1)+(3\beta-k)(\beta-1) &= 3\alpha^2-(k+3)\alpha+k+3\beta^2-(k+3)\beta+k \\
&= 3(\alpha^2+\beta^2)-(k+3)(\alpha+\beta)+2k \\
&= 3\{(\alpha+\beta)^2-2\alpha\beta\}-(k+3)(\alpha+\beta)+2k \\
&= \frac{25}{3}-2k-\frac{5}{3}(3+k)+2k \\
&= -10
\end{aligned}
$$

$5k=40$이다.
따라서 $k=8$이다.

다른 풀이

이차방정식의 근과 계수의 관계에 의해 $\alpha+\beta=\dfrac{5}{3}$이다.

$3\alpha^2 + k = 5\alpha, 3\beta^2 + k = 5\beta$이므로

$$
\begin{aligned}
(3\alpha - k)(\alpha - 1) + (3\beta - k)(\beta - 1) &= 3\alpha^2 - (k+3)\alpha + k + 3\beta^2 - (k+3)\beta + k \\
&= 3\alpha^2 + k - (k+3)\alpha + 3\beta^2 + k - (k+3)\beta \\
&= 5\alpha - (k+3)\alpha + 5\beta - (k+3)\beta \\
&= 5(\alpha + \beta) - (k+3)(\alpha + \beta) \\
&= (\alpha + \beta)(2 - k) \\
&= \frac{5}{3}(2 - k) \\
&= -10
\end{aligned}
$$

이고 $2 - k = -6$이다.
따라서 $k = 8$이다.

---

27 연립이차부등식   정답률 50% | 정답 11

x에 대한 연립부등식

❶ $\begin{cases} x^2 - 11x + 24 < 0 \\ x^2 - 2kx + k^2 - 9 > 0 \end{cases}$

의 해가 $\alpha < x < \beta$일 때, ❷ $\beta - \alpha = 2$를 만족시키는 모든 실수 k의 값의 합을 구하시오. [4점]

STEP 01 ❶을 연립하여 x의 범위를 나타낸다.

$x^2 - 11x + 24 = (x-3)(x-8) < 0$이므로 $3 < x < 8$이다.
$x^2 - 2kx + k^2 - 9 = x^2 - 2kx + (k-3)(k+3)$
$\qquad = \{x - (k-3)\}\{x - (k+3)\} > 0$이므로
$x < k - 3$ 또는 $x > k + 3$이다.

STEP 02 경우를 나누어 ❷를 만족하는 실수 k값의 합을 구한다.

(i) $3 < k - 3 < 8$ 인 경우
$k > 6$이므로 $k + 3 > 9$이다.

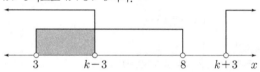

연립부등식의 해가 $3 < x < k - 3$이므로
$(k-3) - 3 = 2$, $k = 8$이다.

(ii) $3 < k + 3 < 8$ 인 경우
$k < 5$이므로 $k - 3 < 2$이다.

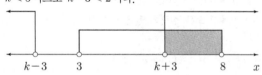

연립부등식의 해가 $k + 3 < x < 8$이므로
$8 - (k+3) = 2$, $k = 3$이다.
따라서 (i), (ii)에 의해 모든 k의 값의 합은
$8 + 3 = 11$이다.

● 핵심 공식

▶ 이차부등식의 풀이
이차부등식 $ax^2 + bx + c > 0$ (단, $a > 0$)
또는 $ax^2 + bx + c < 0$ (단, $a < 0$)의 좌변을 인수분해공식을 이용하거나 근의 공식을 이용하여 인수분해하여 해를 구하면, ($\alpha < \beta$일 때)
(1) $(x - \alpha)(x - \beta) > 0$의 해는 $x < \alpha, \ x > \beta$
(2) $(x - \alpha)(x - \beta) < 0$의 해는 $\alpha < x < \beta$

★★★ 등급을 가르는 문제!

28 항등식과 나머지정리   정답률 24% | 정답 20

이차다항식 $f(x)$와 일차다항식 $g(x)$에 대하여 $f(x)g(x)$를
❶ $f(x) - 2x^2$으로 나누었을 때의 ❷ 몫은 $x^2 - 3x + 3$이고 나머지는 $f(x) + xg(x)$이다. $f(-2)$의 값을 구하시오. [4점]

STEP 01 ❶, ❷를 나머지정리를 이용하여 식으로 정리한다.

$f(x)g(x)$를 $f(x) - 2x^2$으로 나누었을 때의 몫은 $x^2 - 3x + 3$이고
나머지는 $f(x) + xg(x)$이므로
$f(x)g(x) = \{f(x) - 2x^2\}(x^2 - 3x + 3) + f(x) + xg(x) \ \cdots \ ㉠$
이다.

STEP 02 ㉠의 차수가 같음을 이용하여 $f(x) - 2x^2 = ax + b$로 놓고 식을 전개한다.

㉠의 좌변이 삼차식이므로 우변도 삼차식이다.
$\{f(x) - 2x^2\}(x^2 - 3x + 3)$이 삼차식이므로
$f(x) - 2x^2$은 일차식이고 나머지 $f(x) + xg(x)$는 상수이다.
$f(x) - 2x^2 = ax + b$라 하면
나머지 $f(x) + xg(x) = (2x^2 + ax + b) + xg(x)$는 상수이므로
$g(x) = -2x - a$이고 $f(x) + xg(x) = b$이다.
㉠에 $f(x) = 2x^2 + ax + b$, $g(x) = -2x - a$를 대입하면
$(2x^2 + ax + b)(-2x - a) = (ax + b)(x^2 - 3x + 3) + b \ \cdots \ ㉡$
이다.

STEP 03 계수비교법과 수치대입법을 사용하여 답을 구한다.

㉡의 좌변의 최고차항의 계수가 -4이므로
$a = -4$이다.
㉡의 양변에 $x = 2$를 대입하면
$0 = (-8 + b) \times 1 + b$에서 $b = 4$이다.
따라서 $f(x) = 2x^2 - 4x + 4$이므로 $f(-2) = 20$이다.

● 핵심 공식

▶ 나머지정리
(1) 다항식의 나눗셈
다항식 A를 다항식 B (단, $B \neq 0$)로 나누었을 때의 몫을 Q, 나머지를 R이라고 하면
$A = B \cdot Q + R$
이때, R의 차수는 B의 차수보다 낮다. 그리고, 위의 등식은 항등식이다.
(2) 나머지 정리
x에 대한 다항식 $f(x)$를 일차식 $x - \alpha$로 나누었을 때의 나머지는 $f(\alpha)$이다.
(3) 인수정리
x에 대한 다항식 $f(x)$가 $x - \alpha$로 나누어떨어지기 위한 필요충분조건은 $f(\alpha) = 0$이다

★★ 문제 해결 꿀~팁 ★★

▶ 문제 해결 방법
나머지정리를 할 때, 차수를 모른다면 임의의 차수를 설정하고 푸는 것이 도움이 된다.
이 문제에선 $f(x)g(x)$는 삼차식임이 정해졌으나 $f(x) - 2x^2$은 일차인지 이차식인지 혹은 상수인지 확실히 정해지지 않았으므로 경우를 나누어 계산해본다.
여기서 몫과 나누는 수를 곱한 차, 즉 $f(x) - 2x^2$와 $x^2 - 3x + 3$을 곱한 차수가 삼차가 되어야 하므로 $f(x)$가 $2x^2$라는 이차항을 가진다는 것을 추측할 수 있다.
또한 몫과 나머지는 최소한 차수가 하나 이상 차이가 나는 특징을 이용할 수 있다.
몫이 이차식이므로 나머지는 일차식 혹은 상수가 되어야 한다고 생각하면 $f(x) + xg(x)$에서 이차항이 서로 소거됨을 알 수 있다.

★★★ 등급을 가르는 문제!

29 이차함수의 활용   정답률 13% | 정답 13

그림과 같이 반지름의 길이가 1이고 중심각의 크기가 $90°$인 부채꼴 OAB가 있다. 호 AB 위의 점 C에 대하여 선분 BC를 지름으로 하는 원을 그린다.
❶ 선분 BC의 중점을 지나고 직선 OB에 평행한 직선이 원과 만나는 점 중 점 B에 가까운 점을 P라 하자. $\overline{BC} = x$일 때, 삼각형 OAP의 넓이를 $S(x)$라 하자. $S(x)$의 최댓값이 $\dfrac{q}{p}$일 때, $p + q$의 값을 구하시오. (단, $0 < x < \sqrt{2}$이고, p와 q는 서로소인 자연수이다.) [4점]

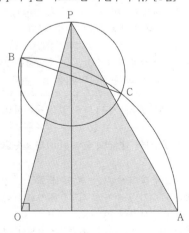

STEP 01 ❶에서 수선의 발 H를 내려 삼각형 OAP의 넓이를 변들의 곱으로 정리한다.

선분 BC의 중점을 M이라 하고 점 M을 지나고 직선 OB에 평행한 직선이 선분 OA와 만나는 점을 H라 하자.
$\overline{OB} = \overline{OC}$인 이등변삼각형 OBC에서 점 M이 선분 BC의 중점이므로
$\angle OMB = 90°$이다.

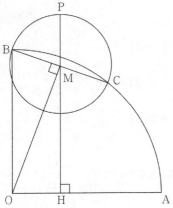

삼각형 OAP의 넓이 $S(x)$는

$$S(x) = \frac{1}{2} \times \overline{\text{OA}} \times \overline{\text{PH}} = \frac{1}{2} \times \overline{\text{OA}} \times (\overline{\text{MH}} + \overline{\text{PM}}) \cdots ㉠$$

이다.

STEP 02 삼각형의 닮음비를 이용하여 변들을 x로 정리한 후 삼각형의 넓이를 x로 나타낸다.

$\overline{\text{PM}} = \overline{\text{BM}} = \frac{1}{2} \times \overline{\text{BC}} = \frac{x}{2}$ 이므로

직각삼각형 OMB에서

$\overline{\text{OM}}^2 = \overline{\text{OB}}^2 - \overline{\text{BM}}^2 = 1 - \left(\frac{x}{2}\right)^2 = 1 - \frac{x^2}{4}$ 이다.

$\angle \text{OMH} = \angle \text{BOM}$ 이므로 $\triangle \text{OHM} \backsim \triangle \text{BMO}$ 이다.

그러므로 $\overline{\text{MH}} : \overline{\text{OM}} = \overline{\text{OM}} : \overline{\text{OB}} = \overline{\text{OM}} : 1$ 이고

$\overline{\text{MH}} = \overline{\text{OH}}^2 = 1 - \frac{x^2}{4} \cdots ㉡$

이다. ㉠, ㉡에서

$$S(x) = \frac{1}{2} \times 1 \times \left(1 - \frac{x^2}{4} + \frac{x}{2}\right) = -\frac{1}{8}(x-1)^2 + \frac{5}{8} \ (0 < x < \sqrt{2})$$

STEP 03 x의 범위에 따른 최댓값을 구한다.

$S(x)$의 최댓값은 $\frac{5}{8}$ 이므로,

$p = 8$, $q = 5$ 이다.

따라서 $p + q = 13$ 이다.

★★ 문제 해결 꿀~팁 ★★

▶ **문제 해결 방법**

점 P에서 선분 OA에 수선의 발을 내려야 한다. 수선의 발을 내렸을 때 생기는 직각으로 인해 삼각형의 높이 및 피타고라스 정리를 쓸 수 있는 가능성을 열어두기 때문이다. 또한 원이 문제에 나타나져 있으므로, 원의 중심을 기준으로 잡고 길이를 설정하는 것이 중요하다. 원의 중심에서 각 원의 점에 이르는 거리는 모두 같기 때문이다.

★★★ 등급을 가르는 문제!

30 이차함수와 이차방정식　　　　정답률 10% | 정답 154

두 이차함수 $f(x)$, $g(x)$가 다음 조건을 만족시킨다.

> (가) 모든 실수 x에 대하여 ❶ $f(x) \leq 0 \leq g(x)$ 이다.
> (나) $k-2 \leq x \leq k+2$ 에서 함수 $f(x)$의 최댓값과
> $k-2 \leq x \leq k+2$ 에서 함수 $g(x)$의 최솟값이
> 같게 되도록 하는 실수 k의 최솟값은 0, 최댓값은 1이다.
> (다) 방정식 $f(x) = f(0)$의 모든 실근의 합은 음수이다.

$f(1) = -2, g(1) = 2$일 때, $f(3) + g(11)$의 값을 구하시오. [4점]

STEP 01 ❶에서 함수 $f(x)$의 최댓값과 함수 $g(x)$의 최솟값이 모두 0임을 파악한다.

조건 (가)에서 모든 실수 x에 대하여 $f(x) \leq 0$이므로

함수 $f(x)$는 최고차항의 계수가 음수이고 최댓값은 0보다 작거나 같다.

조건 (가)에서 모든 실수 x에 대하여 $g(x) \geq 0$이므로

함수 $g(x)$는 최고차항의 계수가 양수이고 최솟값은 0보다 크거나 같다.

조건 (나)에서 함수 $f(x)$의 최댓값과 함수 $g(x)$의 최솟값이 같아지기 위해서는

함수 $f(x)$의 최댓값과 함수 $g(x)$의 최솟값이 모두 0이어야 한다. 그러므로

$f(x) = a(x-b)^2 \ (a < 0) \cdots ㉠$

$g(x) = c(x-d)^2 \ (c > 0) \cdots ㉡$

이라 하자.

STEP 02 $b = d$라 가정하고, 조건 (나)에 대입해본다.

(i) $b = d$인 경우

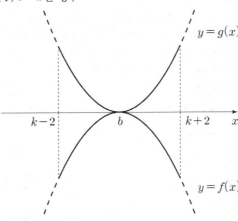

$k-2 \leq b \leq k+2$에서 $b-2 \leq k \leq b+2$이므로

k의 최솟값이 0, 최댓값이 1이 되도록 하는 실수 b는 존재하지 않는다.

STEP 03 $b < d$라 가정하고, 조건 (나)에 대입해본다.

(ii) $b < d$인 경우

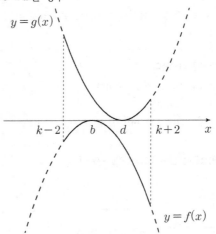

k의 최솟값이 0, 최댓값이 1이고

$k-2 \leq b$, $d \leq k+2$에서 $d-2 \leq k \leq b+2$이므로

$b = -1$, $d = 2$이다.

㉠에 $b = -1$을 대입하고 ㉡에 $d = 2$를 대입하면

$f(x) = a(x+1)^2$, $g(x) = c(x-2)^2$이다.

방정식 $f(x) = f(0)$은 $a(x+1)^2 = a$이고

$(x+1)^2 = 1, x^2 + 2x = 0$에서 모든 실근의 합은 -2이므로

조건 (다)를 만족시킨다.

$f(1) = 4a = -2$에서 $a = -\frac{1}{2}$이고 $g(1) = c = 2$이다.

$f(x) = -\frac{1}{2}(x+1)^2$, $g(x) = 2(x-2)^2$이므로

$f(3) = -8$, $g(11) = 162$이다.

그러므로 $f(3) + g(11) = 154$이다.

STEP 04 $d < b$라 가정하고, 조건 (나)에 대입해본다.

(iii) $d < b$인 경우

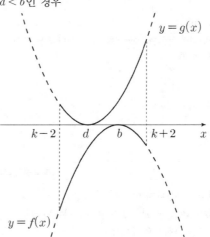

k의 최솟값이 0, 최댓값이 1이고

$k-2 \leq d$, $b \leq k+2$에서 $b-2 \leq k \leq d+2$이므로

$b = 2$, $d = -1$이다.

㉠에 $b = 2$를 대입하고 ㉡에 $d = -1$을 대입하면

$f(x) = a(x-2)^2$, $g(x) = c(x+1)^2$이다.

방정식 $f(x) = f(0)$은 $a(x-2)^2 = 4a$이고

$(x-2)^2 = 4, x^2 - 4x = 0$에서 모든 실근의 합은 4이므로

조건 (다)를 만족시키지 않는다.

STEP 05 (ⅰ), (ⅱ), (ⅲ)를 종합하여 답을 구한다.

따라서 (ⅰ), (ⅱ), (ⅲ)에 의해 $f(3)+g(11)=154$이다.

[참고] 조건 (다)에 의해 b는 음수이므로 함수 $y=f(x)$의 그래프는 다음과 같다.

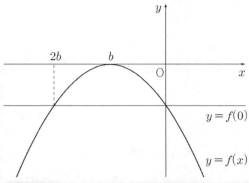

●핵심 공식

▶ 이차함수와 이차방정식

(1) 포물선 $y=ax^2+bx+c$ (단, $a\neq0$)의 그래프와 x축과의 위치 관계
$ax^2+bx+c=0$ (단, $a\neq0$)의 판별식이 D라 할 때,
① $D>0$: 두 점에서 만난다.
② $D=0$: 접한다.
③ $D<0$: 만나지 않는다.

(2) 포물선 $y=ax^2+bx+c$ (단, $a\neq0$)의 그래프와 직선 $y=mx+n$의 위치 관계
두 방정식을 연립한 이차방정식 $ax^2+bx+c=mx+n$의 판별식을 D라 하면,
① $D>0$: 두 점에서 만난다.
② $D=0$: 접한다.
③ $D<0$: 만나지 않는다.

★★ 문제 해결 꿀~팁 ★★

▶ 문제 해결 방법

이차함수의 최댓값 혹은 최솟값을 구하기 위해선 우선 최고차항의 계수가 양수인지 음수인지 파악한 후, x의 범위를 파악해야한다. 범위가 특정하게 주어져있지 않는 이상, 최댓값 혹은 최솟값은 꼭짓점임을 인지하여야 한다.
위 문제에서는 $f(x)$의 최댓값과 $g(x)$의 최솟값이 둘다 0이라는 점을 (가) 조건에서 확인시켜주므로, $f(x)$는 최고차항의 계수가 음수, $g(x)$는 최고차항의 계수가 양수임을 눈치챌 수 있다.

•정답•

01⑤ 02① 03④ 04⑤ 05③ 06④ 07③ 08① 09③ 10④ 11② 12⑤ 13④ 14① 15②
16③ 17② 18⑤ 19④ 20① 21⑤ 22 6 23 16 24 7 25 14 26 23 27 21 28 91 29 94 30 120

★ 표기된 문항은 [등급을 가르는 문제]에 해당하는 문항입니다.

01 복소수의 계산   정답률 92% | 정답 ⑤

❶ $i(1-i)$의 값은? (단, $i=\sqrt{-1}$) [2점]

① $-1-i$ ② $-1+i$ ③ i ④ $1-i$ ⑤ $1+i$

STEP 01 복소수의 계산으로 ❶의 값을 구한다.

$i(1-i)=i-i^2=1+i$

02 다항식의 계산   정답률 95% | 정답 ①

두 다항식 ❶ $A=2x^2-4x+3$, $B=-x^2+9x+6$에 대하여 $A+B$를 간단히 하면? [2점]

① x^2+5x+9 ② x^2+5x-9 ③ x^2-5x+9
④ $-x^2+5x+9$ ⑤ $-x^2-5x+9$

STEP 01 ❶의 두 식을 더한 후 식을 정리한다.

$A+B=(2x^2-4x+3)+(-x^2+9x+6)=x^2+5x+9$

03 나머지정리   정답률 94% | 정답 ④

x에 대한 다항식 ❶ x^3-2x^2-8x+a가 $x-3$으로 나누어떨어질 때, 상수 a의 값은? [2점]

① 6   ② 9   ③ 12   ④ 15   ⑤ 18

STEP 01 나머지정리에 의해 ❶에 $x=3$을 대입하여 a의 값을 구한다.

$P(x)=x^3-2x^2-8x+a$라 하면 $P(x)$가 $x-3$으로 나누어떨어지므로
나머지정리에 의해
$P(3)=3^3-2\times3^2-8\times3+a=0$
따라서 $a=15$

●핵심 공식

▶ 나머지정리

(1) 다항식의 나눗셈
다항식 A를 다항식 B (단, $B\neq0$)로 나누었을 때의 몫을 Q, 나머지를 R이라고 하면
$A=B\cdot Q+R$
이때, R의 차수는 B의 차수보다 낮다. 그리고, 위의 등식은 항등식이다.

(2) 나머지 정리
x에 대한 다항식 $f(x)$를 일차식 $x-\alpha$로 나누었을 때의 나머지는 $f(\alpha)$이다.

(3) 인수정리
x에 대한 다항식 $f(x)$가 $x-\alpha$로 나누어 떨어지기 위한 필요충분조건은 $f(\alpha)=0$이다.

04 항등식의 성질   정답률 95% | 정답 ⑤

등식
❶ $x^2+ax-3=x(x+2)+b$

가 x에 대한 항등식일 때, $a+b$의 값은? (단, a, b는 상수이다.) [3점]

① -5 ② -4 ③ -3 ④ -2 ⑤ -1

STEP 01 ❶의 우변을 전개한 후 양변의 계수를 비교하여 a, b를 구한 다음 합을 구한다.

등식 $x^2+ax-3=x(x+2)+b$가 x에 대한 항등식이므로
$x^2+ax-3=x^2+2x+b$에서
$a=2$, $b=-3$
따라서 $a+b=-1$

●핵심 공식

▶ 항등식

(1) 항등식 : 변수 값에 어떤 실수를 대입해도 항상 성립하는 식

---

05 절댓값을 포함한 일차부등식 　　　　　정답률 91% | 정답 ③

부등식 ❶ $|2x-3|<5$의 해가 $a<x<b$일 때, $a+b$의 값은? [3점]

① 2　　② $\dfrac{5}{2}$　　③ 3　　④ $\dfrac{7}{2}$　　⑤ 4

STEP 01 ❶의 부등식을 풀어 a, b를 구한 후 합을 구한다.

부등식 $|2x-3|<5$를 풀면 $-5<2x-3<5$이므로

$-1<x<4$에서 $a=-1$, $b=4$

따라서 $a+b=3$

---

06 이차함수의 그래프와 직선의 위치 관계 　　정답률 84% | 정답 ④

이차함수 ❶ $y=x^2+5x+9$의 그래프와 직선 $y=x+k$가 만나지 않도록 하는 자연수 k의 개수는? [3점]

① 1　　② 2　　③ 3　　④ 4　　⑤ 5

STEP 01 ❶의 두 식을 연립한 후 판별식을 이용하여 k의 범위를 구한 다음 범위에 해당하는 자연수 k의 개수를 구한다.

이차함수 $y=x^2+5x+9$의 그래프와

직선 $y=x+k$가 만나지 않도록 하려면

$x^2+5x+9=x+k$에서

이차방정식 $x^2+4x+9-k=0$의 판별식을 D라 할 때

$D=4^2-4(9-k)=4k-20<0$

$k<5$이므로 자연수 k는 1, 2, 3, 4

따라서 자연수 k의 개수는 4

● 핵심 공식

▶ 이차함수와 이차방정식

(1) 포물선 $y=ax^2+bx+c$ (단, $a\neq0$)의 그래프와 x축과의 위치 관계
$ax^2+bx+c=0$ (단, $a\neq0$)의 판별식이 D라 할 때,
① $D>0$: 두 점에서 만난다.
② $D=0$: 접한다.
③ $D<0$: 만나지 않는다.

(2) 포물선 $y=ax^2+bx+c$ (단, $a\neq0$)의 그래프와 직선 $y=mx+n$의 위치 관계
두 방정식을 연립한 이차방정식 $ax^2+bx+c=mx+n$의 판별식을 D라 하면,
① $D>0$: 두 점에서 만난다.
② $D=0$: 접한다.
③ $D<0$: 만나지 않는다.

---

07 다항식의 연산 　　　　　　　　정답률 89% | 정답 ③

❶ $\dfrac{2022\times(2023^2+2024)}{2024\times2023+1}$ 의 값은? [3점]

① 2018　② 2020　③ 2022　④ 2024　⑤ 2026

STEP 01 ❶에서 2023을 치환한 후 식을 정리하여 값을 구한다.

$a=2023$이라 하면

$\dfrac{2022\times(2023^2+2024)}{2024\times2023+1}=\dfrac{(a-1)(a^2+a+1)}{(a+1)a+1}$

$=\dfrac{(a-1)(a^2+a+1)}{a^2+a+1}$

$=a-1=2023-1=2022$

---

08 인수분해 　　　　　　　　　　정답률 85% | 정답 ①

❶ $x=1-2i$, $y=1+2i$일 때, ❷ $x^3y+xy^3-x^2-y^2$의 값은?
(단, $i=\sqrt{-1}$) [3점]

① -24　② -22　③ -20　④ -18　⑤ -16

STEP 01 ❷를 인수분해한 후 ❶을 대입하여 값을 구한다.

$x^3y+xy^3-x^2-y^2=xy(x^2+y^2)-(x^2+y^2)$
　　　　　　　　　　$=(xy-1)(x^2+y^2)$

$x=1-2i$, $y=1+2i$에서 $x+y=2$, $xy=5$이므로

$x^2+y^2=(x+y)^2-2xy=2^2-2\times5=-6$

따라서 $x^3y+xy^3-x^2-y^2=(5-1)\times(-6)=-24$

---

09 곱셈공식을 활용한 연립방정식 　　　정답률 91% | 정답 ③

연립방정식

❶ $\begin{cases} 4x^2-y^2=27 \\ 2x+y=3 \end{cases}$

의 해를 $x=\alpha$, $y=\beta$라 할 때, $\alpha-\beta$의 값은? [3점]

① 2　　② 4　　③ 6　　④ 8　　⑤ 10

STEP 01 ❶의 이차식을 인수분해하여 연립방정식을 풀고 x, y를 구한 후 $\alpha-\beta$의 값을 구한다.

연립방정식

$\begin{cases} 4x^2-y^2=27 & \cdots\cdots \ \text{㉠} \\ 2x+y=3 & \cdots\cdots \ \text{㉡} \end{cases}$

에서 ㉠과 ㉡에 의해

$4x^2-y^2=(2x+y)(2x-y)=3(2x-y)=27$이므로

$2x-y=9$　　　　　　　　　　　　$\cdots\cdots$ ㉢

㉡과 ㉢을 더하면 $4x=12$, $x=3$이고

$x=3$을 ㉡에 대입하면 $y=-3$이므로

$\alpha=3$, $\beta=-3$

따라서 $\alpha-\beta=6$

---

10 복소수의 성질 　　　　　　　　정답률 87% | 정답 ④

x에 대한 이차방정식 ❶ $2x^2+ax+b=0$의 한 근이 $2-i$일 때, $b-a$의 값은? (단, a, b는 실수이고, $i=\sqrt{-1}$이다.) [3점]

① 12　　② 14　　③ 16　　④ 18　　⑤ 20

STEP 01 ❶에 $2-i$를 대입하여 a, b를 구한 다음 $b-a$의 값을 구한다.

이차방정식 $2x^2+ax+b=0$의 한 근이 $2-i$이므로 x에 $2-i$를 대입하면

$2(2-i)^2+a(2-i)+b=(2a+b+6)-(8+a)i=0$

$2a+b+6=0$, $8+a=0$에서 $a=-8$, $b=10$

따라서 $b-a=18$

다른 풀이

이차방정식 $2x^2+ax+b=0$의 한 근이 $2-i$이므로 다른 한 근은 $2+i$이고

이차방정식은 근과 계수의 관계에 의하여

$(2-i)+(2+i)=-\dfrac{a}{2}$, $a=-8$

$(2-i)(2+i)=\dfrac{b}{2}$, $b=10$

따라서 $b-a=18$

---

11 나머지정리 　　　　　　　　　　정답률 69% | 정답 ②

최고차항의 계수가 1인 이차다항식 $P(x)$가 다음 조건을 만족시킬 때, $P(4)$의 값은? [3점]

(가) $P(x)$를 $x-1$로 나누었을 때의 나머지는 1이다.
(나) $xP(x)$를 $x-2$로 나누었을 때의 나머지는 2이다.

① 6　　② 7　　③ 8　　④ 9　　⑤ 10

STEP 01 $P(x)$를 놓고 두 조건을 나머지정리에 이용하여 $P(x)$를 구한 다음 $P(4)$의 값을 구한다.

두 상수 a, b에 대해 $P(x)=x^2+ax+b$라 하자.

조건 (가)에서 나머지정리에 의해 $P(1)=1$이므로

$a+b=0$　　　　　　　　　　　　$\cdots\cdots$ ㉠

조건 (나)에서 나머지정리에 의해 $2P(2)=2$, $P(2)=1$이므로

$2a+b=-3$　　　　　　　　　　　$\cdots\cdots$ ㉡

$\bigcirc$, $\bigcirc$을 연립하면 $a=-3$, $b=3$

따라서 $P(4)=4^2-3\times4+3=7$

---

12 근과 계수의 관계 　　　　정답률 70% | 정답 ②

x에 대한 삼차방정식 ❶ $x^3-(2a+1)x^2+(a+1)^2x-(a^2+1)=0$의 서로 다른 두 허근을 α, β라 하자. $\alpha+\beta=8$일 때, $\alpha\beta$의 값은?
(단, a는 실수이다.) [3점]

① 16　　② 17　　③ 18　　④ 19　　⑤ 20

STEP 01 ❶을 조립제법으로 인수분해한 후 근과 계수의 관계에서 a를 구한 다음 $\alpha\beta$의 값을 구한다.

조립제법을 이용하면

1	1	$-(2a+1)$	$(a+1)^2$	$-(a^2+1)$
		1	$-2a$	a^2+1
	1	$-2a$	a^2+1	0

에서
$x^3-(2a+1)x^2+(a+1)^2x-(a^2+1)=(x-1)(x^2-2ax+a^2+1)$ 이고
이차방정식 $x^2-2ax+a^2+1=0$의 판별식을 D라 하면
$D=4a^2-4(a^2+1)=-4<0$이므로
삼차방정식 $x^3-(2a+1)x^2+(a+1)^2x-(a^2+1)=0$의
서로 다른 두 허근인 α, β는
이차방정식 $x^2-2ax+a^2+1=0$의 서로 다른 두 허근과 같다.
이차방정식의 근과 계수의 관계에 의해 $\alpha+\beta=2a=8$이므로 $a=4$
따라서 $\alpha\beta=a^2+1=17$

● 핵심 공식

▶ 이차방정식의 근과 계수의 관계
이차방정식 $ax^2+bx+c=0$ (단, $a\neq0$)의 두 근을 α, β라고 하면,
$\alpha+\beta=-\dfrac{b}{a}$, $\alpha\beta=\dfrac{c}{a}$

---

13 나머지정리를 이용한 다항식의 나눗셈 　　정답률 81% | 정답 ③

x에 대한 다항식 ❶ $x^5+ax^2+(a+1)x+2$를 $x-1$로 나누었을 때의 몫은 $Q(x)$이고 나머지는 6이다. $a+Q(2)$의 값은? (단, a는 상수이다.) [3점]

① 33　　② 35　　③ 37　　④ 39　　⑤ 41

STEP 01 ❶의 식을 세운 후 나머지정리에 의해 a를 구한 다음 $Q(2)$, $a+Q(2)$의 값을 구한다.

$x^5+ax^2+(a+1)x+2=(x-1)Q(x)+6$ 　　　…… $\bigcirc$
$\bigcirc$에 $x=1$을 대입하면
$1+a+(a+1)+2=6$이므로 $a=1$
$x^5+x^2+2x+2=(x-1)Q(x)+6$ 　　　…… $\bigcirc$
$\bigcirc$에 $x=2$을 대입하면
$32+4+4+2=Q(2)+6$이므로 $Q(2)=36$
따라서 $a+Q(2)=37$

---

14 다항식의 연산의 활용 　　　　정답률 72% | 정답 ①

분자 사이에 인력이나 반발력이 작용하지 않고 분자의 크기를 무시할 수 있는 가상의 기체를 이상 기체라 한다.
강철 용기에 들어 있는 이상 기체의 부피를 $V(\text{L})$, 몰수를 $n(\text{mol})$, 절대 온도를 $T(\text{K})$, 압력을 $R(\text{atm})$이라 할 때, 다음과 같은 관계식이 성립한다.

❶ $V=R\left(\dfrac{nT}{P}\right)$ (단, R는 기체 상수이다.)

강철 용기 A와 강철 용기 B에 부피가 각각 V_A, V_B인 이상 기체가 들어 있다. ❷ 강철 용기 A에 담긴 이상 기체의 몰수는 강철 용기 B에 담긴 이상 기체의 몰수의 $\dfrac{1}{4}$배이고, ❸ 강철 용기 A에 담긴 이상 기체의 압력은 강철 용기 B에 담긴 이상 기체의 압력의 $\dfrac{3}{2}$배이다. 강철 용기 A와 강철 용기 B에 담긴 이상 기체의 절대 온도가 같을 때, $\dfrac{V_A}{V_B}$의 값은? [4점]

① $\dfrac{1}{6}$　　② $\dfrac{1}{3}$　　③ $\dfrac{1}{2}$　　④ $\dfrac{2}{3}$　　⑤ $\dfrac{5}{6}$

STEP 01 ❶에 ❷, ❸을 대입하여 $\dfrac{V_A}{V_B}$의 값을 구한다.

절대 온도가 T인 이상 기체가 담긴 두 강철 용기 A, B에 대하여 각 강철 용기에 담긴 이상 기체의 몰수를 각각 n_A, n_B라 하고, 압력을 각각 P_A, P_B라 하자.

$n_A=\dfrac{1}{4}n_B$, $P_A=\dfrac{3}{2}P_B$이므로

$V_A=R\left(\dfrac{n_AT}{P_A}\right)=R\left(\dfrac{\frac{1}{4}n_BT}{\frac{3}{2}P_B}\right)=\dfrac{1}{6}R\left(\dfrac{n_BT}{P_B}\right)=\dfrac{1}{6}V_B$

따라서 $\dfrac{V_A}{V_B}=\dfrac{1}{6}$

---

15 이차함수의 최대와 최소 　　　　정답률 55% | 정답 ②

그림과 같이 직선 $x=t\,(0<t<3)$이 두 이차함수 $y=2x^2+1$, $y=-(x-3)^2+1$의 그래프와 만나는 점을 각각 P, Q라 하자. 두 점 A$(0,\,1)$, B$(3,\,1)$에 대하여 ❶ 사각형 $PAQB$의 넓이의 최솟값은? [4점]

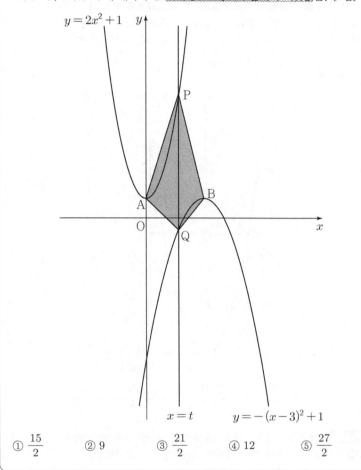

① $\dfrac{15}{2}$　　② 9　　③ $\dfrac{21}{2}$　　④ 12　　⑤ $\dfrac{27}{2}$

STEP 01 두 점 P, Q의 좌표를 놓고 $\overline{PQ}$, $\overline{AB}$를 구한 후 ❶을 구한 다음 최솟값을 구한다.

두 점 P, Q는 각각
P$(t,\,2t^2+1)$, Q$(t,\,-(t-3)^2+1)$이므로
$\overline{PQ}=2t^2+1+(t-3)^2=3t^2-6t+9$
$\overline{AB}=3$이고 $\overline{AB}\perp\overline{PQ}$이므로 사각형 $PAQB$의 넓이는
$\dfrac{1}{2}\times\overline{AB}\times\overline{PQ}=\dfrac{3}{2}(3t^2-6t+9)$ 이다.
사각형 $PAQB$의 넓이를 $S(t)$라 하면 $0<t<3$에서
$S(t)=\dfrac{3}{2}(3t^2-6t+9)=\dfrac{9}{2}(t-1)^2+9$
$S(t)$는 $t=1$일 때 최솟값 9를 갖는다.
따라서 사각형 $PAQB$의 넓이의 최솟값은 9

---

16 삼차방정식 　　　　정답률 57% | 정답 ③

x에 대한 삼차방정식 ❶ $(x-a)\{x^2+(1-3a)x+4\}=0$이 ❷ 서로 다른 세 실근 1, α, β를 가질 때, $\alpha\beta$의 값은? (단, a는 상수이다.) [4점]

① 4　　② 6　　③ 8　　④ 10　　⑤ 12

STEP 01 1이 ❶의 일차식의 근이거나 이차식의 근인 경우를 나누어 ❷를 만족하는 경우를 찾아 α, β를 구한 다음 $\alpha\beta$의 값을 구한다.

(i) 1이 x에 대한 방정식 $x-a=0$의 근일 경우
$a=1$이므로
주어진 방정식은 $(x-1)(x^2-2x+4)=0$이고
방정식 $x^2-2x+4=0$의 판별식을 D라 할 때
$D=4-16<0$이므로
방정식 $(x-1)(x^2-2x+4)=0$은 서로 다른 세 실근을 갖지 않는다.

(ii) 1이 x에 대한 방정식 $x^2+(1-3a)x+4=0$의 근일 경우
$1+(1-3a)+4=0$에서 $a=2$이므로
주어진 방정식은 $(x-2)(x^2-5x+4)=0$
방정식 $x^2-5x+4=0$이 두 실근 1, 4를 가지므로
방정식 $(x-2)(x^2-5x+4)=0$은 서로 다른 세 실근 1, 2, 4를 갖는다.

따라서 (i), (ii)에 의해
$\alpha=2$, $\beta=4$ (또는 $\alpha=4$, $\beta=2$)이므로 $\alpha\beta=8$

---

17 이차방정식과 이차함수의 관계 　　　　정답률 53% | 정답 ②

그림과 같이 ❶ 이차함수 $y=ax^2(a>0)$의 그래프와 직선 $y=x+6$이 만나는 두 점 A, B의 x좌표를 각각 α, β라 하자. 점 B에서 x축에 내린 수선의 발을 H, 점 A에서 선분 BH에 내린 수선의 발을 C라 하자.
❷ $\overline{BC}=\dfrac{7}{2}$일 때, $\alpha^2+\beta^2$의 값은? (단, $\alpha<\beta$) [4점]

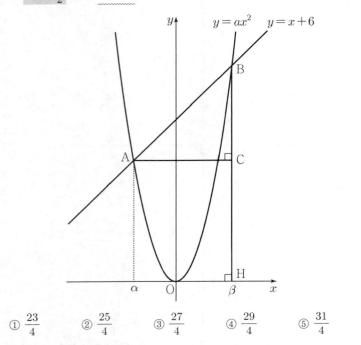

① $\dfrac{23}{4}$　　② $\dfrac{25}{4}$　　③ $\dfrac{27}{4}$　　④ $\dfrac{29}{4}$　　⑤ $\dfrac{31}{4}$

STEP 01 ❶의 두 식을 연립한 이차방정식의 근과 계수의 관계에 의해 $\alpha+\beta$, $\alpha\beta$를 구한 다음 직선 $y=x+6$의 기울기와 ❷를 이용하여 $\beta-\alpha$를 구한다.

이차함수 $y=ax^2(a>0)$의 그래프와
직선 $y=x+6$이 만나는 두 점의 x좌표는
$ax^2=x+6$에서 이차방정식 $ax^2-x-6=0$의 두 실근 α, $\beta(\alpha<\beta)$와
같으므로 이차방정식의 근과 계수의 관계에 의해
$\alpha+\beta=\dfrac{1}{a}$, $\alpha\beta=-\dfrac{6}{a}$

한편, $\overline{CA}=\beta-\alpha$이고 직선 $y=x+6$의 기울기가 1이므로
$\dfrac{\overline{BC}}{\overline{CA}}=\dfrac{\overline{BC}}{\beta-\alpha}=1$에서 $\beta-\alpha=\overline{BC}=\dfrac{7}{2}$

STEP 02 $\alpha+\beta$, $\alpha\beta$, $\beta-\alpha$에서 곱셈공식을 이용하여 a를 구한 다음 $\alpha^2+\beta^2$의 값을 구한다.

$(\beta-\alpha)^2=(\alpha+\beta)^2-4\alpha\beta$이므로
$\left(\dfrac{7}{2}\right)^2=\left(\dfrac{1}{a}\right)^2-4\times\left(-\dfrac{6}{a}\right)$
$\left(\dfrac{1}{a}\right)^2+\dfrac{24}{a}-\dfrac{49}{4}=0$이므로
$49a^2-96a-4=0$에서 $(49a+2)(a-2)=0$
$a>0$이므로 $a=2$
따라서
$\alpha^2+\beta^2=(\alpha+\beta)^2-2\alpha\beta=\left(\dfrac{1}{2}\right)^2-2\times\left(-\dfrac{6}{2}\right)=\dfrac{1}{4}+6=\dfrac{25}{4}$

● 핵심 공식

▶ 곱셈공식의 변형
(1) $a^2+b^2=(a+b)^2-2ab=(a-b)^2+2ab$
(2) $(a+b)^2=(a-b)^2+4ab$
(3) $a^2+b^2+c^2=(a+b+c)^2-2(ab+bc+ca)$

---

18 사차방정식 　　　　정답률 49% | 정답 ⑤

다음은 자연수 n에 대하여 x에 대한 사차방정식
$$4x^4-4(n+2)x^2+(n-2)^2=0$$
이 서로 다른 네 개의 정수해를 갖도록 하는 20 이하의 모든 n의 값을 구하는 과정이다.

$P(x)=4x^4-4(n+2)x^2+(n-2)^2$이라 하자.
$x^2=X$라 하면 주어진 방정식 $P(x)=0$은
❶ $4X^2-4(n+2)X+(n-2)^2=0$이고
근의 공식에 의해 $X=\dfrac{n+2\pm\sqrt{\boxed{(가)}}}{2}$ 이다.

그러므로 $X=\left(\sqrt{\dfrac{n}{2}}+1\right)^2$ 또는 $X=\left(\sqrt{\dfrac{n}{2}}-1\right)^2$에서
$x=\sqrt{\dfrac{n}{2}}+1$ 또는 $x=-\sqrt{\dfrac{n}{2}}-1$ 또는 $x=\sqrt{\dfrac{n}{2}}-1$
또는 $x=-\sqrt{\dfrac{n}{2}}+1$이다.

방정식 $P(x)=0$이 정수해를 갖기 위해서는 ❷ $\sqrt{\dfrac{n}{2}}$ 이 자연수가 되어야 한다.
따라서 자연수 n에 대하여 방정식 ❸ $P(x)=0$이 서로 다른 네 개의 정수해를 갖도록 하는 20 이하의 모든 n의 값은 $\boxed{(나)}$, $\boxed{(다)}$ 이다.

위의 (가)에 알맞은 식을 $f(n)$이라 하고, (나), (다)에 알맞은 수를 각각 a, b라 할 때, $f(b-a)$의 값은? (단, $a<b$) [4점]

① 48　　② 56　　③ 64　　④ 72　　⑤ 80

STEP 01 ❶에서 근의 공식에 의해 (가)를 구한다.

$x^2=X$라 하면 주어진 방정식 $P(x)=0$은
$4X^2-4(n+2)X+(n-2)^2=0$이고 근의 공식에 의해
$X=\dfrac{2(n+2)\pm\sqrt{4(n+2)^2-4(n-2)^2}}{4}=\dfrac{n+2\pm\sqrt{\boxed{8n}}}{2}$이다.

그러므로 $X=\left(\sqrt{\dfrac{n}{2}}+1\right)^2$ 또는 $X=\left(\sqrt{\dfrac{n}{2}}-1\right)^2$
즉, $x^2=\left(\sqrt{\dfrac{n}{2}}+1\right)^2$ 또는 $x^2=\left(\sqrt{\dfrac{n}{2}}-1\right)^2$에서
$x=\sqrt{\dfrac{n}{2}}+1$ 또는 $x=-\sqrt{\dfrac{n}{2}}-1$ 또는 $x=\sqrt{\dfrac{n}{2}}-1$
또는 $x=-\sqrt{\dfrac{n}{2}}+1$이다.

STEP 02 20이하의 자연수 중 ❷를 만족하는 n을 구한 후 ❸을 만족하는지 확인하여 (나), (다)를 구한 다음 $f(b-a)$의 값을 구한다.

방정식 $P(x)=0$이 정수해를 갖기 위해서는 $\sqrt{\dfrac{n}{2}}$ 이 자연수가 되어야 한다.
자연수 l에 대하여 $n=2l^2$이어야 하므로 20 이하의 자연수 n의 값은 2, 8, 18이다.
(i) $n=2$인 경우
$x=-2$ 또는 $x=0$ 또는 $x=2$
이므로 서로 다른 세 개의 정수해를 가진다.
(ii) $n=8$인 경우
$x=-3$ 또는 $x=-1$ 또는 $x=1$ 또는 $x=3$
이므로 서로 다른 네 개의 정수해를 가진다.
(iii) $n=18$인 경우
$x=-4$ 또는 $x=-2$ 또는 $x=2$ 또는 $x=4$
이므로 서로 다른 네 개의 정수해를 가진다.
(i), (ii), (iii)에 의해 방정식 $P(x)=0$이 서로 다른 네 개의 정수해를 갖도록 하는 20 이하의 모든 n의 값은 $\boxed{8}$, $\boxed{18}$이다.
따라서 $f(n)=8n$, $a=8$, $b=18$이므로
$f(b-a)=f(10)=80$

19 다항식의 연산의 활용 정답률 52% | 정답 ④

그림과 같이 선분 AB를 빗변으로 하는 직각삼각형 ABC가 있다. 점 C에서 선분 AB에 내린 수선의 발을 H라 할 때, $\overline{CH}=1$이고 ❶ 삼각형 ABC의 넓이는 $\dfrac{4}{3}$ 이다.

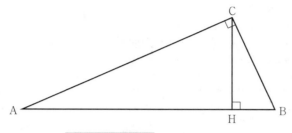

$\overline{BH}=x$라 할 때, ❷ $3x^3-5x^2+4x+7$의 값은? (단, $x<1$) [4점]

① $13-3\sqrt{7}$ ② $14-3\sqrt{7}$ ③ $15-3\sqrt{7}$ ④ $16-3\sqrt{7}$ ⑤ $17-3\sqrt{7}$

STEP 01 ❶에서 $\overline{AB}$를 구한 후 두 삼각형 AHC와 CHB의 닮음을 이용하여 방정식을 세워 x를 구한다.

$\overline{CH}=1$, $\overline{BH}=x$이고 삼각형 ABC의 넓이가 $\dfrac{4}{3}$이므로 $\overline{AB}=\dfrac{8}{3}$

직각삼각형 AHC와 직각삼각형 CHB는 서로 닮음이므로
$\overline{AH}:\overline{CH}=\overline{CH}:\overline{BH}$이다.

$\left(\dfrac{8}{3}-x\right):1=1:x$이므로 $3x^2-8x+3=0$

$0<x<1$이므로 $x=\dfrac{4-\sqrt{7}}{3}$이다.

STEP 02 다항식의 나눗셈을 이용하여 ❷의 값을 구한다.

한편, 다항식 $3t^3-5t^2+4t+7$을 $3t^2-8t+3$으로 나누었을 때의 몫은 $t+1$, 나머지는 $9t+4$이므로
$3t^3-5t^2+4t+7=(3t^2-8t+3)(t+1)+9t+4$
따라서
$3x^3-5x^2+4x+7=(3x^2-8x+3)(x+1)+9x+4$
$=9x+4=9\times\dfrac{4-\sqrt{7}}{3}+4=16-3\sqrt{7}$

★★★ 등급을 가르는 문제!

20 이차함수의 최대와 최소 정답률 43% | 정답 ①

실수 a에 대하여 이차함수 $f(x)=(x-a)^2$이 다음 조건을 만족시킨다.

(가) $2\le x\le 10$에서 함수 $f(x)$의 최솟값은 0이다.
(나) $2\le x\le 6$에서 함수 $f(x)$의 최댓값과
$6\le x\le 10$에서 함수 $f(x)$의 최솟값은 같다.

$f(-1)$의 최댓값을 M, 최솟값을 m이라 할 때, $M+m$의 값은? [4점]

① 34 ② 35 ③ 36 ④ 37 ⑤ 38

STEP 01 a의 범위를 나누어 조건을 만족하는 $f(-1)$의 범위를 구한 후 $M+m$의 값을 구한다.

함수 $f(x)=(x-a)^2$이므로 이차함수 $y=f(x)$의 그래프의 꼭짓점의 좌표는 $(a,0)$이고, 조건 (가)에 의해 $2\le a\le 10$이다.

(i) $a=2$인 경우
$2\le x\le 6$에서 함수 $f(x)$의 최댓값과 $6\le x\le 10$에서 함수 $f(x)$의 최솟값은 $f(6)$으로 같으므로 조건 (나)를 만족시킨다.
그러므로 $f(-1)=(-1-2)^2=9$

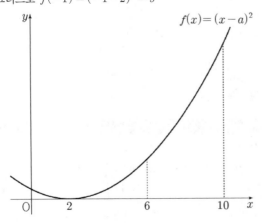

(ii) $2<a\le 6$인 경우
$2\le x\le 6$에서 함수 $f(x)$의 최댓값은 $f(2)$ 또는 $f(6)$이고
$6\le x\le 10$에서 함수 $f(x)$의 최솟값은 $f(6)$이므로
조건 (나)에 의해 $f(2)\le f(6)$이다.
$(2-a)^2-(6-a)^2\le 0$에서 $a\le 4$이므로 $2<a\le 4$
$f(-1)=(-1-a)^2$이므로 $9<f(-1)\le 25$

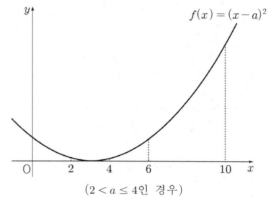

(2 < a ≤ 4인 경우)

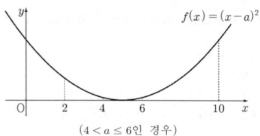

(4 < a ≤ 6인 경우)

(iii) $6<a\le 10$인 경우
$2\le x\le 6$에서 함수 $f(x)$의 최댓값은 $f(2)$이고
$6\le x\le 10$에서 함수 $f(x)$의 최솟값은 0이다.
$f(2)>0$이므로 조건 (나)를 만족시키지 않는다.

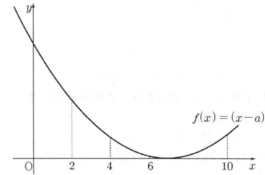

따라서 (i), (ii), (iii)에 의해 $9\le f(-1)\le 25$이므로
$M+m=25+9=34$

★★ 문제 해결 꿀~팁 ★★

▶ 문제 해결 방법
두 조건에서 $2\le a<6$이고 $f(a)\le f(2)\le f(6)$임을 알 수 있다.
미리 이 사실을 알 수 있으면 a의 범위를 나눌 필요 없이 부등식을 세워 a의 범위를 구하여 $f(-1)$의 최댓값과 최솟값을 구하면 된다. $f(x)$의 그래프가 비교적 간단한 이차함수의 그래프이므로 주어진 조건을 만족하는 그래프의 개형을 추론하는 것이 그다지 어렵지 않다. 이처럼 주어진 조건을 만족하도록 그래프를 추론하여 그리는 연습을 꾸준히 하는 것이 좋다.

21 이차함수의 그래프와 직선의 위치 관계 정답률 44% | 정답 ⑤

1이 아닌 양수 k에 대하여 직선 $y=k$와 이차함수 ❶ $y=x^2$의 그래프가 만나는 두 점을 각각 A, B라 하고, 직선 $y=k$와 이차함수 ❷ $y=x^2-6x+6$의 그래프가 만나는 두 점을 각각 C, D라 할 때, 〈보기〉에서 옳은 것만을 있는 대로 고른 것은? (단, 점 A의 x좌표는 점 B의 x좌표보다 작고, 점 C의 x좌표는 점 D의 x좌표보다 작다.) [4점]

— 〈보기〉 —

ㄱ. $k=6$일 때, $\overline{CD}=6$이다.
ㄴ. k의 값에 관계없이 $\overline{CD}^2-\overline{AB}^2$의 값은 일정하다.
ㄷ. ❸ $\overline{CD}+\overline{AB}=4$일 때, $k+\overline{BC}=\dfrac{17}{16}$이다.

① ㄱ ② ㄱ, ㄴ ③ ㄱ, ㄷ ④ ㄴ, ㄷ ⑤ ㄱ, ㄴ, ㄷ

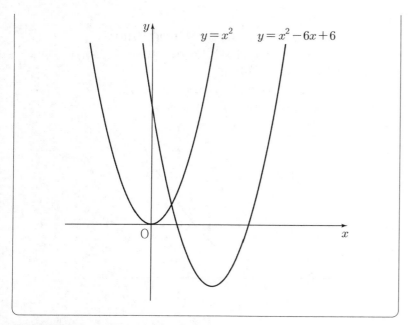

$y = x^2$　　$y = x^2 - 6x + 6$

STEP 01 ㄱ. ❷와 $y = 6$을 연립한 식의 해를 구하여 $\overline{CD}$를 구해 참, 거짓을 판별한다.

ㄱ. 방정식 $x^2 - 6x + 6 = 6$의 해는
　$x = 0$ 또는 $x = 6$이므로
　점 C$(0, 6)$, 점 D$(6, 6)$에서 $\overline{CD} = 6$이다.　　　∴ 참

STEP 02 ㄴ. ❶, ❷와 $y = k$를 각각 연립한 식에서 $\overline{AB}^2$, $\overline{CD}^2$을 구하여 참, 거짓을 판별한다.

ㄴ. 방정식 $x^2 = k$의 해는
　$x = \pm \sqrt{k}$ 이므로
　점 A$(-\sqrt{k}, k)$, 점 B$(\sqrt{k}, k)$에서 $\overline{AB}^2 = 4k$
　두 점 C, D의 x좌표를 각각 α, β라 하면
　방정식 $x^2 - 6x + 6 = k$에서
　$\alpha + \beta = 6$, $\alpha\beta = 6 - k$
　$\overline{CD}^2 = (\beta - \alpha)^2 = (\alpha + \beta)^2 - 4\alpha\beta = 12 + 4k$
　따라서 $\overline{CD}^2 - \overline{AB}^2 = (12 + 4k) - 4k = 12$로 일정하다.　∴ 참

STEP 03 ㄷ. ❸과 ㄴ에서 구한 식을 연립하여 k를 구한 후 두 점 B, C의 좌표를 구하여 $\overline{BC}$를 구해 참, 거짓을 판별한다.

ㄷ. $\overline{CD}^2 - \overline{AB}^2 = (\overline{CD} + \overline{AB})(\overline{CD} - \overline{AB}) = 12$에서
　$\overline{CD} + \overline{AB} = 4$이므로 $\overline{CD} - \overline{AB} = 3$
　$\overline{AB} = \dfrac{1}{2}$, $\overline{CD} = \dfrac{7}{2}$이고, $\overline{AB} = 2\sqrt{k} = \dfrac{1}{2}$에서 $k = \dfrac{1}{16}$이다.
　점 B의 x좌표는 $\dfrac{1}{4}$이고, 방정식 $x^2 - 6x + 6 = \dfrac{1}{16}$에서
　$16x^2 - 96x + 95 = 0$이므로
　$x = \dfrac{5}{4}$ 또는 $x = \dfrac{19}{4}$이다.
　점 C의 x좌표는 점 D의 x좌표보다 작으므로
　점 B의 x좌표는 $\dfrac{5}{4}$이고 $\overline{BC} = 1$이다.
　따라서 $k + \overline{BC} = \dfrac{1}{16} + 1 = \dfrac{17}{16}$이다.　　　∴ 참

따라서 옳은 것은 ㄱ, ㄴ, ㄷ

22 다항식의 연산　　　정답률 90% | 정답 **6**

다항식 ❶ $(4x - y - 3z)^2$의 전개식에서 yz의 계수를 구하시오. [3점]

STEP 01 ❶을 전개하여 yz의 계수를 구한다.

$(4x - y - 3z)^2 = 16x^2 + y^2 + 9z^2 - 8xy + 6yz - 24zx$
따라서 yz의 계수는 6

23 이차부등식　　　정답률 84% | 정답 **16**

x에 대한 부등식 $x^2 + ax + b \le 0$의 ❶ 해가 $-2 \le x \le 4$일 때,
ab의 값을 구하시오. (단, a, b는 상수이다.) [3점]

STEP 01 ❶을 만족하는 이차부등식을 세워 a, b를 구한 후 ab의 값을 구한다.

이차항의 계수가 1이고 해가 $-2 \le x \le 4$인 이차부등식은
$(x + 2)(x - 4) \le 0$
$x^2 - 2x - 8 \le 0$이므로 $a = -2$, $b = -8$
따라서 $ab = 16$

●핵심 공식

▶ 이차부등식의 풀이

이차부등식 $ax^2 + bx + c > 0$ (단, $a > 0$)
또는 $ax^2 + bx + c < 0$ (단, $a < 0$)의 좌변을 인수분해공식을 이용하거나 근의 공식을 이용하여 인수분해하여 해를 구하면, ($\alpha < \beta$일 때)
(1) $(x - \alpha)(x - \beta) > 0$의 해는 $x < \alpha$, $x > \beta$
(2) $(x - \alpha)(x - \beta) < 0$의 해는 $\alpha < x < \beta$

24 나머지정리　　　정답률 78% | 정답 **7**

❶ 다항식 $x^3 + 2$를 $(x + 1)(x - 2)$로 나누었을 때의 나머지를 $ax + b$라 할 때, $a + b$의 값을 구하시오. (단, a, b는 상수이다.) [3점]

STEP 01 ❶의 식을 세운 후 나머지정리를 이용하여 a, b를 구한 다음 $a + b$의 값을 구한다.

다항식 $x^3 + 2$를 $(x + 1)(x - 2)$로 나누었을 때의 몫을 $Q(x)$, 나머지를 $ax + b$라 하면
$x^3 + 2 = (x + 1)(x - 2)Q(x) + ax + b$
$x = -1$을 대입하면 $-a + b = 1$　　　　…… ㉠
$x = 2$를 대입하면 $2a + b = 10$　　　　…… ㉡
㉠과 ㉡을 연립하면 $a = 3$, $b = 4$
따라서 $a + b = 7$

●핵심 공식

▶ 나머지정리

(1) 다항식의 나눗셈
　다항식 A를 다항식 B (단, $B \ne 0$)로 나누었을 때의 몫을 Q, 나머지를 R이라고 하면
　$A = B \cdot Q + R$
　이때, R의 차수는 B의 차수보다 낮다. 그리고, 위의 등식은 항등식이다.
(2) 나머지 정리
　x에 대한 다항식 $f(x)$를 일차식 $x - \alpha$로 나누었을 때의 나머지는 $f(\alpha)$이다.
(3) 인수정리
　x에 대한 다항식 $f(x)$가 $x - \alpha$로 나누어 떨어지기 위한 필요충분조건은 $f(\alpha) = 0$이다.

25 근과 계수의 관계　　　정답률 60% | 정답 **14**

이차방정식 ❶ $x^2 - 6x + 11 = 0$의 서로 다른 두 허근을 α, β라 할 때,
❷ $11\left(\dfrac{\overline{\alpha}}{\alpha} + \dfrac{\overline{\beta}}{\beta} \right)$의 값을 구하시오.
(단, $\overline{\alpha}$, $\overline{\beta}$는 각각 α, β의 켤레복소수이다.) [3점]

STEP 01 ❶에서 이차방정식의 근과 계수의 관계를 이용하여 $\alpha + \beta$, $\alpha\beta$를 구한 후 켤레복소수의 성질을 이용하여 ❷를 정리한 다음 $\alpha + \beta$, $\alpha\beta$를 대입하여 값을 구한다.

이차방정식 $x^2 - 6x + 11 = 0$에서 $x = 3 \pm \sqrt{2}\,i$이므로
$\alpha = 3 + \sqrt{2}\,i$, $\beta = 3 - \sqrt{2}\,i$라 하면
β는 α의 켤레복소수이다.
즉, $\beta = \overline{\alpha}$, $\alpha = \overline{\beta}$이다.
또한 이차방정식의 근과 계수의 관계에 의하여
$\alpha + \beta = 6$, $\alpha\beta = 11$
따라서

$11\left(\dfrac{\overline{\alpha}}{\alpha} + \dfrac{\overline{\beta}}{\beta} \right) = 11\left(\dfrac{\beta}{\alpha} + \dfrac{\alpha}{\beta} \right) = 11\left(\dfrac{\alpha^2 + \beta^2}{\alpha\beta} \right)$

$= 11\left\{ \dfrac{(\alpha + \beta)^2 - 2\alpha\beta}{\alpha\beta} \right\}$

$= 11 \times \dfrac{36 - 22}{11} = 14$

●핵심 공식

▶ 이차방정식의 근과 계수의 관계

이차방정식 $ax^2 + bx + c = 0$ ($a \ne 0$)의 두 근을 α, β라고 하면,
$\alpha + \beta = -\dfrac{b}{a}$, $\alpha\beta = \dfrac{c}{a}$

26 나머지정리
정답률 83% | 정답 23

다음은 삼차다항식 $P(x) = ax^3 + bx^2 + cx + 11$을 $x-3$으로 나누었을 때의 몫과 나머지를 조립제법을 이용하여 구하는 과정의 일부를 나타낸 것이다.

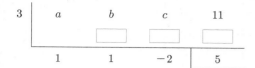

$P(x)$를 $x-4$로 나누었을 때의 나머지를 구하시오. (단, a, b, c는 상수이다.)
[4점]

STEP 01 조립제법에서 $P(x)$를 구한 후 나머지정리를 이용하여 $P(4)$의 값을 구한다.

$P(x) = ax^3 + bx^2 + cx + 11 = (x-3)(x^2 + x - 2) + 5$

다항식 $P(x)$를 $x-4$로 나누었을 때의 나머지는 $P(4)$이다.

따라서 $P(4) = 1 \times 18 + 5 = 23$

★★★ 등급을 가르는 문제!

27 절댓값을 포함한 이차부등식
정답률 31% | 정답 21

자연수 n에 대하여 x에 대한 연립부등식

❶ $\begin{cases} |x-n| > 2 \\ x^2 - 14x + 40 \leq 0 \end{cases}$

을 ❷ 만족시키는 자연수 x의 개수가 2가 되도록 하는 모든 n의 값의 합을 구하시오. [4점]

STEP 01 ❶의 두 부등식을 각각 푼 후 n의 범위를 나누어 부등식 ㉠을 풀어 ❷를 만족하는지 확인하여 만족하는 n을 구한 다음 합을 구한다.

x에 대한 연립부등식

$\begin{cases} |x-n| > 2 & \cdots\cdots ㉠ \\ x^2 - 14x + 40 \leq 0 & \cdots\cdots ㉡ \end{cases}$

에서 부등식 ㉠의 해는

$x < n-2$ 또는 $x > n+2$이다.

이차부등식 ㉡의 해는

$x^2 - 14x + 40 = (x-4)(x-10) \leq 0$에서

$4 \leq x \leq 10$이다.

(ⅰ) $n \leq 5$ 또는 $n \geq 9$인 경우

ⅰ) $n \leq 5$인 경우

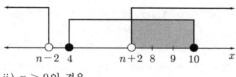

ⅱ) $n \geq 9$인 경우

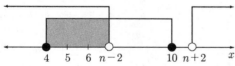

두 부등식 ㉠, ㉡을 동시에 만족시키는 자연수 x의 개수는 3이상이다.

(ⅱ) $n = 6$인 경우

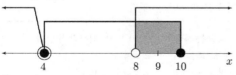

부등식 ㉠은 $|x-6| > 2$이므로 해는 $x < 4$ 또는 $x > 8$이다.
두 부등식 ㉠, ㉡을 동시에 만족시키는 자연수는 9, 10이다.

(ⅲ) $n = 7$인 경우

부등식 ㉠은 $|x-7| > 2$이므로 해는 $x < 5$ 또는 $x > 9$이다.
두 부등식 ㉠, ㉡을 동시에 만족시키는 자연수는 4, 10이다.

(ⅳ) $n = 8$인 경우

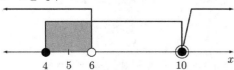

부등식 ㉠은 $|x-8| > 2$이므로 해는 $x < 6$ 또는 $x > 10$이다.
두 부등식 ㉠, ㉡을 동시에 만족시키는 자연수는 4, 5이다.

따라서 (ⅰ), (ⅱ), (ⅲ), (ⅳ)에 의해
자연수 n의 값은 6, 7, 8이므로
모든 자연수 n의 값의 합은 $6 + 7 + 8 = 21$

★★ 문제 해결 꿀~팁 ★★

▶ 문제 해결 방법

$x^2 - 14x + 40 \leq 0$의 부등식을 풀면 $4 \leq x \leq 10$이고
$|x-n| > 2$은 $x < n-2$ 또는 $x > n+2$이다.
만족하는 자연수 x의 개수가 2인 경우는 만족하는 자연수가 4, 5이거나 4, 10이거나 9, 10인 경우이다.
해설의 풀이처럼 n의 범위를 나누어 부등식을 풀어 만족하는 n을 구하여도 되나 이처럼 만족하는 자연수에 따라 경우를 나누면 좀 더 수월하게 문제를 해결할 수 있다.
만족하는 자연수가 9, 10인 경우 수직선에 두 부등식의 교집합에 9, 10만 포함되도록 범위를 그려 보면 $n-2 \geq 4$, $7 < n+2 \leq 8$이어야 하므로 만족하는 $n = 6$이다.
다른 경우도 같은 방법으로 수직선을 그려 n을 구할 수 있다. 주어진 조건을 만족하도록 수직선에 영역을 나타내어 $n+2$, $n-2$의 범위를 구할 수 있으면 된다.

★★★ 등급을 가르는 문제!

28 이차함수의 그래프와 직선의 위치 관계
정답률 22% | 정답 91

그림과 같이 이차함수 ❶ $y = x^2 - 4x + \dfrac{25}{4}$의 그래프가 직선 $y = ax(a > 0)$과 한 점 A에서만 만난다. 이차함수 $y = x^2 - 4x + \dfrac{25}{4}$의 그래프가 y축과 만나는 점을 B, 점 A에서 x축에 내린 수선의 발을 H라 하고, 선분 OA와 선분 BH가 만나는 점을 C라 하자. 삼각형 BOC의 넓이를 S_1, 삼각형 ACH의 넓이를 S_2라 할 때, $S_1 - S_2 = \dfrac{q}{p}$이다. $p+q$의 값을 구하시오. (단, O는 원점이고, p와 q는 서로소인 자연수이다.) [4점]

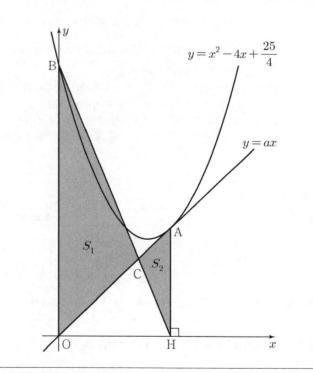

STEP 01 ❶에서 판별식을 이용하여 a를 구한다.

이차함수 $y = x^2 - 4x + \dfrac{25}{4}$의 그래프가 직선 $y = ax$와 한 점에서만 만나므로

$x^2 - 4x + \dfrac{25}{4} = ax$에서

이차방정식 $x^2 - (a+4)x + \dfrac{25}{4} = 0$의 판별식을 D라 할 때

$D = (a+4)^2 - 4 \times 1 \times \dfrac{25}{4} = 0$

$(a+4)^2 = 25$에서 $a > 0$이므로 $a = 1$

STEP 02 세 점 A, B, H의 좌표를 구한 후 두 삼각형 BOH와 AOH의 넓이의 차를 이용하여 $S_1 - S_2$를 구한 다음 $p+q$의 값을 구한다.

이차함수 $y = x^2 - 4x + \dfrac{25}{4}$의 그래프가 $y = x$와 만나는 점의 x좌표는

$x^2 - 4x + \dfrac{25}{4} = x$에서

이차방정식 $x^2-5x+\dfrac{25}{4}=0$의 실근과 같으므로

$\left(x-\dfrac{5}{2}\right)^2=0$에서 $x=\dfrac{5}{2}$이고,

세 점을 A, B, H는 각각

$A\left(\dfrac{5}{2},\ \dfrac{5}{2}\right)$, $B\left(0,\ \dfrac{25}{4}\right)$, $H\left(\dfrac{5}{2},\ 0\right)$이다.

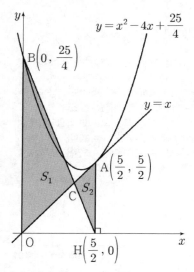

한편, 삼각형 BOH의 넓이를 T_1,
삼각형 AOH의 넓이를 T_2라 할 때,
$T_1-T_2=S_1-S_2$가 성립한다.

$S_1-S_2=T_1-T_2=\dfrac{1}{2}\times\dfrac{5}{2}\times\dfrac{25}{4}-\dfrac{1}{2}\times\dfrac{5}{2}\times\dfrac{5}{2}=\dfrac{75}{16}$

따라서 $p=16$, $q=75$이므로 $p+q=91$

★★ 문제 해결 꿀~팁 ★★

▶ 문제 해결 방법

$y=x^2-4x+\dfrac{25}{4}$와 $y=ax$가 한 점에서만 만나므로 두 식을 연립한 식의 판별식

$D=0$에서 $a=1$이다. 그러므로 $y=x^2-4x+\dfrac{25}{4}$와 $y=x$를 연립하면 점 A의 좌표를
구할 수 있고 나머지 두 점 B, H의 좌표도 구할 수 있다.
S_1-S_2를 구해야 하는데 직선 BH의 방정식을 구하고 $y=x$와 연립하여 점 C의 좌표
를 구하여 두 삼각형의 넓이를 각각 구하여도 무방하나 두 삼각형 BOH와 AOH의 넓이
의 차를 이용하는 것이 훨씬 더 간단하게 구할 수 있는 방법이다. 두 삼각형 BOH와
AOH가 모두 삼각형 COH를 공유하고 있으므로 이 두 삼각형의 넓이 차를 구하면 된다.

★★★ 등급을 가르는 문제!

29 복소수의 성질   정답률 25% | 정답 94

49 이하의 두 자연수 m, n이

❶ $\left\{\left(\dfrac{1+i}{\sqrt{2}}\right)^m-i^n\right\}^2=4$

를 만족시킬 때, $m+n$의 최댓값을 구하시오. (단, $i=\sqrt{-1}$) [4점]

STEP 01 m의 범위를 나누어 $\left(\dfrac{1+i}{\sqrt{2}}\right)^m$과 i^n의 값을 구한다.

49 이하의 두 자연수 m에 대하여 $\left(\dfrac{1+i}{\sqrt{2}}\right)^m$의 값은 다음과 같다.

$m=1,\ 9,\ 17,\ \cdots,\ 49$일 때, $\left(\dfrac{1+i}{\sqrt{2}}\right)^m=\dfrac{1+i}{\sqrt{2}}$

$m=2,\ 10,\ 18,\ \cdots,\ 42$일 때, $\left(\dfrac{1+i}{\sqrt{2}}\right)^m=i$

$m=3,\ 11,\ 19,\ \cdots,\ 43$일 때, $\left(\dfrac{1+i}{\sqrt{2}}\right)^m=\dfrac{-1+i}{\sqrt{2}}$

$m=4,\ 12,\ 20,\ \cdots,\ 44$일 때, $\left(\dfrac{1+i}{\sqrt{2}}\right)^m=-1$

$m=5,\ 13,\ 21,\ \cdots,\ 45$일 때, $\left(\dfrac{1+i}{\sqrt{2}}\right)^m=\dfrac{-1-i}{\sqrt{2}}$

$m=6,\ 14,\ 22,\ \cdots,\ 46$일 때, $\left(\dfrac{1+i}{\sqrt{2}}\right)^m=-i$

$m=7,\ 15,\ 23,\ \cdots,\ 47$일 때, $\left(\dfrac{1+i}{\sqrt{2}}\right)^m=\dfrac{1-i}{\sqrt{2}}$

$m=8,\ 16,\ 24,\ \cdots,\ 48$일 때, $\left(\dfrac{1+i}{\sqrt{2}}\right)^m=1$

49 이하의 자연수 n에 대하여 i^n의 값은 다음과 같다.

$m=1,\ 5,\ 9,\ \cdots,\ 49$일 때, $i^n=i$

$m=2,\ 6,\ 10,\ \cdots,\ 46$일 때, $i^n=-1$

$m=3,\ 7,\ 11,\ \cdots,\ 47$일 때, $i^n=-i$

$m=4,\ 8,\ 12,\ \cdots,\ 48$일 때, $i^n=1$

STEP 02 ❶을 만족하는 $\left(\dfrac{1+i}{\sqrt{2}}\right)^m$과 i^n의 값을 구하여 그 때의 m, n을 구한 다음
$m+n$의 최댓값을 구한다.

$\left\{\left(\dfrac{1+i}{\sqrt{2}}\right)^m-i^n\right\}^2=4$이므로

$\left(\dfrac{1+i}{\sqrt{2}}\right)^m-i^n=2$ 또는 $\left(\dfrac{1+i}{\sqrt{2}}\right)^m-i^n=-2$

(i) $\left(\dfrac{1+i}{\sqrt{2}}\right)^m-i^n=2$인 경우

$\left(\dfrac{1+i}{\sqrt{2}}\right)^m=1$, $i^n=-1$이므로

$m=48$, $n=46$일 때 $m+n$은 최댓값 94를 갖는다.

(ii) $\left(\dfrac{1+i}{\sqrt{2}}\right)^m-i^n=-2$인 경우

$\left(\dfrac{1+i}{\sqrt{2}}\right)^m=-1$, $i^n=1$이므로

$m=44$, $n=48$일 때 $m+n$은 최댓값 92를 갖는다.

따라서 (i), (ii)에 의해 $m+n$의 최댓값은 94

★★ 문제 해결 꿀~팁 ★★

▶ 문제 해결 방법

$\left\{\left(\dfrac{1+i}{\sqrt{2}}\right)^m-i^n\right\}^2=4$이므로

$\left(\dfrac{1+i}{\sqrt{2}}\right)^m-i^n=2$ 또는 $\left(\dfrac{1+i}{\sqrt{2}}\right)^m-i^n=-2$이다.

$\left(\dfrac{1+i}{\sqrt{2}}\right)^m-i^n=2$인 경우는 $\left(\dfrac{1+i}{\sqrt{2}}\right)^m=1$, $i^n=-1$이고

$\left(\dfrac{1+i}{\sqrt{2}}\right)^m-i^n=-2$인 경우는 $\left(\dfrac{1+i}{\sqrt{2}}\right)^m=-1$, $i^n=1$일 때이다.

$\left(\dfrac{1+i}{\sqrt{2}}\right)^m=1$인 경우는 m이 8의 배수일 때이므로 m의 최댓값은 48, $i^n=-1$인 경우
는 n이 4의 배수+2일 때이므로 n의 최댓값은 46으로 $m+n$의 최댓값은 94이다.

$\left(\dfrac{1+i}{\sqrt{2}}\right)^m=-1$, $i^n=1$인 경우도 같은 방법으로 최댓값을 구하여 94와 비교하면 된다.

i^n의 규칙은 알고 있어야 하고 $\left(\dfrac{1+i}{\sqrt{2}}\right)^m$의 규칙성은 $m=1$일 때부터 차례로 구하여 규
칙을 찾아야 한다. 대부분의 i와 관련된 식들이 규칙을 가지는 경우는 4의 배수나 8의
배수를 기준으로 나누어진다.

★★★ 등급을 가르는 문제!

30 부등식을 활용한 이차함수의 그래프의 추론   정답률 8% | 정답 120

이차함수 $f(x)$, $g(x)$가 다음 조건을 만족시킨다.

(가) 함수 $y=f(x)$의 그래프는 x축과 한 점 $(0,\ 0)$에서만 만난다.
(나) 부등식 $f(x)+g(x)\geq 0$의 해는 $x\geq 2$이다.
(다) 모든 실수 x에 대하여 $f(x)-g(x)\geq f(1)-g(1)$이다.

x에 대한 방정식 ❶ $\{f(x)-k\}\times\{g(x)-k\}=0$이 실근을 갖지 않도록 하는
❷ 정수 k의 개수가 5일 때, $f(22)+g(22)$의 최댓값을 구하시오. [4점]

STEP 01 조건 (가)에서 미지수를 이용하여 $f(x)$를 구한 후 조건 (나)에서 $g(x)$를
구한다. 두 조건 (나), (다)의 부등식을 이용하여 미지수들의 관계식을 구한다.

조건 (가)에서 $f(x)=ax^2(a\neq 0)$
조건 (나)를 만족시키려면 $f(x)+g(x)$는 일차식이어야 하므로
$g(x)=-ax^2+bx+c(b\neq 0)$으로 나타낼 수 있다.
$f(x)+g(x)=bx+c$이고 부등식 $bx+c\geq 0$의 해가 $x\geq 2$이므로
$b>0$, $-\dfrac{c}{b}=2$, $c=-2b$

조건 (다)를 만족시키려면
함수 $f(x)-g(x)=2ax^2-bx+2b$가 $x=1$에서 최솟값을 가지므로

[문제편 p.060]

$a>0$이고, $\dfrac{b}{4a}=1$에서 $b=4a$

조건 (나)에서 $c=-2b$이므로 $c=-8a$

즉, $g(x)=-a(x^2-4x+8)=-a(x-2)^2-4a$

STEP 02 ❶을 성립할 조건을 구한 후 그래프에서 k의 범위를 구한 다음 ❷에서 a의 범위를 구하여 $f(22)+g(22)$의 최댓값을 구한다.

두 조건 (가), (나)에서 $f(x)+g(x)=4a(x-2)$이다.

방정식 $\{f(x)-k\}\times\{g(x)-k\}=0$이 실근을 갖지 않기 위해서는

방정식 $f(x)-k=0$은 실근을 갖지 않고, 방정식 $g(x)-k=0$도 실근을 갖지 않아야 한다.

즉, 함수 $y=f(x)$의 그래프와 직선 $y=k$가 만나지 않고, 함수 $y=g(x)$의 그래프와 직선 $y=k$도 만나지 않으므로 직선 $y=k$는 두 함수 $y=f(x)$, $y=g(x)$의 그래프의 사이에 있다.

그러므로 정수 k는 함수 $g(x)$의 최댓값인 $-4a$보다 크고, 함수 $f(x)$의 최솟값인 0보다 작다.

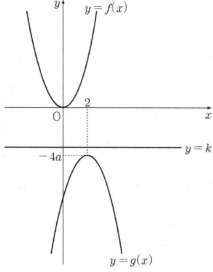

$-4a<k<0$을 만족시키는 정수 k의 개수가 5이므로

$-6\le-4a<-5$에서 $\dfrac{5}{4}<a\le\dfrac{3}{2}$

따라서 $f(22)+g(22)=4a(22-2)=80a$이므로

$f(22)+g(22)$의 최댓값은 $80\times\dfrac{3}{2}=120$

★★ 문제 해결 꿀~팁 ★★

▶ **문제 해결 방법**

조건 (가)에서 $f(x)=ax^2(a\neq0)$이고

조건 (나)에서 $g(x)=-ax^2+b(x-2)$ $(b>0)$

조건 (다)에서 이차함수 $f(x)-g(x)=2ax^2-b(x-2)$는 $x=1$이 대칭축이므로

$\dfrac{\frac{b}{2}}{2a}=1$, $b=4a$이다.

이제 미지수 a만 구하면 되는데 다음 조건으로 $\{f(x)-k\}\times\{g(x)-k\}=0$이 실근을 갖지 않기 위해서는

직선 $y=k$는 두 함수 $y=f(x)$, $y=g(x)$의 그래프의 사이에 있어야 하므로 k는 함수 $g(x)$의 최댓값인 $-4a$보다 크고, 함수 $f(x)$의 최솟값인 0보다 작아야 한다. 그러므로 $-4a<k<0$이고 이를 만족시키는 정수 k의 개수가 5이므로 $-6\le-4a<-5$이다. 주어진 세 조건의 활용도가 높다고 할 수 있다.

조건 (가)에서 $f(x)$를 놓고 조건 (나)에서 $g(x)$를 놓을 수 있어야 한다. 또한 조건 (나)에서 $f(x)+g(x)$의 차수와 조건 (다)에서 $f(x)-g(x)$의 차수를 파악할 수 있어야 한다. 아울러 조건 (다)에서 이차함수 $f(x)-g(x)$가 $x=1$에서 최솟값을 갖는다는 것을 파악할 수 있어야 한다. 각 조건이 주는 정보를 파악하여 식을 세울 수 있어야 한다.

뿐만 아니라 $\{f(x)-k\}\times\{g(x)-k\}=0$이 실근을 갖지 않으려면 그래프에서 직선 $y=k$가 두 이차함수 사이에 있어야 함도 알아야 한다. 모든 조건과 식에 함축된 의미를 포함하고 있어 이를 정확하게 이해하여야만 문제를 풀이할 수 있다.

• 정답 •

01 ④ 02 ③ 03 ④ 04 ⑤ 05 ⑤ 06 ③ 07 ① 08 ① 09 ③ 10 ② 11 ② 12 ① 13 ③ 14 ② 15 ① 16 ③ 17 ④ 18 ② 19 ⑤ 20 ② 21 ⑤ 22 12 23 18 24 3 25 6 26 7 27 25 28 10 29 13 30 31

★ 표기된 문항은 [등급을 가르는 문제]에 해당하는 문항입니다.

01 복소수의 계산 정답률 96% | 정답 ④

❶ $1+2i+i(1-i)$의 값은? (단, $i=\sqrt{-1}$ 이다.) [2점]

① $-2+3i$ ② $-1+3i$ ③ $-1+4i$ ④ $2+3i$ ⑤ $2+4i$

STEP 01 복소수의 계산으로 ❶의 값을 구한다.

$1+2i+i(1-i)=1+2i+i+1=2+3i$

02 다항식의 계산 정답률 96% | 정답 ③

두 다항식 $A=4x^2+2x-1$, $B=x^2+x-3$에 대하여 $A-2B$를 간단히 하면? [2점]

① x^2+2 ② x^2+5 ③ $2x^2+5$ ④ x^2-x+4 ⑤ $2x^2-x+4$

STEP 01 다항식의 계산으로 $A-2B$를 정리한다.

$$A-2B=4x^2+2x-1-2(x^2+x-3)$$
$$=4x^2+2x-1-2x^2-2x+6$$
$$=2x^2+5$$

03 다항식의 나눗셈 정답률 90% | 정답 ④

다항식 x^3+x^2+x+1을 $2x-1$로 나눈 나머지는? [2점]

① $\dfrac{9}{8}$ ② $\dfrac{11}{8}$ ③ $\dfrac{13}{8}$ ④ $\dfrac{15}{8}$ ⑤ $\dfrac{17}{8}$

STEP 01 나머지정리를 이용하여 나머지를 구한다.

$P(x)=x^3+x^2+x+1$이라 하자.

$P(x)$를 $2x-1$로 나눈 나머지는 나머지정리에 의하여 $P\left(\dfrac{1}{2}\right)$이므로

$P\left(\dfrac{1}{2}\right)=\dfrac{1}{8}+\dfrac{1}{4}+\dfrac{1}{2}+1=\dfrac{15}{8}$이다.

따라서 나머지는 $\dfrac{15}{8}$

● 핵심 공식

▶ **나머지정리**

(1) 다항식의 나눗셈
   다항식 A를 다항식 B (단, $B\neq0$)로 나누었을 때의 몫을 Q, 나머지를 R이라고 하면
   $A=B\cdot Q+R$
   이때, R의 차수는 B의 차수보다 낮다. 그리고, 위의 등식은 항등식이다.

(2) 나머지 정리
   x에 대한 다항식 $f(x)$를 일차식 $x-\alpha$로 나누었을 때의 나머지는 $f(\alpha)$이다.

(3) 인수정리
   x에 대한 다항식 $f(x)$가 $x-\alpha$로 나누어 떨어지기 위한 필요충분조건은 $f(\alpha)=0$이다.

04 이차부등식 정답률 83% | 정답 ⑤

x에 대한 이차부등식 $x^2+ax+b<0$의 해가 ❶ $-4<x<3$일 때, 두 상수 a, b에 대하여 $a-b$의 값은? [3점]

① 5 ② 7 ③ 9 ④ 11 ⑤ 13

STEP 01 ❶을 만족하는 이차부등식을 구한 후 $a-b$의 값을 구한다.

이차항의 계수가 1이고 해가 $-4<x<3$인 이차부등식은

$(x+4)(x-3)<0$이다.

$x^2+x-12<0$이므로 $a=1$, $b=-12$이다.

따라서 $a-b=1-(-12)=13$

05 절댓값을 포함한 일차부등식 　　　정답률 85% | 정답 ⑤

부등식 $|x-2|<5$를 만족시키는 모든 정수 x의 개수는? [3점]

① 5　　　② 6　　　③ 7　　　④ 8　　　⑤ 9

STEP 01 부등식을 풀어 x의 범위를 구한 후 만족시키는 모든 정수 x의 개수를 구한다.

부등식 $|x-2|<5$를 풀면 $-5<x-2<5$, $-3<x<7$이다.
부등식을 만족시키는 정수 x의 값은 $-2,\ -1,\ 0,\ 1,\ 2,\ 3,\ 4,\ 5,\ 6$이다.
따라서 모든 정수 x의 개수는 9

다른 풀이

(i) $x<2$인 경우
　　$-x+2<5$이므로 $x>-3$이다. 따라서 $-3<x<2$이다.
(ii) $x\ge 2$인 경우
　　$x-2<5$이므로 $x<7$이다. 따라서 $2\le x<7$이다.
(i), (ii)에 의해 $-3<x<7$이므로 부등식을 만족시키는 정수 x의 값은 $-2,\ -1,\ 0,\ 1,\ 2,\ 3,\ 4,\ 5,\ 6$이다.
따라서 모든 정수 x의 개수는 9

06 인수분해 　　　정답률 82% | 정답 ③

$101^3-3\times 101^2+3\times 101-1$의 값은? [3점]

① 10^5　　　② 3×10^5　　　③ 10^6　　　④ 3×10^6　　　⑤ 10^7

STEP 01 101을 치환한 후 인수분해를 이용하여 값을 구한다.

101을 x라 하면
$101^3-3\times 101^2+3\times 101-1=x^3-3x^2+3x-1=(x-1)^3=(101-1)^3=100^3$
따라서 주어진 식의 값은 $100^3=10^6$

07 방정식의 활용 　　　정답률 93% | 정답 ①

어느 가족이 작년까지 한 변의 길이가 10m 인 정사각형 모양의 밭을 가꾸었다. 올해는 그림과 같이 가로의 길이를 xm 만큼, 세로의 길이를 $(x-10)$m 만큼 늘여서 새로운 직사각형 모양의 밭을 가꾸었다. 올해 늘어난 모양의 밭의 넓이가 500m^2일 때, x의 값은? (단, $x>10$) [3점]

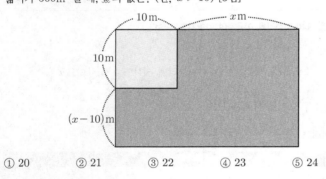

① 20　　　② 21　　　③ 22　　　④ 23　　　⑤ 24

STEP 01 올해 밭의 총넓이에 관한 방정식을 세워 x의 값을 구한다.

올해 늘어난 ⌐ 모양의 밭의 넓이가 500이므로 올해 밭의 총넓이는
$10\times 10+500=600$이다.
올해 밭의 총넓이에 관한 식을 세우면 $(10+x)(10+x-10)=600$이고
$x^2+10x-600=0$, $(x+30)(x-20)=0$
$x=-30$ 또는 $x=20$
따라서 $x>10$이므로 $x=20$

08 다항식의 나눗셈 　　　정답률 80% | 정답 ①

다항식 $Q(x)$에 대하여 등식
$$x^3-5x^2+ax+1=(x-1)Q(x)-1$$
이 x에 대한 항등식일 때, $Q(a)$의 값은? (단, a는 상수이다.) [3점]

① -6　　　② -5　　　③ -4　　　④ -3　　　⑤ -2

STEP 01 주어진 등식에 $x=1$을 대입하여 a를 구한 후 $x=a$를 대입하여 $Q(a)$의 값을 구한다.

$x^3-5x^2+ax+1=(x-1)Q(x)-1$이
x에 대한 항등식이므로 $x=1$을 대입하면
$1-5+a+1=-1$이고 $a=2$이다.

$x^3-5x^2+2x+1=(x-1)Q(x)-1$에서 $x=2$를 대입하면
$2^3-5\times 2^2+2\times 2+1=(2-1)\times Q(2)-1$
$8-20+4+1=Q(2)-1$
따라서 $Q(2)=-6$

09 곱셈공식 　　　정답률 82% | 정답 ③

❶ $x=2+i,\ y=2-i$일 때, ❷ $x^4+x^2y^2+y^4$의 값은?
(단, $i=\sqrt{-1}$ 이다.) [3점]

① 9　　　② 10　　　③ 11　　　④ 12　　　⑤ 13

STEP 01 ❶에서 $x+y$, xy를 구한 후 곱셈공식을 이용하여 ❷를 변형한 식에 대입하여 값을 구한다.

$x^4+x^2y^2+y^4=x^4+2x^2y^2+y^4-x^2y^2=(x^2+y^2)^2-(xy)^2$이다.
$x=2+i,\ y=2-i$에서 $x+y=4$, $xy=5$이므로
$x^2+y^2=(x+y)^2-2xy=6$이다.
따라서 $x^4+x^2y^2+y^4=(x^2+y^2)^2-(xy)^2=6^2-5^2=11$

10 이차함수의 그래프와 이차방정식 　　　정답률 81% | 정답 ②

이차함수 $y=x^2+2(a-1)x+2a+13$의 그래프가 x축과 만나지 않도록 하는 모든 정수 a의 값의 합은? [3점]

① 12　　　② 14　　　③ 16　　　④ 18　　　⑤ 20

STEP 01 판별식을 이용하여 a의 범위를 구한 후 만족하는 모든 정수 a의 값의 합을 구한다.

이차함수 $y=x^2+2(a-1)x+2a+13$의 그래프가 x축과 만나지 않으므로
이차방정식 $x^2+2(a-1)x+2a+13=0$의 판별식
$$\frac{D}{4}=(a-1)^2-(2a+13)=(a+2)(a-6)<0$$
$-2<a<6$이므로 정수 a의 값은 $-1,\ 0,\ 1,\ 2,\ 3,\ 4,\ 5$
따라서 모든 정수 a의 값의 합은 14

●핵심 공식

▶ 이차함수와 이차방정식
(1) 포물선 $y=ax^2+bx+c$ (단, $a\ne 0$)의 그래프와 x축과의 위치 관계
　　$ax^2+bx+c=0$ (단, $a\ne 0$)의 판별식이 D라 할 때,
　　① $D>0$: 두 점에서 만난다.
　　② $D=0$: 접한다.
　　③ $D<0$: 만나지 않는다.
(2) 포물선 $y=ax^2+bx+c$ (단, $a\ne 0$)의 그래프와 직선 $y=mx+n$의 위치 관계
　　두 방정식을 연립한 이차방정식 $ax^2+bx+c=mx+n$의 판별식을 D라 하면,
　　① $D>0$: 두 점에서 만난다.
　　② $D=0$: 접한다.
　　③ $D<0$: 만나지 않는다.

11 미정계수를 포함한 항등식 　　　정답률 81% | 정답 ②

x에 대한 이차방정식 $x^2+k(2p-3)x-(p^2-2)k+q+2=0$이 실수 k의 값에 관계없이 항상 1을 근으로 가질 때, 두 상수 p, q에 대하여 $p\pm q$의 값은? [3점]

① -5　　　② -2　　　③ 1　　　④ 4　　　⑤ 7

STEP 01 주어진 식에 $x=1$을 대입한 식을 k에 관한 방정식으로 정리한 후 항등식의 성질을 이용하여 p, q를 구한 다음 $p+q$의 값을 구한다.

주어진 방정식이 실수 k의 값에 관계없이 항상 1을 근으로 가지므로
$x=1$을 대입하면 $1+k(2p-3)-(p^2-2)k+q+2=0$이다.
$-(p^2-2p+1)k+q+3=0$이 실수 k에 대한 항등식이므로
$p^2-2p+1=0$, $q+3=0$에서 $p=1$, $q=-3$
따라서 $p+q=-2$

12 연립방정식 　　　정답률 87% | 정답 ①

연립방정식
$$\begin{cases} x+y+xy=8 \\ 2x+2y-xy=4 \end{cases}$$

의 해를 $x=\alpha$, $y=\beta$라 할 때, $\alpha^2+\beta^2$의 값은? [3점]

① 8   ② 10   ③ 12   ④ 14   ⑤ 16

STEP 01 두 식을 연립하여 $\alpha+\beta$, $\alpha\beta$를 구한 후 곱셈공식을 이용하여 $\alpha^2+\beta^2$의 값을 구한다.

$$\begin{cases} x+y+xy=8 & \cdots\cdots\ \text{㉠} \\ 2x+2y-xy=4 & \cdots\cdots\ \text{㉡} \end{cases}$$

에서 두 식 ㉠과 ㉡을 더하면 $3(x+y)=12$, $x+y=4$이고
㉠에 대입하면 $xy=4$이므로 $\alpha+\beta=4$, $\alpha\beta=4$
따라서 $\alpha^2+\beta^2=(\alpha+\beta)^2-2\alpha\beta=4^2-2\times4=8$

---

13 삼차방정식   정답률 83% | 정답 ③

삼차방정식

❶ $x^3+2x^2-3x-10=0$

의 서로 다른 두 허근을 α, β라 할 때, $\alpha^3+\beta^3$의 값은? [3점]

① -2 ② -3 ③ -4 ④ -5 ⑤ -6

STEP 01 조립제법을 이용하여 ❶을 인수분해한 뒤 이차방정식의 근과 계수의 관계를 이용하여 $\alpha+\beta$, $\alpha\beta$를 구한 후 곱셈공식을 이용하여 $\alpha^3+\beta^3$의 값을 구한다.

조립제법을 이용하면

$$\begin{array}{c|cccc} 2 & 1 & 2 & -3 & -10 \\ & & 2 & 8 & 10 \\ \hline & 1 & 4 & 5 & 0 \end{array}$$

에서 $x^3+2x^2-3x-10=(x-2)(x^2+4x+5)$이므로
삼차방정식 $x^3+2x^2-3x-10=0$의 두 허근은 이차방정식 $x^2+4x+5=0$의 두 허근이고 $\alpha+\beta=-4$, $\alpha\beta=5$이다.
따라서
$\alpha^3+\beta^3=(\alpha+\beta)^3-3\alpha\beta(\alpha+\beta)=(-4)^3-3\times5\times(-4)=-4$

●**핵심 공식**

▶ **이차방정식의 근과 계수의 관계**
이차방정식 $ax^2+bx+c=0$ (단, $a\neq0$)의 두 근을 α, β라고 하면,
$\alpha+\beta=-\dfrac{b}{a}$, $\alpha\beta=\dfrac{c}{a}$

▶ **곱셈공식**
(1) $(a\pm b)^2=a^2\pm2ab+b^2$ (복부호동순)
(2) $(a+b)(a-b)=a^2-b^2$
(3) $(x+a)(x+b)=x^2+(a+b)x+ab$
(4) $(ax+b)(cx+d)=acx^2+(ad+bc)x+bd$
(5) $(a\pm b)^3=a^3\pm3a^2b+3ab^2\pm b^3$ (복부호동순)
(6) $(a\pm b)(a^2\mp ab+b^2)=a^3\pm b^3$ (복부호동순)
(7) $(a+b+c)(a^2+b^2+c^2-ab-bc-ca)=a^3+b^3+c^3-3abc$

▶ **곱셈공식의 변형**
(1) $a^2+b^2=(a+b)^2-2ab=(a-b)^2+2ab$
(2) $a^3\pm b^3=(a\pm b)^3\mp3ab(a\pm b)$ (복부호동순)
(3) $a^2+b^2+c^2=(a+b+c)^2-2(ab+bc+ca)$

---

14 이차방정식   정답률 61% | 정답 ②

x에 대한 이차방정식 ❶ $x^2-2kx-k+20=0$이 서로 다른 두 실근 α, β를 가질 때, ❷ $\alpha\beta>0$을 만족시키는 모든 자연수 k의 개수는? [4점]

① 14   ② 15   ③ 16   ④ 17   ⑤ 18

STEP 01 판별식을 이용하여 ❶을 만족하도록 하는 k의 범위를 구한 후 근과 계수의 관계에서 ❷를 만족하도록 하는 k의 범위를 구한 다음 두 부등식을 연립하여 만족하는 k의 범위를 구한다. 만족시키는 모든 자연수 k의 개수를 구한다.

x에 대한 이차방정식 $x^2-2kx-k+20=0$이 서로 다른 두 실근을 가지므로
판별식
$$\frac{D}{4}=k^2-(-k+20)=k^2+k-20=(k+5)(k-4)>0$$
에서 $k<-5$ 또는 $k>4$이고 k는 자연수이므로
$k>4$ $\cdots\cdots$ ㉠
두 근의 곱 $\alpha\beta=-k+20$이 양수이므로
$k<20$ $\cdots\cdots$ ㉡
㉠과 ㉡에 의해 k의 범위는 $4<k<20$이고 이를 만족시키는 자연수 k의 값은

5, 6, $\cdots$, 19
따라서 모든 자연수 k의 개수는 15

●**핵심 공식**

▶ **판별식**
이차방정식 $ax^2+bx+c=0$의 판별식 $D=b^2-4ac$를 이용한 근의 개수 판별
① $b^2-4ac>0$ ↔ 서로 다른 두 실근
② $b^2-4ac=0$ ↔ 한 개의 중근
③ $b^2-4ac<0$ ↔ 실근이 없다

---

15 방정식과 부등식   정답률 59% | 정답 ①

이차다항식 $P(x)$가 다음 조건을 만족시킬 때, $P(-1)$의 값은? [4점]

> (가) 부등식 $P(x)\geq-2x-3$의 해는 $0\leq x\leq1$이다.
> (나) 방정식 $P(x)=-3x-2$는 중근을 가진다.

① -3 ② -4 ③ -5 ④ -6 ⑤ -7

STEP 01 조건 (가)에서 $P(x)$를 구한 후 조건 (나)에서 판별식을 이용하여 이차항의 계수를 구한 다음 $P(-1)$의 값을 구한다.

조건 (가)에 의하여 $P(x)+2x+3=ax(x-1)$ $(a<0)$
이므로 $P(x)=ax^2-(a+2)x-3$이다.
조건 (나)에 의하여 방정식 $ax^2-(a+2)x-3=-3x-2$가 중근을 가지므로
$ax^2-(a-1)x-1=0$의 판별식
$D=(a-1)^2-4a\times(-1)=(a+1)^2=0$에서 $a=-1$
따라서 $P(x)=-x^2-x-3$에서 $P(-1)=-3$

---

16 이차함수의 활용   정답률 62% | 정답 ③

그림과 같이 한 변의 길이가 2인 정삼각형 ABC에 대하여 변 BC의 중점을 P라 하고, 선분 AP 위의 점 Q에 대하여 선분 PQ의 길이를 x라 하자.
❶ $\overline{\text{AQ}}^2+\overline{\text{BQ}}^2+\overline{\text{CQ}}^2$은 $x=a$에서 최솟값 m을 가진다. $\dfrac{m}{a}$의 값은?
(단, $0<x<\sqrt{3}$이고, a는 실수이다.) [4점]

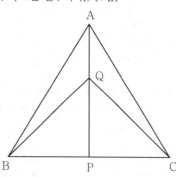

① $3\sqrt{3}$ ② $\dfrac{7}{2}\sqrt{3}$ ③ $4\sqrt{3}$ ④ $\dfrac{9}{2}\sqrt{3}$ ⑤ $5\sqrt{3}$

STEP 01 ❶을 x에 관한 식으로 나타낸 후 이차함수의 표준형으로 식을 변형하여 a, m을 구한 다음 $\dfrac{m}{a}$의 값을 구한다.

$\overline{\text{PQ}}=x$이므로 $\overline{\text{BQ}}^2=\overline{\text{CQ}}^2=1^2+x^2$이다.

$$\overline{\text{AQ}}^2+\overline{\text{BQ}}^2+\overline{\text{CQ}}^2=(\sqrt{3}-x)^2+2(1+x^2)=3x^2-2\sqrt{3}x+5$$
$$=3\left(x^2-\frac{2}{3}\sqrt{3}x\right)+5=3\left(x^2-\frac{2}{3}\sqrt{3}x+\frac{1}{3}-\frac{1}{3}\right)+5$$
$$=3\left(x-\frac{\sqrt{3}}{3}\right)^2+4$$

$\overline{\text{AQ}}^2+\overline{\text{BQ}}^2+\overline{\text{CQ}}^2$은 $x=\dfrac{\sqrt{3}}{3}$에서 최솟값 4를 가진다.

따라서 $a=\dfrac{\sqrt{3}}{3}$, $m=4$이므로 $\dfrac{m}{a}=4\sqrt{3}$

---

17 다항식의 나눗셈   정답률 76% | 정답 ④

x에 대한 다항식 ❶ x^3+x^2+ax+b가 $(x-1)^2$으로 나누어떨어질 때의 몫을 $Q(x)$라 하자. 두 상수 a, b에 대하여 $Q(ab)$의 값은? [4점]

① -15 ② -14 ③ -13 ④ -12 ⑤ -11

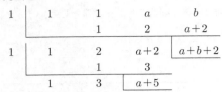 **STEP 01** 조립제법으로 **❶**의 나눗셈을 하고 나머지가 0임을 이용하여 a, b와 $Q(x)$를 구한 후 $Q(ab)$의 값을 구한다.

x에 대한 다항식 x^3+x^2+ax+b가 $(x-1)^2$으로 나누어떨어지므로 조립제법을 이용하면

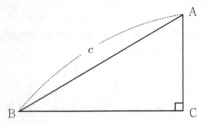

$a+b+2=0$, $a+5=0$이므로 $a=-5$, $b=3$
따라서 $Q(x)=x+3$이므로
$Q(ab)=Q(-15)=-15+3=-12$

---

18 이차방정식의 판별식 　　　　　　　정답률 63% | 정답 ②

그림과 같이 빗변의 길이가 c이고 둘레의 길이가 10인 직각삼각형 ABC 가 있다.

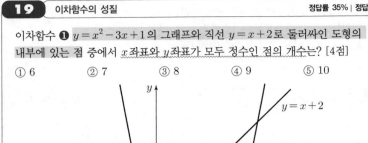

다음은 직각삼각형 ABC 의 빗변의 길이 c의 범위를 구하는 과정이다.

> $\overline{BC}=a$, $\overline{CA}=b$라 하면
> **❶** 삼각형 ABC 의 둘레의 길이가 10이고 $\overline{AB}=c$이므로
> $a+b=\boxed{(가)}$　……　㉠
> 이다. 삼각형 ABC 가 직각삼각형이므로
> $a^2+b^2=c^2$에서 $(a+b)^2-2ab=c^2$　……　㉡
> 이다. **❷** ㉠을 ㉡에 대입하면
> $ab=\boxed{(나)}$이다.
> a, b를 두 실근으로 가지고 이차항의 계수가 1인 x에 대한 이차방정식은
> $x^2-(\boxed{(가)})x+\boxed{(나)}=0$　……　㉢
> 이고 ㉢의 판별식 $D\geq0$이다.
> 빗변의 길이 c는 양수이므로
> 부등식 **❸** $D\geq0$의 해를 구하면
> $c\geq\boxed{(다)}$이다.
> ㉢의 두 실근 a, b는 모두 양수이므로
> 두 근의 합 $\boxed{(가)}$와 곱 $\boxed{(나)}$는 모두 양수이다.
> 따라서 빗변의 길이 c의 범위는
> $\boxed{(다)}\leq c<5$이다.

위의 (가), (나)에 알맞은 식을 각각 $f(c)$, $g(c)$라 하고 (다)에 알맞은 수를 k라 할 때, **❹** $\dfrac{k}{25}\times f\left(\dfrac{9}{2}\right)\times g\left(\dfrac{9}{2}\right)$의 값은? [4점]

① $10(\sqrt{2}-1)$　　② $11(\sqrt{2}-1)$　　③ $12(\sqrt{2}-1)$
④ $10(\sqrt{2}+1)$　　⑤ $11(\sqrt{2}+1)$

STEP 01 **❶**, **❷**, **❸**에서 각각 (가), (나), (다)를 구한다.
$\overline{BC}=a$, $\overline{CA}=b$라 하면 삼각형 ABC 의 둘레의 길이가 10이고 $\overline{AB}=c$이므로
$a+b=\boxed{10-c}$　　　　　　　　　……　㉠
이다. 삼각형 ABC 가 직각삼각형이므로
$a^2+b^2=c^2$에서 $(a+b)^2-2ab=c^2$　　　　　……　㉡
이다. ㉠을 ㉡에 대입하면 $(10-c)^2-2ab=c^2$에서
$ab=\boxed{50-10c}$이다.
a, b를 두 실근으로 가지고 이차항의 계수가 1인 x에 대한 이차방정식은
$x^2-(\boxed{10-c})x+\boxed{50-10c}=0$　　　　　……　㉢
이고 ㉢의 판별식 $D\geq0$이다.
빗변의 길이 c는 양수이므로 부등식 $D\geq0$의 해를 구하면
$D=(10-c)^2-4(50-10c)=c^2+20c-100\geq0$
에서 $c\leq-10-10\sqrt{2}$ 또는 $c\geq-10+10\sqrt{2}$이고 $c>0$이므로
$c\geq\boxed{10(\sqrt{2}-1)}$이다.
㉢의 두 실근 a, b는 모두 양수이므로 두 근의 합 $\boxed{10-c}$와 곱 $\boxed{50-10c}$는 모두 양수이다.

따라서 빗변의 길이 c의 범위는 $\boxed{10(\sqrt{2}-1)}\leq c\leq5$이다.

STEP 02 $f(c)$, $g(c)$, k를 대입하여 **❹**의 값을 구한다.
$f(c)=10-c$, $g(c)=50-10c$, $k=10(\sqrt{2}-1)$이므로
$$\frac{k}{25}\times f\left(\frac{9}{2}\right)\times g\left(\frac{9}{2}\right)=\frac{10(\sqrt{2}-1)}{25}\times\left(10-\frac{9}{2}\right)\times\left(50-10\times\frac{9}{2}\right)=11(\sqrt{2}-1)$$

---

19 이차함수의 성질　　　　　　　정답률 35% | 정답 ⑤

이차함수 **❶** $y=x^2-3x+1$의 그래프와 직선 $y=x+2$로 둘러싸인 도형의 내부에 있는 점 중에서 x좌표와 y좌표가 모두 정수인 점의 개수는? [4점]

① 6　　② 7　　③ 8　　④ 9　　⑤ 10

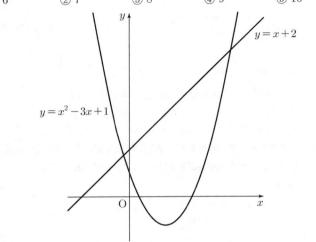

STEP 01 두 그래프의 교점의 x좌표를 구한 후 **❶** 중에서 x좌표가 정수인 x를 구한다.

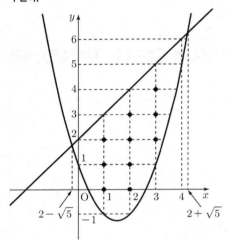

이차함수 $y=x^2-3x+1$의 그래프와 직선 $y=x+2$의 교점의 x좌표는
이차방정식 $x^2-3x+1=x+2$, $x^2-4x-1=0$에서 $x=2\pm\sqrt{5}$
이차함수 $y=x^2-3x+1$의 그래프와 직선 $y=x+2$로 둘러싸인 도형의 내부에 있는 점의 x좌표를 p, y좌표를 q라 하면
$2-\sqrt{5}<p<2+\sqrt{5}$ 이다.
$-1<2-\sqrt{5}<0$이고 $4<2+\sqrt{5}<5$이므로
$2-\sqrt{5}<p<2+\sqrt{5}$를 만족시키는 정수 p의 값은 0, 1, 2, 3, 4이다.

STEP 02 각 x좌표에 대하여 **❶**을 만족하는 y좌표를 구하여 만족하는 모든 점의 개수를 구한다.

x좌표와 y좌표가 모두 정수인 점 $(p,\ q)$는 다음과 같다.
$p=0$일 때, $1<q<2$이므로 존재하지 않는다.
$p=1$일 때, $-1<q<3$이므로 $(1,\ 0)$, $(1,\ 1)$, $(1,\ 2)$
$p=2$일 때, $-1<q<4$이므로 $(2,\ 0)$, $(2,\ 1)$, $(2,\ 2)$, $(2,\ 3)$
$p=3$일 때, $1<q<5$이므로 $(3,\ 2)$, $(3,\ 3)$, $(3,\ 4)$
$p=4$일 때, $5<q<6$이므로 존재하지 않는다.
따라서 x좌표와 y좌표가 모두 정수인 점의 개수는 10

★★★ 등급을 가르는 문제!

20 이차방정식의 판별식　　　　　　　정답률 33% | 정답 ②

모든 실수 x에 대하여 다항식 $P(x)$가
❶ $\{P(x)+2\}^2=(x-a)(x-2a)+4$
를 만족시킬 때, 모든 $P(1)$의 값의 합은? (단, a는 실수이다.) [4점]

① -9　　② -8　　③ -7　　④ -6　　⑤ -5

STEP 01 ❶의 우변이 중근을 가질 조건으로 판별식을 이용하여 만족하는 a의 값을 구한다.

$\{P(x)+2\}^2=(x-a)(x-2a)+4=x^2-3ax+2a^2+4$

x에 대한 이차방정식 $x^2-3ax+2a^2+4=0$이 중근을 가지므로

이차방정식 $x^2-3ax+2a^2+4=0$의 판별식을 D라 하면

$D=(3a)^2-4(2a^2+4)=0$

$(3a)^2-4(2a^2+4)=9a^2-8a^2-16=a^2-16=0$, $a=4$ 또는 $a=-4$

STEP 02 각 a에 대하여 $P(x)$를 구한 후 $P(1)$의 값을 구한 다음 모든 $P(1)$의 값의 합을 구한다.

(i) $a=4$인 경우

$\{P(x)+2\}^2=x^2-12x+36=(x-6)^2$

$P(x)+2=x-6$ 또는 $P(x)+2=-x+6$

$P(x)=x-8$ 또는 $P(x)=-x+4$

(ii) $a=-4$인 경우

$\{P(x)+2\}^2=x^2+12x+36=(x+6)^2$

$P(x)+2=x+6$ 또는 $P(x)+2=-x-6$

$P(x)=x+4$ 또는 $P(x)=-x-8$

(i)과 (ii)에 의해 조건을 만족시키는 일차다항식 $P(x)$는 $x-8$, $-x+4$, $x+4$, $-x-8$이고 모든 $P(1)$의 값은 -7, 3, 5, -9

따라서 모든 $P(1)$의 값의 합은 $(-7)+3+5+(-9)=-8$

다른 풀이

$\{P(x)+2\}^2=(x-a)(x-2a)+4$에서 다항식 $P(x)$는 일차식이다.

$P(x)=px+q$ $(p\neq 0)$라 하자.

$(px+q+2)^2=(x-a)(x-2a)+4$에서

$p^2x^2+(2pq+4p)x+q^2+4q+4=x^2-3ax+2a^2+4$

$p^2=1$, $2pq+4p=-3a$, $q^2+4q+4=2a^2+4$

(i) $p=1$인 경우

$2q+4=-3a$, $q^2+4q=2a^2$에서

$(q-4)(q+8)=0$이므로

$q=4$ 또는 $q=-8$

따라서 $P(x)=x+4$ 또는 $P(x)=x-8$

(ii) $p=-1$인 경우

$-2q-4=-3a$, $q^2+4q=2a^2$에서

$(q-4)(q+8)=0$이므로

$q=4$ 또는 $q=-8$

따라서 $P(x)=-x+4$ 또는 $P(x)=-x-8$

그러므로 $P(x)$는 $x+4$, $x-8$, $-x+4$, $-x-8$

이고 모든 $P(1)$의 값은 5, -7, 3, -9

따라서 모든 $P(1)$의 값의 합은

$5+(-7)+3+(-9)=-8$

★★ 문제 해결 꿀~팁 ★★

▶ 문제 해결 방법

$\{P(x)+2\}^2=(x-a)(x-2a)+4$의 좌변이 완전제곱식이므로 우변도 완전제곱식이어야 한다.

즉, $x^2-3ax+2a^2+4=0$이 중근을 가져야 한다.

그러므로 판별식을 이용하면 $a=4$ 또는 $a=-4$이고 각 a를 준식에 대입하여 정리하면 $P(x)$ 및 $P(1)$을 구할 수 있다.

준식 자체를 전개하여 $P(x)$를 구하려고 하면 문제풀이에 어려움이 있다. 주어진 식의 좌변이 완전제곱식이라는 것에 착안하여 판별식을 이용해서 a를 구하거나 일차식 $P(x)$를 미지수를 이용하여 놓고 전개하여 양변의 계수를 비교하여야 한다. a의 값만 구하면 다음 과정은 큰 무리 없이 답을 구할 수 있다.

---

21 이차함수의 최대, 최소 정답률 47% | 정답 ⑤

$1\leq x\leq 2$에서 이차함수

❶ $f(x)=(x-a)^2+b$의 최솟값이 5일 때, 두 실수 a, b에 대하여 옳은 것만을 〈보기〉에서 있는 대로 고른 것은? [4점]

〈보기〉

ㄱ. $a=\dfrac{3}{2}$일 때, $b=5$이다.

ㄴ. $a\leq 1$일 때, $b=-a^2+2a+4$이다.

ㄷ. $a+b$의 최댓값은 $\dfrac{29}{4}$이다.

① ㄱ　② ㄱ, ㄴ　③ ㄱ, ㄷ　④ ㄴ, ㄷ　⑤ ㄱ, ㄴ, ㄷ

STEP 01 ㄱ. $a=\dfrac{3}{2}$을 $f(x)$에 대입한 후 ❶을 이용하여 b를 구하여 참, 거짓을 판별한다.

ㄱ. $a=\dfrac{3}{2}$일 때,

$f(x)=\left(x-\dfrac{3}{2}\right)^2+b$이고 $x=\dfrac{3}{2}$에서 최솟값 5를 가지므로

$f\left(\dfrac{3}{2}\right)=b=5$　　　　∴ 참

STEP 02 ㄴ. $a\leq 1$일 때, $f(x)$의 최솟값을 구하여 참, 거짓을 판별한다.

ㄴ. $a\leq 1$일 때,

$f(x)$는 $x=1$에서 최솟값을 가지므로 $f(1)=(1-a)^2+b=5$이고

$b=-a^2+2a+4$　　　　∴ 참

STEP 03 ㄷ. a의 범위를 나누어 각 범위에서의 $a+b$의 최댓값을 구한 후 $a+b$의 최댓값을 구하여 참, 거짓을 판별한다.

ㄷ.

(i) $a\leq 1$인 경우

ㄴ에서 $b=-a^2+2a+4$이므로

$a+b=-a^2+3a+4=-\left(a-\dfrac{3}{2}\right)^2+\dfrac{25}{4}$

따라서 $a+b$는 $a=1$에서 최댓값 6을 가진다.

(ii) $1<a\leq 2$인 경우

$f(x)$는 $x=a$에서 최솟값 $b=5$를 가지므로

$6<a+b\leq 7$이고 $a+b$는 $a=2$에서 최댓값 7을 가진다.

(iii) $a>2$인 경우

$f(x)$는 $x=2$에서 최솟값을 가지고

$f(2)=(2-a)^2+b=5$, $b=-a^2+4a+1$에서

$a+b=-a^2+5a+1=-\left(a-\dfrac{5}{2}\right)^2+\dfrac{29}{4}$이므로

$a+b$는 $a=\dfrac{5}{2}$에서 최댓값 $\dfrac{29}{4}$를 가진다.

(i), (ii), (iii)에 의하여 $a+b$의 최댓값은 $\dfrac{29}{4}$　　　　∴ 참

이상에서 옳은 것은 ㄱ, ㄴ, ㄷ

---

22 다항식의 계산 정답률 85% | 정답 12

다항식 ❶ $(x+2y)^3$을 전개한 식에서 xy^2의 계수를 구하시오. [3점]

STEP 01 ❶을 전개하여 xy^2의 계수를 구한다.

$(x+2y)^3=x^3+6x^2y+12xy^2+8y^3$이므로 xy^2의 계수는 12

---

23 복소수의 계산 정답률 87% | 정답 18

❶ $(3+ai)(2-i)=13+bi$를 만족시키는 두 실수 a, b에 대하여 $a+b$의 값을 구하시오. (단, $i=\sqrt{-1}$ 이다.) [3점]

STEP 01 ❶의 좌변을 전개한 후 양변의 계수를 비교하여 a, b를 각각 구한 다음 $a+b$의 값을 구한다.

$(3+ai)(2-i)=(6+a)+(2a-3)i=13+bi$에서

$6+a=13$, $2a-3=b$이므로 $a=7$, $b=11$

따라서 $a+b=18$

---

24 연립이차방정식 정답률 85% | 정답 3

연립방정식

$\begin{cases} x-y=-5 \\ 4x^2+y^2=20 \end{cases}$

의 해를 $x=\alpha$, $y=\beta$라 할 때, $\alpha+\beta$의 값을 구하시오. [3점]

STEP 01 연립방정식의 일차식을 변형하여 이차식에 대입한 후 x, y를 구한 다음 $\alpha+\beta$의 값을 구한다.

연립방정식 $\begin{cases} x-y=-5 & \cdots\cdots\ ㉠ \\ 4x^2+y^2=20 & \cdots\cdots\ ㉡ \end{cases}$

에서 ㉠을 y에 대해 정리하면 $y=x+5$ $\cdots\cdots\ ㉢$

㉢을 ㉡에 대입하면 $4x^2+(x+5)^2=20$, $5x^2+10x+5=0$에서 $x=-1$이고

ⓒ에 대입하면 $y = 4$

따라서 $\alpha + \beta = (-1) + 4 = 3$

---

25 이차방정식의 근과 계수의 관계   정답률 61% | 정답 6

x에 대한 이차방정식 ❶ $x^2 - 3x + k = 0$의 두 근을 α, β라 할 때,

❷ $\dfrac{1}{\alpha^2 - \alpha + k} + \dfrac{1}{\beta^2 - \beta + k} = \dfrac{1}{4}$ 을 만족시키는 실수 k의 값을 구하시오.

[3점]

STEP 01 ❶에서 근과 계수의 관계를 이용하여 $\alpha + \beta$, $\alpha\beta$를 구한 후 ❷를 변형한 식에 대입하여 k의 값을 구한다.

α, β는 이차방정식 $x^2 - 3x + k = 0$의 두 근이므로

$\alpha^2 - 3\alpha + k = 0$, $\beta^2 - 3\beta + k = 0$에서 $\alpha^2 - \alpha + k = 2\alpha$, $\beta^2 - \beta + k = 2\beta$이고

$\alpha + \beta = 3$, $\alpha\beta = k$

따라서 $\dfrac{1}{\alpha^2 - \alpha + k} + \dfrac{1}{\beta^2 - \beta + k} = \dfrac{1}{2\alpha} + \dfrac{1}{2\beta} = \dfrac{\alpha + \beta}{2\alpha\beta} = \dfrac{3}{2k} = \dfrac{1}{4}$

따라서 $k = 6$

---

26 사차방정식   정답률 45% | 정답 7

x에 대한 사차방정식 $x^4 - (2a - 9)x^2 + 4 = 0$이 서로 다른 네 실근 α, β, γ, δ $(\alpha < \beta < \gamma < \delta)$를 가진다. ❶ $\alpha^2 + \beta^2 = 5$일 때, 상수 a의 값을 구하시오. [4점]

STEP 01 복이차식의 특징을 이용하여 네 실근의 관계를 파악한 후 근과 계수의 관계에 ❶을 이용하여 a의 값을 구한다.

주어진 사차방정식이 $x = \alpha$를 근으로 가지면 $x = -\alpha$도 근으로 가지므로 양의 실근 2개, 음의 실근 2개를 가짐을 알 수 있고

서로 다른 네 실근을 α, β, $-\beta(=\gamma)$, $-\alpha(=\delta)$ $(\alpha < \beta < 0)$로 둘 수 있다.

$x^2 = X$라 하면 주어진 사차방정식은

$X^2 - (2a - 9)X + 4 = 0$이고 두 근은 α^2, β^2이다.

따라서 $\alpha^2 + \beta^2 = 2a - 9 = 5$이므로 $a = 7$

★★★ 등급을 가르는 문제!

27 복소수의 성질   정답률 36% | 정답 25

100 이하의 자연수 n에 대하여

❶ $(1 - i)^{2n} = 2^n i$

를 만족시키는 모든 n의 개수를 구하시오. (단, $i = \sqrt{-1}$ 이다.) [4점]

STEP 01 ❶의 좌변을 k^n꼴로 정리한 후 양변을 비교하여 n의 조건을 구한 다음 100 이하의 모든 자연수 n의 개수를 구한다.

$(1 - i)^{2n} = \{(1 - i)^2\}^n = (-2i)^n = 2^n (-i)^n$이므로

$2^n (-i)^n = 2^n i$에서 $(-i)^n = i$를 만족시키는

$n = 4k + 3(k = 0, 1, 2, \cdots, 24)$이다.

따라서 100 이하의 모든 자연수 n의 개수는 25

★★ 문제 해결 꿀~팁 ★★

▶ 문제 해결 방법

$(1 - i)^{2n} = \{(1 - i)^2\}^n = (-2i)^n = 2^n(-i)^n = 2^n i$이므로 $(-i)^n = i$이다.

$(-i)^3 = i$이므로 $n = 4k + 3$이다. $(\pm i)^n$에서 $i^4 = 1$, $(-i)^4 = 1$이므로 주기가 4로 같은 수가 반복되며 각 n에 대하여 반복되는 수를 알아두는 것이 좋다. n에 1부터 4까지 차례로 대입하여 구하면 쉽게 알 수 있다.

★★★ 등급을 가르는 문제!

28 연립이차부등식   정답률 15% | 정답 10

x에 대한 연립부등식

$\begin{cases} x^2 - (a^2 - 3)x - 3a^2 < 0 \\ x^2 + (a - 9)x - 9a > 0 \end{cases}$

을 ❶ 만족시키는 정수 x가 존재하지 않기 위한 실수 a의 최댓값을 M이라 하자. M^2의 값을 구하시오. (단, $a > 2$) [4점]

STEP 01 각 부등식을 풀어 ❶을 만족하도록 하는 a의 범위를 구한 후 M^2의 값을 구한다.

연립부등식

$\begin{cases} x^2 - (a^2 - 3)x - 3a^2 < 0 & \cdots\cdots \text{ⓐ} \\ x^2 + (a - 9)x - 9a > 0 & \cdots\cdots \text{ⓑ} \end{cases}$

에서 이차부등식 ⓐ의 해는

$x^2 - (a^2 - 3)x - 3a^2 = (x - a^2)(x + 3) < 0$

$-3 < x < a^2$

$a > 2$이므로 이차부등식 ⓑ의 해는

$x^2 + (a - 9)x - 9a = (x + a)(x - 9) > 0$

$x < -a$ 또는 $x > 9$

$a^2 > 10$이면 연립부등식의 해에 $x = 10$이 포함되므로 정수 x가 존재한다.

그러므로 정수 x가 존재하지 않기 위한 a의 범위는

$a^2 \leq 10$이고 $a > 2$이므로 $2 < a \leq \sqrt{10}$

따라서 a의 최댓값 $M = \sqrt{10}$

$M^2 = 10$

★★ 문제 해결 꿀~팁 ★★

▶ 문제 해결 방법

두 부등식을 풀면 $-3 < x < a^2$, $x < -a$ 또는 $x > 9$이다. 연립부등식의 정수해가 존재하지 않으려면 $-a \leq 2$ 또는 $a^2 \leq 10$인데 $a > 2$이므로 $2 < a \leq \sqrt{10}$ 이다.

부등식을 만족하는 정수 x가 존재하지 않는다고 했고, x에 대하여 정수인지 아닌지를 언급하고 있는데 자칫 a가 정수라고 혼동하여 a의 최댓값을 3으로 잘못 판단하는 일은 없어야 한다. 미지수가 2개 이상일 때 각 미지수의 조건을 정확하게 인지하고 있어야 한다.

★★★ 등급을 가르는 문제!

29 인수정리   정답률 23% | 정답 13

삼차다항식 $P(x)$와 일차다항식 $Q(x)$가 다음 조건을 만족시킨다.

(가) $P(x)Q(x)$는 $(x^2 - 3x + 3)(x - 1)$로 나누어떨어진다.

(나) 모든 실수 x에 대하여 $x^3 - 10x + 13 - P(x) = \{Q(x)\}^2$이다.

$Q(0) < 0$일 때, $P(2) + Q(8)$의 값을 구하시오. [4점]

STEP 01 조건 (가)에서 $Q(1) = 0$인 경우 두 조건을 만족하는 $P(x)$를 구한다.

(가)에서 $Q(1) = 0$인 경우와 $Q(1) \neq 0$인 경우로 나눌 수 있다.

(i) $Q(1) = 0$인 경우

$Q(x) = a(x - 1)$ $(a \neq 0)$라 하면 (나)에 의해

$P(x) = x^3 - 10x + 13 - \{Q(x)\}^2 = x^3 - a^2 x^2 + (2a^2 - 10)x + 13 - a^2$

이고 (가)에 의해

$x^3 - a^2 x^2 + (2a^2 - 10)x + 13 - a^2$이 $x^2 - 3x + 3$으로 나누어떨어져야 하므로

$$\begin{array}{r} x + (-a^2 + 3) \\ x^2 - 3x + 3 \overline{)\, x^3 - a^2 x^2 + (2a^2 - 10)x + 13 - a^2} \\ \underline{x^3 - 3x^2 + 3x } \\ (-a^2 + 3)x^2 + (2a^2 - 13)x + 13 - a^2 \\ \underline{(-a^2 + 3)x^2 - 3(-a^2 + 3)x + 3(-a^2 + 3)} \\ (-a^2 - 4)x + 4 + 2a^2 \end{array}$$

에서 $(-a^2 - 4)x + 4 + 2a^2 = 0$을 만족시키는 a는 존재하지 않는다.

STEP 02 조건 (가)에서 $Q(1) \neq 0$인 경우 두 조건을 만족하는 $P(x)$, $Q(x)$를 구한 후 $P(2) + Q(8)$의 값을 구한다.

(ii) $Q(1) \neq 0$인 경우

$P(x)$는 $x^2 - 3x + 3$과 $x - 1$을 인수로 가지고

(나)에 의해 $x^3 - 10x + 13 - P(x)$는 이차식이어야 하므로 $P(x)$의 최고차항의 계수는 1이다.

$P(x) = (x^2 - 3x + 3)(x - 1) = x^3 - 4x^2 + 6x - 3$

(나)에 의해

$\{Q(x)\}^2 = x^3 - 10x + 13 - P(x)$
$= x^3 - 10x + 13 - (x^3 - 4x^2 + 6x - 3)$
$= 4x^2 - 16x + 16$

$\{Q(x)\}^2 = (2x - 4)^2$이므로

$Q(x) = 2x - 4$ 또는 $Q(x) = -2x + 4$

$Q(0) < 0$에서 $Q(x) = 2x - 4$

따라서 $P(2) + Q(8) = 13$

STEP 01의 다른 풀이

(i) $Q(1) = 0$인 경우

$Q(x) = a(x - 1)$ $(a \neq 0)$라 하면 (나)에 의해

$$P(x) = x^3 - 10x + 13 - \{Q(x)\}^2$$
$$= x^3 - a^2x^2 + (2a^2 - 10)x + 13 - a^2 \quad \cdots \ \textcircled{\tiny ㄱ}$$

(나)에 의해 $x^3 - 10x + 13 - P(x)$는 이차식이어야 하므로 $P(x)$는
최고차항의 계수가 1이고
이차식 $x^2 - 3x + 3$과 일차식 $x - k$를 인수로 가지므로
$$P(x) = (x^2 - 3x + 3)(x - k)$$
$$= x^3 + (-k-3)x^2 + (3k+3)x - 3k \quad \cdots \ \textcircled{\tiny ㄴ}$$

$\textcircled{\tiny ㄱ}$과 $\textcircled{\tiny ㄴ}$에 의하여
$-a^2 = -k - 3$, $2a^2 - 10 = 3k + 3$, $13 - a^2 = -3k$를 만족시키는 a와 k는
존재하지 않는다.

★★ 문제 해결 꿀~팁 ★★

▶ 문제 해결 방법

조건 (나)에서 $x^3 - 10x + 13 - P(x) = \{Q(x)\}^2$의 우변이 이차식이므로 좌변도 이차식
이어야 한다. 그러므로 $P(x)$의 최고차항의 계수는 1이다.
조건 (가)에 의하여 $P(x) = (x^2 - 3x + 3)(x - 1)$, $Q(x) = ax + b$ 또는
$P(x) = (x^2 - 3x + 3)(x - b)$, $Q(x) = a(x - 1)$이다.
두 가지 경우를 조건 (나)에 각각 대입하여 양변을 전개하여 계수를 비교하고 $Q(0) < 0$
을 만족하는 경우의 두 식을 구하면 된다.
먼저 $P(x) = (x^2 - 3x + 3)(x - b)$, $Q(x) = a(x - 1)$인 경우 즉, $Q(1) = 0$인 경우는 만
족하는 $P(x)$가 존재하지 않는다.
$P(x) = (x^2 - 3x + 3)(x - 1)$, $Q(x) = ax + b$인 경우
조건 (나)의 식에 두 식을 대입하여 정리하면 만족하는 $Q(x)$를 구할 수 있다.
가장 중요한 포인트는 조건 (나)에서 $P(x)$의 최고차항의 계수는 1이라는 사실을 빨리
알아야 한다는 것이다. 만약 $P(x)$의 최고차항의 계수를 미지수로 놓고 식을 풀어나가
면 상당한 시간이 소요될 것이다.

★★★ 등급을 가르는 문제!

30 이차함수의 그래프와 이차방정식   정답률 7% | 정답 31

두 이차함수 $f(x)$, $g(x)$는 다음 조건을 만족시킨다.

> (가) 모든 실수 x에 대하여 $f(x) \geq f(0)$, $g(x) \leq g(0)$이다.
> (나) $f(0)$은 정수이고, $g(0) - f(0) = 4$이다.

❶ x에 대한 방정식 $f(x) + p = k$의 서로 다른 실근의 개수와 x에 대한
방정식 $g(x) - p = k$의 서로 다른 실근의 개수가 같게 되도록 하는 정수 k의
개수가 1일 때, 실수 p의 최솟값을 m, 최댓값을 M이라 하자. $m + 10M$의
값을 구하시오. [4점]

STEP 01 두 조건에서 두 이차함수의 개형을 파악한다.

(가)에 의해 이차함수 $y = f(x)$의 그래프는 아래로 볼록하고
이차함수 $y = g(x)$의 그래프는 위로 볼록하다.
두 이차함수 $f(x)$, $g(x)$의 대칭축은 각각 $x = 0$으로 같고
각각 $x = 0$에서 최솟값과 최댓값을 가지며 (나)에 의해 $f(0)$이 정수이므로
$g(0)$도 정수이다.

STEP 02 p의 범위를 나누어 각각 ❶의 두 그래프를 그려 ❶을 만족하도록 하는 p의
범위를 구하여 m, M을 구한 다음 $m + 10M$의 값을 구한다.

(i) $0 \leq p < 1$인 경우
     $k = f(0) + 1$, $f(0) + 2$, $f(0) + 3$일 때,
     두 방정식 $f(x) + p = k$, $g(x) - p = k$의 서로 다른 실근의 개수가 각각 2로
     같고
     $k \leq f(0)$, $k \geq f(0) + 4$일 때,
     두 방정식 $f(x) + p = k$, $g(x) - p = k$의 서로 다른 실근의 개수는 다르다.

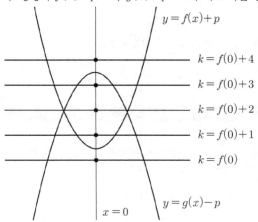

(ii) $1 \leq p < 2$인 경우
     $k = f(0) + 2$일 때,
     두 방정식 $f(x) + p = k$, $g(x) - p = k$의 서로 다른 실근의 개수가 각각 2로
     같고
     $k \leq f(0) + 1$, $k \geq f(0) + 3$일 때,
     두 방정식 $f(x) + p = k$, $g(x) - p = k$의 서로 다른 실근의 개수는 다르다.

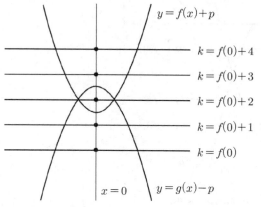

(iii) $p = 2$인 경우
     $k = f(0) + 2$일 때,
     두 방정식 $f(x) + p = k$, $g(x) - p = k$의 서로 다른 실근의 개수가 각각 1로
     같고
     $k \neq f(0) + 2$일 때,
     두 방정식 $f(x) + p = k$, $g(x) - p = k$의 서로 다른 실근의 개수는 다르다.

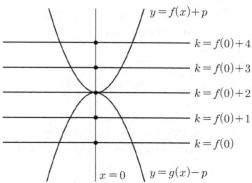

(iv) $2 < p \leq 3$인 경우
     $k = f(0) + 2$일 때,
     두 방정식 $f(x) + p = k$, $g(x) - p = k$의 서로 다른 실근의 개수가 각각
     0으로 같고
     $k \neq f(0) + 2$일 때,
     두 방정식 $f(x) + p = k$, $g(x) - p = k$의 서로 다른 실근의 개수는 다르다.

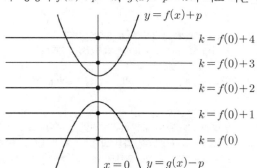

(v) $p > 3$인 경우
     모든 실수 x에 대하여 $g(x) - p < f(x) + p$이므로
     $g(0) - p < k < f(0) + p$인 정수 k에 대하여 두 방정식 $f(x) + p = k$,
     $g(x) - p = k$의 서로 다른 실근의 개수가 각각 같다.
     이때 정수 k의 개수는 3 이상이다.

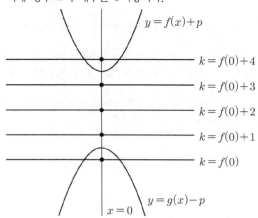

(vi) $p<0$인 경우

$g(0)-p-\{f(0)+p\}>4$이므로

$f(0)+p<k<g(0)-p$인 정수 k에 대하여

두 방정식 $f(x)+p=k$, $g(x)-p=k$의 서로 다른 실근의 개수가 같다.

이때 정수 k의 개수는 5이상이다.

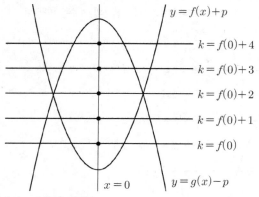

$y=f(x)+p$
$k=f(0)+4$
$k=f(0)+3$
$k=f(0)+2$
$k=f(0)+1$
$k=f(0)$
$x=0$
$y=g(x)-p$

(i)~(vi)에 의해

두 방정식 $f(x)+p=k$, $g(x)-p=k$의

서로 다른 실근의 개수가 같게 되도록 하는

정수 k의 개수가 1일 때, 모든 실수 p의 범위는 $1\le p\le 3$이므로

실수 p의 최솟값은 1, 최댓값은 3

따라서 $m+10M=1+30=31$

다른 풀이

조건 (가)에 의해 이차함수 $y=f(x)$의 그래프는 $x=0$에서 최솟값을 가지며

이차함수 $y=g(x)$의 그래프는 $x=0$에서 최댓값을 갖는다.

조건 (나)에 의해 $f(0)$이 정수이므로

$g(0)$도 정수이고 $g(0)=f(0)+4$이다.

그러므로 $f(x)=ax^2+c$, $g(x)=bx^2+c+4$ (단, $a>0$, $b<0$인 실수, c는 정수)라 할 수 있다.

두 방정식 $f(x)+p=k$, $g(x)-p=k$의

서로 다른 실근의 개수가 같게 되도록 하는 정수 k의 개수가 1이려면

$y=f(x)+p$의 최솟값과 $y=g(x)-p$의 최댓값의 차가 2이하이어야 한다.

$f(x)+p=ax^2+c+p$, $g(x)-p=bx^2+c+4-p$이고

$y=f(x)+p$의 최솟값과 $y=g(x)-p$의 최댓값의 차가 2이하이어야 하므로

$|c+p-(c+4-p)|\le 2$

$-2\le 2p-4\le 2$, $1\le p\le 3$

실수 p의 최솟값은 1, 최댓값은 3

따라서 $m+10M=1+30=31$

★★ 문제 해결 꿀~팁 ★★

▶ 문제 해결 방법

먼저 주어진 조건으로 두 함수의 그래프의 개형을 파악할 수 있어야 한다.

조건 (가)에 의해 이차함수 $y=f(x)$의 그래프는 $x=0$에서 최솟값을 가지며

이차함수 $y=g(x)$의 그래프는 $x=0$에서 최댓값을 갖는다.

조건 (나)에 의해 $f(0)$이 정수이므로 $g(0)$도 정수이고 $g(0)=f(0)+4$이다.

그러므로 $f(x)=ax^2+c$, $g(x)=bx^2+c+4$

(단, $a>0$, $b<0$인 실수, c는 정수)라 할 수 있다.

해설의 풀이처럼 p의 범위를 나누어 각각 만족하는 p의 범위를 구할 수도 있으나 다른풀이처럼 두 방정식 $f(x)+p=k$, $g(x)-p=k$의 서로 다른 실근의 개수가 같게 되도록 하는 정수 k의 개수가 1이 되도록 하는 두 그래프의 위치관계를 파악하여 p의 범위를 구하는 것이 보다 효과적이다.

$y=f(x)+p$와 $y=g(x)-p$의 그래프가 서로 다른 두 점에서 만나는 경우 두 그래프의 최댓값과 최솟값의 차가 2초과이면 서로 다른 실근의 개수가 같게 되도록 하는 정수 k의 개수가 2이상이고,

$y=f(x)+p$와 $y=g(x)-p$의 그래프가 서로 만나지 않는 경우도 마찬가지로 두 그래프의 최댓값과 최솟값의 차가 2초과이면 서로 다른 실근의 개수가 같게 되도록 하는 정수 k의 개수가 2이상이다.

그러므로 $y=f(x)+p$의 최솟값과 $y=g(x)-p$의 최댓값의 차가 2이하이어야 한다.

이 성질을 이용하면 p의 범위를 구할 수 있다.

p의 값을 변화시켜가며 두 그래프의 위치에 따른 서로 다른 실근의 개수가 같게 되도록 하는 정수 k의 개수를 살펴보면 두 그래프의 최댓값과 최솟값의 차에 대한 조건을 파악할 수 있다.

주어진 조건을 만족하도록 그래프의 위치를 변화시켜가면서 조건을 찾아내는 훈련을 하는 것이 문제풀이의 시간을 단축시키는데 많은 도움을 준다.

●정답●

01 ③ 02 ① 03 ① 04 ④ 05 ③ 06 ④ 07 ⑤ 08 ⑤ 09 ⑤ 10 ② 11 ① 12 ④ 13 ③ 14 ⑤ 15 ②
16 ② 17 ④ 18 ① 19 ③ 20 ① 21 ⑤ 22 13 23 9 24 720 25 2 26 24 27 32 28 54 29 67 30 225

★ 표기된 문항은 [등급을 가르는 문제]에 해당하는 문항입니다.

---

01 다항식의 연산 정답률 98% | 정답 ③

두 다항식 $A=x^2+3xy+2y^2$, $B=2x^2-3xy-y^2$에 대하여

❶ $A+B$를 간단히 하면? [2점]

① x^2+3y^2 ② $3x^2-2y^2$ ③ $3x^2+y^2$

④ $x^2-2xy+3y^2$ ⑤ $3x^2-2xy+y^2$

STEP 01 동류항끼리 묶어 ❶을 계산한다.

$A+B=(x^2+3xy+2y^2)+(2x^2-3xy-y^2)=3x^2+y^2$

---

02 순열과 조합 정답률 89% | 정답 ①

❶ $_4C_2$의 값은? [2점]

① 6 ② 7 ③ 8 ④ 9 ⑤ 10

STEP 01 조합으로 ❶을 구한다.

$_4C_2=\dfrac{_4P_2}{2!}=\dfrac{4\times 3}{2\times 1}=6$

---

03 행렬의 덧셈 정답률 88% | 정답 ①

행렬 $B=\begin{pmatrix}1&2\\-1&1\end{pmatrix}$에 대하여 $A-B=E$를 만족시키는 행렬 A는? (단, E는 단위행렬이다.) [2점]

① $\begin{pmatrix}2&2\\-1&2\end{pmatrix}$ ② $\begin{pmatrix}0&-2\\1&0\end{pmatrix}$ ③ $\begin{pmatrix}-1&-4\\2&-1\end{pmatrix}$ ④ $\begin{pmatrix}3&4\\-2&3\end{pmatrix}$ ⑤ $\begin{pmatrix}2&4\\1&-2\end{pmatrix}$

STEP 01 행렬의 덧셈으로 행렬 A를 구한다.

$A=B+E=\begin{pmatrix}1&2\\-1&1\end{pmatrix}+\begin{pmatrix}1&0\\0&1\end{pmatrix}=\begin{pmatrix}2&2\\-1&2\end{pmatrix}$

---

04 복소수의 계산 정답률 92% | 정답 ④

등식 ❶ $(2+3i)(1-i)=a+bi$를 만족시키는 두 실수 a, b에 대하여 $a+b$의 값은? (단, $i=\sqrt{-1}$) [3점]

① 3 ② 4 ③ 5 ④ 6 ⑤ 7

STEP 01 ❶의 좌변을 전개한 후 양변의 계수를 비교하여 a, b를 각각 구한 다음 합을 구한다.

$(2+3i)(1-i)=(2+3)+(-2+3)i=5+i$이므로 $a=5$, $b=1$

따라서 $a+b=5+1=6$

---

05 순열과 조합 정답률 86% | 정답 ③

등식 ❶ $_{10}P_3=n\times {}_{10}C_3$을 만족시키는 n의 값은? [3점]

① 2 ② 4 ③ 6 ④ 8 ⑤ 10

STEP 01 ❶에서 순열과 조합의 계산으로 n의 값을 구한다.

$_{10}C_3=\dfrac{_{10}P_3}{3!}=\dfrac{_{10}P_3}{6}$이므로 $_{10}P_3=n\times {}_{10}C_3$, $_{10}P_3=n\times \dfrac{_{10}P_3}{6}$

$n=6$

●핵심 공식

▶ 조합

서로 다른 n개에서 순서를 고려하지 않고 r개를 택하는 것을 n개에서 r개를 택하는 조합이라 하고, 이 조합의 수를 기호로 $_nC_r$와 같이 나타낸다.

$_nC_r=\dfrac{_nP_r}{r!}=\dfrac{n!}{r!(n-r)!}$ (단, $0\le r\le n$)

06 행렬의 연산
정답률 81% | 정답 ④

이차정사각행렬 A, B가
> ❶ $(A+B)^2 = \begin{pmatrix} 2 & 2 \\ -1 & -1 \end{pmatrix}$, $A^2+B^2 = \begin{pmatrix} 0 & -2 \\ 1 & 3 \end{pmatrix}$

을 만족시킬 때, 행렬 $AB+BA$는? [3점]

① $\begin{pmatrix} -1 & -3 \\ 5 & -2 \end{pmatrix}$ ② $\begin{pmatrix} 1 & 5 \\ -1 & 8 \end{pmatrix}$ ③ $\begin{pmatrix} 1 & 7 \\ 8 & 4 \end{pmatrix}$

④ $\begin{pmatrix} 2 & 4 \\ -2 & -4 \end{pmatrix}$ ⑤ $\begin{pmatrix} 2 & -7 \\ 6 & -2 \end{pmatrix}$

STEP 01 ❶의 두 식을 연립하여 행렬 $AB+BA$를 구한다.

$(A+B)^2 = A^2+AB+BA+B^2 = \begin{pmatrix} 2 & 2 \\ -1 & -1 \end{pmatrix}$ 이고

$A^2+B^2 = \begin{pmatrix} 0 & -2 \\ 1 & 3 \end{pmatrix}$ 이므로

$AB+BA = (A+B)^2 - (A^2+B^2) = \begin{pmatrix} 2 & 2 \\ -1 & -1 \end{pmatrix} - \begin{pmatrix} 0 & -2 \\ 1 & 3 \end{pmatrix} = \begin{pmatrix} 2 & 4 \\ -2 & -4 \end{pmatrix}$

이다. 따라서 $AB+BA = \begin{pmatrix} 2 & 4 \\ -2 & -4 \end{pmatrix}$ 이다.

07 근과 계수의 관계
정답률 83% | 정답 ⑤

x에 대한 이차방정식 $x^2-x+k=0$이 서로 다른 두 근 α, β를 갖는다.
❶ $\alpha^3+\beta^3 = 10$일 때, 상수 k의 값은? [3점]

① -7 ② -6 ③ -5 ④ -4 ⑤ -3

STEP 01 근과 계수의 관계를 이용하여 α, β에 관한 식을 작성한다.

이차방정식 $x^2-x+k=0$의 서로 다른 두 근이 α, β이므로
이차방정식의 근과 계수의 관계에 의하여
$\alpha+\beta=1$, $\alpha\beta=k$

STEP 02 곱셈공식을 이용하여 ❶을 변형하여 답을 구한다.

$\alpha^3+\beta^3 = (\alpha+\beta)^3 - 3\alpha\beta(\alpha+\beta) = 1-3k = 10$
따라서 $k=-3$

● 핵심 공식

▶ **이차방정식의 근과 계수의 관계**

이차방정식 $ax^2+bx+c=0$ (단, $a \neq 0$)의 두 근을 α, β라고 하면,
$\alpha+\beta = -\dfrac{b}{a}$, $\alpha\beta = \dfrac{c}{a}$

▶ **곱셈공식**

(1) $(a\pm b)^2 = a^2 \pm 2ab + b^2$ (복부호동순)
(2) $(a+b)(a-b) = a^2 - b^2$
(3) $(x+a)(x+b) = x^2 + (a+b)x + ab$
(4) $(ax+b)(cx+d) = acx^2 + (ad+bc)x + bd$
(5) $(a\pm b)^3 = a^3 \pm 3a^2b + 3ab^2 \pm b^3$ (복부호동순)
(6) $(a\pm b)(a^2 \mp ab + b^2) = a^3 \pm b^3$ (복부호동순)
(7) $(a+b+c)(a^2+b^2+c^2-ab-bc-ca) = a^3+b^3+c^3-3abc$

08 이차부등식
정답률 86% | 정답 ⑤

x에 대한 이차부등식 $x^2+ax-12 \leq 0$의 해가 ❶ $-4 \leq x \leq b$일 때,
두 상수 a, b에 대하여 $a-b$의 값은? [3점]

① -6 ② -5 ③ -4 ④ -3 ⑤ -2

STEP 01 부등식의 해로 ❶이 나올 수 있는 이차부등식을 구하여 답을 구한다.

이차부등식 $x^2+ax-12 \leq 0$의 해가 $-4 \leq x \leq b$이므로
$x^2+ax-12 = (x+4)(x-b) = x^2 + (4-b)x - 4b$
$a = 4-b$, $-12 = -4b$
$a = 1$, $b = 3$
따라서 $a-b = -2$

09 근의 조건
정답률 73% | 정답 ⑤

삼차방정식 ❶ $x^3+x^2-2=0$의 한 허근을 $a+bi$라 할 때, $|a|+|b|$의
값은? (단, a, b는 실수이고, $i = \sqrt{-1}$ 이다.) [3점]

① 4 ② $\dfrac{7}{2}$ ③ 3 ④ $\dfrac{5}{2}$ ⑤ 2

STEP 01 ❶을 인수분해하여 허근이 어느 부분에 속하는지 구한다.

$f(x) = x^3+x^2-2$ 라 하면 $f(1)=0$이므로,
$f(x)$는 $x-1$을 인수로 갖는다.
조립제법을 이용하여 $f(x)$를 인수분해하면

1	1	1	0	-2
		1	2	2
	1	2	2	0

$x^3+x^2-2 = (x-1)(x^2+2x+2)$ 이므로
$(x-1)(x^2+2x+2) = 0$에서
$x=1$ 또는 $x^2+2x+2=0$

STEP 02 $x^2+2x+2=0$에서 허근을 구한 후, 답을 구한다.

$x^2+2x+2=0$에서
$x = \dfrac{-2 \pm \sqrt{2^2-4\times1\times2}}{2} = \dfrac{-2 \pm 2i}{2} = -1 \pm i$

$a=-1$, $b=1$ 또는 $a=-1$, $b=-1$
따라서 $|a|+|b| = 2$

10 행렬의 곱셈의 성질
정답률 72% | 정답 ②

이차정사각행렬 A에 대하여 ❶ $A\begin{pmatrix} 1 \\ 0 \end{pmatrix} = \begin{pmatrix} 2 \\ 3 \end{pmatrix}$, $A\begin{pmatrix} 0 \\ 1 \end{pmatrix} = \begin{pmatrix} -1 \\ 2 \end{pmatrix}$ 이다.

❷ $A\begin{pmatrix} 1 \\ 2 \end{pmatrix} = \begin{pmatrix} p \\ q \end{pmatrix}$ 일 때, $p+q$의 값은? [3점]

① 6 ② 7 ③ 8 ④ 9 ⑤ 10

STEP 01 ❶의 두 식을 이용하여 행렬 A를 구한다.

$A = \begin{pmatrix} a & b \\ c & d \end{pmatrix}$ 라 하자.

식 $A\begin{pmatrix} 1 \\ 0 \end{pmatrix} = \begin{pmatrix} 2 \\ 3 \end{pmatrix}$에 $A = \begin{pmatrix} a & b \\ c & d \end{pmatrix}$ 를 대입하여 정리하면

$A\begin{pmatrix} 1 \\ 0 \end{pmatrix} = \begin{pmatrix} a & b \\ c & d \end{pmatrix}\begin{pmatrix} 1 \\ 0 \end{pmatrix} = \begin{pmatrix} 2 \\ 3 \end{pmatrix}$에서 $\begin{pmatrix} a \\ c \end{pmatrix} = \begin{pmatrix} 2 \\ 3 \end{pmatrix}$ 이므로

$a=2$, $c=3$ 이다.

같은 방법으로 식 $A\begin{pmatrix} 0 \\ 1 \end{pmatrix} = \begin{pmatrix} -1 \\ 2 \end{pmatrix}$에 $A = \begin{pmatrix} a & b \\ c & d \end{pmatrix}$ 를 대입하여 정리하면

$A\begin{pmatrix} 0 \\ 1 \end{pmatrix} = \begin{pmatrix} a & b \\ c & d \end{pmatrix}\begin{pmatrix} 0 \\ 1 \end{pmatrix} = \begin{pmatrix} -1 \\ 2 \end{pmatrix}$에서 $\begin{pmatrix} b \\ d \end{pmatrix} = \begin{pmatrix} -1 \\ 2 \end{pmatrix}$ 이므로

$b=-1$, $d=2$ 이다.
$a=2$, $b=-1$, $c=3$, $d=2$ 이므로
$A = \begin{pmatrix} 2 & -1 \\ 3 & 2 \end{pmatrix}$ 이다.

STEP 02 ❷에 행렬 A를 대입하여 답을 구한다.

$A\begin{pmatrix} 1 \\ 2 \end{pmatrix} = \begin{pmatrix} p \\ q \end{pmatrix}$에서 $A\begin{pmatrix} 1 \\ 2 \end{pmatrix} = \begin{pmatrix} 2 & -1 \\ 3 & 2 \end{pmatrix}\begin{pmatrix} 1 \\ 2 \end{pmatrix} = \begin{pmatrix} 0 \\ 7 \end{pmatrix} = \begin{pmatrix} p \\ q \end{pmatrix}$ 이므로

$p=0$, $q=7$ 이다.
따라서 $p+q=7$ 이다.

다른 풀이 1

두 등식 $A\begin{pmatrix} 1 \\ 0 \end{pmatrix} = \begin{pmatrix} 2 \\ 3 \end{pmatrix}$, $A\begin{pmatrix} 0 \\ 1 \end{pmatrix} = \begin{pmatrix} -1 \\ 2 \end{pmatrix}$ 를 행렬의 곱셈과 연관지어 보면 등식

$A\begin{pmatrix} 1 & 0 \\ 0 & 1 \end{pmatrix} = \begin{pmatrix} 2 & -1 \\ 3 & 2 \end{pmatrix}$

이 성립함을 알 수 있다.

따라서 $A = \begin{pmatrix} 2 & -1 \\ 3 & 2 \end{pmatrix}$ 이다.

$A\begin{pmatrix} 1 \\ 2 \end{pmatrix} = \begin{pmatrix} p \\ q \end{pmatrix}$에서

$A\begin{pmatrix} 1 \\ 2 \end{pmatrix} = \begin{pmatrix} 2 & -1 \\ 3 & 2 \end{pmatrix}\begin{pmatrix} 1 \\ 2 \end{pmatrix} = \begin{pmatrix} 0 \\ 7 \end{pmatrix} = \begin{pmatrix} p \\ q \end{pmatrix}$ 이므로

$p=0$, $q=7$ 이다.
따라서 $p+q=7$ 이다.

다른 풀이 2

행렬의 성질에 의해

$A\begin{pmatrix} 1 \\ 2 \end{pmatrix} = A\begin{pmatrix} 1 \\ 0 \end{pmatrix} + A\begin{pmatrix} 0 \\ 2 \end{pmatrix} = A\begin{pmatrix} 1 \\ 0 \end{pmatrix} + 2A\begin{pmatrix} 0 \\ 1 \end{pmatrix} = \begin{pmatrix} 2 \\ 3 \end{pmatrix} + 2\begin{pmatrix} -1 \\ 2 \end{pmatrix} = \begin{pmatrix} 2 \\ 3 \end{pmatrix} + \begin{pmatrix} -2 \\ 4 \end{pmatrix} = \begin{pmatrix} 0 \\ 7 \end{pmatrix} = \begin{pmatrix} p \\ q \end{pmatrix}$

이므로 $A\begin{pmatrix} 1 \\ 2 \end{pmatrix} = \begin{pmatrix} 0 \\ 7 \end{pmatrix}$ 이다.

그러므로 $p=0$, $q=7$ 이다.
따라서 $p+q=7$ 이다.

11 연립부등식

연립부등식

$$\begin{cases} x^2 - x - 12 \le 0 \\ x^2 - 3x + 2 > 0 \end{cases}$$

을 만족시키는 ❶ <u>모든 정수 x의 값의 합은?</u> [3점]

① 1　　　② 2　　　③ 3　　　④ 4　　　⑤ 5

STEP 01　연립부등식의 해를 각각 구한다.

부등식 $x^2 - x - 12 \le 0$의 해는
$(x+3)(x-4) \le 0$에서
$-3 \le x \le 4$ … ㉠
부등식 $x^2 - 3x + 2 > 0$의 해는
$(x-1)(x-2) > 0$에서
$x < 1$ 또는 $x > 2$ … ㉡

STEP 02　각 해들을 종합하여 ❶을 구한다.

㉠, ㉡에서 $-3 \le x < 1$ 또는 $2 < x \le 4$
정수 x는 $-3, -2, -1, 0, 3, 4$
따라서 모든 정수 x의 값의 합은 1

12 인수분해

다항식 $(x^2+x)(x^2+x+2)-8$이 $(x-1)(x+a)(x^2+x+b)$로
❶ <u>인수분해될 때</u>, 두 상수 a, b에 대하여 <u>$a+b$의 값은?</u> [3점]

① 3　　　② 4　　　③ 5　　　④ 6　　　⑤ 7

STEP 01　$x^2+x = X$로 치환하여 ❶을 진행한다.

$x^2+x = X$라 하면
$$\begin{aligned}(x^2+x)(x^2+x+2)-8 &= X(X+2)-8 \\ &= X^2+2X-8 \\ &= (X-2)(X+4) \\ &= (x^2+x-2)(x^2+x+4) \\ &= (x-1)(x+2)(x^2+x+4)\end{aligned}$$

STEP 02　답을 구한다.

$a = 2$, $b = 4$
따라서 $a+b = 6$

13 절댓값을 포함한 일차부등식

부등식 ❶ <u>$|2x-1| \le 5$</u>를 만족시키는 모든 정수 x의 개수는? [3점]

① 2　　　② 4　　　③ 6　　　④ 8　　　⑤ 10

STEP 01　❶의 부등식을 풀어 x의 범위를 구한 후 만족시키는 모든 정수 x의 개수를 구한다.

부등식 $|2x-1| \le 5$에서
$-5 \le 2x-1 \le 5$, $-2 \le x \le 3$
모든 정수 x는 $-2, -1, 0, 1, 2, 3$이고 그 개수는 6

●핵심 공식

▶ 절댓값 기호를 포함한 일차부등식

절댓값 기호를 포함한 부등식은 다음의 성질을 이용하여 절댓값 기호를 없앤 후 부등식을 푼다.

(1) $|a| = \begin{cases} a & (a \ge 0) \\ -a & (a < 0) \end{cases}$

(2) $0 < a < b$에 대하여
　① $|x| < a \Rightarrow -a < x < a$
　② $|x| > a \Rightarrow x > a$ 또는 $x < -a$
　③ $a < |x| < b \Rightarrow a < x < b$ 또는 $-b < x < -a$

14 판별식

x에 대한 이차방정식 $x^2-2(k-a)x+k^2-4k+b=0$이 실수 k에 값에
관계없이 ❶ <u>항상 중근을 가질 때</u>, 두 상수 a, b에 대하여 <u>$a+b$의 값은?</u> [4점]

① 2　　　② 3　　　③ 4　　　④ 5　　　⑤ 6

STEP 01　❶의 조건을 판별식을 이용하여 k에 관한 식을 세운다.

이차방정식 $x^2-2(k-a)x+k^2-4k+b=0$의 판별식을 D라 할 때
$$\begin{aligned}\frac{D}{4} &= (k-a)^2 - (k^2-4k+b) \\ &= k^2-2ak+a^2-k^2+4k-b \\ &= (-2a+4)k+(a^2-b) = 0 \cdots ㉠\end{aligned}$$

STEP 02　실수 k의 값에 관계없는 a, b를 구한 후 답을 구한다.

㉠이 실수 k의 값에 관계없이 성립하므로
$-2a+4 = 0$, $a^2-b = 0$
$a = 2$, $b = 4$
따라서 $a+b = 6$

●핵심 공식

▶ 판별식

이차방정식 $ax^2+bx+c=0$의 판별식 $D=b^2-4ac$를 이용한 근의 개수 판별

① $b^2-4ac > 0 \leftrightarrow$ 서로 다른 두 실근
② $b^2-4ac = 0 \leftrightarrow$ 한 개의 중근
③ $b^2-4ac < 0 \leftrightarrow$ 실근이 없다

15 삼차방정식

x에 대한 삼차방정식 $x^3+5x^2+(a-6)x-a=0$의 ❶ <u>서로 다른 실근의
개수가 2가 되도록</u> 하는 모든 실수 a의 값의 합은? [4점]

① 1　　　② 2　　　③ 3　　　④ 4　　　⑤ 5

STEP 01　삼차방정식의 성질을 이용하여 ❶이 의미하는 바를 찾는다.

삼차방정식 $x^3+5x^2+(a-6)x-a=0$의 서로 다른 실근의 개수가
2가 되기 위해서는 주어진 삼차방정식이 한 개의 중근을 가져야 한다.
$x^3+5x^2+(a-6)x-a=0$
$(x-1)(x^2+6x+a)=0$

STEP 02　경우를 나누어 답을 구한다.

(i) 이차방정식 $x^2+6x+a=0$이 1과 1이 아닌 실근을 갖는 경우
　$1^2+6\times1+a=0$, $a=-7$
　주어진 삼차방정식은
　$(x+7)(x-1)^2=0$, $x=-7$ 또는 $x=1$(중근)

(ii) 이차방정식 $x^2+6x+a=0$이 1이 아닌 중근을 갖는 경우
　이차방정식 $x^2+6x+a=0$의 판별식을 D라 할 때
　$\frac{D}{4}=3^2-a=0$, $a=9$
　주어진 삼차방정식은
　$(x+3)^2(x-1)=0$, $x=-3$(중근) 또는 $x=1$

(i), (ii)에 의하여 모든 실수 a의 값은 $-7, 9$
따라서 모든 실수 a의 값의 합은 2

16 조합을 이용한 경우의 수

어느 학교에서는 '확률과 통계', '미적분', '기하'의 수학 과목 3개와 '물리학Ⅱ',
'화학Ⅱ', '생명과학Ⅱ', '지구과학Ⅱ'의 과학 과목 4개를 선택 교육 과정으로
운영한다. 두 학생 A, B가 이 7개의 과목 중에서 다음 조건을 만족시키도록
과목을 선택하려고 한다.

> • A, B는 각자 1개 이상의 수학 과목을 포함한 3개의 과목을 선택한다.
> • A가 선택하는 3개의 과목과 B가 선택하는 3개의 과목 중에서 서로
> 　일치하는 과목의 개수는 1이다.

다음은 A, B가 과목을 선택하는 경우의 수를 구하는 과정이다.

> A, B가 선택하는 과목 중에서 서로 일치하는 과목이 수학 과목인 경우와
> 과학 과목인 경우로 나누어 구할 수 있다.
> (i) 서로 일치하는 과목이 수학 과목일 때
> 　3개의 수학 과목 중에서 1개를 선택하는 경우의 수는
> 　$_3C_1 = 3$
> 　위의 각 경우에 대하여 나머지 6개의
> 　과목 중에서 A가 2개를 선택하고,
> 　나머지 4개의 과목 중에서 B가
> 　2개를 선택하는 경우의 수는
> 　　　(가)

이때의 경우의 수는
$$3 \times \boxed{\text{(가)}}$$

(ii) 서로 일치하는 과목이 과학 과목일 때

4개의 과학 과목 중에서 1개를 선택하는 경우의 수는
$$_4C_1 = 4$$

위의 각 경우에 대하여 나머지 6개의 과목 중에서 A, B는 수학 과목을 1개 이상 선택해야 하므로 다음 두 가지 경우로 나눌 수 있다.

(ii-1) A, B 모두 수학 과목 1개와 과학 과목 1개를 선택하는 경우의 수는
$$(_3C_1 \times _3C_1) \times (_2C_1 \times _2C_1) = 36$$

(ii-2) A, B 중 한 명은 수학 과목 2개를 선택하고, 다른 한 명은 수학 과목 1개와 과학 과목 1개를 선택하는 경우의 수는
$$\boxed{\text{(나)}}$$

이때의 경우의 수는
$$4 \times (36 + \boxed{\text{(나)}})$$

(i), (ii)에 의하여 구하는 경우의 수는
$$3 \times \boxed{\text{(가)}} + 4 \times (36 + \boxed{\text{(나)}}) \text{이다.}$$

위의 (가), (나)에 알맞은 수를 각각 p, q라 할 때, $p+q$의 값은? [4점]

① 102   ② 108   ③ 114   ④ 120   ⑤ 126

STEP 01 조합을 이용하여 p, q를 구한 후 $p+q$의 값을 구한다.

A, B가 선택하는 과목 중에서 서로 일치하는 과목이 수학 과목인 경우와 과학 과목인 경우로 나누어 구할 수 있다.

(i) 서로 일치하는 과목이 수학 과목일 때

3개의 수학 과목 중에서 1개를 선택하는 경우의 수는
$$_3C_1 = 3$$

위의 각 경우에 대하여 나머지 6개의 과목 중에서 A가 2개를 선택하고, 나머지 4개의 과목 중에서 B가 2개를 선택하는 경우의 수는
$$_6C_2 \times _4C_2 = \boxed{90}$$

이때의 경우의 수는
$$3 \times 90$$

(ii) 서로 일치하는 과목이 과학 과목일 때

4개의 과학 과목 중에서 1개를 선택하는 경우의 수는
$$_4C_1 = 4$$

위의 각 경우에 대하여 나머지 6개의 과목 중에서 A, B는 수학 과목을 1개 이상 선택해야 하므로 다음 두 가지 경우로 나눌 수 있다.

(ii-1) A, B 모두 수학 과목 1개와 과학 과목 1개를 선택하는 경우의 수는
$$(_3C_1 \times _3C_1) \times (_2C_1 \times _2C_1) = 36$$

(ii-2) A, B 중 한 명은 수학 과목 2개를 선택하고, 다른 한 명은 수학 과목 1개와 과학 과목 1개를 선택하는 경우의 수는 다음과 같다.

A, B 중 수학 과목 2개를 선택할 학생을 택하는 경우의 수는
$$_2C_1,$$

이 학생이 3개의 수학 과목 중 2개를 선택하는 경우의 수는
$$_3C_2,$$

다른 한 명이 남아 있는 수학 과목 1개를 선택하는 경우의 수는
$$_1C_1,$$

이 학생이 과학 과목 중 공통으로 선택한 한 과목을 제외한 3개의 과목 중 1개를 선택하는 경우의 수는 $_3C_1$이다. 따라서
$$_2C_1 \times _3C_2 \times (_1C_1 \times _3C_1) = \boxed{18}$$

이때의 경우의 수는
$$4 \times (36 + 18)$$

(i), (ii)에 의하여 구하는 경우의 수는
$$3 \times 90 + 4 \times (36 + 18) \text{이다.}$$

따라서 $p = 90$, $q = 18$이므로
$$p + q = 108$$

---

17 이차함수의 활용   정답률 58% | 정답 ④

$1 \leq k \leq 3$인 실수 k에 대하여 직선 $y = k(x+4)$ 위에

❶ x좌표가 $-k$인 점 P가 있다. 두 점 $Q(-2, 0)$, $R(0, 1)$에 대하여 사각형 PQOR의 넓이의 **최댓값**은? (단, O는 원점이다.) [4점]

① $\dfrac{9}{2}$ ② $\dfrac{75}{16}$ ③ $\dfrac{39}{8}$ ④ $\dfrac{81}{16}$ ⑤ $\dfrac{21}{4}$

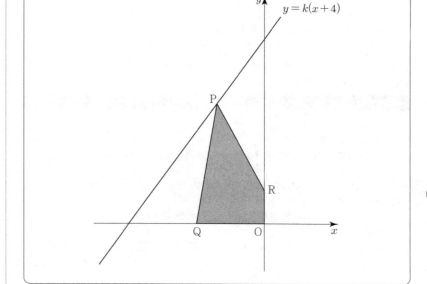

STEP 01 ❶을 설정한 후 사각형의 넓이를 삼각형 2개의 넓이로 알맞게 설정한다.

점 P의 좌표는 $(-k, -k^2 + 4k)$

(사각형 PQOR의 넓이) = (삼각형 PQO의 넓이) + (삼각형 POR의 넓이)

STEP 02 사각형의 넓이에 관한 식을 완성한 후, 답을 구한다.

사각형 PQOR의 넓이를 $S(k)$라 하면
$$S(k) = \frac{1}{2} \times 2 \times (-k^2 + 4k) + \frac{1}{2} \times 1 \times k = -\left(k - \frac{9}{4}\right)^2 + \frac{81}{16} \quad (1 \leq k \leq 3)$$

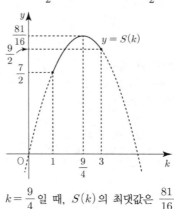

$k = \dfrac{9}{4}$일 때, $S(k)$의 최댓값은 $\dfrac{81}{16}$

---

18 나머지 정리   정답률 34% | 정답 ①

다항식 $f(x)$가 다음 조건을 만족시킨다.

> (가) $f(x)$를 $x^3 - 1$로 나눈 몫과 나머지는 서로 같다.
> (나) $f(x) - x$는 $x^2 + x + 1$로 나누어떨어진다.

❶ $f(x)$를 $x - 2$로 나눈 나머지가 72일 때, $f(1)$의 값은? [4점]

① 4   ② 7   ③ 10   ④ 13   ⑤ 16

STEP 01 조건 (가)를 이용하여 식을 세운다.

조건 (가)에 의하여 $f(x)$를 $x^3 - 1$로 나눈 몫과 나머지를 $Q(x)$라 하면 $Q(x)$는 차수가 2 이하인 다항식이다.
$$f(x) = (x^3 - 1)Q(x) + Q(x)$$

STEP 02 ❶을 이용하여 식을 정리한다.

$f(x)$를 $x - 2$로 나눈 나머지가 72이므로
$$f(2) = (8 - 1)Q(2) + Q(2) = 8Q(2) = 72$$
$$Q(2) = 9 \cdots \text{㉠}$$

STEP 03 조건 (나)를 이용하여 식을 세운다.

조건 (나)에 의하여 $f(x) - x$는 $x^2 + x + 1$로 나누어떨어지므로
$$f(x) - x = (x - 1)(x^2 + x + 1)Q(x) + Q(x) - x$$
$$Q(x) - x = 0 \text{ 또는 } Q(x) - x = a(x^2 + x + 1) \quad (\text{단, } a \neq 0)$$

STEP 04 경우를 나누어서 식을 정리한 후 답을 구한다.

(i) $Q(x) - x = 0$인 경우

$Q(x) = x$, $Q(2) = 2 \neq 9$이므로 ㉠을 만족시키지 않는다.

(ii) $Q(x) - x = a(x^2 + x + 1)$인 경우
$$Q(x) = a(x^2 + x + 1) + x$$

$$Q(2) = a \times (4+2+1) + 2 = 9$$
$$7a = 7, \ a = 1$$
$$Q(x) = (x^2+x+1) + x = x^2+2x+1$$
(i), (ii)에 의하여
$$f(x) = (x^3-1)(x^2+2x+1) + x^2+2x+1 = x^3(x+1)^2$$
따라서 $f(1) = 4$

●핵심 공식

▶ 나머지정리

(1) 다항식의 나눗셈
  다항식 A를 다항식 B (단, $B \neq 0$)로 나누었을 때의 몫을 Q, 나머지를 R이라고 하면
$$A = B \cdot Q + R$$
  이때, R의 차수는 B의 차수보다 낮다. 그리고, 위의 등식은 항등식이다.

(2) 나머지 정리
  x에 대한 다항식 $f(x)$를 일차식 $x-\alpha$로 나누었을 때의 나머지는 $f(\alpha)$이다.

(3) 인수정리
  x에 대한 다항식 $f(x)$가 $x-\alpha$로 나누어 떨어지기 위한 필요충분조건은 $f(\alpha) = 0$이다

---

19 이차함수와 이차방정식   정답률 39% | 정답 ③

최고차항의 계수의 절댓값이 같은 두 이차함수 $y=f(x)$, $y=g(x)$의 그래프가 서로 다른 두 점 A, B에서 만나고 직선 AB의 기울기는 -1이다. 두 함수 $f(x), g(x)$가 다음 조건을 만족시킬 때, $f(-1)+g(-1)$의 값은? [4점]

(가) ❶ $f(x) - g(x) = -4(x+3)(x-2)$
(나) ❷ $f(-3) + g(2) = 5$

① 4   ② 5   ③ 6   ④ 7   ⑤ 8

STEP 01 ❶을 이용하여 $f(x)$와 $g(x)$에 관련된 식을 세운다.

두 이차함수 $f(x), g(x)$의 최고차항의 계수의 절댓값이 같으므로
조건 (가)에 의하여 이차함수 $f(x)$의 최고차항의 계수는 -2,
이차함수 $g(x)$의 최고차항의 계수는 2이다.
$$f(-3) - g(-3) = 0, \ f(-3) = g(-3), \ f(2) - g(2) = 0, \ f(2) = g(2)$$
두 곡선 $y=f(x), y=g(x)$가 만나는 두 점 A, B의 x좌표는 $-3, 2$이다.
직선 AB의 기울기가 -1이므로
$$\frac{f(2) - f(-3)}{2 - (-3)} = -1, \ f(2) - f(-3) = -5$$

STEP 02 ❷를 이용하여 $f(x)$와 $g(x)$를 구한 후 답을 구한다.

조건 (나)에 의하여 $f(-3) + g(2) = f(-3) + f(2) = 5$
$$f(2) = g(2) = 0, \ f(-3) = g(-3) = 5$$
$$f(x) = -2(x-2)(x-a) \ (단, \ a는 상수이다.)$$
$$f(-3) = -30 - 10a = 5, \ a = -\frac{7}{2}$$
$$f(x) = -(x-2)(2x+7)$$
$$g(x) = 2(x-2)(x-b) \ (단, \ b는 상수이다.)$$
$$g(-3) = 30 + 10b = 5, \ b = -\frac{5}{2}$$
$$g(x) = (x-2)(2x+5)$$
$$f(-1) = 15, \ g(-1) = -9$$
따라서 $f(-1) + g(-1) = 6$

●핵심 공식

▶ 이차함수와 이차부등식

모든 실수 x에 대하여 이차부등식

(1) $ax^2+bx+c > 0$ (단, $a \neq 0$)이 성립하려면 $a > 0, \ D < 0$
(2) $ax^2+bx+c \geq 0$ (단, $a \neq 0$)이 성립하려면 $a > 0, \ D \leq 0$
(3) $ax^2+bx+c < 0$ (단, $a \neq 0$)이 성립하려면 $a < 0, \ D < 0$
(4) $ax^2+bx+c \leq 0$ (단, $a \neq 0$)이 성립하려면 $a < 0, \ D \leq 0$
(단, D는 이차방정식 $ax^2+bx+c = 0$의 판별식)

★★★ 등급을 가르는 문제!

20 순열과 조합   정답률 29% | 정답 ①

그림과 같이 둥근 의자 3개와 사각 의자 3개가 교대로 나열되어 있다.

1학년 학생 2명, 2학년 학생 2명, 3학년 학생 2명이 다음 조건을 만족시키도록 이 6개의 의자에 모두 앉는 경우의 수는? [4점]

(가) ❶ 2학년 학생은 사각 의자에만 앉는다.
(나) ❷ 같은 학년 학생은 서로 이웃하여 앉지 않는다.

① 64   ② 72   ③ 80   ④ 88   ⑤ 96

STEP 01 ❶, ❷와 오른쪽 끝 사각 의자에 앉을 때를 기준으로 경우를 나눈다.

(i) 2학년 학생이 오른쪽 끝 사각 의자에 앉을 때

또는

위와 같이 2학년 학생이 앉을 사각 의자를 선택하는 경우의 수는 2
위의 각각의 경우에 대하여 2학년 학생이 두 사각 의자에 앉는 경우의 수는 $_2P_2 = 2!$
  i) 2학년 학생이 앉지 않은 사각 의자에 1학년 학생이 앉는다면
    1학년 학생이 앉은 사각 의자와 이웃한 두 개의 둥근 의자에는
    3학년 학생만 앉아야 하므로
    경우의 수는 $2! \times 2! = 4$
  ii) 2학년 학생이 앉지 않은 사각 의자에 3학년 학생이 앉는다면
    3학년 학생이 앉은 사각 의자와 이웃한 두 개의 둥근 의자에는
    1학년 학생만 앉아야 하므로
    경우의 수는 $2! \times 2! = 4$
그러므로 $2 \times 2! \times (4+4) = 32$

STEP 02 ❶, ❷와 오른쪽 끝 사각 의자에 앉지 않을 때를 기준으로 경우를 나눈다.

(ii) 2학년 학생이 오른쪽 끝의 사각 의자에 앉지 않을 때

오른쪽 끝이 아닌 나머지 2개의 사각 의자에 2학년 학생 2명이 앉는 경우의 수는 $_2P_2 = 2!$
  i) 오른쪽 끝의 사각 의자에 1학년 학생이 앉는다면
    1학년 학생이 앉은 사각 의자와 이웃하지 않은
    2개의 둥근 의자에 1학년 학생 1명이 앉아야 하므로
    경우의 수는 $2 \times 2! \times 2! = 8$
  ii) 오른쪽 끝의 사각 의자에 3학년 학생이 앉는다면
    3학년 학생이 앉은 사각 의자와 이웃하지 않은
    2개의 둥근 의자에 3학년 학생 1명이 앉아야 하므로
    경우의 수는 $2 \times 2! \times 2! = 8$
그러므로 $2! \times (8+8) = 32$
(i), (ii)에서 구하는 경우의 수
$$32 + 32 = 64$$

다른 풀이

사각 의자 3개 중 2개의 의자에 2학년 학생 2명이 앉는 경우의 수는
$$_3P_2 = 3 \times 2 = 6$$
나머지 의자 4개에 1학년 학생 2명과 3학년 학생 2명이 앉는 경우의 수는
$$_4P_4 = 4! = 24$$
조건 (가)를 만족시키는 경우의 수는 $6 \times 24 = 144$
이 중 1학년 학생 2명이 서로 이웃하여 앉는 경우는 아래와 같이 다섯 가지이다.

각각의 경우 1, 2, 3학년 학생들이 앉지 않는 경우의 수는
$$_2P_2 \times _2P_2 \times _2P_2 = 8$$
따라서 1학년 학생 2명이 서로 이웃하여 앉는 경우의 수는
$$5 \times 8 = 40$$
마찬가지로 3학년 학생 2명이 서로 이웃하여 앉는 경우의 수도 40
조건 (가), (나)를 모두 만족시키는 경우의 수는
$$144 - 40 \times 2 = 144 - 80 = 64$$

●핵심 공식

▶ 조합의 수와 $_nC_r$

서로 다른 n개에서 순서를 생각하지 않고 r개를 택할 때, n개에서 r개를 택하는 조합이라 하고, 이 조합의 수를 $_nC_r$로 나타낸다.

$$_nC_r = \frac{_nP_r}{r!} = \frac{n!}{r!(n-r)!}$$

★★ 문제 해결 꿀~팁 ★★

▶ 문제 해결 방법

경우의 수 문제를 풀 때는 한 번에 모든 조건을 생각하는 것이 거의 불가능하기에, 어느 한 조건을 기준으로 하여 경우를 나누어 구해줘야 한다. 위 문제 같은 경우, 조건 (가)와 (나) 중 한 조건을 기준으로 하여 경우를 나누어야 하는데, 조건 (나) 같은 경우, 같은 학년에 대한 정보로 세 학년을 모두 따져주어야 하기 때문에 기준으로 정하기가 모호하다. 따라서, (가)에서 2학년에 대한 조건이 주어졌으므로, 조건 (가)를 조건으로 경우를 나누는 것이 더 유리하다.
또한 경우의 수 문제에서 한 조건을 기준으로 할 경우, 이에 관련하여 따라 나오는 정보는 다 적어놓는 것이 좋다. 여사건 문제가 아닌 이상 경우의 수 문제는 거의 각 경우에 따른 숫자를 다 구하고, 이를 더하거나 곱하여 답을 구하는 경우가 대부분이다. 따라서 구할 수 있는 모든 정보를 다 구한 후 이를 적절히 이용해 답을 구하는 것이 좋다.

---

21 이차함수
정답률 36% | 정답 ⑤

세 양수 a, b, c에 대하여 두 이차함수 $f(x) = (x-a)^2 + b$,
$$g(x) = -\frac{1}{2}(x-c)^2 + 11$$이 있다.

x에 대한 이차방정식 $f(x) = g(x)$는 서로 다른 두 실근 $\alpha, \beta (\alpha < \beta)$를 갖는다. 함수 $h(x)$가
$$h(x) = \begin{cases} f(x) & (\alpha \le x \le \beta) \\ g(x) & (x < \alpha \text{ 또는 } x > \beta) \end{cases}$$
일 때, 함수 $h(x)$는 다음 조건을 만족시킨다.

> 함수 $y = h(x)$의 그래프와 직선 $y = k$가
> ❶ 서로 다른 세 점에서만 만나도록 하는 실수 k의 값은 2와 3이다.

함수 $y = h(x)$의 그래프가 직선 $y = 2$와 만나는 서로 다른 세 점의 x좌표의 합을 S라 하고, 직선 $y = 3$과 만나는 서로 다른 세 점의 x좌표의 합을 T라 하자.

$T - S = \frac{a}{2}$일 때, $h(\alpha + \beta)$의 값은? [4점]

① $\frac{17}{2}$ ② 9 ③ $\frac{19}{2}$ ④ 10 ⑤ $\frac{21}{2}$

STEP 01 네 실수 a, c, α, β의 대소 관계에 따른 실수 k에 개수를 표현한다.

네 실수 a, c, α, β의 대소관계에 따른 함수 $y = h(x)$의 그래프의 개형과 함수 $y = h(x)$의 그래프와 직선 $y = k$가 서로 다른 세 점에서 만나도록 하는 실수 k의 개수는 다음과 같다.

① $\beta \le a, c < a$
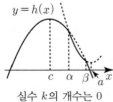
실수 k의 개수는 0

② $\alpha < a < \beta, c < a$
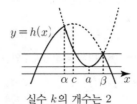
실수 k의 개수는 2

③ $\alpha < a < \beta, a = c$
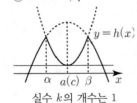
실수 k의 개수는 1

④ $\alpha < a < \beta, a < c$
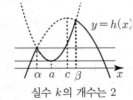
실수 k의 개수는 2

⑤ $a \le \alpha, a < c$
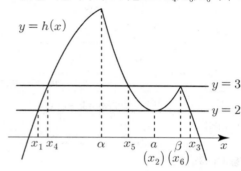
실수 k의 개수는 0

STEP 02 경우를 나누어 ❶이 가능한 경우를 찾는다. (i) ①, ③, ⑤인 경우

(i) ①, ③, ⑤인 경우
조건을 만족시키지 않는다.

STEP 03 경우를 나누어 ❶이 가능한 경우를 찾는다. (ii) ②인 경우

(ii) ②인 경우 $(\alpha < a < \beta, c < a)$
조건에 의하여 $b = 2, h(\beta) = 3$이다.
함수 $y = h(x)$의 그래프가 직선 $y = 2$와 만나는 세 점의 x좌표를 작은 수부터 크기순으로 x_1, x_2, x_3이라 하고, 직선 $y = 3$과 만나는 세 점의 x좌표를 작은 수부터 크기순으로 x_4, x_5, x_6이라 하자.

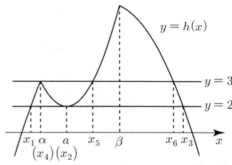

$x_1 + x_3 = 2c$, $x_2 = a$이므로 $S = 2c + a$
$x_4 + x_6 = 2c$이므로 $T = 2c + x_5$
$T - S = (2c + x_5) - (2c + a) = x_5 - a$
$x_5 - a < 0 < \frac{a}{2}$이므로 $T - S \ne \frac{a}{2}$

STEP 04 경우를 나누어 ❶이 가능한 경우를 찾는다. (iii) ④인 경우

(iii) ④인 경우 $(\alpha < a < \beta, a < c)$
조건에 의하여 $b = 2, h(\alpha) = 3$이다.
함수 $y = h(x)$의 그래프가 직선 $y = 2$와 만나는 세 점의 x좌표를 작은 수부터 크기순으로 x_1, x_2, x_3이라 하고,
직선 $y = 3$과 만나는 세 점의 x좌표를 작은 수부터 크기순으로 x_4, x_5, x_6이라 하자.

[그래프: $y = h(x)$, $y = 3$, $y = 2$, $x_1 \alpha\ a\ x_5\ \beta\ x_6\ x_3$, $(x_4)(x_2)$]

$x_1 + x_3 = 2c$, $x_2 = a$이므로 $S = 2c + a$
$x_4 + x_6 = 2c$이므로 $T = 2c + x_5$
$T - S = (2c + x_5) - (2c + a) = x_5 - a = \frac{a}{2}$
$x_5 = \frac{3}{2}a$

STEP 05 알맞은 경우를 찾아 $f(x)$를 구한다.

(i), (ii), (iii)에 의하여
$\alpha < a < \beta, a < c, f(x) = (x-a)^2 + 2, f(x_5) = 3, x_5 = \frac{3}{2}a$이다.

$$f\left(\frac{3}{2}a\right) = \left(\frac{3}{2}a - a\right)^2 + 2 = \frac{a^2}{4} + 2 = 3$$
$a > 0$이므로 $a = 2, x_5 = 3$
$$f(x) = (x-2)^2 + 2$$

STEP 06 $g(x)$를 구한다.

$\alpha = x_4$이고 $x_4 + x_5 = 2a$이므로 $\alpha + 3 = 4$, $\alpha = 1$
$h(\alpha) = 3$이므로 $f(\alpha) = g(\alpha) = 3$
$$g(1) = -\frac{1}{2}(1-c)^2 + 11 = 3, c = 5$$

$$g(x) = -\frac{1}{2}(x-5)^2 + 11$$

STEP 07 답을 구한다.

이차방정식 $f(x) = g(x)$에서 $f(x) - g(x) = \frac{3}{2}(x-1)(x-5) = 0$, $\beta = 5$

$$h(\alpha + \beta) = h(6) = g(6) = -\frac{1}{2}(6-5)^2 + 11 = \frac{21}{2}$$

● 핵심 공식

▶ 이차함수와 이차방정식

(1) 포물선 $y = ax^2 + bx + c$ (단, $a \neq 0$)의 그래프와 x축과의 위치 관계
$ax^2 + bx + c = 0$ (단, $a \neq 0$)의 판별식이 D라 할 때,
① $D > 0$: 두 점에서 만난다.
② $D = 0$: 접한다.
③ $D < 0$: 만나지 않는다.

(2) 포물선 $y = ax^2 + bx + c$ (단, $a \neq 0$)의 그래프와 직선 $y = mx + n$의 위치 관계
두 방정식을 연립한 이차방정식 $ax^2 + bx + c = mx + n$의 판별식을 D라 하면,
① $D > 0$: 두 점에서 만난다.
② $D = 0$: 접한다.
③ $D < 0$: 만나지 않는다.

---

22 나머지정리   정답률 85% | 정답 13

x에 대한 다항식 $x^3 + 2x^2 - 9x + a$를 $x-1$로 나눈 나머지가 7일 때,
❶ 상수 a의 값을 구하시오. [3점]

STEP 01 나머지정리를 이용하여 ❶을 구한다.

$f(x) = x^3 + 2x^2 - 9x + a$라 하면 나머지정리에 의하여
$f(1) = 1 + 2 - 9 + a = -6 + a = 7$
따라서 $a = 13$

● 핵심 공식

▶ 나머지정리

(1) 다항식의 나눗셈
다항식 A를 다항식 B (단, $B \neq 0$)로 나누었을 때의 몫을 Q, 나머지를 R이라고 하면
$A = B \cdot Q + R$
이때, R의 차수는 B의 차수보다 낮다. 그리고, 위의 등식은 항등식이다.

(2) 나머지 정리
x에 대한 다항식 $f(x)$를 일차식 $x - \alpha$로 나누었을 때의 나머지는 $f(\alpha)$이다.

(3) 인수정리
x에 대한 다항식 $f(x)$가 $x - \alpha$로 나누어 떨어지기 위한 필요충분조건은 $f(\alpha) = 0$이다.

---

23 연립부등식   정답률 85% | 정답 9

연립부등식
$$\begin{cases} 2x \leq x + 11 \\ x + 5 < 4x - 2 \end{cases}$$
를 만족시키는 ❶ 모든 정수 x의 개수를 구하시오. [3점]

STEP 01 연립부등식을 풀어 ❶을 구한다.

부등식 $2x \leq x + 11$의 해는 $x \leq 11$ $\cdots$ ㉠
부등식 $x + 5 < 4x - 2$의 해는 $x > \frac{7}{3}$ $\cdots$ ㉡

㉠, ㉡에서 $\frac{7}{3} < x \leq 11$

정수 x는 3, 4, 5, 6, 7, 8, 9, 10, 11 따라서 모든 정수 x의 개수는 9

---

24 일렬로 나열하는 경우의 수   정답률 74% | 정답 720

7개의 문자 c, h, e, e, r, u, p를 모두 일렬로 나열할 때, 2개의 문자 e가 서로 이웃하게 되는 경우의 수를 구하시오. [3점]

STEP 01 2개의 문자 e를 묶어 한 문자라 생각하고 순열을 이용하여 구하는 경우의 수를 구한다.

2개의 문자 e를 묶어 한 문자 E라고 생각하여
서로 다른 6개의 문자 c, h, E, r, u, p를 모두 일렬로 나열하는 경우의 수는
$6! = 720$
위의 각 경우에 대하여 2개의 문자 e끼리 자리를 바꾸는 경우의 수는 1이므로
구하는 경우의 수는 $720 \times 1 = 720$

---

25 인수분해   정답률 66% | 정답 2

x, y에 대한 이차식 ❶ $x^2 + kxy - 3y^2 + x + 11y - 6$이 ❷ x, y에 대한 두 일차식의 곱으로 인수분해 되도록 하는 자연수 k의 값을 구하시오.
[3점]

STEP 01 ❶을 x에 대한 내림차순으로 정리한 뒤 상수항을 인수분해한다.
❷를 성립하도록 하는 일차항의 계수를 구하여 k의 값을 구한다.

주어진 이차식을 x에 대한 내림차순으로 정리하면
$x^2 + (ky+1)x - 3y^2 + 11y - 6 = x^2 + (ky+1)x - (3y-2)(y-3)$
x, y에 대한 두 일차식의 곱으로 인수분해 되려면
$(3y-2) - (y-3) = ky+1$, $2y+1 = ky+1$
따라서 $k = 2$

▷ 다른 풀이

주어진 이차식을 x에 대한 내림차순으로 정리한 이차방정식은
$x^2 + (ky+1)x - 3y^2 + 11y - 6 = 0$이다.
이때 $(ky+1)^2 - 4(-3y^2 + 11y - 6) = A$라 하면
$x = \frac{-(ky+1) \pm \sqrt{A}}{2}$이다.
$x^2 + (ky+1)x - 3y^2 + 11y - 6$
$= \left\{ x - \frac{-(ky+1) + \sqrt{A}}{2} \right\} \left\{ x - \frac{-(ky+1) - \sqrt{A}}{2} \right\}$
이때 x, y에 대한 일차식이 되려면 A가 완전제곱식이어야 하므로
이차방정식 $A = 0$의 판별식 $D = 0$이다.
y에 대한 이차방정식
$(k^2+12)y^2 + 2(k-22)y + 25 = 0$에 대하여
$\frac{D}{4} = (k-22)^2 - 25(k^2+12) = 0$이다.
식을 전개하여 인수분해하면
$6k^2 + 11k - 46 = (k-2)(6k+23) = 0$
따라서 자연수 k의 값은 2

★★★ 등급을 가르는 문제!

26 복소수의 성질   정답률 25% | 정답 24

❶ $\left(\frac{\sqrt{2}}{1+i} \right)^n + \left(\frac{\sqrt{3}+i}{2} \right)^n = 2$를 만족시키는
자연수 n의 최솟값을 구하시오. (단, $i = \sqrt{-1}$) [4점]

STEP 01 ❶의 각 복소수가 1이 되는 n의 값을 각각 구한 후 두 n의 값의 최소공배수를 구한다.

$z_1 = \frac{\sqrt{2}}{1+i}$라 하면

$z_1^2 = \left(\frac{\sqrt{2}}{1+i} \right)^2 = \frac{2}{2i} = -i$,

$z_1^4 = (-i)^2 = -1$, $z_1^8 = (-1)^2 = 1$

$z_2 = \frac{\sqrt{3}+i}{2}$라 하면

$z_2^2 = \left(\frac{\sqrt{3}+i}{2} \right)^2 = \frac{1 + \sqrt{3}i}{2}$,

$z_2^3 = i$, $z_2^6 = i^2 = -1$, $z_2^{12} = (-1)^2 = 1$

$\left(\frac{\sqrt{2}}{1+i} \right)^n + \left(\frac{\sqrt{3}+i}{2} \right)^n = 2$를 만족시키려면

$\left(\frac{\sqrt{2}}{1+i} \right)^n = 1$, $\left(\frac{\sqrt{3}+i}{2} \right)^n = 1$을 동시에 만족시키는 자연수 n을 찾아야 한다.
따라서 자연수 n의 최솟값은 8, 12의 최소공배수인 24이다.

★★ 문제 해결 꿀~팁 ★★

▶ 문제 해결 방법

$\left(\frac{\sqrt{2}}{1+i} \right)^n + \left(\frac{\sqrt{3}+i}{2} \right)^n = 2$를 만족하려면 $\left(\frac{\sqrt{2}}{1+i} \right)^n = 1$, $\left(\frac{\sqrt{3}+i}{2} \right)^n = 1$을 성립해야 한다.
$\left(\frac{\sqrt{2}}{1+i} \right)^n$은 $n = 8$일 때 처음으로 1이 되고, $\left(\frac{\sqrt{3}+i}{2} \right)^n$은 $n = 12$일 때 처음으로 1이 된다. 그러므로 두 값이 모두 1이 되도록 하는 n의 최솟값은 8, 12의 최소공배수인 24 이다. 각 복소수의 거듭제곱을 차근차근 구하여 i 또는 $-i$가 나오면 $i^4 = 1$, $(-i)^4 = 1$ 임을 이용하면 만족하는 n을 구할 수 있다.

27 행렬의 거듭제곱   정답률 35% | 정답 32

이차정사각행렬 ❶ $A = \begin{pmatrix} 2 & 0 \\ 1 & 1 \end{pmatrix}$, $B = \frac{1}{2}\begin{pmatrix} -1 & 0 \\ 1 & -2 \end{pmatrix}$ 에 대하여

행렬 $B^4 A^8$ 의 모든 성분의 합을 구하시오. [4점]

STEP 01 ❶에서 행렬 BA를 구한 후 행렬 $B^4 A^8$을 구한 다음 모든 성분의 합을 구한다.

$BA = \frac{1}{2}\begin{pmatrix} -1 & 0 \\ 1 & -2 \end{pmatrix}\begin{pmatrix} 2 & 0 \\ 1 & 1 \end{pmatrix} = -E$ 이다.

그러므로 $AB = BA$ 이다. 준식을 정리하면

$B^4 A^8 = (BA)^4 A^4 = (-E)^4 A^4 = A^4$

이므로 행렬 A^4 을 구하자.

행렬 A의 거듭제곱을 구하면

$A^2 = \begin{pmatrix} 2 & 0 \\ 1 & 1 \end{pmatrix}\begin{pmatrix} 2 & 0 \\ 1 & 1 \end{pmatrix} = \begin{pmatrix} 4 & 0 \\ 3 & 1 \end{pmatrix}$

$A^4 = \begin{pmatrix} 4 & 0 \\ 3 & 1 \end{pmatrix}\begin{pmatrix} 4 & 0 \\ 3 & 1 \end{pmatrix} = \begin{pmatrix} 16 & 0 \\ 15 & 1 \end{pmatrix}$

이므로 행렬 A^4 의 모든 성분의 합은 32 이다.

★★★ 등급을 가르는 문제!

28 나머지정리   정답률 11% | 정답 54

다항식 $P(x)$와 최고차항의 계수가 1인 삼차다항식 $Q(x)$가 모든 실수 x에 대하여

    ❶ $\{Q(x+1)\}^2 + \{Q(x)\}^2 = (x^2 - x)P(x)$

를 만족시킨다. $P(x)$를 $Q(x)$로 나눈 나머지를 $R(x)$라 할 때, $R(3)$의 값을 구하시오. (단, 다항식 $Q(x)$의 계수는 실수이다.) [4점]

STEP 01 ❶에 $x=0$, $x=1$을 대입하여 $Q(x)$를 구한다.

$\{Q(x+1)\}^2 + \{Q(x)\}^2 = x(x-1)P(x)$ ······ ㉠

㉠에 $x=0$, $x=1$을 대입하여 정리하면

$\{Q(1)\}^2 + \{Q(0)\}^2 = 0$, $\{Q(2)\}^2 + \{Q(1)\}^2 = 0$

$Q(0) = Q(1) = Q(2) = 0$

다항식 $Q(x)$는 최고차항의 계수가 1인

삼차다항식이므로

$Q(x) = x(x-1)(x-2)$ ······ ㉡

STEP 02 $Q(x)$를 ❶에 대입하여 정리하여 $P(x)$를 구한 후 $R(x)$를 구한 다음 $R(3)$의 값을 구한다.

㉠, ㉡에서

$\{(x+1)x(x-1)\}^2 + \{x(x-1)(x-2)\}^2 = x(x-1)P(x)$

$P(x) = x(x-1)\{(x+1)^2 + (x-2)^2\}$

$\qquad = x(x-1)(2x^2 - 2x + 5)$

$\qquad = x(x-1)\{2(x-2)(x+1) + 9\}$

$\qquad = 2x(x-1)(x-2)(x+1) + 9x(x-1)$

$\qquad = 2(x+1)Q(x) + 9x(x-1)$

$R(x) = 9x(x-1)$

따라서 $R(3) = 9 \times 3 \times 2 = 54$

STEP 02의 다른 풀이

㉠, ㉡에서

$\{(x+1)x(x-1)\}^2 + \{x(x-1)(x-2)\}^2 = x(x-1)P(x)$

$P(x) = x(x-1)\{(x+1)^2 + (x-2)^2\}$

$P(x)$를 $Q(x)$로 나눈 몫을 $S(x)$,

나머지 $R(x) = ax^2 + bx + c$라 하면

$P(x) = Q(x)S(x) + ax^2 + bx + c$

$x(x-1)\{(x+1)^2 + (x-2)^2\} = x(x-1)(x-2)S(x) + ax^2 + bx + c$

이 식의 양변에 $x=0$, $x=1$, $x=2$를 각각 대입하면

$P(0) = c = 0$

$P(1) = a + b = 0$, $b = -a$

$P(2) = 4a - 2a = 2a = 18$, $a = 9$

그러므로 $R(x) = 9x^2 - 9x$

따라서 $R(3) = 54$

●핵심 공식

▶ 나머지정리

(1) 다항식의 나눗셈

    다항식 A를 다항식 B (단, $B \neq 0$)로 나누었을 때의 몫을 Q, 나머지를 R이라고 하면

$A = B \cdot Q + R$

이때, R의 차수는 B의 차수보다 낮다. 그리고, 위의 등식은 항등식이다.

(2) 나머지 정리

    x에 대한 다항식 $f(x)$를 일차식 $x - \alpha$로 나누었을 때의 나머지는 $f(\alpha)$이다.

★★ 문제 해결 꿀~팁 ★★

▶ 문제 해결 방법

㉠에 $x=0$, $x=1$을 대입하여 정리하면

$Q(0) = Q(1) = Q(2) = 0$이므로

$Q(x) = x(x-1)(x-2)$이다. 이 식을 다시 ㉠에 대입하여 정리하면

$\{(x+1)x(x-1)\}^2 + \{x(x-1)(x-2)\}^2 = x(x-1)P(x)$이므로

$P(x) = x(x-1)\{(x+1)^2 + (x-2)^2\}$이다.

$Q(x)$는 $x-2$를 인수로 가지므로

$\{(x+1)^2 + (x-2)^2\}$를 정리하여 $x-2$로 나누면

$\{(x+1)^2 + (x-2)^2\} = \{2(x-2)(x+1) + 9\}$이므로

$P(x) = 2x(x-1)(x-2)(x+1) + 9x(x-1) = 2(x+1)Q(x) + 9x(x-1)$

그러므로 $R(x) = 9x(x-1)$

〈다른 풀이〉처럼 $R(x)$는 이차식이므로

$R(x) = ax^2 + bx + c$라 놓고

$P(0) = 0$, $P(1) = 0$, $P(2) = 18$을 이용하여 풀이하여도 무방하다.

★★★ 등급을 가르는 문제!

29 이차함수   정답률 25% | 정답 67

두 양수 p, q에 대하여 이차함수 $f(x) = (x-p)^2 + q$와 자연수 m이 다음 조건을 만족시킬 때, $f(10)$의 값을 구하시오. [4점]

    (가) $0 \leq x \leq 3$에서 함수 $f(x)$의 ❶ 최솟값은 m이고 최댓값은 $m+4$이다.

    (나) $0 \leq x \leq 5$에서 함수 $f(x)$의 ❷ 최솟값은 m이고 최댓값은 $4m$이다.

STEP 01 ❶, ❷를 이용하여 $f(x)$에 대한 식을 세운다.

조건 (가), (나)에 의하여 $0 \leq x \leq 3$에서 함수 $f(x)$의 최솟값과 $0 \leq x \leq 5$에서 함수 $f(x)$의 최솟값이 m으로 같으므로

$0 < p \leq 3$, $q = m$

$f(x) = (x-p)^2 + m$

STEP 02 p에 대한 경우를 나누어 p의 값을 구한다.

(i) $0 < p \leq \frac{3}{2}$인 경우

    조건 (가)에 의하여 함수 $f(x)$는 $x=3$에서 최댓값을 갖는다.

    $f(3) = (3-p)^2 + m = m+4$, $(3-p)^2 = 4$

    $0 < p \leq \frac{3}{2}$이므로 $p=1$

    $f(x) = (x-1)^2 + m$

    조건 (나)에 의하여 함수 $f(x)$는 $x=5$에서 최댓값을 갖는다.

    $f(5) = (5-1)^2 + m = 4m$, $m = \frac{16}{3}$

    m이 자연수라는 조건을 만족시키지 않는다.

(ii) $\frac{3}{2} < p \leq 3$인 경우

    조건 (가)에 의하여 함수 $f(x)$는 $x=0$에서 최댓값을 갖는다.

    $f(0) = (0-p)^2 + m = m+4$, $p^2 = 4$

    $\frac{3}{2} < p \leq 3$이므로 $p=2$

    $f(x) = (x-2)^2 + m$

    조건 (나)에 의하여 함수 $f(x)$는 $x=5$에서 최댓값을 갖는다.

    $f(5) = (5-2)^2 + m = 4m$, $m = 3$

STEP 03 $f(x)$를 구한 후 답을 구한다.

(i), (ii)에 의하여

$m = 3$, $f(x) = (x-2)^2 + 3$

$f(10) = 67$

★★ 문제 해결 꿀~팁 ★★

▶ 문제 해결 방법

특정한 범위 내에서 이차함수의 최댓값 및 최솟값을 구하는 문제는 그 값이 얼마인지 확인하는 것이 중요하다. 그 값을 통해 이차함수의 대략적인 개형을 알 수 있기 때문이다.

위 문제의 경우, 두 범위에서 최솟값이 같으므로, 최솟값을 더 적은 범위로 설정할 수 있고, 이를 그림으로 나타내었을 때, 최댓값이 어디에서 위치할 수 있는지 유추를 할 수 있다. 이를 통해 방정식을 세워 유추할 수 있다. 그러므로 범위를 통한 최댓값 및 최솟값을 구하는 문제에선 그래프를 그려, 어떻게 그림이 그려질지 유추한 후 식을 전개하여 미지수를 구해 문제를 해결하는 자세가 필요하다.

★★★ 등급을 가르는 문제!

30 이차함수와 직선의 위치관계   정답률 5% | 정답 225

$t \geq 0$인 실수 t에 대하여 $t \leq x \leq t+3$에서 이차함수 $f(x) = x^2 - 4tx + 10t$의 최댓값과 최솟값의 합을 $g(t)$라 하자. t에 대한 방정식 $g(t) = -4t + a$의 서로 다른 실근의 개수가 4가 되도록 하는 모든 실수 a의 값의 범위는 $p < a < q$이다. $4p + 7q$의 값을 구하시오. (단, p와 q는 상수이다.) [4점]

STEP 01 $f(t)$를 이차함수의 표준형으로 변형하여 꼭짓점의 x좌표를 구한 후 꼭짓점의 x좌표의 위치에 따라 범위를 나누어 $g(t)$를 구한다.

$f(x) = x^2 - 4tx + 10t = (x-2t)^2 - 4t^2 + 10t$

(i) $t \leq 2t \leq t+3$ 즉, $0 \leq t \leq 3$일 때

함수 $y = f(x)$의 최솟값은

$x = 2t$에서 $-4t^2 + 10t$

　i) $2t - t \leq t+3-2t$ 즉, $0 \leq t \leq \dfrac{3}{2}$일 때

　　함수 $y = f(x)$의 최댓값은

　　$x = t+3$에서 $-3t^2 + 4t + 9$

　　따라서 $g(t) = -7t^2 + 14t + 9$

　ii) $2t - t > t+3-2t$ 즉, $\dfrac{3}{2} < t \leq 3$일 때

　　함수 $y = f(x)$의 최댓값은

　　$x = t$에서 $-3t^2 + 10t$

　　따라서 $g(t) = -7t^2 + 20t$

(ii) $2t > t+3$ 즉, $t > 3$일 때

함수 $y = f(x)$의 최솟값은

$x = t+3$에서 $-3t^2 + 4t + 9$

함수 $y = f(x)$의 최댓값은

$x = t$에서 $-3t^2 + 10t$

따라서 $g(t) = -6t^2 + 14t + 9$

(i), (ii)에서

$$g(t) = \begin{cases} -7t^2 + 14t + 9 & \left(0 \leq t \leq \dfrac{3}{2}\right) & \cdots ① \\ -7t^2 + 20t & \left(\dfrac{3}{2} < t \leq 3\right) & \cdots ② \\ -6t^2 + 14t + 9 & (t > 3) & \cdots ③ \end{cases}$$

STEP 02 $y = g(t)$의 그래프를 그린 후 직선 $y = -4t + a$가 점 $\left(\dfrac{3}{2}, \dfrac{57}{4}\right)$을 지날 때와 $y = g(t)$와 접할 때의 a의 값을 구한 후 이를 이용하여 p, q를 구한 다음 $4p + 7q$의 값을 구한다.

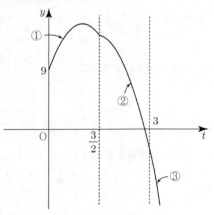

함수 $y = g(t)$의 그래프와 직선 $y = -4t + a$가 만나는 서로 다른 점의 개수가 3이려면

직선 $y = -4t + a$가 점 $\left(\dfrac{3}{2}, \dfrac{57}{4}\right)$을 지날 때이므로

$\dfrac{57}{4} = -6 + a$, $a = \dfrac{81}{4}$ ...... ㉠

또한 함수 $g(t) = -7t^2 + 14t + 9 \left(0 \leq t \leq \dfrac{3}{2}\right)$의

그래프와 직선 $y = -4t + a$가 접하는 a의 값은

$-7t^2 + 14t + 9 = -4t + a$

$7t^2 - 18t + a - 9 = 0$ ...... ㉡

㉡의 판별식을 D_1이라 하면

$\dfrac{D_1}{4} = 81 - 7a + 63 = 0$, $a = \dfrac{144}{7}$ ...... ㉢

$\left(0 \leq t \leq \dfrac{3}{2}$에서 함수 $y = g(t)$의 그래프와 직선 $y = -4t + \dfrac{144}{7}$가 점 $\left(\dfrac{9}{7}, \dfrac{108}{7}\right)$에서 접한다. $\right)$

함수 $g(t) = -7t^2 + 20t \left(\dfrac{3}{2} < t \leq 3\right)$의 그래프와

직선 $y = -4t + a$가 접하는 a의 값은

$-7t^2 + 20t = -4t + a$

$7t^2 - 24t + a = 0$ ...... ㉣

㉣의 판별식을 D_2라 하면

$\dfrac{D_2}{4} = 144 - 7a = 0$, $a = \dfrac{144}{7}$ ...... ㉤

$\left(\dfrac{3}{2} < t \leq 3$에서 함수 $y = g(t)$의 그래프와 직선 $y = -4t + \dfrac{144}{7}$가 점 $\left(\dfrac{12}{7}, \dfrac{96}{7}\right)$에서 접한다. $\right)$

따라서 ㉠, ㉢, ㉤에서

방정식 $g(t) = -4t + a$의 서로 다른 실근의 개수가

4가 되도록 하는 모든 실수 a의 값의 범위는

$\dfrac{81}{4} < a < \dfrac{144}{7}$

$p = \dfrac{81}{4}$, $q = \dfrac{144}{7}$

따라서 $4p + 7q = 225$

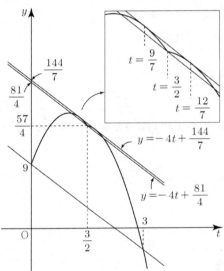

★★ 문제 해결 꿀~팁 ★★

▶ **문제 해결 방법**

이차함수의 최댓값과 최솟값을 구해야 하므로 이차함수 $f(x)$를 이차함수의 표준형으로 변형하면 $f(x) = (x-2t)^2 - 4t^2 + 10t$이고 꼭짓점의 x좌표인 $2t$가 주어진 범위 $t \leq x \leq t+3$에 속하는지 아닌지에 따라 t의 범위를 나누어 최댓값과 최솟값을 구해야 한다.

$t \leq 2t \leq t+3$인 경우와 $2t > t+3$인 경우로 나누어 $g(t)$를 구하면

$$g(t) = \begin{cases} -7t^2 + 14t + 9 & \left(0 \leq t \leq \dfrac{3}{2}\right) & \cdots ① \\ -7t^2 + 20t & \left(\dfrac{3}{2} < t \leq 3\right) & \cdots ② \\ -6t^2 + 14t + 9 & (t > 3) & \cdots ③ \end{cases}$$

그래프를 그리면 점 $\left(\dfrac{3}{2}, \dfrac{57}{4}\right)$에서 그래프의 모양이 변한다. 직선이 이 점을 지날 때 교점의 개수가 3이고 직선과 $y = g(t)$가 접할 때 교점의 개수가 2 또는 3이다. 그러므로 각 경우에 해당하는 a값을 구하면 p, q를 구할 수 있다. $y = g(t)$의 그래프를 비교적 정확하게 그려야 $g(t) = -4t + a$의 서로 다른 실근의 개수가 4가 되도록 하는 경우를 잘 파악할 수 있다. 그래프에서 교점의 개수를 짐작할 수 있으므로 그래프를 잘 그리는 것이 중요하다 할 수 있다.

점 $\left(\dfrac{3}{2}, \dfrac{57}{4}\right)$을 지나는 경우는 점의 좌표를 직선에 대입하면 되고 접하는 경우는 두 식을 연립하여 판별식을 이용하면 된다. 계산과정의 숫자들이 비교적 복잡한 편이므로 계산에 주의하여야 한다.

•정답•

01④ 02③ 03② 04④ 05⑤ 06③ 07③ 08① 09③ 10④ 11③ 12④ 13④ 14④ 15⑤
16② 17③ 18① 19⑤ 20② 21④ 22 3 23 15 24 7 25 4 26 17 27 91 28 16 29 74 30 150

★ 표기된 문항은 [등급을 가르는 문제]에 해당하는 문항입니다.

---

01 다항식의 계산 정답률 97% | 정답 ④

두 다항식 ❶ $A = x^2 - 2x + 1$, $B = 2x^2 + 2x - 2$에 대하여 $A + B$를 간단히 하면? [2점]

① $x^2 - x - 1$ ② $x^2 + x + 1$ ③ $x^2 + 1$
④ $3x^2 - 1$ ⑤ $3x^2 + 1$

STEP 01 ❶에서 다항식의 계산으로 $A + B$를 정리한다.

$A + B = (x^2 - 2x + 1) + (2x^2 + 2x - 2) = 3x^2 - 1$

---

02 항등식의 성질 정답률 95% | 정답 ③

등식 ❶ $x^2 + (a+2)x = x^2 + 4x + (b-1)$이 x에 대한 항등식일 때, 두 상수 a, b에 대하여 $a+b$의 값은? [2점]

① 1 ② 2 ③ 3 ④ 4 ⑤ 5

STEP 01 ❶에서 양변의 계수를 비교하여 a, b를 구한 후 $a+b$의 값을 구한다.

등식 $x^2 + (a+2)x = x^2 + 4x + (b-1)$에서 양변의 계수를 비교하면
$a + 2 = 4$, $b - 1 = 0$에서 $a = 2$, $b = 1$
따라서 $a + b = 3$

●핵심 공식

▶ 항등식
(1) 항등식 : 변수 값에 어떤 실수를 대입해도 항상 성립하는 식
(2) 항등식의 성질
다음 등식이 x에 대한 항등식일 때,
① $\begin{cases} ax + b = 0 \Leftrightarrow a = 0, \ b = 0 \\ ax + b = a'x + b' \Leftrightarrow a = a', \ b = b' \end{cases}$
② $\begin{cases} ax^2 + bx + c = 0 \Leftrightarrow a = 0, \ b = 0, \ c = 0 \\ ax^2 + bx + c = a'x^2 + b'x + c' \Leftrightarrow a = a', \ b = b', \ c = c' \end{cases}$

---

03 행렬의 성분 정답률 92% | 정답 ②

이차정사각행렬 A의 (i, j) 성분 a_{ij}를
❶ $a_{ij} = i + 3j$ $(i = 1, 2, \ j = 1, 2)$
라 하자. 행렬 A의 $(2, 1)$ 성분은? [2점]

① 4 ② 5 ③ 6 ④ 7 ⑤ 8

STEP 01 ❶에 i와 j를 대입하여 답을 구한다.

$a_{ij} = i + 3j$이므로 $a_{21} = 2 + (3 \times 1) = 5$ 이다.

---

04 연립일차부등식 정답률 91% | 정답 ④

연립부등식
$\begin{cases} x + 6 \le 4x \\ 3x + 4 < x + 16 \end{cases}$
을 만족시키는 모든 정수 x의 개수는? [3점]

① 1 ② 2 ③ 3 ④ 4 ⑤ 5

STEP 01 연립부등식을 풀어 x의 범위를 구한 후 범위에 포함되는 모든 정수 x의 개수를 구한다.

$x + 6 \le 4x$에서 $x \ge 2$ ······ ㉠
$3x + 4 < x + 16$에서 $x < 6$ ······ ㉡
㉠, ㉡에서 $2 \le x < 6$
정수 x는 2, 3, 4, 5
따라서 모든 정수 x의 개수는 4

---

05 복소수의 계산 정답률 87% | 정답 ⑤

등식 ❶ $\dfrac{2}{1-i} = a + bi$를 만족시키는 두 실수 a, b에 대하여 $a+b$의 값은?
(단, $i = \sqrt{-1}$) [3점]

① -2 ② -1 ③ 0 ④ 1 ⑤ 2

STEP 01 ❶의 좌변의 분모를 실수화하여 a, b를 구한 후 $a+b$의 값을 구한다.

$\dfrac{2}{1-i} = \dfrac{2(1+i)}{(1-i)(1+i)} = 1 + i$이므로
$a = 1$, $b = 1$
따라서 $a + b = 2$

---

06 인수분해 정답률 87% | 정답 ③

다항식 ❶ $x^3 + ax^2 + bx + 3$이 $(x+1)^2$으로 나누어떨어질 때, 두 상수 a, b에 대하여 $a+b$의 값은? [3점]

① 10 ② 11 ③ 12 ④ 13 ⑤ 14

STEP 01 ❶을 만족하도록 식을 세운 후 양변에 $x=1$을 대입하여 $a+b$의 값을 구한다.

$x^3 + ax^2 + bx + 3$이 $(x+1)^2$으로 나누어떨어지고 상수항이 3이므로
$x^3 + ax^2 + bx + 3 = (x+1)^2(x+3)$
양변에 $x = 1$을 대입하면
$a + b = 12$

---

07 행렬의 곱셈 정답률 82% | 정답 ③

표는 2013 학년도 수시 모집에서 어느 대학 A 학과와 B 학과의 선발 인원수와 경쟁률을 나타낸 것이다.

〈선발 인원수〉

구분	A 학과	B 학과
일반 전형	30	40
특별 전형	10	20

〈경쟁률〉

구분	일반 전형	특별 전형
A 학과	5.1	21.4
B 학과	10.7	11.5

경쟁률은 $\dfrac{(\text{지원자 수})}{(\text{선발 인원수})}$ 의 값이고, 일반 전형과 특별 전형에 동시에 지원할 수 없으며, A 학과와 B 학과에 동시에 지원할 수 없다고 한다. 2013 학년도 수시 모집에서 이 대학 A, B 두 학과의 일반 전형 지원자 수의 합을 m, B 학과의 일반 전형과 특별 전형 지원자 수의 합을 n 이라 하자.

두 행렬 $P = \begin{pmatrix} 30 & 40 \\ 10 & 20 \end{pmatrix}$, $Q = \begin{pmatrix} 5.1 & 21.4 \\ 10.7 & 11.5 \end{pmatrix}$에 대하여 $m+n$의 값과 같은 것은? [3점]

① 행렬 PQ의 $(1, 1)$ 성분과 $(2, 2)$ 성분의 합
② 행렬 PQ의 $(1, 1)$ 성분과 행렬 QP의 $(1, 1)$ 성분의 합
③ 행렬 PQ의 $(1, 1)$ 성분과 행렬 QP의 $(2, 2)$ 성분의 합
④ 행렬 PQ의 $(2, 2)$ 성분과 행렬 QP의 $(1, 1)$ 성분의 합
⑤ 행렬 PQ의 $(2, 2)$ 성분과 행렬 QP의 $(2, 2)$ 성분의 합

STEP 01 두 학과의 일반 전형 지원자 수와 특별 전형 지원자 수를 각각 구한 후 m, n을 구한다.

A 학과 일반 전형의 지원자 수는 30×5.1
B 학과 일반 전형의 지원자 수는 40×10.7
A 학과 특별 전형의 지원자 수는 10×21.4
B 학과 특별 전형의 지원자 수는 20×11.5
A, B 두 학과의 일반 전형 지원자 수의 합 m은
$m = 30 \times 5.1 + 40 \times 10.7$
B 학과의 일반 전형과 특별 전형 지원자 수의 합 n은
$n = 40 \times 10.7 + 20 \times 11.5$

STEP 02 두 행렬의 곱셈으로 행렬 PQ와 행렬 QP를 구하여 m, n과 같은 성분을 각각 찾는다.

08회

한편, 두 행렬 $P=\begin{pmatrix} 30 & 40 \\ 10 & 20 \end{pmatrix}$, $Q=\begin{pmatrix} 5.1 & 21.4 \\ 10.7 & 11.5 \end{pmatrix}$에서

$$PQ=\begin{pmatrix} 30\times5.1+40\times10.7 & 30\times21.4+40\times11.5 \\ 10\times5.1+20\times10.7 & 10\times21.4+20\times11.5 \end{pmatrix}$$

$$QP=\begin{pmatrix} 5.1\times30+21.4\times10 & 5.1\times40+21.4\times20 \\ 10.7\times30+11.5\times10 & 10.7\times40+11.5\times20 \end{pmatrix}$$

이므로 m은 행렬 PQ의 $(1,1)$성분과 같고, n은 행렬 QP의 $(2,2)$성분과 같다.
따라서 $m+n$의 값은 행렬 PQ의 $(1,1)$성분과 행렬 QP의 $(2,2)$성분의 합과 같다.

●핵심 공식

▶ 행렬의 곱셈

행렬 $A=\begin{pmatrix} a & b \\ c & d \end{pmatrix}$, $B=\begin{pmatrix} p & q \\ r & s \end{pmatrix}$에 대하여 행렬의 곱셈은 다음과 같다.

두 행렬 A, B의 곱 AB는 A의 열의 수와 B의 행의 수가 같을 때만 정의된다.

$$\begin{pmatrix} a & b \\ c & d \end{pmatrix}\begin{pmatrix} p & q \\ r & s \end{pmatrix}=\begin{pmatrix} ap+br & aq+bs \\ cp+dr & cq+ds \end{pmatrix}$$

---

08 이차방정식의 근과 계수의 관계 정답률 87% | 정답 ①

이차방정식 ❶ $x^2+2x+7=0$의 서로 다른 두 근을 α, β라 할 때,
❷ $\alpha^2+\alpha\beta+\beta^2$의 값은? [3점]

① -3 ② -1 ③ 1 ④ 3 ⑤ 5

STEP 01 ❶에서 근과 계수의 관계에 의하여 $\alpha+\beta$, $\alpha\beta$를 구한 후 곱셈공식을 이용하여 ❷를 변형한 식에 대입하여 값을 구한다.

이차방정식 $x^2+2x+7=0$의 서로 다른 두 근이 α, β이므로
이차방정식의 근과 계수의 관계에 의하여
$\alpha+\beta=-2$, $\alpha\beta=7$
$\alpha^2+\alpha\beta+\beta^2=(\alpha+\beta)^2-\alpha\beta=(-2)^2-7=-3$

---

09 연립이차방정식 정답률 87% | 정답 ③

연립방정식
$$\begin{cases} 2x-y=1 \\ 5x^2-y^2=-5 \end{cases}$$
의 해를 $x=\alpha$, $y=\beta$라 할 때, $\alpha-\beta$의 값은? [3점]

① 1 ② 2 ③ 3 ④ 4 ⑤ 5

STEP 01 연립방정식의 일차식을 이차식에 대입하여 해를 구한 뒤 $\alpha-\beta$의 값을 구한다.

$$\begin{cases} 2x-y=1 & \cdots\cdots \text{㉠} \\ 5x^2-y^2=-5 & \cdots\cdots \text{㉡} \end{cases}$$

㉠에서 $y=2x-1$을 ㉡에 대입하면
$5x^2-(2x-1)^2=-5$, $(x+2)^2=0$
$x=-2$, $y=-5$에서 $\alpha=-2$, $\beta=-5$
따라서 $\alpha-\beta=(-2)-(-5)=3$

---

10 인수분해 정답률 89% | 정답 ④

다항식 ❶ $(x^2+x)(x^2+x+1)-6$이 $(x+2)(x-1)(x^2+ax+b)$로 인수분해될 때, 두 상수 a, b에 대하여 $a+b$의 값은? [3점]

① 1 ② 2 ③ 3 ④ 4 ⑤ 5

STEP 01 ❶에서 x^2+x를 치환한 후 인수분해하여 a, b를 구한 다음 합을 구한다.

$x^2+x=t$라 하면
$(x^2+x)(x^2+x+1)-6$
$=t(t+1)-6=t^2+t-6=(t-2)(t+3)=(x^2+x-2)(x^2+x+3)$
$=(x+2)(x-1)(x^2+x+3)$
$=(x+2)(x-1)(x^2+ax+b)$
$a=1$, $b=3$
따라서 $a+b=4$

다른 풀이

$(x^2+x)(x^2+x+1)-6=(x+2)(x-1)(x^2+ax+b)$이 항등식이므로
$x=0$을 대입하면 $-6=-2b$, $b=3$

$x=-1$을 대입하면
$-6=1\times(-2)\times(1-a+3)$, $a=1$
따라서 $a+b=4$

---

11 순열을 이용한 경우의 수 정답률 67% | 정답 ③

1학년 학생 2명과 2학년 학생 4명이 있다. 이 6명의 학생이 일렬로 나열된 6개의 의자에 다음 조건을 만족시키도록 모두 앉는 경우의 수는? [3점]

> (가) 1학년 학생끼리는 이웃하지 않는다.
> (나) 양 끝에 있는 의자에는 모두 2학년 학생이 앉는다.

① 96 ② 120 ③ 144 ④ 168 ⑤ 192

STEP 01 순열을 이용하여 2학년 학생 4명이 일렬로 앉는 경우의 수를 구한다.

먼저 2학년 학생 4명이 일렬로 앉은 후 1학년 학생 2명이 조건을 만족시키도록 앉는 경우를 생각하자.
2학년 학생 4명이 일렬로 앉는 경우의 수는
$4!=4\times3\times2\times1=24$

STEP 02 순열을 이용하여 2학년 학생 4명 사이의 세 공간에 1학년 학생 2명이 앉는 경우의 수를 구한 다음 곱의 법칙으로 구하는 경우의 수를 구한다.

이때 2학년 학생을 ②라 하자.
②∨②∨②∨②
위의 각각의 경우에 대하여 두 조건 (가), (나)를 만족시키려면
1학년 학생 2명은 ∨ 표시된 3곳 중에서 2곳을 택하여 앉아야 하므로
1학년 학생이 앉는 경우의 수는 $_3P_2=3\times2=6$
따라서 구하는 경우의 수는 $24\times6=144$

다른 풀이

조건 (나)에서 2학년 학생 4명 중에서 2명이 양 끝에 있는 의자에 앉는 경우의 수는
$_4P_2=4\times3=12$
위의 각각의 경우에 대하여 1학년 학생이 앉을 수 있는 의자를 ①, 2학년 학생이 앉을 수 있는 의자를 ②라 할 때,
조건 (가)를 만족시키도록 나머지 4명의 학생이 4개의 의자에 앉는 경우는 다음 3가지 중 하나이다.
①②①②, ①②②①, ②①②①
1학년 학생 2명과 2학년 학생 2명이 의자에 앉는 경우의 수는 위의 3가지 경우 모두 $2!\times2!=4$로 같다.
따라서 구하는 경우의 수는 $12\times3\times4=144$

●핵심 공식

▶ 순열

서로 다른 n개에서 r개를 택하여 일렬로 나열하는 방법을 n개에서 r개를 택하는 순열이라 하고, 이 순열의 수를 기호 $_nP_r$로 나타낸다.

$$_nP_r=\frac{n!}{(n-r)!}\ (\text{단}, 0\le r\le n)$$

---

12 연립이차부등식 정답률 66% | 정답 ④

연립부등식
$$\begin{cases} x^2-4x-12\le0 \\ x^2-4x+4>0 \end{cases}$$
을 만족시키는 모든 정수 x의 개수는? [3점]

① 5 ② 6 ③ 7 ④ 8 ⑤ 9

STEP 01 연립부등식을 풀어 해를 구한 후 범위에 포함되는 모든 정수 x의 개수를 구한다.

부등식 $x^2-4x-12\le0$의 해는
$(x+2)(x-6)\le0$에서 $-2\le x\le6$ $\cdots\cdots$ ㉠
부등식 $x^2-4x+4>0$의 해는
$(x-2)^2>0$에서 $x\ne2$인 모든 실수 $\cdots\cdots$ ㉡

[문제편 p.087]

$\bigcirc$, $\bigcirc$ 에서 $-2 \le x < 2$ 또는 $2 < x \le 6$
만족하는 정수 x 는 -2, -1, 0, 1, 3, 4, 5, 6
따라서 모든 정수 x 의 개수는 8

---

13 이차부등식   정답률 67% | 정답 ④

모든 실수 x 에 대하여 이차부등식
❶ $x^2 + (m+2)x + 2m + 1 > 0$
이 성립하도록 하는 모든 정수 m 의 값의 합은? [3점]
① 3   ② 4   ③ 5   ④ 6   ⑤ 7

STEP 01 ❶의 판별식을 이용하여 m 의 범위를 구한 후 범위에 포함되는 모든 정수 m 의 합을 구한다.

이차방정식 $x^2 + (m+2)x + 2m + 1 = 0$의 판별식을 D 라 하자.
모든 실수 x 에 대하여 이차부등식 $x^2 + (m+2)x + 2m + 1 > 0$이 성립하기
위해서는 $D < 0$이어야 한다.
$D = (m+2)^2 - 4(2m+1) < 0$
$m(m-4) < 0$, $0 < m < 4$
만족하는 정수 m 은 1, 2, 3
따라서 모든 정수 m 의 값의 합은
$1+2+3 = 6$

● 핵심 공식

▶ 이차함수와 이차부등식
모든 실수 x 에 대하여 이차부등식
(1) $ax^2 + bx + c > 0$ (단, $a \ne 0$)이 성립하려면
    $a > 0$, $D < 0$
(2) $ax^2 + bx + c \ge 0$ (단, $a \ne 0$)이 성립하려면
    $a > 0$, $D \le 0$
(3) $ax^2 + bx + c < 0$ (단, $a \ne 0$)이 성립하려면
    $a < 0$, $D < 0$
(4) $ax^2 + bx + c \le 0$ (단, $a \ne 0$)이 성립하려면
    $a < 0$, $D \le 0$ (단, D는 이차방정식 $ax^2 + bx + c = 0$의 판별식)

---

14 조합을 이용한 삼각형의 개수   정답률 75% | 정답 ④

삼각형 ABC에서, 꼭짓점 A와 선분 BC 위의 네 점을 연결하는 4개의
선분을 그리고, 선분 AB 위의 세 점과 선분 AC 위의 세 점을 연결하는 3개의
선분을 그려 그림과 같은 도형을 만들었다. 이 도형의 선들로 만들 수 있는
삼각형의 개수는? [4점]

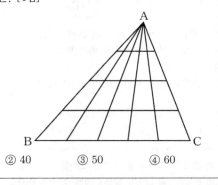

① 30   ② 40   ③ 50   ④ 60   ⑤ 70

STEP 01 삼각형을 만들 수 있는 선분들의 조합을 파악한 후 조합을 이용하여 만들 수 있는 삼각형의 개수를 구한다.

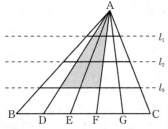

위의 그림에서 두 직선 AD, AF와 직선 l_3 을 선택하면 색칠된 부분과 같은
삼각형이 만들어진다. 이와 같이 6개의 직선
AB, AD, AE, AF, AG, AC 중 서로 다른 2개의 직선을 택하고,
4개의 직선 l_1, l_2, l_3, BC 중
1개의 직선을 택하면 삼각형이 1개 만들어진다.
따라서 이 도형의 선들로 만들 수 있는 삼각형의 개수는
${}_6C_2 \times {}_4C_1 = 15 \times 4 = 60$

---

15 이차함수의 그래프와 직선의 위치 관계   정답률 65% | 정답 ⑤

이차함수 ❶ $y = -x^2$의 그래프를 x축에 대하여 대칭이동한 후,
x축의 방향으로 4만큼, y축의 방향으로 m만큼 평행이동한 그래프가
직선 ❷ $y = 2x + 3$에 접할 때, 상수 m의 값은? [4점]
① 8   ② 9   ③ 10   ④ 11   ⑤ 12

STEP 01 ❶의 방정식을 구한 후 ❷와 연립한 뒤 판별식을 이용하여 m 의 값을 구한다.

이차함수 $y = -x^2$의 그래프를 x축에 대하여 대칭이동한 후,
x축의 방향으로 4만큼, y축의 방향으로 m만큼 평행이동한 그래프를
함수 $y = f(x)$의 그래프라 하면
$f(x) = (x-4)^2 + m$
함수 $y = f(x)$의 그래프가 직선 $y = 2x + 3$에 접하므로 이차방정식
$(x-4)^2 + m = 2x + 3$, $x^2 - 10x + m + 13 = 0$
의 판별식을 D 라 하면
$D = (-10)^2 - 4(m + 13) = 0$
따라서 $m = 12$

---

16 삼차방정식   정답률 67% | 정답 ②

x에 대한 삼차방정식 ❶ $x^3 + (k-1)x^2 - k = 0$의 한 허근을 z 라 할 때,
❷ $z + \bar{z} = -2$이다. 실수 k의 값은?(단, $\bar{z}$ 는 z의 켤레복소수이다.) [4점]
① $\dfrac{3}{2}$ ② 2   ③ $\dfrac{5}{2}$ ④ 3   ⑤ $\dfrac{7}{2}$

STEP 01 ❶을 인수분해한 후 ❷를 근과 계수의 관계에 이용하여 k의 값을 구한다.

삼차방정식 $x^3 + (k-1)x^2 - k = 0$의 한 허근이 z 이면
켤레복소수 $\bar{z}$ 도 주어진 삼차방정식의 근이다.
$x^3 + (k-1)x^2 - k = (x-1)(x^2 + kx + k) = 0$
이므로 주어진 삼차방정식의 두 허근 z, $\bar{z}$ 는
이차방정식 $x^2 + kx + k = 0$의 두 근이다.
근과 계수의 관계에 의하여
$z + \bar{z} = -k = -2$
따라서 $k = 2$

---

17 경우의 수   정답률 59% | 정답 ③

그림과 같이 크기가 같은 6개의 정사각형에 1부터 6까지의 자연수가 하나씩
적혀 있다.

1	2	3
4	5	6

서로 다른 4가지 색의 일부 또는 전부를 사용하여 다음 조건을 만족시키도록
6개의 정사각형에 색을 칠하는 경우의 수는? (단, 한 정사각형에 한 가지
색만을 칠한다.) [4점]

> (가) 1이 적힌 정사각형과 6이 적힌 정사각형에는 같은 색을 칠한다.
> (나) 변을 공유하는 두 정사각형에는 서로 다른 색을 칠한다.

① 72   ② 84   ③ 96   ④ 108   ⑤ 120

STEP 01 색을 칠해야 하는 정사각형의 순서를 정한 후 조건 (나)를 만족하도록 색을 칠하는 경우의 수를 각각 구하여 곱의 법칙으로 색을 칠하는 모든 경우의 수를 구한다.

1이 적힌 정사각형과 6이 적힌 정사각형에
같은 색을 칠해야 하고, 변을 공유하는 두 정사각형에는 서로 다른 색을 칠하므로
1, 6, 2, 3, 5, 4가 적힌 정사각형의 순서로
색을 칠한다고 생각하자.
서로 다른 4가지 색의 일부 또는 전부를 사용하여 색을 칠하므로
1이 적힌 정사각형에 칠할 수 있는 색은 4가지
6이 적힌 정사각형에는 1이 적힌 정사각형에
칠한 색과 같은 색을 칠해야 하므로 칠할 수 있는 색은 1가지
2가 적힌 정사각형에 칠할 수 있는 색은
1이 적힌 정사각형에 칠한 색을 제외한 3가지
3이 적힌 정사각형에 칠할 수 있는 색은
2, 6이 적힌 정사각형에 칠한 색을 제외한 2가지
5가 적힌 정사각형에 칠할 수 있는 색은

08회

2, 6이 적힌 정사각형에 칠한 색을 제외한 2 가지
4가 적힌 정사각형에 칠할 수 있는 색은
1, 5가 적힌 정사각형에 칠한 색을 제외한 2 가지
따라서 조건을 만족시키도록 색을 칠하는 경우의 수는
$4 \times 1 \times 3 \times 2 \times 2 \times 2 = 96$

---

18 삼차방정식의 활용   정답률 42% | 정답 ①

세 실수 a, b, c에 대하여 삼차다항식
$$P(x) = x^3 + ax^2 + bx + c$$
가 다음 조건을 만족시킨다.

> (가) x에 대한 삼차방정식 $P(x) = 0$은 한 실근과 서로 다른 두 허근을 갖고, 서로 다른 두 허근의 곱은 5이다.
> (나) x에 대한 삼차방정식 $P(3x-1) = 0$은 한 근 0과 서로 다른 두 허근을 갖고, 서로 다른 두 허근의 합은 2이다.

$a+b+c$의 값은? [4점]

① 3 ② 4 ③ 5 ④ 6 ⑤ 7

STEP 01 두 조건에서 $P(x) = 0$의 한 실근과, 서로 다른 두 허근의 관계식을 구하여 $P(x)$를 구한 다음 $P(x)$를 전개하여 $a+b+c$의 값을 구한다.

방정식 $P(x) = 0$의 한 실근을 α, 서로 다른 두 허근을 β, γ라 하면
방정식 $P(3x-1) = 0$의 세 근은
$$\frac{\alpha+1}{3}, \ \frac{\beta+1}{3}, \ \frac{\gamma+1}{3}$$
조건 (가)에 의하여
$$\beta\gamma = 5 \qquad\qquad\qquad \cdots\cdots \text{㉠}$$
조건 (나)에 의하여
$\dfrac{\alpha+1}{3} = 0$이고 $\dfrac{\beta+1}{3} + \dfrac{\gamma+1}{3} = 2$이므로
$$\alpha = -1, \ \beta+\gamma = 4 \qquad\qquad \cdots\cdots \text{㉡}$$
㉠, ㉡에 의하여 α, β, γ를 세 근으로 하고 삼차항의 계수가 1인
삼차방정식은
$$(x+1)(x^2 - 4x + 5) = 0$$
$$P(x) = (x+1)(x^2 - 4x + 5) = x^3 - 3x^2 + x + 5$$
$a = -3$, $b = 1$, $c = 5$
따라서 $a+b+c = 3$

● 핵심 공식

> ▶ 이차방정식의 근과 계수의 관계
> (1) 이차방정식 $ax^2 + bx + c = 0$ (단, $a \neq 0$)의 두 근을 α, β라고 하면,
> $$\alpha + \beta = -\frac{b}{a}, \ \alpha\beta = \frac{c}{a}$$
> (2) 두 수를 근으로 하는 이차방정식
> ① 두 수 α, β를 근으로 하는 이차방정식 $\Leftrightarrow x^2 - (\alpha+\beta)x + \alpha\beta = 0$
> ② 두 근의 합이 p, 곱이 q인 이차방정식 $\Leftrightarrow x^2 - px + q = 0$

---

19 행렬의 거듭제곱   정답률 67% | 정답 ⑤

이차정사각행렬 A가 등식 $A^2 - 2A + E = O$를 만족시킨다. 다음은 n이 2 이상의 자연수일 때, 행렬 A^n을 구하는 과정이다. (단, E는 단위행렬이고, O는 영행렬이다.)

> $A^2 - 2A + E = O$에서
> $A^2 - A = A - E$
> $A^3 - A^2 = A(A^2 - A) = A(A-E) = A^2 - A = A - E$
> $A^4 - A^3 = A(A^3 - A^2) = A(A-E) = A^2 - A = A - E$
> $$\vdots$$
> $A^n - A^{n-1} = A - E$
> ❶ 위 등식들을 변끼리 더하면
> $A^n - A = \boxed{\text{(가)}}(A-E)$
> $\therefore A^n = \boxed{\text{(나)}}A - \boxed{\text{(가)}}E$

위의 과정에서 (가), (나)에 알맞은 식을 각각 $f(n)$, $g(n)$이라 할 때, $f(100) + g(100)$의 값은? [4점]

① 191 ② 193 ③ 195 ④ 197 ⑤ 199

STEP 01 ❶의 식을 정리하여 (가), (나)를 구한 후 답을 구한다.

$A^2 - 2A + E = O$에서
$A^2 - A = A - E$
$A^3 - A^2 = A(A^2 - A) = A(A-E) = A^2 - A = A - E$
$A^4 - A^3 = A(A^3 - A^2) = A(A-E) = A^2 - A = A - E$
$$\vdots$$
$A^n - A^{n-1} = A - E$
$(A^n - A^{n-1}) + (A^{n-1} - A^{n-2}) + \cdots + (A^3 - A^2) + (A^2 - A)$
$$= (A-E) + (A-E) + \cdots + (A-E) + (A-E)$$
이 식을 정리하면
$$A^n - A = \boxed{(n-1)}(A-E)$$
$$\therefore A^n = \boxed{n}A - \boxed{(n-1)}E$$
따라서 $f(n) = n-1$, $g(n) = n$이므로
$f(100) + g(100) = 99 + 100 = 199$

참고

$A^2 - 2A + E = O$에서 $A^2 - A = A - E$이므로
$$A^n - A^{n-1} = A^{n-2}(A^2 - A)$$
$$= A^{n-2}(A - E)$$
$$= A^{n-3}(A^2 - A)$$
$$= A^{n-3}(A - E)$$
$$\vdots$$
$$= A(A^2 - A)$$
$$= A(A - E)$$
$$= A^2 - A$$
$$= A - E$$

★★★ 등급을 가르는 문제!

20 순열과 조합을 이용한 경우의 수   정답률 29% | 정답 ②

그림과 같이 좌석 번호가 적힌 10개의 의자가 배열되어 있다.

두 학생 A, B를 포함한 5명의 학생이 다음 규칙에 따라 10개의 의자 중에서 서로 다른 5개의 의자에 앉는 경우의 수는? [4점]

> (가) A의 좌석 번호는 24 이상이고, B의 좌석 번호는 14 이하이다.
> (나) 5명의 학생 중에서 어느 두 학생도 좌석 번호의 차가 1이 되도록 앉지 않는다.
> (다) 5명의 학생 중에서 어느 두 학생도 좌석 번호의 차가 10이 되도록 앉지 않는다.

① 54 ② 60 ③ 66 ④ 72 ⑤ 78

STEP 01 조건 (가)에 의해 A가 앉을 수 있는 의자를 기준으로 경우를 나누어 각 경우에 조건 (나), (다)를 만족하도록 나머지 학생이 앉을 수 있는 의자를 구한 후 조건 (가)를 만족하도록 B가 앉을 수 있는 의자를 결정한 다음 나머지 학생들이 의자에 앉는 경우의 수를 구한다.

그림과 같이 의자의 위치와 좌석 번호를 나타내고 각 가로줄을 1열, 2열이라고 하자.

1열 →	11	12	13	14	15	16	17
2열 →		23	24	25			

규칙 (가)에 의해 A는 좌석 번호가 24 또는 25인 의자에 앉을 수 있고,
B는 좌석 번호가 11 또는 12 또는 13 또는 14인 의자에 앉을 수 있다.
규칙 (나), (다)에 의해 어느 두 학생도 양옆 또는 앞뒤로 이웃하여 앉지 않는다.
5명의 학생이 앉을 수 있는 5개의 의자를 선택한 후
규칙 (가)에 의해 A, B가 앉고 남은 3개의 의자에 나머지 3명의 학생이 앉는 것으로 경우의 수를 구할 수 있다.
(i) A가 좌석 번호가 24인 의자에 앉을 때

11	12	13	14	15	16	17
	23	A	25			

A가 좌석 번호가 24인 의자에 앉으면 나머지 4명의 학생은 규칙 (나),
(다)에 의해 좌석 번호가 11, 13, 15, 17인 의자에 각각 한 명씩 앉아야
한다.
이때 B는 규칙 (가)에 의해 좌석 번호가 11, 13인 2개의 의자 중 1개의
의자에 앉아야 하므로 B가 의자를 선택하여 앉는 경우의 수는 $_2C_1=2$
위의 각 경우에 대하여 A, B를 제외한 3명의 학생이 나머지 3개의 의자에
앉는 경우의 수는 $3!=3\times2\times1=6$
이때의 경우의 수는 $2\times6=12$

(ii) A가 좌석 번호가 25인 의자를 선택할 때

11	12	13	14	15	16	17
		23	24	A		

A가 좌석 번호가 25인 의자에 앉으면
나머지 4명의 학생은 규칙 (나), (다)에 의해
좌석 번호가 11 또는 12인 의자 중 하나, 좌석 번호가 16 또는 17인 의자
중 하나, 좌석 번호가 14인 의자, 좌석 번호가 23인 의자에 각각 한 명씩
앉아야 한다.
좌석 번호가 11 또는 12인 의자 중 하나를 선택하고(㉠)
좌석 번호가 16 또는 17인 의자 중 하나를 선택하는 경우의 수는
$_2C_1\times_2C_1=4$
위의 각 경우에 대하여 B는 규칙 (가)에 의해 ㉠에서 선택된 의자와
좌석 번호가 14인 의자 중 1개의 의자에 앉아야 하므로
B가 의자를 선택하여 앉는 경우의 수는 $_2C_1=2$
위의 각 경우에 대하여 A, B를 제외한 3명의 학생이 나머지 3개의 의자에
앉는 경우의 수는 $3!=3\times2\times1=6$
이때의 경우의 수는 $4\times2\times6=48$

(ⅰ), (ⅱ)에서 구하는 경우의 수는
$12+48=60$

★★ 문제 해결 꿀~팁 ★★

▶ 문제 해결 방법
조건 (가)에서 A가 앉을 수 있는 의자는 24번 또는 25번이다. 그러므로 A가 앉을 의자
를 먼저 결정하고 나머지 학생들이 앉을 수 있는 의자를 결정하는 것이 좋다.
A가 24번 의자에 앉을 때 다른 학생들이 앉을 수 있는 의자는 11, 13, 15, 17번이고
B는 조건 (가)에 의해 11 또는 13번 의자에 앉아야 한다. 그러므로 B가 앉는 경우의
수는 $_2C_1=2$, 나머지 3명의 학생이 나머지 3개의 의자에 앉는 경우의 수는 $3!$이다.
A가 25번 의자에 앉을 때도 같은 방법으로 경우의 수를 구하면 된다.
여러 가지 조건을 만족하여 경우의 수를 구해야 하는 문제는 선택할 수 있는 경우가 적은
조건이나 선택의 조건이 단순한 조건을 기준으로 경우를 먼저 나눈 다음 나머지 조건을
만족하도록 경우의 수를 구하는 것이 보다 문제를 수월하게 풀이할 수 있다. 이처럼 복잡
한 경우의 수를 구하는 문제는 기준을 잡아서 크게 경우를 나누고 세부적인 사항들을 고
려하는 방법으로 풀이하는 연습을 충분히 해야 한다.

---

21 이차방정식과 이차함수의 관계   정답률 31% | 정답 ④

이차함수 $f(x)$와 이차항의 계수가 1인 이차함수 $g(x)$에 대하여 x에 대한
이차방정식
❶ $\{x-f(k)\}\{x-g(k)\}=0$
❷ 이 서로 다른 두 실근 0, 4를 갖도록 하는 모든 실수 k의 개수가 3이다.
$f(2)=4$일 때, $g(8)-f(8)$의 값은? [4점]
① 62   ② 64   ③ 66   ④ 68   ⑤ 70

STEP 01 ❶을 만족하는 경우를 구한 뒤 ❷를 만족하는 경우를 구한다.

x에 대한 이차방정식 $\{x-f(k)\}\{x-g(k)\}=0$이
서로 다른 두 실근 0, 4를 갖기 위해서는 실수 k에 대하여
$\begin{cases}f(k)=0\\g(k)=4\end{cases}$ 또는 $\begin{cases}f(k)=4\\g(k)=0\end{cases}$ 이다.
조건을 만족시키는 모든 실수 k의 개수가 3이므로
함수 $y=g(x)$의 그래프가 두 직선 $y=0$, $y=4$와 만나는 서로 다른 점의
개수는 3 또는 4이다.

STEP 02 $y=g(x)$와 두 직선 $y=0$, $y=4$의 교점의 개수에 따라 경우를 나누고
$f(2)=4$를 이용하여 만족하는 $f(x)$, $g(x)$를 구한 뒤 $g(8)-f(8)$의 값을 구한다.

(ⅰ) 만나는 점의 개수가 3인 경우
만나는 점의 x좌표를 작은 수부터 크기 순서대로 k_1, k_2, k_3이라 하자.
$g(k_1)=4$, $g(k_2)=0$, $g(k_3)=4$이고
조건을 만족시키는 모든 실수 k의 개수가 3이므로
함수 $y=f(x)$의 그래프는 세 점 $(k_1, 0)$, $(k_2, 4)$, $(k_3, 0)$을 모두 지나야
한다.

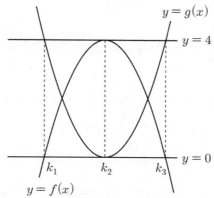

$f(2)=4$이므로 $k_2=2$이고 함수 $y=g(x)$의 그래프가 점 $(2, 0)$에서
직선 $y=0$에 접하므로 $g(x)=(x-2)^2$
함수 $y=g(x)$의 그래프가 두 점 $(k_1, 4)$, $(k_3, 4)$를 지나므로 $(x-2)^2=4$
에서 $x=0$ 또는 $x=4$
$k_1=0$, $k_3=4$
함수 $y=f(x)$의 그래프가 점 $(2, 4)$에서 직선 $y=4$에 접하므로
$f(x)=a(x-2)^2+4(a<0)$이고 두 점 $(0, 0)$, $(4, 0)$을 지나므로
$f(0)=f(4)=4a+4=0$, $a=-1$
$f(x)=-(x-2)^2+4$

(ⅱ) 만나는 점의 개수가 4인 경우

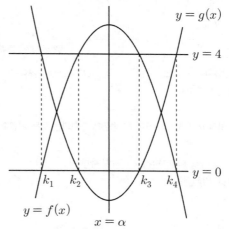

만나는 점의 x좌표를 작은 수부터 크기 순서대로 k_1, k_2, k_3, k_4라 하자.
$g(k_1)=4$, $g(k_2)=0$, $g(k_3)=0$, $g(k_4)=4$이고
함수 $y=g(x)$의 그래프의 꼭짓점의 x좌표를 α라 하면
$$\frac{k_1+k_4}{2}=\frac{k_2+k_3}{2}=\alpha \qquad \cdots\cdots ㉠$$
$k_1<k_2<\alpha<k_3<k_4$
조건을 만족시키는 모든 실수 k의 개수가 3이므로
함수 $y=f(x)$의 그래프는 네 점 $(k_1, 0)$, $(k_2, 4)$, $(k_3, 4)$, $(k_4, 0)$
중 세 점만을 지나야 한다.
ⅰ) 두 점 $(k_1, 0)$, $(k_4, 0)$을 지나는 경우
㉠에 의하여 함수 $y=f(x)$의 그래프의 꼭짓점의 x좌표는 α이고
이차함수의 그래프의 성질에 의하여 함수 $y=f(x)$의 그래프가
두 점 $(k_2, 4)$, $(k_3, 4)$ 중 한 점만을 지날 수 없으므로
모든 실수 k의 값이 k_1, k_2, k_3, k_4로 4개가 되어 조건을 만족시키지
않는다.
ⅱ) 두 점 $(k_2, 4)$, $(k_3, 4)$를 지나는 경우
㉠에 의하여 함수 $y=f(x)$의 그래프의 꼭짓점의 x좌표는 α이고
이차함수의 그래프의 성질에 의하여 함수 $y=f(x)$의 그래프가
두 점 $(k_1, 0)$, $(k_4, 0)$ 중 한 점만을 지날 수 없으므로 모든 실수 k의
값이 k_1, k_2, k_3, k_4로 4개가 되어 조건을 만족시키지 않는다.
(ⅰ), (ⅱ)에 의하여
$g(x)=(x-2)^2$, $f(x)=-(x-2)^2+4$
따라서 $g(8)-f(8)=36-(-32)=68$

---

22 나머지정리   정답률 90% | 정답 3

다항식 ❶ x^3-3x^2+3x-6을 $x-3$으로 나누었을 때의 나머지를 구하시오.
[3점]

STEP 01 나머지정리에 의하여 ❶에 $x=3$을 대입하여 값을 구한다.

$f(x)=x^3-3x^2+3x-6$이라 하면

$f(x)$를 $x-3$으로 나누었을 때의 나머지는 나머지정리에 의하여
$$f(3)=3^3-3\times3^2+3\times3-6=3$$

●핵심 공식

▶ 나머지정리

(1) 다항식의 나눗셈
　다항식 A를 다항식 B (단, $B\neq0$)로 나누었을 때의 몫을 Q, 나머지를 R이라고 하면
$$A=B\cdot Q+R$$
　이때, R의 차수는 B의 차수보다 낮다. 그리고, 위의 등식은 항등식이다.

(2) 나머지 정리
　x에 대한 다항식 $f(x)$를 일차식 $x-\alpha$로 나누었을 때의 나머지는 $f(\alpha)$이다.

(3) 인수정리
　x에 대한 다항식 $f(x)$가 $x-\alpha$로 나누어 떨어지기 위한 필요충분조건은 $f(\alpha)=0$이다.

23 절댓값을 포함한 일차부등식　　　정답률 85% | 정답 15

부등식 ❶ $|x-5|<2$를 만족시키는 모든 정수 x의 값의 합을 구하시오. [3점]

STEP 01 ❶의 부등식을 풀어 x의 범위를 구한 후 범위에 포함되는 모든 정수 x의 값의 합을 구한다.

부등식 $|x-5|<2$에서 $-2<x-5<2$, $3<x<7$
만족하는 정수 x는 4, 5, 6
따라서 모든 정수 x의 값의 합은 $4+5+6=15$

24 이차방정식의 판별식　　　정답률 73% | 정답 7

x에 대한 이차방정식 ❶ $x^2+2ax+a^2+4a-28=0$이 실근을 갖도록 하는 모든 자연수 a의 개수를 구하시오. [3점]

STEP 01 ❶의 판별식을 이용하여 a의 범위를 구한 후 범위에 포함되는 모든 자연수 a의 개수를 구한다.

이차방정식 $x^2+2ax+a^2+4a-28=0$의 판별식을 D라 하면
주어진 이차방정식이 실근을 갖기 위해서는
$$D=(2a)^2-4(a^2+4a-28)\geq0$$
$$4a-28\leq0,\ a\leq7$$
자연수 a는 1, 2, 3, 4, 5, 6, 7
따라서 모든 자연수 a의 개수는 7

●핵심 공식

▶ 판별식

이차방정식 $ax^2+bx+c=0$의 판별식 $D=b^2-4ac$를 이용한 근의 개수 판별
① $b^2-4ac>0 \leftrightarrow$ 서로 다른 두 실근
② $b^2-4ac=0 \leftrightarrow$ 한 개의 중근
③ $b^2-4ac<0 \leftrightarrow$ 실근이 없다

25 행렬의 거듭제곱　　　정답률 87% | 정답 4

행렬 $A=\begin{pmatrix}2&-1\\5&-2\end{pmatrix}$에 대하여 행렬 A^{2013}의 모든 성분의 합을 구하시오. [3점]

STEP 01 행렬 A의 거듭제곱을 구하여 규칙을 찾아 답을 구한다.

$$A^2=\begin{pmatrix}2&-1\\5&-2\end{pmatrix}^2$$
$$=\begin{pmatrix}2&-1\\5&-2\end{pmatrix}\begin{pmatrix}2&-1\\5&-2\end{pmatrix}$$
$$=\begin{pmatrix}-1&0\\0&-1\end{pmatrix}=-E$$
$$A^4=(-E)^2=E$$
$$A^{2013}=(A^4)^{503}A=E^{503}A=A$$
따라서 A^{2013}의 모든 성분의 합은
$$2-1+5-2=4$$

●핵심 공식

▶ 행렬의 거듭제곱의 성질

A가 정사각행렬이고, m, n이 자연수일 때
(1) $A^2=AA$, $A^3=A^2A$, $A^4=A^3A$, $\cdots$, $A^{n+1}=A^nA$
(2) $A^nA^n=A^{m+n}$, $(A^m)^n=A^{mn}$

26 이차함수의 활용　　　정답률 37% | 정답 17

좌표평면에서 직선 $y=t$가 ❶ 두 이차함수 $y=\dfrac{1}{2}x^2+3$, $y=-\dfrac{1}{2}x^2+x+5$의 그래프와 만날 때, ❷ 만나는 서로 다른 점의 개수가 3인 모든 실수 t의 값의 합을 구하시오. [4점]

STEP 01 ❶을 그려 ❷를 만족하도록 하는 직선 $y=t$의 위치를 파악하여 t의 값을 구한 후 합을 구한다.

이차함수 $y=-\dfrac{1}{2}x^2+x+5=-\dfrac{1}{2}(x-1)^2+\dfrac{11}{2}$이고
두 이차함수
$y=\dfrac{1}{2}x^2+3$, $y=-\dfrac{1}{2}x^2+x+5$의 교점의 x좌표는
$\dfrac{1}{2}x^2+3=-\dfrac{1}{2}x^2+x+5$에서
$x=2$ 또는 $x=-1$이므로
교점의 y좌표는 $y=5$ 또는 $y=\dfrac{7}{2}$이다.
따라서 직선 $y=t$가
두 이차함수
$y=\dfrac{1}{2}x^2+3$, $y=-\dfrac{1}{2}x^2+x+5$의 그래프와 만날 때,
만나는 서로 다른 점의 개수가 3인 경우는 그림과 같다.

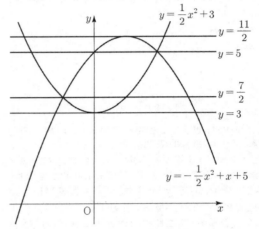

따라서 모든 실수 t의 값의 합은
$$3+\dfrac{7}{2}+5+\dfrac{11}{2}=17$$

★★★ 등급을 가르는 문제!

27 나머지정리의 활용　　　정답률 10% | 정답 91

다항식 $P(x)$에 대하여 ❶ $(x-2)P(x)-x^2$을 $P(x)-x$로 나누었을 때의 몫은 $Q(x)$, 나머지는 $P(x)-3x$이다. ❷ $P(x)$를 $Q(x)$로 나눈 나머지가 10일 때, $P(30)$의 값을 구하시오. (단, 다항식 $P(x)-x$이 0이 아니다.) [4점]

STEP 01 ❶에서 나누는 식과 나머지의 차수를 비교하여 $P(x)$를 구한다.

다항식 $(x-2)P(x)-x^2$을 $P(x)-x$로 나누었을 때의 나머지가
$P(x)-3x$이므로
나머지 $P(x)-3x$의 차수는 $P(x)-x$의 차수보다 낮아야 한다.
다항식 $P(x)$의 차수가 1이 아니면
$P(x)-x$의 차수와 $P(x)-3x$의 차수는 같아지므로
$P(x)$의 차수는 1이다.
$P(x)=ax+b(a\neq0,\ a,\ b$는 실수)라 하자.
$P(x)-3x=(a-3)x+b$는 상수이므로
$a=3$
그러므로 $P(x)=3x+b$

STEP 02 ❶을 식으로 정리하여 $Q(x)$를 구한 뒤 ❷를 이용하여 $P(x)$를 구한 다음 $P(30)$의 값을 구한다.

$P(x)=3x+b$에 대하여
$(x-2)P(x)-x^2=\{P(x)-x\}Q(x)+P(x)-3x$
위 식을 정리하면
$\{P(x)-x\}Q(x)=(x-2)P(x)-x^2-\{P(x)-3x\}$
$\qquad\qquad\qquad=\{P(x)-x\}(x-3)$
이므로 $Q(x)=x-3$
$P(x)$를 $x-3$으로 나눈 나머지는 10이므로 나머지정리에 의하여

$P(3) = 9 + b = 10$, $b = 1$
$P(x) = 3x + 1$
따라서
$P(30) = 91$

▶ 나머지정리
(1) 다항식의 나눗셈
   다항식 A를 다항식 B (단, $B \neq 0$)로 나누었을 때의 몫을 Q, 나머지를 R이라고 하면
   $A = B \cdot Q + R$
   이때, R의 차수는 B의 차수보다 낮다. 그리고, 위의 등식은 항등식이다.
(2) 나머지 정리
   x에 대한 다항식 $f(x)$를 일차식 $x - \alpha$로 나누었을 때의 나머지는 $f(\alpha)$이다.
(3) 인수정리
   x에 대한 다항식 $f(x)$가 $x - \alpha$로 나누어 떨어지기 위한 필요충분조건은 $f(\alpha) = 0$이다.

★★ 문제 해결 꿀~팁 ★★

▶ 문제 해결 방법
다항식의 나눗셈에서 나머지의 차수는 나누는 식의 차수보다 낮아야 한다.
$P(x) - x$로 나누었을 때의 나머지가 $P(x) - 3x$이므로 $P(x) = 3x + b$이어야 $P(x) - x$는 일차식이고 나머지 $P(x) - 3x$는 상수항이 되어 조건을 만족한다.
다음으로 주어진 문장 '$(x-2)P(x) - x^2$을 $P(x) - x$로 나누었을 때의 몫은 $Q(x)$, 나머지는 $P(x) - 3x$이다.'를 식으로 정리하면
$(x-2)P(x) - x^2 = \{P(x) - x\}Q(x) + P(x) - 3x$이고 이 식을 정리하면 $Q(x)$를 구할 수 있다.
$P(x)$의 차수를 결정하여 $P(x) = 3x + b$임을 구할 수 있어야 한다. 다항식의 나눗셈에서 차수에 관련된 사항과 식을 정리하는 방법을 정확하게 알아두는 것이 좋다.

★★★ 등급을 가르는 문제!

28 조합을 이용한 경우의 수
정답률 29% | 정답 16

서로 다른 네 종류의 인형이 각각 2개씩 있다. 이 ❶ 8개의 인형 중에서 5개를 선택하는 경우의 수를 구하시오. (단, 같은 종류의 인형끼리는 서로 구별하지 않는다.) [4점]

STEP 01 ❶의 경우에 선택하는 인형의 종류의 개수에 따라 경우를 나누고 조합을 이용하여 각각 만족하는 경우의 수를 구한다.

서로 다른 네 종류의 인형이 각각 2개씩 있으므로
5개의 인형을 선택하려면 세 종류 이상의 인형을 선택해야 한다.
(i) 서로 다른 세 종류의 인형을 각각 1개, 2개, 2개 선택하는 경우
   서로 다른 네 종류의 인형 중에서 세 종류의 인형을 선택하는 경우의 수는
   $_4\mathrm{C}_3 = 4$
   위의 각각의 경우에 대하여 세 종류의 인형 중에서 1개를 선택하는 인형의 종류를 정하면 남은 두 종류의 인형은 각각 2개씩 선택하면 되므로 이때의 경우의 수는
   $_3\mathrm{C}_1 = 3$
   따라서 이 경우의 수는
   $4 \times 3 = 12$
(ii) 서로 다른 네 종류의 인형을 각각 1개, 1개, 1개, 2개 선택하는 경우
   서로 다른 네 종류의 인형 중에서 2개를 선택하는 인형의 종류를 정하면 남은 세 종류의 인형은 각각 1개씩 선택하면 되므로 이때의 경우의 수는
   $_4\mathrm{C}_1 = 4$
(i), (ii)에서 구하는 경우의 수는
$12 + 4 = 16$

▶ 조합
서로 다른 n개에서 순서를 고려하지 않고 r개를 택하는 것을 n개에서 r개를 택하는 조합이라 하고, 이 조합의 수를 기호로 $_n\mathrm{C}_r$과 같이 나타낸다.
$_n\mathrm{C}_r = \dfrac{_n\mathrm{P}_r}{r!} = \dfrac{n!}{r!(n-r)!}$ (단, $0 \leq r \leq n$)

★★ 문제 해결 꿀~팁 ★★

▶ 문제 해결 방법
먼저 인형 5개를 선택할 때 선택되는 서로 다른 종류의 인형의 수는 1개, 2개, 2개 또는 1개, 1개, 1개, 2개로 두 가지 경우가 생긴다.
1개, 2개, 2개를 선택하는 경우 서로 다른 네 종류의 인형 중에서 세 종류의 인형을 선택하는 경우의 수는 $_4\mathrm{C}_3 = 4$, 선택된 세 종류의 인형 중에서 1개를 선택하는 인형을 선택하는 경우의 수는 $_3\mathrm{C}_1 = 3$으로 이 경우의 모든 경우의 수는 $4 \times 3 = 12$이다.
다음으로 1개, 1개, 1개, 2개를 선택하는 경우는 네 종류의 인형 중에서 2개를 선택하는 인형을 선택하는 경우의 수는 $_4\mathrm{C}_1 = 4$이다.
8개 중에서 5개를 선택할 때 선택되는 인형의 종류의 개수에 따라 경우를 나눌 수 있어야 한다.

★★★ 등급을 가르는 문제!

29 이차함수의 최대와 최소
정답률 6% | 정답 74

이차함수 $f(x) = a(x-1)^2 - 10$ (a는 양의 상수)와 실수 k에 대하여 $k-1 \leq x \leq k+1$에서 함수 $|f(x)|$의 최댓값을 $g(k)$라 할 때, 함수 $g(k)$가 다음 조건을 만족시킨다.

> $g(k) = 10$을 만족시키는 실수 k의 최댓값은 $\sqrt{10}$ 이다.

함수 $g(k)$가 $k = b$와 $k = c$에서 최솟값 m을 가질 때, $b^2 + c^2 + m^2$의 값을 구하시오. (단, b, c는 서로 다른 상수이다.) [4점]

STEP 01 $f(x) = 0$의 두 실근을 기준으로 범위를 나누어 $y = |f(x)|$의 그래프를 그린다.

방정식 $f(x) = 0$의 두 실근을 α, β $(\alpha < \beta)$라 하면
$|f(x)| = \begin{cases} f(x) & (x < \alpha \text{ 또는 } x > \beta) \\ -f(x) & (\alpha \leq x \leq \beta) \end{cases}$
이고 함수 $y = |f(x)|$의 그래프와 직선 $y = 10$이 만나는 서로 다른 세 점 중 x좌표가 1이 아닌
두 점의 x좌표를 각각 p, q $(p < q)$라 하면
함수 $y = |f(x)|$의 그래프는 그림과 같다.

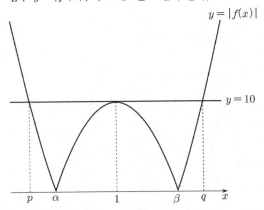

STEP 02 주어진 조건을 이용하여 a와 $f(x) = 0$의 두 실근을 구한다.

1은 방정식 $f(k-1) = f(k+1)$의 한 실근이고
$q - p < 2$이면 $(k+1) - (k-1) > q - p$이므로
함수 $y = |f(x)|$의 그래프는 그림과 같다.

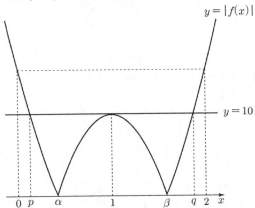

$k < 1$이면 $g(k) = f(k-1) > 10$, $k \geq 1$이면 $g(k) = f(k+1) > 10$이므로 $g(k) = 10$을 만족시키는 실수 k는 존재하지 않는다.
따라서 $q - p \geq 2$
$k+1 = q$이면 $k-1 = q-2 \geq p$이고
$g(k) = |f(k+1)| = f(k+1) = f(q) = 10$이다.
$k+1 > q$이면 $g(k) = |f(k+1)| = f(k+1) > 10$

이므로 $g(k)=10$을 만족시키는 실수 k의 최댓값은
$q-1$이다.
조건에서 $q-1=\sqrt{10}$, $q=\sqrt{10}+1$이므로
$f(q)=f(\sqrt{10}+1)=10$이고
$f(\sqrt{10}+1)=a(\sqrt{10}+1-1)^2-10=10a-10=10$에서 $a=2$
그러므로 $f(x)=2(x-1)^2-10=2x^2-4x-8$이다.
방정식 $f(x)=0$의 실근은
$\alpha=1-\sqrt{5}$, $\beta=1+\sqrt{5}$ 이다.

STEP 03 k의 범위를 나누어 각각 $g(k)$를 구한 후 최솟값을 갖는 k와 최솟값을 구하여 $b^2+c^2+m^2$의 값을 구한다.

함수 $|f(x)|$에서 두 실수 x_1, $x_2(x_1<x_2)$에 대하여
$x_1<x_2<1-\sqrt{5}$이면 $|f(x_1)|>|f(x_2)|$ $\qquad\cdots\ \bigcirc$
$1-\sqrt{5}\le x_1<x_2<1$이면 $|f(x_1)|<|f(x_2)|$ $\qquad\cdots\ \bigcirc\!\!\bigcirc$
$1\le x_1<x_2<1+\sqrt{5}$이면 $|f(x_1)|>|f(x_2)|$ $\qquad\cdots\ \bigcirc\!\!\!\bigcirc$
$1+\sqrt{5}\le x_1<x_2$이면 $|f(x_1)|<|f(x_2)|$ $\qquad\cdots\ \bigcirc\!\!\!\!\bigcirc$
이다. $k-1\le x\le k+1$에서
함수 $|f(x)|$의 최댓값 $g(k)$는 다음과 같다.
(i) $k+1<1-\sqrt{5}$ 일 때
 $k<-\sqrt{5}$이고 $\bigcirc$에서 $g(k)=|f(k-1)|$
(ii) $k-1<1-\sqrt{5}\le k+1$일 때
 $-\sqrt{5}\le k<2-\sqrt{5}$ 이고
 $\bigcirc$, $\bigcirc\!\!\bigcirc$에서 $g(k)$의 값은
 $|f(k-1)|$과 $|f(k+1)|$ 중 큰 값이다.
 $|f(k-1)|=f(k-1)=2k^2-8k-2$,
 $|f(k+1)|=-f(k+1)=-2k^2+10$이므로
 $|f(k-1)|>|f(k+1)|$에서
 $2k^2-8k-2>-2k^2+10$
 $4(k-3)(k+1)>0$
 $k<-1$ 또는 $k>3$ 이다.
 $|f(k-1)|=|f(k+1)|$에서 $k=-1$ 또는 $k=3$
 $|f(k-1)|<|f(k+1)|$에서 $-1<k<3$
 이다. 그러므로
 $-\sqrt{5}\le k<-1$일 때 $g(k)=|f(k-1)|$,
 $-1\le k<2-\sqrt{5}$일 때 $g(k)=|f(k+1)|$ 이다.
(iii) $1-\sqrt{5}\le k-1<k+1<1$일 때
 $2-\sqrt{5}\le k<0$이고 $\bigcirc\!\!\bigcirc$에서 $g(k)=|f(k+1)|$
(iv) $k-1<1\le k+1$일 때
 $0\le k<2$이고 $g(k)=10$
(v) $1\le k-1<k+1<1+\sqrt{5}$ 일 때
 $2\le k<\sqrt{5}$ 이고 $\bigcirc\!\!\!\bigcirc$에서 $g(k)=|f(k-1)|$
(vi) $k-1<1+\sqrt{5}\le k+1$일 때
 $\sqrt{5}\le k<2+\sqrt{5}$ 이고
 $\bigcirc\!\!\!\bigcirc$, $\bigcirc\!\!\!\!\bigcirc$에서 $g(k)$의 값은
 $|f(k-1)|$과 $|f(k+1)|$ 중 큰 값이다.
 $|f(k-1)|=-f(k-1)=-2k^2+8k+2$,
 $|f(k+1)|=f(k+1)=2k^2-10$이므로
 $|f(k-1)|>|f(k+1)|$에서
 $-2k^2+8k+2>2k^2-10$
 $4(k-3)(k+1)<0$
 $-1<k<3$
 $|f(k-1)|=|f(k+1)|$에서 $k=-1$ 또는 $k=3$
 $|f(k-1)|<|f(k+1)|$에서 $k<-1$ 또는 $k>3$이다. 그러므로
 $\sqrt{5}\le k<3$일 때 $g(k)=|f(k-1)|$,
 $3\le k<2+\sqrt{5}$일 때 $g(k)=|f(k+1)|$ 이다.
(vii) $1+\sqrt{5}\le k-1$일 때
 $2+\sqrt{5}\le k$이고 $\bigcirc\!\!\!\!\bigcirc$에서 $g(k)=|f(k+1)|$
(i) ~ (vii)에서
$$g(k)=\begin{cases}|f(k-1)|=2(k-2)^2-10 & (k<-1)\\ |f(k+1)|=-2k^2+10 & (-1\le k<0)\\ 10 & (0\le k<2)\\ |f(k-1)|=-2(k-2)^2+10 & (2\le k<3)\\ |f(k+1)|=2k^2-10 & (k\ge 3)\end{cases}$$
이고, 함수 $g(k)$는 $k=-1$과 $k=3$에서 최솟값 8을 가지므로
$b^2+c^2+m^2=(-1)^2+3^2+8^2=74$

다른 풀이

방정식 $f(x)=0$의 두 실근을 α, β $(\alpha<\beta)$라 하면
$$|f(x)|=\begin{cases}f(x) & (x<\alpha \text{ 또는 } x>\beta)\\ -f(x) & (\alpha\le x\le \beta)\end{cases}$$
이고 함수 $y=|f(x)|$의 그래프와 직선 $y=10$이
만나는 서로 다른 세 점 중 x좌표가 1이 아닌
두 점의 x좌표를 각각 p, q $(p<q)$라 하면
함수 $y=|f(x)|$의 그래프는 그림과 같다.

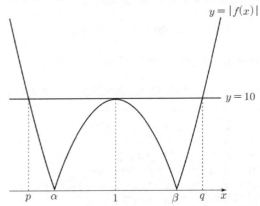

$k-1\le x\le k+1$에서 $g(k)=10$을 만족시키는 실수 k의 최댓값은 $\sqrt{10}$이므로
주어진 범위에서 $y=|f(x)|$의 최댓값 10을 만족하는 k의 최댓값은 $\sqrt{10}$이다.
즉, $f(\sqrt{10}+1)=10$이므로
$f(\sqrt{10}+1)=a(\sqrt{10}+1-1)^2-10$
$\qquad\qquad\quad =10a-10=10$
에서 $a=2$
$g(x)$가 최솟값을 갖는 경우는 $|f(k-1)|=|f(k+1)|$인 경우
즉, $-f(k-1)=f(k+1)$인 경우이므로
$-2(k-1-1)^2+10=2(k+1-1)^2-10$에서
$k=-1$ 또는 $k=3$
$f(4)=2(4-1)^2-10=8$이므로
$b^2+c^2+m^2=(-1)^2+3^2+8^2=74$

★★ 문제 해결 꿀~팁 ★★

▶ **문제 해결 방법**
먼저 $y=|f(x)|$의 그래프를 그려 주어진 범위에서 최댓값을 갖는 경우를 파악해야 한다.
주어진 조건에서 $g(k)=10$을 만족시키는 실수 k의 최댓값은 $\sqrt{10}$이라는 의미는
$k=\sqrt{10}$일 때 $y=|f(x)|$의 최댓값이 10, 즉 $f(\sqrt{10}+1)=10$이라는 의미이다. 그러므로 $a=2$이다. 모든 상황을 고려하여 경우를 다 따져 봐도 좋으나 어떠한 경우든 주어진 조건을 만족하는 경우는 $f(\sqrt{10}+1)=10$이다.
또한, 모든 x의 범위를 나누어 $g(x)$를 구한 후 $g(x)$의 최솟값을 구하여도 되나 직관적으로 $g(x)$는 주어진 범위의 양 끝값의 절댓값이 같을 때, 즉 두 함숫값의 부호가 다르고 값이 같을 때 최솟값을 갖는다.
그러므로 $-f(k-1)=f(k+1)$인 경우의 k값을 구한 후 $f(k+1)=m$을 구하면 된다.
모든 경우를 정확하게 구분하여 값을 구하는 것도 중요하나 그래프에서 언제 주어진 상황을 만족하는지를 파악하여 직관적으로 구하는 방법이 시간적으로 많은 도움을 줄 수 있다.

★★★ 등급을 가르는 문제!

30 복소수의 성질 　　　　　　　　정답률 5% | 정답 150

50 이하의 두 자연수 m, n에 대하여 **❶** $\left\{i^n+\left(\dfrac{1}{i}\right)^{2n}\right\}^m$ 의 값이 음의 실수가
되도록 하는 순서쌍 (m, n)의 개수를 구하시오.
(단, $i=\sqrt{-1}$ 이다.) [4점]

STEP 01 **❶**을 정리한 후 n의 값의 경우를 나누어 각각의 경우에 대하여 만족하는 m의 값을 구한 다음 만족하는 순서쌍의 개수를 구한다.

$\left\{i^n+\left(\dfrac{1}{i}\right)^{2n}\right\}^m=\{i^n+(-i)^{2n}\}^m=\{i^n+(-1)^n\}^m$
$f(n)=i^n+(-1)^n$ 이라 하자.
(i) $n=4k-3$ (k는 자연수)일 때
 $f(n)=i-1$ 이고
 $\{f(n)\}^4=-2^2$, $\{f(n)\}^{12}=-2^6$, $\{f(n)\}^{20}=-2^{10}$, $\cdots$
 이므로 순서쌍 (m, n)은
 $(4, n)$, $(12, n)$, $(20, n)$, $(28, n)$, $(36, n)$, $(44, n)$으로 6개다.
 이때 50 이하의 자연수
 $n=1$, 5, 9, $\cdots$, 45, 49는 13개이므로
 만족하는 순서쌍 (m, n)의 개수는 78개이다.

(ii) $n = 4k-1$ (k는 자연수)일 때

$f(n) = -i-1$ 이고

${f(n)}^4 = -2^2$, ${f(n)}^{12} = -2^6$, ${f(n)}^{20} = -2^{10}$, $\cdots$

이므로 순서쌍 (m, n)은

$(4, n)$, $(12, n)$, $(20, n)$, $(28, n)$, $(36, n)$, $(44, n)$으로 6개다.

이때 50 이하의 자연수

$n = 3$, 7, 11, $\cdots$, 47은 12개이므로

만족하는 순서쌍 (m, n)의 개수는 72개이다.

(iii) $n = 4k-2$, $n = 4k$ (k는 자연수)일 때

$f(n)$은 0 또는 2이므로 ${f(n)}^m \geq 0$이다.

따라서 주어진 조건을 만족하는

순서쌍 (m, n)은 존재하지 않는다.

(i), (ii), (iii)에 의하여 50 이하의 자연수 m, n에

대하여 $\left\{ i^n + \left(\dfrac{1}{i}\right)^{2n} \right\}^m$이 음의 실수인

순서쌍 (m, n)의 개수는 $78+72+0 = 150$이다.

★★ 문제 해결 꿀~팁 ★★

▶ 문제 해결 방법

먼저 $\left\{ i^n + \left(\dfrac{1}{i}\right)^{2n} \right\}^m$를 정리하면 $\{ i^n + (-1)^n \}^m$이다.

이제 n의 값의 경우를 나누어 $i^n + (-1)^n$의 꼴을 정리하여야 한다. $f(n) = i^n + (-1)^n$이 라 할 때, n이 짝수이면 $f(n)$은 0 또는 2이므로 $\{ i^n + (-1)^n \}^m$이 음의 실수가 될 수 없다.

다음으로 $n = 4k-3$일 때 $f(n) = i-1$이고 $\{f(n)\}^4 = -2^2$이므로 $m = 8t-4$(t는 자연수)일 때

$\{ i^n + (-1)^n \}^m$이 음의 실수가 된다. 그런데 m이 50이하의 자연수이므로 $8t-4 \leq 50$, $t < 7$인 자연수이므로 만족하는 m의 개수는 6이고, 마찬가지로 n도 50이하의 자연수이 므로 $n = 4k-3 \leq 50$, $k < 14$인 자연수이므로 만족하는 n의 개수는 13이다. 따라서 만 족하는 순서쌍의 개수는 $6 \times 13 = 78$이다.

$n = 4k-1$일 때도 같은 방법으로 순서쌍의 개수를 구하면 된다. 먼저 n의 값의 경우를 나누고 각 경우에 대하여 조건을 만족하는 n, m의 값을 차분히 따져주어야 한다.

[문제편 p.097]

•정답•

01 ② 02 ⑤ 03 ④ 04 ③ 05 ④ 06 ① 07 ② 08 ④ 09 ⑤ 10 ③ 11 ⑤ 12 ① 13 ④ 14 ⑤ 15 ④
16 ② 17 ① 18 ③ 19 ④ 20 ③ 21 ⑤ 22 10 23 24 24 7 25 60 26 108 27 12 28 96 29 6 30 35

★ 표기된 문항은 [등급을 가르는 문제]에 해당하는 문항입니다.

---

01 다항식의 계산   정답률 97% | 정답 ②

두 다항식 $A = x^2 - 2xy + y^2$, $B = x^2 + 2xy + y^2$에 대하여 $A+B$를 간단히 하면? [2점]

① $x^2 + y^2$ ② $2x^2 + 2y^2$ ③ $3x^2 + 3y^2$

④ $2x^2 - 2xy + 2y^2$ ⑤ $2x^2 + 2xy + 2y^2$

STEP 01 다항식의 계산으로 $A+B$를 정리한다.

$A + B = (x^2 - 2xy + y^2) + (x^2 + 2xy + y^2) = 2x^2 + 2y^2$

---

02 행렬의 덧셈   정답률 95% | 정답 ⑤

행렬 $A = \begin{pmatrix} 2 & -3 \\ 4 & -1 \end{pmatrix}$에 대하여 $A+B = E$를 만족시키는 행렬 B는? (단, E는 단위행렬이다.) [2점]

① $\begin{pmatrix} 3 & -3 \\ 4 & 0 \end{pmatrix}$ ② $\begin{pmatrix} 2 & -3 \\ 1 & -2 \end{pmatrix}$ ③ $\begin{pmatrix} -1 & 3 \\ -1 & -2 \end{pmatrix}$

④ $\begin{pmatrix} -2 & -3 \\ 4 & 1 \end{pmatrix}$ ⑤ $\begin{pmatrix} -1 & 3 \\ -4 & 2 \end{pmatrix}$

STEP 01 행렬의 뺄셈으로 행렬 B를 구한다.

$A+B = E$에서 $B = E-A$이므로

$B = \begin{pmatrix} 1 & 0 \\ 0 & 1 \end{pmatrix} - \begin{pmatrix} 2 & -3 \\ 4 & -1 \end{pmatrix} = \begin{pmatrix} -1 & 3 \\ -4 & 2 \end{pmatrix}$

---

03 조합과 순열   정답률 92% | 정답 ④

❶ $_5C_3 \times 3!$의 값은? [2점]

① 15   ② 30   ③ 45   ④ 60   ⑤ 75

STEP 01 조합과 순열을 이용하여 ❶의 값을 구한다.

$_5C_3 \times 3! = \dfrac{5 \times 4 \times 3}{3 \times 2 \times 1} \times (3 \times 2 \times 1) = 5 \times 4 \times 3 = 60$

---

04 항등식   정답률 88% | 정답 ③

x의 값에 관계없이 등식

❶ $3x^2 + ax + 4 = bx(x-1) + c(x-1)(x-2)$

가 항상 성립할 때, $a+b+c$의 값은? (단, a, b, c는 상수이다.) [3점]

① -6 ② -5 ③ -4 ④ -3 ⑤ -2

STEP 01 항등식의 성질을 이용하여 ❶의 양변에 $x = 0, 1, 2$를 대입하여 a, b, c를 구한 후 $a+b+c$의 값을 구한다.

x에 대한 항등식이므로

$3x^2 + ax + 4 = bx(x-1) + c(x-1)(x-2)$에

$x = 1$을 대입하면 $a+7 = 0$, $a = -7$

$x = 0$을 대입하면 $4 = 2c$, $c = 2$

$x = 2$를 대입하면 $2a + 16 = 2b$, $b = 1$

따라서 $a+b+c = -7+1+2 = -4$

---

05 복소수   정답률 74% | 정답 ④

복소수 $\dfrac{a+3i}{2-i}$의 ❶ 실수부분과 허수부분의 합이 3일 때, 실수 a의 값은?

(단, $i = \sqrt{-1}$) [3점]

① 1   ② 2   ③ 3   ④ 4   ⑤ 5

STEP 01 $\dfrac{a+3i}{2-i}$의 분모를 유리화한 후 ❶을 이용하여 실수 a의 값을 구한다.

[09회] 2022학년도 9월   **073**

$$\frac{a+3i}{2-i}=\frac{(a+3i)(2+i)}{(2-i)(2+i)}=\frac{2a+ai+6i+3i^2}{4-i^2}$$
$$=\frac{(2a-3)+(a+6)i}{5}=\frac{2a-3}{5}+\frac{a+6}{5}i$$

이므로 복소수 $\dfrac{a+3i}{2-i}$ 의 실수부분은 $\dfrac{2a-3}{5}$ 이고 허수부분은 $\dfrac{a+6}{5}$ 이다.

실수부분과 허수부분의 합이 3이므로
$$\frac{2a-3}{5}+\frac{a+6}{5}=\frac{3a+3}{5}=3$$
따라서 $a=4$

---

06 절댓값을 포함한 일차부등식   정답률 94% | 정답 ①

부등식 ❶ $|2x+1|<7$ 의 해가 $a<x<b$일 때, ab의 값은? [3점]

① -12　② -10　③ -8　④ -6　⑤ -4

STEP 01 ❶의 부등식을 풀어 해를 구한 후 ab의 값을 구한다.

$-7<2x+1<7$, $-4<x<3$이므로 $a=-4$, $b=3$
따라서 $ab=-4\times3=-12$

---

07 다항식의 인수분해   정답률 90% | 정답 ②

다항식 ❶ x^4-x^2-12가 $(x-a)(x+a)(x^2+b)$로 인수분해될 때,
두 양수 a, b에 대하여 $a+b$의 값은? [3점]

① 4　② 5　③ 6　④ 7　⑤ 8

STEP 01 ❶을 인수분해하여 a, b를 구한 후 $a+b$의 값을 구한다.

$x^4-x^2-12=(x-2)(x+2)(x^2+3)$
a가 양수이므로 $a=2$, $b=3$
따라서 $a+b=2+3=5$

---

08 이차방정식의 근과 계수의 관계   정답률 88% | 정답 ④

이차방정식 $x^2+2x+k=0$의 서로 다른 두 근을 α, β라 할 때,
❶ $\alpha^2+\beta^2=8$이다. 상수 k의 값은? [3점]

① -5　② -4　③ -3　④ -2　⑤ -1

STEP 01 이차방정식의 근과 계수의 관계에 의하여 $\alpha+\beta$, $\alpha\beta$를 각각 구한 후 ❶을 이용하여 k의 값을 구한다.

이차방정식 $x^2+2x+k=0$ 의 서로 다른 두 근이 α, β 이므로
이차방정식의 근과 계수의 관계에 의하여 $\alpha+\beta=-2$, $\alpha\beta=k$
$\alpha^2+\beta^2=(\alpha+\beta)^2-2\alpha\beta=(-2)^2-2k=8$
$k=-2$

● 핵심 공식

▶ 이차방정식의 근과 계수의 관계

이차방정식 $ax^2+bx+c=0$ (단, $a\neq0$)의 두 근을 α, β라고 하면,
$\alpha+\beta=-\dfrac{b}{a}$, $\alpha\beta=\dfrac{c}{a}$

---

09 순열   정답률 70% | 정답 ⑤

숫자 1, 2, 3, 4, 5가 하나씩 적혀 있는 5장의 카드가 있다. 이 5장의 카드를 모두 일렬로 나열할 때, ❶ 짝수가 적혀 있는 카드끼리 서로 이웃하지 않도록 나열하는 경우의 수는? [3점]

① 24　② 36　③ 48　④ 60　⑤ 72

STEP 01 순열을 이용하여 홀수가 적혀 있는 카드를 먼저 나열한 후 ❶을 만족하도록 나머지 짝수가 적혀 있는 카드를 나열하여 만족하는 경우의 수를 구한다.

먼저 1, 3, 5가 적혀 있는 카드를 나열하는 경우의 수는
$3!=6$
이 각각에 대하여 1, 3, 5가 적혀 있는 세 장의 카드의 사이사이와
양끝의 네 곳 중에서 두 곳을 선택하여 2, 4가 적혀 있는 카드를

하나씩 나열하는 경우의 수는
$_4P_2=4\times3=12$
따라서 구하는 경우의 수는 $6\times12=72$

다른 풀이

5장의 카드를 모두 일렬로 나열하는 경우의 수는
$5!=120$
2, 4가 적혀 있는 두 장의 카드를 한 묶음으로 생각하여
이 묶음과 1, 3, 5가 적혀 있는 카드를 일렬로 나열하는 경우의 수는
$4!$이고
이 각각에 대하여 2, 4가 적혀 있는 카드를 나열하는 경우의 수는
$2!$이므로
짝수가 적혀 있는 카드끼리 서로 이웃하도록 나열하는 경우의 수는
$4!\times2!=48$
따라서 짝수가 적혀 있는 카드끼리 서로 이웃하지 않도록 나열하는 경우의 수는
$120-48=72$

---

10 연립이차방정식   정답률 86% | 정답 ③

연립방정식
$$\begin{cases} x-y+1=0 \\ x^2-2y^2-2=0 \end{cases}$$
의 해를 $x=\alpha$, $y=\beta$라 할 때, $\alpha+\beta$의 값은? [3점]

① -5　② -4　③ -3　④ -2　⑤ -1

STEP 01 연립방정식의 일차식을 이차식에 대입하여 해를 구한 다음 $\alpha+\beta$의 값을 구한다.

$$\begin{cases} x-y+1=0 & \cdots\cdots\,\text{㉠} \\ x^2-2y^2-2=0 & \cdots\cdots\,\text{㉡} \end{cases}$$
㉠에서 $y=x+1$ 을 ㉡에 대입하면
$x^2-2(x+1)^2-2=0$
$(x+2)^2=0$
$x=-2$, $y=-1$ 에서 $\alpha=-2$, $\beta=-1$
따라서 $\alpha+\beta=(-2)+(-1)=-3$

---

11 연립이차부등식   정답률 85% | 정답 ⑤

연립부등식
$$\begin{cases} x^2-3x-18\le0 \\ x^2-8x+15\ge0 \end{cases}$$
을 만족시키는 모든 정수 x의 값의 합은? [3점]

① 7　② 8　③ 9　④ 10　⑤ 11

STEP 01 두 부등식을 각각 풀어 x의 범위를 구한 후 만족하는 모든 정수 x를 구한 다음 합을 구한다.

$x^2-3x-18\le0$ 에서
$-3\le x\le6$　　　　　　$\cdots$㉠
$x^2-8x+15\ge0$ 에서
$x\le3$ 또는 $x\ge5$　　$\cdots$㉡
㉠, ㉡에서
$-3\le x\le3$ 또는 $5\le x\le6$
만족하는 정수 x 는 -3, -2, -1, 0, 1, 2, 3, 5, 6
따라서 모든 정수 x 의 값의 합은
$(-3)+(-2)+(-1)+0+1+2+3+5+6=11$

---

12 삼차방정식   정답률 71% | 정답 ①

삼차방정식 ❶ $x^3+(k+1)x^2+(4k-3)x+k+7=0$은 서로 다른 세 실근 1, α, β를 갖는다. $|\alpha-\beta|$의 값은? (단, k는 상수이다.) [3점]

① 5　② 7　③ 9　④ 11　⑤ 13

STEP 01 ❶에 $x=1$을 대입하여 k을 구한 다음 조립제법을 이용하여 ❶을 인수분해한 후 $|\alpha-\beta|$ 의 값을 구한다.

삼차방정식 $x^3+(k+1)x^2+(4k-3)x+k+7=0$의 한 근이 1이므로

[문제편 p.098]

$1+(k+1)+(4k-3)+k+7=0$, $6k+6=0$, $k=-1$

삼차방정식 $x^3-7x+6=0$을 조립제법을 이용하여 인수분해하면

$$\begin{array}{r|rrrr} 1 & 1 & 0 & -7 & 6 \\ & & 1 & 1 & -6 \\ \hline & 1 & 1 & -6 & 0 \end{array}$$

$x^3-7x+6=(x-1)(x^2+x-6)=(x-1)(x-2)(x+3)=0$이므로

$x=1$ 또는 $x=2$ 또는 $x=-3$

따라서 $|\alpha-\beta|=2-(-3)=5$

---

13 행렬의 거듭제곱 정답률 89% | 정답 ④

행렬 $A=\begin{pmatrix} -2 & 3 \\ -1 & 2 \end{pmatrix}$에 대하여 등식 $A^{2012}\begin{pmatrix} p \\ q \end{pmatrix}=\begin{pmatrix} -2 \\ 3 \end{pmatrix}$이 성립할 때, 두 실수 p, q의 합 $p+q$의 값은? [3점]

① -5 ② -1 ③ 0 ④ 1 ⑤ 5

STEP 01 행렬 A의 거듭제곱을 구하여 규칙을 찾아 답을 구한다.

$A=\begin{pmatrix} -2 & 3 \\ -1 & 2 \end{pmatrix}$에서

$A^2=\begin{pmatrix} -2 & 3 \\ -1 & 2 \end{pmatrix}\begin{pmatrix} -2 & 3 \\ -1 & 2 \end{pmatrix}=E=\begin{pmatrix} 1 & 0 \\ 0 & 1 \end{pmatrix}$이므로

$A^{2012}=(A^2)^{1006}=E^{1006}=E$

따라서 $A^{2012}\begin{pmatrix} p \\ q \end{pmatrix}=E\begin{pmatrix} p \\ q \end{pmatrix}=\begin{pmatrix} p \\ q \end{pmatrix}=\begin{pmatrix} -2 \\ 3 \end{pmatrix}$

$\therefore\ p=-2$, $q=3$이므로 $p+q=1$

참고

케일리 - 해밀턴 정리에 의하면

행렬 $A=\begin{pmatrix} a & b \\ c & d \end{pmatrix}$에 대하여

등식 $A^2-(a+d)A+(ad-bc)E=O$이 항상 성립한다.

따라서 $A=\begin{pmatrix} -2 & 3 \\ -1 & 2 \end{pmatrix}$에 대하여 다음과 같이 성립한다.

$A^2-(-2+2)A+\{(-2)\times 2-3\times(-1)\}E=O$

$A^2-E=O$

$\therefore\ A^2=E$

---

14 조합 정답률 82% | 정답 ⑤

9개의 숫자 0, 0, 0, 1, 1, 1, 1, 1, 1을 ❶ 0끼리는 어느 것도 이웃하지 않도록 일렬로 나열하여 만들 수 있는 아홉 자리의 자연수의 개수는? [3점]

① 12 ② 14 ③ 16 ④ 18 ⑤ 20

STEP 01 ❶을 만족하도록 조합을 이용하여 1 사이에 0을 나열하는 경우의 수를 구하여 답을 구한다.

자연수의 첫 자릿수는 0이 될 수 없으므로 1이다.

1, □, 1, □, 1, □, 1, □, 1, □, 1, □

나머지 5개 1의 좌우 6개의 빈 자리 □에 3개의 0을 넣으면 0끼리는 어느 것도 이웃하지 않는 아홉 자리의 자연수를 만들 수 있다. 따라서 구하는 자연수의

개수는 ${}_6C_3=\dfrac{6\times 5\times 4}{3\times 2\times 1}=20$

---

15 다항식의 연산 정답률 76% | 정답 ④

물체가 등속 원운동을 하기 위해 원의 중심방향으로 작용하는 일정한 크기의 힘을 구심력이라 한다.

질량이 m인 물체가 반지름의 길이가 r인 원의 궤도를 따라 v의 속력으로 등속 원운동을 할 때 작용하는 구심력의 크기 F는 다음과 같다.

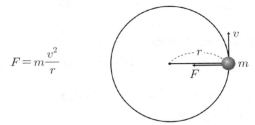

$$F=m\frac{v^2}{r}$$

물체 A와 물체 B는 반지름의 길이가 각각 r_A, r_B인 원의 궤도를 따라 등속 원운동을 한다.

---

❶ 물체 A의 질량은 물체 B의 질량의 3배이고, 물체 A의 속력은 물체 B의 속력의 $\dfrac{1}{2}$배이다. 물체 A와 물체 B의 구심력의 크기가 같을 때, $\dfrac{r_A}{r_B}$의 값은?

[4점]

① $\dfrac{3}{8}$ ② $\dfrac{1}{2}$ ③ $\dfrac{5}{8}$ ④ $\dfrac{3}{4}$ ⑤ $\dfrac{7}{8}$

STEP 01 ❶을 $F=m\dfrac{v^2}{r}$에 대입하고 식을 정리하여 $\dfrac{r_A}{r_B}$의 값을 구한다.

물체 A와 물체 B의 질량을 각각 m_A, m_B라 하고

물체 A와 물체 B의 속력을 각각 v_A, v_B라 하자.

물체 A의 질량이 물체 B의 질량의 3배이므로 $m_A=3m_B$

물체 A의 속력이 물체 B의 속력의 $\dfrac{1}{2}$배이므로 $v_A=\dfrac{1}{2}v_B$

물체 A와 물체 B의 구심력의 크기가 같으므로 $\dfrac{m_A(v_A)^2}{r_A}=\dfrac{m_B(v_B)^2}{r_B}$

$\dfrac{3m_B\left(\dfrac{1}{2}v_B\right)^2}{r_A}=\dfrac{m_B(v_B)^2}{r_B}$이므로 $\dfrac{3\times\dfrac{1}{4}}{r_A}=\dfrac{1}{r_B}$

따라서 $\dfrac{r_A}{r_B}=\dfrac{3}{4}$

---

16 이차함수와 직선의 위치 관계 정답률 59% | 정답 ②

이차함수 ❶ $y=\dfrac{1}{2}(x-k)^2$의 그래프와 직선 $y=x$가 서로 다른 두 점 A, B에서 만난다. 두 점 A, B에서 x축에 내린 수선의 발을 각각 C, D라 하자. ❷ 선분 CD의 길이가 6일 때, 상수 k의 값은? [4점]

① $\dfrac{7}{2}$ ② 4 ③ $\dfrac{9}{2}$ ④ 5 ⑤ $\dfrac{11}{2}$

STEP 01 점 C의 좌표를 미지수로 놓고 ❷에서 점 D의 좌표를 구한 후 두 점 A, B의 좌표를 구한 다음 ❶의 두 식을 연립한 이차방정식에서 근과 계수의 관계를 이용하여 k의 값을 구한다.

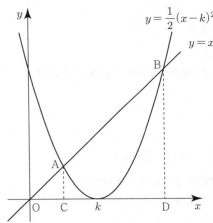

점 C의 좌표를 $(\alpha, 0)$이라 하면 선분 CD의 길이는 6이므로 점 D의 좌표는 $(\alpha+6, 0)$

직선 $y=x$ 위의 두 점 A(α, α), B$(\alpha+6, \alpha+6)$은

이차함수 $y=\dfrac{1}{2}(x-k)^2$의 그래프와

직선 $y=x$의 교점이므로 $\dfrac{1}{2}(x-k)^2=x$

이차방정식 $x^2-2(k+1)x+k^2=0$의 근과 계수의 관계에 의하여

$\alpha+(\alpha+6)=2(k+1)$

$\alpha=k-2$ ⋯⋯ ㉠

$\alpha(\alpha+6)=k^2$ ⋯⋯ ㉡

㉠을 ㉡에 대입하면

$(k-2)(k+4)=k^2$,

$2k-8=0$

따라서 $k=4$

---

17 행렬의 연산 정답률 46% | 정답 ①

다음은 이차정사각행렬 $A=\begin{pmatrix} a & b \\ c & a+b \end{pmatrix}$에 대하여 $A^2=E$를 만족시키는 행렬 A의 개수를 구하는 과정이다. (단, a, b, c는 정수이고 E는 단위행렬이다.)

A 가 $A^2=E$ 를 만족시키므로

$A^2=\begin{pmatrix} a^2+bc & 2b\times(a+3) \\ 2c\times(a+3) & (a+6)^2+bc \end{pmatrix}=\begin{pmatrix} 1 & 0 \\ 0 & 1 \end{pmatrix}$ 이다.

(i) $a\neq$ (가) 인 경우

$b=0$ 이고 $c=0$ 이므로 $A^2=\begin{pmatrix} a^2 & 0 \\ 0 & (a+6)^2 \end{pmatrix}$ ...... ㉠

이다.

㉠ 에서 $A^2\neq E$ 이므로 주어진 조건에 모순이다.

(ii) $a=$ (가) 인 경우

주어진 조건 $A^2=E$ 에서 $bc=$ (나) 이다.

b, c 가 정수이므로

$bc=$ (나) 를 만족시키는 순서쌍 (b, c) 의 개수는 (다) 이다.

따라서 $A^2=E$ 를 만족시키는 행렬 A 의 개수는 (다) 이다.

위의 (가), (나), (다)에 알맞은 수를 각각 p, q, r 라 할 때, $\underline{p+q+r}$의 값은?
[4점]

① -3 ② -1 ③ 0 ④ 1 ⑤ 3

STEP 01 행렬 A^2의 성분 중 값이 0인 성분의 식에서 (가)를 구한다.

A 가 $A^2=E$ 를 만족시키므로

$A^2=\begin{pmatrix} a^2+bc & 2b\times(a+3) \\ 2c\times(a+3) & (a+6)^2+bc \end{pmatrix}=\begin{pmatrix} 1 & 0 \\ 0 & 1 \end{pmatrix}$

이다.

따라서 $b\times(a+3)=c\times(a+3)=0$ 이다.

(i) $a\neq \boxed{-3}$ 인 경우

$b=0$ 이고 $c=0$ 이므로

$A^2=\begin{pmatrix} a^2 & 0 \\ 0 & (a+6)^2 \end{pmatrix}$ ...... ㉠

이다.

$a^2=(a+6)^2=1$ 을 만족하는 a 는 존재

하지 않는다.

㉠에서 $A^2\neq E$ 이므로 주어진 조건에

모순이다.

STEP 02 행렬 A^2의 성분 중 값이 1인 성분의 식에 $a=-3$을 대입하여 (나)를 구한다.

(ii) $a=\boxed{-3}$ 인 경우

주어진 조건 $A^2=E$에서

$a^2+bc=(a+6)^2+bc=1$에 $a=-3$을 대입하면 $bc=\boxed{-8}$ 이다.

STEP 03 (나)의 약수의 개수를 이용하여 (다)를 구한 후 답을 구한다.

b, c가 정수이고 8의 약수의 개수가 4개

이므로 $bc=\boxed{-8}$ 을 만족시키는 순서

쌍 (b, c) 의 개수는 $\boxed{8}$ 이다.

따라서 $A^2=E$를 만족시키는 행렬 A의

개수는 $\boxed{8}$ 이다.

$\therefore p=-3$, $q=-8$, $r=8$

따라서 $p+q+r=-3$

---

18   이차방정식의 판별식   정답률 52% | 정답 ③

함수 $f(x)=x^2+4x-3k^2-12k+40$의 그래프와 x축이 만나는 점의 개수와, 함수 $g(x)=x^2-12x+3k^2-36k+96$의 그래프와 x축이 만나는 점의 개수가 서로 같도록 하는 모든 정수 k의 개수는? [4점]

① 11   ② 13   ③ 15   ④ 17   ⑤ 19

STEP 01 두 이차방정식 $f(x)=0$, $g(x)=0$의 판별식을 각각 구한다.

두 이차방정식 $f(x)=0$, $g(x)=0$ 의 판별식을 각각 D_1, D_2 라 하면

$D_1=4^2-4(-3k^2-12k+40)=12(k-2)(k+6)$ …㉠

$D_2=(-12)^2-4(3k^2-36k+96)=-12(k-10)(k-2)$ …㉡

STEP 02 두 그래프가 x축과 만나는 점의 개수에 따라 경우를 나누어 각각 연립방정식 또는 부등식을 풀어 만족하는 정수 k의 개수를 구한다.

(i) 두 함수 $y=f(x)$, $y=g(x)$ 의 그래프와 x 축이 만나는 점의 개수가 0 으로 같은 경우

㉠, ㉡ 에서 $\begin{cases} 12(k-2)(k+6)<0 \\ -12(k-10)(k-2)<0 \end{cases}$ 의 해가

$-6<k<2$ 이므로 정수 k 는 -5, -4, -3, -2, -1, 0, 1 이고 그 개수는 7

(ii) 두 함수 $y=f(x)$, $y=g(x)$ 의 그래프와 x 축이 만나는 점의 개수가 1 로 같은 경우

㉠, ㉡ 에서 $\begin{cases} 12(k-2)(k+6)=0 \\ -12(k-10)(k-2)=0 \end{cases}$ 의 해가

$k=2$ 이므로 정수 k 의 개수는 1

(iii) 두 함수 $y=f(x)$, $y=g(x)$ 의 그래프와 x 축이 만나는 점의 개수가 2 로 같은 경우

㉠, ㉡ 에서 $\begin{cases} 12(k-2)(k+6)>0 \\ -12(k-10)(k-2)>0 \end{cases}$ 의 해가

$2<k<10$ 이므로 정수 k 는 3, 4, 5, 6, 7, 8, 9 이고 그 개수는 7

따라서 (i), (ii), (iii)에 의하여 모든 정수 k의 개수는 15

---

19   근과 계수의 관계와 복소수   정답률 52% | 정답 ④

복소수 z 에 대하여 $z+\bar{z}=-1$, $z\bar{z}=1$ 일 때,

❶ $\dfrac{\bar{z}}{z^5}+\dfrac{(\bar{z})^2}{z^4}+\dfrac{(\bar{z})^3}{z^3}+\dfrac{(\bar{z})^4}{z^2}+\dfrac{(\bar{z})^5}{z}$ 의 값은?

(단, $\bar{z}$ 는 z 의 켤레복소수이다.) [4점]

① 2   ② 3   ③ 4   ④ 5   ⑤ 6

STEP 01 z^3, $(\bar{z})^3$을 구하여 ❶에 대입하고 정리한 후 복소수의 성질을 이용하여 값을 구한다.

$z+\bar{z}=-1$, $z\bar{z}=1$ 이므로 z, $\bar{z}$ 는 이차방정식 $x^2+x+1=0$ 의 두 근이다.

양변에 $x-1$ 을 곱하면 $x^3-1=0$ 이므로 $x^3=1$

그러므로 $z^3=1$, $(\bar{z})^3=1$

따라서

$\dfrac{\bar{z}}{z^5}+\dfrac{(\bar{z})^2}{z^4}+\dfrac{(\bar{z})^3}{z^3}+\dfrac{(\bar{z})^4}{z^2}+\dfrac{(\bar{z})^5}{z}=\dfrac{\bar{z}}{z^2}+\dfrac{(\bar{z})^2}{z}+\dfrac{1}{1}+\dfrac{\bar{z}}{z^2}+\dfrac{(\bar{z})^2}{z}$

$=\dfrac{2\bar{z}}{z^2}+\dfrac{2(\bar{z})^2}{z}+1$

$=\dfrac{2z\bar{z}}{z^3}+\dfrac{2z^2(\bar{z})^2}{z^3}+1$

$=2+2+1=5$

다른 풀이

$z^3=1$, $(\bar{z})^3=1$, $z\bar{z}=1$ 에서 $\bar{z}=\dfrac{1}{z}$

$\dfrac{\bar{z}}{z^5}+\dfrac{(\bar{z})^2}{z^4}+\dfrac{(\bar{z})^3}{z^3}+\dfrac{(\bar{z})^4}{z^2}+\dfrac{(\bar{z})^5}{z}=(\bar{z})^6+(\bar{z})^6+(\bar{z})^6+(\bar{z})^6+(\bar{z})^6=5(\bar{z})^6=5$

---

20   나머지정리   정답률 43% | 정답 ③

최고차항의 계수가 1인 사차다항식 $f(x)$가 다음 조건을 만족시킬 때, $\underline{f(4)}$의 값은? [4점]

(가) $f(x)$를 $x+1$로 나눈 나머지와 $f(x)$를 x^2-3으로 나눈 나머지는 서로 같다.

(나) $f(x+1)-5$는 x^2+x로 나누어떨어진다.

① -9 ② -8 ③ -7 ④ -6 ⑤ -5

STEP 01 두 조건을 식으로 정리한다.

$f(x)$ 를 $x+1$, x^2-3 으로 나눈 몫을 각각 $Q_1(x)$, $Q_2(x)$, 나눈 나머지를 R 라 하자.

$f(x)=(x+1)Q_1(x)+R$ 에서 $f(x)-R=(x+1)Q_1(x)$

$f(x)=(x^2-3)Q_2(x)+R$ 에서

$f(x)-R=(x^2-3)Q_2(x)$ 이므로

$f(x)-R=(x+1)(x^2-3)(x+a)$ …㉠

$f(x+1)-5$를 x^2+x로 나눈 몫을 $Q_3(x)$라 하면
$$f(x+1)-5=(x^2+x)Q_3(x) \qquad \cdots \text{ⓒ}$$

STEP 02 나머지정리를 이용하여 R, a를 구한 후 $f(x)$, $f(4)$의 값을 구한다.

ⓒ에서 $x=-1$, $x=0$을 대입하면 $f(0)=5$, $f(1)=5$
ⓐ에서 $x=0$, $x=1$을 대입하면 $f(0)=-3a+R=5$, $f(1)=-4-4a+R=5$
$R=-7$, $a=-4$
따라서 $f(x)=(x+1)(x^2-3)(x-4)-7$이고
$f(4)=-7$

●핵심 공식

▶ 나머지정리

(1) 다항식의 나눗셈 : 다항식 A를 다항식 B (단, $B\neq0$)로 나누었을 때의 몫을 Q, 나머지를 R이라고 하면 $A=B\cdot Q+R$
이때, R의 차수는 B의 차수보다 낮다. 그리고, 위의 등식은 항등식이다.
(2) 나머지 정리 : x에 대한 다항식 $f(x)$를 일차식 $x-\alpha$로 나누었을 때의 나머지는 $f(\alpha)$이다.
(3) 인수정리 : x에 대한 다항식 $f(x)$가 $x-\alpha$로 나누어 떨어지기 위한 필요충분조건은 $f(\alpha)=0$이다.

---

21 이차방정식과 이차함수 　　　　　정답률 41% | 정답 ⑤

두 이차함수 $f(x)$, $g(x)$는 다음 조건을 만족시킨다.

(가) $f(x)g(x)=(x^2-4)(x^2-9)$
(나) $f(\alpha)=f(\alpha+5)=0$인 실수 α가 존재한다.

〈보기〉에서 옳은 것만을 있는 대로 고른 것은? [4점]

───── 〈보기〉 ─────
ㄱ. $f(2)=0$일 때, $g(3)=0$이다.
ㄴ. $g(2)>0$일 때, $f\left(\dfrac{5}{2}\right)<g\left(\dfrac{5}{2}\right)$이다.
ㄷ. x에 대한 방정식 ❶ $f(x)-g(x)=0$이 서로 다른 두 정수 m, n을 근으로 가질 때, $|m+n|=5$이다.

① ㄱ　② ㄱ, ㄴ　③ ㄱ, ㄷ　④ ㄴ, ㄷ　⑤ ㄱ, ㄴ, ㄷ

STEP 01 두 조건 (가), (나)에 의해 두 이차함수 $f(x)$, $g(x)$를 구한다.

조건 (가)에 의하여 $f(x)g(x)=(x+2)(x-2)(x+3)(x-3)$이고
조건 (나)에 의하여 $f(x)=0$의 두 실근이 α, $\alpha+5$
즉, $f(x)=0$의 두 실근의 차가 5이다. 따라서
$$\begin{cases}f(x)=a(x-2)(x+3)\\g(x)=\dfrac{1}{a}(x+2)(x-3)\end{cases} \text{이거나}$$
$$\begin{cases}f(x)=a(x+2)(x-3)\\g(x)=\dfrac{1}{a}(x-2)(x+3)\end{cases} \text{(단, }a\neq0\text{인 실수) 이다.}$$

STEP 02 ㄱ. $f(2)=0$을 만족하는 식에서 $g(3)$을 구하여 참, 거짓을 판별한다.

ㄱ. $f(2)=0$이면
$$\begin{cases}f(x)=a(x-2)(x+3)\\g(x)=\dfrac{1}{a}(x+2)(x-3)\end{cases} \text{이므로}$$
$g(3)=0$이다. 　　　　∴ 참

STEP 03 ㄴ. $g(2)>0$을 만족하는 식에서 $f\left(\dfrac{5}{2}\right)$, $g\left(\dfrac{5}{2}\right)$를 각각 구한 후 대소를 비교하여 참, 거짓을 판별한다.

ㄴ. $g(2)>0$이므로
$$\begin{cases}f(x)=a(x-2)(x+3)\\g(x)=\dfrac{1}{a}(x+2)(x-3)\end{cases} \text{이고, }a<0\text{인 상수이다.}$$
$f\left(\dfrac{5}{2}\right)=\dfrac{11}{4}a<0$, $g\left(\dfrac{5}{2}\right)=-\dfrac{9}{4a}>0$
따라서 $f\left(\dfrac{5}{2}\right)<0<g\left(\dfrac{5}{2}\right)$ 　　∴ 참

STEP 04 ㄷ. $f(x)-g(x)$를 구한 후 ❶을 만족하도록 하는 (m,n)의 순서쌍을 구한다. 각 경우에 대하여 만족하는 a가 존재하는지 확인하여 만족하는 m, n을 구한 다음 $m+n$의 값을 구하여 참, 거짓을 판별한다.

ㄷ.
(i) $\begin{cases}f(x)=a(x-2)(x+3)\\g(x)=\dfrac{1}{a}(x+2)(x-3)\end{cases}$ (단, $a\neq0$인 실수)인 경우

방정식 $f(x)-g(x)=\left(a-\dfrac{1}{a}\right)x^2+\left(a+\dfrac{1}{a}\right)x-6\left(a-\dfrac{1}{a}\right)=0$
이 서로 다른 두 정수 근을 가지므로
$f(x)-g(x)=0$은 이차방정식이다. 그러므로 $a-\dfrac{1}{a}\neq0$, $a\neq\pm1$이다.
$f(x)-g(x)=0$의 양변에 a를 곱하면
$(a^2-1)x^2+(a^2+1)x-6(a^2-1)=0$
근과 계수의 관계에 의해
$mn=-6$이고, m, n이 정수이므로
$(m, n)=(-6, 1)$, $(1, -6)$, $(-3, 2)$, $(2, -3)$, $(-2, 3)$, $(3, -2)$, $(-1, 6)$, $(6, -1)$
로 8가지 경우이다.

i) $(m, n)=(-6, 1)$, $(1, -6)$인 경우
$$m+n=\dfrac{-a^2-1}{a^2-1}=-5$$
$$-a^2-1=-5a^2+5$$
$$a=\pm\sqrt{\dfrac{3}{2}}$$
x에 대한 방정식 $f(x)-g(x)=0$은 $x=-6$, $x=1$을 두 정수 근으로 갖는다.

ii) $(m, n)=(-3, 2)$, $(2, -3)$인 경우
$$m+n=\dfrac{-a^2-1}{a^2-1}=-1$$
$$-a^2-1=-a^2+1$$
만족하는 a의 값은 존재하지 않는다.
x에 대한 방정식 $f(x)-g(x)=0$은 $x=-3$, $x=2$를 두 정수 근으로 가질 수 없다.

iii) $(m, n)=(-2, 3)$, $(3, -2)$인 경우
$$m+n=\dfrac{-a^2-1}{a^2-1}=1$$
$$-a^2-1=a^2-1$$
$a=0$, $a\neq0$이므로 x에 대한 방정식 $f(x)-g(x)=0$은
$x=-2$, $x=3$을 두 정수 근으로 가질 수 없다.

iv) $(m, n)=(-1, 6)$, $(6, -1)$인 경우
$$m+n=\dfrac{-a^2-1}{a^2-1}=5$$
$$-a^2-1=5a^2-5$$
$$a=\pm\sqrt{\dfrac{2}{3}}$$
x에 대한 방정식 $f(x)-g(x)=0$은 $x=-1$, $x=6$을 두 정수 근으로 갖는다.

(ii) $\begin{cases}f(x)=a(x+2)(x-3)\\g(x)=\dfrac{1}{a}(x-2)(x+3)\end{cases}$ (단, $a\neq0$인 실수)인 경우

방정식 $f(x)-g(x)=\left(a-\dfrac{1}{a}\right)x^2-\left(a+\dfrac{1}{a}\right)x-6\left(a-\dfrac{1}{a}\right)=0$
에서 (i)과 같은 방법으로 만족하는 순서쌍 (m, n)을 구하면
$(m, n)=(-6, 1)$, $(1, -6)$, $(-1, 6)$, $(6, -1)$이다.
따라서 x에 대한 방정식 $f(x)-g(x)=0$이
서로 다른 두 정수 m, n을 근으로 가지면 $|m+n|=5$이다. 　　∴ 참
이상에서 옳은 것은 ㄱ, ㄴ, ㄷ

---

22 나머지정리 　　　　　정답률 92% | 정답 10

x에 대한 다항식 ❶ $x^3-x^2-10x+a$가 $x-1$로 나누어떨어질 때, 상수 a의 값을 구하시오. [3점]

STEP 01 나머지정리에 의하여 ❶에 $x=1$을 대입하여 a의 값을 구한다.

$f(x)=x^3-x^2-10x+a$라 하면 $f(x)$가 $x-1$로 나누어떨어지므로
나머지정리에 의하여
$f(1)=1^3-1^2-10\times1+a=0$
따라서 $a=10$

---

23 행렬의 거듭제곱 　　　　　정답률 88% | 정답 24

행렬 $A=\begin{pmatrix}2 & -1\\1 & -2\end{pmatrix}$에 대하여 행렬 ❶ $A+A^2+A^3+A^4$의 모든 성분의 합을 구하시오. [3점]

행렬 A의 거듭제곱을 구하여 규칙을 찾아 ❶을 구한 후 모든 성분의 합을 구한다.

$A = \begin{pmatrix} 2 & -1 \\ 1 & -2 \end{pmatrix}$ 에서 $A^2 = \begin{pmatrix} 2 & -1 \\ 1 & -2 \end{pmatrix}\begin{pmatrix} 2 & -1 \\ 1 & -2 \end{pmatrix} = \begin{pmatrix} 3 & 0 \\ 0 & 3 \end{pmatrix} = 3E$ (단, E는 단위행렬)

이므로 $A^3 = 3A$, $A^4 = 9E$이다.

$A + A^2 + A^3 + A^4 = A + 3E + 3A + 9E = 4A + 12E = 4\begin{pmatrix} 2 & -1 \\ 1 & -2 \end{pmatrix} + 12\begin{pmatrix} 1 & 0 \\ 0 & 1 \end{pmatrix} = \begin{pmatrix} 20 & -4 \\ 4 & 4 \end{pmatrix}$

따라서 구하는 행렬의 모든 성분의 합은
$20 + (-4) + 4 + 4 = 24$

---

24 이차방정식의 판별식   정답률 77% | 정답 7

x에 대한 이차방정식 ❶ $x^2 - (k+2)x + k + 5 = 0$이 서로 다른 두 허근을 갖도록 하는 모든 정수 k의 개수를 구하시오. [3점]

STEP 01 ❶을 만족하도록 판별식을 이용하여 k의 범위를 구한 후 만족하는 정수 k의 개수를 구한다.

이차방정식 $x^2 - (k+2)x + k + 5 = 0$의 판별식을 D라 하자.
이차방정식이 서로 다른 두 허근을 가지기 위해서는
$D = \{-(k+2)\}^2 - 4(k+5) < 0$
$k^2 - 16 < 0$, $-4 < k < 4$
따라서 모든 정수 k는 $-3, -2, -1, 0, 1, 2, 3$이고 그 개수는 7

● 핵심 공식

▶ 판별식
이차방정식 $ax^2 + bx + c = 0$의 판별식 $D = b^2 - 4ac$를 이용한 근의 개수 판별
① $b^2 - 4ac > 0$ ↔ 서로 다른 두 실근
② $b^2 - 4ac = 0$ ↔ 한 개의 중근
③ $b^2 - 4ac < 0$ ↔ 실근이 없다

---

25 조합   정답률 70% | 정답 60

어느 학교 동아리 회원은 1학년이 6명, 2학년이 4명이다. 이 동아리에서 7명을 뽑을 때, ❶ 1학년에서 4명, ❷ 2학년에서 3명을 뽑는 경우의 수를 구하시오. [3점]

STEP 01 조합으로 ❶을 먼저 뽑은 후 ❷를 구하여 곱한다.

1학년 6명에서 4명을 뽑는 경우의 수는 $_6C_4 = {}_6C_2 = \dfrac{6 \times 5}{2 \times 1} = 15$ 이고

이 각각에 대하여 2학년 4명에서 3명을 뽑는 경우의 수는
$_4C_3 = {}_4C_1 = 4$이다.
따라서 구하는 경우의 수는 곱의 법칙에 의해
$15 \times 4 = 60$

---

26 곱셈공식의 활용   정답률 62% | 정답 108

그림과 같이 $\angle C = 90°$인 직각삼각형 ABC가 있다. ❶ $\overline{AB} = 2\sqrt{6}$이고 삼각형 ABC의 넓이가 3일 때, $\overline{AC}^3 + \overline{BC}^3$의 값을 구하시오. [4점]

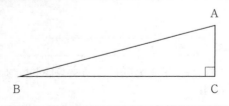

STEP 01 삼각형 ABC의 나머지 두 변의 길이를 미지수로 놓고 ❶을 이용하여 연립방정식을 세운 다음 곱셈공식을 이용하여 $\overline{AC} + \overline{BC}$, $\overline{AC}^3 + \overline{BC}^3$의 값을 차례로 구한다.

$\overline{AC} = a$, $\overline{BC} = b$ $(a > 0, b > 0)$라 하면 삼각형 ABC가 직각삼각형이므로
$a^2 + b^2 = (2\sqrt{6})^2 = 24$이고
삼각형 ABC의 넓이가 3이므로
$ab = 6$이다.
$(a+b)^2 = (a^2 + b^2) + 2ab = 36$이므로
$a + b = 6$이다.
$a^3 + b^3 = (a+b)^3 - 3ab(a+b) = 6^3 - 3 \times 6 \times 6 = 108$
따라서 $\overline{AC}^3 + \overline{BC}^3 = 108$

● 핵심 공식

▶ 곱셈공식의 변형
(1) $a^2 + b^2 = (a+b)^2 - 2ab = (a-b)^2 + 2ab$
(2) $a^3 \pm b^3 = (a \pm b)^3 \mp 3ab(a \pm b)$ (복부호동순)
(3) $a^2 + b^2 + c^2 = (a+b+c)^2 - 2(ab+bc+ca)$

★★★ 등급을 가르는 문제!

27 사차방정식의 활용   정답률 29% | 정답 12

x에 대한 사차방정식
❶ $x^4 + (2a+1)x^3 + (3a+2)x^2 + (a+2)x = 0$
의 서로 다른 실근의 개수가 3이 되도록 하는 모든 실수 a의 값의 곱을 구하시오. [4점]

STEP 01 ❶을 인수분해한 후 중근인 x의 값에 따라 경우를 나누어 만족하는 a의 값을 각각 구한 후 곱을 구한다.

$x^4 + (2a+1)x^3 + (3a+2)x^2 + (a+2)x = 0$
$x(x+1)(x^2 + 2ax + a + 2) = 0$ 이므로
사차방정식의 서로 다른 실근의 개수가 3이 되기 위해서는
주어진 사차방정식이 한 개의 중근을 가져야 한다.
(i) $x = 0$이 사차방정식의 중근인 경우
  $x = 0$은 이차방정식 $x^2 + 2ax + a + 2 = 0$의 해이므로
  $0^2 + 2a \times 0 + a + 2 = 0$, $a = -2$
  사차방정식의 서로 다른 세 실근은
  $x = -1$, $x = 0$(중근), $x = 4$
(ii) $x = -1$이 사차방정식의 중근인 경우
  $x = -1$은 이차방정식 $x^2 + 2ax + a + 2 = 0$의 해이므로
  $(-1)^2 + 2a \times (-1) + a + 2 = 0$, $a = 3$
  사차방정식의 서로 다른 세 실근은
  $x = -5$, $x = -1$(중근), $x = 0$
(iii) 사차방정식이 $x \neq 0$이고 $x \neq -1$인 중근을 갖는 경우
  이차방정식 $x^2 + 2ax + a + 2 = 0$이 중근을 가져야 하므로
  이차방정식 $x^2 + 2ax + a + 2 = 0$의 판별식을 D라 하면
  $D = (2a)^2 - 4(a+2) = 0$
  $a = -1$ 또는 $a = 2$
  i) $a = -1$인 경우
    사차방정식의 서로 다른 세 실근은 $x = -1$, $x = 0$, $x = 1$(중근)
  ii) $a = 2$인 경우
    사차방정식의 서로 다른 세 실근은 $x = -2$(중근), $x = -1$, $x = 0$
(i), (ii), (iii)에 의하여 실수 a는
$-2, -1, 2, 3$
따라서 모든 실수 a의 값의 곱은 12

★★ 문제 해결 꿀~팁 ★★

▶ 문제 해결 방법
$x^4 + (2a+1)x^3 + (3a+2)x^2 + (a+2)x = 0$을 인수분해하면
$x(x+1)(x^2 + 2ax + a + 2) = 0$이고 이 식의 서로 다른 실근의 개수가 3이 되기 위해서는 한 개의 중근을 가져야 한다.
이러한 경우는 중근이 $x = 0$ 또는 $x = -1$이거나
$x^2 + 2ax + a + 2 = 0$이 $x \neq 0$이고 $x \neq -1$인 중근을 갖는 경우이다.
각각의 경우에 x의 값을 대입하거나 판별식을 이용하여 a의 값을 구하면 된다. 이때, 반드시 각 a의 값에 대한 중근을 확인하여 다른 근과 중복되는지를 확인하여야 한다.

★★★ 등급을 가르는 문제!

28 순열과 조합   정답률 17% | 정답 960

서로 다른 종류의 꽃 4송이와 같은 종류의 초콜릿 2개를 5명의 학생에게 남김없이 나누어 주려고 한다. 아무것도 받지 못하는 학생이 없도록 꽃과 초콜릿을 나누어 주는 경우의 수를 구하시오. [4점]

STEP 01 주어진 조건을 만족하는 경우를 나눈 후 각각의 경우에 대하여 순열과 조합을 이용하여 경우의 수를 구한다.

꽃 4 송이와 초콜릿 2 개를 조건을 만족시키도록
5 명의 학생에게 나누어 주는 경우는 다음과 같다.

(i) 1 명의 학생이 초콜릿 2 개를 받는 경우
  초콜릿 2 개를 받는 학생을 정하는 경우의 수는
  5 이고,
  나머지 4 명의 학생에게 꽃을 각각 한 송이씩 나누어 주는 경우의 수는
  $4! = 4 \times 3 \times 2 \times 1 = 24$
  이므로 1 명의 학생이 초콜릿 2 개를 받는 모든 경우의 수는
  $5 \times 24 = 120$

(ii) 1 명의 학생이 꽃 2 송이를 받는 경우
  4 송이의 꽃 중에서 2 송이의 꽃을 고르는 경우의 수는
  $_4C_2 = \dfrac{4 \times 3}{2 \times 1} = 6$
  이고, 이 2 송이의 꽃을 받는 학생을 정하는 경우의 수는
  5 이고,
  남은 두 송이의 꽃을 줄 학생을 정하는 경우의 수는
  $_4P_2 = 4 \times 3 = 12$
  이고 꽃을 받지 못한 2 명의 학생에게
  초콜릿을 각각 1 개씩 주는 경우의 수가 1 이므로
  1 명의 학생이 꽃 2 송이를 받는 모든 경우의 수는
  $6 \times 5 \times 12 \times 1 = 360$

(iii) 1 명의 학생이 꽃 1 송이와 초콜릿 1 개를 받는 경우
  4 송이의 꽃을 4 명의 학생에게 각각 1 송이씩 주는 경우의 수는
  $_5P_4 = 5 \times 4 \times 3 \times 2 = 120$
  이고 꽃을 받지 못한 학생에게 초콜릿 1 개를 주고
  꽃을 받은 학생 중 1 명을 택해 남은 초콜릿 1 개를 주는 경우의 수는
  $_4C_1 = 4$
  이므로 1 명의 학생이 꽃 1 송이와 초콜릿 1 개를 받는 모든 경우의 수는
  $120 \times 4 = 480$

(i), (ii), (iii)에서 구하는 경우의 수는
$120 + 360 + 480 = 960$

●핵심 공식

▶ 순열
서로 다른 n개에서 r개를 택하여 일렬로 나열하는 방법을 n개에서 r개를 택하는 순열이라 하고, 이 순열의 수를 기호 $_nP_r$로 나타낸다.

$_nP_r = \dfrac{n!}{(n-r)!}$ (단, $0 \le r \le n$)

▶ 조합
서로 다른 n개에서 순서를 고려하지 않고 r개를 택하는 것을 n개에서 r개를 택하는 조합이라 하고, 이 조합의 수를 기호로 $_nC_r$와 같이 나타낸다.

$_nC_r = \dfrac{_nP_r}{r!} = \dfrac{n!}{r!(n-r)!}$ (단, $0 \le r \le n$)

★★ 문제 해결 꿀~팁 ★★

▶ 문제 해결 방법
초콜릿 2 개가 같은 종류이고 학생수보다 초콜릿의 개수가 적으므로 초콜릿을 받는 학생을 기준으로 경우를 나누는 것이 좋다. 5명의 학생에게 같은 종류의 초콜릿을 나누어 주는 경우는 1명에게 다 주거나 2명에게 각각 1개씩 주는 두 가지 경우뿐이다.
이제 각 경우에 대하여 서로 다른 꽃 4송이를 나누어 주는 경우를 각각 구하면 된다.
첫 번째 경우 초콜릿 2 개를 받는 학생을 정하는 경우의 수는 5 이고, 꽃 4 송이는 나머지 4명의 학생에게 각각 한 송이씩 나누어 주면 되므로 경우의 수는 4!이므로 모든 경우의 수는 5!
두 번째 경우에는 다시 한 번 경우가 나누어지게 된다. 초콜릿을 받지 않은 세 명에게 꽃 4송이를 나누어 주거나 초콜릿을 받지 않은 세 명에게 각각 1송이씩 꽃 3송이를 나누어 주고 초콜릿을 받은 두 명중 한명에게 나머지 꽃 1송이를 주는 경우가 있다.
전자의 경우 초콜릿을 줄 2명을 고르는 경우의 수는 $_5C_2$, 꽃 4송이중 2송이를 고르는 경우의 수는 $_4C_2$, 꽃을 3명의 학생에게 나누어 주는 경우의 수는 3!이므로 모든 경우의 수는 $_5C_2 \times _4C_2 \times 3!$이다.
후자의 경우 초콜릿을 줄 2명을 고르는 경우의 수는 $_5C_2$, 꽃을 3명의 학생에게 각각 1송이씩 나누어 주는 경우의 수는 $_4P_3$, 남은 1송이 꽃을 초콜릿을 받은 학생 중 한명에게 주는 경우의 수는 2이므로 모든 경우의 수는 $_5C_2 \times _4P_3 \times 2$이다.
이제 세 경우의 수를 각각 계산하여 더하면 된다.
해설의 풀이와 나누어 주는 기준이 달라서 계산 과정이 다소 차이가 있으나 결과는 같다.
거의 모든 경우의 수를 구하는 문제는 이와 같이 기준을 어떻게 잡느냐에 따라 과정의 차이는 있을 수 있으나 결과는 같게 나오게 된다. 그러므로 기준을 정확하게 잡는 것이 가장 중요하다 할 수 있다.

★★★ 등급을 가르는 문제! ★★★

29 이차방정식의 실근과 허근   정답률 22% | 정답 6

두 실수 a, b에 대하여 ❶ 이차방정식 $x^2 + ax + b = 0$의 서로 다른 두 근은 α, β이고, 이차방정식 $x^2 + 3ax + 3b = 0$의 서로 다른 두 근은 $\alpha + 2$, $\beta + 2$이다. 다음 조건을 만족시키는 자연수 n의 최솟값을 구하시오. [4점]

(가) $\alpha^n + \beta^n > 0$
(나) $\alpha^n + \beta^n = \alpha^{n+1} + \beta^{n+1}$

STEP 01 ❶에서 근과 계수의 관계를 이용하여 a, b를 구한다.

이차방정식 $x^2 + ax + b = 0$의 서로 다른 두 근이 α, β이므로 근과 계수의 관계에 의하여
$\alpha + \beta = -a$ ⋯ ㉠
$\alpha\beta = b$ ⋯ ㉡
이차방정식 $x^2 + 3ax + 3b = 0$의 서로 다른 두 근이 $\alpha + 2$, $\beta + 2$이므로 근과 계수의 관계에 의하여
$(\alpha+2) + (\beta+2) = -3a$ ⋯ ㉢
$(\alpha+2)(\beta+2) = 3b$ ⋯ ㉣
㉠, ㉢ 에서 $-a + 4 = -3a$, $a = -2$
㉠, ㉡ 을 ㉣ 에 대입하면
$b + 2 \times 2 + 4 = 3b$, $b = 4$

STEP 02 $\alpha^n + \beta^n$을 $n=1$부터 차례로 구하여 두 조건을 만족시키는 n의 최솟값을 구한다.

$\alpha + \beta = 2$, $\alpha\beta = 4$
$\alpha^2 - 2\alpha + 4 = 0$에서 $\alpha^3 = -8$
$\beta^2 - 2\beta + 4 = 0$에서 $\beta^3 = -8$ 이므로
$\alpha + \beta = 2$
$\alpha^2 + \beta^2 = (\alpha+\beta)^2 - 2\alpha\beta = 2^2 - 2 \times 4 = -4$
$\alpha^3 + \beta^3 = (-8) + (-8) = -16$
$\alpha^4 + \beta^4 = \alpha^3 \times \alpha + \beta^3 \times \beta = -8(\alpha+\beta) = -16$
$\alpha^5 + \beta^5 = \alpha^3 \times \alpha^2 + \beta^3 \times \beta^2 = -8(\alpha^2 + \beta^2) = 32$
$\alpha^6 + \beta^6 = (\alpha^3)^2 + (\beta^3)^2 = (-8)^2 + (-8)^2 = 128$
$\alpha^7 + \beta^7 = (\alpha^3)^2 \times \alpha + (\beta^3)^2 \times \beta = 64(\alpha+\beta) = 128$
따라서 $\alpha^6 + \beta^6 = \alpha^7 + \beta^7 = 128$ 이므로
조건을 만족시키는 자연수 n의 최솟값은 6

★★ 문제 해결 꿀~팁 ★★

▶ 문제 해결 방법
두 이차방정식의 근에서 근과 계수의 관계를 이용하면 $\alpha+\beta$, $\alpha\beta$는 쉽게 구할 수 있다. $\alpha^n + \beta^n$을 구해야 하므로 곱셈공식을 이용하여 $n=1$일 때부터 차례로 $\alpha^n + \beta^n$을 구해야 한다. $\alpha^4 + \beta^4 = \alpha^3 \times \alpha + \beta^3 \times \beta = -8(\alpha+\beta) = -16$으로 $\alpha^3 + \beta^3$과 같다.
이는 조건 (나)를 만족시키지만 조건 (가)를 만족시키지 않는다. 여기서 $n=6$일 때 조건 (나)를 만족시키면서 조건 (가)도 만족시킴을 직관적으로 알 수 있다.

★★★ 등급을 가르는 문제! ★★★

30 이차함수의 그래프의 활용   정답률 5% | 정답 35

최고차항의 계수가 1인 이차함수 $y = f(x)$의 그래프를 원점에 대하여 대칭이동하면 이차함수 $y = g(x)$의 그래프와 일치한다.
방정식 $f(x) = g(x)$는 서로 다른 두 실근 α, $\beta (\alpha < \beta)$를 갖고, 함수 $h(x)$는

$$h(x) = \begin{cases} f(x) & (x < \alpha \text{ 또는 } x > \beta) \\ g(x) & (\alpha \le x \le \beta) \end{cases}$$

일 때, 함수 $h(x)$는 다음 조건을 만족시킨다.

(가) 방정식 $h(x) = h(\beta)$는 서로 다른 세 실근을 갖고, ❶ 세 실근의 합은 -4이다.
(나) 함수 $y = h(x)$의 그래프 위의 점 중에서 y좌표가 음의 정수인 점의 개수는 15이다.

$h(2) + h(5)$의 값을 구하시오. [4점]

STEP 01 $y = f(x)$, $y = g(x)$의 각 꼭짓점의 좌표와 α, β의 대소관계에 따른 $y = h(x)$의 그래프의 개형을 그려 조건 (가)를 만족하는 경우를 찾는다.

함수 $f(x)=x^2+ax+b$ (a, b는 상수)라 하면

함수 $g(x)=-x^2+ax-b$

곡선 $y=f(x)$의 꼭짓점의 x좌표는 $-\dfrac{a}{2}$

곡선 $y=g(x)$의 꼭짓점의 x좌표는 $\dfrac{a}{2}$

두 곡선 $y=f(x)$, $y=g(x)$의 교점의 x좌표

α, β와 $-\dfrac{a}{2}$, $\dfrac{a}{2}$의 대소 관계에 의하여 방정식 $f(x)=g(x)$가 서로 다른 두

실근을 갖는 경우는 다음과 같다.

ⓐ $-\dfrac{a}{2}\le\alpha<\beta\le\dfrac{a}{2}$	ⓑ $\alpha<-\dfrac{a}{2}<\dfrac{a}{2}<\beta$
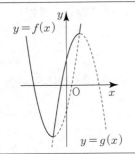	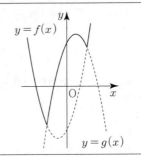
ⓒ $\alpha<-\dfrac{a}{2}=\dfrac{a}{2}<\beta$	ⓓ $\alpha<\dfrac{a}{2}<-\dfrac{a}{2}<\beta$
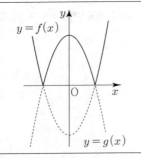	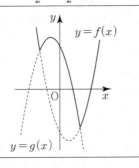

ⓔ $\dfrac{a}{2}\le\alpha<\beta\le-\dfrac{a}{2}$

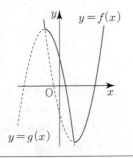

(i) ⓐ, ⓒ인 경우

　방정식 $h(x)=h(\beta)$의 서로 다른 실근의 개수는 2

(ii) ⓑ인 경우

　방정식 $h(x)=h(\beta)$의 서로 다른 실근의 개수는 3

(iii) ⓓ인 경우

　방정식 $h(x)=h(\beta)$의 서로 다른 실근의 개수는 1

(iv) ⓔ인 경우

　방정식 $h(x)=h(\beta)$의 서로 다른 실근의 개수는 1 또는 2

(i), (ii), (iii), (iv)에 의하여 ⓑ인 경우만 서로 다른 실근의 개수가 3이다.

STEP 02 조건 (가)의 서로 다른 세 실근을 구한 후 ❶을 이용하여 a, β, b를 구한다.

방정식 $f(x)=g(x)$의 두 실근이 α, β이므로

$f(\alpha)=g(\alpha)$, $f(\beta)=g(\beta)$이고

$f(x)-g(x)=2(x-\alpha)(x-\beta)=2x^2+2b$

$\alpha=-\beta$, $b=\alpha\beta$ ⋯㉠

i) $x<\alpha$ 또는 $x>\beta$일 때,

　방정식 $h(x)=h(\beta)$는 $f(x)=f(\beta)$이고

　$x^2+ax+b-h(\beta)=0$의 한 근이 β이므로

　근과 계수의 관계에 의하여 나머지 한 근은 $-a-\beta$

ii) $\alpha\le x\le\beta$일 때,

　방정식 $h(x)=h(\beta)$는 $g(x)=h(\beta)$이고

　$-x^2+ax-b-h(\beta)=0$의 한 근이 β이므로 근과 계수의 관계에 의하여

　나머지 한 근은 $a-\beta$

i), ii)에 의하여 방정식 $h(x)=h(\beta)$의 서로

다른 세 실근은 $-a-\beta$, $a-\beta$, β

조건 (가)에 의하여

$(-a-\beta)+(a-\beta)+\beta=-4$

$\beta=4$ ⋯㉡

㉠, ㉡에 의하여

$\alpha=-4$, $b=-16$ ⋯㉢

STEP 03 조건 (나)에서 a를 구한 후 $h(x)$, $h(2)+h(5)$의 값을 구한다.

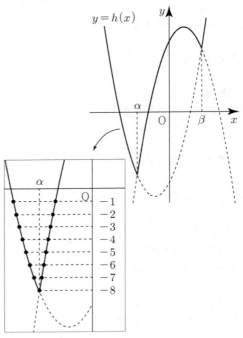

$\alpha\le x\le\beta$에서 함수 $g(x)$의 최솟값은 $g(\alpha)$이고 조건 (나)에 의하여

$g(\alpha)=g(-4)=-16-4a+16=-8$

$a=2$ ⋯㉣

㉡, ㉢, ㉣에 의하여

$f(x)=x^2+2x-16$

$g(x)=-x^2+2x+16$

$h(x)=\begin{cases} x^2+2x-16 & (x<-4 \text{ 또는 } x>4) \\ -x^2+2x+16 & (-4\le x\le4) \end{cases}$

따라서 $h(2)+h(5)=35$

●핵심 공식

▶ 도형의 대칭이동

(1) 점 (x, y)를

x축에 대하여 대칭이동 : $(x, y) \to (x, -y)$

y축에 대하여 대칭이동 : $(x, y) \to (-x, y)$

원점에 대하여 대칭이동 : $(x, y) \to (-x, -y)$

직선 $y=x$에 대하여 대칭이동 : $(x, y) \to (y, x)$

(2) $f(x, y)=0$이 나타내는 도형을

x축에 대하여 대칭이동 : $f(x, y)=0 \to f(x, -y)=0$

y축에 대하여 대칭이동 : $f(x, y)=0 \to f(-x, y)=0$

원점에 대하여 대칭이동 : $f(x, y)=0 \to f(-x, -y)=0$

직선 $y=x$에 대하여 대칭이동 : $f(x, y)=0 \to f(y, x)=0$

★★ 문제 해결 꿀~팁 ★★

두 이차함수의 꼭짓점의 위치와 α, β의 위치에 따라 $y=h(x)$의 그래프의 개형이 달라지므로 이 네 점의 위치에 따라 경우를 나누어 그래프를 각각 그려서 조건 (가)를 만족하는지를 먼저 확인하여야 한다.

혹은 조건 (가)를 만족하도록 두 그래프의 개형을 그릴 수 있으면 더욱 좋다. 두 그래프가 만나는 점 중 더 오른쪽에 있는 점에서 x축에 평행하게 그은 직선이 $y=h(x)$의 그래프와 서로 다른 세 점에서 만나는 경우를 생각하고 두 이차함수의 위치를 짐작할 수 있으면 된다.

두 그래프의 개형을 파악하면 두 그래프의 대칭관계에서 $\alpha=-\beta$임을 알 수 있고, 근과 계수의 관계를 이용하여 나머지 두 실근이 $-a-\beta$, $a-\beta$임을 알 수 있어야 한다.

이제 세 실근의 합이 -4임을 이용하여 α, β를 구하면 된다.

다음으로 조건 (나)를 만족시키려면 $g(\alpha)=-8$이어야 한다. 이를 이용하여 a를 구하면 된다.

그래프의 위치에 따른 대칭된 그래프를 그릴 수 있어야 하며 주어진 조건을 만족하도록 하는 그래프의 위치 관계를 짐작할 수 있으면 문제풀이의 시간을 단축하는데 많은 도움이 된다. 또한 주어진 조건을 만족하도록 하는 그래프의 조건이나 함숫값 등을 구할 수 있어야 한다.

•정답•

01⑤ 02① 03④ 04② 05③ 06② 07④ 08⑤ 09② 10① 11① 12④ 13④ 14④ 15②
16① 17① 18② 19★ 20★ 21⑤ 22 12 23 4 24 5 25 9 26 15 27 576 28 148 29 30 30 6

★ 표기된 문항은 [등급을 가르는 문제]에 해당하는 문항입니다.

---

01 다항식의 연산   정답률 96% | 정답 ⑤

두 다항식
$$A = 2x^2 + 3y^2 - 2, \quad B = x^2 - y^2$$
에 대하여 ❶ $A - B$는? [2점]

① $-x^2 + y^2 - 2$ ② $-x^2 + 4y^2$ ③ $x^2 + y^2$
④ $x^2 + y^2 + 2$ ⑤ $x^2 + 4y^2 - 2$

STEP 01 동류항끼리 묶어 ❶을 계산한다.
$$A - B = (2x^2 + 3y^2 - 2) - (x^2 - y^2) = x^2 + 4y^2 - 2$$

---

02 집합   정답률 96% | 정답 ①

두 집합
$$A = \{1, 4\}, \quad B = \{1, 2, a\}$$
에 대하여 ❶ $A \subset B$가 되도록 하는 상수 a의 값은? [2점]

① 4 ② 5 ③ 6 ④ 7 ⑤ 8

STEP 01 ❶을 이용하여 a를 구한다.
$4 \in A$, $A \subset B$이므로 $4 \in B$,
따라서 $a = 4$

---

03 이차방정식   정답률 89% | 정답 ④

이차방정식 $x^2 - 2x + 5 = 0$의 두 근을 α, β라 할 때, ❶ $\dfrac{1}{\alpha} + \dfrac{1}{\beta}$의 값은?
[2점]

① $\dfrac{1}{10}$ ② $\dfrac{1}{5}$ ③ $\dfrac{3}{10}$ ④ $\dfrac{2}{5}$ ⑤ $\dfrac{1}{2}$

STEP 01 근과 계수의 관계로 ❶을 구한다.
이차방정식의 근과 계수의 관계에 의하여
$\alpha + \beta = 2$, $\alpha\beta = 5$
따라서 $\dfrac{1}{\alpha} + \dfrac{1}{\beta} = \dfrac{\alpha + \beta}{\alpha\beta} = \dfrac{2}{5}$

●핵심 공식

▶ 이차방정식의 근과 계수의 관계
이차방정식 $ax^2 + bx + c = 0$ (단, $a \neq 0$)의 두 근을 α, β라고 하면,
$\alpha + \beta = -\dfrac{b}{a}$, $\alpha\beta = \dfrac{c}{a}$

---

04 연립부등식   정답률 94% | 정답 ②

연립부등식
$$\text{❶ } \begin{cases} 3x \geq 2x + 3 \\ x - 10 \leq -x \end{cases}$$
를 만족시키는 모든 정수 x의 값의 합은? [3점]

① 10 ② 12 ③ 14 ④ 16 ⑤ 18

STEP 01 ❶을 연립하여 답을 구한다.
$$\begin{cases} 3x \geq 2x + 3 \cdots \bigcirc \\ x - 10 \leq -x \cdots \bigcirc \end{cases}$$
㉠에서 $x \geq 3$이고 ㉡에서 $x \leq 5$이므로
$3 \leq x \leq 5$
따라서 연립부등식을 만족시키는 모든 정수 x의 값의 합은
$3 + 4 + 5 = 12$

---

05 도형의 평행이동   정답률 90% | 정답 ③

좌표평면에서 원 $(x-a)^2 + (y+4)^2 = 16$을 x축의 방향으로 2만큼,
y축의 방향으로 5만큼 평행이동한 도형이 원 $(x-8)^2 + (y-b)^2 = 16$일 때,
❶ $a + b$의 값은? (단, a, b는 상수이다.) [3점]

① 5 ② 6 ③ 7 ④ 8 ⑤ 9

STEP 01 원의 중심을 좌표를 기준으로 평행이동하여 ❶을 구한다.
원 $(x-a)^2 + (y+4)^2 = 16$의 중심의 좌표는 $(a, -4)$
원 $(x-8)^2 + (y-b)^2 = 16$의 중심의 좌표는 $(8, b)$
점 $(a, -4)$를 x축의 방향으로 2만큼,
y축의 방향으로 5만큼 평행이동한 점의 좌표가 $(a+2, 1)$이므로
$(a+2, 1) = (8, b)$에서 $a = 6$, $b = 1$
따라서 $a + b = 7$

●핵심 공식

▶ 도형의 이동
(1) 도형의 평행이동
   x축 방향으로 m만큼, y축 방향으로 n만큼 평행이동하면
   ① 점 $(x, y) : (x, y) \to (x+m, y+n)$
   ② $f(x, y) = 0$이 나타내는 도형: $f(x, y) = 0 \to f(x-m, y-n) = 0$
(2) 도형의 대칭이동
   ① 점 (x, y)를
   • x축에 대하여 대칭이동: $(x, y) \to (x, -y)$
   • y축에 대하여 대칭이동: $(x, y) \to (-x, y)$
   • 원점에 대하여 대칭이동: $(x, y) \to (-x, -y)$
   • 직선 $y = x$에 대하여 대칭이동: $(x, y) \to (y, x)$
   ② $f(x, y) = 0$이 나타내는 도형을
   • x축에 대하여 대칭이동: $f(x, y) = 0 \to f(x, -y) = 0$
   • y축에 대하여 대칭이동: $f(x, y) = 0 \to f(-x, y) = 0$
   • 원점에 대하여 대칭이동: $f(x, y) = 0 \to f(-x, -y) = 0$
   • 직선 $y = x$에 대하여 대칭이동: $f(x, y) = 0 \to f(y, x) = 0$

---

06 행렬의 거듭제곱   정답률 91% | 정답 ②

행렬 $A = \begin{pmatrix} -1 & a \\ a & 1 \end{pmatrix}$에 대하여 $A^2 = \begin{pmatrix} 4 & 0 \\ 0 & 4 \end{pmatrix}$일 때, a^2의 값은? [3점]

① 2 ② 3 ③ 4 ④ 5 ⑤ 6

STEP 01 행렬의 곱셈으로 A^2을 구하여 답을 구한다.
$$A^2 = \begin{pmatrix} -1 & a \\ a & 1 \end{pmatrix}\begin{pmatrix} -1 & a \\ a & 1 \end{pmatrix} = \begin{pmatrix} 1+a^2 & 0 \\ 0 & a^2+1 \end{pmatrix}$$
$A^2 = \begin{pmatrix} 4 & 0 \\ 0 & 4 \end{pmatrix}$이므로
$\begin{pmatrix} 1+a^2 & 0 \\ 0 & a^2+1 \end{pmatrix} = \begin{pmatrix} 4 & 0 \\ 0 & 4 \end{pmatrix}$에서
각각의 성분이 같아야 하므로 $1 + a^2 = 4$
$\therefore a^2 = 3$

---

07 내분점   정답률 86% | 정답 ④

좌표평면 위의 두 점 $A(1, 2)$, $B(a, b)$에 대하여 선분 AB를 $1 : 2$로
❶ 내분하는 점의 좌표가 $(2, 3)$일 때, $a + b$의 값은? [3점]

① 6 ② 7 ③ 8 ④ 9 ⑤ 10

STEP 01 ❶의 성질을 이용하여 답을 구한다.
선분 AB를 $1 : 2$로 내분하는 점의 좌표는
$$\left(\frac{1 \times a + 2 \times 1}{1+2}, \frac{1 \times b + 2 \times 2}{1+2} \right) = \left(\frac{a+2}{3}, \frac{b+4}{3} \right)$$
$\dfrac{a+2}{3} = 2$, $a = 4$ $\dfrac{b+4}{3} = 3$, $b = 5$
따라서 $a + b = 9$

●핵심 공식

▶ 내분점
좌표평면 위의 두 점 $A(x_1, y_1)$, $B(x_2, y_2)$를 연결한 선분 AB에 대하여
(단, $m > 0$, $n > 0$)
$\overline{AB}$를 $m : n$으로 내분하는 점 P의 좌표 : $P\left(\dfrac{mx_2 + nx_1}{m+n}, \dfrac{my_2 + ny_1}{m+n} \right)$

08 복소수　　　　　　　　　정답률 68% | 정답 ⑤

실수부분이 1인 복소수 z에 대하여 $\dfrac{z}{2+i}+\dfrac{\bar{z}}{2-i}=2$일 때,

❶ $z\bar{z}$의 값은? (단, $i=\sqrt{-1}$이고, $\bar{z}$는 z의 켤레복소수이다.) [3점]

① 2　　　② 4　　　③ 6　　　④ 8　　　⑤ 10

STEP 01　복소수를 설정한 후 통분하여 **❶**을 계산한다.

복소수 z의 실수부분이 1이므로 $z=1+ai$ (a는 실수)라 하자.

$$\dfrac{z}{2+i}+\dfrac{\bar{z}}{2-i}=\dfrac{1+ai}{2+i}+\dfrac{1-ai}{2-i}$$
$$=\dfrac{(1+ai)(2-i)+(1-ai)(2+i)}{(2+i)(2-i)}$$
$$=\dfrac{2a+4}{5}=2$$

에서 $a=3$

따라서 $z\bar{z}=(1+3i)(1-3i)=1^2+3^2=10$

09 이차방정식　　　　　　　정답률 73% | 정답 ②

좌표평면 위에 두 점 $A(2,\ 4)$, $B(5,\ 1)$이 있다. 직선 **❶** $y=-x$ 위의 점 P에 대하여 $\overline{AP}=\overline{BP}$일 때, 선분 OP의 길이는? (단, O는 원점이다.) [3점]

① $\dfrac{\sqrt{2}}{4}$　　② $\dfrac{\sqrt{2}}{2}$　　③ $\sqrt{2}$　　④ $2\sqrt{2}$　　⑤ $4\sqrt{2}$

STEP 01　**❶**을 이용하여 점 P의 좌표를 설정하고 이차식을 세운다.

점 P는 직선 $y=-x$위의 점이므로 점 P의 좌표를 $(a,\ -a)$라 하자.

$\overline{AP}=\overline{BP}$에서 $\overline{AP}^2=\overline{BP}^2$이므로

$(a-2)^2+(-a-4)^2=(a-5)^2+(-a-1)^2$

$2a^2+4a+20=2a^2-8a+26$

$12a=6$에서 $a=\dfrac{1}{2}$

STEP 02　$a=\dfrac{1}{2}$을 대입하여 답을 구한다.

따라서 점 P의 좌표는 $\left(\dfrac{1}{2},\ -\dfrac{1}{2}\right)$이므로

$\overline{OP}=\sqrt{\left(\dfrac{1}{2}\right)^2+\left(-\dfrac{1}{2}\right)^2}=\dfrac{\sqrt{2}}{2}$

● 핵심 공식

▶ 두 점 사이의 거리

좌표평면 위의 두 점 $A(x_1,\ y_1)$, $B(x_2,\ y_2)$ 사이의 거리

$\overline{AB}=\sqrt{(x_1-x_2)^2+(y_1-y_2)^2}$

10 인수분해　　　　　　　　정답률 73% | 정답 ①

다항식 **❶** $(x^2+4)^2-3x(x^2+4)-4x^2$이 $(x+a)^2(x^2+bx+c)$로 인수분해될 때, 세 정수 a, b, c에 대하여 $a+b+c$의 값은? [3점]

① 3　　　② 5　　　③ 7　　　④ 9　　　⑤ 11

STEP 01　공통부분을 치환하여 **❶**을 전개하여 답을 구한다.

$x^2+4=t$라 하면

$t^2-3xt-4x^2=(t-4x)(t+x)$
$\quad=(x^2-4x+4)(x^2+x+4)$
$\quad=(x-2)^2(x^2+x+4)$

에서 $a=-2$, $b=1$, $c=4$

따라서 $a+b+c=3$

11 연립이차부등식　　　　　정답률 72% | 정답 ①

x에 대한 연립부등식

❶ $\begin{cases}|x-5|<1\\x^2-4ax+3a^2>0\end{cases}$

이 해를 갖지 않도록 하는 자연수 a의 개수는? [3점]

① 3　　　② 4　　　③ 5　　　④ 6　　　⑤ 7

STEP 01　**❶**이 해를 갖지 않도록 수직선에 범위를 그린다.

$\begin{cases}|x-5|<1 & \cdots ㉠\\x^2-4ax+3a^2>0 & \cdots ㉡\end{cases}$

㉠에서 $-1<x-5<1$, $4<x<6$

㉡에서 $(x-a)(x-3a)>0$

a가 자연수이므로 $x<a$ 또는 $x>3a$

연립부등식이 해를 갖지 않으려면 $a\le 4, 3a\ge 6$이어야 하므로

$2\le a\le 4$

따라서 자연수 a의 개수는 3

● 핵심 공식

▶ 이차부등식의 풀이

이차부등식 $ax^2+bx+c>0$ (단, $a>0$)

또는 $ax^2+bx+c<0$ (단, $a<0$)의 좌변을 인수분해공식을 이용하거나 근의 공식을 이용하여 인수분해하여 해를 구하면, ($\alpha<\beta$일 때)

(1) $(x-\alpha)(x-\beta)>0$의 해는 $x<\alpha,\ x>\beta$

(2) $(x-\alpha)(x-\beta)<0$의 해는 $\alpha<x<\beta$

12 직선의 평행이동　　　　　정답률 69% | 정답 ④

좌표평면 위의 두 점 $A(1,\ 0)$, $B(6,\ 5)$와 직선 $y=x$ 위의 점 P에 대하여 **❶** $\overline{AP}+\overline{BP}$의 값이 최소가 되도록 하는 점 P를 P_0이라 하자. 직선 AP_0을 직선 **❷** $y=x$에 대하여 대칭이동한 직선이 점 $(9,\ a)$를 지날 때, a의 값은? [3점]

① 4　　　② 5　　　③ 6　　　④ 7　　　⑤ 8

STEP 01　**❶**을 구하기 위해 점 A를 $y=x$에 대해 대칭이동시킨다.

점 A를 직선 $y=x$에 대하여 대칭이동한 점을 A'이라 하면 점 A'의 좌표는 $(0,\ 1)$이다.

$\overline{AP}+\overline{BP}=\overline{A'P}+\overline{BP}\ge\overline{A'B}$에서 점 P_0는 선분 $A'B$ 위에 있다.

STEP 02　**❷**를 만족하는 a의 값을 구한다.

직선 AP_0을 직선 $y=x$에 대하여 대칭이동한 직선 $A'P_0$은 직선 $A'B$와 같다.

직선 $A'P_0$의 방정식은 $y=\dfrac{2}{3}x+1$

점 $(9,\ a)$가 직선 $y=\dfrac{2}{3}x+1$ 위에 있으므로

$a=\dfrac{2}{3}\times 9+1=7$

● 핵심 공식

▶ 도형의 대칭이동

(1) 점 $(x,\ y)$를

　x축에 대하여 대칭이동 : $(x,\ y)\rightarrow(x,\ -y)$

　y축에 대하여 대칭이동 : $(x,\ y)\rightarrow(-x,\ y)$

　원점에 대하여 대칭이동 : $(x,\ y)\rightarrow(-x,\ -y)$

　직선 $y=x$에 대하여 대칭이동 : $(x,\ y)\rightarrow(y,\ x)$

(2) $f(x,\ y)=0$이 나타내는 도형을

　x축에 대하여 대칭이동 : $f(x,\ y)=0\rightarrow f(x,\ -y)=0$

　y축에 대하여 대칭이동 : $f(x,\ y)=0\rightarrow f(-x,\ y)=0$

　원점에 대하여 대칭이동 : $f(x,\ y)=0\rightarrow f(-x,\ -y)=0$

　직선 $y=x$에 대하여 대칭이동 : $f(x,\ y)=0\rightarrow f(y,\ x)=0$

13 명제　　　　　　　　　　정답률 76% | 정답 ④

실수 x에 대한 두 조건

❶ $p:(x+1)(x+2)(x-3)=0$,
　　$q:x^2+kx+k-1=0$

에 대하여 **❷** p가 q이기 위한 필요조건이 되도록 하는 모든 정수 k의 값의 곱은? [3점]

① -18　② -16　③ -14　④ -12　⑤ -10

STEP 01　**❶**의 조건들을 각각 인수분해한 후, **❷**가 되기 위한 k를 찾는다.

$(x+1)(x+2)(x-3)=0$에서

$x=-2$ 또는 $x=-1$ 또는 $x=3$이고,

$x^2+kx+k-1=(x+1)(x+k-1)=0$에서

$x=-1$ 또는 $x=-k+1$이므로

실수 x에 대한 두 조건 p, q의 진리집합을 각각 P, Q라 하면
$P=\{-2,\ -1,\ 3\}$, $Q=\{-1,\ -k+1\}$
p가 q이기 위한 필요조건이 되려면 $Q \subset P$
$-k+1 \in Q$에서 $-k+1 \in P$이므로
$-k+1=-2$이면 $k=3$,
$-k+1=-1$이면 $k=2$,
$-k+1=3$이면 $k=-2$
따라서 모든 정수 k의 값의 곱은 $3 \times 2 \times (-2) = -12$

---

14 원의 방정식   정답률 62% | 정답 ④

원 $C:x^2+y^2-2x-ay-b=0$에 대하여 좌표평면에서 ❶ 원 C의 중심이 직선 $y=2x-1$ 위에 있다.
원 C와 직선 $y=2x-1$이 만나는 서로 다른 두 점을 A, B라 하자. 원 C 위의 점 P에 대하여 ❷ 삼각형 ABP의 넓이의 최댓값이 4일 때, $a+b$의 값은? (단, a,b는 상수이고, 점 P는 점 A도 아니고 점 B도 아니다.) [4점]
① 1   ② 2   ③ 3   ④ 4   ⑤ 5

STEP 01 완전제곱꼴로 바꾸어서 중심이 ❶인 점을 이용해 a를 구한다.

$x^2+y^2-2x-ay-b=0$에서
$(x-1)^2+\left(y-\dfrac{b}{2}\right)^2 = \dfrac{a^2}{4}+b+1$이므로

원 C의 중심의 좌표는 $\left(1,\ \dfrac{a}{2}\right)$, 반지름의 길이는 $\sqrt{\dfrac{a^2}{4}+b+1}$

원 C의 중심이 직선 $y=2x-1$ 위에 있으므로
$\dfrac{a}{2}=2 \times 1-1$에서 $a=2$,

STEP 02 원의 반지름의 길이가 ❷임을 이용해 답을 구한다.

원 C의 반지름의 길이는 $\sqrt{b+2}$
삼각형 ABP의 밑변을 선분 AB라 하면 선분 AB는 원 C의 지름이므로
삼각형 ABP의 높이의 최댓값은 원 C의 반지름의 길이와 같다.
그러므로 삼각형 ABP의 넓이의 최댓값은
$\dfrac{1}{2} \times 2\sqrt{b+2} \times \sqrt{b+2}=4$, $b+2=4$, $b=2$

따라서 $a+b=4$

●핵심 공식

▶ 원의 방정식
(1) 중심이 $(a,\ b)$이고 반지름이 r인 원의 방정식은
$(x-a)^2+(y-b)^2=r^2$
(2) 위 방정식을 전개한 형태의 원의 방정식은
$x^2+y^2+Ax+By+C=0$

---

15 행렬의 거듭제곱   정답률 27% | 정답 ②

두 이차정사각행렬 A, B가 ❶ $A+B=E$, $AB=E$를 만족시킬 때, $A^{2012}+B^{2012}$과 같은 행렬은? (단, E는 단위행렬이다.) [4점]
① $-2E$ ② $-E$ ③ E ④ $2E$ ⑤ $3E$

STEP 01 ❶에서 행렬의 곱셈으로 두 행렬 A, B의 거듭제곱의 규칙을 파악한다.

$A+B=E$, $AB=E$에서
$A(E-A)=E$
$A^2-A+E=O$ ...... ㉠
양변에 $A+E$를 곱하면
$(A+E)(A^2-A+E)=O$
$A^3+E=O$, $A^3=-E$, $A^6=E$이므로
$A^{2012}=A^{6 \times 335+2}=(A^6)^{335}A^2=A^2$
한편, ㉠에서 $A^2=A-E$
같은 방법으로 $B^{2012}=B^2=B-E$

STEP 02 $A^{2012}+B^{2012}$을 정리하여 답을 구한다.

$\therefore A^{2012}+B^{2012}=A^2+B^2=A-E+B-E=A+B-2E=E-2E=-E$

다른 풀이

위에서 $A^{2012}=A^2$, $B^{2012}=B^2$
$AB=E$에서 $BA=E$이므로 $AB=BA$
$A^{2012}+B^{2012}=A^2+B^2=(A+B)^2-2AB=E-2E=-E$

●핵심 공식

▶ 행렬의 거듭제곱
m, n이 자연수일 때 정사각행렬 A에 대하여
(1) $A^2=AA$, $A^3=A^2A$, $\cdots$, $A^{n+1}=A^nA$
(2) $A^mA^n=A^{m+n}$, $(A^m)^n=A^{mn}$
(3) $E^2=E^3=\cdots=E^n=E$ (단, E는 단위행렬)

---

16 집합과 명제   정답률 31% | 정답 ①

다음 조건을 만족시키는 집합 A의 개수는? [4점]

(가) $\{0\} \subset A \subset \{x|x는 실수\}$
(나) $a^2-2 \notin A$이면 $a \notin A$이다.
(다) $n(A)=4$

① 3   ② 4   ③ 5   ④ 6   ⑤ 7

STEP 01 조건 (나)의 대우에 조건 (가)를 이용하여 집합 A의 원소를 구한다.

조건 (가)에서 $0 \in A$
조건 (나)에서 명제 '$a^2-2 \notin A$이면 $a \notin A$'가 참이므로
이 명제의 대우 '$a \in A$이면 $a^2-2 \in A$'도 참이다.
$0 \in A$이므로
$0^2-2=-2 \in A$
$-2 \in A$이므로
$(-2)^2-2=4-2=2 \in A$
$2 \in A$이므로
$2^2-2=2 \in A$
그러므로 $\{-2,\ 0,\ 2\} \subset A$

STEP 02 조건 (다)를 만족하도록 미지수를 이용하여 집합 A의 원소를 놓고 조건 (나)를 만족하는 미지수를 구하여 집합 A의 개수를 구한다.

조건 (다)에서 $n(A)=4$이므로
$A=\{-2,\ 0,\ 2,\ k\}$ (단, $k \neq -2$, $k \neq 0$, $k \neq 2$)라 하자.
$k \in A$이면 $k^2-2 \in A$이므로 k^2-2의 값은 -2, 0, 2, k 중 하나이다.
(ⅰ) $k^2-2=-2$인 경우
$k^2=0$에서 $k=0$이 되어 $k \neq 0$에 모순이다.
(ⅱ) $k^2-2=0$인 경우
$k^2=2$에서 $k=-\sqrt{2}$ 또는 $k=\sqrt{2}$
(ⅲ) $k^2-2=2$인 경우
$k^2=4$에서 $k=-2$ 또는 $k=2$가 되어 $k \neq -2$, $k \neq 2$에 모순이다.
(ⅳ) $k^2-2=k$인 경우
$k^2-k-2=0$, $(k-2)(k+1)=0$
이고 $k \neq 2$이므로 $k=-1$
(ⅰ)~(ⅳ)에서 $k=-\sqrt{2}$ 또는 $k=\sqrt{2}$ 또는 $k=-1$
따라서 집합 A가 될 수 있는 것은
$\{-2,\ 0,\ 2,\ -\sqrt{2}\}$, $\{-2,\ 0,\ 2,\ \sqrt{2}\}$, $\{-2,\ 0,\ 2,\ -1\}$
이고 개수는 3이다.

●핵심 공식

▶ 명제의 역, 이, 대우와 참 거짓
(1) 명제 $p \to q$가 참이면 그 대우 $\sim q \to \sim p$도 반드시 참이다.
명제 $p \to q$가 거짓이면 그 대우 $\sim q \to \sim p$도 반드시 거짓이다.
(2) 명제 $p \to q$가 참이라 해도 그 역 $q \to p$와 이 $\sim p \to \sim q$가 반드시 참인 것은 아니다.

---

17 이차함수의 활용   정답률 52% | 정답 ①

양수 k에 대하여 이차함수 $f(x)=-x^2+4x+k+3$의 그래프와 직선 $y=2x+3$이 ❶ 서로 다른 두 점 $(\alpha,\ f(\alpha))$, $(\beta,\ f(\beta))$에서 만난다. ❷ $\alpha \leq x \leq \beta$에서 함수 $f(x)$의 최댓값이 10일 때, $\alpha \leq x \leq \beta$에서 함수 $f(x)$의 최솟값은? (단, $\alpha < \beta$) [4점]
① 1   ② 2   ③ 3   ④ 4   ⑤ 5

STEP 01 ❶을 적용한 그래프를 그려 최댓값은 $f(2)$, 최솟값은 $f(\alpha)$임을 확인한다.

이차함수 $f(x)=-(x-2)^2+k+7$의 그래프의 꼭짓점의 좌표는 $(2,\ k+7)$이고 직선 $y=2x+3$은 점 $(2,\ 7)$을 지난다.
$f(2)=k+7>7$이므로 함수 $y=f(x)$의 그래프와 직선 $y=2x+3$은 그림과 같다.

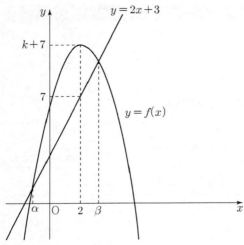

$\alpha < 2 < \beta$이므로 $\alpha \leq x \leq \beta$에서
함수 $f(x)$의 최댓값은 $f(2)$, 최솟값은 $f(\alpha)$

STEP 02 적절한 수를 대입해 ❷를 만족시키는 답을 구한다.

$f(2) = k+7 = 10$에서 $k = 3$
$-x^2 + 4x + 6 = 2x + 3$에서
$(x+1)(x-3) = 0$이므로
$\alpha = -1$, $\beta = 3$
따라서 $-1 \leq x \leq 3$에서 함수 $f(x)$의 최솟값은
$f(-1) = -(-1)^2 + 4 \times (-1) + 6 = 1$

---

18 여러 가지 방정식   정답률 40% | 정답 ②

다항식 $f(x)$와 최고차항의 계수가 1인 삼차다항식 $g(x)$가 다음 조건을 만족시킨다.

> 다항식 $f(x) + g(x)$를 ❶ x로 나누었을 때의 나머지와
> 다항식 $f(x) + g(x)$를 ❷ $x^2 + 2x - 2$로 나누었을 때의 나머지가
> $x^2 + 2x - \dfrac{1}{2}f(x)$로 같다.

$g(1) = 7$일 때, $f(3)$의 값은? [4점]

① 20　　② 22　　③ 24　　④ 26　　⑤ 28

STEP 01 ❶의 결과가 상수임을 알고 이를 ❷에 적용한다.

다항식 $f(x) + g(x)$를 x로 나누었을 때의 나머지 $x^2 + 2x - \dfrac{1}{2}f(x)$는

상수이므로

$x^2 + 2x - \dfrac{1}{2}f(x) = R$ (R은 상수)

$f(x) = 2x^2 + 4x - 2R$

STEP 02 $f(x) + g(x)$가 삼차다항식임을 이용하여 나머지정리를 이용해 답을 구한다.

다항식 $f(x) + g(x)$는 최고차항의 계수가 1인 삼차다항식이고
다항식 $f(x) + g(x)$를 $x^2 + 2x - 2$로 나누었을 때의 나머지도 R이므로
$f(x) + g(x) = x(x^2 + 2x - 2) + R$
$g(x) = x^3 - 6x + 3R$
$g(1) = 7$에서 $R = 4$
따라서 $f(3) = 18 + 12 - 8 = 22$

● **핵심 공식**

▶ 항등식의 성질
(1) $ax + b = 0$이 x에 대한 항등식 $\Leftrightarrow a = 0$, $b = 0$
(2) $ax + b = a'x + b'$이 x에 대한 항등식 $\Leftrightarrow a = a'$, $b = b'$
(3) $ax^2 + bx + c = 0$이 x에 대한 항등식 $\Leftrightarrow a = 0$, $b = 0$, $c = 0$
(4) $ax^2 + bx + c = a'x^2 + b'x + c'$이 x에 대한 항등식 $\Leftrightarrow a = a'$, $b = b'$, $c = c'$

---

19 조합과 집합의 개수   정답률 40% | 정답 ①

두 집합

> ❶ $A = \{x \mid x$는 10 이하의 자연수$\}$,
> $B = \{x \mid x$는 6 이상 15 이하의 자연수$\}$

가 있다. 다음은 $X \subset A$, $n(X \cup B) = 12$를 만족시키는 집합 X의 개수를 구하는 과정이다.

$X \subset A$이므로 세 집합 A, B, X를 벤다이어그램으로 나타내면 다음과 같다.

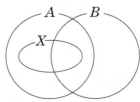

$X_1 = X \cap (A-B)$,　$X_2 = X \cap (A \cap B)$라 하면　$X = X_1 \cup X_2$이고
$X_1 \cap X_2 = \varnothing$이다.
(ⅰ) $n(X \cup B) = 12$이고 $n(B) = 10$이므로
　　$n(X_1) = $ (가)
　　따라서 가능한 집합 X_1의 개수는 (나) 이다.
(ⅱ) 집합 X_2는 집합 $A \cap B$의 부분집합이므로 가능한 집합 X_2의 개수는
　　(다) 이다.
(ⅰ), (ⅱ)에 의하여 집합 X의 개수는 (나) × (다) 이다.

위의 (가), (나), (다)에 알맞은 수를 각각 p, q, r라 할 때, $p+q+r$의 값은?
[4점]

① 44　　② 47　　③ 50　　④ 53　　⑤ 56

STEP 01 ❶에서 $n(A-B)$, $n(A \cap B)$를 구한다.

$A = \{x \mid x$는 10 이하의 자연수$\}$
　$= \{1, 2, 3, 4, 5, 6, 7, 8, 9, 10\}$
$B = \{x \mid x$는 6 이상 15 이하의 자연수$\}$
　$= \{6, 7, 8, 9, 10, 11, 12, 13, 14, 15\}$에서
$A - B = \{1, 2, 3, 4, 5\}$, $A \cap B = \{6, 7, 8, 9, 10\}$이므로
$n(A-B) = 5$, $n(A \cap B) = 5$

STEP 02 $n(X \cup B) = n(X_1) + n(B)$임을 이용하여 (가)를 구한다. 각 집합의 원소의 개수를 고려하여 (나), (다)를 구한다. p, q, r를 찾아 세 수의 합을 구한다.

$X_1 = X \cap (A-B)$, $X_2 = X \cap (A \cap B)$라 하면
$X = X_1 \cup X_2$이고 $X_1 \cap X_2 = \varnothing$이다.
(ⅰ) $n(X \cup B) = 12$이고 $n(B) = 10$이므로
　　$n(X_1) = \boxed{2}$
　　집합 X_1은 집합 $A - B$의 부분집합 중 원소의 개수가 2인 부분집합이므로
　　가능한 집합 X_1의 개수는 $_5C_2 = \boxed{10}$이다.
(ⅱ) 집합 X_2는 집합 $A \cap B$의 부분집합이므로 가능한 집합 X_2의 개수는
　　$2^5 = \boxed{32}$이다.
(ⅰ), (ⅱ)에 의하여 집합 X의 개수는 집합 X_1을 정하는 경우의 수와 집합 X_2를 정하는 경우의 수의 곱과 같으므로
$_5C_2 \times 2^5 = \boxed{10} \times \boxed{32} = 320$
따라서 $p = 2$, $q = 10$, $r = 32$이므로
$p + q + r = 44$

★★★ 등급을 가르는 문제!

20 직선의 방정식   정답률 30% | 정답 ①

실수 $t(t > 0)$에 대하여 좌표평면 위에 네 점 A$(1, 4)$, B$(5, 4)$, C$(2t, 0)$, D$(0, t)$가 있다. 선분 CD 위에 ❶ $\angle APB = 90°$인 점 P가 존재하도록 하는 t의 최댓값을 M, 최솟값을 m이라 할 때, $M - m$의 값은? [4점]

① $2\sqrt{5}$　② $\dfrac{5\sqrt{5}}{2}$　③ $3\sqrt{5}$　④ $\dfrac{7\sqrt{5}}{2}$　⑤ $4\sqrt{5}$

STEP 01 ❶에서 점 P가 점 A, B를 지름의 양 끝점으로 하는 원 C 위에 있음을 인지한다.

$\angle APB = 90°$인 점 P는 두 점 A$(1, 4)$, B$(5, 4)$를 지름의 양 끝점으로 하는 원 C 위의 점이다.

STEP 02 점 P의 좌표를 확인한 후, 점 C, D를 이용한 직선의 방정식을 세운다.

점 P는 중심의 좌표가 $(3, 4)$, 반지름의 길이가 2인 원 C 위의 점이면서
선분 CD 위의 점이므로

직선 $l : y = -\dfrac{1}{2}x + t$와 원 C가 서로 만날 때

선분 CD 위에 $\angle APB = 90°$인 점 P가 존재한다.

STEP 03 원의 중심과 직선 l의 위치관계를 파악하여 답을 구한다.

점 $(3, 4)$와 직선 $l : x+2y-2t=0$ 사이의 거리는

$$\frac{|3+2\times 4-2t|}{\sqrt{1^2+2^2}} = \frac{|11-2t|}{\sqrt{5}}$$

이므로 직선 l과 원 C가 서로 만나려면

$$\frac{|2t-11|}{\sqrt{5}} \le 2, \ |2t-11| \le 2\sqrt{5}$$

$$-2\sqrt{5} \le 2t-11 \le 2\sqrt{5}$$

$$\frac{11-2\sqrt{5}}{2} \le t \le \frac{11+2\sqrt{5}}{2}$$

따라서

$$M = \frac{11+2\sqrt{5}}{2}, \ m = \frac{11-2\sqrt{5}}{2} \text{이므로}$$

$$M-m = 2\sqrt{5}$$

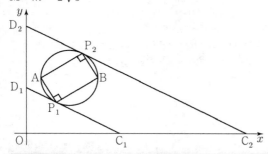

●핵심 공식

▶ 점과 직선 사이의 거리

점 $A(x_1, y_1)$에서 직선 $ax+by+c=0$에 이르는 거리를 d라 할 때,

$$d = \frac{|ax_1+by_1+c|}{\sqrt{a^2+b^2}}$$

▶ 직선의 방정식

(1) 기울기가 m이고 점 (x_1, y_1)을 지나는 직선 : $y-y_1 = m(x-x_1)$

(2) 두 점 (x_1, y_1), (x_2, y_2)를 지나는 직선 : $y-y_1 = \dfrac{y_2-y_1}{x_2-x_1}(x-x_1)$

(3) x절편이 a, y절편이 b인 직선 : $\dfrac{x}{a}+\dfrac{y}{b}=1$

▶ 절댓값 기호를 포함한 일차부등식

절댓값 기호를 포함한 부등식은 다음의 성질을 이용하여 절댓값 기호를 없앤 후 부등식을 푼다.

(1) $|a| = \begin{cases} a \ (a \ge 0) \\ -a \ (a < 0) \end{cases}$

(2) $0 < a < b$에 대하여

① $|x| < a \Rightarrow -a < x < a$

② $|x| > a \Rightarrow x > a$ 또는 $x < -a$

③ $a < |x| < b \Rightarrow a < x < b$ 또는 $-b < x < -a$

★★ 문제 해결 꿀~팁 ★★

▶ 문제 해결 방법

원에 내접하는 삼각형이 직각삼각형이라면, 그 삼각형의 빗변은 원의 지름이 된다.
위 문제에서도 선분 AB가 원의 지름이 되며, 그 좌표를 알고 있기에 원의 중심의 좌표를 구할 수 있는 것이다.
또한 원과 직선이 이룰 수 있는 경우는 두 점에서 만날 때, 한 점에서 만날 때, 그리고 만나지 않을 때로 나눈다는 것을 알 수 있고, 이는 원의 중심과 직선 사이의 거리와 원의 반지름의 길이를 비교하면 알 수 있다.
위 문제에서도 원과 직선이 두 점에서 만나기 때문에, 원의 반지름의 길이가 원의 중심과 직선 사이의 거리보다 길다는 것을 알 수 있고 이를 통해 답을 구할 수 있다.

---

21 집합   정답률 42% | 정답 ⑤

$n(U)=5$인 전체집합 U의 세 부분집합 A, B, C에 대하여

❶ $n(B\cap C)=2$, $n(B-A)=1$, $n(C-A)=2$

일 때, 〈보기〉에서 옳은 것만을 있는 대로 고른 것은? [4점]

---〈보기〉---

ㄱ. $n(A\cap B\cap C) \ne 0$

ㄴ. $n(A\cap B\cap C)=2$이면 $n(C)=4$이다.

ㄷ. $n(A)\times n(B)\times n(C)$의 최댓값과 최솟값의 합은 42이다.

------

① ㄱ   ② ㄱ, ㄴ   ③ ㄱ, ㄷ   ④ ㄴ, ㄷ   ⑤ ㄱ, ㄴ, ㄷ

STEP 01 $n(A\cap B\cap C)=0$이라 가정한 후, ❶의 사실과 어긋남을 확인한다.

ㄱ. $n(A\cap B\cap C)=0$이면

$n(B\cap C)=2$에서 $n(A^C\cap B\cap C)=2$

$n(B-A) \ge n(A^C\cap B\cap C)=2$이므로

$n(B-A)=1$을 만족시키지 않는다.

그러므로 $n(A\cap B\cap C) \ne 0$ (참)

STEP 02 $n(A\cap B\cap C)=2$와 ❶을 이용하여 수식으로 정리한다.

ㄴ. $n(A\cap B\cap C)=2$이면

$n(B\cap C)=n(A\cap B\cap C)+n(A^C\cap B\cap C)=2$이므로

$n(A^C\cap B\cap C)=0$

$n(B-A)=n(A^C\cap B\cap C)+n(A^C\cap B\cap C^C)=1$이므로

$n(A^C\cap B\cap C^C)=1$

$n(C-A)=n(A^C\cap B\cap C)+n(A^C\cap B^C\cap C)=2$이므로

$n(A^C\cap B^C\cap C)=2$

$n(A\cap B\cap C)+n(A^C\cap B\cap C^C)+n(A^C\cap B^C\cap C)=5=n(U)$

그러므로 $n(C)=n(A\cap B\cap C)+n(A^C\cap B^C\cap C)=4$ (참)

STEP 03 (ㄱ)과 ❶을 이용하여 $n(A\cap B\cap C)$이 될 수 있는 경우를 나눠서 정리한다.

ㄷ. $n(B\cap C)=2$이므로 ㄱ에 의하여 $n(A\cap B\cap C)=1$ 또는 $n(A\cap B\cap C)=2$

(ⅰ) $n(A\cap B\cap C)=2$일 때, ㄴ에 의하여

$n(A)=n(A\cap B\cap C)=2$

$n(B)=n(A\cap B\cap C)+n(A^C\cap B\cap C^C)=3$

$n(A)\times n(B)\times n(C)=2\times 3\times 4=24$

(ⅱ) $n(A\cap B\cap C)=1$일 때,

$n(B\cap C)=2$에서 $n(A^C\cap B\cap C)=1$

$n(B-A)=1$에서 $n(A^C\cap B\cap C^C)=0$

$n(C-A)=2$에서 $n(A^C\cap B^C\cap C)=1$

각 집합의 원소의 개수를 표현하면 그림과 같다.

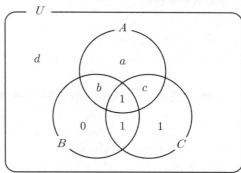

$n(A)=a+b+c+1, n(B)=b+2, n(C)=c+3$

이고 $a+b+c+d=2$이다.

$n(A)\times n(B)\times n(C)$의 값이 최소 되기 위해서는

$a=b=c=0, \ d=2$

이때 $n(A)\times n(B)\times n(C)=1\times 2\times 3=6$

$n(A)\times n(B)\times n(C)$의 값이 최대가 되기 위해서는

$a=d=0, b+c=2$

ⅰ) $b=2, \ c=0$일 때

$n(A)\times n(B)\times n(C)=3\times 4\times 3=36$

ⅱ) $b=1, \ c=1$일 때

$n(A)\times n(B)\times n(C)=3\times 3\times 4=36$

ⅲ) $b=0, \ c=2$일 때

$n(A)\times n(B)\times n(C)=3\times 2\times 5=30$

(ⅰ), (ⅱ)에 의하여 $n(A)\times n(B)\times n(C)$의 최댓값은 36 최솟값은 6

그러므로 $n(A)\times n(B)\times n(C)$의 최댓값과 최솟값의 합은 42 (참)

따라서 옳은 것은 ㄱ, ㄴ, ㄷ

---

22 순열   정답률 76% | 정답 12

❶ $_4P_2$의 값을 구하시오. [3점]

STEP 01 순열의 계산으로 ❶의 값을 구한다.

$_4P_2 = 4\times 3 = 12$

---

23 나머지정리   정답률 81% | 정답 4

다항식 x^3+ax^2-7을 ❶ $x-2$로 나눈 나머지가 17일 때, 상수 a의 값을 구하시오. [3점]

STEP 01 ❶을 나머지정리를 이용하여 a를 구한다.

$f(x) = x^3 + ax^2 - 7$이라 하면 나머지정리에 의하여
$f(2) = 8 + 4a - 7 = 17$
따라서 $a = 4$

---

24 연립방정식   정답률 83% | 정답 5

연립방정식

$$❶ \begin{cases} x - y = 3 \\ x^2 - 3xy + 2y^2 = 6 \end{cases}$$

의 해가 $x = \alpha$, $y = \beta$일 때, $\underline{\alpha + \beta}$의 값을 구하시오. [3점]

STEP 01 ❶을 연립하여 답을 구한다.

$$\begin{cases} x - y = 3 & \cdots ㉠ \\ x^2 - 3xy + 2y^2 = 6 & \cdots ㉡ \end{cases}$$

㉡에서 $(x - y)(x - 2y) = 6$
$x - y = 3$이므로 $x - 2y = 2$ $\cdots ㉢$
㉠, ㉢에서 $x = 4$, $y = 1$
따라서 $\alpha + \beta = 5$

---

25 명제   정답률 46% | 정답 9

정수 k에 대한 두 조건 p, q가 모두 참인 명제가 되도록 하는 모든 k의 값의 합을 구하시오. [3점]

> p : 모든 실수 x에 대하여 ❶ $x^2 + 2kx + 4k + 5 > 0$이다.
> q : 어떤 실수 x에 대하여 ❷ $x^2 = k - 2$이다.

STEP 01 ❶을 인수분해하여 범위를 구한다.

모든 실수 x에 대하여 $x^2 + 2kx + 4k + 5 > 0$이므로
이차방정식 $x^2 + 2kx + 4k + 5 = 0$의 판별식을 D라 하면
$D = (2k)^2 - 4(4k + 5) < 0$, $4k^2 - 16k - 20 = 4(k + 1)(k - 5) < 0$
$-1 < k < 5$

STEP 02 ❷에 대한 식을 완성하여 두 조건 p, q가 모두 참인 명제가 되도록 하는 k를 구한다.

어떤 실수 x에 대하여 $x^2 = k - 2$이므로 $k - 2 \geq 0$에서 $k \geq 2$
정수 k에 대한 두 조건 p, q의 진리집합을 각각 P, Q라 하자.
$P = \{0, 1, 2, 3, 4\}$, $Q = \{2, 3, 4, \cdots\}$
$P \cap Q = \{2, 3, 4\}$이므로 두 조건 p, q가 모두 참인 명제가 되도록 하는 정수 k의 값은 2, 3, 4이다.
따라서 모든 정수 k의 값의 합은 9

★★★ 등급을 가르는 문제!

26 직선의 방정식   정답률 21% | 정답 15

좌표평면에서 점 (a, a)를 지나고 곡선 $y = x^2 - 4x + 10$에 ❶ 접하는 두 직선이 서로 수직일 때, 이 두 직선의 기울기의 합을 구하시오. [4점]

STEP 01 임의의 기울기를 설정하여 직선을 나타낸다.

점 (a, a)를 지나고 기울기가 m인 직선의 방정식은
$y - a = m(x - a)$, $y = mx - am + a$

STEP 02 직선과 곡선이 접하므로 (판별식)=0을 이용한다.

직선 $y = mx - am + a$가 곡선 $y = x^2 - 4x + 10$에 접하므로
$x^2 - 4x + 10 = mx - am + a$에서
이차방정식 $x^2 - (m + 4)x + am - a + 10 = 0$의 판별식을 D라 하면
$D = (m + 4)^2 - 4(am - a + 10) = m^2 + (8 - 4a)m + 4a - 24 = 0$

STEP 03 ❶로 인해 두 직선의 기울기의 곱이 -1임을 이용하여 답을 구한다.

이차방정식 $m^2 + (8 - 4a)m + 4a - 24 = 0$은 서로 다른 두 실근을 가지므로
두 근을 m_1, m_2라 하면 두 접선의 기울기는 각각 m_1, m_2이다.
두 접선이 서로 수직이므로 $m_1 m_2 = -1$
이차방정식의 근과 계수의 관계에 의하여
$m_1 + m_2 = 4a - 8$, $m_1 m_2 = 4a - 24$
$4a - 24 = -1$에서 $4a = 23$이므로
$m_1 + m_2 = 4a - 8 = 15$
따라서 두 접선의 기울기의 합은 15

● 핵심 공식

▶ 이차방정식의 근과 계수의 관계

(1) 이차방정식 $ax^2 + bx + c = 0$ (단, $a \neq 0$)의 두 근을 α, β라고 하면,
$$\alpha + \beta = -\frac{b}{a}, \quad \alpha\beta = \frac{c}{a}$$

(2) 두 수를 근으로 하는 이차방정식
① 두 수 α, β를 근으로 하는 이차방정식 $\Leftrightarrow x^2 - (\alpha + \beta)x + \alpha\beta = 0$
② 두 근의 합이 p, 곱이 q인 이차방정식 $\Leftrightarrow x^2 - px + q = 0$

★★ 문제 해결 꿀~팁 ★★

▶ 문제 해결 방법

접하는 직선을 구하는 문제에서 그 직선이 지나는 점을 알 때, 모르는 정보는 기울기밖에 없으므로, 기울기를 m이라는 미지수로 설정한 후 식을 전개한다.
이때 직선과 곡선이 접한다는 것은 교점이 오직 하나만 생긴다는 것을 의미하고, 이는 결국 방정식으로 바라봤을 때, 이차식의 해가 오직 하나라는 말과 똑같다.
이차식의 해가 하나라는 것은 결국 중근을 가진다는 것이고, 이는 (판별식)=0이라는 식을 세워 미지수를 구할 수 있다. 여담으로, 이차식이므로 m이라는 미지수를 설정하였을 때 m의 값이 두 개가 나오므로, 접하는 선 역시 2개가 생김을 알 수 있다.

★★★ 등급을 가르는 문제!

27 경우의 수   정답률 14% | 정답 576

어느 관광지에서 7명의 관광객 A, B, C, D, E, F, G가 마차를 타려고 한다. 그림과 같이 이 마차에는 4개의 2인용 의자가 있고, 마부는 가장 앞에 있는 2인용 의자의 오른쪽 좌석에 앉는다. 7명의 관광객이 다음 조건을 만족시키도록 비어 있는 7개의 좌석에 앉는 경우의 수를 구하시오. [4점]

> (가) A와 B는 같은 2인용 의자에 이웃하여 앉는다.
> (나) C와 D는 같은 2인용 의자에 이웃하여 앉지 않는다.

STEP 01 조건 (가)를 만족하여 A와 B가 앉는 경우의 수를 구한다.

조건 (가)에서 A와 B가 같이 앉을 수 있는 2인용 의자는 마부가 앉아 있는 의자를 제외한 3개이고, 두 사람은 자리를 서로 바꿔 앉을 수 있으므로 A와 B가 앉는 경우의 수는
$_3C_1 \times 2 = 6$

STEP 02 조건 (나)를 만족하여 A와 B를 제외한 5명이 앉는 경우의 수를 구한 다음 곱의 법칙으로 구하는 모든 경우의 수를 구한다.

남은 5개의 좌석에 C와 D가 앉는 전체 경우의 수는 $_5P_2 = 20$
이때 C와 D가 같은 2인용 의자에 이웃하여 앉는 경우의 수를 구해 보자.
두 사람이 이웃하여 앉을 수 있는 의자는 A와 B가 앉아 있는 의자와 마부가 앉아 있는 의자를 제외한 나머지 2개이고, 두 사람은 서로 자리를 바꿔 앉을 수 있으므로 C와 D가 이웃하여 앉는 경우의 수는 $2 \times 2! = 4$
따라서 조건 (나)에서 C와 D가 이웃하지 않도록 앉는 경우의 수는
$20 - 4 = 16$
남은 3개의 좌석에 E, F, G가 앉는 경우의 수는 $3! = 6$
따라서 모든 경우의 수는 $6 \times 16 \times 6 = 576$

STEP 02의 다른 풀이

조건 (나)에서 C와 D가 이웃하지 않도록 앉는 경우는
(i) 마부가 앉아 있는 의자와 A와 B가 같이 앉아 있는 의자를 제외한 2개의 의자의 네 좌석 중 한 좌석에 C가 앉고 C가 앉은 의자와 다른 1개의 의자의 두 좌석 중 한 좌석에 D가 앉고 나머지 세 좌석에 나머지 세 명이 앉는 경우의 수는 $_4C_1 \times _2C_1 \times 3! = 48$
(ii) 마부가 앉아 있는 의자의 옆 좌석에 C 또는 D가 앉고 A와 B가 같이 앉아 있는 의자를 제외한 2개의 의자의 네 좌석에 나머지 네 명이 앉는 경우의 수는 $2 \times 4! = 48$
(i), (ii)에 의해 구하는 모든 경우의 수는
$6(48 + 48) = 576$

▶ 문제 해결 방법

먼저 A 와 B 가 같이 앉는 경우의 수를 구해야 한다. A 와 B 가 같이 앉을 수 있는 의자는 3개이고, 서로 바꿔 앉을 수 있으므로 A 와 B 가 앉는 경우의 수는 $_3C_1 \times 2 = 6$, 이제 C 와 D 가 앉는 경우의 수를 구하면 나머지 5개의 좌석 중 두 좌석에 차례로 앉으면 되므로 C 와 D 가 앉는 전체 경우의 수는 $_5P_2 = 20$ 이때 C 와 D 가 같은 2인용 의자에 이웃하여 앉는 경우를 생각해 보면 두 사람이 이웃하여 앉을 수 있는 의자는 2개이고, 두 사람은 서로 자리를 바꿔 앉을 수 있으므로 C 와 D 가 이웃하여 앉는 경우의 수는 $2 \times 2! = 4$, 조건 (나)에서 C 와 D 가 이웃하지 않도록 앉아야 하므로 경우의 수는 $20 - 4 = 16$.
이제 남은 3개의 좌석에 E, F, G 가 앉는 경우의 수만 구하면 된다. $3! = 6$
각각 구한 경우의 수를 곱해주면 답을 구할 수 있다. 조건 (나)를 만족하면서 C 와 D 가 앉는 경우의 수를 구하는 과정이 조금 복잡하다. 해설처럼 여사건을 이용하거나 다른 풀이처럼 C 또는 D 가 마부의 옆좌석에 앉는 경우와 그렇지 않은 경우를 나누어 각각 구해야 한다. 어떠한 경우든 빠지거나 중복되는 경우가 없는지 반드시 확인해야 한다.

★★★ 등급을 가르는 문제! ★★★

28 인수분해   정답률 25% | 정답 148

그림과 같이 직육면체 ABCD−EFGH에서 단면 AFC가 생기도록 사면체 F−ABC를 잘라내었다. 입체도형 ACD−EFGH의 모든 모서리의 길이의 합을 l_1, 겉넓이를 S_1이라 하고, 사면체 F−ABC의 모든 모서리의 길이의 합을 l_2, 겉넓이를 S_2라 하자. ❶ $l_1 - l_2 = 28$, $S_1 - S_2 = 61$일 때, $\overline{AC}^2 + \overline{CF}^2 + \overline{FA}^2$의 값을 구하시오. [4점]

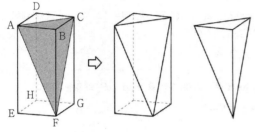

STEP 01 모르는 변의 길이를 미지수로 설정하여 ❶과 관련된 식을 전개한다.

$\overline{AB} = x$, $\overline{AD} = y$, $\overline{AE} = z$라 하면

$l_1 = 3x + 3y + 3z + \overline{AC} + \overline{CF} + \overline{FA}$

$l_2 = x + y + z + \overline{AC} + \overline{CF} + \overline{FA}$이므로

$l_1 - l_2 = 2x + 2y + 2z = 28$에서 $x + y + z = 14$

$S_1 = xy + yz + zx + \dfrac{1}{2}xy + \dfrac{1}{2}yz + \dfrac{1}{2}zx + $ (삼각형 AFC의 넓이)

$S_2 = \dfrac{1}{2}xy + \dfrac{1}{2}yz + \dfrac{1}{2}zx + $ (삼각형 AFC의 넓이)

이므로 $S_1 - S_2 = xy + yz + zx = 61$

STEP 02 인수분해 공식을 이용하여 답을 구한다.

$\begin{aligned}\overline{AC}^2 + \overline{CF}^2 + \overline{FA}^2 &= (x^2 + y^2) + (y^2 + z^2) + (z^2 + x^2) \\ &= 2(x^2 + y^2 + z^2) \\ &= 2\{(x+y+z)^2 - 2(xy+yz+zx)\} \\ &= 2 \times (14^2 - 2 \times 61) = 148\end{aligned}$

● 핵심 공식

▶ 곱셈공식

(1) $(a \pm b)^2 = a^2 \pm 2ab + b^2$ (복부호동순)
(2) $(a+b)(a-b) = a^2 - b^2$
(3) $(x+a)(x+b) = x^2 + (a+b)x + ab$
(4) $(ax+b)(cx+d) = acx^2 + (ad+bc)x + bd$
(5) $(a \pm b)^3 = a^3 \pm 3a^2b + 3ab^2 \pm b^3$ (복부호동순)
(6) $(a \pm b)(a^2 \mp ab + b^2) = a^3 \pm b^3$ (복부호동순)
(7) $(a+b+c)(a^2+b^2+c^2-ab-bc-ca) = a^3 + b^3 + c^3 - 3abc$

▶ 곱셈공식의 변형

(1) $a^2 + b^2 = (a+b)^2 - 2ab = (a-b)^2 + 2ab$
(2) $a^3 \pm b^3 = (a \pm b)^3 \mp 3ab(a \pm b)$ (복부호동순)
(3) $a^2 + b^2 + c^2 = (a+b+c)^2 - 2(ab+bc+ca)$

▶ 문제 해결 방법

직육면체엔 서로 다른 길이의 변 3개가 네 쌍씩 존재하므로 그 3개의 변만 미지수로 각각 설정을 하면, 직육면체의 모든 변의 길이를 모두 미지수로 표현한 것임을 알 수 있다.

위 문제에서도 변의 길이를 각각 x, y, z로 설정을 하였다.
그 후 문제에서 요구하는 모서리의 길이의 합과 겉넓이, 그리고 $\overline{AC}^2 + \overline{CF}^2 + \overline{FA}^2$를 미지수로 나타낸 후, 곱셈 공식을 이용하면 답을 쉽게 구할 수 있다.
추가로, 고1 과정에서 미지수 3개까지 이용한 곱셈공식까지 배우므로, 위 문제처럼 미지수가 3개만 존재하는 경우는 지체없이 미지수로 놓고 푸는 연습이 필요하다.

29 행렬의 거듭제곱과 순열   정답률 33% | 정답 30

다음 조건을 만족시키는 행렬 $A = \begin{pmatrix} a & b \\ c & a \end{pmatrix}$의 개수를 구하시오. [4점]

(가) 세 수 a, b, c는 집합 $\{-3, -2, -1, 0, 1, 2, 3, 4\}$의 서로 다른 원소이다.
(나) 행렬 A^2의 모든 성분은 양수이다.

STEP 01 행렬 A^2을 구하여 조건 (나)를 만족할 조건을 구한다.

$A = \begin{pmatrix} a & b \\ c & a \end{pmatrix}$에서

$A^2 = \begin{pmatrix} a & b \\ c & a \end{pmatrix}\begin{pmatrix} a & b \\ c & a \end{pmatrix} = \begin{pmatrix} a^2 + bc & 2ab \\ 2ac & a^2 + bc \end{pmatrix}$

이므로 $a^2 + bc > 0$, $2ab > 0$, $2ac > 0$이다.

이를 정리하면

$ab > 0$, $ac > 0$

이다. 따라서 서로 다른 세 원소 a, b, c의 부호는 모두 같아야 한다.

STEP 02 순열을 이용하여 행렬 A의 개수를 구한다.

a, b, c가 모두 양수인 행렬 A의 개수는 집합 $\{-3, -2, -1, 0, 1, 2, 3, 4\}$에서 양수 4개 중 서로 다른 3개를 선택하여 배열하는 방법의 수와 같으므로 $_4P_3 = 24$이다. a, b, c가 모두 음수인 행렬 A의 개수는 위와 같은 방법으로 음수 3개 중 서로 다른 3개를 선택하여 배열하는 방법의 수와 같으므로 $3! = 6$이다.

따라서 행렬의 개수는 $24 + 6 = 30$이다.

★★★ 등급을 가르는 문제! ★★★

30 이차함수의 활용   정답률 16% | 정답 6

양수 m에 대하여 두 함수 $f(x)$, $g(x)$는

$f(x) = x^2 + 2x$, $g(x) = (x-m)^2 + m$

이다. 실수 $t(t > -1)$에 대하여 집합

❶ $\{x \mid f(x) = t$ 또는 $g(x) = t$, x는 실수$\}$

의 모든 원소의 합을 $h(t)$라 하자. 함수 $h(t)$의 치역의 모든 원소의 합이 19일 때, m의 값을 구하시오. [4점]

STEP 01 ❶이 의미하는 바가 무엇인지 이해한다.

$\{x \mid f(x) = t$ 또는 $g(x) = t$, x는 실수$\}$
$= \{x \mid f(x) = t$, x는 실수$\} \cup \{x \mid g(x) = t$, x는 실수$\}$

이므로 집합 $\{x \mid f(x) = t$ 또는 $g(x) = t$, x는 실수$\}$의 원소는
이차함수 $y = f(x)$의 그래프와 직선 $y = t$의 교점의 x좌표 또는
이차함수 $y = g(x)$의 그래프와 직선 $y = t$의 교점의 x좌표이다.

STEP 02 $f(x)$와 $g(x)$의 꼭짓점을 파악한 후, 이를 적절히 범위를 나누어 좌표평면에 그린다.

이차함수 $f(x) = x^2 + 2x$의 그래프의 꼭짓점의 좌표는 $(-1, -1)$
이차함수 $g(x) = (x-m)^2 + m$의 그래프의 꼭짓점의 좌표는 (m, m)

$x^2 + 2x = (x-m)^2 + m$에서 $x = \dfrac{m}{2}$

두 이차함수 $y = f(x)$, $y = g(x)$의 그래프의 교점의 좌표는
$\left(\dfrac{m}{2}, \dfrac{m^2}{4} + m \right)$이므로

$t \neq \dfrac{m^2}{4} + m$일 때

$\{x \mid f(x) = t$, x는 실수$\} \cap \{x \mid g(x) = t$, x는 실수$\} = \varnothing \cdots \bigcirc$

$t = \dfrac{m^2}{4} + m$일 때

$\{x \mid f(x) = t$, x는 실수$\} \cap \{x \mid g(x) = t$, x는 실수$\} = \left\{ \dfrac{m}{2} \right\} \cdots \bigcirc$

두 이차함수 $y = f(x)$, $y = g(x)$의 그래프 및 직선 $y = t$는 그림과 같다.

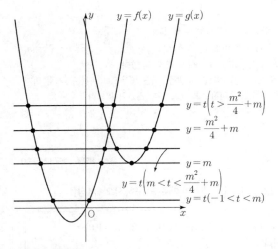

$$y = t\left(t > \frac{m^2}{4} + m\right)$$
$$y = \frac{m^2}{4} + m$$
$$y = m$$
$$y = t\left(m < t < \frac{m^2}{4} + m\right)$$
$$y = t(-1 < t < m)$$

STEP 03 $y = t(t > -1)$와 $y = f(x)$와의 교점의 개수를 구한다.

직선 $y = t(t > -1)$은 이차함수 $y = f(x)$의 그래프와 서로 다른 두 점에서 만나고, 이차함수 $y = f(x)$의 그래프는 직선 $x = -1$에 대하여 대칭이다. 그러므로 집합 $\{x \mid f(x) = t, \ x$는 실수$\}$의 모든 원소의 합은 $-2 \cdots \textcircled{c}$

STEP 04 t의 범위에 따라 $y = t(t > -1)$와 $y = g(x)$와의 교점의 개수를 구한다.

(i) $-1 < t < m$일 때

직선 $y = t$는 이차함수 $y = g(x)$의 그래프와 만나지 않으므로
$\{x \mid g(x) = t, \ x$는 실수$\} = \varnothing$ 이고
$\textcircled{c}$에 의하여 $h(t) = -2$

(ii) $t = m$일 때

직선 $y = m$은 이차함수 $y = g(x)$의 그래프와 한 점 $(m, \ m)$에서 만나므로
$\{x \mid g(x) = t, \ x$는 실수$\} = \{m\}$이고
$\textcircled{\scriptsize{ㄱ}}$, $\textcircled{c}$에 의하여 $h(t) = m - 2$

(iii) $m < t < \dfrac{m^2}{4} + m$ 또는 $t > \dfrac{m^2}{4} + m$일 때

직선 $y = t$는 이차함수 $y = g(x)$의 그래프와 서로 다른 두 점에서 만난다. 이차함수 $y = g(x)$의 그래프는 직선 $x = m$에 대하여 대칭이므로 집합 $\{x \mid g(x) = t, \ x$는 실수$\}$의 모든 원소의 합은 $2m$이고
$\textcircled{\scriptsize{ㄱ}}$, $\textcircled{c}$에 의하여 $h(t) = 2m - 2$

(iv) $t = \dfrac{m^2}{4} + m$일 때

직선 $y = \dfrac{m^2}{4} + m$은 이차함수 $y = g(x)$의 그래프와 서로 다른 두 점에서 만난다. 이차함수 $y = g(x)$의 그래프는 직선 $x = m$에 대하여 대칭이므로 집합 $\{x \mid g(x) = t, \ x$는 실수$\}$의 모든 원소의 합은 $2m$이고
$\textcircled{\scriptsize{ㄴ}}$, $\textcircled{c}$에 의하여 $h(t) = 2m - 2 - \dfrac{m}{2} = \dfrac{3m}{2} - 2$

STEP 05 $h(t)$를 정의한 후 답을 구한다.

(i)~(iv)에 의하여 함수 $h(t)$는 다음과 같다.

$$h(t) = \begin{cases} -2 & (-1 < t < m) \\ m - 2 & (t = m) \\ 2m - 2 & \left(m < t < \dfrac{m^2}{4} + m \text{ 또는 } t > \dfrac{m^2}{4} + m\right) \\ \dfrac{3}{2}m - 2 & \left(t = \dfrac{m^2}{4} + m\right) \end{cases}$$

함수 $h(t)$의 치역은 $\left\{-2, m - 2, \dfrac{3}{2}m - 2, 2m - 2\right\}$이므로

모든 원소의 합은 $-2 + (m - 2) + \left(\dfrac{3}{2}m - 2\right) + (2m - 2) = 19$

따라서 $m = 6$

★★ **문제 해결 꿀~팁** ★★

▶ **문제 해결 방법**

함수가 정확하게 주어지지 않은 문제에서 $y = t$와 같은 상수함수와의 교점의 개수를 구하는 문제에선 글로 이해하기 힘듦으로 필수로 그래프를 그려서 파악해야 한다.
위 문제에선 $y = g(x)$가 확실하게 나와 있지 않은데, 그렇기 때문에 m과 t의 대소관계를 적절히 따져서 교점의 개수를 구해야 한다.
여기서 m과 t에 관한 구간을 나누어줘야 하는데, $y = t$라는 함수와 $f(x)$와 $g(x)$가 만나는 교점의 개수의 합이 순간적으로 변하는 지점을 기준으로 잡고, 개수를 구해야 한다.
위 문제에선 $y = t$가 1) $y = f(x)$와만 만날 때, 2) $y = f(x)$와 만나면서 $y = g(x)$와 접할 때, 3) $y = f(x)$와 $y = g(x)$에 합쳐서 네 점에서 만날 때, 4) $f(x) = g(x)$인 지점에서 만날 때로 총 4가지의 서로 다른 경우가 생기므로 이를 통해 범위를 잡을 수 있다.
추가로, 이렇게 구간에서 만나는 교점의 개수가 변하는 경우를 특이점이라고 할 수 있고, 이런 특이점이 문제를 푸는 데 있어 중요한 역할을 함을 기억해야 한다.

•정답•
01 ① 02 ③ 03 ⑤ 04 ③ 05 ② 06 ⑤ 07 ④ 08 ⑤ 09 ② 10 ④ 11 ② 12 ② 13 ① 14 ⑤ 15 ③
16 ⑤ 17 ③ 18 ① 19 ④ 20 ④ 21 ④ 22 15 23 50 24 3 25 8 26 4 27 63 28 22 29 126 30 48

★ 표기된 문항은 [등급을 가르는 문제]에 해당하는 문항입니다.

01 행렬의 연산 　　　　　　　　정답률 96% | 정답 ①

두 행렬 ❶ $A = \begin{pmatrix} -3 & 1 \\ 2 & 4 \end{pmatrix}$, $B = \begin{pmatrix} 2 & 3 \\ 4 & -1 \end{pmatrix}$ 에 대하여 행렬 $2A + B$는? [2점]

① $\begin{pmatrix} -4 & 5 \\ 8 & 7 \end{pmatrix}$　　② $\begin{pmatrix} -1 & 5 \\ 6 & 7 \end{pmatrix}$　　③ $\begin{pmatrix} -4 & 4 \\ 8 & 3 \end{pmatrix}$
④ $\begin{pmatrix} -1 & 4 \\ 6 & 3 \end{pmatrix}$　　⑤ $\begin{pmatrix} -2 & 5 \\ 6 & 2 \end{pmatrix}$

STEP 01 ❶에서 행렬의 덧셈으로 답을 구한다.

$2A = 2\begin{pmatrix} -3 & 1 \\ 2 & 4 \end{pmatrix} = \begin{pmatrix} -6 & 2 \\ 4 & 8 \end{pmatrix}$, $B = \begin{pmatrix} 2 & 3 \\ 4 & -1 \end{pmatrix}$이므로

$2A + B = \begin{pmatrix} -6 & 2 \\ 4 & 8 \end{pmatrix} + \begin{pmatrix} 2 & 3 \\ 4 & -1 \end{pmatrix} = \begin{pmatrix} -4 & 5 \\ 8 & 7 \end{pmatrix}$

02 집합의 연산 　　　　　　　　정답률 78% | 정답 ③

두 집합 ❶ $A = \{1, 2, 3, 4, 5, 6\}$, $B = \{2, 4, 6, 8\}$에 대하여 $n(A - B)$의 값은? [2점]

① 1　　② 2　　③ 3　　④ 4　　⑤ 5

STEP 01 ❶에서 $A - B$를 구한 후 $n(A - B)$의 값을 구한다.

$A - B = \{1, 3, 5\}$이므로
$n(A - B) = 3$

03 복소수의 계산 　　　　　　　　정답률 82% | 정답 ⑤

복소수 ❶ $z = 2 + i$의 켤레복소수가 $\bar{z}$일 때, $z + i\bar{z}$의 값은? (단, $i = \sqrt{-1}$) [2점]

① $1 - 3i$　② $1 + i$　③ $1 + 3i$　④ $3 - i$　⑤ $3 + 3i$

STEP 01 ❶에서 $\bar{z}$를 구한 후 $z + i\bar{z}$의 값을 구한다.

$z = 2 + i$에서 $\bar{z} = 2 - i$
$z + i\bar{z} = (2 + i) + i(2 - i) = (2 + i) + (2i + 1)$
$\qquad\qquad = (2 + i) + (1 + 2i) = 3 + 3i$

04 절댓값을 포함한 일차부등식 　　　　정답률 84% | 정답 ③

부등식 ❶ $|x - 2| \le 3$을 만족시키는 정수 x의 개수는? [3점]

① 3　　② 5　　③ 7　　④ 9　　⑤ 11

STEP 01 ❶의 부등식을 풀어 x의 범위를 구한 후 정수 x의 개수를 구한다.

부등식 $|x - 2| \le 3$에서
$-3 \le x - 2 \le 3$, $-1 \le x \le 5$
따라서 부등식을 만족시키는 정수 x의 개수는
$5 - (-1) + 1 = 7$

05 직선의 방정식 　　　　　　　　정답률 82% | 정답 ②

좌표평면 위의 ❶ 두 점 $(-2, 5)$, $(1, 1)$을 지나는 직선의 y절편은? [3점]

① 2　　② $\dfrac{7}{3}$　　③ $\dfrac{8}{3}$　　④ 3　　⑤ $\dfrac{10}{3}$

STEP 01 ❶의 방정식을 구한 후 y절편을 구한다.

두 점 $(-2, 5)$, $(1, 1)$을 지나는 직선의 방정식은
$y = \dfrac{1 - 5}{1 - (-2)}(x - 1) + 1 = -\dfrac{4}{3}x + \dfrac{7}{3}$

이므로 직선의 y절편은 $\dfrac{7}{3}$

●핵심 공식

▶ 직선의 방정식

(1) 기울기가 m이고 점 (x_1, y_1)을 지나는 직선 : $y-y_1=m(x-x_1)$

(2) 두 점 (x_1, y_1), (x_2, y_2)를 지나는 직선 : $y-y_1=\dfrac{y_2-y_1}{x_2-x_1}(x-x_1)$

(3) x절편이 a, y절편이 b인 직선 : $\dfrac{x}{a}+\dfrac{y}{b}=1$

---

06 항등식   정답률 91% | 정답 ⑤

등식 ❶ $2x^2+ax+1=(bx+1)(x+1)$이 x에 대한 항등식일 때, $a+b$의 값은? (단, a, b는 상수이다.) [3점]

① 1   ② 2   ③ 3   ④ 4   ⑤ 5

STEP 01 ❶의 우변을 전개하여 정리한 후 양변의 동류항의 계수를 비교하여 a, b를 각각 구한 후 합을 구한다.

주어진 등식의 우변을 전개하여 정리하면
$2x^2+ax+1=bx^2+(b+1)x+1$
항등식의 성질을 이용하여 양변에서 동류항의 계수를 비교하면
$b=2$, $a=b+1=3$
따라서 $a+b=5$

●핵심 공식

▶ 항등식의 성질

(1) $ax+b=0$이 x에 대한 항등식 $\Leftrightarrow$ $a=0$, $b=0$

(2) $ax+b=a'x+b'$이 x에 대한 항등식 $\Leftrightarrow$ $a=a'$, $b=b'$

(3) $ax^2+bx+c=0$이 x에 대한 항등식 $\Leftrightarrow$ $a=0$, $b=0$, $c=0$

(4) $ax^2+bx+c=a'x^2+b'x+c'$이 x에 대한 항등식 $\Leftrightarrow$ $a=a'$, $b=b'$, $c=c'$

---

07 연립부등식   정답률 90% | 정답 ④

연립부등식

❶ $\begin{cases} 2x-6 \geq 0 \\ x^2-8x+12 \leq 0 \end{cases}$

을 만족시키는 모든 자연수 x의 값의 합은? [3점]

① 15   ② 16   ③ 17   ④ 18   ⑤ 19

STEP 01 ❶의 부등식을 각각 풀어 교집합을 구한 후 만족시키는 모든 자연수 x의 값의 합을 구한다.

$\begin{cases} 2x-6 \geq 0 & \cdots\cdots \ ㉠ \\ x^2-8x+12 \leq 0 & \cdots\cdots \ ㉡ \end{cases}$

㉠에서 $x \geq 3$이고 ㉡에서 $(x-2)(x-6) \leq 0$, $2 \leq x \leq 6$이므로
$3 \leq x \leq 6$
따라서 연립부등식을 만족시키는 모든 자연수 x의 값의 합은
$3+4+5+6=18$

---

08 집합의 포함관계   정답률 82% | 정답 ⑤

전체집합 $U=\{1, 2, 4, 8, 16, 32\}$의 두 부분집합 A, B가 다음 조건을 만족시킨다.

(가) $A \cap B=\{2, 8\}$
(나) ❶ $A^C \cup B=\{1, 2, 8, 16\}$

집합 A의 모든 원소의 합은? [3점]

① 26   ② 31   ③ 36   ④ 41   ⑤ 46

STEP 01 드모르간의 법칙을 이용해 ❶을 정리한다.

조건 (나)에서 $A^C \cup B=\{1, 2, 8, 16\}$이고 드모르간의 법칙에 의하여
$A \cap B^C=(A^C \cup B)^C$이므로 $A \cap B^C=(A^C \cup B)^C=\{4, 32\}$이다.

STEP 02 집합 A의 모든 원소의 합을 구한다.

$A=(A \cap B) \cup (A \cap B^C)=\{2, 8\} \cup \{4, 32\}=\{2, 4, 8, 32\}$
따라서 집합 A의 모든 원소의 합은
$2+4+8+32=46$

---

09 행렬의 거듭제곱   정답률 74% | 정답 ②

행렬 $A=\begin{pmatrix} 0 & 1 \\ -1 & 0 \end{pmatrix}$일 때, 집합 S를 $S=\{A^n \mid n$은 자연수 $\}$라 하자. 집합 S의 원소의 개수는? [3점]

① 3   ② 4   ③ 5   ④ 6   ⑤ 8

STEP 01 행렬 A의 거듭제곱을 구하여 규칙을 찾아 답을 구한다.

행렬 A의 거듭제곱을 차례로 구해 보면
$A=\begin{pmatrix} 0 & 1 \\ -1 & 0 \end{pmatrix}$

$A^2=\begin{pmatrix} 0 & 1 \\ -1 & 0 \end{pmatrix}\begin{pmatrix} 0 & 1 \\ -1 & 0 \end{pmatrix}=\begin{pmatrix} -1 & 0 \\ 0 & -1 \end{pmatrix}=-E$

$A^3=A^2A=-EA=-A=\begin{pmatrix} 0 & -1 \\ 1 & 0 \end{pmatrix}$

$A^4=(A^2)^2=(-E)^2=E$

$A^5=A^4A=EA=A$

$A^6=A^4A^2=E(-E)=-E$

$\cdots$

위와 같이 반복되어 나타난다. 따라서 음이 아닌 자연수 k에 대하여 다음과 같이 성립한다.

ⅰ) $n=4k$이면 $A^n=(A^4)^k=E^k=E$

ⅱ) $n=4k+1$이면
$A^n=(A^4)^kA=E^nA=EA=A$

ⅲ) $n=4k+2$이면
$A^n=(A^4)^kA^2=E^nA^2=E(-E)=-E$

ⅳ) $n=4k+3$이면
$A^n=(A^4)^kA^3=E^nA^3=E(-A)=-A$

따라서 임의의 자연수 n에 대하여 A^n은 네 행렬 A, $-A$, E, $-E$ 중에서 어느 하나와 일치한다.

$\therefore$ $S=\{A, -E, -A, E\}$이므로 집합 S의 원소의 개수는 4이다.

참고

케일리 - 해밀턴 정리에 의하면 행렬 $A=\begin{pmatrix} a & b \\ c & d \end{pmatrix}$에 대하여
등식 $A^2-(a+d)A+(ad-bc)E=O$이 항상 성립한다.
따라서 $A=\begin{pmatrix} 0 & 1 \\ -1 & 0 \end{pmatrix}$에 대하여 다음과 같이 성립한다.
$A^2-(0+0)A+\{0 \times 0-1 \times (-1)\}E=O$
$A^2+E=O$ $\therefore$ $A^2=-E$

---

10 원과 직선의 위치 관계   정답률 67% | 정답 ④

좌표평면에서 ❶ 두 점 $(-3, 0)$, $(1, 0)$을 지름의 양 끝점으로 하는 원과 ❷ 직선 $kx+y-2=0$이 ❸ 오직 한 점에서 만나도록 하는 양수 k의 값은? [3점]

① $\dfrac{1}{3}$ ② $\dfrac{2}{3}$ ③ 1   ④ $\dfrac{4}{3}$ ⑤ $\dfrac{5}{3}$

STEP 01 ❶의 중심의 좌표와 반지름의 길이를 구한 후 ❸을 만족하도록 원의 중심과 ❷ 사이의 거리를 구하여 양수 k의 값을 구한다.

두 점 $(-3, 0)$, $(1, 0)$을 지름의 양 끝점으로 하는 원을 C라 하면
원 C는 중심의 좌표가 $(-1, 0)$이고 반지름의 길이가 2인 원이다.
원 C와 직선 $kx+y-2=0$이 오직 한 점에서 만나려면 원 C의 중심인 점 $(-1, 0)$과 직선 $kx+y-2=0$ 사이의 거리는 2이어야 한다.

$\dfrac{|-k-2|}{\sqrt{k^2+1}}=2$

$|-k-2|=2\sqrt{k^2+1}$

$k^2+4k+4=4(k^2+1)$

$3k^2-4k=k(3k-4)=0$

$k=0$ 또는 $k=\dfrac{4}{3}$

따라서 양수 k의 값은 $\dfrac{4}{3}$

●핵심 공식

▶ 원과 직선의 위치 관계

원 $(x-a)^2+(y-b)^2=r^2$과 직선 $y=mx+n$의 위치 관계는 원의 중심 (a, b)에서 직선 $y=mx+n(mx-y+n=0)$까지의 거리를 d라 하고 두 도형의 방정식을 연립하는 과정의 x에 관한 이차방정식의 판별식을 D라고 하면

(1) 만나지 않는 경우 : $d > r$, $D < 0$
(2) 두 점에서 만나는 경우 : $d < r$, $D > 0$
(3) 한 점에서 만나는 경우(접하는 경우) : $d = r$, $D = 0$

---

11 명제
정답률 85% | 정답 ②

실수 a에 대한 조건

'모든 실수 x에 대하여 ❶ $x^2 - 2ax + 4a - 4 \geq 0$이다.'

가 참인 명제가 되도록 하는 a의 값은? [3점]

① 1   ② 2   ③ 3   ④ 4   ⑤ 5

STEP 01 ❶에서 이차방정식의 판별식을 이용하여 조건을 만족하는 a의 값을 구한다.

모든 실수 x에 대하여 $x^2 - 2ax + 4a - 4 \geq 0$이므로

이차방정식 $x^2 - 2ax + 4a - 4 = 0$의 판별식을 D라 하면

$$\frac{D}{4} = a^2 - (4a - 4) \leq 0, \ (a-2)^2 \leq 0$$

따라서 $a = 2$

● 핵심 공식

▶ 이차함수와 이차부등식

모든 실수 x에 대하여 이차부등식
(1) $ax^2 + bx + c > 0$ (단, $a \neq 0$)이 성립하려면 $a > 0$, $D < 0$
(2) $ax^2 + bx + c \geq 0$ (단, $a \neq 0$)이 성립하려면 $a > 0$, $D \leq 0$
(3) $ax^2 + bx + c < 0$ (단, $a \neq 0$)이 성립하려면 $a < 0$, $D < 0$
(4) $ax^2 + bx + c \leq 0$ (단, $a \neq 0$)이 성립하려면 $a < 0$, $D \leq 0$
(단, D는 이차방정식 $ax^2 + bx + c = 0$의 판별식)

---

12 중점과 무게중심
정답률 71% | 정답 ②

좌표평면 위의 세 점 A, B, C를 꼭짓점으로 하는 ❶ 삼각형 ABC의 무게중심이 원점이고 ❷ 선분 BC의 중점의 좌표가 $(1, 2)$이다. 점 A의 좌표를 (a, b)라 할 때, $a \times b$의 값은? [3점]

① 6   ② 8   ③ 10   ④ 12   ⑤ 14

STEP 01 두 점 B, C의 좌표를 각각 미지수를 이용하여 놓고 ❷에서 관계식을 구한 후 ❶을 구한 식에 대입하여 a, b를 각각 구한 후 곱을 구한다.

두 점 B, C의 좌표를 각각 (c, d), (e, f)라 하면 선분 BC의 중점의 좌표가 $(1, 2)$이므로

$$\frac{c+e}{2} = 1, \ \frac{d+f}{2} = 2$$

$c + e = 2$, $d + f = 4$

삼각형 ABC의 무게중심이 원점이므로

$$\frac{a+c+e}{3} = \frac{a+2}{3} = 0, \ a = -2$$

$$\frac{b+d+f}{3} = \frac{b+4}{3} = 0, \ b = -4$$

따라서 $a \times b = 8$

● 핵심 공식

▶ 중점과 무게중심

좌표평면 위의 세 점 A(x_1, y_1), B(x_2, y_2), C(x_3, y_3)에 대하여

(1) $\overline{AB}$의 중점 M의 좌표 : M$\left(\dfrac{x_1 + x_2}{2}, \dfrac{y_1 + y_2}{2} \right)$

(2) △ABC의 무게중심 G의 좌표 : G$\left(\dfrac{x_1 + x_2 + x_3}{3}, \dfrac{y_1 + y_2 + y_3}{3} \right)$

---

13 명제 사이의 관계
정답률 75% | 정답 ①

실수 x에 대한 두 조건

$p : x^2 - 6x + 9 \leq 0$, $q : |x - a| \leq 2$

에 대하여 p가 q이기 위한 충분조건이 되도록 하는 실수 ❶ a의 최댓값과 최솟값의 합은? [3점]

① 6   ② 7   ③ 8   ④ 9   ⑤ 10

STEP 01 p의 부등식을 풀어 진리집합을 구한 후 q의 부등식에 대입한 다음 q의 부등식을 풀어 만족하는 a의 범위를 구하고 ❶을 구한다.

$x^2 - 6x + 9 = (x-3)^2 \leq 0$에서 $x = 3$이므로

실수 x에 대한 두 조건 p, q의 진리집합을 각각 P, Q라 하면

$P = \{3\}$, $Q = \{x \mid |x - a| \leq 2\}$

p가 q이기 위한 충분조건이 되려면 $P \subset Q$

$3 \in P$에서 $3 \in Q$이므로

$|3 - a| \leq 2$

$-2 \leq 3 - a \leq 2$

$1 \leq a \leq 5$

따라서 실수 a의 최댓값과 최솟값의 합은 $5 + 1 = 6$

● 핵심 공식

▶ 필요조건, 충분조건과 진리집합

두 조건 p, q의 진리집합을 P, Q라고 하면
(1) p는 q이기 위한 충분조건 ⟺ $P \subset Q$
(2) p는 q이기 위한 필요조건 ⟺ $P \supset Q$
(3) p는 q이기 위한 필요충분조건 ⟺ $P = Q$

---

14 순열
정답률 86% | 정답 ⑤

할머니, 아버지, 어머니, 아들, 딸로 구성된 5명의 가족이 있다. 이 가족이 그림과 같이 번호가 적힌 5개의 의자에 모두 앉을 때, ❶ 아버지, 어머니가 모두 홀수 번호가 적힌 의자에 앉는 경우의 수는? [3점]

① 28   ② 30   ③ 32   ④ 34   ⑤ 36

STEP 01 ❶의 경우를 먼저 구한 뒤 나머지 3명이 앉는 경우의 수를 구하여 곱한다.

홀수 번호가 적힌 3개의 의자 중에서 2개의 의자를 택하여 아버지, 어머니가 앉는 경우의 수는

$_3P_2 = 3 \times 2 = 6$

나머지 3개의 의자에 할머니, 아들, 딸이 앉는 경우의 수는

$_3P_3 = 3 \times 2 \times 1 = 6$

따라서 구하는 경우의 수는 $6 \times 6 = 36$

---

15 대칭이동
정답률 54% | 정답 ③

좌표평면 위에 두 점 A$(-3, 2)$, B$(5, 4)$가 있다. ❶ $\overline{BP} = 3$인 점 P와 x축 위의 점 Q에 대하여 ❷ $\overline{AQ} + \overline{QP}$의 최솟값은? [4점]

① 5   ② 6   ③ 7   ④ 8   ⑤ 9

STEP 01 ❶에서 점 P의 위치를 파악한 후 ❷를 만족하도록 점 A를 대칭이동하여 ❷를 구한다.

$\overline{BP} = 3$이므로 점 P는 중심이 B이고 반지름의 길이가 3인 원 위에 있다.

점 A를 x축에 대하여 대칭이동한 점을 A′이라 하면 점 A′의 좌표는 $(-3, -2)$이다.

$\overline{AQ} + \overline{QP} + \overline{PB} = \overline{A'Q} + \overline{QP} + \overline{PB} \geq \overline{A'B}$에서

두 점 P, Q가 모두 선분 A′B 위에 있을 때

$\overline{AQ} + \overline{QP} + \overline{PB}$는 최소이고, 그 값은

$\overline{A'B} = \sqrt{\{5 - (-3)\}^2 + \{4 - (-2)\}^2} = 10$이다.

$\overline{AQ} + \overline{QP} + \overline{PB} = \overline{AQ} + \overline{QP} + 3$에서

$\overline{AQ} + \overline{QP} + \overline{PB}$가 최소일 때 $\overline{AQ} + \overline{QP}$도 최소이다.

따라서 $\overline{AQ} + \overline{QP}$의 최솟값은 $10 - 3 = 7$

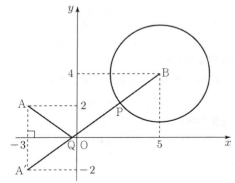

●핵심 공식

▶ 도형의 대칭이동

(1) 점 (x, y)를
- x축에 대하여 대칭이동 : $(x, y) \rightarrow (x, -y)$
- y축에 대하여 대칭이동 : $(x, y) \rightarrow (-x, y)$
- 원점에 대하여 대칭이동 : $(x, y) \rightarrow (-x, -y)$
- 직선 $y=x$에 대하여 대칭이동 : $(x, y) \rightarrow (y, x)$

(2) $f(x, y)=0$이 나타내는 도형을
- x축에 대하여 대칭이동 : $f(x, y)=0 \rightarrow f(x, -y)=0$
- y축에 대하여 대칭이동 : $f(x, y)=0 \rightarrow f(-x, y)=0$
- 원점에 대하여 대칭이동 : $f(x, y)=0 \rightarrow f(-x, -y)=0$
- 직선 $y=x$에 대하여 대칭이동 : $f(x, y)=0 \rightarrow f(y, x)=0$

---

16 인수분해   정답률 55% | 정답 ⑤

x에 대한 다항식 ❶ $(x-1)(x-4)(x-5)(x-8)+a$가 $(x+b)^2(x+c)^2$으로 인수분해될 때, 세 정수 a, b, c에 대하여 $a+b+c$의 값은? [4점]

① 19   ② 21   ③ 23   ④ 25   ⑤ 27

STEP 01 ❶이 완전제곱식으로 인수분해되도록 하는 a의 값을 구한 후 ❶을 인수분해하여 b, c를 구한 다음 $a+b+c$의 값을 구한다.

$(x-1)(x-4)(x-5)(x-8)+a=(x-1)(x-8)(x-4)(x-5)+a$
$\qquad\qquad = (x^2-9x+8)(x^2-9x+20)+a$

$x^2-9x=X$라 하면

$(X+8)(X+20)+a=X^2+28X+160+a$이고 이 식이 완전제곱식이 되려면
$160+a=196$, $a=36$

$X^2+28X+196=(X+14)^2$
$\qquad\qquad = (x^2-9x+14)^2$
$\qquad\qquad = \{(x-2)(x-7)\}^2$
$\qquad\qquad = (x-2)^2(x-7)^2$

따라서 $a+b+c=36+(-2)+(-7)=27$

---

17 이차함수의 최대와 최소   정답률 50% | 정답 ③

함수 $f(x)=x-3$에 대하여 ❶ $-1 \le x \le 5$에서 함수 ❷ $f(x) \times f(|x-2|)$의 최댓값과 최솟값의 합은? [4점]

① 1   ② 2   ③ 3   ④ 4   ⑤ 5

STEP 01 x의 범위를 나누어 각 범위에서 ❷를 각각 구한 후 ❶의 범위에서 ❷를 구하여 합을 구한다.

(i) $-1 \le x \le 2$일 때
$f(x) \times f(|x-2|)=f(x) \times f(-x+2)$
$\qquad\qquad = (x-3)(-x-1)$
$\qquad\qquad = -x^2+2x+3$
$\qquad\qquad = -(x-1)^2+4$

이므로 함수 $f(x) \times f(|x-2|)$는
$x=1$일 때 최댓값 4, $x=-1$일 때 최솟값 0을 갖는다.

(ii) $2 \le x \le 5$일 때
$f(x) \times f(|x-2|)=f(x) \times f(x-2)=(x-3)(x-5)$
$\qquad\qquad = x^2-8x+15=(x-4)^2-1$

이므로 함수 $f(x) \times f(|x-2|)$는 $x=2$일 때
최댓값 3, $x=4$일 때 최솟값 -1을 갖는다.

따라서 (i), (ii)에 의하여
$-1 \le x \le 5$에서 함수 $f(x) \times f(|x-2|)$의 최댓값과 최솟값의 합은
$4+(-1)=3$

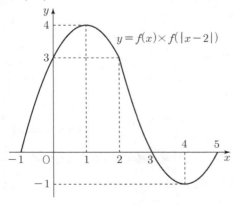

---

18 나머지정리   정답률 45% | 정답 ①

❶ 최고차항의 계수가 1인 삼차다항식 $f(x)$가 다음 조건을 만족시킬 때, $f(0)$의 값은? [4점]

(가) 다항식 $f(x+3)-f(x)$는 $(x-1)(x+2)$로 나누어떨어진다.
(나) 다항식 $f(x)$를 $x-2$로 나누었을 때의 나머지는 -3이다.

① 13   ② 14   ③ 15   ④ 16   ⑤ 17

STEP 01 조건 (가)에서 인수정리에 의하여 구할 수 있는 함숫값들을 구한 후 미지수를 이용하여 ❶을 놓는다.

조건 (가)에서 인수정리에 의하여
$f(4)-f(1)=0$, $f(4)=f(1)$
$f(1)-f(-2)=0$, $f(1)=f(-2)$
이므로 $f(-2)=f(1)=f(4)$
$f(-2)=f(1)=f(4)=k$ (k는 상수)라 하면
$f(x)=(x+2)(x-1)(x-4)+k$

STEP 02 조건 (나)에서 나머지정리에 의하여 미지수를 구한 후 $f(0)$의 값을 구한다.

조건 (나)에서 나머지정리에 의하여
$f(2)=4 \times 1 \times (-2)+k=-8+k=-3$
$k=5$
따라서 $f(0)=2 \times (-1) \times (-4)+5=13$

●핵심 공식

▶ 나머지정리

(1) 다항식의 나눗셈
다항식 A를 다항식 B (단, $B \neq 0$)로 나누었을 때의 몫을 Q, 나머지를 R이라고 하면
$A=B \cdot Q+R$
이때, R의 차수는 B의 차수보다 낮다. 그리고, 위의 등식은 항등식이다.

(2) 나머지 정리
x에 대한 다항식 $f(x)$를 일차식 $x-\alpha$로 나누었을 때의 나머지는 $f(\alpha)$이다.

(3) 인수정리
x에 대한 다항식 $f(x)$가 $x-\alpha$로 나누어 떨어지기 위한 필요충분조건은 $f(\alpha)=0$이다.

---

19 조합   정답률 39% | 정답 ④

자연수 n에 대하여 함수 $f(n)$이

$$f(1)=1, \quad ❶\ f(n)=\begin{cases} f\left(\dfrac{n}{2}\right) & (n=2, 4, 6, \cdots) \\ f\left(\dfrac{n-1}{2}\right)+1 & (n=3, 5, 7, \cdots) \end{cases}$$

을 만족시킨다. $f(n)=2$인 100 이하의 자연수 n의 개수는? [4점]

① 15   ② 17   ③ 19   ④ 21   ⑤ 23

STEP 01 ❶에 $n=2$부터 대입하여 $f(n)=2$를 만족시키는 n의 규칙을 찾는다.

$f(1)=1$, $f(2)=1$, $f(3)=2$, $f(4)=1$, $f(5)=2$, $f(6)=2$, $f(7)=3$, $f(8)=1$, $f(9)=2$, $f(10)=2$, $f(11)=3$, $f(12)=2$, $f(13)=3$, $f(14)=3$, $f(15)=4$, $f(16)=1$, $f(17)=2$, $\cdots$

따라서 $f(n)=2$를 만족시키는 n을 나열하면
$3=2+1$,
$5=2^2+1$
$6=2^2+2$
$9=2^3+1$
$10=2^3+2$
$12=2^3+2^2$
$17=2^4+1$ $\cdots$

∴ $n=2^m+1$ 또는 $n=2^m+2^k$ (단, m과 k는 자연수이고, $k<m$)

STEP 02 step 01에서 구한 n이 두 가지이므로 각각의 경우로 나누어 생각한다.

i) $n=2^m+1$일 때 $n=2^m+1 \le 100$에서
$1 \le m \le 6$

ii) $n=2^m+2^k$일 때 $n=2^m+2^k \le 100$에서
$1 \le k<m \le 6$ $\cdots\cdots$ ㉠

㉠을 만족시키는 두 자연수 k, m의 순서쌍 (k, m)의 개수는 1부터 6까지 서로 다른 6개의 자연수에서 2개의 수를 택하는 조합의 수 $_6C_2=15$와 같다.

i), ii)에서 $f(n)=2$를 만족시키는 n의 개수는
$6+15=21$

20 원의 방정식 정답률 34% | 정답 ④

양수 k에 대하여 좌표평면 위에 두 점 $A(k, 0)$, $B(0, k)$가 있다.
삼각형 OAB의 내부에 있으며 $\angle AOP = \angle BAP$를 만족시키는 점 P에
대하여 점 P의 y좌표의 최댓값을 $M(k)$라 하자. 다음은 $M(k)$를 구하는
과정이다. (단, O는 원점이고, $\angle AOP < 180°$, $\angle BAP < 180°$이다.)

> 원의 접선과 그 접점을 지나는 현이 이루는 각의 크기는
> 이 각의 내부에 있는 호에 대한 원주각의 크기와 같다.
> 그러므로 점 O를 지나고 직선 AB와 점 A에서 접하는 원을
> C라 할 때, 삼각형 OAB의 내부에 있으며
> $\angle AOP = \angle BAP$를 만족시키는 점 P는 원 C 위의 점이다.
> 원 C의 중심을 C라 하면 ❶ $\angle OAC = 45°$이므로
> 점 C의 좌표는 $\left(\dfrac{k}{2}, \boxed{(가)}\right)$이고 원 C의 반지름의 길이는 $\boxed{(나)}$이다.
> 점 P의 y좌표는 $\angle PCO = 45°$일 때 최대이므로
> $M(k) = \left(\boxed{(다)}\right) \times k$이다.

위의 (가), (나)에 알맞은 식을 각각 $f(k)$, $g(k)$라 하고,
(다)에 알맞은 수를 p라 할 때, $f(p) + g\left(\dfrac{1}{2}\right)$의 값은? [4점]

① $\dfrac{\sqrt{2}}{16}$ ② $\dfrac{1}{8}$ ③ $\dfrac{\sqrt{2}}{8}$ ④ $\dfrac{1}{4}$ ⑤ $\dfrac{\sqrt{2}}{4}$

STEP 01 ❶에 의하여 (가)를 구한 후 (나)를 구한다.

원의 접선과 그 접점을 지나는 현이 이루는 각의 크기는
이 각의 내부에 있는 호에 대한 원주각의 크기와 같다.
그러므로 점 O를 지나고 직선 AB와 점 A에서 접하는 원을 C라 할 때,
삼각형 OAB의 내부에 있으며
$\angle AOP = \angle BAP$를 만족시키는 점 P는
원 C 위의 점이다.
원 C의 중심을 C라 하면
$\angle OAC = 45°$이므로
점 C의 좌표는 $\left(\dfrac{k}{2}, \boxed{-\dfrac{k}{2}}\right)$이고
원 C의 반지름의 길이는 선분 AC의 길이와 같다.
$\overline{AC} = \sqrt{\left(k - \dfrac{k}{2}\right)^2 + \left(0 + \dfrac{k}{2}\right)^2} = \dfrac{\sqrt{2}}{2}k$이므로
원 C의 반지름의 길이는 $\boxed{\dfrac{\sqrt{2}}{2}k}$이다.

STEP 02 원의 중심의 y좌표와 반지름의 길이를 이용하여 (다)를 구한 후 $f(p) + g\left(\dfrac{1}{2}\right)$의 값을 구한다.

점 P의 y좌표는 $\angle PCO = 45°$일 때 최대이고
점 P의 y좌표의 최댓값은 원 C의 중심의 y좌표와 원 C의 반지름의 길이의
합이므로
$M(k) = -\dfrac{k}{2} + \dfrac{\sqrt{2}}{2}k = \left(\boxed{\dfrac{\sqrt{2}-1}{2}}\right) \times k$이다.
따라서 $f(x) = -\dfrac{k}{2}$, $g(k) = \dfrac{\sqrt{2}}{2}k$, $p = \dfrac{\sqrt{2}-1}{2}$이므로
$f(p) + g\left(\dfrac{1}{2}\right) = f\left(\dfrac{\sqrt{2}-1}{2}\right) + g\left(\dfrac{1}{2}\right)$
$= -\dfrac{\sqrt{2}-1}{4} + \dfrac{\sqrt{2}}{4} = \dfrac{1}{4}$

★★ 문제 해결 꿀~팁 ★★

▶ 문제 해결 방법
문제에서 주어진 조건을 좌표평면에 나타내고, $M(k)$를 구하는 과정에서 서술하는 내용
도 좌표평면에 나타내어 원을 그리고 원의 중심을 잡으면 $\angle OAC = 45°$이므로 점 C의
좌표와 반지름의 길이를 어렵지 않게 구할 수 있다.
도형과 관련된 문제는 막연하게 생각하는 것보다 주어진 조건을 좌표평면에 나타내어 눈
으로 보면서 문제 풀이를 하는 것이 훨씬 효과적이다.
다음으로 점 P는 원 위의 점이므로 $\overline{CP}$는 원의 반지름이다. 점 P의 y좌표가 최댓값을
가질 때는 점 C에서 x축으로 수직으로 그은 선분이 원과 제 1사분면에서 만나는 점임을
알 수 있다.
그것이 $\angle PCO = 45°$일 때이다. 설령 왜 그때 $\angle PCO = 45°$인지 이해하지 못한다 하더
라도 점 P의 y좌표가 최댓값을 가질 때의 점 P의 위치를 파악하면 $M(k)$를 구할 수 있
다. 주어진 조건을 좌표평면에 나타내지 않으면 이러한 위치를 쉽게 파악하기 어렵다. 반
드시 좌표평면에 나타내어 풀이하는 것이 중요하다.

---

21 내분점 정답률 49% | 정답 ④

그림과 같이 좌표평면 위에 세 점 $A(-8, a)$, $B(7, 3)$, $C(-6, 0)$이 있다.
선분 AB를 $2:1$로 내분하는 점을 P라 할 때, ❶ 직선 PC가 삼각형 AOB의
넓이를 이등분한다. 양수 a의 값은? (단, O는 원점이다.) [4점]

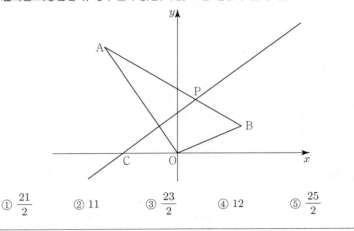

① $\dfrac{21}{2}$ ② 11 ③ $\dfrac{23}{2}$ ④ 12 ⑤ $\dfrac{25}{2}$

STEP 01 ❶을 이용해 $\overline{AQ}$와 $\overline{QO}$의 비를 구한다.

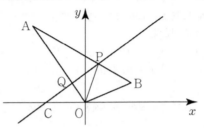

직선 PC와 선분 AO가 만나는 점을 Q라 하고 삼각형 AOB의 넓이를 S라 하자.
두 삼각형 AOP, AQP의 넓이가 각각 $\dfrac{2}{3}S$, $\dfrac{1}{2}S$이므로
삼각형 QOP의 넓이는 $\dfrac{1}{6}S$이다.
두 삼각형 AQP와 QOP의 넓이의 비는 선분 AQ와 선분 QO의 길이의 비와
같다. 두 삼각형 AQP와 QOP의 넓이의 비가 $3:1$이므로
$\overline{AQ} : \overline{QO} = 3 : 1$

STEP 02 점 P와 점 Q의 좌표를 a에 관한 좌표로 나타낸다.

점 Q의 좌표는 $\left(\dfrac{3 \times 0 + 1 \times (-8)}{3+1}, \dfrac{3 \times 0 + 1 \times a}{3+1}\right) = \left(-2, \dfrac{a}{4}\right)$
점 P의 좌표는 $\left(\dfrac{2 \times 7 + 1 \times (-8)}{2+1}, \dfrac{2 \times 3 + 1 \times a}{2+1}\right) = \left(2, \dfrac{a+6}{3}\right)$

STEP 03 직선 PC의 방정식을 구한 후 답을 구한다.

직선 PC의 방정식은
$y = \dfrac{\dfrac{a+6}{3}}{2 - (-6)}(x + 6) = \dfrac{a+6}{24}(x + 6)$
점 Q가 직선 PC 위의 점이므로 $\dfrac{a}{4} = \dfrac{a+6}{24} \times (-2 + 6)$
따라서 $a = 12$

● 핵심 공식

▶ 내분점
좌표평면 위의 두 점 $A(x_1, y_1)$, $B(x_2, y_2)$를 연결한 선분 AB에 대하여
(단, $m > 0$, $n > 0$)
$\overline{AB}$를 $m : n$으로 내분하는 점 P의 좌표 : $P\left(\dfrac{mx_2 + nx_1}{m+n}, \dfrac{my_2 + ny_1}{m+n}\right)$

---

22 조합 정답률 93% | 정답 15

$_5C_1 + _5C_2$의 값을 구하시오. [3점]

STEP 01 조합의 계산으로 답을 구한다.

$_5C_1 + _5C_2 = 5 + \dfrac{5 \times 4}{2 \times 1} = 5 + 10 = 15$

---

23 행렬 정답률 92% | 정답 50

두 행렬 $A = \begin{pmatrix} 10 & -b \\ 3 & a-b \end{pmatrix}$, $B = \begin{pmatrix} 2a & a-15 \\ 3 & -5 \end{pmatrix}$에 대하여 $A = B$가 성립할 때,
두 실수 a, b의 곱 ab의 값을 구하시오. [3점]

STEP 01 두 행렬의 성분을 비교하여 a, b를 각각 구한 후 답을 구한다.

$A=B$가 성립하려면 두 행렬 A, B의 각각의 성분이 같아야 하므로

$10=2a$, $-b=a-15$, $a-b=-5$

따라서 $a=5$, $b=10$

$\therefore ab=50$

---

24 연립이차방정식   정답률 78% | 정답 3

연립방정식

$$\begin{cases} 2x-y-1=0 \\ 4x^2-6y+3=0 \end{cases}$$

의 해를 $x=\alpha$, $y=\beta$라 할 때, $\underline{\alpha \times \beta}$의 값을 구하시오. [3점]

STEP 01 연립방정식의 일차식을 이차식에 대입하여 x, y를 구한 후 $\alpha \times \beta$의 값을 구한다.

$$\begin{cases} 2x-y-1=0 & \cdots\cdots \ \bigcirc \\ 4x^2-6y+3=0 & \cdots\cdots \ \bigcirc\!\!\!\bigcirc \end{cases}$$

$\bigcirc$, $\bigcirc\!\!\!\bigcirc$에서

$4x^2-6(2x-1)+3=0$

$4x^2-12x+9=0$, $(2x-3)^2=0$에서 $x=\dfrac{3}{2}$, $y=2$

따라서 $\alpha \times \beta = \dfrac{3}{2} \times 2 = 3$

---

25 절대부등식   정답률 63% | 정답 8

두 양의 실수 a, b에 대하여 두 일차함수

$$f(x)=\frac{a}{2}x-\frac{1}{2}, \quad g(x)=\frac{1}{b}x+1$$

이 있다. ❶ 직선 $y=f(x)$와 직선 $y=g(x)$가 서로 평행할 때, ❷ $(a+1)(b+2)$의 최솟값을 구하시오. [3점]

STEP 01 ❶에서 a, b의 관계식을 구한다.

두 직선 $y=f(x)$, $y=g(x)$의 기울기가 각각 $\dfrac{a}{2}$, $\dfrac{1}{b}$ 이고

두 직선이 서로 평행하므로 $\dfrac{a}{2}=\dfrac{1}{b}$에서 $ab=2$이다.

STEP 02 ❷를 전개한 후 절대부등식을 이용하여 최솟값을 구한다.

$(a+1)(b+2)=ab+2a+b+2=4+2a+b$

$a>0$, $b>0$이므로 산술평균과 기하평균의 관계에 의하여

$2a+b \ge 2\sqrt{2ab}=4$ (단, 등호는 $2a=b$일 때 성립)

따라서 $(a+1)(b+2)$의 최솟값은 8

---

26 사차방정식의 활용   정답률 52% | 정답 4

사차방정식 ❶ $(x^2+kx+2)(x^2+kx+6)+3=0$이 ❷ 실근과 허근을 모두 갖도록 하는 자연수 k의 값을 구하시오. [4점]

STEP 01 치환을 이용하여 ❶을 인수분해한다.

$x^2+kx=X$라 하면

$(x^2+kx+2)(x^2+kx+6)+3=0$

$(X+2)(X+6)+3=0$

$X^2+8X+15=0$

$(X+3)(X+5)=0$

$(x^2+kx+3)(x^2+kx+5)=0$

STEP 02 인수분해한 두 이차식의 판별식을 이용하여 ❷를 만족하도록 하는 자연수 k의 값을 구한다.

두 이차방정식 $x^2+kx+3=0$, $x^2+kx+5=0$의 판별식을 각각 D_1, D_2라 하면

$D_1=k^2-12$, $D_2=k^2-20$

사차방정식 $(x^2+kx+2)(x^2+kx+6)+3=0$이 실근과 허근을 모두 가지려면

$D_1<0$, $D_2 \ge 0$ 또는 $D_1 \ge 0$, $D_2<0$이어야 한다.

$D_1<0$, $D_2 \ge 0$에서 $k^2<12$, $k^2 \ge 20$을 만족시키는 자연수 k는 존재하지 않는다.

$D_1 \ge 0$, $D_2<0$에서 $12 \le k^2<20$을 만족시키는 자연수 k의 값은 4이다.

따라서 사차방정식 $(x^2+kx+2)(x^2+kx+6)+3=0$이 실근과 허근을 모두 갖도록 하는 자연수 k의 값은 4

[문제편 p.130]

● 핵심 공식

▶ 판별식

이차방정식 $ax^2+bx+c=0$의 판별식 $D=b^2-4ac$를 이용한 근의 개수 판별

① $b^2-4ac>0 \leftrightarrow$ 서로 다른 두 실근

② $b^2-4ac=0 \leftrightarrow$ 한 개의 중근

③ $b^2-4ac<0 \leftrightarrow$ 실근이 없다

★★★ 등급을 가르는 문제!

27 집합의 성질   정답률 7% | 정답 63

전체집합 $U=\{x|x$는 20 이하의 자연수$\}$의 두 부분집합 A, B가 다음 조건을 만족시킨다.

(가) $n(A)=n(B)=8$, $n(A \cap B)=1$

(나) 집합 A의 임의의 서로 다른 두 원소의 합은 9의 배수가 아니다.

(다) 집합 B의 임의의 서로 다른 두 원소의 합은 10의 배수가 아니다.

집합 A의 모든 원소의 합을 $S(A)$, 집합 B의 모든 원소의 합을 $S(B)$라 할 때, $S(A)-S(B)$의 최댓값을 구하시오. [4점]

STEP 01 전체 집합의 원소들을 9로 나눈 나머지가 같은 원소들로 분류하여 나머지의 합이 9가 되지 않도록 하면서 $S(A)$가 최대가 되도록 하는 집합 A를 구한다.

조건 (가), (나), (다)를 만족시키는 두 집합 A, B에 대하여 $S(A)-S(B)$의 값이 최대가 되려면 $S(A)$의 값이 최대이고 $S(B)$의 값이 최소이어야 한다.

9로 나눈 나머지가 같은 원소들로 이루어진 부분집합을 표로 나타내면 다음과 같다.

나머지	부분집합	나머지	부분집합
1	{1, 10, 19}	8	{8, 17}
2	{2, 11, 20}	7	{7, 16}
3	{3, 12}	6	{6, 15}
4	{4, 13}	5	{5, 14}
0	{9}	0	{18}

나머지의 합이 0 또는 9가 되는 두 부분집합 중 한 집합의 원소들만 집합 A에 속할 수 있다.

따라서 $S(A)$가 최대가 되려면 집합 U의 부분집합 {1, 10, 19}, {2, 11, 20}, {6, 15}, {5, 14}, {18}의 원소 중 큰 수부터 차례로 집합 A의 원소가 되어야 한다.

조건 (가)에서 $n(A)=8$이므로 $S(A)$가 최대가 되기 위해 가능한 집합 A는 {6, 10, 11, 14, 15, 18, 19, 20} $\cdots\cdots \ \bigcirc$

STEP 02 전체 집합의 원소들을 10으로 나눈 나머지가 같은 원소들로 분류하여 나머지의 합이 10이 되지 않도록 하면서 $S(B)$가 최소가 되도록 하는 집합 B를 구한다.

10으로 나눈 나머지가 같은 원소들로 이루어진 부분집합을 표로 나타내면 다음과 같다.

나머지	부분집합	나머지	부분집합
1	{1, 11}	9	{9, 19}
2	{2, 12}	8	{8, 18}
3	{3, 13}	7	{7, 17}
4	{4, 14}	6	{6, 16}
5	{5}	5	{15}
0	{10}	0	{20}

나머지의 합이 0 또는 10이 되는 두 부분집합 중 한 집합의 원소들만 집합 B에 속할 수 있다.

따라서 $S(B)$가 최소가 되려면 집합 U의 부분집합 {1, 11}, {2, 12}, {3, 13}, {4, 14}, {5}, {10}의 원소 중 작은 수부터 차례로 집합 B의 원소가 되어야 한다.

조건 (가)에서 $n(B)=8$이므로 $S(B)$가 최소가 되기 위해 가능한 집합 B는 {1, 2, 3, 4, 5, 10, 11, 12} $\cdots\cdots \ \bigcirc\!\!\!\bigcirc$

STEP 03 $n(A \cap B)=1$을 만족하도록 두 집합 A, B의 원소를 조정한 후 $S(A)-S(B)$의 최댓값을 구한다.

11회

[11회] 2022학년도 11월   **093**

⊙과 ⓛ에서 조건 (가)의 $n(A \cap B) = 1$을 만족시키려면
10, 11은 동시에 집합 $A \cap B$에 속할 수 없다.
$10 \in B$, $11 \in B$이면 $10 \notin A$, $11 \notin A$이다.
이때 1, 2, 5중 적어도 하나가 집합 A에 속해야 하므로 $n(A \cap B) \neq 1$이 되어
조건 (가)를 만족시키지 않는다.
$S(B)$가 최소가 되려면 $10 \in B$, $11 \notin B$이어야 한다. 따라서
$A = \{6, 10, 11, 14, 15, 18, 19, 20\}$,
$B = \{1, 2, 3, 4, 5, 10, 12, 13\}$일 때
$S(A) - S(B)$의 최댓값은 63

★★ 문제 해결 꿀~팁 ★★

▶ 문제 해결 방법
두 조건 (나)와 (다)를 만족하도록 하기 위하여 전체 집합의 모든 원소들을 9와 10으로
나눈 나머지가 같은 원소끼리 분류하여 집합 A에는 나머지의 합이 9가 되지 않도록 큰
수부터 차례로 8개의 수를 포함시키고 집합 B에는 나머지의 합이 10이 되지 않도록 작
은 수부터 차례로 8개의 수를 포함시키면
$A = \{6, 10, 11, 14, 15, 18, 19, 20\}$, $B = \{1, 2, 3, 4, 5, 10, 11, 12\}$이다.
그런데 $n(A \cap B) = 1$이므로 두 집합 중 한 집합에서 10 또는 11을 다른 수로 대체
해야 한다. 집합 A에서 조건 (나)를 만족시키면서 집합 A의 원소와 중복되지 않도록 두
수 중 한 수를 다른 수로 대체할 수 있는 수는 없다. 그러므로 집합 B에서 두 수 중 한 수
를 다른 수로 대체해야 한다. 집합 B의 원소 중 가장 큰 수가 12이므로 그 다음으로 큰
수인 13으로 대체가 가능한데 10과 11중 더 큰 수인 11을 제외하는 것이 $S(B)$가
작아진다. 그러므로 $B = \{1, 2, 3, 4, 5, 10, 12, 13\}$이다.
$S(A) - S(B)$의 최댓값을 구하라 하였으므로 $S(A) - S(B)$의 값이 최대가 되는 경
우를 파악하고 $S(A)$의 값이 최대, $S(B)$의 값이 최소가 되도록 각 집합에 원소들을
순서대로 8개를 포함시킨 후 중복되는 원소가 1개만 존재하도록 원소들을 조정해 주면
된다.

★★★ 등급을 가르는 문제! ★★★

28 집합의 연산   정답률 38% | 정답 22

전체집합 $U = \{1, 2, 4, 8, 16, 32\}$의 두 부분집합 A, B가 다음 조건을
만족시킨다.

> (가) 집합 $A \cup B^C$의 모든 원소의 합은 집합 $B - A$의 모든 원소의
> 6배이다.
> (나) $n(A \cup B) = 5$

❶ 집합 A의 모든 원소의 합의 최솟값을 구하시오. (단, $2 \leq n(B-A) \leq 4$)
[4점]

STEP 01 조건 (가)에서 집합 $B - A$를 구한다.
집합 $B - A$의 모든 원소의 합을 k라 하자.
$A \cup B^C = (A^C \cap B)^C = (B - A)^C$이고 조건 (가)에서 집합 $A \cup B^C$의 모든
원소의 합은 $6k$이므로 전체집합 U의 모든 원소의 합은 $7k$이다.
$7k = 1 + 2 + 4 + 8 + 16 + 32 = 63$, $k = 9$
집합 $B - A$의 모든 원소의 합이 9이므로
$B - A = \{1, 8\}$

STEP 02 조건 (나)를 만족하면서 ❶을 만족하도록 하는 집합 A를 구한 후 ❶을
구한다.
$A \cap (B - A) = \varnothing$이므로
$A \subset (B - A)^C = \{2, 4, 16, 32\}$
$A \cup B = A \cup (B - A)$
$n(A \cup B) = n(A) + n(B - A)$
이고 조건 (나)에서 $n(A \cup B) = 5$이므로 $n(A) = 3$
따라서 집합 A의 모든 원소의 합의 최솟값은 $A = \{2, 4, 16\}$일 때
$2 + 4 + 16 = 22$

★★ 문제 해결 꿀~팁 ★★

$A \cup B^C = (B - A)^C$이고 집합 $A \cup B^C$의 모든 원소의 합은 집합 $B - A$의 모든 원소의
합의 6배이므로 전체집합 U의 모든 원소의 합은 $B - A$의 모든 원소의 합의 7배이다.
전체집합 U의 모든 원소의 합은 63이므로 집합 $B - A$의 모든 원소의 합은 9이고
$B - A = \{1, 8\}$이다.
$n(A \cup B) = 5$이므로 $n(A) = 3$이고 집합 A의 모든 원소의 합이 최소일 때 집합
$A = \{2, 4, 16\}$이다. $A \cup B^C = (B - A)^C$임을 알 수 있으면 나머지 과정은 그다지 어
렵지 않다. 전체집합 U의 모든 원소의 합은 63이므로 집합 $B - A$의 모든 원소의 합은
9인데 원소의 합이 9가 되는 원소도 $1 + 8$뿐이라 집합 $B - A$도 하나로 특정 지어지므로
다른 경우도 생각할 필요가 없다.
벤다이어그램을 그려 보면 $A \cup B^C = (B - A)^C$임을 보다 쉽게 알 수 있다.

★★★ 등급을 가르는 문제! ★★★

29 다항식의 연산의 활용   정답률 5% | 정답 126

그림과 같이 모든 모서리의 길이가 a인 정사각뿔 $O-ABCD$가 있다. 네 선분
OA, OB, OC, OD 위의 네 점 E, F, G, H를 $\overline{OE} = \overline{OF} = \overline{OG} = \overline{OH} = b$
가 되도록 잡는다.
❶ 두 정사각뿔 $O-ABCD$, $O-EFGH$의 부피의 합이 $2\sqrt{2}$이고
❷ 선분 AF의 길이가 2일 때, ❸ 사각형 ABFE의 넓이를 S라 하자.
$32 \times S^2$의 값을 구하시오. (단, a, b는 $a > b > 0$인 상수이다.) [4점]

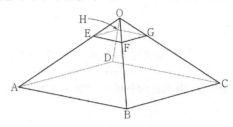

STEP 01 두 정사각뿔의 부피를 각각 구한 후 ❶을 이용하여 a, b의 관계식을 구한다.
정사각뿔 $O - ABCD$의 부피는
$$\frac{1}{3} \times a^2 \times \sqrt{a^2 - \left(\frac{\sqrt{2}}{2}a\right)^2} = \frac{\sqrt{2}}{6}a^3$$
정사각뿔 $O - EFGH$의 부피는
$$\frac{1}{3} \times b^2 \times \sqrt{b^2 - \left(\frac{\sqrt{2}}{2}b\right)^2} = \frac{\sqrt{2}}{6}b^3$$
두 정사각뿔 $O - ABCD$, $O - EFGH$의 부피의 합이 $2\sqrt{2}$이므로
$$\frac{\sqrt{2}}{6}(a^3 + b^3) = 2\sqrt{2}, \quad a^3 + b^3 = 12$$

STEP 02 삼각형 FAI에서 피타고라스 정리를 ❷에 이용하여 a, b의 관계식을 구한다.
점 F에서 선분 AB에 내린 수선의 발을 I라 하면 삼각형 BFI는
$\angle FBI = 60°$인 직각삼각형이므로
$$\overline{FI} = \frac{\sqrt{3}}{2}\overline{FB} = \frac{\sqrt{3}}{2}(a - b),$$
$$\overline{BI} = \frac{1}{2}\overline{FB} = \frac{1}{2}(a - b)$$에서 $\overline{AI} = a - \frac{1}{2}(a - b) = \frac{1}{2}(a + b)$
삼각형 FAI는 직각삼각형이므로
$$\overline{AF}^2 = \overline{FI}^2 + \overline{AI}^2$$
$$= \left\{\frac{\sqrt{3}}{2}(a-b)\right\}^2 + \left\{\frac{1}{2}(a+b)\right\}^2$$
$$= \frac{3}{4}(a^2 - 2ab + b^2) + \frac{1}{4}(a^2 + 2ab + b^2)$$
$$= a^2 - ab + b^2 = 4$$

STEP 03 step 01, 02에서 구한 두 식에 곱셈공식을 이용하여 $a + b$, $a - b$의 값을
구한다.
$a^3 + b^3 = (a + b)(a^2 - ab + b^2) = (a + b) \times 4 = 12$이므로 $a + b = 3$
$a^2 - ab + b^2 = (a + b)^2 - 3ab = 3^2 - 3ab = 4$이므로 $ab = \frac{5}{3}$
$(a - b)^2 = (a + b)^2 - 4ab = 3^2 - 4 \times \frac{5}{3} = \frac{7}{3}$이므로 $a - b = \frac{\sqrt{21}}{3}$

STEP 04 두 정삼각형 OAB와 OEF의 넓이의 차를 이용하여 ❸을 구한 후
$32 \times S^2$의 값을 구한다.
사각형 ABFE의 넓이는 정삼각형 OAB의 넓이에서 정삼각형 OEF의 넓이를 뺀
것과 같으므로
$$S = \frac{\sqrt{3}}{4}a^2 - \frac{\sqrt{3}}{4}b^2 = \frac{\sqrt{3}}{4}(a^2 - b^2)$$
$$= \frac{\sqrt{3}}{4}(a+b)(a-b) = \frac{\sqrt{3}}{4} \times 3 \times \frac{\sqrt{21}}{3} = \frac{3}{4}\sqrt{7}$$
따라서 $32 \times S^2 = 32 \times \frac{63}{16} = 126$

● 핵심 공식

▶ 뿔의 부피
• $V = \frac{1}{3} \times$ (밑넓이) $\times$ (높이)

▶ 정삼각형의 높이와 넓이
• 한 변의 길이가 a일 때,
정삼각형의 높이 $h = \frac{\sqrt{3}}{2}a$
정삼각형의 넓이 $S = \frac{\sqrt{3}}{4}a^2$

▶ 곱셈공식
(1) $(a\pm b)^2 = a^2 \pm 2ab + b^2$
(2) $(a+b)(a-b) = a^2 - b^2$
(3) $(x+a)(x+b) = x^2 + (a+b)x + ab$
(4) $(ax+b)(cx+d) = acx^2 + (ad+bc)x + bd$
(5) $(x\pm a)(x\pm b)(x\pm c) = x^3 \pm (a+b+c)x^2 + (ab+bc+ca)x \pm abc$
(6) $(a+b+c)^2 = a^2 + b^2 + c^2 + 2(ab+bc+ca)$
(7) $(a\pm b)^3 = a^3 \pm 3a^2b + 3ab^2 \pm b^3$
(8) $(a\pm b)(a^2 \mp ab + b^2) = a^3 \pm b^3$

★★ 문제 해결 꿀~팁 ★★

▶ 문제 해결 방법
먼저 정사각뿔의 부피를 각각 구한 다음 합을 구하면
$$\frac{\sqrt{2}}{6}(a^3+b^3) = 2\sqrt{2}, \quad a^3+b^3 = 12$$이다.
다음으로 $\angle FBA = 60°$, $\overline{AF} = 2$임을 이용하여 a, b의 관계식을 구해야 한다. 삼각형 BFA에 보조선을 그어 피타고라스 정리를 이용하면 $a^2 - ab + b^2 = 4$를 구할 수 있다. 번외로 고2 과정에서 배우는 코사인법칙을 이용하면 보다 간편하게 구할 수 있다.
(참고로 코사인법칙을 이용하여 구하면 삼각형 EFA에서
$2^2 = (a-b)^2 + b^2 - 2b(a-b)\cos 120° = a^2 + b^2 - ab$이다.)
구하고자 하는 $S = \frac{\sqrt{3}}{4}a^2 - \frac{\sqrt{3}}{4}b^2 = \frac{\sqrt{3}}{4}(a+b)(a-b)$이므로 위에서 구한 두 식을 연립하고 곱셈공식을 이용하여 $a+b$, $a-b$를 구하면 답을 구할 수 있다.
뿔의 부피와 높이를 구할 수 있어야 하고 삼각형에 보조선을 그어 주어진 각의 삼각비 및 피타고라스 정리를 적절하게 이용할 수 있어야 한다.

★★★ 등급을 가르는 문제!

30 직선의 방정식의 활용   정답률 2% | 정답 48

두 양수 a, m에 대하여 두 함수 $f(x)$, $g(x)$를
$$f(x) = ax^2,$$
$$g(x) = mx + 4a$$
라 하자. 그림과 같이 곡선 $y = f(x)$와 직선 $y = g(x)$가 만나는 두 점을 A, B라 할 때, 선분 AB를 지름으로 하고 원점 O를 지나는 원 C가 있다. 원 C와 곡선 $y = f(x)$는 서로 다른 네 점에서 만나고, 원 C와 곡선 $y = f(x)$가 만나는 네 점 중 O, A, B가 아닌 점을 P$(k, f(k))$라 하자.
❶ 삼각형 ABP의 넓이가 삼각형 AOB의 넓이의 5배일 때, $\underline{f(k) \times g(-k)}$의 값을 구하시오. [4점]

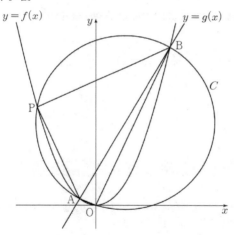

STEP 01 두 함수 $f(x)$, $g(x)$를 연립한 방정식의 해가 두 점 A, B의 x좌표임을 이용하여 근과 계수의 관계에 의하여 관계식을 구한다.
곡선 $y = ax^2$과 직선 $y = mx + 4a$가 만나는 두 점 A, B의 x좌표를 각각 α, β라 하면
$$A(\alpha, a\alpha^2), \quad B(\beta, a\beta^2)$$
이차방정식 $ax^2 - mx - 4a = 0$의 두 실근이 α, β이므로 이차방정식의 근과 계수의 관계에 의하여
$$\alpha + \beta = \frac{m}{a}, \quad \alpha\beta = -4$$

STEP 02 직선 OA와 직선 OB의 기울기를 각각 구하고 두 직선이 수직임을 이용하여 양수 a의 값을 구한다.
선분 AB가 원 C의 지름이므로 $\angle BOA = 90°$
직선 OA의 기울기와 직선 OB의 기울기의 곱이 -1이므로
$$\frac{a\alpha^2 - 0}{\alpha - 0} \times \frac{a\beta^2 - 0}{\beta - 0} = a\alpha \times a\beta = a^2 \times \alpha\beta = -4a^2 = -1$$

에서 양수 a의 값은 $\frac{1}{2}$

STEP 03 직선 PA와 직선 PB의 기울기를 각각 구하고 두 직선이 수직임을 이용하여 점 P의 좌표를 구한다.
점 P$\left(k, \frac{k^2}{2}\right)$은 원 C 위의 점이므로 $\angle APB = 90°$
직선 PA의 기울기와 직선 PB의 기울기의 곱이 -1이므로
$$\frac{\frac{\alpha^2}{2} - \frac{k^2}{2}}{\alpha - k} \times \frac{\frac{\beta^2}{2} - \frac{k^2}{2}}{\beta - k} = \frac{1}{4}(\alpha + k)(\beta + k)$$
$$= \frac{1}{4}\{k^2 + (\alpha + \beta)k + \alpha\beta\}$$
$$= \frac{1}{4}(k^2 + 2mk - 4) = -1$$
$k^2 + 2mk = 0$, $k = -2m$이고 P$(-2m, 2m^2)$

STEP 04 선분 AB를 밑변으로 하는 두 삼각형 ABP와 삼각형 AOB의 높이를 점과 직선 사이의 거리를 이용하여 각각 구한 후 ❶을 이용하여 양수 m을 구한 다음 k를 구하여 $f(k) \times g(-k)$의 값을 구한다.
점 P$(-2m, 2m^2)$과 직선 $y = mx + 2$ 사이의 거리를 d_1이라 하면
$$d_1 = \frac{|m \times (-2m) - 2m^2 + 2|}{\sqrt{m^2 + 1}} = \frac{|-4m^2 + 2|}{\sqrt{m^2 + 1}}$$
점 O와 직선 $y = mx + 2$ 사이의 거리를 d_2라 하면
$$d_2 = \frac{2}{\sqrt{m^2 + 1}}$$
삼각형 ABP와 삼각형 AOB의 넓이의 비는 $d_1 : d_2$이므로
$$\frac{|-4m^2 + 2|}{\sqrt{m^2 + 1}} : \frac{2}{\sqrt{m^2 + 1}} = 5 : 1 에서$$
$$|-4m^2 + 2| = 10, \quad m^2 = 3$$
m은 양수이므로 $m = \sqrt{3}$, $k = -2\sqrt{3}$
따라서 $f(x) = \frac{1}{2}x^2$, $g(x) = \sqrt{3}x + 2$이므로
$$f(k) + g(-k) = 6 \times 8 = 48$$

●핵심 공식

▶ 점과 직선 사이의 거리
점 A(x_1, y_1)에서 직선 $ax + by + c = 0$에 이르는 거리를 d라 할 때,
$$d = \frac{|ax_1 + by_1 + c|}{\sqrt{a^2 + b^2}}$$
▶ 이차방정식의 근과 계수의 관계
이차방정식 $ax^2 + bx + c = 0$ (단, $a \neq 0$)의 두 근을 α, β라고 하면,
$$\alpha + \beta = -\frac{b}{a}, \quad \alpha\beta = \frac{c}{a}$$
▶ 기울기
좌표평면 위의 두 점 A(x_1, y_1), B(x_2, y_2)에 대하여 직선 AB
(1) 기울기 : $a = \left(\frac{y\text{값의 증가량}}{x\text{값의 증가량}}\right) = \frac{y_2 - y_1}{x_2 - x_1}$
(2) 평행한 두 직선의 기울기는 같다.
(3) 수직인 두 직선의 기울기의 곱은 -1이다.

★★ 문제 해결 꿀~팁 ★★

▶ 문제 해결 방법
두 점 A, B는 두 함수 $f(x)$, $g(x)$의 교점이므로 두 식을 연립한 식의 근이다.
따라서 $ax^2 - mx - 4a = 0$에서 근과 계수의 관계에 의하여 두 점의 x좌표의 관계식을 구해야 한다. 처음부터 식에 많은 미지수들이 등장하여 지칠 수 있으나 그나마 비교적 $f(x)$의 식이 간단하여 두 점의 좌표도 복잡하지 않아 식이 많이 복잡해지지는 않는다.
다음으로 중요한 사실은 선분 AB가 원의 지름이라는 것이다. 그러므로 $\angle$BOA, $\angle$APB는 모두 직각이다. 따라서 직선 OA와 직선 OB의 기울기의 곱, 직선 PA와 직선 PB의 기울기의 곱은 모두 -1이다. 각 직선의 기울기를 구하고 이 성질을 이용하여 식을 세우면 $a = \frac{1}{2}$, $k = -2m$임을 구할 수 있다.
마지막으로 주어진 조건인 삼각형 ABP가 삼각형 AOB의 넓이의 5배라는 조건을 이용해야 하는데 두 삼각형 모두 선분 AB를 밑변으로 하는 삼각형이므로 점과 직선 AB 사이의 거리를 구하여 높이를 구하면 높이의 비와 넓이의 비가 일치한다. 여기서 m을 구할 수 있다.
풀이 과정이 대단히 복잡하거나 어렵지는 않으나, 어떠한 성질들에서 식을 끌어내야 하는지를 파악하는 것이 쉽지 않다. 만약 필요한 식을 찾아내지 못하였다면 주어진 조건들을 세심히 살펴 놓치는 성질이 없는지 확인해야 한다.

• 정답 •

01 ② 02 ① 03 ⑤ 04 ① 05 ⑤ 06 ④ 07 ① 08 ⑤ 09 ① 10 ③ 11 ④ 12 ③ 13 ① 14 ③ 15 ④★
16 ③ 17 ④ 18 ⑤ 19 ③ 20 ② 21 ⑤★ 22 5 23 8 24 31 25 19 26 18 27 24 28 4 29 16430 396

★ 표기된 문항은 [등급을 가르는 문제]에 해당하는 문항입니다.

01 다항식의 계산 정답률 96% | 정답 ②

두 다항식

$$A = x^2 - 2xy + y^2, \quad B = 3xy - y^2$$

에 대하여 $A+B$는? [2점]

① $x^2 - xy$ ② $x^2 + xy$ ③ $x^2 + 2xy$

④ $2x^2 - xy$ ⑤ $2x^2 + xy$

STEP 01 다항식의 계산으로 $A+B$를 구한다.

$$A + B = (x^2 - 2xy + y^2) + (3xy - y^2)$$
$$= x^2 + xy$$

02 항등식 정답률 96% | 정답 ①

모든 실수 x에 대하여 등식

❶ $x^2 + (a+1)x + 4 = x^2 + 3x + b$

가 성립할 때, $a+b$의 값은? (단, a, b는 상수이다.)[2점]

① 6 ② 8 ③ 10 ④ 12 ⑤ 14

STEP 01 ❶의 양변의 계수를 비교하여 a, b의 값을 각각 구한 후 $a+b$의 값을 구한다.

등식 $x^2 + (a+1)x + 4 = x^2 + 3x + b$가 x에 대한 항등식이므로
양변에서 동류항의 계수를 비교하면
$a+1 = 3$, $4 = b$
따라서 $a+b = 2+4 = 6$

03 행렬의 연산 정답률 93% | 정답 ⑤

세 행렬 $A = \begin{pmatrix} 4 & 3 \\ -2 & 1 \end{pmatrix}$, $B = \begin{pmatrix} 1 & 2 \\ 6 & 0 \end{pmatrix}$, $C = \begin{pmatrix} 2 & 0 \\ -7 & 3 \end{pmatrix}$에 대하여 행렬

$A(B+C)$는? [2점]

① $\begin{pmatrix} -9 & -17 \\ 7 & 1 \end{pmatrix}$ ② $\begin{pmatrix} -9 & 17 \\ -7 & 1 \end{pmatrix}$ ③ $\begin{pmatrix} -9 & 17 \\ 7 & -1 \end{pmatrix}$

④ $\begin{pmatrix} 9 & 17 \\ 7 & 1 \end{pmatrix}$ ⑤ $\begin{pmatrix} 9 & 17 \\ -7 & -1 \end{pmatrix}$

STEP 01 행렬의 덧셈과 곱셈으로 답을 구한다.

$$A(B+C) = \begin{pmatrix} 4 & 3 \\ -2 & 1 \end{pmatrix} \left\{ \begin{pmatrix} 1 & 2 \\ 6 & 0 \end{pmatrix} + \begin{pmatrix} 2 & 0 \\ -7 & 3 \end{pmatrix} \right\} = \begin{pmatrix} 4 & 3 \\ -2 & 1 \end{pmatrix} \begin{pmatrix} 3 & 2 \\ -1 & 3 \end{pmatrix} = \begin{pmatrix} 9 & 17 \\ -7 & -1 \end{pmatrix}$$

다른 풀이

행렬의 연산에 대한 분배법칙을 적용하면
$A(B+C) = AB + AC$

$AB = \begin{pmatrix} 4 & 3 \\ -2 & 1 \end{pmatrix} \begin{pmatrix} 1 & 2 \\ 6 & 0 \end{pmatrix} = \begin{pmatrix} 22 & 8 \\ 4 & -4 \end{pmatrix}$

$AC = \begin{pmatrix} 4 & 3 \\ -2 & 1 \end{pmatrix} \begin{pmatrix} 2 & 0 \\ -7 & 3 \end{pmatrix} = \begin{pmatrix} -13 & 9 \\ -11 & 3 \end{pmatrix}$

$\therefore AB + AC = \begin{pmatrix} 22 & 8 \\ 4 & -4 \end{pmatrix} + \begin{pmatrix} -13 & 9 \\ -11 & 3 \end{pmatrix} = \begin{pmatrix} 9 & 17 \\ -7 & -1 \end{pmatrix}$

04 직선의 방정식 정답률 91% | 정답 ①

좌표평면 위의 ❶ 점 $(3, 9)$를 지나고 기울기가 2인 직선의 y절편은? [3점]

① 3 ② 4 ③ 5 ④ 6 ⑤ 7

STEP 01 ❶의 방정식을 구한 후 y절편을 구한다.

점 $(3, 9)$를 지나고 기울기가 2인 직선의 방정식은
$y = 2(x-3) + 9 = 2x + 3$
따라서 y절편은 3

● 핵심 공식

▶ 직선의 방정식

(1) 기울기가 m이고 점 (x_1, y_1)을 지나는 직선 : $y - y_1 = m(x - x_1)$

(2) 두 점 (x_1, y_1), (x_2, y_2)를 지나는 직선 : $y - y_1 = \dfrac{y_2 - y_1}{x_2 - x_1}(x - x_1)$

(3) x절편이 a, y절편이 b인 직선 : $\dfrac{x}{a} + \dfrac{y}{b} = 1$

05 대칭이동 정답률 87%| 정답 ⑤

좌표평면에서 ❶ 직선 $3x - 2y + a = 0$을 원점에 대하여 대칭이동한 직선이
점 $(3, 2)$를 지날 때, 상수 a의 값은? [3점]

① 1 ② 2 ③ 3 ④ 4 ⑤ 5

STEP 01 ❶의 방정식을 구한 후 점 $(3, 2)$를 대입하여 a의 값을 구한다.

직선 $3x - 2y + a = 0$을 원점에 대하여
대칭이동한 직선 $-3x + 2y + a = 0$이 점 $(3, 2)$를 지나므로
$-9 + 4 + a = 0$
따라서 $a = 5$

● 핵심 공식

▶ 도형의 대칭이동

(1) 점 (x, y)를
x축에 대하여 대칭이동 : $(x, y) \rightarrow (x, -y)$
y축에 대하여 대칭이동 : $(x, y) \rightarrow (-x, y)$
원점에 대하여 대칭이동 : $(x, y) \rightarrow (-x, -y)$
직선 $y = x$에 대하여 대칭이동 : $(x, y) \rightarrow (y, x)$

(2) $f(x, y) = 0$이 나타내는 도형을
x축에 대하여 대칭이동 : $f(x, y) = 0 \rightarrow f(x, -y) = 0$
y축에 대하여 대칭이동 : $f(x, y) = 0 \rightarrow f(-x, y) = 0$
원점에 대하여 대칭이동 : $f(x, y) = 0 \rightarrow f(-x, -y) = 0$
직선 $y = x$에 대하여 대칭이동 : $f(x, y) = 0 \rightarrow f(y, x) = 0$

06 순열과 조합 정답률 84% | 정답 ④

❶ ${}_n C_2 + {}_{n+1} C_3 = 2 {}_n P_2$를 만족시키는 자연수 n의 값은? (단, $n \geq 2$) [3점]

① 5 ② 6 ③ 7 ④ 8 ⑤ 9

STEP 01 ❶을 순열과 조합의 식으로 전개하여 n을 구한다.

$${}_n C_2 + {}_{n+1} C_3 = 2 {}_n P_2$$
$$\frac{n(n-1)}{2} + \frac{(n+1)n(n-1)}{6} = 2n(n-1)$$

$n \geq 2$이므로 $n(n-1) \neq 0$

양변에 $\dfrac{6}{n(n-1)}$을 곱하면

$3 + (n+1) = 12$

$\therefore n = 8$

● 핵심 공식

▶ 순열

서로 다른 n개에서 r개를 택하여 일렬로 나열하는 방법을 n개에서 r개를 택하는 순열이
라 하고, 이 순열의 수를 기호 ${}_n P_r$로 나타낸다.

$${}_n P_r = \frac{n!}{(n-r)!} \text{ (단, } 0 \leq r \leq n)$$

▶ 조합

서로 다른 n개에서 순서를 고려하지 않고 r개를 택하는 것을 n개에서 r개를 택하는 조합
이라 하고, 이 조합의 수를 기호 ${}_n C_r$와 같이 나타낸다.

$${}_n C_r = \frac{{}_n P_r}{r!} = \frac{n!}{r!(n-r)!} \text{(단, } 0 \leq r \leq n)$$

07 나머지정리 정답률 74% | 정답 ①

다항식 $f(x)$에 대하여 ❶ 다항식 $(x+3)\{f(x)-2\}$를 $x-1$로 나눈
나머지가 16일 때, 다항식 ❷ $f(x)$를 $x-1$로 나눈 나머지는? [3점]

① 6 ② 7 ③ 8 ④ 9 ⑤ 10

STEP 01 ❶에서 나머지정리에 의하여 $f(1)$을 구하여 ❷의 값을 구한다.

다항식 $f(x)$를 일차식 $x-1$로 나누었을 때의

몫을 $Q(x)$, 나머지를 R라 하면
$f(x) = (x-1)Q(x) + R$이고,
$(x+3)\{f(x)-2\}$를 $x-1$로 나눈 나머지가 16이므로 나머지정리에 의하여
$4 \times \{f(1)-2\} = 16$
따라서 $f(1) = 6 = R$

---

08 원의 접선의 방정식 | 정답률 64% | 정답 ⑤

좌표평면에서 ❶ 원 $x^2 + y^2 = 10$ 위의 점 $(3, 1)$에서의 접선이 점 $(1, a)$를 지날 때, a의 값은? [3점]

① 3 ② 4 ③ 5 ④ 6 ⑤ 7

STEP 01 ❶의 방정식을 구한 후 점 $(1, a)$를 대입하여 a의 값을 구한다.

원 $x^2 + y^2 = 10$ 위의 점 $(3, 1)$에서의 접선 $3x + y = 10$이 점 $(1, a)$를 지나므로
$3 + a = 10$
따라서 $a = 7$

● 핵심 공식

▶ 원의 접선의 방정식
(1) 원 $x^2 + y^2 = r^2$ 위의 점 (x_1, y_1)에서의 접선의 방정식
$x_1 x + y_1 y = r^2$
(2) 원 $(x-a)^2 + (y-b)^2 = r^2$ 위의 점 (x_1, y_1)에서의 접선의 방정식
$(x_1 - a)(x-a) + (y_1 - b)(y-b) = r^2$

---

09 명제의 추론 | 정답률 84% | 정답 ①

세 조건 p, q, r에 대하여 두 명제 ❶ $p \to \sim r$ 와 $q \to r$가 모두 참일 때, 다음 명제 중에서 항상 참인 것은? [3점]

① $p \to \sim q$ ② $q \to p$ ③ $\sim q \to \sim r$
④ $r \to p$ ⑤ $r \to q$

STEP 01 ❶에서 세 조건의 진리집합 사이의 포함관계를 구한 후 참인 명제를 찾는다.

세 조건 p, q, r의 진리집합을 각각 P, Q, R라 하자.
명제 $q \to r$가 참이므로 대우 $\sim r \to \sim q$도 참이다. 그러므로 $R^C \subset Q^C$이고
명제 $p \to \sim r$가 참이므로 $P \subset R^C$
따라서 $P \subset R^C \subset Q^C$이 성립하므로 $P \subset Q^C$이다.
따라서 명제 $p \to \sim q$가 항상 참이다.

다른 풀이

$q \to r$이 참이면 대우인 $\sim r \to \sim q$도 참이다.
$p \to \sim r$이므로 $p \to \sim r \to \sim q$이다.
따라서 명제 $p \to \sim q$가 항상 참이다.

● 핵심 공식

▶ 명제와 진리집합의 관계
명제 $p \to q$에 대하여 두 조건 p, q의 진리집합을 각각 P, Q라 할 때
(1) $p \to q$가 참이면 $P \subset Q$, $P \subset Q$이면 $p \to q$는 참
(2) $q \to p$가 참이면 $Q \subset P$, $Q \subset P$이면 $q \to p$는 참

---

10 이차함수와 직선의 위치관계 | 정답률 83% | 정답 ③

좌표평면에서 ❶ 직선 $y = mx - 4$가 이차함수 $y = x^2 + x$의 그래프에 접하도록 하는 양수 m의 값은? [3점]

① 1 ② 3 ③ 5 ④ 7 ⑤ 9

STEP 01 ❶의 두 식을 연립한 후 이차방정식의 판별식을 이용하여 양수 m의 값을 구한다.

$x^2 + x = mx - 4$에서 $x^2 + (1-m)x + 4 = 0$
이차방정식 $x^2 + (1-m)x + 4 = 0$의 판별식을 D라 할 때,
주어진 이차함수의 그래프와 직선이 접하려면
이차방정식 $x^2 + (1-m)x + 4 = 0$의 판별식 $D = 0$이어야 하므로
$D = (1-m)^2 - 16 = (m-5)(m+3) = 0$
$m = 5$ 또는 $m = -3$
m은 양수이므로 $m = 5$

---

11 명제의 조건 | 정답률 71% | 정답 ④

실수 x에 대한 두 조건
$p : |x| \le n$,
$q : x^2 + 2x - 8 \le 0$
에 대하여 ❶ p가 q이기 위한 필요조건이 되도록 하는 ❷ 자연수 n의 최솟값은? [3점]

① 1 ② 2 ③ 3 ④ 4 ⑤ 5

STEP 01 두 조건의 부등식을 각각 풀어 수직선에 나타낸 후 ❶을 성립하도록 하는 ❷를 구한다.

두 조건 p, q의 진리집합을 각각 P, Q라 하면
$P = \{x | -n \le x \le n\}$, $Q = \{x | -4 \le x \le 2\}$
p가 q이기 위한 필요조건이 되려면 $Q \subset P$

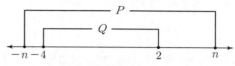

$-n \le -4$, $n \ge 2$이므로 $n \ge 4$
따라서 자연수 n의 최솟값은 4

● 핵심 공식

▶ 필요조건, 충분조건과 진리집합
두 조건 p, q의 진리집합을 P, Q라고 하면
(1) p는 q이기 위한 충분조건 $\Leftrightarrow P \subset Q$
(2) p는 q이기 위한 필요조건 $\Leftrightarrow P \supset Q$
(3) p는 q이기 위한 필요충분조건 $\Leftrightarrow P = Q$

---

12 연립이차방정식 | 정답률 83% | 정답 ③

연립방정식
$\begin{cases} 3x - 2y = 7 \\ 6x^2 - xy - 2y^2 = 0 \end{cases}$
의 해를 $x = \alpha$, $y = \beta$라 할 때, $\alpha - \beta$의 값은? [3점]

① 1 ② 2 ③ 3 ④ 4 ⑤ 5

STEP 01 연립방정식의 이차식을 인수분해한 후 일차식을 이용하여 x, y를 각각 구한 후 $\alpha - \beta$의 값을 구한다.

$\begin{cases} 3x - 2y = 7 & \cdots \ \bigcirc \\ 6x^2 - xy - 2y^2 = 0 & \cdots \ \bigcirc\!\!\!\bigcirc \end{cases}$
$\bigcirc\!\!\!\bigcirc$에서 $(2x+y)(3x-2y) = 0$이고 $3x - 2y = 7$이므로
$2x + y = 0$, $y = -2x$ $\cdots \ \bigcirc\!\!\!\bigcirc\!\!\!\bigcirc$
$\bigcirc$, $\bigcirc\!\!\!\bigcirc\!\!\!\bigcirc$에서 $x = 1$, $y = -2$
따라서 $\alpha - \beta = 1 - (-2) = 3$

---

13 평행이동 | 정답률 76% | 정답 ①

좌표평면에서 두 양수 a, b에 대하여 ❶ 원 $(x-a)^2 + (y-b)^2 = b^2$을 x축의 방향으로 3만큼, y축의 방향으로 -8만큼 평행이동한 원을 C라 하자. ❷ 원 C가 x축과 y축에 동시에 접할 때, $a + b$의 값은? [3점]

① 5 ② 6 ③ 7 ④ 8 ⑤ 9

STEP 01 ❶의 중심의 좌표를 평행이동하여 원 C의 중심의 좌표를 구한 후 ❷를 이용하여 양수 a, b를 각각 구한 다음 $a + b$의 값을 구한다.

원 $(x-a)^2 + (y-b)^2 = b^2$은 중심의 좌표가 (a, b)이고
반지름의 길이가 b이므로 원 C는 중심의 좌표는 $(a+3, b-8)$이고
반지름의 길이는 b이다.
원 C가 x축과 y축에 동시에 접하므로 $a + 3 = |b - 8| = b$
$b - 8 \ne b$이므로 $-b + 8 = b$, $b = 4$이고 $a + 3 = 4$, $a = 1$
따라서 $a + b = 5$

---

14 절대부등식 | 정답률 66% | 정답 ③

$\angle C = 90°$인 직각삼각형 ABC에 대하여 ❶ ABC의 넓이가 16일 때, ❷ $\overline{AB}^2$의 최솟값은? [4점]

① 48 ② 56 ③ 64 ④ 72 ⑤ 80

STEP 01 ❶에서 직각삼각형 ABC의 빗변이 아닌 두 변의 관계를 구한 후 피타고라스 정리와 절대부등식을 이용하여 ❷를 구한다.

직각삼각형 ABC의 두 변을 각각 $\overline{BC}=a$, $\overline{AC}=b$라 하면

직각삼각형 ABC의 넓이는 $\frac{1}{2}ab$이므로 $\frac{1}{2}ab=16$, $ab=32$

선분 AB가 직각삼각형 ABC의 빗변이므로 $\overline{AB}^2=a^2+b^2$

$a^2>0$, $b^2>0$이므로 산술평균과 기하평균의 관계에 의하여

$\frac{a^2+b^2}{2}\geq\sqrt{a^2b^2}$ (단, 등호는 $a^2=b^2$일 때 성립)

$a^2+b^2\geq64$이므로 $\overline{AB}^2$의 최솟값은 64

---

15 연립부등식 　　　　　정답률 75% | 정답 ④

x에 대한 연립부등식

$\begin{cases}x^2-2x-3\geq0\\2^2-(5+k)x+5k\leq0\end{cases}$

을 만족시키는 ❶ 정수 x의 개수가 5가 되도록 하는 모든 정수 k의 값의 곱은? [4점]

① -36　② -30　③ -24　④ -18　⑤ -12

STEP 01 k의 범위를 나누어 연립부등식을 풀고 각각 ❶을 만족하도록 하는 정수 k의 값을 구한 후 곱을 구한다.

$\begin{cases}x^2-2x-3\geq0 &\cdots\ \text{㉠}\\x^2-(5+k)x+5k\leq0 &\cdots\ \text{㉡}\end{cases}$

㉠에서 $(x-3)(x+1)\geq0$

$x\leq-1$ 또는 $x\geq3$

㉡에서 $(x-5)(x-k)\leq0$

$k<5$일 때 $k\leq x\leq5$, $k\geq5$일 때 $5\leq x\leq k$

(i) $k<5$일 때

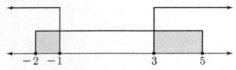

정수 x의 개수가 5가 되도록 하는 k의 값은 -2

(ii) $k\geq5$일 때

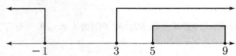

정수 x의 개수가 5가 되도록 하는 k의 값은 9

(i), (ii)에 의하여 연립부등식을 만족시키는 정수 x의 개수가 5가 되도록 하는 모든 정수 k의 값의 곱은

$(-2)\times9=-18$

---

16 인수분해 　　　　　정답률 68% | 정답 ③

2 이상의 네 자연수 a, b, c, d에 대하여
❶ $(14^2+2\times14)^2-18\times(14^2+2\times14)+45=a\times b\times c\times d$일 때,
❷ $a+b+c+d$의 값은? [4점]

① 56　② 58　③ 60　④ 62　⑤ 64

STEP 01 ❶에서 14를 치환한 후 좌변을 인수분해하여 ❷의 값을 구한다.

$14=X$라 하면

$(14^2+2\times14)^2-18\times(14^2+2\times14)+45=(X^2+2X)^2-18(X^2+2X)+45$
$\qquad=(X^2+2X-3)(X^2+2X-15)$
$\qquad=(X-1)(X+3)(X-3)(X+5)$

$X=14$를 대입하면

$(14-1)\times(14+3)\times(14-3)\times(14+5)=13\times17\times11\times19$

따라서 $a+b+c+d=60$

---

17 원과 직선의 위치 관계 　　　　　정답률 45% | 정답 ④

좌표평면 위에 두 점 A$(0,\ \sqrt{3})$, B$(1,\ 0)$과
원 $C:(x-1)^2+(y-10)^2=9$가 있다. 원 C 위의 점 P에 대하여 ❶ 삼각형 ABP의 넓이가 자연수가 되도록 하는 ❷ 모든 점 P의 개수는? [4점]

① 9　② 10　③ 11　④ 12　⑤ 13

STEP 01 두 점 A, B를 지나는 직선을 방정식을 구한 후 원의 중심과 직선 AB 사이의 거리, 반지름의 길이를 이용하여 점 P와 직선 AB 사이의 거리를 구한다.

두 점 A$(0,\ \sqrt{3})$, B$(1,\ 0)$을 지나는 직선의 방정식은

$y=\frac{0-\sqrt{3}}{1-0}x+\sqrt{3}$, $\sqrt{3}x+y-\sqrt{3}=0$

원 C의 중심 $(1,\ 10)$과 직선 AB 사이의 거리는

$\frac{|\sqrt{3}+10-\sqrt{3}|}{\sqrt{3+1}}=5$

이고 원 C의 반지름의 길이는 3이므로
원 C 위의 점 P와 직선 AB 사이의 거리를 h라 하면
$2\leq h\leq8$이다.

STEP 02 선분 AB의 길이를 구한 후 삼각형 ABP의 넓이를 구한 다음 ❶을 만족하도록 하는 조건을 구한다.

선분 AB의 길이는 $\sqrt{1+3}=2$이고
삼각형 ABP의 넓이를 S라 할 때

$S=\frac{1}{2}\times2\times h=h$이므로

S가 자연수이려면 h가 자연수이어야 한다.

STEP 03 h의 범위를 나누어 각각 조건을 만족하는 점 P의 개수를 구한 후 ❷를 구한다.

직선 AB와 평행한 직선 중에서 원 C의 중심으로 부터의 거리가 $|5-h|$이고 직선 AB와의 거리가 h인 직선을 l이라 하자.

(i) $h=2$일 때

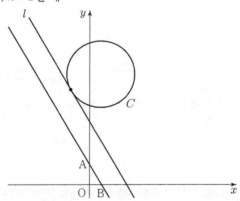

직선 l과 원 C는 한 점에서 만나므로
점 P의 개수는 1

(ii) $3\leq h\leq7$일 때

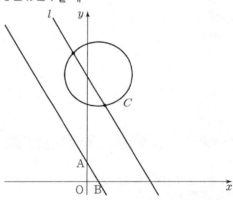

직선 l과 원 C는 서로 다른 두 점에서 만나므로
점 P의 개수는 $5\times2=10$

(iii) $h=8$일 때

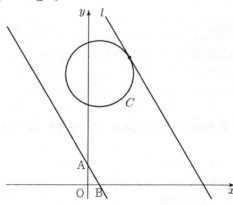

직선 l과 원 C는 한 점에서 만나므로
점 P 의 개수는 1

(i), (ii), (iii)에 의하여 모든 점 P의 개수는
$1+10+1=12$

▶ 점과 직선 사이의 거리

점 $A(x_1, y_1)$에서 직선 $ax+by+c=0$에 이르는 거리를 d라 할 때,

$$d = \frac{|ax_1 + by_1 + c|}{\sqrt{a^2+b^2}}$$

▶ 원과 직선의 위치 관계

원 $(x-a)^2 + (y-b)^2 = r^2$과 직선 $y=mx+n$의 위치 관계는 원의 중심 (a, b)에서 직선 $y=mx+n(mx-y+n=0)$까지의 거리를 d라 하고, 두 도형의 방정식을 연립하는 과정의 x에 관한 이차방정식의 판별식을 D라고 하면

(1) 만나지 않는 경우 : $d > r$, $D < 0$
(2) 두 점에서 만나는 경우 : $d < r$, $D > 0$
(3) 한 점에서 만나는 경우(접하는 경우) : $d = r$, $D = 0$

---

18 복소수의 성질   정답률 48% | 정답 ⑤

두 복소수

❶ $z_1 = a+bi$, $z_2 = c+di$

에 대하여 a, b, c, d는 자연수이고 ❷ $z_1\overline{z_1} = 10$일 때, 〈보기〉에서 옳은 것만을 있는 대로 고른 것은? (단, $i = \sqrt{-1}$ 이고, $\overline{z}$는 복소수 z의 켤레복소수이다.) [4점]

―――――――――― 〈보기〉 ――――――――――

ㄱ. $a^2 + b^2 = 10$

ㄴ. ❸ $z_1 + \overline{z_2} = 3$이면 $c+d = 5$이다.

ㄷ. ❹ $(z_1 + z_2)(\overline{z_1 + z_2}) = 41$이면

    ❺ $z_2\overline{z_2}$의 최댓값은 17이다.

① ㄱ   ② ㄱ, ㄴ   ③ ㄱ, ㄷ   ④ ㄴ, ㄷ   ⑤ ㄱ, ㄴ, ㄷ

STEP 01 ㄱ. ❷를 이용하여 참, 거짓을 판별한다.

ㄱ. $z_1\overline{z_1} = (a+bi)(a-bi) = a^2 + b^2 = 10$ ∴ 참

STEP 02 ㄴ. ㄱ과 ❸에서 a, b, c, d를 각각 구한 후 $c+d$를 구하여 참, 거짓을 판별한다.

ㄴ. $a^2 + b^2 = 10$에서

$a=1$이면 $b=3$이다.

$a=2$이면 $b^2 = 6$인 자연수 b는 존재하지 않는다.

$a=3$이면 $b=1$이다.

$a \geq 4$이면 $a^2 \geq 16$이므로 자연수 b는 존재하지 않는다.

$z_1 + \overline{z_2} = (a+bi) + (c-di) = (a+c) + (b-d)i = 3$

이므로 $a+c=3$, $b-d=0$

$a+c=3$에서 $a < 3$

$a=1$, $c=2$, $b=d=3$이므로

$c+d=5$이므로   ∴ 참

STEP 03 ㄷ. ❶을 ❹에 대입하여 만족하는 자연수 a, b, c, d의 조건을 구한다.

ㄷ. $(z_1 + z_2)(\overline{z_1 + z_2})$

$= \{(a+c) + (b+d)i\}\{(a+c) - (b+d)i\}$

$= (a+c)^2 + (b+d)^2 = 41$

$a+c=2$이면 $(b+d)^2 = 37$인 자연수 $b+d$는 존재하지 않는다.

$a+c=3$이면 $(b+d)^2 = 32$인 자연수 $b+d$는 존재하지 않는다.

$a+c=4$이면 $b+d=5$이다.

$a+c=5$이면 $b+d=4$이다.

$a+c=6$이면 $(b+d)^2 = 5$인 자연수 $b+d$는 존재하지 않는다.

$a+c \geq 7$이면 $(a+c)^2 \geq 49$이므로 자연수 $b+d$는 존재하지 않는다.

STEP 04 $a+c=4$, $a+c=5$일 때 각각 a, b, c, d를 구한 후 ❺를 구하여 참, 거짓을 판별한다.

(i) $a+c=4$일 때

$a=1$이면 $c=3$이고 $b=3$에서 $d=2$이다.

$a=3$이면 $c=1$이고 $b=1$에서 $d=4$이다.

(ii) $a+c=5$일 때

$a=1$이면 $c=4$이고 $b=3$에서 $d=1$이다.

$a=3$이면 $c=2$이고 $b=1$에서 $d=3$이다.

(i), (ii)에 의하여 $z_2\overline{z_2} = c^2 + d^2$의 값은

13 또는 17이므로 $z_2\overline{z_2}$의 최댓값은 17   ∴ 참

따라서 옳은 것은 ㄱ, ㄴ, ㄷ

---

19 집합의 원소   정답률 43% | 정답 ③

18 이하의 자연수 k에 대하여 두 집합

$A = \{x \mid x$는 k의 양의 약수$\}$, $B = \{2, 5, 6\}$

이 있다. $n(A \cap B) = 2$일 때, 〈보기〉에서 옳은 것만을 있는 대로 고른 것은? [4점]

―――――――――― 〈보기〉 ――――――――――

ㄱ. $A \cap B = \{2, 5\}$이면 $k=10$이다.

ㄴ. $A \cap B = \{5, 6\}$을 만족하는 k가 존재한다.

ㄷ. 집합 ❶ $A - B$의 모든 원소의 합이 홀수가 되는 모든 k의 값의 합은 28이다.

① ㄱ   ② ㄷ   ③ ㄱ, ㄷ   ④ ㄴ, ㄷ   ⑤ ㄱ, ㄴ, ㄷ

STEP 01 ㄱ. 2, 5를 약수로 갖는 18 이하의 자연수 k를 구하여 참 거짓을 판별한다.

ㄱ. $A \cap B = \{2, 5\}$에서 $2 \in A$, $5 \in A$

2와 5가 k의 약수이므로

k는 10의 배수이다.

k는 18 이하의 자연수이므로 $k=10$ ∴ 참

STEP 02 ㄴ. 5, 6을 약수로 갖는 18 이하의 자연수 k를 구하여 참 거짓을 판별한다.

ㄴ. $A \cap B = \{5, 6\}$에서 $5 \in A$, $6 \in A$

5와 6이 k의 약수이므로 k는 30의 배수이다.

k는 18 이하의 자연수이므로 존재하지 않는다.   ∴ 거짓

STEP 03 ㄷ. $A \cap B$의 원소가 될 수 있는 경우를 구하고, 각 경우의 k값에 대하여 ❶을 성립하는지 확인하여 만족하는 k를 구한다. k의 값의 합을 구하여 참 거짓을 판별한다.

ㄷ. (i) $A \cap B = \{2, 5\}$일 때, $k=10$이고 $A = \{1, 2, 5, 10\}$이므로 집합
$A - B = \{1, 10\}$의 모든 원소의 합은 11

(ii) $A \cap B = \{2, 6\}$일 때, $2 \in A$, $6 \in A$
2와 6이 k의 약수이므로 k는 6의 배수이다.
k는 18 이하의 자연수이므로
가능한 k는 6, 12, 18이다.
  i) $k=6$인 경우
    $A = \{1, 2, 3, 6\}$이므로
    집합 $A - B = \{1, 3\}$의 모든 원소의 합은 4이므로 성립하지 않는다.
  ii) $k=12$인 경우
    $A = \{1, 2, 3, 4, 6, 12\}$이므로 집합
    $A - B = \{1, 3, 4, 12\}$의 모든 원소의 합은 20이므로 성립하지 않는다.
  iii) $k=18$인 경우
    $A = \{1, 2, 3, 6, 9, 18\}$이므로 집합
    $A - B = \{1, 3, 9, 18\}$의 모든 원소의 합은 31

∴ 집합 $A - B$의 모든 원소의 합이 홀수가 되는 모든 k의 값의 합은 $10 + 18 = 28$ ∴ 참

따라서 옳은 것은 ㄱ, ㄷ

---

20 집합의 연산   정답률 66% | 정답 ②

전체집합 $U = \{x \mid x$는 10 이하의 자연수$\}$의 두 부분집합

$A = \{1, 2, 3, 4, 5\}$, $B = \{3, 4, 5, 6, 7\}$

에 대하여 집합 U의 부분집합 X가 다음 조건을 만족시킬 때, 집합 X의 모든 원소의 합의 최솟값은? [4점]

(가) $n(X) = 6$
(나) $A - X = B - X$
(다) $(X - A) \cap (X - B) \neq \varnothing$

① 26   ② 27   ③ 28   ④ 29   ⑤ 30

STEP 01 조건 (나)에서 집합 X에 반드시 포함되어야 하는 원소를 구한다.

$A - X \subset A$, $B - X \subset B$이고

조건 (나)에서 $A - X = B - X$이므로

$A - X = B - X \subset A \cap B = \{3, 4, 5\}$

$A - X \subset \{3, 4, 5\}$에서 $\{1, 2\} \subset X$이고

$B - X \subset \{3, 4, 5\}$에서 $\{6, 7\} \subset X$이므로

$\{1, 2, 6, 7\} \subset X$ ⋯⋯ ㉠

STEP 02 조건 (다)에서 집합 X에 반드시 포함되어야 하는 원소를 구한다.

조건 (다)에서
$$(X-A) \cap (X-B) = (X \cap A^C) \cap (X \cap B^C)$$
$$= X \cap (A^C \cap B^C)$$
$$= X \cap (A \cup B)^C$$
$$= X \cap \{8, 9, 10\} \neq \varnothing \qquad \cdots \text{ⓒ}$$
조건 (가)에서 $n(X)=6$이고 ㉠에 의하여
$$n(X \cap \{3, 4, 5, 8, 9, 10\})=2 \qquad \cdots \text{ⓒ}$$
ⓒ에 의하여 세 원소 8, 9, 10 중 적어도
하나의 원소는 집합 X에 속해야 한다.

STEP 03 조건 (가)를 만족하면서 모든 원소의 합이 최소가 되도록 하는 집합 X를 구하여 모든 원소의 합을 구한다.

집합 X의 모든 원소의 합이 최소이려면 $8 \in X$이고
ⓒ에 의하여 다섯 원소 3, 4, 5, 9, 10 중
가장 작은 원소는 집합 X에 속해야 하므로 $3 \in X$
따라서 $X = \{1, 2, 3, 6, 7, 8\}$일 때
모든 원소의 합이 최소이고 집합 X의 모든 원소의 합의 최솟값은
$$1+2+3+6+7+8 = 27$$

★★★ 등급을 가르는 문제!

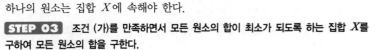

21 원의 방정식의 활용　　　정답률 35% | 정답 ⑤

❶ $1 \leq a < b$인 두 상수 a, b에 대하여 세 집합
$$A = \left\{(x, y) \,\middle|\, y = \frac{4}{3}x \text{이고 } (x+2)^2 + (y+1)^2 = 1\right\},$$
$$B = \left\{(x, y) \,\middle|\, y = \frac{4}{3}x \text{이고 } (x-a-1)^2 + (y-a)^2 = a^2\right\},$$
$$C = \left\{(x, y) \,\middle|\, y = \frac{4}{3}x \text{이고 } (x-b-1)^2 + (y-b)^2 = b^2\right\}$$
이 있다. ❷ $n(A \cup B \cup C)=3$일 때, $a+b$의 값은? [4점]

① $\dfrac{14}{5}$　　② 3　　③ $\dfrac{16}{5}$　　④ $\dfrac{17}{5}$　　⑤ $\dfrac{18}{5}$

STEP 01 각 집합의 의미를 파악한다.

세 원 $(x+2)^2 + (y+1)^2 = 1$, $(x-a-1)^2 + (y-a)^2 = a^2$,
$(x-b-1)^2 + (y-b)^2 = b^2$을 차례로 O_1, O_2, O_3이라 하자.
집합 A, B, C는 좌표평면에서
직선 $y = \dfrac{4}{3}x$가 세 원 O_1, O_2, O_3과 각각 만나는 점의 집합이다.

STEP 02 $n(A)$를 구한 후 세 원의 위치관계를 파악하여 ❷를 만족하도록 하는 $n(B \cup C)$를 구한다.

원 O_1의 중심 $(-2, -1)$과 직선 $y = \dfrac{4}{3}x$ 사이의 거리가
$$\frac{|-8+3|}{\sqrt{4^2 + 3^2}} = 1$$이고
원 O_1의 반지름의 길이가 1이므로
원 O_1과 직선 $y = \dfrac{4}{3}x$는 한 점에서 만난다.
그러므로 $n(A) = 1$
세 원 O_1, O_2, O_3은 모두 x축에 접하고 원 O_1의 중심은 제3사분면,
두 원 O_2, O_3의 중심은 제1사분면 위에 있으므로
원 O_1은 두 원 O_2, O_3과 만나지 않는다.
그러므로 $A \cap (B \cup C) = \varnothing$
$n(A) = 1$, $A \cap (B \cup C) = \varnothing$이므로
$n(A \cup B \cup C) = 3$이려면 $n(B \cup C) = 2$ $\qquad \cdots \text{㉠}$

STEP 03 ❶을 이용하여 $n(B \cup C) = 2$를 만족하도록 하는 두 원 O_2, O_3의 관계를 파악하고 만족하는 a, b를 구한 다음 합을 구한다.

두 원 O_2, O_3의 중심 $(a+1, a)$, $(b+1, b)$는 모두 직선 $y = x-1$ 위의 점이다.
직선 $y = x-1$ 위의 점 $(k+1, k)$ $(k \geq 1)$을 중심으로 하고
반지름의 길이가 k인 원에 대하여 원의 중심 $(k+1, k)$와
직선 $y = \dfrac{4}{3}x$ 사이의 거리는
$$\frac{|4k+4-3k|}{\sqrt{4^2+3^2}} = \frac{k+4}{5}$$이므로
점 $(k+1, k)$ $(k \geq 1)$을 중심으로 하고
반지름의 길이가 k인 원과

직선 $y = \dfrac{4}{3}x$는
$k = 1$이면 $k = \dfrac{k+4}{5}$이므로 서로 접하고
$k > 1$이면 $k > \dfrac{k+4}{5}$이므로 서로 다른 두 점에서 만난다.
$1 \leq a < b$에서 $a \geq 1$이므로 $n(B) \geq 1$
$b > 1$이므로 $n(C) = 2$ $\qquad \cdots \text{ⓒ}$
㉠, ⓒ에서 $B \subset C$이고 $a \neq b$이면 $B \neq C$이므로
$$n(B) < n(C) = 2$$
$1 \leq n(B) < 2$에서 $n(B) = 1$이므로
원 O_2와 직선 $y = \dfrac{4}{3}x$는 서로 접하고 $a = 1$이다.
$(x-2)^2 + (y-1)^2 = 1$에 $y = \dfrac{4}{3}x$를 대입하면
$$(x-2)^2 + \left(\frac{4}{3}x - 1\right)^2 = 1$$
$$\frac{25}{9}x^2 - \frac{20}{3}x + 4 = \left(\frac{5}{3}x - 2\right)^2 = 0$$
$x = \dfrac{6}{5}$, $y = \dfrac{8}{5}$이므로
$$B = \left\{\left(\frac{6}{5}, \frac{8}{5}\right)\right\}$$
$B \subset C$이므로 $\left(\dfrac{6}{5}, \dfrac{8}{5}\right) \in C$
점 $\left(\dfrac{6}{5}, \dfrac{8}{5}\right)$이 원 O_3 위의 점이어야 하므로
세 원 O_1, O_2, O_3과 직선 $y = \dfrac{4}{3}x$는 그림과 같다.

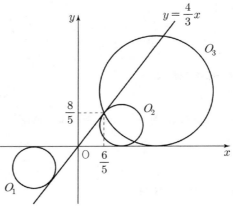

$(x-b-1)^2 + (y-b)^2 = b^2$에 $x = \dfrac{6}{5}$, $y = \dfrac{8}{5}$을 대입하면
$$\left(\frac{6}{5} - b - 1\right)^2 + \left(\frac{8}{5} - b\right)^2 = b^2$$
$$b^2 - \frac{18}{5}b + \frac{13}{5} = (b-1)\left(b - \frac{13}{5}\right) = 0$$
$b > a = 1$이므로 $b = \dfrac{13}{5}$
$$a + b = 1 + \frac{13}{5} = \frac{18}{5}$$

★★ 문제 해결 꿀~팁 ★★

▶ 문제 해결 방법

세 원을 차례로 O_1, O_2, O_3이라 하면 집합 A, B, C는 좌표평면에서 직선 $y = \dfrac{4}{3}x$가 세 원 O_1, O_2, O_3과 각각 만나는 점의 집합이고 $n(A \cup B \cup C) = 3$이므로 모든 교점의 개수는 3이다. 가장 중요한 것이 이 의미를 파악하는 것이다.

먼저 $n(A \cup B \cup C) = 3$을 이용하자. 세 원 O_1, O_2, O_3은 모두 x축에 접하고 $n(A) = 1$, 원 O_1의 중심은 제3사분면에 있고, 두 원 O_2, O_3의 중심은 제1사분면 위에 있으므로 원 O_1은 두 원 O_2, O_3과 만나지 않는다. 그러므로 $n(B \cup C) = 2$이다.

그런데 두 원 O_2, O_3의 중심 $(a+1, a)$, $(b+1, b)$는 모두 직선 $y = x-1$ 위의 점이고 반지름의 길이는 각각 a, b이고, $1 \leq a < b$이므로 $B \neq C$, 즉 $B \subset C$이고 $n(B) = 1$, $n(C) = 2$이다. 따라서 원 O_2와 직선 $y = \dfrac{4}{3}x$는 서로 접하고 $B \subset C$이므로 원 O_2와 직선 $y = \dfrac{4}{3}x$의 접점을 원 O_3이 지난다. 이 성질을 이용하여 a, b를 구하면 된다.

이 문제의 풀이에서 가장 중요한 것은 집합의 의미를 파악하고 주어진 조건을 만족하는 각 원들의 관계를 파악하는 것이다. 각 원의 위치관계가 정확하게 파악이 되면 그러한 관계를 만족하도록 식을 세워 미지수를 구하면 된다.

22 집합의 포함 관계
정답률 95% | 정답 5

두 집합 $A=\{2, 5\}$, $B=\{2, 4, a\}$에 대하여 $A \subset B$일 때, 상수 a의 값을 구하시오. [3점]

STEP 01 두 집합의 원소를 비교하여 $A \subset B$를 만족하도록 하는 a의 값을 구한다.

$5 \in A$, $A \subset B$이므로 $5 \in B$

따라서 $a = 5$

23 순열
정답률 88% | 정답 8

❶ $_nP_2 = 56$일 때, 자연수 n의 값은? [2점]

STEP 01 ❶을 순열의 공식을 이용해 계산한다.

$_nP_2 = n(n-1) = n^2 - n = 56$이므로 $n^2 - n - 56 = 0$

$(n-8)(n+7) = 0$

n이 자연수이므로 $n = 8$

24 행렬의 거듭제곱
정답률 83% | 정답 31

행렬 $A = \begin{pmatrix} -1 & a \\ 0 & -1 \end{pmatrix}$에 대하여 행렬 A^3의 ❶ 모든 성분의 합이 91일 때, 실수 a의 값을 구하시오. [3점]

STEP 01 행렬의 거듭제곱으로 행렬 A^3을 구한 후 ❶을 이용하여 a의 값을 구한다.

$A^2 = \begin{pmatrix} -1 & a \\ 0 & -1 \end{pmatrix}\begin{pmatrix} -1 & a \\ 0 & -1 \end{pmatrix} = \begin{pmatrix} 1 & -2a \\ 0 & 1 \end{pmatrix}$

$A^3 = \begin{pmatrix} 1 & -2a \\ 0 & 1 \end{pmatrix}\begin{pmatrix} -1 & a \\ 0 & -1 \end{pmatrix} = \begin{pmatrix} -1 & 3a \\ 0 & -1 \end{pmatrix}$

따라서 $A^3 = \begin{pmatrix} -1 & 3a \\ 0 & -1 \end{pmatrix}$이고, 모든 성분의 합은

$3a - 2 = 91$ $\therefore a = 31$

참고

$A^n = \begin{pmatrix} (-1)^n & (-1)^{n+1}na \\ 0 & (-1)^n \end{pmatrix}$임을 추론할 수 있다.

★★★ 등급을 가르는 문제!

25 두 점 사이의 거리
정답률 43% | 정답 19

세 양수 a, b, c에 대하여 좌표평면 위에 서로 다른 네 점 $O(0, 0)$, $A(a, 7)$, $B(b, c)$, $C(5, 5)$가 있다. 사각형 OABC가 선분 OB를 대각선으로 하는 마름모일 때, $a+b+c$의 값을 구하시오. (단, 네 점 O, A, B, C 중 어느 세 점도 한 직선 위에 있지 않다.)[3점]

STEP 01 네 점의 좌표를 마름모의 성질에 이용하여 a, b, c의 값을 각각 구한 후 합을 구한다.

마름모 OABC에서 $\overline{OA} = \overline{OC}$이므로 $\sqrt{a^2 + 7^2} = \sqrt{5^2 + 5^2}$

$a^2 = 1$에서 $a = 1$ $(a > 0)$

마름모의 두 대각선은 서로 다른 것을 이등분하므로 선분 AC의 중점은 선분 OB의 중점과 같다.

$\dfrac{1+5}{2} = \dfrac{0+b}{2}$, $\dfrac{7+5}{2} = \dfrac{0+c}{2}$에서 $b = 6$, $c = 12$이므로

$a+b+c = 1+6+12 = 19$

★★ 문제 해결 꿀~팁 ★★

▶ 문제 해결 방법
마름모의 정의와 대각선의 성질을 알고 있으면 어렵지 않게 답을 구할 수 있다.
마름모의 정의는 모든 변의 길이가 같은 사각형이므로 $\overline{OA} = \overline{OC}$에서 a를 구할 수 있다.
또한 두 대각선은 서로 다른 것을 수직이등분하므로 선분 AC의 중점과 선분 OB의 중점은 일치한다. 마름모뿐만 아니라 모든 사각형, 삼각형의 정의와 대각선의 성질, 외접원 및 내접원과의 관계에 관한 성질들을 정확하게 알고 있어야 한다.

26 이차함수의 최대와 최소
정답률 59% | 정답 18

❶ $0 \le x \le 2$에서 정의된 이차함수 $f(x) = x^2 - 2ax + 2a^2$의 최솟값이 10일 때, 함수 $f(x)$의 최댓값을 구하시오. (단, a는 양수이다.) [4점]

STEP 01 $f(x)$를 이차함수의 표준형으로 변형한 뒤 a의 범위를 나누어 ❶을 만족하도록 하는 a의 값을 구한 후 $f(x)$의 최댓값을 구한다.

이차함수 $f(x) = x^2 - 2ax + 2a^2 = (x-a)^2 + a^2$에서

(ⅰ) $0 < a < 2$일 때
$f(x)$의 최솟값은 $f(a) = a^2$
$0 < a^2 < 4$이므로 $f(x)$의 최솟값이 10이 되도록 하는 실수 a의 값은 존재하지 않는다.

(ⅱ) $a \ge 2$일 때
$f(x)$의 최솟값은 $f(2) = 2a^2 - 4a + 4$
$2a^2 - 4a + 4 = 10$
$a^2 - 2a - 3 = (a-3)(a+1) = 0$에서 $a = 3$
함수 $f(x)$의 최댓값은 $f(0) = 2a^2 = 18$

(ⅰ), (ⅱ)에 의하여 함수 $f(x)$의 최댓값은 18

★★★ 등급을 가르는 문제!

27 인수정리
정답률 33% | 정답 24

두 이차다항식 $P(x)$, $Q(x)$가 다음 조건을 만족시킨다.

> (가) 모든 실수 x에 대하여 $2P(x) + Q(x) = 0$ 이다.
> (나) $P(x)Q(x)$는 $x^2 - 3x + 2$로 나누어떨어진다.

❶ $P(0) = -4$일 때, $Q(4)$의 값을 구하시오. [4점]

STEP 01 조건 (가)를 조건 (나)에 이용하고 인수정리에 의해 미지수를 이용하여 $P(x)$를 놓는다.

(가)에서 $Q(x) = -2P(x)$이므로
$P(x)Q(x) = -2\{P(x)\}^2$이다.
(나)에 의해 $-2\{P(x)\}^2$을 $x^2 - 3x + 2$로 나누었을 때의 몫을 $A(x)$라 하면
$-2\{P(x)\}^2 = (x^2 - 3x + 2)A(x)$이고
$\{P(x)\}^2 = (x-1)(x-2)\left\{-\dfrac{1}{2}A(x)\right\}$이다.
$P(x)$는 이차다항식이고
$\{P(x)\}^2$이 $x-1$과 $x-2$를 인수로 가지므로
$P(x)$도 $x-1$과 $x-2$를 인수로 가진다.
그러므로
$P(x) = a(x-1)(x-2)$,
$Q(x) = -2a(x-1)(x-2)$ $(a \neq 0$인 실수$)$라 하자.

STEP 02 ❶을 이용하여 $P(x)$, $Q(x)$를 구한 다음 $Q(4)$의 값을 구한다.

$P(0) = 2a = -4$에서 $a = -2$이므로
$P(x) = -2(x-1)(x-2)$, $Q(x) = 4(x-1)(x-2)$
이다.
따라서 $Q(4) = 4 \times 3 \times 2 = 24$이다.

★★ 문제 해결 꿀~팁 ★★

▶ 문제 해결 방법
조건 (가)에서 두 다항식 $P(x)$와 $Q(x)$의 관계를 알려 주었으므로 결국 두 식 중 하나만 구하면 되는 문제이다. $Q(x) = -2P(x)$를 조건 (나)에 대입하고 인수정리에 의해 조건 (나)를 정리하면 $\{P(x)\}^2 = (x-1)(x-2)\left\{-\dfrac{1}{2}A(x)\right\}$이고 $\{P(x)\}^2$이 $x-1$과 $x-2$를 인수로 가지므로 $P(x)$도 $x-1$과 $x-2$를 인수로 가지고 $P(x) = a(x-1)(x-2)$라 할 수 있다. $P(0) = -4$이므로 $a = -2$. 이제 $-2P(4)$를 구하면 된다. 인수정리에 대한 기본적인 개념이 정리되어 있으면 수월하게 해결할 수 있는 문제이다.

28 행렬의 연산
정답률 22% | 정답 4

두 행렬 $A = \begin{pmatrix} a & -1 \\ 1 & b \end{pmatrix}$, $B = \begin{pmatrix} -1 & -1 \\ 0 & -2 \end{pmatrix}$에 대하여

$AB + A = O$를 만족시킬 때, $A + A^2 + A^3 + \cdots + A^{2010} = \begin{pmatrix} p & q \\ r & s \end{pmatrix}$

이다. $p^2 + q^2 + r^2 + s^2$의 값을 구하시오. (단, O는 영행렬이다.) [4점]

STEP 01 행렬 A의 거듭제곱으로 행렬 A^n의 규칙을 찾아 답을 구한다.

$AB + A = O$에 대입하여 정리하면

$$\begin{pmatrix} -a & -a+2 \\ -1 & -1-2b \end{pmatrix} + \begin{pmatrix} a & -1 \\ 1 & b \end{pmatrix} = \begin{pmatrix} 0 & -a+1 \\ 0 & -1-b \end{pmatrix} = 0,$$

$a=1$, $b=-1$이므로

$A = \begin{pmatrix} 1 & -1 \\ 1 & -1 \end{pmatrix}$이고 $A^2 = O$이다.

따라서 $A + A^2 + \cdots + A^{2010} = A = \begin{pmatrix} 1 & -1 \\ 1 & -1 \end{pmatrix}$

이므로

$p=1$, $q=-1$, $r=1$, $s=-1$

따라서 $p^2+q^2+r^2+s^2=4$이다.

● 핵심 공식

▶ 행렬의 곱셈

행렬 $A = \begin{pmatrix} a & b \\ c & d \end{pmatrix}$, $B = \begin{pmatrix} p & q \\ r & s \end{pmatrix}$에 대하여 행렬의 곱셈은 다음과 같다.

두 행렬 A, B의 곱 AB는 A의 열의 수와 B의 행의 수가 같을 때만 정의된다.

$$\begin{pmatrix} a & b \\ c & d \end{pmatrix} \begin{pmatrix} p & q \\ r & s \end{pmatrix} = \begin{pmatrix} ap+br & aq+bs \\ cp+dr & cq+ds \end{pmatrix}$$

★★★ 등급을 가르는 문제!

29 삼차방정식의 활용   정답률 14% | 정답 164

그림과 같이 $\overline{AD} = 4$인 등변사다리꼴 ABCD에 대하여 선분 AB를 지름으로 하는 원과 선분 CD를 지름으로 하는 원이 오직 한 점에서 만난다. 사각형 ABCD의 넓이와 둘레의 길이를 각각 S, l이라 하면 ❶ $S^2 + 8l = 6720$이다. $\overline{BD}^2$의 값을 구하시오. (단, $\overline{AD} < \overline{BC}$, $\overline{AB} = \overline{CD}$) [4점]

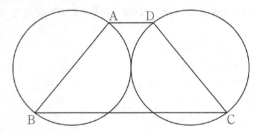

STEP 01 사다리꼴 ABCD의 넓이와 둘레의 길이를 구하기 위해 필요한 보조선을 그어 각 선분의 길이를 원의 반지름의 길이를 이용하여 나타낸다.

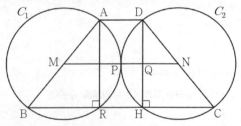

선분 AB를 지름으로 하는 원을 C_1이라 하고 선분 CD를 지름으로 하는 원을 C_2라 하자.

두 선분 AB, CD의 중점을 각각 M, N이라 하면 두 점 M, N은 각각 두 원 C_1, C_2의 중심이다.

$\overline{AB} = \overline{CD}$이므로 두 원 C_1, C_2의 반지름의 길이가 서로 같고

원 C_1과 원 C_2는 오직 한 점에서 만나므로 원 C_1과 원 C_2가 만나는 점은 선분 MN의 중점이다.

선분 MN의 중점을 P, 점 D에서 선분 BC에 내린 수선의 발을 H, 선분 DH와 선분 MN이 만나는 점을 Q라 하자.

두 원 C_1, C_2의 반지름의 길이를 r라 하면

$\overline{QN} = \overline{PN} - \overline{PQ} = r-2$에서

$\overline{HC} = 2 \times \overline{QN} = 2r-4$이므로

$\overline{DH}^2 = \overline{CD}^2 - \overline{HC}^2 = 16r-16$ … ㉠

점 A에서 선분 BC에 내린 수선의 발을 R라 하면

$\overline{BR} = \overline{HC} = 2r-4$, $\overline{RH} = 4$이므로

$\overline{BC} = \overline{BR} + \overline{RH} + \overline{HC} = 4r-4$ … ㉡

STEP 02 사다리꼴 ABCD의 넓이의 제곱과 둘레의 길이를 구한 후 ❶을 이용하여 원의 반지름의 길이를 구한 다음 $\overline{BD}^2$의 값을 구한다.

㉠, ㉡에서

$$S^2 = \left\{ \frac{1}{2} \times (\overline{BC} + \overline{AD}) \times \overline{DH} \right\}^2$$

$$\frac{1}{4} \times (\overline{BC} + \overline{AD})^2 \times \overline{DH}^2 = \frac{1}{4} \times \{(4r-4)+4\}^2 \times (16r-16) = 64r^2(r-1)$$

$l = \overline{AB} + \overline{BC} + \overline{CD} + \overline{AD} = 2r + (4r-4) + 2r + 4 = 8r$

$S^2 + 8l = 6720$에서

$64r^2(r-1) + 64r = 6720$

$r^3 - r^2 + r - 105 = (r-5)(r^2+4r+21) = 0$

$r=5$ 또는 $r^2+4r+21 = 0$

이차방정식 $x^2+4x+21=0$의 판별식을 D라 할 때,

$D = 4^2 - 4 \times 1 \times 21 = -68 < 0$이므로

$r^2+4r+21=0$을 만족시키는 실수 r의 값은 존재하지 않는다.

따라서 $r=5$이고

$\overline{BD}^2 = \overline{BH}^2 + \overline{DH}^2 = 100+64 = 164$

★★ 문제 해결 꿀~팁 ★★

▶ 문제 해결 방법

먼저 사다리꼴 ABCD의 넓이와 둘레의 길이를 구하기 위한 보조선을 그어야 한다. 또한 원이 나오면 원의 중심과 반지름을 그림에 표현하는 것이 일반적이다.

두 선분 AB, CD가 각각 두 원의 지름이므로 두 선분 AB, CD의 중점을 각각 M, N이라 하면 두 점 M, N은 각각 두 원 C_1, C_2의 중심이다.

사다리꼴의 높이 $\overline{DH}$를 구하기 위하여 $\overline{QN}$, $\overline{HC}$를 구하면 사다리꼴의 아랫변인 $\overline{BC}$도 구할 수 있다. 이때, 선분의 길이를 아는 것은 $\overline{AD}$뿐이므로 다른 변의 길이를 미지수로 놓는 것보다는 원의 반지름의 길이를 미지수로 놓고 식을 세우는 것이 편리하다.

필요한 모든 길이를 구하고 $S^2+8l=6720$을 이용하여 원의 반지름의 길이를 구할 수 있고 피타고라스 정리를 이용하여 $\overline{BD}^2$을 구할 수 있다.

★★★ 등급을 가르는 문제!

30 순열과 조합의 활용   정답률 4% | 정답 396

교내 수학경시대회에 A 학급 학생 3명, B 학급 학생 3명, C 학급 학생 2명이 참가 신청하였다. 그림과 같이 두 분단, 네 줄의 좌석에 다음 조건을 만족시키도록 이 학생 8명을 배정하는 방법의 수를 구하시오. [4점]

(가) 같은 줄의 바로 옆에 같은 학급 학생이 앉지 않도록 배정한다.

(나) 같은 분단의 바로 앞뒤에 같은 학급 학생이 앉지 않도록 배정한다.

(다) 같은 학급 학생을 같은 분단에 배정 할 경우 학급 번호가 작을수록 교탁에 가까운 자리에 배정한다.

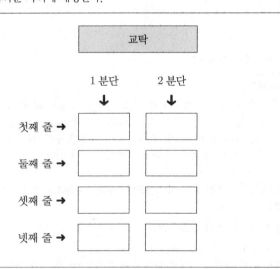

STEP 01 조건 (나)에 의해 각 분단에는 같은 학급 학생이 2명만 올 수 있음을 이용하여 1분단에 A 학급 학생 2명이 배정되는 경우에 다른 학급의 학생을 배정하는 경우를 각각 구한다.

각 분단에는 같은 학급 학생이 3명 올 수 없으므로 1분단에는 A 학급 학생이 2명 또는 1명이 배정된다.

1분단에 A 학급 학생 2명이 배정되는 경우를 먼저 생각하자.(단, 빈 좌석에는 B 학급 학생을 배정한다.)

i) 첫째 줄에 A 학급 학생이 앉지 않는 경우

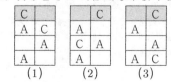

(1)   (2)   (3)

ii) 둘째 줄에 A 학급 학생이 앉지 않는 경우

A		A	C	A	C
C			C		
A		A		A	
C	A		A		A

(4)   (5)   (6)

iii) 셋째 줄에 A 학급 학생이 앉지 않는 경우

A			A				C	A
C	A		C	A			A	
	C			C				C
A			A	C		A		

   (7)   (8)   (9)

iv) 넷째 줄에 A 학급 학생이 앉지 않는 경우

A			A			A	C	
C	A			A				A
A				A	C			A
	C			C				C

   (10)   (11)   (12)

(3)과 (12)의 경우 C 학급 학생이 같은 분단에 배정되어 학급 번호가 작은
학생이 항상 앞줄에 앉기 때문에 C 학급 학생이 배정되는 방법의 수는 1 이다.
(1), (2), (4), (5), (6), (7), (8), (9), (10), (11)의 경우 C 학급 학생이
서로 다른 분단에 배정되는 방법의 수는 2 이다.
그러므로 C 학급 학생이 배정되는 모든 방법의 수는
$1 \times 2 + 2 \times 10 = 22$
A 학급 학생이 배정되는 방법의 수는 3
B 학급 학생이 배정되는 방법의 수는 3
1 분단에 A 학급 학생 2 명이 배정되는 경우 학생이 배정되는 방법의 수는
$22 \times 3 \times 3$

STEP 02 1 분단에 A 학급 학생 1 명이 배정되는 경우를 구한다.

1분단에 A 학급 학생이 1 명 배정되는 경우는
2분단에 A 학급 학생이 2 명 배정되는 경우와 같으므로 위에서 구한 1 분단에
A 학급 학생이 2 명 배정되는 방법의 수와 같다.
따라서 구하는 방법의 수는 $22 \times 3 \times 3 \times 2 = 396$

★★ 문제 해결 꿀~팁 ★★

▶ 문제 해결 방법
각 분단에 같은 학급 학생이 2명까지만 배정될 수 있음을 파악하는 것이 가장 먼저 생각
해야 할 조건이다.
이제 1분단에 A 학급 학생 2명이 배정되는 경우를 먼저 생각하자. 여기서 다시 경우를
나누어 각 줄에 A 학급 학생이 앉지 않는 경우에 각각 학생들을 배열하는 경우의 수를
따져야 한다. 각 조건에 맞도록 경우를 차분히 나누어 주는 것이 중요하다. 풀이의 그림
처럼 12가지 경우가 생기는데 이때 A 학급 학생 3명을 배정하는 경우의 수는 모두 3명
중 다른 분단에 배정하는 1명의 학생만 뽑아 다른 분단에 배정하고 나머지 두 학생은 번
호순으로 차례로 배정하면 되므로 경우의 수는 3이다. B학급도 마찬가지로 배정하면 되
므로 경우의 수는 3이다. (3)과 (12)의 경우 C 학급 학생이 같은 분단에 배정되어 학급
번호가 작은 학생이 항상 앞줄에 앉기 때문에 C 학급 학생이 배정되는 방법의 수는 1 이
고 나머지 경우 C 학급 학생이 서로 다른 분단에 배정되는 방법의 수는 2 이다.
따라서 1분단에 A 학급 학생 2 명이 배정되는 모든 경우의 수는
$(3 \times 3 \times 1 \times 2) + (3 \times 3 \times 2 \times 10) = 198$이다.
2분단에 A 학급 학생 2 명이 배정되는 경우는 위와 마찬가지이므로 모든 경우의 수는
$198 \times 2 = 396$이다.
복잡한 경우의 수 문제는 경우를 세분화하는 과정이 매우 중요하다.

•정답•

01⑤ 02⑤ 03② 04④ 05② 06③ 07⑤ 08② 09② 10③ 11④ 12① 13④ 14② 15③
16⑤ 17④ 18① 19④ 20① 21⑤ 22 6 23 7 24 81 25 20 26 15 27 110 28 18 29 13 30 21

★ 표기된 문항은 [등급을 가르는 문제]에 해당하는 문항입니다.

01   유리식의 계산   정답률 92% | 정답 ⑤

❶ $\dfrac{5}{2} \div \left(-\dfrac{1}{2}\right)^2$ 의 값은? [2점]

① -10 ② -5 ③ 2 ④ 5 ⑤ 10

STEP 01   유리식의 계산으로 ❶을 계산하여 값을 구한다.

$\dfrac{5}{2} \div \left(-\dfrac{1}{2}\right)^2 = \dfrac{5}{2} \div \dfrac{1}{4} = \dfrac{5}{2} \times 4 = 10$

02   최대공약수   정답률 89% | 정답 ⑤

두 수 ❶ $2^2 \times 3$, $2 \times 3 \times 5$의 최대공약수는? [2점]

① 2 ② 3 ③ 4 ④ 5 ⑤ 6

STEP 01   ❶의 두 수의 공통인수를 찾아 ❶을 구한다.

$2^2 \times 3$, $2 \times 3 \times 5$ 에서 공통인 인수는 2와 3이다.
따라서 두 수 $2^2 \times 3$, $2 \times 3 \times 5$ 의 최대공약수는
두 수의 공통인 인수 2, 3 을 곱한 수이므로
최대공약수는 $2 \times 3 = 6$

03   일차방정식의 해   정답률 95% | 정답 ②

일차방정식 ❶ $7x + 3 = 5x + 1$ 의 해는? [2점]

① -2 ② -1 ③ 0 ④ 1 ⑤ 2

STEP 01   ❶을 일차방정식의 풀이에 의해 x를 구한다.

$7x + 3 = 5x + 1$ 에서
$7x - 5x = 1 - 3$
$2x = -2$
따라서 $x = -1$

04   인수분해   정답률 96% | 정답 ④

다항식 ❶ $x^2 + 6x + 8$ 을 인수분해하면 $(x+2)(x+a)$ 일 때, 상수 a의 값은?
[3점]

① 1 ② 2 ③ 3 ④ 4 ⑤ 5

STEP 01   ❶을 인수분해하여 a의 값을 구한다.

$x^2 + 6x + 8$ 을 인수분해하면
$x^2 + 6x + 8 = (x+2)(x+4) = (x+2)(x+a)$
따라서 $a = 4$

05   함수의 뜻   정답률 91% | 정답 ②

함수 ❶ $y = \dfrac{a}{x}$ 의 그래프가 두 점 $(3, 4)$, $(6, b)$ 를 지날 때, 두 상수 a, b의 합
$a + b$의 값은? [3점]

① 13 ② 14 ③ 15 ④ 16 ⑤ 17

STEP 01   ❶에 $(3, 4)$ 를 대입하여 a를 구한 뒤 $(6, b)$ 를 대입하여 b를 구한 후
$a + b$의 값을 구한다.

함수 $y = \dfrac{a}{x}$ 의 그래프가 점 $(3, 4)$ 를 지나므로
$y = \dfrac{a}{x}$ 에 $x = 3$, $y = 4$ 를 대입하면
$4 = \dfrac{a}{3}$, $a = 12$

따라서 함수 $y=\dfrac{a}{x}$ 는 $y=\dfrac{12}{x}$ 이다.

함수 $y=\dfrac{12}{x}$ 의 그래프가 점 $(6,b)$ 를 지나므로 $y=\dfrac{12}{x}$ 에

$x=6$, $y=b$ 를 대입하면

$b=\dfrac{12}{6}$, $b=2$

따라서 $a+b=14$

---

06 지수의 성질　　　　　정답률 86% | 정답 ③

두 자연수 a, b 에 대하여 ❶ $(7^3\times9)^3=7^a\times3^b$ 이 성립할 때, $a+b$ 의 값은? [3점]

① 11　　② 13　　③ 15　　④ 17　　⑤ 19

STEP 01 ❶의 9를 3의 거듭제곱으로 바꾼 후 지수법칙에 의해 전개하여 a, b를 구한 후 더한다.

$(7^3\times9)^3=(7^3\times3^2)^3=7^{3\times3}\times3^{2\times3}=7^9\times3^6$

$7^9\times3^6=7^a\times3^b$ 이고 a, b 는 자연수이므로 $a=9$, $b=6$

따라서 $a+b=9+6=15$

● 핵심 공식

▶ 지수법칙

(1) $a^m\times a^n=a^{m+n}$, $(a^m)^n=a^{mn}$

(2) $\begin{cases}m>n\text{일 때, }a^m\div a^n=a^{m-n}\\ m=n\text{일 때, }a^m\div a^n=1\\ m<n\text{일 때, }a^m\div a^n=\dfrac{1}{a^{n-m}}\end{cases}$

(3) $(ab)^n=a^nb^n$, $\left(\dfrac{a}{b}\right)^n=\dfrac{a^n}{b^n}$ $(b\neq0)$

(4) $a^0=1$

---

07 일차함수의 그래프의 평행이동　　　　정답률 82% | 정답 ⑤

❶ 일차함수 $y=2x$ 의 그래프를 평행이동 하였더니 일차함수 $y=ax+b$ 의 그래프와 겹쳐졌다. 이 그래프의 ❷ x 절편이 3 일 때, $a+b$ 의 값은? (단, a, b 는 상수이다.) [3점]

① -8　　② -7　　③ -6　　④ -5　　⑤ -4

STEP 01 ❶에서 평행이동의 성질을 이용하여 a를 구한 후 ❷를 이용하여 b를 구하여 더한다.

일차함수 $y=ax+b$ 의 그래프는 일차함수 $y=2x$ 의 그래프와 평행하므로 두 직선의 기울기는 서로 같다.

따라서 $a=2$

일차함수 $y=2x+b$ 의 그래프의 x 절편이 3 이므로 $x=3$, $y=0$ 을 대입하면

$0=2\times3+b$, $b=-6$

따라서 $a+b=2+(-6)=-4$

---

08 삼각비　　　　　정답률 85% | 정답 ②

❶ $\angle B=90°$ 인 직각삼각형 ABC 에서 ❷ $\sin A=\dfrac{2\sqrt{2}}{3}$ 일 때, $\cos A$ 의 값은? [3점]

① $\dfrac{1}{6}$　　② $\dfrac{1}{3}$　　③ $\dfrac{1}{2}$　　④ $\dfrac{2}{3}$　　⑤ $\dfrac{5}{6}$

STEP 01 ❶을 그린 후 ❷를 성립하도록 각 변의 길이를 정한 후 $\cos A$ 의 값을 구한다.

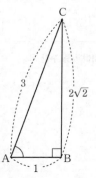

$\angle B=90°$ 인 직각삼각형 ABC 에서

$\sin A=\dfrac{\overline{BC}}{\overline{AC}}=\dfrac{2\sqrt{2}}{3}$ 이므로

$\overline{AC}=3$ 이라 하면 $\overline{BC}=2\sqrt{2}$ 이다.

피타고라스 정리에 의해

$\overline{AC}^2=\overline{AB}^2+\overline{BC}^2$ 에서

$\overline{AB}^2=\overline{AC}^2-\overline{BC}^2=3^2-(2\sqrt{2})^2=9-8=1$

따라서 $\overline{AB}=1$

그러므로 구하는 값은 $\cos A=\dfrac{\overline{AB}}{\overline{AC}}=\dfrac{1}{3}$

● 핵심 공식

▶ 삼각비

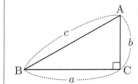

(1) $\sin B=\dfrac{\overline{AC}}{\overline{AB}}=\dfrac{b}{c}$　　(2) $\cos B=\dfrac{\overline{BC}}{\overline{AB}}=\dfrac{a}{c}$

(3) $\tan B=\dfrac{\overline{AC}}{\overline{BC}}=\dfrac{b}{a}$

---

09 연립방정식　　　　　정답률 90% | 정답 ②

연립방정식

❶ $\begin{cases}2x+y=7\\3x-2y=0\end{cases}$

의 해가 $x=a$, $y=b$ 일 때, $a+b$ 의 값은? [3점]

① 4　　② 5　　③ 6　　④ 7　　⑤ 8

STEP 01 ❶의 연립방정식을 풀어 해를 구한 뒤 합을 구한다.

$\begin{cases}2x+y=7 & \cdots\cdots\ \bigcirc\\3x-2y=0 & \cdots\cdots\ \bigcirc\!\!\!\bigcirc\end{cases}$

$2\times\bigcirc+\bigcirc\!\!\!\bigcirc$ 을 하면

$7x=14$, $x=2$ $\qquad\cdots\cdots\ \bigcirc\!\!\!\bigcirc\!\!\!\bigcirc$

$\bigcirc\!\!\!\bigcirc\!\!\!\bigcirc$ 을 $\bigcirc$ 에 대입하면

$4+y=7$, $y=3$ $\qquad\cdots\cdots\ \textcircled{e}$

따라서 $\bigcirc\!\!\!\bigcirc\!\!\!\bigcirc$, $\textcircled{e}$ 에서 $a=2$, $b=3$ 이므로

$a+b=2+3=5$

다른 풀이

연립방정식

$\begin{cases}2x+y=7 & \cdots\cdots\ \bigcirc\\3x-2y=0 & \cdots\cdots\ \bigcirc\!\!\!\bigcirc\end{cases}$

에서 $\bigcirc\!\!\!\bigcirc$ 의 등식을 변형하면 $3x=2y$, $y=\dfrac{3}{2}x$

$y=\dfrac{3}{2}x$ 를 $\bigcirc$ 에 대입하면 $2x+\dfrac{3}{2}x=7$

$\dfrac{7}{2}x=7$, $x=2$ $\qquad\cdots\cdots\ \bigcirc\!\!\!\bigcirc\!\!\!\bigcirc$

$x=2$ 를 $y=\dfrac{3}{2}x$ 에 대입하면 $y=3$ $\qquad\cdots\cdots\ \textcircled{e}$

따라서 $\bigcirc\!\!\!\bigcirc\!\!\!\bigcirc$, $\textcircled{e}$ 에서 $a=2$, $b=3$ 이므로

$a+b=2+3=5$

---

10 삼각형의 닮음　　　　　정답률 73% | 정답 ③

그림과 같이 사각형 ABCD 에서 ❷ $\overline{AB}=4$, $\overline{BC}=9$, $\overline{AD}=3$ 이다. 대각선 ❶ BD 는 $\angle B$ 의 이등분선이고 $\angle BDA=\angle BCD$ 일 때, 선분 DC 의 길이는? [3점]

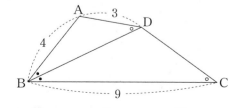

① 4　　② $\dfrac{17}{4}$　　③ $\dfrac{9}{2}$　　④ $\dfrac{19}{4}$　　⑤ 5

STEP 01 ❶을 이용하여 닮음인 두 삼각형을 찾아 ❷에 의해 닮음비를 이용하여 $\overline{DB}$ 를 구한다.

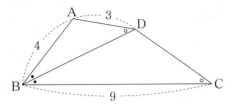

두 삼각형 ABD, DBC 에 대하여 대각선 BD 가 ∠B 의 이등분선이므로
$\angle ABD = \angle DBC$ ······ ㉠
주어진 조건에서
$\angle BDA = \angle BCD$ ······ ㉡
㉠, ㉡에 의해 △ABD ∽ △DBC (AA닮음)
$\overline{AB} : \overline{DB} = \overline{DB} : \overline{CB}$ 에서 $\overline{DB}^2 = \overline{AB} \times \overline{CB} = 4 \times 9 = 36$
따라서 $\overline{DB} = 6$

STEP 02 step 01과 마찬가지로 닮음비를 이용하여 $\overline{DC}$ 를 구한다.

$\overline{AB} : \overline{AD} = \overline{DB} : \overline{DC}$ 에서 $\overline{AB} \times \overline{DC} = \overline{AD} \times \overline{DB}$
$4 \times \overline{DC} = 3 \times 6$
따라서 $\overline{DC} = \dfrac{18}{4} = \dfrac{9}{2}$

● 핵심 공식

▶ 삼각형의 닮음 조건
(1) SSS닮음 : 세 쌍의 변의 길이의 비가 같다.
(2) SAS닮음 : 두 쌍의 변의 길이의 비가 같고, 그 끼인각의 크기가 서로 같다
(3) AA닮음 : 두 쌍의 각의 크기가 서로 같다.

---

11 확률 정답률 82% | 정답 ④

숫자 1, 2, 3, 4, 5, 6 이 하나씩 적혀 있는 카드 6 장이 있다. 이 중 1 장의 카드를 임의로 뽑을 때, ❶ 2 의 배수 또는 ❷ 5 의 배수가 적혀 있는 카드가 나올 확률은? [3점]

① $\dfrac{1}{6}$ ② $\dfrac{1}{3}$ ③ $\dfrac{1}{2}$ ④ $\dfrac{2}{3}$ ⑤ $\dfrac{5}{6}$

STEP 01 주어진 시행에서 ❶의 확률과 ❷의 확률을 각각 구한 후 두 확률의 합을 구한다.

숫자 1, 2, 3, 4, 5, 6 이 하나씩 적혀 있는 6장의 카드 중에서 2 의 배수가 적혀 있는 카드는 2, 4, 6 의 3 가지이다.
따라서 1 장의 카드를 임의로 뽑을 때 2 의 배수가 적혀 있는 카드가 나올 확률은 $\dfrac{3}{6} = \dfrac{1}{2}$
또 숫자 1, 2, 3, 4, 5, 6 이 하나씩 적혀 있는 6장의 카드 중에서 5 의 배수가 적혀 있는 카드는 5의 1 가지이다.
따라서 1 장의 카드를 임의로 뽑을 때 5 의 배수가 적혀 있는 카드가 나올 확률은 $\dfrac{1}{6}$ 이다.
이 두 사건이 동시에 일어나는 경우는 없으므로 1 장의 카드를 임의로 뽑을 때, 2 의 배수 또는 5 의 배수가 적혀 있는 카드가 나올 확률은
$\dfrac{1}{2} + \dfrac{1}{6} = \dfrac{2}{3}$

---

12 삼각형의 내심과 외심의 성질 정답률 72% | 정답 ①

그림과 같이 ∠C = 90°, $\overline{BC} = 12$ 인 직각삼각형 ABC 의 내접원의 반지름의 길이가 2 이다. 이 직각삼각형 ABC 의 <u>외접원의 둘레의 길이</u>는? [3점]

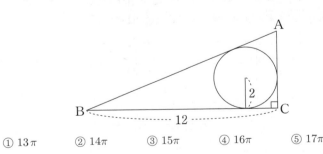

① 13π ② 14π ③ 15π ④ 16π ⑤ 17π

STEP 01 삼각형의 내심의 성질과 피타고라스의 정리를 이용하여 빗변 AB 의 길이를 구한다.

[문제편 p.148]

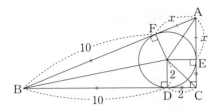

위의 그림과 같이 내접원의 중심에서 삼각형 ABC 의 세 변에 내린 수선의 발을 각각 D, E, F 라 하자.
$\overline{AE} = x$ 라 놓으면 내접원의 성질에 의해
$\overline{CD} = \overline{CE} = 2$, $\overline{BD} = \overline{BF} = 10$, $\overline{AF} = \overline{AE} = x$
삼각형 ABC 는 직각삼각형이므로 피타고라스 정리에 의해
$\overline{AB}^2 = \overline{BC}^2 + \overline{CA}^2$
$(x+10)^2 = 12^2 + (2+x)^2$
$x^2 + 20x + 100 = 144 + 4 + 4x + x^2$
$16x = 48$ 에서 $x = 3$
따라서 직각삼각형 ABC 의 빗변 AB 의 길이는 13 이다.

STEP 02 직각삼각형과 외접원의 성질을 이용하여 외접원의 둘레의 길이를 구한다.

직각삼각형의 외심은 빗변의 중점이므로 빗변 AB 는 삼각형 ABC 의 외접원의 지름이다. 그러므로 직각삼각형 ABC 의 외접원의 둘레의 길이는 13π 이다.

다른 풀이

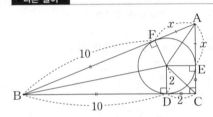

위의 그림과 같이 내접원의 중심에서 삼각형 ABC 의 세 변에 내린 수선의 발을 각각 D, E, F 라 하자.
$\overline{AE} = x$ 라 놓으면 내접원의 성질에 의해
$\overline{CD} = \overline{CE} = 2$, $\overline{BD} = \overline{BF} = 10$, $\overline{AF} = \overline{AE} = x$
삼각형 ABC 의 내접원의 반지름의 길이가 2 이므로 이것을 이용하여 삼각형의 넓이를 구하면
$\triangle ABC = \dfrac{1}{2} \times 2 \times (\overline{AB} + \overline{BC} + \overline{CA}) = \dfrac{1}{2} \times 2 \times \{(x+10) + 12 + (2+x)\}$
$= 2x + 24$ ······ ㉠
다른 방법으로 넓이를 구하면
$\triangle ABC = \dfrac{1}{2} \times \overline{BC} \times \overline{AC} = \dfrac{1}{2} \times 12 \times (x+2) = 6x + 12$ ······ ㉡
㉠, ㉡이 서로 같으므로
$2x + 24 = 6x + 12$ 에서 $x = 3$
따라서 직각삼각형 ABC 의 빗변 AB 의 길이는 13 이다. 직각삼각형의 외심은 빗변의 중점이므로 빗변 AB 는 삼각형 ABC 의 외접원의 지름이다.
그러므로 직각삼각형 ABC 의 외접원의 둘레의 길이는 13π 이다.

● 핵심 공식

▶ 삼각형의 외심

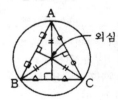

(1) 외심 : 삼각형의 세 변의 수직이등분선의 교점이다.
(2) 외심에서 세 꼭짓점에 이르는 거리(외접원의 반지름)는 같다.
(3) 외심의 위치는 예각삼각형에서는 삼각형의 내부에, 직각삼각형에서는 빗변의 중점에, 둔각삼각형은 삼각형의 외부에 존재한다.

---

13 히스토그램 정답률 87% | 정답 ④

그림은 어느 ❶ 동호회 회원 25 명의 나이를 조사하여 나타낸 히스토그램의 일부이다. 이 히스토그램을 이용하여 계산한 동호회 회원 25 명의 나이의 <u>평균</u>은? [3점]

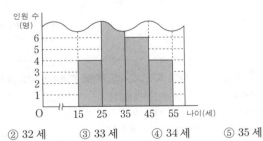

① 31 세 ② 32 세 ③ 33 세 ④ 34 세 ⑤ 35 세

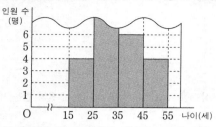

25세 이상 35세 미만인 계급의 도수를 a 라 하고
위 히스토그램을 이용하여 도수분포표를 만들면 다음과 같다.

나이(세)	도수(명)
15 이상 ~ 25 미만	4
25 이상 ~ 35 미만	a
35 이상 ~ 45 미만	6
45 이상 ~ 55 미만	4
합계	25

도수의 합계가 25 이므로
$4+a+6+4=25$ 에서 $a=11$

STEP 02 각 계급의 계급값을 구하여 평균을 구한다.

도수분포표에서 15 세 이상 25 세 미만인 계급의 계급값은 20 (세)이므로
(계급값)×(도수)=$20 \times 4 = 80$
다른 계급에 대해서도 마찬가지 방법으로 계산하여 표로 나타내면 다음과 같다.

나이 (세)	계급값 (세)	도수 (명)	(계급값)×(도수)
15 이상 ~ 25 미만	20	4	$20 \times 4 = 80$
25 이상 ~ 35 미만	30	11	$30 \times 11 = 330$
35 이상 ~ 45 미만	40	6	$40 \times 6 = 240$
45 이상 ~ 55 미만	50	4	$50 \times 4 = 200$
합계		25	850

위의 표를 이용하여 평균을 구하면
$$(\text{평균}) = \frac{\{(\text{계급값}) \times (\text{도수})\}\text{의 총합}}{(\text{도수})\text{의 총합}}$$
$$= \frac{80 + 330 + 240 + 200}{25}$$
$$= \frac{850}{25} = 34 \,(\text{세})$$

●핵심 공식

▶ 도수분포표에서의 평균

$$(\text{평균}) = \frac{\{(\text{계급값}) \times (\text{도수})\}\text{의 총합}}{(\text{도수})\text{의 총합}}$$

14 원의 성질　　　　　　　정답률 84% | 정답 ②

그림과 같이 구름다리의 두 지점을 각각 A, B 라 하자. 이 구름다리를 따라 두 지점 A, B 를 연결하면 ❶ 반지름의 길이가 6 m 인 원의 일부가 된다. 선분 AB 의 중점을 M, 점 M 을 지나고 선분 AB 에 수직인 직선이 호 AB 와 만나는 점을 N 이라 하자. ❷ $\overline{AB} = 8\text{m}$ 일 때, $\overline{MN} = a$ m 이다. a의 값은?
(단, $a < 6$) [4점]

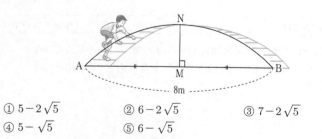

① $5 - 2\sqrt{5}$　　　② $6 - 2\sqrt{5}$　　　③ $7 - 2\sqrt{5}$
④ $5 - \sqrt{5}$　　　⑤ $6 - \sqrt{5}$

STEP 01 ❶을 그리고 ❷와 피타고라스의 정리를 이용하여 $\overline{MN}$ 을 구한다.

호 AB 를 포함한 원을 그리면 아래와 같다.
원의 중심을 O 라 하면 반지름 ON은
현 AB 를 수직이등분 하므로 삼각형 OBM은
∠BMO = 90° 인 직각삼각형이다.

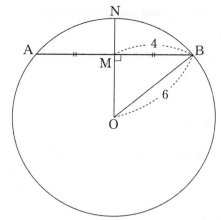

직각삼각형 OBM 에서 피타고라스 정리에 의해
$\overline{OB}^2 = \overline{OM}^2 + \overline{MB}^2$ 이므로
$6^2 = \overline{OM}^2 + 4^2$
$\overline{OM}^2 = 36 - 16 = 20$
$\overline{OM} > 0$ 이므로
$\overline{OM} = 2\sqrt{5}$
$\overline{MN} = \overline{ON} - \overline{OM} = 6 - 2\sqrt{5}$ (m)
따라서
$a = 6 - 2\sqrt{5}$

다른 풀이

호 AB 를 포함한 원을 그리면 아래와 같다.

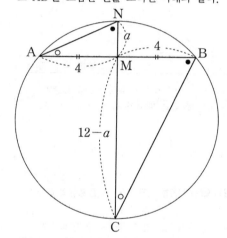

선분 MN의 연장선과 이 원의 교점을 C 라 하면 원주각의 성질에 의해
∠CNA = ∠CBA, ∠NAB = ∠NCB 이므로
△AMN ∽ △CMB
따라서 $\overline{AM} : \overline{MN} = \overline{CM} : \overline{MB}$
$\overline{MN} \times \overline{CM} = \overline{AM} \times \overline{MB}$
$a(12-a) = 4 \times 4$
$12a - a^2 = 16$
$a^2 - 12a + 16 = 0$
$a = 6 \pm 2\sqrt{5}$
$a < 6$ 이므로
$a = 6 - 2\sqrt{5}$

15 이차방정식　　　　　　　정답률 54% | 정답 ③

그림과 같이 $\overline{AB} = 2$, $\overline{BC} = 4$인 직사각형 ABCD 가 있다. 대각선 BD 위에 한 점 O 를 잡고, 점 O 에서 네 변 AB, BC, CD, DA 에 내린 수선의 발을 각각 P, Q, R, S 라 하자. ❶ 사각형 APOS와 사각형 OQCR 의 넓이의 합이 3 이고 $\overline{AP} < \overline{PB}$ 일 때, ❷ 선분 AP 의 길이는? [4점]

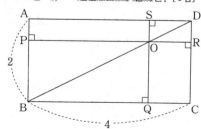

① $\dfrac{3}{8}$　　　② $\dfrac{7}{16}$　　　③ $\dfrac{1}{2}$　　　④ $\dfrac{9}{16}$　　　⑤ $\dfrac{5}{8}$

STEP 01 $\overline{AP}=x$ 라 하고 두 삼각형 ABD와 SOD의 닮음을 이용하여 필요한 각 선분의 길이를 x에 대하여 나타낸 후 ❶을 이용하여 ❷를 구한다.

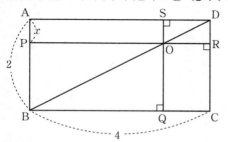

두 삼각형 ABD 와 삼각형 SOD 에서
$\angle DAB = \angle DSO = 90°$, $\angle ADB$ 는 공통이므로
두 삼각형 ABD 와 삼각형 SOD 는 서로 닮음이다.
따라서 $\overline{AB} : \overline{AD} = \overline{SO} : \overline{SD}$
$\overline{AB}=2$, $\overline{BC}=\overline{AD}=4$이므로
$\overline{SO} : \overline{SD} = 1 : 2$
$\overline{AP}=x$ 라 하면
$\overline{SO}=\overline{AP}=x$, $\overline{SD}=2\overline{SO}=2x$
따라서 사각형 APOS 의 넓이는
$\overline{AP} \times \overline{AS} = \overline{AP} \times (\overline{AD}-\overline{SD}) = x \times (4-2x) = 4x-2x^2$
사각형 OQCR 의 넓이는
$\overline{OQ} \times \overline{OR} = (\overline{SQ}-\overline{SO}) \times \overline{OR} = (\overline{AB}-\overline{AP}) \times \overline{SD}$
$= (2-x) \times 2x = 4x-2x^2$
조건에서 사각형 APOS의 넓이와 사각형 OQCR의 넓이의 합이 3이므로
$4x-2x^2+4x-2x^2=3$
$4x^2-8x+3=0$
$(2x-3)(2x-1)=0$
$x=\dfrac{3}{2}$ 또는 $x=\dfrac{1}{2}$
조건에서 $\overline{AP}<\overline{PB}$ 이므로
$x<2-x$, $x<1$
따라서 $x=\dfrac{1}{2}$
그러므로 $\overline{AP}=\dfrac{1}{2}$

다른 풀이 1

사각형 APOS의 넓이와 사각형 OQCR의 넓이의 합은
직사각형 ABCD 의 넓이에서 직사각형 PBQO 의 넓이와 직사각형 SORD 의 넓이를 뺀 것과 같다.
$\overline{AP}=x$ 라 할 때, 직사각형 PBQO 의 넓이는 다음과 같이 x에 관한 식으로 나타낼 수 있다.
$\overline{PB} \times \overline{PO} = (\overline{AB}-\overline{AP}) \times (\overline{AD}-\overline{SD})$
$= (2-x)(4-2x) = 2x^2-8x+8$
마찬가지로 직사각형 SORD 의 넓이도 x에 관한 식으로 나타낼 수 있다.
$\overline{SO} \times \overline{SD} = \overline{AP} \times \overline{SD} = x \times 2x = 2x^2$
조건에서 사각형 APOS의 넓이와 사각형 OQCR의 넓이의 합이 3이므로
$8-(2x^2-8x+8)-2x^2=3$
$4x^2-8x+3=0$
$(2x-3)(2x-1)=0$
$x=\dfrac{3}{2}$ 또는 $x=\dfrac{1}{2}$
$x<1$이므로 $x=\dfrac{1}{2}$

다른 풀이 2

$\overline{PB}=x$ 라 하면
$\overline{PO}=2x$, $\overline{SO}=2-x$, $\overline{OR}=4-2x$
따라서 사각형 POQB 의 넓이는
$\overline{PB} \times \overline{PO} = x \times 2x = 2x^2$
사각형 SDRO 의 넓이는
$\overline{SO} \times \overline{OR} = (2-x)(4-2x)$
조건에서 사각형 APOS의 넓이와 사각형 OQCR의 넓이의 합이 3이므로
직사각형 ABCD 의 넓이는
$2x^2+(2-x)(4-2x)+3=8$
$4x^2-8x+3=0$

$(2x-3)(2x-1)=0$
$x=\dfrac{3}{2}$ 또는 $x=\dfrac{1}{2}$
조건에서 $\overline{AP}<\overline{PB}$ 이므로 $x=\dfrac{3}{2}$
그러므로 $\overline{AP}=2-\dfrac{3}{2}=\dfrac{1}{2}$

---

16 일차함수 그래프의 성질   정답률 74% | 정답 ⑤

그림과 같이 좌표평면에서 ❶ 두 점 A$(2, 6)$, B$(8, 0)$에 대하여 일차함수 ❷ $y=\dfrac{1}{2}x+\dfrac{1}{2}$의 그래프가 x축과 만나는 점을 C, 선분 AB와 만나는 점을 D라 할 때, 삼각형 CBD의 넓이는? [4점]

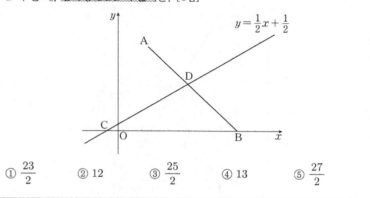

① $\dfrac{23}{2}$ ② 12 ③ $\dfrac{25}{2}$ ④ 13 ⑤ $\dfrac{27}{2}$

STEP 01 ❷를 구한 뒤 ❶을 이용하여 직선 AB 의 방정식을 구한다.

점 C 는 일차함수 $y=\dfrac{1}{2}x+\dfrac{1}{2}$의 그래프가 x축과 만나는 점이므로
$y=\dfrac{1}{2}x+\dfrac{1}{2}$에 $y=0$을 대입하면
$0=\dfrac{1}{2}x+\dfrac{1}{2}$
$\dfrac{1}{2}x=-\dfrac{1}{2}$
$x=-1$
따라서 점 C 의 좌표는 $(-1, 0)$
한편 두 점 A$(2, 6)$, B$(8, 0)$ 을 지나는 일차함수의 그래프의 기울기는
$\dfrac{0-6}{8-2}=-1$
이므로 일차함수의 식을 $y=-x+b$ 라 하자.
이 직선이 점 A$(2, 6)$ 을 지나므로 $x=2$, $y=6$을 대입하면
$6=-2+b$, $b=8$
따라서 두 점 A, B 를 지나는 일차함수의 그래프를 나타내는 식은
$y=-x+8$

STEP 02 두 직선 $y=\dfrac{1}{2}x+\dfrac{1}{2}$과 직선 AB 를 연립하여 점 D 의 좌표를 구한다.

점 D 는 일차함수 $y=\dfrac{1}{2}x+\dfrac{1}{2}$의 그래프와 일차함수
$y=-x+8$의 그래프의 교점이므로
$\dfrac{1}{2}x+\dfrac{1}{2}=-x+8$
$\dfrac{3}{2}x=\dfrac{15}{2}$
$3x=15$, $x=5$
이제 $y=\dfrac{1}{2}x+\dfrac{1}{2}$에 $x=5$를 대입하면
$y=\dfrac{1}{2}\times5+\dfrac{1}{2}=3$
따라서 점 D 의 좌표는 $(5, 3)$

STEP 03 세 점 B, C, D 의 좌표를 이용하여 삼각형 CBD 의 넓이를 구한다.

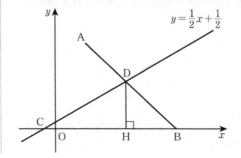

삼각형 CBD에서 선분 BC의 길이는 $\overline{BC} = 8 - (-1) = 9$ 이고

그림과 같이 점 D에서 변 BC에 내린 수선의 발을 H라 하면 $\overline{DH} = 3$

따라서 삼각형 CBD의 넓이는

$$\triangle CBD = \frac{1}{2} \times 9 \times 3 = \frac{27}{2}$$

---

17 원의 접선과 삼각형의 닮음　　　정답률 76% | 정답 ④

그림과 같이 $\overline{AD} = 3$, $\overline{DC} = 2\sqrt{3}$ 인 직사각형 ABCD가 있다. 선분 AD 위의 점 E, 선분 BC 위의 점 F에 대하여 두 선분 EC, DF가 선분 AB를 지름으로 하는 반원 위의 두 점 G, H에서 각각 접한다. 선분 GH의 길이는?

[4점]

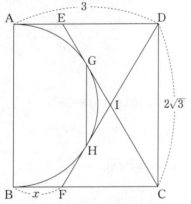

① 1　　② $\sqrt{2}$　　③ $\frac{3}{2}$　　④ $\sqrt{3}$　　⑤ 2

STEP 01 $\overline{BF} = x$ 라 하고 원의 접선의 성질을 이용하여 삼각형 DFC의 모든 변의 길이를 구한 후 피타고라스 정리를 이용하여 $\overline{BF}$ 를 구한다.

$\overline{BF} = x$ 라 하자.

두 점 B, H가 점 F에서 원에 그은 두 접선의 접점이므로 $\overline{BF} = \overline{FH}$

두 점 A, H가 점 D에서 원에 그은 두 접선의 접점이므로 $\overline{AD} = \overline{DH} = 3$

직각삼각형 DFC에서

$\overline{DF} = x + 3$, $\overline{FC} = 3 - x$, $\overline{DC} = 2\sqrt{3}$

이므로 피타고라스 정리에 의해

$\overline{DF}^2 = \overline{FC}^2 + \overline{DC}^2$

$(x+3)^2 = (3-x)^2 + (2\sqrt{3})^2$

$x^2 + 6x + 9 = 9 - 6x + x^2 + 12$

$12x = 12$, $x = 1$

따라서 $\overline{BF} = \overline{FH} = 1$

STEP 02 직사각형 ABCD의 모서리의 일부인 각 선분들의 길이를 구하여 사각형 EFCD가 직사각형임을 찾아 두 삼각형 IGH, IEF가 닮음임을 이용하여 $\overline{GH}$ 를 구한다.

$\overline{AE} = \overline{EG} = 1$, $\overline{ED} = \overline{FC} = 2$

그러므로 사각형 EFCD는 직사각형이다.

직사각형 EFCD의 대각선의 교점을 I라 하면 직사각형의 대각선은 서로 다른 것을 이등분하므로

$\overline{DF} = \overline{EC} = 4$ 에서 $\overline{EI} = \overline{FI} = 2$

$\overline{EG} = \overline{FH} = 1$ 에서 $\overline{IG} = \overline{IH} = 1$

두 삼각형 IGH, IEF에서

∠HIG 는 공통인 각 　　　　　…… ㉠

$\overline{IG} : \overline{IE} = 1 : 2$ 이고 $\overline{IH} : \overline{IF} = 1 : 2$ 　…… ㉡

㉠, ㉡에서 두 삼각형 IGH, IEF는 닮음비가 $1 : 2$ 인 도형이다.

$\overline{EF} = 2\sqrt{3}$ 이고 $\overline{GH} : \overline{EF} = 1 : 2$ 이므로

$2\overline{GH} = 2\sqrt{3}$

$\overline{GH} = \sqrt{3}$

다른 풀이

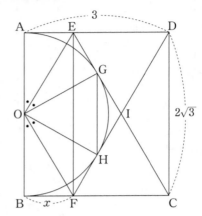

$\overline{BF} = x$ 라 하자. 두 점 B, H가 점 F에서 원에 그은 두 접선의 접점과 같으므로

$\overline{BF} = \overline{FH}$

두 점 A, H가 점 D에서 원에 그은 두 접선의 접점과 같으므로

$\overline{AD} = \overline{DH} = 3$

직각삼각형 DFC에서

$\overline{DF} = x + 3$, $\overline{FC} = 3 - x$, $\overline{CD} = 2\sqrt{3}$

이므로 피타고라스 정리에 의해

$\overline{DF}^2 = \overline{FC}^2 + \overline{CD}^2$

$(x+3)^2 = (3-x)^2 + (2\sqrt{3})^2$

$x^2 + 6x + 9 = 9 - 6x + x^2 + 12$

$12x = 12$, $x = 1$

따라서 $\overline{BF} = \overline{FH} = 1$

선분 AB를 지름으로 하는 반원의 중심을 O라 하면

$\overline{OB} = \overline{OH} = \sqrt{3}$, $\angle OBF = \angle OHF = 90°$ 이므로

$\tan(\angle BOF) = \dfrac{\overline{BF}}{\overline{OB}} = \dfrac{\sqrt{3}}{3}$ 에서 $\angle BOF = 30°$

같은 방법으로 나머지 각을 구하면

$\angle HOF = \angle EOG = \angle AOE = 30°$

그러므로 $\angle GOH = 60°$ 이고 $\overline{OG} = \overline{OH}$ 이므로 삼각형 GOH는 정삼각형이다.

따라서 $\overline{GH} = \sqrt{3}$

●핵심 공식

▶ 원의 반지름과 접선

(1) 접선의 길이(l) : 원 밖의 한 점에서 원에 접선을 그었을 때, 그 점에서 접점까지의 거리

(2) 원의 외부에 있는 한 점에서 그 원에 그은 두 접선의 길이는 같다.

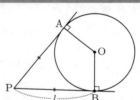

---

18 이차함수의 그래프의 성질　　　정답률 62% | 정답 ①

좌표평면 위의 두 점 ❶ A(2, 2), B(8, 2)에 대하여 이차함수 $y = ax^2 + bx + c\,(a < 0)$의 그래프가 다음 조건을 만족시킬 때, $a + b + c$의 값은? (단, a, b, c는 상수이다.) [4점]

(가) 꼭짓점의 y좌표는 4이다.

(나) 선분 AB와 두 점 P, Q에서 만나고 $\overline{AP} = \overline{PQ} = \overline{QB} = 2$이다.

① -28　　② -26　　③ -24　　④ -22　　⑤ -20

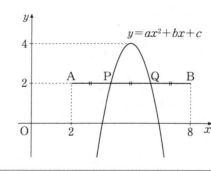

STEP 01 ❶과 조건 (나)를 이용하여 두 점 P, Q의 좌표를 구한다.

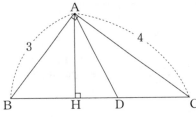

선분 AB는 x축과 평행하고 $\overline{AP} = \overline{PQ} = \overline{QB} = 2$이므로
두 점 P, Q의 좌표는
$P(4, 2)$, $Q(6, 2)$

STEP 02 이차함수의 대칭성과 (가)를 이용하여 꼭짓점을 구한 후 그래프의 식을 구한다.

이차함수 $y = ax^2 + bx + c$의 그래프는
축에 대해서 대칭이므로 꼭짓점의 x좌표는 5이다.
조건에서 이차함수의 그래프의 꼭짓점의 y좌표는 4이므로
$y = a(x-5)^2 + 4$

STEP 03 위에서 구한 이차함수 식에 점 P 또는 Q를 대입하여 a를 구한 후 식을 전개하여 b, c를 구한다.

이차함수 $y = a(x-5)^2 + 4$의 그래프가 점 $P(4, 2)$를 지나므로
$2 = a(4-5)^2 + 4 = a + 4$, $a = -2$
따라서
$y = -2(x-5)^2 + 4$
$\quad = -2(x^2 - 10x + 25) + 4$
$\quad = -2x^2 + 20x - 46$
이므로 $a = -2$, $b = 20$, $c = -46$
따라서 $a + b + c = -28$

---

19 삼각비와 피타고라스 정리   정답률 43% | 정답 ④

그림과 같이 $\angle A = 90°$이고 $\overline{AB} = 3$, $\overline{AC} = 4$인 직각삼각형 ABC에 대하여 점 A에서 선분 BC에 내린 수선의 발을 H라 하자. 선분 HC 위의 점 D에 대하여 ❶ $\tan(\angle ADH) = 2$일 때, 〈보기〉에서 옳은 것만을 있는 대로 고른 것은? [4점]

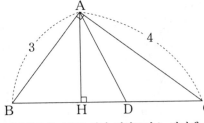

<보기>

ㄱ. $\overline{AH} = \dfrac{12}{5}$

ㄴ. $\overline{BD} = \dfrac{16}{5}$

ㄷ. $\tan(\angle BAD) = 2$

① ㄱ   ② ㄴ   ③ ㄱ, ㄴ
④ ㄱ, ㄷ   ⑤ ㄱ, ㄴ, ㄷ

STEP 01 ㄱ. 피타고라스의 정리를 이용하여 $\overline{BC}$를 구한 후 삼각형의 넓이를 이용하여 $\overline{AH}$를 구한다.

직각삼각형 ABC에서 피타고라스 정리에 의해
$\overline{BC}^2 = \overline{AB}^2 + \overline{AC}^2$이므로
$\overline{BC}^2 = 3^2 + 4^2 = 25$

$\overline{BC} = 5$

ㄱ. 삼각형 ABC에서

$\triangle ABC = \dfrac{1}{2} \times \overline{AB} \times \overline{AC} = \dfrac{1}{2} \times \overline{BC} \times \overline{AH}$

$\dfrac{1}{2} \times 3 \times 4 = \dfrac{1}{2} \times 5 \times \overline{AH}$

$\overline{AH} = \dfrac{12}{5}$ (참)

STEP 02 ㄴ. ❶을 이용하여 $\overline{DH}$를 구하고 피타고라스 정리를 이용하여 $\overline{BH}$를 구하여 더한다.

ㄴ. $\tan(\angle ADH) = \dfrac{\overline{AH}}{\overline{DH}} = 2$이므로

$\overline{DH} = \dfrac{1}{2} \times \overline{AH}$

ㄱ에서 $\overline{AH} = \dfrac{12}{5}$이므로

$\overline{DH} = \dfrac{1}{2} \times \overline{AH} = \dfrac{1}{2} \times \dfrac{12}{5} = \dfrac{6}{5}$

직각삼각형 ABH에서 피타고라스 정리에 의해
$\overline{AB}^2 = \overline{BH}^2 + \overline{AH}^2$이므로

$\overline{BH}^2 = 9 - \dfrac{144}{25} = \dfrac{81}{25} = \left(\dfrac{9}{5}\right)^2$

$\overline{BH} = \dfrac{9}{5}$

따라서 $\overline{BD} = \overline{BH} + \overline{DH} = \dfrac{9}{5} + \dfrac{6}{5} = 3$ (거짓)

STEP 03 ㄷ. $\overline{DP}$를 이용하여 삼각형 ABD가 이등변삼각형임을 구하고 $\angle BAD$와 크기가 같은 각을 찾아 참 · 거짓을 판별한다.

ㄷ. $\overline{AB} = \overline{BD} = 3$에서 삼각형 ABD는 이등변삼각형이므로 $\angle BAD = \angle ADH$
따라서 $\tan(\angle BAD) = \tan(\angle ADH) = 2$ (참)
이상에서 옳은 것은 ㄱ, ㄷ이다.

다른 풀이

ㄴ. $\tan(\angle ADH) = \dfrac{\overline{AH}}{\overline{DH}} = 2$이므로

$\overline{DH} = \dfrac{1}{2} \times \overline{AH}$

ㄱ에서 $\overline{AH} = \dfrac{12}{5}$이므로

$\overline{DH} = \dfrac{1}{2} \times \overline{AH} = \dfrac{1}{2} \times \dfrac{12}{5} = \dfrac{6}{5}$

두 삼각형 ABH, CBA에서 $\angle ABH$는 공통인 각,
$\angle AHB = \angle CAB = 90°$
따라서 $\triangle ABH \backsim \triangle CBA$이므로
$\overline{AB} : \overline{BH} = \overline{CB} : \overline{BA}$
$3 : \overline{BH} = 5 : 3$
$5 \times \overline{BH} = 9$, $\overline{BH} = \dfrac{9}{5}$

$\overline{BD} = \overline{BH} + \overline{DH} = \dfrac{9}{5} + \dfrac{6}{5} = 3$ (거짓)

● 핵심 공식

▶ 삼각비의 정의

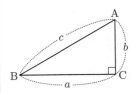

(1) $\sin B = \dfrac{\overline{AC}}{\overline{AB}} = \dfrac{b}{c}$

(2) $\cos B = \dfrac{\overline{BC}}{\overline{AB}} = \dfrac{a}{c}$

(3) $\tan B = \dfrac{\overline{AC}}{\overline{BC}} = \dfrac{b}{a}$

---

20 이차함수의 그래프   정답률 36% | 정답 ①

좌표평면에서 두 이차함수

$$y = x^2 - 2x + 1, \quad y = -\dfrac{1}{2}x^2 + 3x - \dfrac{5}{2}$$

의 그래프가 x축에 수직인 직선과 만나는 두 점을 각각 A, B라 하자.
다음은 점 $C(k, 0)$에 대하여 삼각형 ABC가 정삼각형이 되도록 하는 양수 k의 값을 구하는 과정이다.

두 점 A, B 를 지나는 직선의 방정식을 $x=t$ 라 하고
직선 $x=t$ 와 x 축과의 교점을 D 라 하자.
삼각형 ABC 가 정삼각형이 되기 위해서는 직선 CD 가
선분 AB를 수직이등분해야 한다.
그러므로 ❶ $\overline{AD}=\overline{BD}$ 에서
❷ $t^2+\boxed{\text{(가)}}=0$
$t=1$ 또는 $t=\boxed{\text{(나)}}$
이때 $t=1$ 인 경우는 조건을 만족시키지 않고
$t=\boxed{\text{(나)}}$ 인 경우는 조건을 만족시킨다.
따라서 양수 k 의 값은 $\boxed{\text{(다)}}$ 이다.

위의 (가) 에 알맞은 식을 $f(t)$ 라 하고 (나), (다) 에 알맞은 수를 각각 a, b 라 할 때, $f(a)+b$ 의 값은? [4점]

① $-12+16\sqrt{3}$ 　② $-11+16\sqrt{3}$ 　③ $-12+17\sqrt{3}$
④ $-12+18\sqrt{2}$ 　⑤ $-11+18\sqrt{2}$

STEP 01 두 이차함수에 $x=t$를 대입하여 두 점 A, B의 y좌표를 구한 후 ❶을 이용하여 (가)를 구한다. ❷를 인수분해하여 (나)를 구한다.

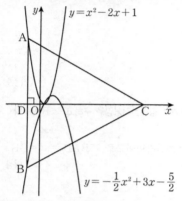
$y=x^2-2x+1$
$y=-\dfrac{1}{2}x^2+3x-\dfrac{5}{2}$

두 점 A, B 를 지나는 직선의 방정식을
$x=t$ 라 하면
두 점 A, B 의 x 좌표는 t 이므로
이차함수 $y=x^2-2x+1$ 에
$x=t$ 를 대입하여 점 A 의 좌표를 구하면 다음과 같다.
$A(t, t^2-2t+1)$
마찬가지로 이차함수 $y=-\dfrac{1}{2}x^2+3x-\dfrac{5}{2}$ 에
$x=t$ 를 대입하여 점 B 의 좌표를 구하면 다음과 같다.
$B\left(t, -\dfrac{1}{2}t^2+3t-\dfrac{5}{2}\right)$
삼각형 ABC 가 정삼각형이 되기 위해서는
직선 CD 가 선분 AB를 수직이등분해야 하므로
두 점 A, B 에서 점 D 를 잇는 두 선분의 길이가 서로 같아야 한다.
따라서 $\overline{AD}=\overline{BD}$
선분 $\overline{AD}$ 의 길이는
$\overline{AD}=t^2-2t+1$
선분 $\overline{BD}$ 의 길이는
$\overline{BD}=-\left(-\dfrac{1}{2}t^2+3t-\dfrac{5}{2}\right)=\dfrac{1}{2}t^2-3t+\dfrac{5}{2}$
두 선분의 길이가 같아야 하므로
$t^2-2t+1=\dfrac{1}{2}t^2-3t+\dfrac{5}{2}$
정리하면
$\dfrac{1}{2}t^2+t-\dfrac{3}{2}=0$
양변에 2 를 곱하면
$t^2+\boxed{2t-3}=0$
$(t-1)(t+3)=0$
따라서 $t=1$ 또는 $t=\boxed{-3}$

STEP 02 정삼각형 ABC 의 한 변의 길이를 구한 후 정삼각형의 높이를 구하여 (다)를 구한다. $f(t)$, a, b를 찾아 $f(a)+b$의 값을 구한다.
(i) $t=1$ 인 경우
$\overline{AD}=1^2-2+1=0$이므로

$\overline{BD}=\overline{AD}=0$ 이 되어 삼각형이 만들어지지 않는다.
따라서 조건을 만족시키지 않는다.
(ii) $t=-3$ 인 경우
$\overline{AD}=(-3)^2-2\times(-3)+1=16$ 이므로
정삼각형 ABC 의 한 변의 길이는
$16\times2=32$
정삼각형 ABC 의 높이는
$\dfrac{\sqrt{3}}{2}\times32=16\sqrt{3}$
이때, 점 C 의 x좌표는
$-3+16\sqrt{3}$ 또는 $-3-16\sqrt{3}$ 이다.
(i), (ii)에 의해
양수 k 의 값은 $\boxed{-3+16\sqrt{3}}$ 이다.
$f(t)=2t-3$
$a=-3$, $b=-3+16\sqrt{3}$ 이므로 구하는 값은
$f(a)+b=2\times(-3)-3+(-3+16\sqrt{3})=-12+16\sqrt{3}$

● 핵심 공식

▶ 정삼각형의 높이와 넓이
한 변의 길이가 a일 때,
정삼각형의 높이 $h=\dfrac{\sqrt{3}}{2}a$
정삼각형의 넓이 $S=\dfrac{\sqrt{3}}{4}a^2$

★★★ 등급을 가르는 문제!

21 내각의 이등분선의 성질　　　정답률 33% | 정답 ⑤

한 변의 길이가 10 ㎝인 정사각형 모양의 종이를 다음과 같이 차례로 접는다.

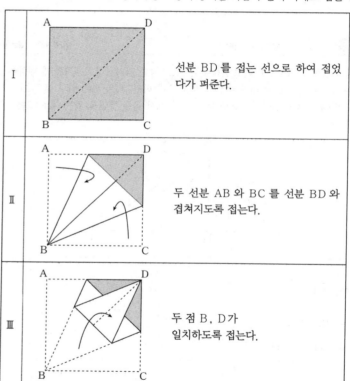

I	선분 BD 를 접는 선으로 하여 접었다가 펴준다.
II	두 선분 AB 와 BC 를 선분 BD 와 겹쳐지도록 접는다.
III	두 점 B, D가 일치하도록 접는다.

아래 그림은 위와 같은 방법으로 접은 모양을 나타낸 것이다. 선분 PQ 의 길이가 $(a+b\sqrt{2})$ ㎝일 때, $a+b$ 의 값은? (단, a, b 는 정수이고, 종이의 두께는 무시한다.) [4점]

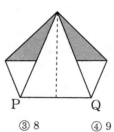

① 6　　②7　　③8　　④9　　⑤10

STEP 01 접은 종이를 다시 펼쳐 접힌 그림을 그린 후 삼각형 ABE 에서 삼각형의 내각의 이등분선의 성질을 이용하여 $\overline{PE}$ 를 구하여 $\overline{PQ}$ 를 구한다.

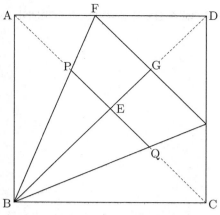

$\triangle AFB \equiv \triangle GFB$ 이므로 $\angle ABF = \angle GBF$ 이다.

따라서 삼각형 ABE 에서 $\overline{BP}$ 는 $\angle ABE$ 의 이등분선이므로

$\overline{AB} : \overline{BE} = \overline{AP} : \overline{PE}$ 이다.

$\overline{AB} = 10$,

점 E 는 정사각형 $ABCD$ 의 대각선의 교점이므로

$\overline{BE} = \dfrac{1}{2}\overline{BD} = 5\sqrt{2}$

따라서 $\overline{AP} : \overline{PE} = 10 : 5\sqrt{2} = \sqrt{2} : 1$

한편 $\overline{AP} + \overline{PE} = \dfrac{1}{2}\overline{AC} = 5\sqrt{2}$ 이므로

$\overline{PE} = 5\sqrt{2} \times \dfrac{1}{\sqrt{2}+1} = 5\sqrt{2}\,(\sqrt{2}-1)$

따라서 $\overline{PQ} = 2\,\overline{PE} = 10\sqrt{2}\,(\sqrt{2}-1) = 20 - 10\sqrt{2}$

따라서 $a = 20$, $b = -10$ 에서 $a+b = 10$

다른 풀이

그림은 접은 종이를 다시 펼쳐 접힌 부분을 실선으로 나타낸 것이다.

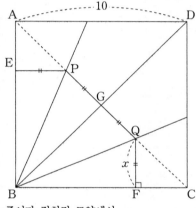

종이가 접혀진 모양에서

$\triangle BPE \equiv \triangle BPG$, $\triangle BQG \equiv \triangle BQF$

두 점 B, D 가 일치하도록 접어서 만들어진 선이 선분 PQ 이므로

선분 PQ 는 대각선 AC 의 일부이고,

정사각형의 대각선은 서로 다른 것을 수직이등분한다.

두 삼각형 BPG, BQG 에서

선분 BG 는 공통인 변이고 $\angle PGB = \angle QGB = 90°$,

$\angle PBG = \angle QBG = 22.5°$ 이므로

$\triangle BPG \equiv \triangle BQG$ (ASA 합동)

따라서 $\triangle BPE \equiv \triangle BPG \equiv \triangle BQG \equiv \triangle BQF$

$\overline{EP} = \overline{PG} = \overline{GQ} = \overline{QF} = x$ 라 하자.

점 Q 는 대각선 AC 위의 점이므로

$\angle QCF = 45°$

따라서 삼각형 QFC 가 직각이등변삼각형이므로

$\overline{AP} = \overline{CQ} = \sqrt{2} \times \overline{QF} = \sqrt{2}\,x$

선분 AC 는 정사각형 $ABCD$ 의 대각선이므로

$\overline{AC} = 10\sqrt{2}$

$\overline{AC} = \overline{AP} + \overline{PG} + \overline{GQ} + \overline{QC}$

$10\sqrt{2} = \sqrt{2}\,x + x + x + \sqrt{2}\,x$

$(\sqrt{2}+1)x = 5\sqrt{2}$

$x = \dfrac{5\sqrt{2}}{\sqrt{2}+1}$

$\quad = 5\sqrt{2}\,(\sqrt{2}-1) = 10 - 5\sqrt{2}$

$\overline{PQ} = 2x = 20 - 10\sqrt{2}$

따라서

$a = 20$, $b = -10$ 에서 $a+b = 10$

▶ 문제 해결 방법

[다른 풀이]에서처럼 합동인 삼각형을 찾아 피타고라스의 정리를 이용해서 풀 수도 있으나 삼각형의 내각의 이등분선의 성질을 이용하면 훨씬 더 수월하게 문제를 해결할 수 있다. 내각의 이등분의 성질은 종종 쓰이므로 꼭 알아두어야 한다. 또한 종이를 접었다 다시 펼친그림에서는 접혔을 때와 종이를 다시 펼쳤을 때 일치하는 도형이 반드시 생긴다. 이때 두 도형이 합동임을 이용해서 문제를 풀어야 한다.

---

22 다항식의 계산　　　　　정답률 90% | 정답 6

다항식 ❶ $\dfrac{1}{2}(4x+3) + 4(x-1)$ 을 간단히 하였을 때, x 의 계수를 구하시오.

[3점]

STEP 01 ❶을 전개하여 식을 정리한 후 x 의 계수를 구한다.

주어진 식을 정리하면

$\dfrac{1}{2}(4x+3) + 4(x-1) = 2x + \dfrac{3}{2} + 4x - 4 = 6x - \dfrac{5}{2}$

따라서 x 의 계수는 6 이다.

---

23 제곱근과 부등식의 성질　　　　　정답률 77% | 정답 7

부등식 ❶ $2 < \sqrt{3x} < \sqrt{26}$ 을 만족시키는 자연수 x 의 개수를 구하시오. [3점]

STEP 01 ❶에서 $2 = \sqrt{4}$ 임을 이용하여 부등식을 풀어 자연수 x 의 개수를 구한다.

부등식 $2 < \sqrt{3x} < \sqrt{26}$ 에서

$\sqrt{4} < \sqrt{3x} < \sqrt{26}$ 이므로 제곱근의 대소 관계에 의해 $4 < 3x < 26$

이 부등식의 양변을 3 으로 나누면 $\dfrac{4}{3} < x < \dfrac{26}{3}$

이 부등식을 만족시키는 자연수 x 는 2, 3, 4, 5, 6, 7, 8 이다.

따라서 구하는 자연수 x 의 개수는 7 이다.

---

24 순환소수　　　　　정답률 67% | 정답 81

10 보다 작은 두 자연수 a, b 에 대하여 $\dfrac{15}{22}$ 를 순환소수로 나타내면

$0.6\dot{a}\dot{b}$ 이다. $10a+b$의 값을 구하시오. [3점]

STEP 01 $\dfrac{15}{22}$ 를 소수로 바꾸어 a, b를 구한 후 $10a+b$ 의 값을 구한다.

분수 $\dfrac{15}{22}$ 를 소수로 나타내면

$\dfrac{15}{22} = 15 \div 22 = 0.681818181\cdots = 0.6\dot{8}\dot{1}$

따라서 $a=8$, $b=1$이므로 구하는 값은

$10a + b = 10 \times 8 + 1 = 81$

다른 풀이 1

$x = \dfrac{15}{22}$ 라 하면 $\dfrac{15}{22} = 0.6\dot{a}\dot{b}$ 이므로

$1000x - 10x = 600 + 10a + b - 6$

$990x = 600 + 10a + b - 6$

x 에 $\dfrac{15}{22}$ 를 대입하면

$675 = 600 + 10a + b - 6$

$10a + b = 81$

다른 풀이 2

$0.6\dot{a}\dot{b} = \dfrac{6 \times 100 + a \times 10 + b - 6}{990}$

$\dfrac{15}{22} = 0.6\dot{a}\dot{b}$ 이므로

$\dfrac{6 \times 100 + a \times 10 + b - 6}{990} = \dfrac{15}{22}$

이 식을 정리하면

$6 \times 100 + a \times 10 + b = 681$

따라서 구하는 값은

$10a + b = 10 \times 8 + 1 = 81$

그림과 같이 한 변의 길이가 a 인 정사각형 2 개와 한 변의 길이가 b 인 정사각형 3 개를 모두 사용하여 직사각형 ABCD 를 만들었다.
❶ 직사각형 ABCD 의 둘레의 길이가 88 일 때, $a+b$ 의 값을 구하시오. [3점]

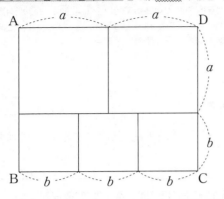

STEP 01 직사각형 ABCD 의 두 가로의 길이가 같음을 이용하여 a, b의 관계식을 구한다.

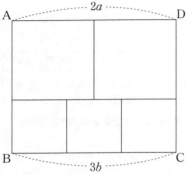

직사각형 ABCD 에서 한 변의 길이가 a 인 정사각형 2 개를 연결하여 만든 변 AD 의 길이와 한 변의 길이가 b 인 정사각형 3 개를 연결하여 만든 변 BC 의 길이가 같다.
따라서 $2a = 3b$　　　　　　　　　…… ㉠

STEP 02 직사각형 ABCD 의 둘레를 a, b를 이용하여 식으로 나타낸 후 ❶을 이용하여 a, b의 관계식을 구한다.

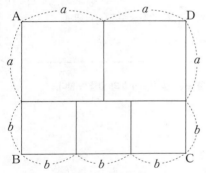

또 직사각형 ABCD 의 둘레의 길이가 88 이다.
따라서 $4a + 5b = 88$　　　　　　　…… ㉡

STEP 03 ㉠, ㉡을 연립하여 a, b를 구한 후 더한다.

㉠에서 $4a = 6b$ 를 ㉡에 대입하면
$6b + 5b = 88$
$11b = 88$, $b = 8$
$b = 8$ 을 ㉠에 대입하면 $a = 12$
따라서 $a + b = 12 + 8 = 20$

그림과 같이 ❶ 두 밑면의 넓이는 각각 $4x$, x 이고 높이는 $x+5$ 인 원뿔대가 있다. 이 원뿔대의 ❷ 부피가 700 일 때, x 의 값을 구하시오. [4점]

STEP 01 원뿔대가 잘리기 전의 원뿔을 그린 후 ❶을 직각삼각형의 닮음에 이용하여 원뿔의 부피를 구한다.

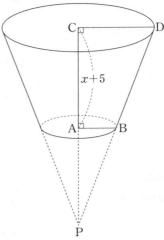

주어진 원뿔대의 두 밑면의 넓이가 각각 $4x$, x 이므로 넓이의 비는 $4 : 1$ 이다. 그러므로
$\overline{CD}^2 : \overline{AB}^2 = 4 : 1$ 에서
$\overline{CD} : \overline{AB} = 2 : 1$
$\overline{CD} : \overline{AB} = \overline{PC} : \overline{PA}$ 이므로
$\overline{PC} : \overline{PA} = 2 : 1$
따라서 $\overline{PA} = \overline{AC} = x + 5$

STEP 02 두 원뿔의 부피의 차가 원뿔대의 부피임을 이용하여 원뿔대의 부피식을 세운 후 ❷를 이용하여 x를 구한다.

(원뿔의 부피)$= \dfrac{1}{3} \times$(밑면의 넓이)$\times$(높이)이고 원뿔대의 부피는 원뿔의 부피에서 원뿔을 밑면에 평행한 평면으로 잘라서 생기는 두 입체도형 중 원뿔의 부피를 빼면 되므로
$\dfrac{1}{3} \times 4x \times (2x+10) - \dfrac{1}{3} \times x \times (x+5) = 700$
$\dfrac{4}{3}x(2x+10) - \dfrac{1}{3}x(x+5) = 700$
양변에 3을 곱하면
$4x(2x+10) - x(x+5) = 2100$
$8x^2 + 40x - x^2 - 5x = 2100$
$7x^2 + 35x - 2100 = 0$
$x^2 + 5x - 300 = 0$
$(x+20)(x-15) = 0$
$x = -20$ 또는 $x = 15$
$x > 0$ 이므로 $x = 15$

● 핵심 공식

▶ 원뿔의 부피
밑면의 반지름의 길이가 r 이고 높이가 h 인 원뿔의 부피
$V = \dfrac{1}{3}\pi r^2 h$

★★★ 등급을 가르는 문제!

6 명의 학생이 팔씨름 시합을 하여 ❶ 이기는 학생에게는 2 점, 지는 학생에게는 0 점을 주기로 하였다. 6 명의 학생은 모두 서로 한 번씩 시합을 하였고 총 15 번의 시합 중 비기는 경우는 없었다. 다음은 학생들이 받은 점수를 조사하여 표로 나타낸 것이다. 학생들이 받은 점수의 분산을 V 라 할 때, $30V$ 의 값을 구하시오. (단, a, b 는 상수이다.) [4점]

받은 점수(점)	학생 수(명)
2	1
4	a
6	b
8	1
합계	6

STEP 01 학생 수의 총합이 6임을 이용하여 a, b의 관계식을 구한다.

학생 수는 모두 6 명이므로 $1 + a + b + 1 = 6$
$a + b = 4$　　　　　　　　　　　…… ㉠

STEP 02 ❶에서 학생들이 받은 점수의 합을 구하고 표를 이용하여 학생들이 받은 점수의 합을 구하여 서로 같음을 이용하여 a, b의 관계식을 구한다.

모두 6명의 학생이 15번의 시합을 하면
비기는 경우가 없으므로 이긴 횟수는 모두 15회이며 이기면
2점씩 받으므로 받은 점수의 총합은 $15 \times 2 = 30$ 이다.

받은 점수(점)	학생 수(명)
2	1
4	a
6	b
8	1
합계	6

표를 이용하여 학생들이 받은 점수의 총합을 구하면
$(2 \times 1) + (4 \times a) + (6 \times b) + (8 \times 1) = 30$
$2a + 3b = 10$　　　　　　　　……ⓛ

STEP 03 ㉠, ㉡을 연립하여 a, b를 구한다.

㉠에서 $b = 4 - a$를 ㉡에 대입하면
$2a + 3(4 - a) = 10$
$a = 2$, $b = 2$

STEP 04 학생들이 받은 점수의 총합이 30임을 이용하여 평균을 구하고 a, b를 표에 대입한 후 편차를 구하여 분산 구하는 공식에 의해 분산을 구한다.

$(평균) = \dfrac{(받은\ 점수)의\ 총합}{(도수)의\ 총합} = \dfrac{30}{6} = 5(점)$

받은 점수에 대한 편차와 편차의 제곱을 구하여 표로 나타내면 다음과 같다.

받은 점수(점)	도수(명)	편차	$(편차)^2 \times (도수)$
2	1	-3	$(-3)^2 \times 1 = 9$
4	2	-1	$(-1)^2 \times 2 = 2$
6	2	1	$1^2 \times 2 = 2$
8	1	3	$3^2 \times 1 = 9$
합계	6	0	22

분산 V는
$$V = \frac{\{(편차)^2 \times (도수)\}의\ 총합}{(도수)의\ 총합} = \frac{9 + 2 + 2 + 9}{6} = \frac{11}{3}$$
따라서 $30V = 110$

●핵심 공식

▶ 도수분포표에서의 평균과 분산
$(평균) = \dfrac{\{(계급값) \times (도수)\}의\ 총합}{(도수)의\ 총합}$
$(분산) = \dfrac{\{(편차)^2 \times (도수)\}의\ 총합}{(도수)의\ 총합}$

★★ 문제 해결 꿀~팁 ★★

▶ 문제 해결 방법
연립일차방정식은 미지수의 개수만큼 식이 필요하다. 이 문제는 미지수가 2개이므로 방정식이 2개 필요하다.
일단 학생 수가 모두 6명이라는 것에서 식이 하나 나오고 다른 하나의 식을 찾는 것이 이 문제의 열쇠이다. 지는 학생은 점수를 받지 않으므로 15번의 시합에서 이기는 학생에게 주는 점수의 합계를 더하면 $2 \times 15 = 30$이므로 점수의 총합이 30점이라는 식을 세워 두 식을 연립하면 미지수는 구할 수 있다.
나머지는 분산을 구하는 공식을 알고 있으면 된다. 문제에서 주어진 조건을 잘 살펴 필요한 식을 찾아내는 것은 꼭 필요한 과제이다.

★★★ 등급을 가르는 문제!

28 이차함수의 그래프　　　　정답률 33% | 정답 18

좌표평면에서 이차함수 $y = f(x)$의 그래프의 꼭짓점을 A 라 하고 이차함수 $y = f(x)$의 그래프가 x 축과 만나는 두 점을 B, C 라 할 때, 세 점 A, B, C 가 다음 조건을 만족시킨다.

(가) 점 A 는 이차함수 ❶ $y = -x^2 - 2x - 7$ 의 그래프의 꼭짓점이다.
(나) 삼각형 ABC 의 넓이는 12 이다.

$f(3)$의 값을 구하시오. [4점]

STEP 01 ❶을 이차함수의 표준형으로 변형하여 꼭짓점을 구하고 미지수를 이용하여 $y = f(x)$를 놓는다.

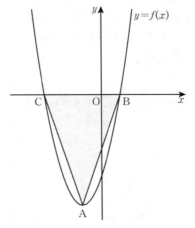

$y = -x^2 - 2x - 7 = -(x+1)^2 - 6$
이차함수 $y = -x^2 - 2x - 7$ 의 그래프의 꼭짓점의 좌표는 $(-1, -6)$ 이다.
따라서 점 A 의 좌표는 $(-1, -6)$ 이다.
이차함수 $y = f(x)$ 를
$f(x) = a(x+1)^2 - 6$(단, a 는 상수)이라 하자.

STEP 02 조건 (나)와 포물선의 대칭을 이용하여 두 점 B, C 의 좌표를 구하고 $y = f(x)$, $f(3)$을 차례로 구한다.

조건 (나)에서 삼각형 ABC 의 넓이가 12 이고
꼭짓점의 y 좌표가 -6 이므로
$\dfrac{1}{2} \times \overline{BC} \times 6 = 12$ 에서 변 BC 의 길이는 4 이다.

이차함수 $y = f(x)$ 의 그래프는
직선 $x = -1$ 에 대하여 대칭이므로
두 점 B, C 의 좌표 중에 하나는 $(1, 0)$,
다른 하나는 $(-3, 0)$ 이다.
즉, $f(1) = 0$ 에서
$4a - 6 = 0$
$a = \dfrac{3}{2}$

$f(x) = \dfrac{3}{2}(x+1)^2 - 6$ 이므로
$f(3) = 18$

●핵심 공식

▶ 이차함수의 그래프
(1) $y = ax^2$ $(a \neq 0)$
　① 꼭짓점의 좌표 $(0, 0)$
　② 대칭축 $x = 0$
　③ $a > 0$이면 아래로 볼록, $a < 0$이면 위로 볼록한 그래프
　④ $|a|$가 클수록 그래프의 폭이 좁아진다. (y축에 가까워진다.)
(2) $y = ax^2 + q$ $(a \neq 0)$
　① $y = ax^2$ $(a \neq 0)$의 그래프를 y축 방향으로 q만큼 평행이동
　② 꼭짓점의 좌표 $(0, q)$
　③ 대칭축 $x = 0$
(3) $y = a(x-p)^2$ $(a \neq 0)$
　① $y = ax^2$ $(a \neq 0)$의 그래프를 x축 방향으로 p만큼 평행이동
　② 꼭짓점의 좌표 $(p, 0)$
　③ 대칭축 $x = p$
(4) $y = a(x-p)^2 + q$ $(a \neq 0)$
　① $y = ax^2$ $(a \neq 0)$의 그래프를 x축 방향으로 p만큼, y축으로 q만큼 평행이동
　② 꼭짓점의 좌표 (p, q)
　③ 대칭축 $x = p$

★★ 문제 해결 꿀~팁 ★★

▶ 문제 해결 방법
두 이차함수의 꼭짓점이 같다는 것은 두 이차함수의 표준형의 꼴에서 기울기만 다르다는 의미이다.
$y = -x^2 - 2x - 7 = -(x+1)^2 - 6$이므로 $f(x) = a(x+1)^2 - 6$ 라 할 수 있다. 삼각형 ABC 의 넓이가 12이고 꼭짓점의 y좌가 -6이므로 삼각형 ABC 의 높이는 6. 그러므로 밑변인 변 BC 의 길이는 4이다. 또한 이차함수 $y = f(x)$ 의 그래프는 직선 $x = -1$ 에 대하여 대칭이므로 두 점 B, C의 좌표는 $(1, 0)$, $(-3, 0)$이다. 이제 이 두 점중 한 점의 좌표를 $y = f(x)$ 에 대입하여 미지수 a를 구하면 된다.
이차함수의 그래프의 특징에 대한 전반적인 물음을 하고 있다. 이차함수는 모든 문제에 여러 가지 형태로 응용되고 있으므로 정확하게 알아두어야 한다.

29 삼각형의 닮음　　　　　　　정답률 14% | 정답 13

그림과 같이 삼각형 ABC 에서 변 BC 의 중점을 M, 변 AC 를 삼등분하는 두 점을 각각 D, E 라 하자. 또 선분 AM 이 두 선분 BD, BE 와 만나는 점을 각각 P, Q 라 하자. $\overline{PQ}=1$ 일 때, $\overline{AM}=\dfrac{q}{p}$ 이다. $p+q$ 의 값을 구하시오. (단, p 와 q 는 서로소인 자연수이다.) [4점]

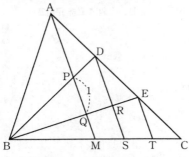

STEP 01 두 점 D, E에서 선분 AM과 평행한 직선을 각각 그리고 삼각형의 닮음을 이용하여 $\overline{DR}$, $\overline{AQ}$ 를 차례로 구한다.

그림과 같이 점 D 를 지나고 선분 AM 과 평행한 직선이 두 선분 BE, BC 와 만나는 점을 각각 R, S 라 하자. 점 E 를 지나고 선분 AM 과 평행한 직선이 선분 BC 와 만나는 점을 T 라 하자. 두 점 D, E 가 변 AC 를 삼등분하는 점이므로 $\overline{AD}=\overline{DE}=\overline{EC}$ 이고 따라서 $\overline{MS}=\overline{ST}=\overline{TC}$, $\overline{BM}=\overline{MC}$ 이므로 $\overline{BM}:\overline{BS}=3:4$

$\overline{AM}$ 과 $\overline{DS}$ 는 서로 평행하므로 두 삼각형 BMQ 와 BSR 는 서로 닮음이고, 두 삼각형 BPQ 와 BDR 는 서로 닮음이다. 이때 닮음비는 모두 3 : 4 이므로 $\overline{BQ}:\overline{BR}=\overline{PQ}:\overline{DR}=3:4$

$\overline{PQ}=1$ 이므로 $\overline{DR}=\dfrac{4}{3}$

$\overline{AQ}$ 와 $\overline{DR}$ 는 서로 평행하므로 두 삼각형 AQE 와 DRE 는 서로 닮음이다. $\overline{AD}=\overline{DE}$ 이므로 닮음비는 2 : 1 이고 $\overline{AQ}=2\overline{DR}=\dfrac{8}{3}$ 　　　　　　　…… ㉠

STEP 02 $\overline{AM}$ 과 $\overline{ET}$ 의 길이의 비를 이용하여 $\overline{QM}$ 을 구한 후 $\overline{AM}$ 을 구한다.

$\overline{AM}$ 과 $\overline{ET}$ 는 서로 평행하므로 두 삼각형 BMQ 와 BTE 는 서로 닮음이다. 닮음비는 $\overline{BM}:\overline{BT}=3:5$ 이므로 $\overline{QM}:\overline{ET}=3:5$

$\overline{QM}=x$ 라 하면 $\overline{ET}=\dfrac{5}{3}x$

$\overline{AM}$ 과 $\overline{ET}$ 는 서로 평행하므로 두 삼각형 CAM 과 CET 는 서로 닮음이다. 닮음비는 $\overline{CM}:\overline{CT}=3:1$ 이므로 $\overline{AM}=3\overline{ET}=3\times\dfrac{5}{3}x=5x$

$\overline{AQ}=\overline{AM}-\overline{QM}=4x$ 　　　　　　　…… ㉡

㉠, ㉡에서 $4x=\dfrac{8}{3}$, $x=\dfrac{2}{3}$

따라서 $\overline{AM}=5x=\dfrac{10}{3}$

따라서 구하는 값은 $p=3$, $q=10$ 이므로 $p+q=13$

다른 풀이

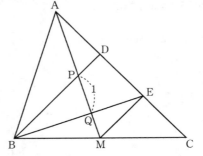

그림과 같이 두 점 M 과 E 를 선분으로 연결하면 점 M 은 선분 BC 의 중점이고 점 E 는 선분 CD 의 중점이다. 삼각형의 중점연결정리에 의해 $\overline{BD}$ 와 $\overline{ME}$ 는 서로 평행이고 $\overline{ME}:\overline{BD}=1:2$ 삼각형 AME 에서 점 D 는 선분 AE 의 중점이므로 삼각형의 중점연결정리에 의해 점 P 는 선분 AM 의 중점이고 $\overline{PD}:\overline{ME}=1:2$ $\overline{BP}$ 와 $\overline{ME}$ 는 서로 평행하므로 두 삼각형 BPQ 와 EMQ 는 서로 닮음이다. $\overline{BP}:\overline{ME}=3:2$ 이므로 $\overline{PQ}:\overline{QM}=3:2$

$\overline{PQ}=1$ 이므로 $\overline{QM}=\dfrac{2}{3}$

그러므로 두 선분 $\overline{PM}$ 과 $\overline{AM}$ 의 길이는 $\overline{PM}=\overline{PQ}+\overline{QM}=1+\dfrac{2}{3}=\dfrac{5}{3}$

$\overline{AM}=2\overline{PM}=2\times\dfrac{5}{3}=\dfrac{10}{3}$

따라서 구하는 값은 $p=3$, $q=10$ 에서 $p+q=13$

★★ 문제 해결 꿀~팁 ★★

▶ **문제 해결 방법**

보조선을 어떻게 긋느냐에 따라 문제 풀이하는 방법이 달라진다. 어떠한 방법이든 삼각형의 닮음을 이용해야 한다. 두 점 D, E 에서 선분 AM과 평행한 직선을 각각 그리고 풀이하는 방법을 간단히 정리하면 각 삼각형들의 닮음에 의해 $\overline{BM}:\overline{MS}:\overline{ST}:\overline{TC}=3:1:1:1$ 이므로 $\overline{PQ}:\overline{DR}:\overline{AQ}=3:4:8$ 이고 $\overline{PQ}=3a=1$, $\overline{QM}=3x$ 라 하면 $\overline{ET}=5x$, $\overline{ET}:\overline{AM}=1:3$ 이므로 $8a+3x=3\times5x$ 에서 $3x=2a$, $\overline{AM}=10a=\dfrac{10}{3}$ 이다. 삼각형들의 닮음과 중점연결의 정리를 이용하면 쉽게 해결할 수 있다. 닮음인 삼각형들을 찾는 연습을 충분히 해야 한다.

30 원의 성질과 삼각형의 성질　　　　　정답률 11% | 정답 21

한 눈금의 길이가 1 인 모눈종이 위에 그림과 같이 두 점 A, B 를 포함하여 81 개의 점이 그려져 있다. 이 점 중에서 한 점을 선택하여 그 점을 C 라 하자. 세 점 A, B, C 를 꼭짓점으로 하는 삼각형이 예각삼각형이 되도록 하는 점 C 의 개수를 구하시오. [4점]

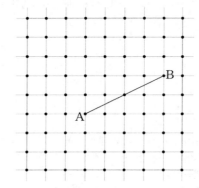

STEP 01 점 A를 지나고 $\overline{AB}$ 와 수직인 선분과 점 B를 지나고 $\overline{AB}$ 와 수직인 선분을 그려 삼각형 ABC 가 예각삼각형이 되도록 하는 점 C 의 위치를 파악한다.

세 점 A, B, C 를 꼭짓점으로 하는 삼각형이 예각삼각형이 되려면 세 내각이 모두 90° 보다 작아야 한다.

[그림 1]과 같이 ∠PAB = 90°, ∠QBA = 90°인
두 점 P, Q를 모눈종이 위에 그린다.

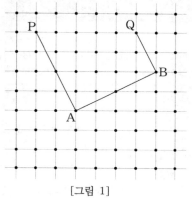

[그림 1]

[그림 2]와 같이 두 점 P, A를 지나는 직선을 l,
두 점 Q, B를 지나는 직선을 m이라 하자.
두 직선 l, m 위의 점 C에 대하여
세 점 A, B, C를 꼭짓점으로 하는 삼각형은 직각삼각형이다.

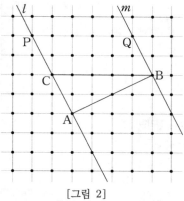

[그림 2]

[그림 3]과 같이 두 직선 l, m 사이에 있지 않은
점 C에 대하여 세 점 A, B, C를 꼭짓점으로 하는
삼각형은 둔각삼각형이다.

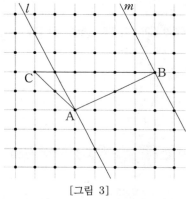

[그림 3]

따라서 세 점 A, B, C를 꼭짓점으로 하는
삼각형이 예각삼각형이 되려면 점 C가
두 직선 l, m 사이에 있어야 한다.

STEP 02 예각삼각형이 되려면 $\overline{AB}$를 지름으로 하는 원 밖에 점 C가 존재해야 함을
이용하여 점 C의 개수를 구한다.

[그림 4]는 두 직선 l, m 사이에 있는 점 C에 대하여
세 점 A, B, C를 꼭짓점으로 하는 삼각형이 직각삼각형이
되는 경우를 나타낸 것이다.

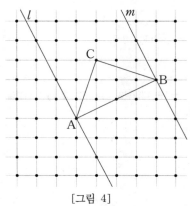

[그림 4]

[그림 5]는 두 직선 l, m 사이에 있는 점 C에 대하여
세 점 A, B, C를 꼭짓점으로 하는 삼각형이 둔각삼각형이
되는 경우를 나타낸 것이다.

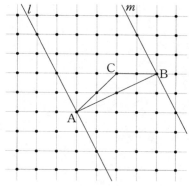

[그림 5]

[그림 6]은 두 직선 l, m 사이에 있는 점 C에 대하여
세 점 A, B, C를 꼭짓점으로 하는 삼각형이 예각삼각형이
되는 경우를 나타낸 것이다.

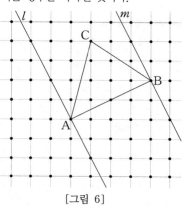

[그림 6]

[그림 4]와 같이 세 점 A, B, C를 꼭짓점으로 하는 삼각형이
직각삼각형이면 반원에 대한 원주각이 90°이므로
세 점 A, B, C는 선분 AB를 지름으로 하는 원 위에 있다.
따라서 [그림 7]과 같이 선분 AB를 지름으로 하는 원을 그리고
점 C가 원의 안에 있는 경우,
점 C가 원 위에 있는 경우,
점 C가 원의 밖에 있는 경우로
나누어 생각해 보자.

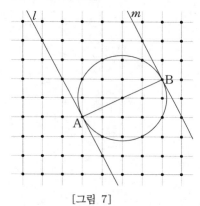

[그림 7]

[그림 8]과 같이 점 C가 원 위에 있는 경우에는
반원에 대한 원주각이 90°이므로
∠ACB = 90°이다.
따라서 세 점 A, B, C를 꼭짓점으로 하는 삼각형은 직각삼각형이다.

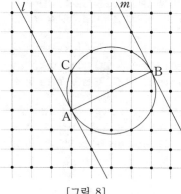

[그림 8]

[그림 9]와 같이 점 C가 원의 안에 있는 경우에는
∠ACB가 반원에 대한 원주각보다 크다.
따라서 ∠ACB > 90°이므로
세 점 A, B, C를 꼭짓점으로 하는 삼각형은 둔각삼각형이다.

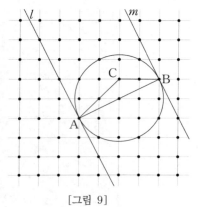

[그림 9]

[그림 10]과 같이 점 C가 원의 밖에 있는 경우에는
∠ACB 가 반원에 대한 원주각보다 작다.
따라서 ∠ACB < 90° 이므로
세 점 A, B, C 를 꼭짓점으로 하는 삼각형은 예각삼각형이다.

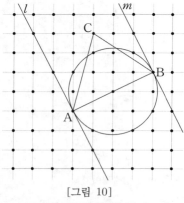

[그림 10]

그러므로 [그림 8], [그림 9], [그림 10]으로부터
세 점 A, B, C 를 꼭짓점으로 하는 삼각형 중에서
예각삼각형이 되려면 점 C 가 선분 AB 를 지름으로 하는
원의 밖에 있어야 한다는 것을 알 수 있다.
[그림 11]은 두 직선 l, m 사이에 있고
선분 AB 를 지름으로 하는 원의 밖에 있는
점 C 의 위치를 표시한 것이다.

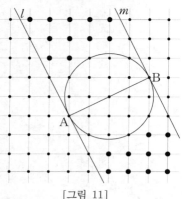

[그림 11]

따라서 구하는 점 C 의 개수는 21 이다.

★★ 문제 해결 꿀~팁 ★★

▶ 문제 해결 방법
만들 수 있는 예각삼각형의 개수를 구하는 것과 같은 문제이다. 예각삼각형 또는 둔각삼각형의 개수를 구하는 문제에서 언제나 기준은 직각삼각형이다. 또한 $\overline{AB}$ 를 지름으로 하는 원의 내부에 있는 점을 택할 경우 둔각삼각형이며 원 위의 점을 택할 경우 직각삼각형임은 반드시 알아두어야 한다.
[그림 7]을 보면 우선 $\overline{AB}$와 수직인 두 선분 l, m을 그어야 한다. 두 선분 바깥쪽에 있는 임의의 점을 잡아 삼각형을 그리면 둔각삼각형이 됨을 알 수 있다. 따라서 예각삼각형이 되려면 두 선분 사이에 있으면서 원의 외부에 있는 점만이 점C가 될 수 있음을 알 수 있다.
풀이가 자세하게 하나하나 예를 들어 해설을 해두어서 복잡해 보이나 핵심은 [그림 11]에 있는 점들처럼 '두 선분 사이에 있으면서 원의 외부에 있는 점'이라는 것이다. 직각, 예각, 둔각은 점C가 $\overline{AB}$ 를 지름으로 하는 원 위,원의 외부, 원의 내부에 있음에 따라 결정된다는 것을 반드시 기억해 두어야 한다.

• 정답 •
01 ② 02 ① 03 ④ 04 ⑤ 05 ④ 06 ③ 07 ④ 08 ① 09 ② 10 ③ 11 ③ 12 ① 13 ⑤ 14 ③ 15 ⑤
16 ④ 17 ④ 18 ③ 19 ⑤ 20 ① 21 ⑤ 22 9 23 7 24 3 25 24 26 12 27 50 28 24 29 11 30 16

★ 표기된 문항은 [등급을 가르는 문제]에 해당하는 문항입니다.

---

01 복소수의 계산   정답률 93% | 정답 ②

❶ $(-2+4i)-3i$ 의 값은? (단, $i=\sqrt{-1}$ 이다.) [2점]

① $-2-i$ ② $-2+i$ ③ $3-i$ ④ $3+i$ ⑤ $2i$

STEP 01 복소수의 계산으로 ❶을 계산하여 값을 구한다.

$(-2+4i)-3i=-2+(4-3)i=-2+i$

---

02 다항식의 계산   정답률 94% | 정답 ①

두 다항식 ❶ $A=3x^2+4x-2$, $B=x^2+x+3$ 에 대하여 $A-B$를 간단히 하면? [2점]

① $2x^2+3x-5$ ② $2x^2+3x-3$ ③ $2x^2+3x-1$
④ $2x^2-3x+3$ ⑤ $2x^2-3x+5$

STEP 01 ❶에서 다항식의 계산으로 $A-B$를 정리한다.

$A-B=(3x^2+4x-2)-(x^2+x+3)=2x^2+3x-5$

---

03 인수정리   정답률 91% | 정답 ④

x 에 대한 다항식 ❶ x^3+ax-8 이 $x-1$ 로 나누어떨어지도록 하는 상수 a의 값은? [2점]

① 1   ② 3   ③ 5   ④ 7   ⑤ 9

STEP 01 인수정리에 의해 ❶에 $x=1$을 대입한 값이 0이 되도록 하는 a의 값을 구한다.

$P(x)=x^3+ax-8$ 이라 하자.
$P(x)$ 가 $x-1$ 로 나누어떨어지므로
$P(1)=0$ 이다.
$P(1)=1+a-8=0$ 이다.
따라서 $a=7$ 이다.

● 핵심 공식

▶ 인수정리
x에 대한 다항식 $f(x)$가 $x-\alpha$로 나누어떨어지기 위한 필요충분조건은 $f(\alpha)=0$이다.
다항식 $f(x)$를 $x-\alpha$로 나눈 나머지가 0이다.
⟺ $f(\alpha)=0$
⟺ $f(x)=(x-\alpha)Q(x)$
⟺ 다항식 $f(x)$는 $(x-\alpha)$를 인수로 갖는다.

---

04 항등식의 성질   정답률 93% | 정답 ⑤

모든 실수 x 에 대하여 등식

❶ $x^2+5x+a=(x+4)(x+b)$

가 성립할 때, $a+b$의 값은? (단, a, b 는 상수이다.) [3점]

① 1   ② 2   ③ 3   ④ 4   ⑤ 5

STEP 01 항등식의 성질에 의하여 ❶에 $x=-4$를 대입하여 a를 구한 후 ❶의 좌변을 인수분해하여 b를 구한 다음 $a+b$의 값을 구한다.

x 에 대한 항등식이므로 $x=-4$ 를 대입하면
$16-20+a=0$ 이므로 $a=4$ 이다.
$x^2+5x+4=(x+4)(x+1)$ 이므로 $b=1$ 이다.
따라서 $a+b=5$ 이다.

다른 풀이

$(x+4)(x+b)=x^2+(4+b)x+4b$ 이다.
$x^2+5x+a=x^2+(4+b)x+4b$ 의 양변의 계수를 비교하면

$5 = 4 + b$, $a = 4b$ 이다.

따라서 $b = 1$, $a = 4$ 이므로

$a + b = 5$ 이다.

---

05 | 조립제법 | 정답률 92% | 정답 ④

다음은 조립제법을 이용하여 다항식 $x^3 - 3x^2 + 5x - 5$ 를 $x - 2$ 로 나누었을 때, 나머지를 구하는 과정을 나타낸 것이다.

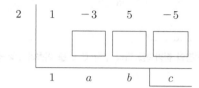

위 과정에 들어갈 세 상수 a, b, c 에 대하여 abc 의 값은? [3점]

① -6 ② -5 ③ -4 ④ -3 ⑤ -2

STEP 01 조립제법에 의하여 빈칸에 알맞은 수와 a, b, c 를 구한 후 abc의 값을 구한다.

조립제법에 의하여

$$
\begin{array}{r|rrrr}
2 & 1 & -3 & 5 & -5 \\
  &   & 2 & -2 & 6 \\
\hline
  & 1 & -1 & 3 & 1
\end{array}
$$

$a = -1$, $b = 3$, $c = 1$ 이므로

$abc = -3$ 이다.

---

06 | 절댓값을 포함한 일차부등식 | 정답률 89% | 정답 ③

부등식 ❶ $|x - 3| \le 2$ 를 만족시키는 모든 정수 x 의 값의 합은? [3점]

① 13   ② 14   ③ 15   ④ 16   ⑤ 17

STEP 01 ❶의 부등식을 풀어 만족하는 모든 정수 x의 값을 구한 후 합을 구한다.

부등식 $|x - 3| \le 2$ 를 풀면

$-2 \le x - 3 \le 2$, $1 \le x \le 5$ 이다.

부등식을 만족시키는 정수 x 의 값은

1, 2, 3, 4, 5 이다.

따라서 모든 정수 x 의 값의 합은

$1 + 2 + 3 + 4 + 5 = 15$ 이다.

● **핵심 공식**

▶ 절댓값 기호를 포함한 일차부등식

절댓값 기호를 포함한 부등식은 다음의 성질을 이용하여 절댓값 기호를 없앤 후 부등식을 푼다.

(1) $|a| = \begin{cases} a & (a \ge 0) \\ -a & (a < 0) \end{cases}$

(2) $0 < a < b$에 대하여

  ① $|x| < a \Rightarrow -a < x < a$

  ② $|x| > a \Rightarrow x > a$ 또는 $x < -a$

  ③ $a < |x| < b \Rightarrow a < x < b$ 또는 $-b < x < -a$

---

07 | 인수분해 | 정답률 91% | 정답 ④

그림과 같이 한 변의 길이가 $a + 6$인 정사각형 모양의 색종이에서 한 변의 길이가 a인 정사각형 모양의 색종이를 오려내었다. 오려낸 후 남아 있는 ▢ 모양의 색종이의 넓이가 $k(a + 3)$일 때, 상수 k의 값은? [3점]

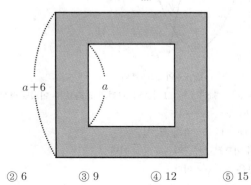

① 3   ② 6   ③ 9   ④ 12   ⑤ 15

STEP 01 남아 있는 색종이의 넓이를 구한 후 인수분해하여 k의 값을 구한다.

한 변의 길이가 $a + 6$인 정사각형 모양의 색종이의 넓이는 $(a + 6)^2$ 이다.

한 변의 길이가 a인 정사각형 모양의 색종이를 오려낸 후 남아 있는 ▢ 모양의 색종이의 넓이는

$(a + 6)^2 - a^2 = (a + 6 + a)(a + 6 - a) = 6(2a + 6) = 12(a + 3)$ 이다.

따라서 $k = 12$ 이다.

---

08 | 고차다항식의 인수분해 | 정답률 80% | 정답 ①

다항식 ❶ $x^4 + 7x^2 + 16$ 이

$(x^2 + ax + b)(x^2 - ax + b)$

로 인수분해 될 때, 두 양수 a, b 에 대하여 $a + b$의 값은? [3점]

① 5   ② 6   ③ 7   ④ 8   ⑤ 9

STEP 01 ❶을 완전제곱식과 합차공식을 이용하여 인수분해 하여 a, b를 구한 후 $a + b$의 값을 구한다.

다항식 $x^4 + 7x^2 + 16$을 인수분해하면

$$
\begin{aligned}
x^4 + 7x^2 + 16 &= (x^4 + 8x^2 + 16) - x^2 \\
&= (x^2 + 4)^2 - x^2 \\
&= (x^2 + x + 4)(x^2 - x + 4)
\end{aligned}
$$

이므로 $a = 1$, $b = 4$ 이다.

따라서 $a + b = 5$ 이다.

---

09 | 다항식의 곱셈 | 정답률 89% | 정답 ②

❶ $2016 \times 2019 \times 2022 = 2019^3 - 9a$ 가 성립할 때, 상수 a의 값은? [3점]

① 2018   ② 2019   ③ 2020   ④ 2021   ⑤ 2022

STEP 01 ❶에서 2019를 치환한 후 양변을 비교하여 a의 값을 구한다.

$k = 2019$ 라 하면

$$
\begin{aligned}
2016 \times 2019 \times 2022 &= (k - 3)k(k + 3) \\
&= k^3 - 9k = 2019^3 - 9 \times 2019
\end{aligned}
$$

따라서 $a = 2019$ 이다.

---

10 | 이차방정식과 이차함수 | 정답률 77% | 정답 ③

이차함수 ❶ $y = x^2 + 5x + 2$ 의 그래프와 직선 $y = -x + k$가 서로 다른 두 점에서 만나도록 하는 정수 k의 최솟값은? [3점]

① -10 ② -8 ③ -6 ④ -4 ⑤ -2

STEP 01 ❶을 성립하도록 두 식을 연립한 이차방정식의 판별식을 이용하여 k의 범위를 구한 후 정수 k의 최솟값을 구한다.

이차함수 $y = x^2 + 5x + 2$ 의 그래프와

직선 $y = -x + k$가 서로 다른 두 점에서 만나려면 이차방정식

$x^2 + 5x + 2 = -x + k$는 서로 다른 두 실근을 가져야 한다.

이차방정식 $x^2 + 6x + 2 - k = 0$ 의 판별식 $D > 0$ 이어야 하므로

판별식 $D = 6^2 - 4(2 - k) = 28 + 4k > 0$ 에서 $k > -7$ 이다.

따라서 정수 k의 최솟값은 -6 이다.

---

11 | 이차함수와 직선의 위치 관계 | 정답률 79% | 정답 ③

이차함수 ❶ $y = -2x^2 + 5x$ 의 그래프와 직선 $y = 2x + k$가 적어도 한 점에서 만나도록 하는 실수 k의 최댓값은? [3점]

① $\dfrac{3}{8}$ ② $\dfrac{3}{4}$ ③ $\dfrac{9}{8}$ ④ $\dfrac{3}{2}$ ⑤ $\dfrac{15}{8}$

STEP 01 ❶을 만족하기 위하여 두 함수를 연립한 이차함수의 판별식을 구하여 판별식 $D \ge 0$ 임을 이용하여 k의 범위를 구한 후 k의 최댓값을 구한다.

이차함수 $y = -2x^2 + 5x$ 의 그래프와

직선 $y = 2x + k$가 적어도 한 점에서 만나기 위해 방정식

$-2x^2 + 5x = 2x + k$

$2x^2 - 3x + k = 0$

의 판별식을 D라 할 때, $D \ge 0$ 이어야 한다.

$D = (-3)^2 - 4 \times 2 \times k \ge 0$

$$k \leq \frac{9}{8}$$

이므로 실수 k 의 최댓값은 $\frac{9}{8}$ 이다.

12 다항식의 곱셈공식　　　　　정답률 75% | 정답 ①

❶ $x - y = 3$, $x^3 - y^3 = 18$ 일 때, $x^2 + y^2$ 의 값은? [3점]

① 7　　② 8　　③ 9　　④ 10　　⑤ 11

STEP 01　❶ 에 곱셈공식을 이용하여 xy를 구한 후, 곱셈공식을 이용하여 $x^2 + y^2$의 값을 구한다.

$(x - y)^3 = x^3 - 3x^2y + 3xy^2 - y^3$ 이므로
$x^3 - y^3 = (x - y)^3 + 3xy(x - y)$ 이다.
$x - y = 3$, $x^3 - y^3 = 18$ 을 대입하면
$18 = 27 + 9xy$ 이므로
$xy = -1$ 이다.
따라서 $x^2 + y^2 = (x - y)^2 + 2xy = 3^2 - 2 = 7$ 이다.

다른 풀이

$x^3 - y^3 = (x - y)(x^2 + xy + y^2)$
$\qquad\quad = (x - y)\{(x - y)^2 + 3xy\}$ 이다.
$x - y = 3$, $x^3 - y^3 = 18$ 을 대입하면
$18 = 3 \times (9 + 3xy)$ 이므로
$xy = -1$ 이다.
따라서 $x^2 + y^2 = (x - y)^2 + 2xy = 3^2 - 2 = 7$ 이다.

13 복소수의 연산　　　　　정답률 82% | 정답 ⑤

두 복소수 ❶ $\alpha = \dfrac{1 - i}{1 + i}$, $\beta = \dfrac{1 + i}{1 - i}$ 에 대하여 ❷ $(1 - 2\alpha)(1 - 2\beta)$ 의 값은?
(단, $i = \sqrt{-1}$ 이다.) [3점]

① 1　　② 2　　③ 3　　④ 4　　⑤ 5

STEP 01　❶에 각각 분모의 켤레복소수를 분자와 분모에 곱하여 정리하고 ❷에 대입하여 값을 구한다.

$\alpha = \dfrac{1 - i}{1 + i} = \dfrac{(1 - i)^2}{(1 + i)(1 - i)} = \dfrac{-2i}{2} = -i$ 이고
$\beta = \dfrac{1 + i}{1 - i} = \dfrac{(1 + i)^2}{(1 - i)(1 + i)} = \dfrac{2i}{2} = i$ 이다.
따라서
$(1 - 2\alpha)(1 - 2\beta) = (1 + 2i)(1 - 2i)$
$\qquad\qquad\qquad\quad = 1 - 4i^2 = 5$ 이다.

14 다항식의 활용　　　　　정답률 86% | 정답 ③

망원경에서 대물렌즈 지름의 길이를 구경이라 하고 천체로부터 오는 빛을 모으는 능력을 집광력이라 한다. 구경이 D (mm)인 망원경의 집광력 F는 다음과 같은 관계식이 성립한다.

❶ $F = kD^2$ (단, k 는 양의 상수이다.)

❷ 구경이 40 인 망원경 A 의 집광력은 구경이 x 인 망원경 B 의 집광력의 2 배일 때, x 의 값은? [4점]

① $10\sqrt{2}$　　② $15\sqrt{2}$　　③ $20\sqrt{2}$
④ $25\sqrt{2}$　　⑤ $30\sqrt{2}$

STEP 01　❶에 ❷를 대입하여 두 망원경의 집광력을 각각 구한 후 ❷를 이용하여 x의 값을 구한다.

망원경 A 의 구경을 D_1, 집광력을 F_1,
망원경 B 의 구경을 D_2, 집광력을 F_2 라 하자.
$D_1 = 40$, $D_2 = x$ 이므로
$F_1 = kD_1^2 = 1600k$ 이고
$F_2 = kD_2^2 = kx^2$ 이다.
망원경 A 의 집광력 F_1 은 망원경 B 의 집광력 F_2 의 2 배이므로
$F_1 = 2F_2$ 이다.
$1600k = 2kx^2$ 이므로 $x^2 = 800$ 이다.
따라서 $x > 0$ 이므로 $x = 20\sqrt{2}$ 이다.

15 이차방정식　　　　　정답률 63% | 정답 ⑤

그림과 같이 ❶ 유리수 a, b 에 대하여 두 이차함수 $y = x^2 - 3x + 1$ 과
$y = -x^2 + ax + b$ 의 그래프가 만나는 두 점을 각각 P, Q 라 하자.
❷ 점 P 의 x 좌표가 $1 - \sqrt{2}$ 일 때, $a + 3b$ 의 값은? [4점]

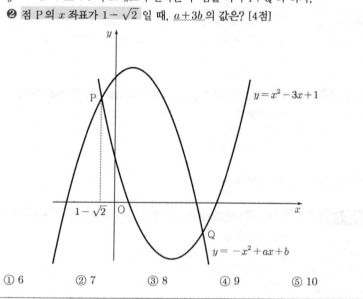

① 6　　② 7　　③ 8　　④ 9　　⑤ 10

STEP 01　두 이차함수를 연립한 후 ❶에 의하여 ❷에서 점 Q 의 좌표를 구한 다음 근과 계수의 관계에 의하여 a, b를 구하고 $a + 3b$의 값을 구한다.

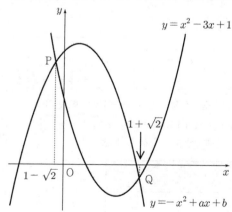

이차함수 $y = -x^2 + ax + b$의 그래프와
이차함수 $y = x^2 - 3x + 1$의 그래프의 교점의 x좌표는 이차방정식
$-x^2 + ax + b = x^2 - 3x + 1$
$2x^2 - (3 + a)x + 1 - b = 0$의 두 실근이다.
a, b는 유리수이므로 한 근이 $1 - \sqrt{2}$ 이면
나머지 한 근은 $1 + \sqrt{2}$ 이다.
따라서 $2x^2 - (3 + a)x + 1 - b = 0$의

두 근을 α, β라 하면 근과 계수의 관계에 의해

$\alpha + \beta = \dfrac{3+a}{2} = 2$, $a = 1$

$\alpha\beta = \dfrac{1-b}{2} = -1$, $b = 3$

이므로 $a + 3b = 10$ 이다.

●핵심 공식

▶ 이차방정식의 근과 계수의 관계
이차방정식 $ax^2 + bx + c = 0$ (단, $a \neq 0$)의 두 근을
α, β라고 하면, $\alpha + \beta = -\dfrac{b}{a}$, $\alpha\beta = \dfrac{c}{a}$

---

16 근과 계수의 관계　　　정답률 73% | 정답 ④

이차방정식 ❶ $x^2 + x - 1 = 0$ 의 서로 다른 두 근을 α, β 라 하자. 다항식 $P(x) = 2x^2 - 3x$ 에 대하여 ❷ $\beta P(\alpha) + \alpha P(\beta)$ 의 값은? [4점]

① 5　　② 6　　③ 7　　④ 8　　⑤ 9

STEP 01 ❶에서 근과 계수의 관계를 이용하여 $\alpha + \beta$, $\alpha\beta$를 각각 구한 후 ❷를 정리하고 $\alpha + \beta$, $\alpha\beta$를 대입하여 값을 구한다.

이차방정식 $x^2 + x - 1 = 0$의 서로 다른 두 근이 α, β이므로
근과 계수의 관계에 의해
$\alpha + \beta = -1$, $\alpha\beta = -1$ 이다.
따라서
$\beta P(\alpha) + \alpha P(\beta)$
$= \beta(2\alpha^2 - 3\alpha) + \alpha(2\beta^2 - 3\beta)$
$= 2\alpha\beta(\alpha + \beta) - 6\alpha\beta$
$= 2 \times (-1) \times (-1) - 6 \times (-1)$
$= 8$ 이다.

---

17 이차함수의 그래프의 최대 최소　　　정답률 57% | 정답 ④

❷ 직선 $y = -\dfrac{1}{4}x + 1$이 y 축과 만나는 점을 A, x 축과 만나는 점을 B 라 하자, ❶ 점 $P(a, b)$가 점 A에서 직선 $y = -\dfrac{1}{4}x + 1$을 따라 점 B 까지 움직일 때, ❸ $a^2 + 8b$ 의 최솟값은? [4점]

① 5　　② $\dfrac{17}{3}$　　③ $\dfrac{19}{3}$　　④ 7　　⑤ $\dfrac{23}{3}$

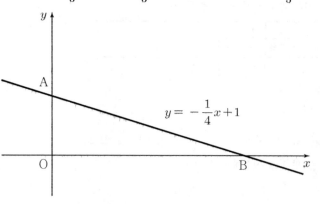

STEP 01 ❶에 의해 점 $P(a, b)$를 직선 $y = -\dfrac{1}{4}x + 1$에 대입한 후 다시 ❸에 대입하여 표준형으로 바꾸고 ❷에서 A, B를 구한 후 a의 범위를 구한 것을 이용하여 최솟값을 구한다.

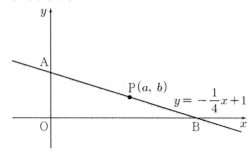

점 $P(a, b)$는 직선 $y = -\dfrac{1}{4}x + 1$ 위의 점이므로

$b = -\dfrac{1}{4}a + 1$이다.

$b = -\dfrac{1}{4}a + 1$을 주어진 식에 대입하면

$a^2 + 8b = a^2 + 8\left(-\dfrac{1}{4}a + 1\right)$
$\qquad = a^2 - 2a + 8$
$\qquad = (a-1)^2 + 7$
이다.
그런데 $A(0, 1)$, $B(4, 0)$이므로 $0 \leq a \leq 4$이다.
따라서 $a = 1$ 일 때, $a^2 + 8b$ 의 최솟값은 7 이다.

다른 풀이

$a = -4b + 4$ 를 주어진 식에 대입하면
$a^2 + 8b = (-4b + 4)^2 + 8b$
$\qquad = 16b^2 - 32b + 16 + 8b$
$\qquad = 16b^2 - 24b + 16$
$\qquad = 16\left(b^2 - \dfrac{3}{2}b + \dfrac{9}{16}\right) + 7$
$\qquad = 16\left(b - \dfrac{3}{4}\right)^2 + 7$
이다.
그런데 $A(0, 1)$, $B(4, 0)$이므로 $0 \leq b \leq 1$ 이다.
따라서 $b = \dfrac{3}{4}$ 일 때, $a^2 + 8b$ 의 최솟값은 7 이다.

●핵심 공식

▶ 이차함수의 최댓값과 최솟값
정의역이 $\{x | \alpha \leq x \leq \beta\}$로 주어진 이차함수는 최댓값과 최솟값을 모두 가지며, 최댓값과 최솟값은 이차함수의 그래프를 이용하여 구할 수 있다. 이때, $x = \alpha$, $x = \beta$, 꼭짓점의 값을 대입하여 구할 수 있다.

---

18 연립이차방정식　　　정답률 69% | 정답 ③

한 변의 길이가 a 인 정사각형 ABCD와 한 변의 길이가 b 인 정사각형 EFGH 가 있다. 그림과 같이 네 점 A, E, B, F 가 한 직선 위에 있고 ❶ $\overline{EB} = 1$, $\overline{AF} = 5$가 되도록 두 정사각형을 겹치게 놓았을 때, 선분 CD 와 선분 HE 의 교점을 I 라 하자. ❷ 직사각형 EBCI 의 넓이가 정사각형 EFGH 의 넓이의 $\dfrac{1}{4}$ 일 때, b 의 값은? (단, $1 < a < b < 5$) [4점]

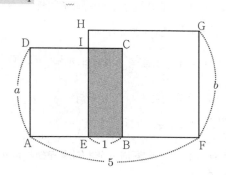

① $-2 + \sqrt{26}$　　② $-2 + 3\sqrt{3}$　　③ $-2 + 2\sqrt{7}$
④ $-2 + \sqrt{29}$　　⑤ $-2 + \sqrt{30}$

STEP 01 ❶, ❷에서 각각 a, b에 관한 방정식을 세운 후 ❶을 ❷에 대입하여 b의 값을 구한다.

$\overline{AB} = a$, $\overline{EF} = b$이고 $\overline{AF} = 5$, $\overline{EB} = 1$이므로
$a + b = 6$, $a = 6 - b$ ...... ㉠
직사각형 EBCI 의 넓이는 a, 정사각형 EFGH 의
넓이는 b^2이므로
$a = \dfrac{1}{4}b^2$ ...... ㉡
이다.
㉠을 ㉡에 대입하면
$6 - b = \dfrac{1}{4}b^2$이므로 $b^2 + 4b - 24 = 0$ 이다.
그러므로 $b = -2 \pm 2\sqrt{7}$ 이다.
$b > 1$이므로
$b = -2 + 2\sqrt{7}$ 이다.

다음은 x 에 대한 방정식

$$(x^2+ax+a)(x^2+x+a)=0$$

의 근 중 서로 다른 허근의 개수가 2 이기 위한 실수 a 의 값의 범위를 구하는 과정이다.

---

(1) $a=1$ 인 경우

주어진 방정식은 $(x^2+x+1)^2=0$ 이다.

이 때, 방정식 $x^2+x+1=0$ 의 근은

$$x=\frac{-1\pm\sqrt{\boxed{(가)}}\,i}{2}$$

(단, $i=\sqrt{-1}$)이므로 방정식 $(x^2+x+1)^2=0$ 의 서로 다른 허근 의 개수는 2 이다.

(2) $a\neq1$ 인 경우

방정식 $x^2+ax+a=0$ 의 근은 $x=\dfrac{-a\pm\sqrt{\boxed{(나)}}}{2}$ 이다.

  (i) $\boxed{(나)}<0$ 일 때, 방정식 $x^2+x+a=0$ 은 실근을 가져야 하므로 실수 a 의 값의 범위는

    $0<a\le\dfrac{1}{4}$ 이다.

  (ii) $\boxed{(나)}\ge0$ 일 때, 방정식 $x^2+x+a=0$ 은 허근을 가져야 하므로 실수 a 의 값의 범위는

    $a\ge\boxed{(다)}$ 이다.

따라서 (1)과 (2)에 의하여 방정식 $(x^2+ax+a)(x^2+x+a)=0$ 의 근 중 서로 다른 허근의 개수가 2 이기 위한 실수 a 의 값의 범위는

$$0<a\le\frac{1}{4} \text{ 또는 } a=1 \text{ 또는 } a\ge\boxed{(다)}$$

이다.

위의 (가), (다)에 알맞은 수를 각각 p, q 라 하고, (나)에 알맞은 식을 $f(a)$ 라 할 때, $p+q+f(5)$ 의 값은? [4점]

① 8   ② 9   ③ 10   ④ 11   ⑤ 12

STEP 01 근의 공식에 의해 (가), (나)를 구한다.

(1) $a=1$ 인 경우

주어진 방정식은 $(x^2+x+1)^2=0$ 이다.

이 때, 방정식 $x^2+x+1=0$ 의 근은 근의 공식에 의해

$$x=\frac{-1\pm\sqrt{3}\,i}{2} \text{ (단, } i=\sqrt{-1}\text{)이므로}$$

방정식 $(x^2+x+1)^2=0$ 의 서로 다른 허근의 개수는 2 이다.

(2) $a\neq1$ 인 경우

방정식 $x^2+ax+a=0$ 의 근은 근의 공식에 의해

$$x=\frac{-a\pm\sqrt{a(a-4)}}{2} \text{ 이다.}$$

STEP 02 판별식을 이용하여 a의 범위를 구하여 (다)를 구한다. $p, q, f(a)$ 를 찾아 $p+q+f(5)$ 의 값을 구한다.

(i) $\boxed{a(a-4)}<0$ 일 때,

방정식 $x^2+x+a=0$ 은 실근을 가져야 하므로 이차방정식 $x^2+x+a=0$ 의 판별식을 D 라 하면

$D=1-4a\ge0$ 에서 $a\le\dfrac{1}{4}$

$a(a-4)<0$ 에서 $0<a<4$

따라서 만족하는 실수 a 의 값의 범위는 $0<a\le\dfrac{1}{4}$ 이다.

(ii) $\boxed{a(a-4)}\ge0$ 일 때,

방정식 $x^2+x+a=0$ 은 허근을 가져야 하므로 이차방정식 $x^2+x+a=0$ 의 판별식을 D 라 하면

$D=1-4a<0$ 에서 $a>\dfrac{1}{4}$

$a(a-4)\ge0$ 에서 $a\le0$, $a\ge4$

따라서 만족하는 실수 a 의 값의 범위는 $a\ge\boxed{4}$ 이다.

따라서 (1)과 (2)에 의하여 방정식 $(x^2+ax+a)(x^2+x+a)=0$ 의 근 중 서로 다른 허근의 개수가 2 이기 위한 실수 a 의 값의 범위는

$0<a\le\dfrac{1}{4}$ 또는 $a=1$ 또는 $a\ge\boxed{4}$ 이다.

따라서 $p=3$, $f(a)=a(a-4)$, $q=4$ 이므로 $p+q+f(5)=3+4+5=12$ 이다.

● **핵심 공식**

▶ 이차방정식 $ax^2+bx+c=0$의 풀이

(1) 인수분해가 되면 인수분해하여 해를 구한다.

(2) 인수분해가 되지 않으면 완전제곱식으로 변형하거나 근의 공식을 사용하여 해를 구한다.

$$\text{근의 공식 } x=\frac{-b\pm\sqrt{b^2-4ac}}{2a}$$

(3) 판별식 $D=b^2-4ac$를 이용한 근의 개수 판별

  ① $b^2-4ac>0 \leftrightarrow$ 서로 다른 두 실근

  ② $b^2-4ac=0 \leftrightarrow$ 한 개의 중근

  ③ $b^2-4ac<0 \leftrightarrow$ 실근이 없다

★★★ 등급을 가르는 문제!

x 에 대한 연립부등식

❶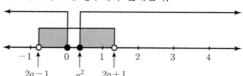
$$\begin{cases} x^2-a^2x\ge0 \\ x^2-4ax+4a^2-1<0 \end{cases}$$

을 ❷ 만족시키는 정수 x 의 개수가 1 이 되기 위한 모든 실수 a 의 값의 합은? (단, $0<a<\sqrt{2}$) [4점]

① $\dfrac{3}{2}$ ② $\dfrac{25}{16}$ ③ $\dfrac{13}{8}$ ④ $\dfrac{27}{16}$ ⑤ $\dfrac{7}{4}$

STEP 01 ❶의 부등식을 각각 푼다.

$x^2-a^2x=x(x-a^2)\ge0$ 에서 $x\le0$ 또는 $x\ge a^2$ 이고

$x^2-4ax+4a^2-1=\{x-(2a-1)\}\{x-(2a+1)\}<0$

에서 $2a-1<x<2a+1$ 이다.

STEP 02 $2a-1$의 범위를 고려하여 a의 범위를 나누어 ❷를 만족하는 a의 값을 구하여 합을 구한다.

$0<a<\sqrt{2}$ 이므로 $-1<2a-1<2$ 이다.

따라서 $2a-1$의 위치에 따라 a의 범위를 나누면 다음과 같다.

i) $-1<2a-1<0$, $0<a<\dfrac{1}{2}$ 일 때

연립부등식의 해는 $-1<2a-1<x\le0$ 또는 $a^2\le x<2a+1<2$인데

$0<a^2<\dfrac{1}{4}$ 이고 $1<2a+1<2$ 이므로

$x=0, 1$의 2개 정수해가 존재한다.

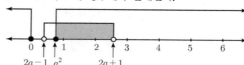

ii) $2a-1=0$, $a=\dfrac{1}{2}$ 일 때

연립부등식의 해는 $\dfrac{1}{4}=a^2\le x<2a+1=2$ 이므로

$x=1$ 의 1 개 정수해가 존재한다.

iii) $0<2a-1<1$, $\dfrac{1}{2}<a<1$ 일 때

연립부등식의 해는 $a^2\le x<2a+1$ 인데 $\dfrac{1}{4}<a^2<1$ 이고

$2<2a+1<3$이므로

$x=1,2$의 2 개 정수해가 존재한다.

iv) $2a-1=1$, $a=1$ 일 때

연립부등식의 해는 $1=a^2=2a-1<x<2a+1=3$이므로 $x=2$ 의 1 개 정수해가 존재한다.

v) $1<2a-1<2$, $1<a<\sqrt{2}$ 일 때

연립부등식의 해는 $a^2\le x<2a+1$ 인데

$1<a^2<2$이고 $3<2a+1<1+2\sqrt{2}<4$이므로

$x=2,3$ 의 2 개 정수해가 존재한다.

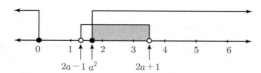

그러므로 i) ~ v)에 의해 $a=\frac{1}{2}$ 또는 $a=1$일 때, 1개 정수해가 존재한다.

따라서 모든 실수 a의 값의 합은 $\frac{1}{2}+1=\frac{3}{2}$ 이다.

★★ 문제 해결 꿀~팁 ★★

▶ 문제 해결 방법

연립부등식을 먼저 풀어야 한다.

$x^2-a^2x=x(x-a^2)\geq0$ 에서 $0<a<\sqrt{2}$ 이므로 $x\leq0$ 또는 $x\geq a^2$ 이다. 만약 a의 범위가 주어지지 않았다 하더라도 $a^2\geq0$이므로 해는 같다.

한편 $x^2-4ax+4a^2-1$처럼 항이 4개 또는 5개인 이차식의 인수분해는 x에 대한 다항식으로 봤을 때 상수항 즉, x가 없는 항을 먼저 인수분해한 후 전체식을 인수분해하는 것이 일반적이다.

상수항인 $4a^2-1=(2a-1)(2a+1)$ 이고 $(2a-1)+(2a+1)=4a$, $2a-1<2a+1$이므로 $x^2-4ax+4a^2-1=\{x-(2a-1)\}\{x-(2a+1)\}<0$ 를 풀면 $2a-1<x<2a+1$ 이다. 이제 a의 범위를 나누어 연립부등식을 만족하는 정수해의 개수가 1인지를 확인해야 하는데 $0<a<\sqrt{2}$ 이므로 $-1<2a-1<2$. $2a-1$의 위치에 따라 정수가 달라지므로 $2a-1$을 기준으로 a의 범위를 나누어야 한다. $2a-1=k_n$ 이라 하면 k_n의 위치에 따라 다음과 같이 5가지의 경우로 범위를 나누어야 한다.

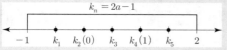

각 범위에 따라 수직선에서 $2a+1$은 $2a-1$보다 2만큼 큰 위치에 있으면 되고 a^2의 범위를 구하여 수직선에 위치를 정한 후 연립부등식을 만족하는 정수해가 1개인지를 확인하여 만족하는 실수 a를 구하면 된다.

그런데 문제에서 a의 범위를 구하라는 것이 아니라 a의 값을 구하라 하였다. 이 말은 a가 범위로 나오는 것이 아니라 값이 나온다는 뜻이므로 $-1<2a-1<2$에서 $2a-1$이 정수일 때 즉, $2a-1=0$ 또는 1일때만 확인하여도 될 것이다.

이처럼 문제에서 힌트를 얻어 풀이과정을 생략할 수도 있는 경우가 종종 있으므로 문제를 꼼꼼히 읽는 습관을 들이는 것이 좋다.

★★★ 등급을 가르는 문제!

21 | 이차방정식과 이차함수의 관계 | 정답률 29% | 정답 ⑤

두 이차함수

❶ $f(x)=(x-a)^2-a^2$,

$g(x)=-(x-2a)^2+4a^2+b$

가 다음 조건을 만족시킨다.

> (가) 방정식 $f(x)=g(x)$ 는 서로 다른 두 실근 α, β를 갖는다.
> (나) $\beta-\alpha=2$

〈보기〉에서 옳은 것만을 있는 대로 고른 것은? (단, a, b는 상수이다.)
[4점]

> ─── 〈보기〉 ───
>
> ㄱ. $a=1$ 일 때, $b=-\frac{5}{2}$
>
> ㄴ. $f(\beta)-g(\alpha)\leq g(2a)-f(a)$
>
> ㄷ. $g(\beta)=f(\alpha)+5a^2+b$이면 $b=-16$

① ㄱ
② ㄱ, ㄴ
③ ㄱ, ㄷ
④ ㄴ, ㄷ
⑤ ㄱ, ㄴ, ㄷ

STEP 01 ㄱ. ❶에 $a=1$ 을 대입한 후 두 식을 연립하고 근과 계수의 관계를 이용하여 조건 (나)를 만족하도록 하는 b의 값을 구하여 참 거짓을 판별한다.

ㄱ. $a=1$ 이므로

$f(x)=(x-1)^2-1=x^2-2x$,

$g(x)=-(x-2)^2+4+b=-x^2+4x+b$ 이다.

(가)에서 $x^2-2x=-x^2+4x+b$, $2x^2-6x-b=0$ 이다.

(나)에서 $\beta=\alpha+2$ 이므로

이차방정식 $2x^2-6x-b=0$ 은 두 근 α, $\alpha+2$를 갖는다.

이차방정식의 근과 계수의 관계에 의해

$\alpha+(\alpha+2)=3$, $\alpha(\alpha+2)=-\frac{b}{2}$ 이다.

$\alpha+(\alpha+2)=3$ 에서 $\alpha=\frac{1}{2}$ 이고

$\alpha(\alpha+2)=-\frac{b}{2}$ 에서 $-\frac{b}{2}=\frac{1}{2}\times\frac{5}{2}$ 이다.

따라서 $b=-\frac{5}{2}$ 이다. ∴ 참

STEP 02 ㄴ. 보기의 양변의 식의 의미를 파악하고 ❶의 그래프의 개형을 그려 참 거짓을 판별한다.

ㄴ. $f(x)=(x-a)^2-a^2$ 이므로

$f(x)$ 의 최솟값은 $f(a)=-a^2$ 이다.

$g(x)=-(x-2a)^2+4a^2+b$ 이므로

$g(x)$ 의 최댓값은 $g(2a)=4a^2+b$ 이다.

(가)에 의해 $f(\alpha)=g(\alpha)$, $f(\beta)=g(\beta)$ 이므로

두 이차함수 $f(x)$, $g(x)$ 의 그래프는 서로 다른 두 점에서 만난다.

두 이차함수 $f(x)$, $g(x)$ 의 그래프가 서로 다른 두 점에서 만나므로

$g(2a)>f(a)$ 이다.

따라서 서로 다른 두 점에서 만나는 경우는

$a<0$, $a=0$, $a>0$인 세 가지 경우로 나누어 생각할 수 있다. (다음 그림은 a의 부호에 따른 예이다.)

(i) $a<0$ 인 경우

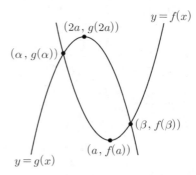

$f(\beta)-g(\alpha)=f(\beta)-f(\alpha)<g(2a)-f(a)$ 이다.

(ii) $a=0$ 인 경우

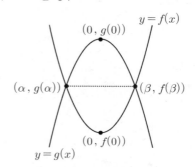

$f(\beta)-g(\alpha)=f(\beta)-f(\alpha)<g(2a)-f(a)$ 이다.

(iii) $a>0$ 인 경우

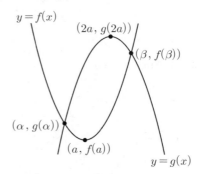

$f(\beta)-g(\alpha)=f(\beta)-f(\alpha)\leq g(2a)-f(a)$ 이다.

따라서 (i), (ii), (iii)에 의해 주어진 부등식은 성립한다. ∴ 참

STEP 03 ㄷ. 조건을 만족하는 ❶의 그래프의 개형을 그려 a를 구한 뒤 b의 값을 구하여 참 거짓을 판별한다.

ㄷ. $g(\beta)=f(\alpha)+5a^2+b$ 에서 $g(\beta)=f(\beta)$ 이므로

$f(\beta)-f(\alpha)=5a^2+b$ 이다.

$g(2a)-f(a)=4a^2+b-(-a^2)=5a^2+b$ 이므로

$f(\beta)-f(\alpha)=g(2a)-f(a)$ ... ㉠

이다.

㉠을 만족하기 위해서는 두 이차함수의 그래프의 교점은 두 이차함수의 그래프의 꼭짓점이어야 한다.

(i) $a<0$ 인 경우

ㄴ의 (i)에 의해 ㉠을 만족하지 않는다.

(ii) $a=0$ 인 경우

ㄴ의 (ii)에 의해 ㉠을 만족하지 않는다.

(iii) $a>0$ 인 경우

$a>0$ 이므로 $a<2a$ 가 된다.

$\alpha=a$, $\beta=2a$ 이므로

$\beta-\alpha=2a-a=2$ 이고 $a=2$ 이다.

따라서 $f(x)=(x-2)^2-4$, $g(x)=-(x-4)^2+b+16$ 이다.

이차함수 $g(x)$ 의 그래프가 이차함수 $f(x)$ 의 그래프의 꼭짓점

$(2, -4)$ 를 지나야 하므로 $-4=-(-2)^2+b+16$ 이고 $b=-16$ 이다.

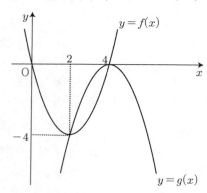

따라서 (i), (ii), (iii)에 의해 $b=-16$ 이다.   ∴ 참

따라서 ㄱ, ㄴ, ㄷ은 모두 참이다.

다른 풀이

ㄱ. 방정식 $f(x)=g(x)$ 에서

$2x^2-6ax-b=0$ 의 두 근이 α, β 이므로

$\alpha+\beta=3a$ 이고 $\alpha\beta=-\dfrac{b}{2}$ 이다.

$(\beta-\alpha)^2=(\alpha+\beta)^2-4\alpha\beta$ 이므로

$2^2=(3a)^2-4\times\left(-\dfrac{b}{2}\right)$, $9a^2+2b=4$ ······ ㉠

$a=1$ 을 ㉠에 대입하면 $9+2b=4$, $b=-\dfrac{5}{2}$ 이다.   ∴ 참

ㄴ. $f(x)=(x-a)^2-a^2$ 이므로

$f(x)$ 의 최솟값은 $f(a)=-a^2$ 이다.

$g(x)=-(x-2a)^2+4a^2+b$ 이므로

$g(x)$ 의 최댓값은 $g(2a)=4a^2+b$ 이다.

따라서 $f(x)\geq -a^2=f(a)$ ······ ㉠

이고 $g(x)\leq 4a^2+b=g(2a)$ ······ ㉡

이다.

㉠에서 $-f(\alpha)\leq -f(a)$

㉡에서 $g(\beta)\leq g(2a)$ 이다. 그러므로

$f(\beta)-g(\alpha)=g(\beta)-f(\alpha)\leq g(2a)-f(a)$ 이다.   ∴ 참

ㄷ. $g(\beta)=f(\alpha)+5a^2+b$ 에서

$g(\beta)-f(\alpha)=5a^2+b$ 이다.

ㄴ에 의해

$g(\beta)-f(\alpha)=f(\beta)-g(\alpha)\leq g(2a)-f(a)=5a^2+b$

이므로 $\beta=2a$ 이고 $\alpha=a$ 이다.

(나)에서 $\beta=\alpha+2$ 이므로

$2a=a+2$, $a=2$ 이다.

ㄱ에서 $\alpha\beta=-\dfrac{b}{2}$ 이므로 $b=-4a^2$ 이다.

따라서 $b=-16$ 이다.   ∴ 참

● 핵심 공식

▶ 이차방정식의 근과 계수의 관계

이차방정식 $ax^2+bx+c=0$ (단, $a\neq 0$)의 두 근을 α, β 라고 하면

$\alpha+\beta=-\dfrac{b}{a}$, $\alpha\beta=\dfrac{c}{a}$

★★ 문제 해결 꿀~팁 ★★

▶ 문제 해결 방법

ㄱ은 $f(x)$ 와 $g(x)$ 에 $a=1$ 을 대입하고 두 식을 연립하면 $2x^2-6x-b=0$. 조건 (나)에서 $\beta=\alpha+2$ 이므로

$\alpha+\beta=2\alpha+2=3$, $\alpha=\dfrac{1}{2}$ 이고 $\alpha\beta=\dfrac{1}{2}\times\dfrac{5}{2}=-\dfrac{b}{2}$, $b=-\dfrac{5}{2}$. 이처럼 두 식 $f(x)$ 와 $g(x)$ 를 연립하고 조건 (나)와 근과 계수의 관계를 이용하면 쉽게 해결할 수 있다. ㄴ은 양

변의 식의 의미를 파악해서 그래프를 이용하여 풀이하는 것이 가장 수월하다. α, β 는 두 그래프의 교점이므로 $f(\alpha)=g(\alpha)$ 이고 $f(\beta)-g(\beta)$ 는 두 교점의 y좌표의 차를 의미하며, $g(2a)=4a^2+b$ 는 $g(x)$ 의 최댓값, $f(a)=-a^2$ 는 $f(x)$ 의 최솟값이므로 ㄴ의 의미는 두 함수의 최댓값과 최솟값의 차와 두 그래프의 교점의 y좌표의 차의 대소관계를 비교하라는 것이다. 기울기의 부호가 다른 두 이차함수의 그래프가 어떠한 경우로 서로 다른 두 점에서 만나더라도 두 교점의 y좌표의 차는 최댓값과 최솟값의 차보다 작거나 같다. 해설의 풀이처럼 일일이 대칭축의 위치에 따라 그래프를 그려보지 않더라도 쉽게 짐작할 수 있을 것이다.

ㄷ 역시 식의 의미를 파악하는 것이 문제풀이의 핵심이다. $f(\beta)-g(\alpha)=5a^2+b=$최댓값과 최솟값의 차. 즉, 두 그래프의 교점이 두 그래프의 꼭짓점이다. 이를 만족하도록 그래프를 그리면 a, b 를 쉽게 구할 수 있다. 이렇듯 식의 의미를 파악하는 것은 문제풀이에 큰 영향을 미친다. 식을 식으로만 보지 않고 의미를 파악하는 훈련은 꼭 필요한 과정이므로 꾸준히 연습하기 바란다.

---

22   다항식의 계산   정답률 86% | 정답 9

다항식 ❶ $(x+3)^3$ 을 전개한 식에서 x^2 의 계수를 구하시오. [3점]

STEP 01   ❶을 전개한 후 x^2 의 계수를 구한다.

$(x+3)^3=x^3+9x^2+27x+27$ 이므로

x^2 의 계수는 9 이다.

● 핵심 공식

▶ 곱셈공식

(1) $(a\pm b)^2=a^2\pm 2ab+b^2$

(2) $(a+b)(a-b)=a^2-b^2$

(3) $(x+a)(x+b)=x^2+(a+b)x+ab$

(4) $(ax+b)(cx+d)=acx^2+(ad+bc)x+bd$

(5) $(x+a)(x+b)(x+c)=x^3+(a+b+c)x^2+(ab+bc+ca)x+abc$

(6) $(a+b+c)^2=a^2+b^2+c^2+2(ab+bc+ca)$

(7) $(a\pm b)^3=a^3\pm 3a^2b+3ab^2\pm b^3$

(8) $(a\pm b)(a^2\mp ab+b^2)=a^3\pm b^3$

(9) $(a+b+c)(a^2+b^2+c^2-ab-bc-ca)=a^3+b^3+c^3-3abc$

(10) $(a^2+ab+b^2)(a^2-ab+b^2)=a^4+a^2b^2+b^4$

---

23   이차방정식의 판별식   정답률 87% | 정답 7

x 에 대한 이차방정식 ❶ $x^2-2x+a-6=0$ 이 중근을 갖도록 하는 상수 a 의 값을 구하시오. [3점]

STEP 01   ❶이 중근을 갖도록 ❶에서 판별식을 이용하여 a의 값을 구한다.

이차방정식 $x^2-2x+a-6=0$ 이 중근을 가지므로

판별식 $D=(-2)^2-4(a-6)=0$ 이다.

따라서 $a=7$ 이다.

---

24   연립부등식   정답률 77% | 정답 3

연립부등식

❶ $\begin{cases} 2x+1<x-3 \\ x^2+6x-7<0 \end{cases}$

의 해가 $\alpha<x<\beta$ 일 때, $\beta-\alpha$ 의 값을 구하시오. [3점]

STEP 01   ❶의 연립부등식을 풀어 해를 구한 후 $\beta-\alpha$ 의 값을 구한다.

부등식 $2x+1<x-3$ 의 해는 $x<-4$ 이고

$x^2+6x-7=(x-1)(x+7)<0$ 의 해는 $-7<x<1$ 이므로

연립부등식의 해는 $-7<x<-4$ 이다.

따라서 $\alpha=-7$, $\beta=-4$ 이므로

$\beta-\alpha=-4-(-7)=3$ 이다.

---

25   이차방정식의 해   정답률 65% | 정답 24

이차방정식 ❶ $x^2+4x-3=0$ 의 두 실근을 α, β 라 할 때,

❷ $\dfrac{6\beta}{\alpha^2+4\alpha-4}+\dfrac{6\alpha}{\beta^2+4\beta-4}$ 의 값을 구하시오. [3점]

STEP 01 ❶에서 $\alpha^2+4\alpha-4$, $\beta^2+4\beta-4$ 를 구한 후 ❷에 대입하고 근과 계수의 관계를 이용하여 값을 구한다.

이차방정식 $x^2+4x-3=0$ 의 두 근이 α, β 이므로
$\alpha^2+4\alpha-3=0$, $\beta^2+4\beta-3=0$ 이 성립한다. 따라서
$\alpha^2+4\alpha-4=-1$, $\beta^2+4\beta-4=-1$ 이므로
$$\frac{6\beta}{\alpha^2+4\alpha-4}+\frac{6\alpha}{\beta^2+4\beta-4}=-6(\beta+\alpha)$$ 이다.
근과 계수의 관계에 따라 $\alpha+\beta=-4$ 이므로
$$\frac{6\beta}{\alpha^2+4\alpha-4}+\frac{6\alpha}{\beta^2+4\beta-4}=-6(\alpha+\beta)=24$$ 이다.

● 핵심 공식

▶ 이차방정식의 근과 계수의 관계
이차방정식 $ax^2+bx+c=0$ (단, $a\neq0$)의 두 근을
α, β라고 하면, $\alpha+\beta=-\dfrac{b}{a}$, $\alpha\beta=\dfrac{c}{a}$

---

26 복소수의 성질 　　　 정답률 70% | 정답 12

실수 a 에 대하여 복소수 $z=a+2i$ 가 ❶ $\bar{z}=\dfrac{z^2}{4i}$ 을 만족시킬 때, a^2 의 값을 구하시오. (단, $i=\sqrt{-1}$ 이고, $\bar{z}$ 는 z 의 켤레복소수이다.) [4점]

STEP 01 z, $\bar{z}$ 를 ❶에 대입한 후 정리하여 a^2 의 값을 구한다.

$\bar{z}=\dfrac{z^2}{4i}$ 에서 $4i\bar{z}=z^2$ 이다.

$z=a+2i$ 이면 $\bar{z}=a-2i$ 이므로
$4i\bar{z}=z^2$ 에 대입하면
$4i(a-2i)=(a+2i)^2$, $4ai+8=a^2+4ai-4$ 이다.
따라서 $a^2-12=0$ 이므로
$a^2=12$ 이다.

---

27 이차함수의 성질 　　　 정답률 35% | 정답 50

❶ 최고차항의 계수가 a ($a>0$) 인 이차함수 $f(x)$ 가 다음 조건을 만족시킨다.

(가) 직선 $y=4ax-10$ 과 함수 $y=f(x)$ 의 그래프가 만나는 두 점의 x 좌표는 1 과 5 이다.
(나) $1\le x\le5$ 에서 $f(x)$ 의 최솟값은 -8 이다.

$100a$ 의 값을 구하시오. [4점]

STEP 01 ❶과 조건 (가)에 의해 근과 계수의 관계를 이용하여 $f(x)-4ax+10$의 식을 세운 후 $f(x)$를 구한다.

이차함수 $y=f(x)$ 의 그래프와
직선 $y=4ax-10$ 의 교점의 x 좌표가 1, 5이므로
이차방정식 $f(x)=4ax-10$ 의 두 실근은 1, 5이다.
$f(x)$ 의 이차항의 계수가 a 이므로
이차방정식의 근과 계수의 관계에 의해
$f(x)-4ax+10=a(x^2-6x+5)$
로 둘 수 있다.

STEP 02 $f(x)$를 표준형으로 바꾼 후 조건 (나)를 이용하여 a를 구한다.

$f(x)=ax^2-6ax+5a+4ax-10$
$　　=ax^2-2ax+5a-10$
$　　=a(x-1)^2+4a-10$ 이다.
한편, $a>0$이고 $1\le x\le5$에서
$f(x)$의 최솟값이 -8이므로 $f(1)=-8$이다.
$f(1)=4a-10=-8$에서 $a=\dfrac{1}{2}$이다.
따라서 $100a=50$이다.

● 핵심 공식

정의역이 $\{x|\alpha\le x\le\beta\}$로 주어진 이차함수는 최댓값과 최솟값을 모두 가지며, 최댓값과 최솟값은 이차함수의 그래프를 이용하여 구할 수 있다. 이때, $x=\alpha$, $x=\beta$, 꼭짓점의 값을 대입하여 구할 수 있다.

★★★ 등급을 가르는 문제!

28 인수정리 　　　 정답률 33% | 정답 24

두 이차다항식 $P(x)$, $Q(x)$ 가 다음 조건을 만족시킨다.

(가) 모든 실수 x 에 대하여 $2P(x)+Q(x)=0$ 이다.
(나) $P(x)Q(x)$ 는 x^2-3x+2 로 나누어 떨어진다.

❶ $P(0)=-4$ 일 때, $Q(4)$ 의 값을 구하시오. [4점]

STEP 01 조건 (가)를 조건 (나)에 이용하고 인수정리에 의해 미지수를 이용하여 $P(x)$를 놓는다.

(가)에서 $Q(x)=-2P(x)$ 이므로 $P(x)Q(x)=-2\{P(x)\}^2$ 이다.
(나)에 의해 $-2\{P(x)\}^2$을
x^2-3x+2 로 나누었을 때의 몫을 $A(x)$ 라 하면
$-2\{P(x)\}^2=(x^2-3x+2)A(x)$ 이고
$\{P(x)\}^2=(x-1)(x-2)\left\{-\dfrac{1}{2}A(x)\right\}$ 이다.
$P(x)$ 는 이차다항식이고
$\{P(x)\}^2$이 $x-1$ 과 $x-2$ 를 인수로 가지므로
$P(x)$도 $x-1$ 과 $x-2$ 를 인수로 가진다.
그러므로
$P(x)=a(x-1)(x-2)$,
$Q(x)=-2a(x-1)(x-2)$ ($a\neq0$ 인 실수)라 하자.

STEP 02 ❶을 이용하여 $P(x)$, $Q(x)$를 구한 다음 $Q(4)$의 값을 구한다.

$P(0)=2a=-4$ 에서 $a=-2$ 이므로
$P(x)=-2(x-1)(x-2)$,
$Q(x)=4(x-1)(x-2)$ 이다.
따라서 $Q(4)=4\times3\times2=24$ 이다.

★★ 문제 해결 꿀~팁 ★★

▶ 문제 해결 방법
조건 (가)에서 두 다항식 $P(x)$와 $Q(x)$의 관계를 알려 주었으므로 결국 두 식 중 하나만 구하면 되는 문제이다. $Q(x)=-2P(x)$를 조건 (나)에 대입하고 인수정리에 의해 조건 (나)를 정리하면 $\{P(x)\}^2=(x-1)(x-2)\left\{-\dfrac{1}{2}A(x)\right\}$이고 $\{P(x)\}^2$이 $x-1$과 $x-2$를 인수로 가지므로 $P(x)$도 $x-1$과 $x-2$를 인수로 가지고 $P(x)=a(x-1)(x-2)$ 라 할 수 있다. $P(0)=-4$이므로 $a=-2$. 이제 $-2P(4)$를 구하면 된다. 인수정리에 대한 기본적인 개념이 정리되어 있으면 수월하게 해결할 수 있는 문제이다.

★★★ 등급을 가르는 문제!

29 이차함수의 최대, 최소 　　　 정답률 20% | 정답 11

$-2\le x\le5$ 에서 정의된 이차함수 $f(x)$ 가 ❶ $f(0)=f(4)$, ❷ $f(-1)+|f(4)|=0$을 만족시킨다. 함수 ❸ $f(x)$ 의 최솟값이 -19 일 때, $f(3)$ 의 값을 구하시오. [4점]

STEP 01 ❶에서 $f(x)$의 대칭축을 구하고 $f(x)$의 그래프의 방향에 따른 그래프의 개형을 그려 ❷를 만족하는 그래프를 찾는다.

$f(0)=f(4)$ 이므로 이차함수 $f(x)$ 의 대칭축은
$x=2$ 이다.
$f(x)=a(x-2)^2+b$ (a, b 는 상수, $a\neq0$)이라 하자.
이차함수 $f(x)$ 의 대칭축이 $x=2$ 이므로
$f(-1)\neq f(4)$ 이다.
따라서 $f(-1)+|f(4)|=0$ 에서
$f(-1)=f(4)=0$ 은 성립하지 않으므로
$f(-1)=-|f(4)|<0$ 이고
$|f(-1)|=|f(4)|$
$　　　　　　　　　　　　　　　　　　　　　　……㉠$
이다.
(i) $a>0$ 인 경우

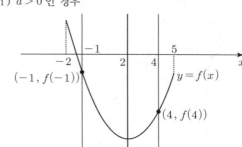

$f(4) < f(-1) < 0$ 이 되어 ㉠을 만족시키지 않는다.

(ii) $a < 0$ 인 경우

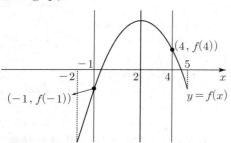

㉠에서 $f(-1) < 0$ 이므로 $f(4) > 0$ 이다.

STEP 02 ❷와 ❸을 이용하여 a, b의 값을 구한 후 $f(3)$ 의 값을 구한다.

$f(-1) + |f(4)| = 0$ 에서

$f(-1) + f(4) = 13a + 2b = 0$ ...... ㉡

이다.

$a < 0$ 이므로 $-2 \le x \le 5$ 에서 함수 $f(x)$ 의 최솟값은

$f(-2) = 16a + b = -19$ ...... ㉢

이다.

㉡과 ㉢을 연립하면 $a = -2$, $b = 13$ 이다.

따라서 $f(x) = -2(x-2)^2 + 13$ 이므로

$f(3) = 11$ 이다.

★★ 문제 해결 꿀~팁 ★★

▶ 문제 해결 방법

$f(0) = f(4)$ 에서 이차함수 $f(x)$의 대칭축은 $x = 2$ 이다. 그러므로 $f(x) = a(x-2)^2 + b$라 할 수 있다.
$f(-1) + |f(4)| = 0$에서 $f(-1) \ne f(4)$ 이므로 $|f(-1)| = |f(4)|$이고 $f(-1) < 0$, $f(4) > 0$이다.
이제 이차함수의 그래프의 방향에 따라 그래프의 개형을 그려 조건을 만족하는 그래프를 찾아야 한다. 이렇게 몇 가지 조건이 주어진 상황에서 그래프를 그려서 문제를 풀이하는 것이 훨씬 효율적이다. 그래프를 그려보면 기울기가 양수인 경우는 $f(4) < f(-1) < 0$이므로 조건을 성립하지 않는다. 기울기가 음수인 경우에 조건을 만족한다. 조건을 만족하는 그래프를 찾았으므로 중요한 고비는 모두 넘겼다. 다음으로는 $f(-1) + |f(4)| = 0$과 $f(x)$의 최솟값 $f(-2) = -19$. 두 조건을 이용하여 a, b를 구하면 된다.
주어진 조건을 만족하도록 이차함수의 그래프의 개형을 그리는 연습을 충분히 해야 한다.

★★★ 등급을 가르는 문제! ★★★

30 곱셈 공식의 활용 정답률 21% | 정답 16

선분 AB 를 지름으로 하는 반원이 있다. 그림과 같이 호 AB 위의 점 P 에서 선분 AB 에 내린 수선의 발을 Q 라 하고, 선분 AQ 와 선분 QB 를 지름으로 하는 반원을 각각 그린다. ❶ 호 AB , 호 AQ 및 호 QB 로 둘러싸인 ⌒ 모양 도형의 넓이를 S_1, ❷ 선분 PQ 를 지름으로 하는 반원의 넓이를 S_2 라 하자. ❸ $\overline{AQ} - \overline{QB} = 8\sqrt{3}$ 이고 $S_1 - S_2 = 2\pi$ 일 때, ❹ 선분 AB 의 길이를 구하시오. [4점]

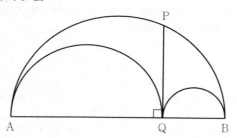

STEP 01 $\overline{AQ}$, $\overline{QB}$ 를 각각 미지수로 놓고 ❶을 구한다.

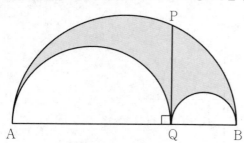

$\overline{AQ} = x$, $\overline{QB} = y$ 라 하자.

$S_1 = \dfrac{\pi}{2}\left(\dfrac{x+y}{2}\right)^2 - \dfrac{\pi}{2}\left(\dfrac{x}{2}\right)^2 - \dfrac{\pi}{2}\left(\dfrac{y}{2}\right)^2 = \dfrac{\pi}{4}xy$ 이다.

STEP 02 두 삼각형 AQP와 PQB 의 닮음을 이용하여 ❷를 구한다.

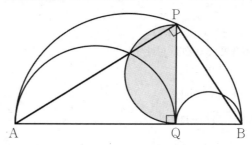

$\triangle AQP \backsim \triangle PQB$ 이므로

$\overline{AQ} : \overline{PQ} = \overline{PQ} : \overline{BQ}$

이다. 따라서

$\overline{PQ}^2 = \overline{AQ} \times \overline{BQ} = xy$ 이다.

그러므로

$S_2 = \dfrac{\pi}{2}\left(\dfrac{\overline{PQ}}{2}\right)^2 = \dfrac{\pi}{8}xy$ 이다.

STEP 03 ❸의 두 식과 곱셈공식을 이용하여 ❹를 구한다.

$S_1 - S_2 = \dfrac{\pi}{8}xy = 2\pi$ 에서 $xy = 16$ 이고

$\overline{AQ} - \overline{QB} = 8\sqrt{3}$ 에서 $x - y = 8\sqrt{3}$ 이므로

$(\overline{AB})^2 = (\overline{AQ} + \overline{QB})^2$

$= (x + y)^2$

$= (x - y)^2 + 4xy$

$= 192 + 64 = 256$ 이다.

따라서 $\overline{AB} = 16$ 이다.

다른 풀이

$\angle APB = 90°$ 이므로

$\overline{AP}^2 + \overline{BP}^2 = (x + y)^2$ ......①

$\angle AQP = 90°$, $\angle PQB = 90°$ 이므로

$\overline{PQ}^2 = \overline{AP}^2 - x^2 = \overline{BP}^2 - y^2$ ......②

①에서 $\overline{AP}^2 = (x + y)^2 - \overline{BP}^2$을 ②에 대입하면

$2\overline{BP}^2 = (x + y)^2 + y^2 - x^2 = 2xy + 2y^2$이므로

$\overline{BP}^2 = xy + y^2$ ......③

③을 ②에 대입하면 $\overline{PQ}^2 = xy$이다.

● 핵심 공식

▶ 곱셈공식

(1) $(a \pm b)^2 = a^2 \pm 2ab + b^2$ (복부호동순)

(2) $(a + b)(a - b) = a^2 - b^2$

(3) $(x + a)(x + b) = x^2 + (a + b)x + ab$

(4) $(ax + b)(cx + d) = acx^2 + (ad + bc)x + bd$

(5) $(a \pm b)^3 = a^3 \pm 3a^2b + 3ab^2 \pm b^3$ (복부호동순)

(6) $(a \pm b)(a^2 \mp ab + b^2) = a^3 \pm b^3$ (복부호동순)

(7) $(a + b + c)(a^2 + b^2 + c^2 - ab - bc - ca)$
$= a^3 + b^3 + c^3 - 3abc$

▶ 곱셈공식의 변형

(1) $a^2 + b^2 = (a + b)^2 - 2ab = (a - b)^2 + 2ab$

(2) $a^3 \pm b^3 = (a \pm b)^3 \mp 3ab(a \pm b)$ (복부호동순)

(3) $a^2 + b^2 + c^2 = (a + b + c)^2 - 2(ab + bc + ca)$

★★ 문제 해결 꿀~팁 ★★

▶ 문제 해결 방법

먼저 S_1과 S_2를 구해야 하는데 두 반원의 지름이나 반지름을 미지수로 잡는 것이 편하다. $\overline{AQ} = x$, $\overline{QB} = y$ 라 하고 S_1을 구한 후 삼각형의 닮음을 이용해도 좋고 다른 풀이처럼 피타고라스의 정리를 이용해도 좋다. $\overline{PQ}$ 를 구하려면 보조선을 그리는 게 우선이다. $\overline{PQ}$ 를 한 변으로 하는 두 개의 직각삼각형을 각각 그릴 수 있어야 이 문제를 해결할 수 있다.
도형문제에서 보조선을 어떻게 그리느냐가 문제를 푸는 핵심이 되는 경우가 많은데 구하려는 선분을 한 변으로 하는 직각삼각형이나 정삼각형을 그리는 것은 자주 쓰이는 방법이다. $\overline{PQ}$ 를 구한 후 S_2를 구하고 문제에서 주어진 조건을 이용하면 $xy = 16$, $x - y = 8\sqrt{3}$ 를 얻을 수 있다.
구하려하는 것이 $(x + y)^2$이므로 곱셈공식을 이용하면 답을 구할 수 있다.

●정답●

01② 02⑤ 03④ 04⑤ 05⑤ 06⑤ 07③ 08③ 09① 10⑤ 11⑤ 12① 13① 14③ 15④
16⑤ 17① 18④ 19⑤ 20② 21① 2253 2316 2419 252 2613 2740 2827 29130 3038

★ 표기된 문항은 [등급을 가르는 문제]에 해당하는 문항입니다.

---

01 다항식의 계산   정답률 95% | 정답 ②

두 다항식 ❶ $A=x^2+5x+4$, $B=x^2+2$ 에 대하여 $A-B$는? [2점]

① $5x-2$ ② $5x+2$ ③ x^2+5x

④ x^2+5x-2 ⑤ x^2+5x+2

STEP 01 ❶을 이용하여 $A-B$를 구한 후 동류항끼리 계산하여 식을 정리한다.

$A-B=(x^2+5x+4)-(x^2+2)=5x+2$

---

02 순열   정답률 88% | 정답 ⑤

$_5\mathrm{P}_3$의 값은? [2점]

① 20   ② 30   ③ 40   ④ 50   ⑤ 60

STEP 01 순열의 계산으로 $_5\mathrm{P}_3$의 값을 구한다.

$_5\mathrm{P}_3=5\times4\times3=60$

---

03 행렬의 정의   정답률 91% | 정답 ④

이차정사각행렬 A 의 (i, j) 성분 a_{ij} 를

❶ $a_{ij}=ij+1$ ($i=1, 2$, $j=1, 2$)

라 하자. 행렬 A 의 모든 성분의 합은? [2점]

① 10   ② 11   ③ 12   ④ 13   ⑤ 14

STEP 01 ❶에 의해 행렬 A를 구하여 답을 구한다.

$a_{ij}=ij+1$ 의 i, j에 $i=1, 2$, $j=1, 2$를
각각 대입하면
$a_{11}=1\times1+1=2$
$a_{12}=1\times2+1=3$
$a_{21}=2\times1+1=3$
$a_{22}=2\times2+1=5$

따라서 $A=\begin{pmatrix} a_{11} & a_{12} \\ a_{21} & a_{22} \end{pmatrix}=\begin{pmatrix} 2 & 3 \\ 3 & 5 \end{pmatrix}$이므로

행렬 A의 모든 성분의 합은
$2+3+3+5=13$이다.

---

04 나머지정리   정답률 91% | 정답 ⑤

다항식 ❶ x^3-x^2+3 을 $x-2$ 로 나눈 나머지는? [3점]

① 3   ② 4   ③ 5   ④ 6   ⑤ 7

STEP 01 나머지정리에 의해 ❶에 $x=2$를 대입한 값을 구한다.

$f(x)=x^3-x^2+3$ 이라 하면
$f(x)$를 $x-2$로 나누었을 때의 나머지는
$f(2)=8-4+3=7$

●핵심 공식●

▶ 인수정리

x에 대한 다항식 $f(x)$가 $x-\alpha$로 나누어 떨어지기 위한 필요충분조건은 $f(\alpha)=0$이다.

---

05 절댓값을 포함한 일차부등식   정답률 83% | 정답 ⑤

부등식 ❶ $|x-2|<3$을 만족시키는 정수 x의 개수는? [3점]

① 1   ② 2   ③ 3   ④ 4   ⑤ 5

STEP 01 ❶의 부등식을 풀어 x의 범위를 구한 후 만족하는 정수 x의 개수를 구한다.

부등식 $|x-2|<3$을 풀면 $-3<x-2<3$, $-1<x<5$
부등식을 만족시키는 정수 x의 값은 0, 1, 2, 3, 4
따라서 정수 x의 개수는 5

●핵심 공식●

▶ 절댓값 기호를 포함한 일차부등식

절댓값 기호를 포함한 부등식은 다음의 성질을 이용하여 절댓값 기호를 없앤 후 부등식을 푼다.

(1) $|a|=\begin{cases} a & (a\geq0) \\ -a & (a<0) \end{cases}$

(2) $0<a<b$에 대하여

① $|x|<a \Rightarrow -a<x<a$

② $|x|>a \Rightarrow x>a$ 또는 $x<-a$

③ $a<|x|<b \Rightarrow a<x<b$ 또는 $-b<x<-a$

---

06 조합   정답률 77% | 정답 ⑤

서로 다른 6 개의 과목 중에서 서로 다른 3 개를 선택하는 경우의 수는? [3점]

① 12   ② 14   ③ 16   ④ 18   ⑤ 20

STEP 01 조합을 이용하여 답을 구한다.

서로 다른 6개의 과목 중에서 서로 다른 3개를 선택하는 경우의 수는
서로 다른 6 개 중에서 3 개를 선택하는 조합의 수 $_6\mathrm{C}_3$과 같으므로

$_6\mathrm{C}_3=\dfrac{_6\mathrm{P}_3}{3!}=\dfrac{6\times5\times4}{3\times2\times1}=20$

●핵심 공식●

▶ 조합

서로 다른 n개에서 순서를 고려하지 않고 r개를 택하는 것을 n개에서 r개를 택하는 조합이라 하고, 이 조합의 수를 기호로 $_n\mathrm{C}_r$과 같이 나타낸다.

$_n\mathrm{C}_r=\dfrac{_n\mathrm{P}_r}{r!}=\dfrac{n!}{r!(n-r)!}$ (단, $0\leq r\leq n$)

---

07 복소수의 성질   정답률 78% | 정답 ③

복소수 ❷ $0, i, -2i, 3i, -4i, 5i$가 적힌 다트판에 3 개의 다트를 던져 맞히는 게임이 있다. 3 개의 다트를 모두 다트판에 맞혔을 때, 얻을 수 있는 세 복소수를 a, b, c 라 하자. ❶ a^2-bc 의 최솟값은? (단, $i=\sqrt{-1}$ 이고 경계에 맞는 경우는 없다.) [3점]

① -49 ② -47 ③ -45 ④ -43 ⑤ -41

STEP 01 ❶이 최소가 되기 위하여 a^2 이 최소, bc가 최대가 되도록 하는 수를 ❷에서 찾는다.

a^2-bc 이 최솟값을 갖으려면 a^2 이 최솟값, bc 가 최댓값을 가져야 한다.
a^2 의 최솟값은 $a=5i$ 일 때 -25, bc 의 최댓값은 $b=-4i$, $c=5i$ 또는 $b=5i$, $c=-4i$ 일 때 20
따라서 a^2-bc 의 최솟값은
$-25-20=-45$

---

08 연립방정식   정답률 89% | 정답 ③

연립방정식

❶ $\begin{cases} x-y-1=0 \\ x^2-xy+2y=4 \end{cases}$

의 해를 $x=\alpha$, $y=\beta$ 라 할 때, $\alpha+\beta$의 값은? [3점]

① 1   ② 2   ③ 3   ④ 4   ⑤ 5

STEP 01 ❶의 일차식을 y에 대하여 나타낸 후 이차식에 대입하여 근을 구한 다음 $\alpha+\beta$ 의 값을 구한다.

$$\begin{cases} x - y - 1 = 0 & \cdots \ \text{㉠} \\ x^2 - xy + 2y = 4 & \cdots \ \text{㉡} \end{cases}$$

㉠에서 $y = x - 1$을 ㉡에 대입하면

$x^2 - x(x-1) + 2(x-1) = 4$

$x + 2x - 2 = 4$

$\alpha = 2, \ \beta = 1$

따라서 $\alpha + \beta = 2 + 1 = 3$

---

09 행렬의 곱셈   정답률 46% | 정답 ①

어느 식품회사의 숙성창고 출입문은 다음 규칙에 따라 생성되는 번호
$\boxed{a}\ \boxed{b}\ \boxed{c}\ \boxed{d}$ 에 의해 작동된다.

(가) 출입문 번호 $\boxed{a}\ \boxed{b}\ \boxed{c}\ \boxed{d}$ 는 다음 날

$\begin{pmatrix} 1 & 0 \\ 2 & 1 \end{pmatrix} \begin{pmatrix} a & b \\ c & d \end{pmatrix} = \begin{pmatrix} a' & b' \\ c' & d' \end{pmatrix}$ 에 의해 얻어지는 새로운 수

a', b', c', d' 의 각각의 일의 자리숫자로 구성된
$\boxed{p}\ \boxed{q}\ \boxed{r}\ \boxed{s}$ 로 자동으로 바뀐다.

(나) 출입문 번호는 (가)에 따라 매일 한 번씩 바뀐다.

(다) 처음 설정한 번호가 $\boxed{a}\ \boxed{b}\ \boxed{c}\ \boxed{d}$ 일 때, 바뀐 번호가 다시
$\boxed{a}\ \boxed{b}\ \boxed{c}\ \boxed{d}$ 가 되는 날 숙성창고 출입문이 처음으로 열린다.

예를 들어, 어느 날 번호가 $\boxed{3}\ \boxed{8}\ \boxed{2}\ \boxed{4}$ 이면

$\begin{pmatrix} 1 & 0 \\ 2 & 1 \end{pmatrix} \begin{pmatrix} 3 & 8 \\ 2 & 4 \end{pmatrix} = \begin{pmatrix} 3 & 8 \\ 8 & 20 \end{pmatrix}$ 이므로 다음날 번호는 $\boxed{3}\ \boxed{8}\ \boxed{8}\ \boxed{0}$ 으로
자동으로 바뀐다. 수요일에 처음 설정한 번호가 $\boxed{1}\ \boxed{1}\ \boxed{2}\ \boxed{5}$ 일 때,
숙성창고 출입문이 처음으로 열리는 요일은? [3점]

① 월요일   ② 화요일   ③ 수요일

④ 목요일   ⑤ 금요일

STEP 01 행렬의 곱셈으로 다음날들의 출입문 번호를 구하여 규칙을 찾아 답을 구한다.

수요일의 번호가 1125이므로 목요일의 번호는

$\begin{pmatrix} 1 & 0 \\ 2 & 1 \end{pmatrix} \begin{pmatrix} 1 & 1 \\ 2 & 5 \end{pmatrix} = \begin{pmatrix} 1 & 1 \\ 4 & 7 \end{pmatrix}$ 이므로 1147이고, 금요일의 번호는

$\begin{pmatrix} 1 & 0 \\ 2 & 1 \end{pmatrix} \begin{pmatrix} 1 & 1 \\ 4 & 7 \end{pmatrix} = \begin{pmatrix} 1 & 1 \\ 6 & 9 \end{pmatrix}$ 이므로 1169이고, 2행1열과 2행2열의 성분은 2씩
증가하므로 다음 주 월요일의 번호가 처음 설정한 번호와 일치한다.

●핵심 공식

▶ 행렬의 곱셈

행렬 $A = \begin{pmatrix} a & b \\ c & d \end{pmatrix}$, $B = \begin{pmatrix} p & q \\ r & s \end{pmatrix}$ 에 대하여 행렬의 곱셈은 다음과 같다.
두 행렬 A, B의 곱 AB는 A의 열의 수와 B의 행의 수가 같을 때만 정의된다.
$\begin{pmatrix} a & b \\ c & d \end{pmatrix} \begin{pmatrix} p & q \\ r & s \end{pmatrix} = \begin{pmatrix} ap+br & aq+bs \\ cp+dr & cq+ds \end{pmatrix}$

---

10 허근의 성질   정답률 67% | 정답 ③

삼차방정식 ❶ $x^3 + x^2 + x - 3 = 0$ 의 두 허근을 각각 z_1, z_2 라 할 때,
❷ $z_1 \overline{z_1} + z_2 \overline{z_2}$ 의 값은? (단, $\overline{z_1}$, $\overline{z_2}$ 는 각각 z_1, z_2 의 켤레복소수이다.)
[3점]

① 2   ② 4   ③ 6   ④ 8   ⑤ 10

STEP 01 ❶을 조립제법을 이용하여 인수분해한 후 허근을 찾아 근과 계수의 관계를
이용하여 ❷의 값을 구한다.

조립제법에 의하여

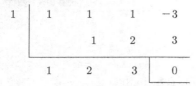

$x^3 + x^2 + x - 3 = (x-1)(x^2 + 2x + 3) = 0$ 이므로

z_1, z_2 는 이차방정식 $x^2 + 2x + 3 = 0$ 의 두 허근이다.
이차방정식의 근과 계수의 관계에 의해
$z_1 z_2 = 3$ 이고 허근의 성질에 의하여

$z_1 = \overline{z_2}$, $z_2 = \overline{z_1}$ 이므로
$z_1 \overline{z_1} + z_2 \overline{z_2} = 2z_1 z_2 = 6$

●핵심 공식

▶ 이차방정식의 근과 계수의 관계

이차방정식 $ax^2 + bx + c = 0$ (단, $a \neq 0$)의 두 근을 α, β라고 하면,

$\alpha + \beta = -\dfrac{b}{a}$, $\alpha\beta = \dfrac{c}{a}$

---

11 순열   정답률 71% | 정답 ⑤

그림과 같이 한 줄에 3 개씩 모두 6 개의 좌석이 있는 케이블카가 있다. 두 학생
A, B 를 포함한 5 명의 학생이 이 케이블카에 탑승하여 A, B 는 같은 줄의
좌석에 앉고 나머지 세 명은 맞은편 줄의 좌석에 앉는 경우의 수는? [3점]

① 48   ② 54   ③ 60   ④ 66   ⑤ 72

STEP 01 순열을 이용하여 A, B가 앉는 경우의 수를 구한 후 나머지 세 명이 앉는
경우의 수를 구한 다음 곱의 법칙으로 구하는 경우의 수를 구한다.

A, B가 앉는 줄을 선택하는 경우의 수는 2, 한 줄에 놓인 3개의 좌석에서 2개의
좌석을 택하여 앉는 경우의 수는 $_3P_2 = 3 \times 2 = 6$
그러므로 A, B 가 같은 줄의 좌석에 앉는 경우의 수는 $2 \times 6 = 12$
나머지 세 명이 맞은편 줄의 좌석에 앉는 경우의 수는 $3! = 6$
따라서 구하는 경우의 수는 $12 \times 6 = 72$ 이다.

---

12 판별식과 항등식   정답률 77% | 정답 ①

x에 대한 이차방정식 ❶ $x^2 - 2(m+a)x + m^2 + m + b = 0$이
실수 m의 값에 관계없이 항상 중근을 가질 때, $12(a+b)$의 값은?
(단, a, b는 상수이다.) [3점]

① 9   ② 10   ③ 11   ④ 12   ⑤ 13

STEP 01 ❶을 만족하도록 판별식을 구한 후 식을 m에 대하여 정리한 다음 항등식의
성질을 이용하여 a, b를 구한다. $12(a+b)$의 값을 구한다.

이차방정식 $x^2 - 2(m+a)x + m^2 + m + b = 0$의 판별식을 D라 할 때
이차방정식 $x^2 - 2(m+a)x + m^2 + m + b = 0$이 중근을 가지므로

$\dfrac{D}{4} = (m+a)^2 - m^2 - m - b = 0$ 이고

식을 m에 대하여 정리하면 $(2a-1)m + a^2 - b = 0$이다.
실수 m의 값에 관계없이 등식이 항상 성립하므로

$2a - 1 = 0$, $a = \dfrac{1}{2}$

$a^2 - b = 0$, $b = a^2 = \dfrac{1}{4}$

따라서 $12(a+b) = 9$

●핵심 공식

▶ 항등식의 성질

(1) $ax + b = 0$이 x에 대한 항등식 $\Leftrightarrow a = 0$, $b = 0$
(2) $ax + b = a'x + b'$이 x에 대한 항등식 $\Leftrightarrow a = a'$, $b = b'$
(3) $ax^2 + bx + c = 0$이 x에 대한 항등식 $\Leftrightarrow a = 0$, $b = 0$, $c = 0$
(4) $ax^2 + bx + c = a'x^2 + b'x + c'$이 x에 대한 항등식 $\Leftrightarrow a = a'$, $b = b'$, $c = c'$

---

13 이차함수와 직선의 위치 관계   정답률 74% | 정답 ①

❶ 기울기가 5 인 직선이 이차함수

$f(x) = x^2 - 3x + 17$

의 그래프에 접할 때, 이 직선의 y절편은? [3점]

① 1   ② 2   ③ 3   ④ 4   ⑤ 5

STEP 01 ❶의 y절편을 미지수로 놓고 직선의 방정식을 세운 후 $f(x)$와 연립한 식의 판별식을 이용하여 직선의 y절편을 구한다.

기울기가 5인 직선의 y절편을 k라 하면

직선 $y=5x+k$와 이차함수 $f(x)=x^2-3x+17$의 그래프가 한 점에서 만난다.

직선 $y=5x+k$와 이차함수 $y=f(x)$가 접하므로

$5x+k=x^2-3x+17$에서

이차방정식 $x^2-8x+17-k=0$의 판별식을 D라 하면

$\dfrac{D}{4}=16-(17-k)=0$, $k=1$

따라서 직선의 y절편은 1

● 핵심 공식

▶ 이차함수와 이차방정식

(1) 포물선 $y=ax^2+bx+c$ (단, $a\neq0$)의 그래프와 x축과의 위치 관계

$ax^2+bx+c=0$ (단, $a\neq0$)의 판별식이 D라 할 때,

① $D>0$: 두 점에서 만난다.
② $D=0$: 접한다.
③ $D<0$: 만나지 않는다.

(2) 포물선 $y=ax^2+bx+c$ (단, $a\neq0$)의 그래프와 직선 $y=mx+n$의 위치 관계

두 방정식을 연립한 이차방정식 $ax^2+bx+c=mx+n$의 판별식을 D라 하면,

① $D>0$: 두 점에서 만난다.
② $D=0$: 접한다.
③ $D<0$: 만나지 않는다.

---

14 이차부등식의 활용 정답률 73% | 정답 ③

x에 대한 이차부등식

❶ $x^2-(n+5)x+5n\leq0$

을 ❷ 만족시키는 정수 x의 개수가 3이 되도록 하는 모든 자연수 n의 값의 합은? [4점]

① 8 ② 9 ③ 10 ④ 11 ⑤ 12

STEP 01 ❶을 인수분해한 뒤 n의 범위를 나누어 각각 ❷를 만족하도록 하는 자연수 n의 값을 구한 후 합을 구한다.

$x^2-(n+5)x+5n\leq0$

$(x-n)(x-5)\leq0$

(i) $n<5$일 때,

부등식의 해는 $n\leq x\leq5$

정수 x의 개수는 $6-n$이므로 $6-n=3$, $n=3$

(ii) $n=5$일 때,

$(x-5)^2\leq0$의 해는 $x=5$

정수 x의 개수는 1이므로 성립하지 않는다.

(iii) $n>5$일 때,

부등식의 해는 $5\leq x\leq n$

정수 x의 개수는 $n-4$이므로 $n-4=3$, $n=7$

(i), (ii), (iii)에서 모든 자연수 n의 값의 합은 $3+7=10$

---

15 조합 정답률 64% | 정답 ④

그림과 같이 9개의 칸으로 나누어진 정사각형의 각 칸에 1부터 9까지의 자연수가 적혀 있다.

1	2	3
4	5	6
7	8	9

이 9개의 숫자 중 다음 조건을 만족시키도록 2개의 숫자를 선택하려고 한다.

(가) 선택한 2개의 숫자는 서로 다른 가로줄에 있다.
(나) 선택한 2개의 숫자는 서로 다른 세로줄에 있다.

예를 들어, 숫자 1과 5를 선택하는 것은 조건을 만족시키지만, 숫자 3과 9를 선택하는 것은 조건을 만족시키지 않는다.

조건을 만족시키도록 2개의 숫자를 선택하는 경우의 수는? [4점]

① 9 ② 12 ③ 15 ④ 18 ⑤ 21

STEP 01 조합을 이용하여 조건 (가)를 만족하도록 2개의 숫자를 선택하는 경우의 수를 구한 후 조건 (나)를 만족하는 경우의 수를 구한 다음 곱의 법칙으로 구하는 경우의 수를 구한다.

3개의 가로줄 중 2개의 가로줄을 택하는 경우의 수는 $_3C_2=3$

택한 2개의 가로줄 중 한 가로줄에서 1개의 숫자를 선택하는 경우의 수는 $_3C_1=3$이고, 조건 (나)로부터 나머지 한 가로줄에서 이미 선택한 숫자와 다른 세로줄에 있는 1개의 숫자를 선택하는 경우의 수는 $_2C_1=2$

따라서 조건을 만족시키도록 2개의 숫자를 선택하는 경우의 수는

$3\times3\times2=18$이다.

---

16 다항식의 나눗셈 정답률 53% | 정답 ⑤

최고차항의 계수가 1인 삼차다항식 $f(x)$가 다음 조건을 만족시킨다.

(가) $f(0)=0$
(나) $f(x)$를 $(x-2)^2$으로 나눈 나머지가 $2(x-2)$이다.

$f(x)$를 $x-1$로 나눈 몫을 $Q(x)$라 할 때, $Q(5)$의 값은? [4점]

① 3 ② 6 ③ 9 ④ 12 ⑤ 15

STEP 01 조건 (나)에 의해 미지수를 이용하여 $f(x)$를 놓은 뒤 조건 (가)에 의해 미지수를 구한다. $f(x)$를 인수분해하여 $Q(x)$를 구한 후 $Q(5)$의 값을 구한다.

$f(x)$는 최고차항의 계수가 1인 삼차식이고 조건 (나)에 의하여

$f(x)=(x-2)^2(x+a)+2(x-2)$ (a는 상수)이다.

조건 (가)에 의하여

$f(0)=4a-4=0$에서 $a=1$

$f(x)=(x-2)^2(x+1)+2(x-2)=(x-2)\{(x-2)(x+1)+2\}$

$\quad\quad=(x-2)(x^2-x)=(x-1)\{x(x-2)\}$이므로

$f(x)$를 $x-1$로 나눈 몫 $Q(x)=x(x-2)$

따라서 $Q(5)=15$

다른 풀이

$f(x)$의 최고차항의 계수가 1이고 조건 (가)에 의하여

$f(x)=x^3+ax^2+bx$로 놓을 수 있다. (a, b는 상수)

$f(x)$를 $(x-2)^2$으로 나눈 몫을 $P(x)$라 하면

조건 (나)에서 나머지가 $2(x-2)$이므로

$f(x)=(x-2)^2P(x)+2(x-2)$

$f(x)=x^3+ax^2+bx$이므로

$x(x^2+ax+b)=(x-2)^2P(x)+2(x-2)$ …… ㉠

$x=2$를 ㉠에 대입하면

$2(4+2a+b)=0$에서

$b=-2a-4$ …… ㉡

㉡을 ㉠에 대입하면

$x(x^2+ax-2a-4)=(x-2)^2P(x)+2(x-2)$

$x(x-2)(x+a+2)=(x-2)\{(x-2)P(x)+2\}$

$x(x+a+2)=(x-2)P(x)+2$ …… ㉢

$x=2$를 ㉢에 대입하면

$2(2+a+2)=2$에서

$a=-3$

$a=-3$을 ㉡에 대입하면

$b=2$

$f(x)=x^3-3x^2+2x=x(x-1)(x-2)$이므로

$f(x)$를 $x-1$로 나눈 몫 $Q(x)=x(x-2)$

따라서 $Q(5)=15$

---

17 이차함수의 최솟값 정답률 51% | 정답 ①

양수 a에 대하여 $0\leq x\leq a$에서 이차함수

$f(x)=x^2-8x+a+6$

의 최솟값이 0이 되도록 하는 모든 a의 값의 합은? [4점]

① 11 ② 12 ③ 13 ④ 14 ⑤ 15

STEP 01 $f(x)$를 이차함수의 표준형으로 바꾼 후 a의 범위를 나누어 최솟값이 0이 되도록 하는 a를 각각 구한 후 합을 구한다.

$f(x)=x^2-8x+a+6=(x-4)^2+a-10$

a의 값에 따른 $y=f(x)$의 그래프의 개형은 다음과 같다.

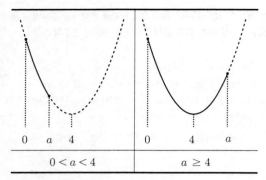

$0 \quad a \quad 4$	$0 \quad 4 \quad a$
$0 < a < 4$	$a \geq 4$

(i) $0 < a < 4$ 일 때,

최솟값은 $f(a) = a^2 - 7a + 6 = (a-1)(a-6) = 0$

$a = 1$ 또는 $a = 6$

$0 < a < 4$ 이므로 $a = 1$

(ii) $a \geq 4$ 일 때,

최솟값은 $f(4) = a - 10 = 0$, $a = 10$

(i), (ii)에서 $f(x)$ 의 최솟값이 0 이 되도록 하는 모든 a 의 값의 합은

$1 + 10 = 11$

---

18 이차방정식과 이차함수의 관계 　　　　정답률 50% | 정답 ④

그림과 같이 최고차항의 계수의 절댓값이 같은 세 이차함수 $y = f(x)$, $y = g(x)$, $y = h(x)$ 의 그래프가 있다.

방정식 ❶ $f(x) + g(x) + h(x) = 0$의 모든 근의 합은? [4점]

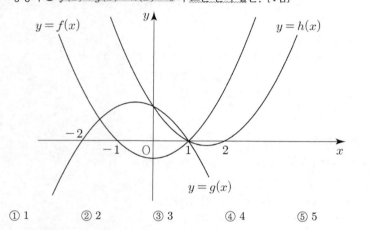

① 1　　② 2　　③ 3　　④ 4　　⑤ 5

STEP 01 그래프에서 세 이차함수를 구한 후 ❶의 방정식을 구한 다음 모든 근의 합을 구한다.

세 이차함수 $y = f(x)$, $y = g(x)$, $y = h(x)$ 의 최고차항의 계수의 절댓값이 같으므로

$f(x)$ 의 최고차항의 계수를 $a(a > 0)$ 이라 하면

$f(x) = a(x+1)(x-1)$, $g(x) = -a(x+2)(x-1)$, $h(x) = a(x-1)(x-2)$

$f(x) + g(x) + h(x)$

$= a(x+1)(x-1) - a(x+2)(x-1) + a(x-1)(x-2)$

$= a(x-1)\{(x+1) - (x+2) + (x-2)\}$

$= a(x-1)(x-3)$

방정식 $f(x) + g(x) + h(x) = 0$ 에서 $a(x-1)(x-3) = 0$, $x = 1$ 또는 $x = 3$

따라서 모든 근의 합은 $1 + 3 = 4$

---

19 인수분해의 활용 　　　　정답률 48% | 정답 ⑤

9 이하의 자연수 n 에 대하여 다항식 $P(x)$ 가

$P(x) = x^4 + x^2 - n^2 - n$

일 때, 〈보기〉에서 옳은 것만을 있는 대로 고른 것은? [4점]

──── 〈보기〉 ────

ㄱ. $P(\sqrt{n}) = 0$

ㄴ. 방정식 $P(x) = 0$ 의 실근의 개수는 2 이다.

ㄷ. 모든 정수 k 에 대하여 $P(k) \neq 0$ 이 되도록 하는 모든 n 의 값의 합은 31 이다.

① ㄱ　　② ㄷ　　③ ㄱ, ㄴ　　④ ㄴ, ㄷ　　⑤ ㄱ, ㄴ, ㄷ

STEP 01 ㄱ. $P(x)$ 에 $x = \sqrt{n}$ 을 대입하여 참 거짓을 판별한다.

ㄱ. $P(\sqrt{n}) = (\sqrt{n})^4 + (\sqrt{n})^2 - n^2 - n = n^2 + n - n^2 - n = 0$ 　　∴ 참

STEP 02 ㄴ. $P(x)$ 를 인수분해한 후 실근을 구하여 참 거짓을 판별한다.

ㄴ. $P(x) = (x^2 - n)(x^2 + n + 1)$ 이고 $n + 1 > 0$ 이므로

방정식 $P(x) = 0$ 은 $x = \sqrt{n}$, $x = -\sqrt{n}$ 만을 실근으로 가진다.

따라서 실근의 개수는 2　　∴ 참

STEP 03 ㄷ. $P(k) \neq 0$ 을 성립할 조건을 구한 후 만족하는 k 의 값을 구한 다음 합을 구하여 참 거짓을 판별한다.

ㄷ. 모든 정수 k 에 대하여

$P(k) = (k^2 - n)(k^2 + n + 1)$ 에서 $k^2 + n + 1 > 0$ 이고,

$P(k) \neq 0$ 을 만족시키려면 $n \neq k^2$ 이어야 하므로 n 은 완전제곱수가 아닌 정수이다. 그러므로 n 의 값은 2, 3, 5, 6, 7, 8

따라서 모든 n 의 값의 합은 31　　∴ 참

따라서 옳은 것은 ㄱ, ㄴ, ㄷ

---

20 항등식을 활용한 나머지의 추론 　　　　정답률 57% | 정답 ②

다음은 2022^{10} 을 505로 나누었을 때의 나머지를 구하는 과정이다.

> 다항식 $(4x+2)^{10}$을 x로 나누었을 때의 몫을 $Q(x)$, 나머지를 R 라고 하면
> ❶ $(4x+2)^{10} = xQ(x) + R$ 이다.
> 이때, $R = $ 　(가)　 이다.
> 등식 $(4x+2)^{10} = xQ(x) + $ 　(가)　 에
> $x = 505$ 를 대입하면
> $2022^{10} = 505 \times Q(505) + $ 　(가)
> 　　　　$= 505 \times \{Q(505) + $ 　(나)　$\} + $ 　(다)　 이다.
> 따라서 2022^{10} 을 505로 나누었을 때의 나머지는 　(다)　 이다.

위의 (가), (나), (다)에 알맞은 수를 각각 a, b, c 라 할 때, $a + b + c$ 의 값은? [4점]

① 1038　　② 1040　　③ 1042　　④ 1044　　⑤ 1046

STEP 01 ❶에 $x = 0$을 대입하여 (가)를 구한다.

다항식 $(4x+2)^{10}$을 x로 나누었을 때의 몫을 $Q(x)$, 나머지를 R 이라 하면

$(4x+2)^{10} = xQ(x) + R$이고 $x = 0$을 대입하면

$R = $ 　1024　 이다.

STEP 02 (가)를 505로 나눈 몫과 나머지를 구하여 (나), (다)를 구한 다음 $a + b + c$ 의 값을 구한다.

등식 $(4x+2)^{10} = xQ(x) + $ 　1024　 에

$x = 505$ 를 대입하면

$2022^{10} = 505 \times Q(505) + $ 　1024

나머지는 505보다 작은 수이므로

$2022^{10} = 505 \times Q(505) + $ 　1024

　　　　$= 505 \times Q(505) + 505 \times 2 + 14$

　　　　$= 505 \times \{Q(505) + $ 　2　$\} + $ 　14　 이다.

따라서 2022^{10} 을 505로 나누었을 때의 나머지는 　14　 이다.

따라서 $a + b + c = 1024 + 2 + 14 = 1040$

★★★ 등급을 가르는 문제!

21 다항식의 연산 　　　　정답률 33% | 정답 ①

그림과 같이 한 변의 길이가 1인 정오각형 ABCDE가 있다. 두 대각선 AC와 BE가 만나는 점을 P라 하면 ❶ $\overline{BE} : \overline{PE} = \overline{PE} : \overline{BP}$가 성립한다.

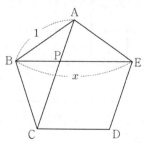

대각선 BE의 길이를 x 라 할 때,

❷ $1 - x + x^2 - x^3 + x^4 - x^5 + x^6 - x^7 + x^8 = p + q\sqrt{5}$ 이다.

$p + q$의 값은? (단, p, q는 유리수이다.) [4점]

① 22　　② 23　　③ 24　　④ 25　　⑤ 26

STEP 01 정오각형에서 이등변삼각형을 찾아 $\overline{PE}$ 를 구한 후 ❶을 이용하여 x를 구한다.

정오각형의 한 내각의 크기는 $\dfrac{180 \times 3}{5} = 108°$ 이다.

$\triangle ABE$는 이등변삼각형이고 $\angle BAE = 108°$ 이므로 $\angle ABE = 36°$ 이다.
$\triangle BAC$는 이등변삼각형이고 $\angle ABC = 108°$ 이므로 $\angle BAC = 36°$ 이다.
$\angle BAP = \angle ABP = 36°$ 이므로 $\angle APB = 108°$ 이고
$\angle APE = 72°$ 이고 $\angle EAP = 72°$ 이다.
$\triangle APE$는 이등변삼각형이므로 $\overline{PE} = 1$ 이다.
$\overline{BE} : \overline{PE} = \overline{PE} : \overline{BP}$
$x : 1 = 1 : (x-1)$, $x^2 - x - 1 = 0$
$x > 0$ 이므로 $x = \dfrac{1 + \sqrt{5}}{2}$

STEP 02 $x^2 - x - 1 = 0$을 이용하여 ❷의 좌변을 정리한 후 p, q를 구한 다음 $p+q$의 값을 구한다.

$x^2 = x+1$ 이므로
$x^3 = x(x+1) = x^2 + x = 2x+1$
$x^4 = x(2x+1) = 2x^2 + x = 3x+2$
$x^5 = x(3x+2) = 3x^2 + 2x = 5x+3$
$x^6 = x(5x+3) = 5x^2 + 3x = 8x+5$
$x^2 - x = 1$ 이므로
$1 - x + x^2 - x^3 + x^4 - x^5 + x^6 - x^7 + x^8$
$\quad = 1 + (-x + x^2) + x^2(-x + x^2) + x^4(-x + x^2) + x^6(-x + x^2)$
$\quad = 1 + 1 + x^2 + x^4 + x^6 = 2 + (x+1) + (3x+2) + (8x+5)$
$\quad = 12x + 10 = 12 \times \dfrac{1 + \sqrt{5}}{2} + 10 = 16 + 6\sqrt{5}$

$p = 16$, $q = 6$
따라서 $p + q = 22$

★★ 문제 해결 꿀~팁 ★★

▶ **문제 해결 방법**

주어진 식의 값을 구하기 위해서는 먼저 $\overline{BE} : \overline{PE} = \overline{PE} : \overline{BP}$를 이용하여 x를 구해야 한다. 이때 $\triangle ABE$, $\triangle BAC$가 이등변삼각형임을 이용하여 $\triangle APE$가 이등변삼각형임을 찾을 수 있어야 한다. 그러므로 $\overline{PE} = 1$이다. $\overline{BE} : \overline{PE} = \overline{PE} : \overline{BP}$이므로 $x^2 - x - 1 = 0$, $x = \dfrac{1 + \sqrt{5}}{2}$이다. 이제 $1 - x + x^2 - x^3 + x^4 - x^5 + x^6 - x^7 + x^8$를 정리하면 $1 + (-x + x^2) + x^2(-x + x^2) + x^4(-x + x^2) + x^6(-x + x^2)$이고 $x^2 - x = 1$이므로 위 식은 $1 + 1 + x^2 + x^4 + x^6$이다. 이 식을 더 이상 간단히 하려고 노력해도 식이 더 이상 간단해질 수가 없다. $x^2 = x+1$을 이용하여 x^4와 x^6을 일일이 구해야 한다. x^4와 x^6을 구하여 대입하면 $1 + 1 + x^2 + x^4 + x^6 = 12x + 10$이고 x를 대입하여 값을 구하면 된다.

---

22 복소수의 계산   정답률 84% | 정답 53

❶ $(7 + 2i)(7 - 2i)$의 값을 구하시오. (단, $i = \sqrt{-1}$) [3점]

STEP 01 ❶을 곱셈공식을 이용하여 전개하고 복소수의 계산으로 값을 구한다.

$(7 + 2i)(7 - 2i) = 49 + 4 = 53$

---

23 이차함수의 최댓값   정답률 73% | 정답 16

이차함수 $f(x) = -x^2 - 4x + k$의 최댓값이 20일 때, 상수 k의 값을 구하시오. [3점]

STEP 01 $f(x)$를 이차함수의 표준형으로 변형한 뒤 최댓값이 20임을 이용하여 k의 값을 구한다.

$f(x) = -x^2 - 4x + k = -(x+2)^2 + k + 4$
이차함수 $f(x)$의 최댓값은 $k + 4 = 20$
따라서 $k = 16$

---

24 행렬의 연산   정답률 83% | 정답 19

이차정사각행렬 A, B가

❶ $A + 2B = \begin{pmatrix} 5 & 13 \\ 2 & 10 \end{pmatrix}$, $2A + B = \begin{pmatrix} 4 & 11 \\ 1 & 11 \end{pmatrix}$

을 만족시킬 때, 행렬 $A + B$의 모든 성분의 합을 구하시오. [3점]

STEP 01 ❶의 두 식을 연립하여 행렬 $A + B$를 구한 후 모든 성분의 합을 구한다.

$A + 2B = \begin{pmatrix} 5 & 13 \\ 2 & 10 \end{pmatrix}$, $2A + B = \begin{pmatrix} 4 & 11 \\ 1 & 11 \end{pmatrix}$에서
두 식을 변끼리 더하면
$3A + 3B = \begin{pmatrix} 9 & 24 \\ 3 & 21 \end{pmatrix}$
$\therefore A + B = \begin{pmatrix} 3 & 8 \\ 1 & 7 \end{pmatrix}$
따라서 모든 성분의 합은 $3 + 8 + 1 + 7 = 19$

다른 풀이

$A + 2B = \begin{pmatrix} 5 & 13 \\ 2 & 10 \end{pmatrix}$ ...... ㉠
$2A + B = \begin{pmatrix} 4 & 11 \\ 1 & 11 \end{pmatrix}$ ...... ㉡
㉡ - ㉠에서 $3A = \begin{pmatrix} 3 & 9 \\ 0 & 12 \end{pmatrix}$
$\therefore A = \begin{pmatrix} 1 & 3 \\ 0 & 4 \end{pmatrix}$
㉡에 대입하면 $B = \begin{pmatrix} 2 & 5 \\ 1 & 3 \end{pmatrix}$

● **핵심 공식**

▶ 행렬의 덧셈과 뺄셈

행렬 $A = \begin{pmatrix} a & b \\ c & d \end{pmatrix}$, $B = \begin{pmatrix} p & q \\ r & s \end{pmatrix}$에 대하여 $A \pm B = \begin{pmatrix} a \pm p & b \pm q \\ c \pm r & d \pm s \end{pmatrix}$ (복부호동순)

---

25 이차함수의 성질   정답률 63% | 정답 2

이차함수 ❶ $y = x^2 + 2(a-4)x + a^2 + a - 1$의 그래프가 x축과 만나지 않도록 하는 정수 a의 최솟값을 구하시오. [3점]

STEP 01 ❶의 판별식을 이용하여 a의 범위를 구한 후 정수 a의 최솟값을 구한다.

이차함수 $y = x^2 + 2(a-4)x + a^2 + a - 1$가 x축과 만나지 않으므로
이차방정식 $x^2 + 2(a-4)x + a^2 + a - 1 = 0$의 판별식을 D라 하면
$D/4 = (a-4)^2 - (a^2 + a - 1) < 0$
$-9a + 17 < 0$, $a > \dfrac{17}{9}$
따라서 정수 a의 최솟값은 2

---

26 연립이차부등식   정답률 63% | 정답 13

연립부등식
$\begin{cases} x^2 - x - 56 \leq 0 \\ 2x^2 - 3x - 2 > 0 \end{cases}$
을 만족시키는 정수 x의 개수를 구하시오. [4점]

STEP 01 두 이차부등식을 각각 인수분해한 후 각각 부등식을 풀어 x의 범위를 구한다. 공통된 x의 범위를 구한 후 범위를 만족하는 정수 x의 개수를 구한다.

$x^2 - x - 56 \leq 0$에서 $(x+7)(x-8) \leq 0$
$-7 \leq x \leq 8$ ... ㉠
$2x^2 - 3x - 2 > 0$에서 $(x-2)(2x+1) > 0$
$x < -\dfrac{1}{2}$ 또는 $x > 2$ ... ㉡

㉠, ㉡을 연립하면 $-7 \leq x < -\dfrac{1}{2}$ 또는 $2 < x \leq 8$
주어진 부등식을 만족시키는 정수 x는
-7, -6, -5, -4, -3, -2, -1, 3, 4, 5, 6, 7, 8
따라서 정수 x의 개수는 13

---

27 이차정사각행렬의 연산   정답률 5% | 정답 40

이차정사각행렬 A, B와 실수 k에 대하여

❶ $A + kB = \begin{pmatrix} 2 & 2 \\ 1 & 3 \end{pmatrix}$, $A + B = E$, ❷ $B^2 = B$

가 성립할 때, $10k$의 값을 구하시오. (단, E는 단위행렬이다.) [4점]

STEP 01 ❶의 두 식을 연립한 후 ❷를 이용하여 k를 구한 다음 $10k$의 값을 구한다.

$A + kB = \begin{pmatrix} 2 & 2 \\ 1 & 3 \end{pmatrix}$, $A + B = E$을 연립하면

$(k-1)B=\begin{pmatrix} 1 & 2 \\ 1 & 2 \end{pmatrix}$ 이다.

$(k-1)^2 B^2 = \begin{pmatrix} 1 & 2 \\ 1 & 2 \end{pmatrix}\begin{pmatrix} 1 & 2 \\ 1 & 2 \end{pmatrix}$

$= \begin{pmatrix} 3 & 6 \\ 3 & 6 \end{pmatrix} = 3\begin{pmatrix} 1 & 2 \\ 1 & 2 \end{pmatrix}$

$= 3(k-1)B$

이고, $B^2 = B$ 이므로

$(k-1)^2 B = 3(k-1)B$ 이다.

$B \neq O$, $k \neq 1$ 이므로 $k=4$ 이다.

$\therefore 10k = 40$

● 핵심 공식

▶ 행렬의 곱셈

행렬 $A = \begin{pmatrix} a & b \\ c & d \end{pmatrix}$, $B = \begin{pmatrix} p & q \\ r & s \end{pmatrix}$ 에 대하여 행렬의 곱셈은 다음과 같다.

두 행렬 A, B의 곱 AB는 A의 열의 수와 B의 행의 수가 같을 때만 정의된다.

$\begin{pmatrix} a & b \\ c & d \end{pmatrix}\begin{pmatrix} p & q \\ r & s \end{pmatrix} = \begin{pmatrix} ap+br & aq+bs \\ cp+dr & cq+ds \end{pmatrix}$

---

28 이차함수의 그래프   정답률 35% | 정답 27

양수 a에 대하여 이차함수 ❶ $y=2x^2-2ax$ 의 그래프의 꼭짓점을 A, x 축과 만나는 두 점을 각각 O, B라 하자. ❸ 점 A를 지나고 최고차항의 계수가 -1 인 이차함수 $y=f(x)$ 의 그래프가 x 축과 만나는 두 점을 각각 B, C라 할 때, ❷ 선분 BC의 길이는 3이다. 삼각형 ACB의 넓이를 구하시오. (단, O 는 원점이다.) [4점]

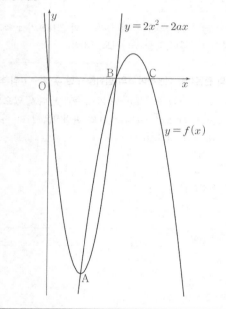

STEP 01   점 B의 좌표를 구한 후 ❶을 표준형으로 바꾸어 점 A, ❷를 이용하여 점 C의 좌표를 각각 구한다.

$y=2x^2-2ax$ 와 x 축이 만나는 점 중 원점이 아닌 점이 점 B이므로
$2x^2-2ax=0$, $2x(x-a)=0$ 에서
점 $B(a, 0)$, $y=2x^2-2ax=2\left(x-\dfrac{a}{2}\right)^2-\dfrac{a^2}{2}$ 이므로

점 $A\left(\dfrac{a}{2}, -\dfrac{a^2}{2}\right)$,

선분 BC의 길이는 3이므로 점 $C(a+3, 0)$

STEP 02   최고차항의 계수가 -1이고 두 점 B, C를 지나는 이차함수 $f(x)$의 식을 세우고 ❸에 의해 점 A를 대입하여 a를 구한다.

이차함수 $y=f(x)$ 는 최고차항의 계수가 -1 이고 두 점 $B(a, 0)$, $C(a+3, 0)$ 를 지나므로

함수 $f(x)=-(x-a)(x-a-3)$ 이고 점 $A\left(\dfrac{a}{2}, -\dfrac{a^2}{2}\right)$ 를 지나므로

$-\dfrac{a^2}{2} = -\left(-\dfrac{a}{2}\right)\left(-\dfrac{a}{2}-3\right)$

$a^2-6a=a(a-6)=0$

$a=6 \; (\because a>0)$

STEP 03   삼각형 ACB의 밑변과 높이를 찾아 넓이를 구한다.

삼각형 ACB의 밑변은 $\overline{BC}=3$ 이고 높이는 점 A 의 $|y$좌표$|=18$ 이므로
삼각형 ACB의 넓이는

$\dfrac{1}{2}\times 3 \times 18 = 27$

★★★ 등급을 가르는 문제!

29 순열과 조합   정답률 36% | 정답 130

그림과 같이 한 개의 정삼각형과 세 개의 정사각형으로 이루어진 도형이 있다.

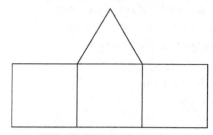

숫자 1, 2, 3, 4, 5, 6 중에서 중복을 허락하여 네 개를 택해 네 개의 정다각형 내부에 하나씩 적을 때, 다음 조건을 만족시키는 경우의 수를 구하시오. [4점]

> (가) 세 개의 정사각형에 적혀 있는 수는 모두 정삼각형에 적혀 있는 수보다 작다.
> (나) 변을 공유하는 두 정사각형에 적혀 있는 수는 서로 다르다.

STEP 01   조건 (나)를 만족하는 경우를 나눈 후 각 경우에 대하여 조건 (가)를 만족하도록 수를 뽑아서 나열하는 경우의 수를 조합과 순열을 이용하여 구하여 구하는 경우의 수를 구한다.

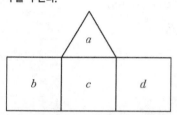

그림과 같이 정삼각형에 적힌 수를 a, 정사각형에 적힌 수를 왼쪽부터 차례로 b, c, d 라 하자.

조건 (가)에서 $a>b$, $a>c$, $a>d$이다. 조건 (나)에서 $b \neq c$, $c \neq d$이다.

(i) $b \neq d$일 때

a, b, c, d가 서로 다르다.

6이하의 자연수 중에서 서로 다른 4개의 수를 택하는 경우의 수는

$_6C_4 = 15$

이 각각에 대하여 택한 4개의 수 중에서 가장 큰수를 a라 하고, 나머지 3개의 수를 b, c, d로 정하면 되므로 이 경우의 수는

$1 \times 3! = 6$

따라서 $b \neq d$인 경우의 수는 $15 \times 6 = 90$

(ii) $b = d$일 때

$a>b=d$, $a>c$이므로 a, b, c, d 중 서로 다른 수의 개수는 3이다.

6 이하의 자연수 중에서 서로 다른 3개의 수를 택하는 경우의 수는

$_6C_3 = 20$

이 각각에 대하여 택한 3개의 수 중에서 가장 큰 수를 a라 하고, 나머지 2개의 수를 $b(=d)$, c로 정하면 되므로 이 경우의 수는

$1 \times 2! = 2$

따라서 $b=d$인 경우의 수는 $20 \times 2 = 40$

(i), (ii)에서 구하는 경우의 수는

$90+40=130$

다른 풀이

조건 (가), (나)에서 a보다 작은 수가 적어도 2개 존재해야 하므로 $a \geq 3$

(i) $a=3$일 때

c는 1, 2 중 하나이다.

이 각각에 대하여 b, d는 1, 2 중 c가 아닌 수이면 되므로

$1 \times 1 = 1^2$

따라서 $a=3$인 경우의 수는 $2 \times 1^2 = 2$

(ii) $a=4$일 때

c는 1, 2, 3 중 하나이다.

이 각각에 대하여 b, d는 1, 2, 3 중 c가 아닌 수이면 되므로

$2 \times 2 = 2^2$

따라서 $a=4$인 경우의 수는 $3 \times 2^2 = 12$

(iii) $a=5$일 때

c는 1, 2, 3, 4 중 하나이다.

이 각각에 대하여 b, d는 1, 2, 3, 4 중 c가 아닌 수이면 되므로

$3 \times 3 = 3^2$

따라서 $a=5$인 경우의 수는 $4 \times 3^2 = 36$

[문제편 p.179]

(iv) $a=6$일 때

c는 1, 2, 3, 4, 5 중 하나이다.

이 각각에 대하여 b, d는 1, 2, 3, 4, 5 중 c가 아닌 수이면 되므로

$4 \times 4 = 4^2$

따라서 $a=6$인 경우의 수는 $5 \times 4^2 = 80$

(ⅰ)~(ⅳ)에서 구하는 경우의 수는

$2 + 12 + 36 + 80 = 130$

★★ 문제 해결 꿀~팁 ★★

▶ 문제 해결 방법

조건 (나)에 의하여 세 사각형에 적혀 있는 수가 모두 다르거나 양 끝의 사각형에 적혀 있는 수가 같을 수 있다. 이 두 가지 경우에 대하여 조건 (가)를 만족하도록 필요한 개수의 수를 뽑아서 나열하면 된다. 이때 조합과 순열을 이용하면 된다. 문제에서 '중복을 허락하여 네 개를 택해'라는 문장에서 중복조합을 이용하려는 오류를 범해서는 안 된다.

삼각형에 적혀 있는 수는 사각형에 적혀 있는 수보다 커야 하므로 네 도형에 적힌 서로 다른 수의 개수는 3 또는 4이다. 6개의 수 중에서 3개를 뽑거나 4개를 뽑는 경우의 수는 조합을 이용하면 되고 이 수들을 조건 (가)를 만족하도록 나열하는 경우의 수는 순열을 이용하면 된다.

조건을 만족하도록 크게 경우를 나누고 각 경우를 만족하도록 세부적인 경우의 수를 구할 수 있어야 한다.

★★★ 등급을 가르는 문제!

30 다항식의 나눗셈 · · · · · · · · · · · 정답률 7% | 정답 38

5 이상의 자연수 n에 대하여 다항식

$P_n(x) = (1+x)(1+x^2)(1+x^3)\cdots(1+x^{n-1})(1+x^n) - 64$

가 x^2+x+1로 나누어떨어지도록 하는 모든 자연수 n의 값의 합을 구하시오.
[4점]

STEP 01 w의 성질을 이용하여 $n=5$일 때부터 $P_n(w)$의 규칙을 찾아 $P_n(w)=0$을 만족하는 n의 값을 구한 다음 합을 구한다.

다항식 $P_n(x)$를 x^2+x+1로 나눌 때 몫을 $A_n(x)$라 하자.

$P_n(x)$가 x^2+x+1로 나누어떨어지므로

$P_n(x) = (1+x)(1+x^2)(1+x^3)\cdots(1+x^{n-1})(1+x^n) - 64$

$= (x^2+x+1)A_n(x)$ 이다.

이차방정식 $x^2+x+1=0$의 한 허근을 w라 하면

$w^2+w+1=0$, $w^3=1$이다.

w는 $P_n(x)=0$의 근이므로 $P_n(w)=0$이다.

$Q_n(x) = (1+x)(1+x^2)(1+x^3)\cdots(1+x^{n-1})(1+x^n)$라 할 때,

$P_n(w)=0$이 되려면 $Q_n(w)=64$이어야 한다.

$Q_5(w) = (1+w)(1+w^2)(1+w^3)(1+w^4)(1+w^5)$

$= (-w^2)(-w)2(-w^2)(-w) = 2$

$Q_6(w) = (-w^2)(-w)2(-w^2)(-w)2 = 4$

$Q_7(w) = Q_6(w) \times (-w^2) = 4 \times (-w^2) = -4w^2$

$Q_8(w) = Q_7(w) \times (-w) = (-4w^2) \times (-w) = 4$

$Q_9(w) = Q_8(w) \times 2 = 4 \times 2 = 8$

같은 원리로

$Q_{12}(w) = 16$

$Q_{15}(w) = 32$

$Q_{18}(w) = 64$

$Q_{19}(w) = -64w^2$

$Q_{20}(w) = 64$

$Q_{21}(w) = 128$

따라서 $n=18$ 또는 $n=20$이고

모든 자연수 n의 값의 합은 $18+20=38$

★★ 문제 해결 꿀~팁 ★★

▶ 문제 해결 방법

$P_n(x)$가 x^2+x+1로 나누어떨어지므로 $P_n(x)$를 x^2+x+1로 나눌 때 몫을 $A_n(x)$이라 하면 $P_n(x) = (x^2+x+1)A_n(x)$이고 $x^2+x+1=0$의 한 허근을 w라 하면 $P_n(w)=0$이다.

한편, $Q_n(x) = (1+x)(1+x^2)(1+x^3)\cdots(1+x^{n-1})(1+x^n)$라 하면

$P_n(x) = (1+x)(1+x^2)(1+x^3)\cdots(1+x^{n-1})(1+x^n) - 64 = Q_n(x) - 64$

이므로 $P_n(w)=0$을 만족하는 n의 값은 $Q_n(w)=64$를 만족한다.

그러므로 $Q_n(w)=64$를 만족하는 n을 구하면 된다.

$x^3=1$의 한 허근을 w라 할 때 $w^2+w+1=0$, $w^3=1$ 이다. 이 성질은 매우 유용하게 쓰이므로 반드시 알아두어야 한다. 아울러 $x^3=-1$의 한 허근을 w'라 할 때 $(w')^2 - w' + 1 = 0$, $(w')^3 = -1$도 함께 알아두어야 한다.

$Q_n(x) = (1+x)(1+x^2)(1+x^3)\cdots(1+x^{n-1})(1+x^n)$

이고 $n \ge 5$인 자연수이므로

$Q_5(w) = (1+w)(1+w^2)(1+w^3)(1+w^4)(1+w^5)$

$= (-w^2)(-w)2(-w^2)(-w) = 2$

같은 방법으로 계속 구해보면 $Q_6(w)=4$이고 n이 3의 배수일 때 처음으로 값이 2배가 됨을 알 수 있다. 또한 n이 3의 배수+2일 때 n이 3의 배수일 때와 같은 값을 가진다.

$n=6$일 때 $Q_n(w)=4$이므로 $n=18$일 때 $Q_n(w)=64$이고 $n=20$일 때도 $Q_n(w)=64$이다.

$Q_n(w)$의 값을 몇 개만 구해보면 규칙을 쉽게 찾을 수 있다. 이 규칙을 이용하여 값이 64가 되는 n의 값을 구하면 된다.

•정답•

01 ③ 02 ② 03 ⑤ 04 ② 05 ③ 06 ① 07 ④ 08 ④ 09 ⑤ 10 ⑤ 11 ② 12 ⑤ 13 ④ 14 ③ 15 ②
16 ① 17 ② 18 ② 19 ① 20 ⑤ 21 ② 22 6 23 6 24 13 25 10 26 256 27 12 28 189 29 23 30 130

★ 표기된 문항은 [등급을 가르는 문제]에 해당하는 문항입니다.

---

01 다항식의 계산   정답률 93% | 정답 ③

두 다항식
❶ $A = xy + x - 1$, $B = xy - x + 2$
에 대하여 $A + B$는? [2점]
① $xy + 1$ ② $xy + 2$ ③ $2xy + 1$ ④ $2xy + 2$ ⑤ $2xy + 3$

STEP 01 ❶에서 다항식의 계산으로 $A + B$의 값을 구한다.

$A + B = (xy + x - 1) + (xy - x + 2)$
$\qquad = 2xy + 1$

---

02 행렬의 성분   정답률 90% | 정답 ②

두 행렬 $A = \begin{pmatrix} a-1 & 4 \\ 2 & 6 \end{pmatrix}$, $B = \begin{pmatrix} 5 & 4 \\ 2 & b+2 \end{pmatrix}$에 대하여 $A = B$일 때, $a + b$의 값은? [2점]
① 9   ② 10   ③ 11   ④ 12   ⑤ 13

STEP 01 두 행렬의 성분을 비교하여 a, b를 구한 후 합을 구한다.

$A = B$이므로 $a - 1 = 5$, $b + 2 = 6$
따라서 $a = 6$, $b = 4$
그러므로 $a + b = 10$

---

03 복소수의 계산   정답률 91% | 정답 ⑤

복소수 z의 켤레복소수 ❶ $\bar{z}$가 $2 - i$일 때, $z + \bar{z}$의 값은? (단, $i = \sqrt{-1}$)
[2점]
① -4 ② -2 ③ 0 ④ 2 ⑤ 4

STEP 01 켤레복소수의 성질을 이용하여 ❶에서 z를 구한 후 $z + \bar{z}$의 값을 구한다.

$\bar{z} = 2 - i$에서 $z = 2 + i$
$z + \bar{z} = (2 + i) + (2 - i) = 4$

---

04 순열과 조합   정답률 90% | 정답 ②

등식 ❶ $_nP_2 - {_7}C_2 = 21$을 만족시키는 자연수 n의 값은? [3점]
① 6   ② 7   ③ 8   ④ 9   ⑤ 10

STEP 01 ❶을 순열과 조합의 공식으로 식을 정리하여 n을 구한다.

$_nP_2 - {_7}C_2 = n(n-1) - \dfrac{7 \times 6}{2 \times 1} = 21$

정리하면
$n^2 - n - 42 = (n-7)(n+6) = 0$
n은 자연수이므로
$n = 7$

---

05 두 직선의 위치관계   정답률 93% | 정답 ③

두 직선 ❶ $y = 7x - 1$과 $y = (3k - 2)x + 2$가 서로 평행할 때, 상수 k의 값은? [3점]
① 1   ② 2   ③ 3   ④ 4   ⑤ 5

STEP 01 ❶에서 두 직선의 위치관계를 이용하여 k의 값을 구한다.

직선 $y = 7x - 1$과 직선 $y = (3k - 2)x + 2$가 서로 평행하므로
기울기는 서로 같고 y절편은 서로 다르다.
$7 = 3k - 2$
따라서 $k = 3$

●핵심 공식

▶ 두 직선의 평행조건과 수직조건
(1) 두 직선 $y = mx + n$과 $y = m'x + n'$에 대하여
    두 직선의 평행조건 : $m = m'$, $n \neq n'$
    수직조건 : $mm' = -1$
(2) 두 직선 $ax + by + c = 0$과 $a'x + b'y + c' = 0$에 대하여
    두 직선의 평행조건 : $\dfrac{a}{a'} = \dfrac{b}{b'} \neq \dfrac{c}{c'}$ $\left(\text{또는 } \dfrac{a'}{a} = \dfrac{b'}{b} \neq \dfrac{c'}{c}\right)$,
    수직조건 : $aa' + bb' = 0$

---

06 이차함수의 최솟값   정답률 84% | 정답 ①

❶ $0 \leq x \leq 3$에서 이차함수 ❷ $y = -x^2 + 2x + 5$의 최솟값은? [3점]
① 2   ② 1   ③ 0   ④ -1 ⑤ -2

STEP 01 ❷를 이차함수의 표준형으로 변형한 후 ❶의 범위에서 그래프를 그려 최솟값을 구한다.

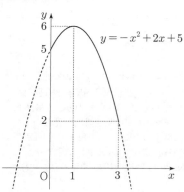

$y = -x^2 + 2x + 5 = -(x-1)^2 + 6$의 그래프가 그림과 같으므로
$x = 3$일 때 최솟값은 2

---

07 이차방정식의 근과 계수의 관계   정답률 95% | 정답 ④

x에 대한 이차방정식 ❶ $x^2 + ax + b = 0$의 두 근이 2, 8일 때, 두 상수 a, b에 대하여 $a + b$의 값은? [3점]
① 3   ② 4   ③ 5   ④ 6   ⑤ 7

STEP 01 ❶에서 이차방정식의 근과 계수의 관계를 이용하여 a, b를 각각 구한 후 $a + b$의 값을 구한다.

이차방정식 $x^2 + ax + b = 0$의 두 근이 2, 8이므로
이차방정식의 근과 계수의 관계에 의하여
$2 + 8 = -a$, $2 \times 8 = b$
$a = -10$, $b = 16$
따라서 $a + b = 6$

●핵심 공식

▶ 이차방정식의 근과 계수의 관계
이차방정식 $ax^2 + bx + c = 0$ (단, $a \neq 0$)의 두 근을 α, β라고 하면,
$\alpha + \beta = -\dfrac{b}{a}$, $\alpha\beta = \dfrac{c}{a}$

---

08 인수분해   정답률 88% | 정답 ④

다항식 ❶ $(x^2 + x)^2 + 2(x^2 + x) - 3$이 ❷ $(x^2 + ax - 1)(x^2 + x + b)$로 인수분해될 때, 두 상수 a, b에 대하여 $a + b$의 값은? [3점]
① 1   ② 2   ③ 3   ④ 4   ⑤ 5

STEP 01 ❶에서 $x^2 + x$를 치환한 후 인수분해한 다음 ❷와 비교하여 a, b를 각각 구한 후 $a + b$의 값을 구한다.

$x^2 + x = t$라 하면
$(x^2 + x)^2 + 2(x^2 + x) - 3 = t^2 + 2t - 3$
$\qquad\qquad\qquad\qquad\qquad\quad = (t-1)(t+3)$
$\qquad\qquad\qquad\qquad\qquad\quad = (x^2 + x - 1)(x^2 + x + 3)$
$\qquad\qquad\qquad\qquad\qquad\quad = (x^2 + ax - 1)(x^2 + x + b)$
에서 $a = 1$, $b = 3$
따라서 $a + b = 4$

09 무게중심의 성질

좌표평면 위의 세 점 A, B, C를 꼭짓점으로 하는 삼각형 ABC에서
❶ 점 A의 좌표가 $(1, 1)$, 변 BC의 중점의 좌표가 $(7, 4)$이다. 삼각형
ABC의 무게중심의 좌표가 (a, b)일 때, $a+b$의 값은? [3점]

① 4 ② 5 ③ 6 ④ 7 ⑤ 8

STEP 01 ❶에서 무게중심의 성질을 이용하여 무게중심의 좌표를 구한 후 $a+b$의 값을 구한다.

변 BC의 중점을 M$(7, 4)$라 하고, 삼각형 ABC의 무게중심을 G(a, b)라 하면
점 G는 선분 AM을 2:1로 내분하는 점이므로 점 G의 좌표는
$$\left(\frac{2\times7+1\times1}{2+1}, \frac{2\times4+1\times1}{2+1}\right)=(5, 3) \quad \therefore a=5, b=3$$
따라서 $a+b=8$

● 핵심 공식

▶ 삼각형의 무게중심의 성질

(1) 세 중선의 길이를 2:1로 나눈다.
$$\overline{AG}:\overline{DG}=\overline{BG}:\overline{EG}=\overline{CG}:\overline{FG}=2:1$$
(2) 세 중선으로 삼각형의 넓이는 6등분된다.
$$\triangle AFG=\triangle FBG=\triangle BDG=\triangle DCG=\triangle CEG=\triangle EAG$$
$$=\frac{1}{6}\triangle ABC$$
(3) A(x_1, y_1), B(x_2, y_2), C(x_3, y_3)라고 하면, 무게중심 G의 좌표는
$$\left(\frac{x_1+x_2+x_3}{3}, \frac{y_1+y_2+y_3}{3}\right)$$이다.

10 절댓값을 포함한 부등식

부등식 ❶ $x > |3x+1|-7$을 만족시키는 모든 정수 x의 값의 합은? [3점]

① -2 ② -1 ③ 0 ④ 1 ⑤ 2

STEP 01 x의 범위를 나누어 ❶의 부등식을 풀어 x의 범위를 구한 후 범위에 속하는 모든 정수 x의 값의 합을 구한다.

부등식 $x > |3x+1|-7$에서

(i) $x \geq -\dfrac{1}{3}$일 때

$x > 3x+1-7$에서 $x<3$, $-\dfrac{1}{3} \leq x < 3$

(ii) $x < -\dfrac{1}{3}$일 때

$x > -3x-1-7$에서 $x>-2$, $-2<x<-\dfrac{1}{3}$

(i), (ii)에 의하여 $-2<x<3$
따라서 모든 정수 x는 -1, 0, 1, 2이므로 합은 2

다른 풀이

부등식 $x > |3x+1|-7$에서
$x+7 > |3x+1|$
$-(x+7) < 3x+1 < x+7$
$-2 < x < 3$
따라서 모든 정수 x는 -1, 0, 1, 2이므로 합은 2

● 핵심 공식

▶ 절댓값 기호를 포함한 일차부등식

절댓값 기호를 포함한 부등식은 다음의 성질을 이용하여 절댓값 기호를 없앤 후 부등식을 푼다.

(1) $|a| = \begin{cases} a \ (a \geq 0) \\ -a \ (a < 0) \end{cases}$

(2) $0 < a < b$에 대하여
① $|x| < a \Rightarrow -a < x < a$
② $|x| > a \Rightarrow x > a$ 또는 $x < -a$
③ $a < |x| < b \Rightarrow a < x < b$ 또는 $-b < x < -a$

11 행렬의 곱셈의 성질

이차정사각행렬 A, B가 ❶ $A+B=-E$, $AB=E$를 만족시킬 때,
❷ $(A+B)+(A^2+B^2)+\cdots+(A^{2011}+B^{2011})$을 간단히 한 것은?
(단, E는 단위행렬이다.) [3점]

① $-2E$ ② $-E$ ③ E ④ $2E$ ⑤ $3E$

STEP 01 ❶에서 두 행렬 A, B의 거듭제곱의 성질을 파악한다.

$A+B=-E$, $AB=E$이므로,
$A(-E-A)=E$
$\therefore A^2+A+E=O$
같은 방법으로 $B^2+B+E=O$
한편, $A^3=A^2A=(-A-E)A=-A^2-A=E$
같은 방법으로 $B^3=E$

STEP 02 위에서 구한 행렬의 성질을 이용하여 ❷를 간단히 한다.

$(A+B)+(A^2+B^2)+\cdots+(A^{2011}+B^{2011})$
$=(A+A^2+A^3+\cdots+A^{2011})+(B+B^2+B^3+\cdots+B^{2011})$
$=A+B=-E$

● 핵심 공식

▶ 행렬의 곱셈

행렬 $A = \begin{pmatrix} a & b \\ c & d \end{pmatrix}$, $B = \begin{pmatrix} p & q \\ r & s \end{pmatrix}$에 대하여 행렬의 곱셈은 다음과 같다.
두 행렬 A, B의 곱 AB는 A의 열의 수와 B의 행의 수가 같을 때만 정의된다.
$$\begin{pmatrix} a & b \\ c & d \end{pmatrix}\begin{pmatrix} p & q \\ r & s \end{pmatrix}=\begin{pmatrix} ap+br & aq+bs \\ cp+dr & cq+ds \end{pmatrix}$$

12 명제의 조건

실수 x에 대한 두 조건
❶ $p : |x-5| \leq n$
$q : x \geq 0$

에 대하여 ❷ p가 q이기 위한 충분조건이 되도록 하는 모든 자연수 n의 개수는? [3점]

① 1 ② 2 ③ 3 ④ 4 ⑤ 5

STEP 01 ❶의 진리집합을 각각 구한 후 ❷를 만족하도록 하는 n의 범위를 구한 다음 만족하는 자연수 n의 개수를 구한다.

두 조건 p, q의 진리집합을 각각 P, Q라 하자.
$P = \{x \mid -n+5 \leq x \leq n+5\}$
$Q = \{x \mid x \geq 0\}$
p가 q이기 위한 충분조건이 되려면 $P \subset Q$

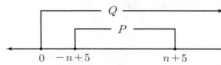

$-n+5 \geq 0$에서 $n \leq 5$
따라서 모든 자연수 n의 개수는 5

● 핵심 공식

▶ 필요조건, 충분조건과 진리집합

두 조건 p, q의 진리집합을 P, Q라고 하면
(1) p는 q이기 위한 충분조건 $\Leftrightarrow P \subset Q$
(2) p는 q이기 위한 필요조건 $\Leftrightarrow P \supset Q$
(3) p는 q이기 위한 필요충분조건 $\Leftrightarrow P = Q$

13 유리식의 활용

항공기가 수평면에서 일정한 선회 속도와 선회각을 유지한 채 360° 회전하는 선회 비행을 할 때 생기는 원의 반지름을 선회 반경이라 한다.

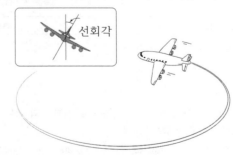

선회각

항공기의 선회 속도를 V, 선회각을 θ, 선회 반경을 R라 하면 다음과 같은 관계식이 성립한다고 한다.

❶ $R = \dfrac{V^2}{g \tan\theta}$

(단, $0° < \theta < 90°$이고, g는 중력 가속도이다.)

어떤 항공기가 선회 속도 V_1, 선회각 30°로 선회 비행할 때의 선회 반경을 R_1이라 하고, 선회 속도 V_2, 선회각 30°로 선회 비행할 때의 선회 반경을 R_2라 하자. 선회 속도 ❷ V_1과 V_2의 비가 $2:3$일 때, $\dfrac{R_1}{R_2}$의 값은? [3점]

① $\dfrac{1}{9}$ ② $\dfrac{2}{9}$ ③ $\dfrac{1}{3}$ ④ $\dfrac{4}{9}$ ⑤ $\dfrac{5}{9}$

STEP 01 ❶에서 R_1과 R_2를 각각 구한 후 ❷를 이용하여 $\dfrac{R_1}{R_2}$의 값을 구한다.

선회 속도 V_1, 선회각 30°로 선회 비행할 때의 선회 반경이 R_1이고,

$\dfrac{1}{\tan 30°} = \sqrt{3}$ 이므로

$R_1 = \dfrac{V_1^2}{g\tan 30°} = \dfrac{\sqrt{3}}{g} \times V_1^2$

$V_1 : V_2 = 2:3$이므로

$V_2 = \dfrac{3}{2}V_1$

$R_2 = \dfrac{V_2^2}{g\tan 30°} = \dfrac{\sqrt{3}}{g} \times \left(\dfrac{3}{2}V_1\right)^2 = \dfrac{9}{4} \times \left(\dfrac{\sqrt{3}}{g} \times V_1^2\right) = \dfrac{9}{4}R_1$

따라서 $\dfrac{R_1}{R_2} = \dfrac{4}{9}$

---

14 원과 직선의 위치관계 정답률 54% | 정답 ③

좌표평면 위의 점 $(2, -4)$에서 원 $x^2 + y^2 = 2$에 그은 두 접선이 각각 y축과 만나는 점의 좌표를 $(0, a)$, $(0, b)$라 할 때, $a+b$의 값은? [4점]

① 4   ② 6   ③ 8   ④ 10   ⑤ 12

STEP 01 접선의 기울기를 미지수를 이용하여 놓고 접선의 방정식을 구한 후 원의 중심에서 접선까지의 거리가 반지름과 같음을 이용하여 접선의 기울기를 구한다. 두 접선의 y절편을 각각 구한 후 합을 구한다.

점 $(2, -4)$에서 원 $x^2 + y^2 = 2$에 그은 접선의 기울기를 m이라 하면
접선의 방정식은
$y + 4 = m(x-2)$이다.
원의 중심 $(0, 0)$과 직선 $y + 4 = m(x-2)$ 사이의 거리는
반지름의 길이와 같으므로
$\dfrac{|-2m-4|}{\sqrt{1+m^2}} = \sqrt{2}$ 에서
$m^2 + 8m + 7 = 0$
$m = -1$ 또는 $m = -7$
접선 $y = mx - 2m - 4$의 y절편은 $-2m - 4$
이므로 접선이 y축과 만나는 점의 좌표는 $(0, -2)$, $(0, 10)$
따라서 $a+b = -2 + 10 = 8$

● 핵심 공식

▶ 원과 직선의 위치 관계

원 $(x-a)^2 + (y-b)^2 = r^2$과 직선 $y = mx+n$의 위치 관계는 원의 중심 (a, b)에서 직선 $y = mx+n(mx-y+n=0)$까지의 거리를 d라 하고 두 도형의 방정식을 연립하는 과정의 x에 관한 이차방정식의 판별식을 D라고 하면

(1) 만나지 않는 경우: $d > r$, $D < 0$
(2) 두 점에서 만나는 경우: $d < r$, $D > 0$
(3) 한 점에서 만나는 경우(접하는 경우): $d = r$, $D = 0$

---

15 명제의 참, 거짓 정답률 37% | 정답 ②

실수 x에 대한 두 조건
  $p: |x-k| \le 2$,
  $q: x^2 - 4x - 5 \le 0$
이 있다. ❶ 명제 $p \to q$와 명제 $p \to \sim q$가 모두 거짓이 되도록 하는 ❷ 모든 정수 k의 값의 합은? [4점]

① 14   ② 16   ③ 18   ④ 20   ⑤ 22

STEP 01 두 조건의 부등식을 각각 풀어 진리집합을 구한다.

두 조건 p, q의 진리집합을 각각 P, Q라 하자.
조건 p에서

$|x-k| \le 2$, $k-2 \le x \le k+2$이므로
$P = \{x | k-2 \le x \le k+2\}$
조건 q에서
$x^2 - 4x - 5 \le 0$,
$(x+1)(x-5) \le 0$
$-1 \le x \le 5$이므로
$Q = \{x | -1 \le x \le 5\}$이고
$Q^C = \{x | x < -1 \text{ 또는 } x > 5\}$이다.

STEP 02 ❶을 만족하는 두 집합의 관계를 파악한다.

명제 $p \to q$와 명제 $p \to \sim q$가 모두 거짓이므로
$P \not\subset Q$이고 $P \not\subset Q^C$
즉, $P \cap Q^C \ne \varnothing$이고 $P \cap Q \ne \varnothing$ ······ ㉠
이어야 한다.

STEP 03 k의 범위를 나누어 만족하는 k의 범위를 각각 구한 다음 만족하는 정수 k의 값을 구하여 합을 구한다.

$k-2 \ge -1$이고 $k+2 \le 5$, 즉 $1 \le k \le 3$이면 $P \subset Q$가 되어 조건을 만족시키지 않으므로
다음과 같이 k의 범위를 나누어 생각하자.
(i) $k < 1$인 경우
㉠에서 $P \cap Q \ne \varnothing$이므로 [그림 1]과 같이
$-1 \le k+2$, 즉 $k \ge -3$ ······ ㉡

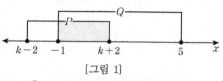
[그림 1]

$P \cap Q^C \ne \varnothing$이므로 [그림 2]와 같이
$k-2 < -1$, 즉 $k < 1$ ······ ㉢

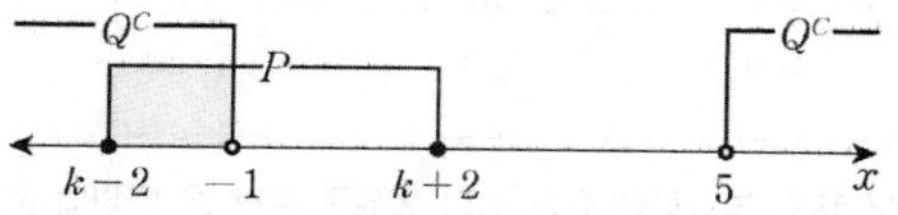

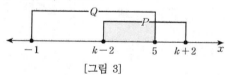
[그림 2]

㉡, ㉢에서 $-3 \le k < 1$이고 이 부등식을 만족시키는
정수 k의 값은 -3, -2, -1, 0이다.
(ii) $k > 3$인 경우
㉠에서 $P \cap Q \ne \varnothing$이므로 [그림 3]과 같이
$k-2 \le 5$, 즉 $k \le 7$ ······ ㉣

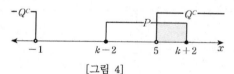
[그림 3]

$P \cap Q^C \ne \varnothing$이므로 [그림 4]와 같이
$5 < k+2$, 즉 $k > 3$ ······ ㉤

[그림 4]

㉣, ㉤에서 $3 < k \le 7$이고 이 부등식을 만족시키는
정수 k의 값은 4, 5, 6, 7이다.
(i), (ii)에서 주어진 조건을 만족시키는
정수 k의 값은 -3, -2, -1, 0, 4, 5, 6, 7이고
그 합은 $-3-2-1+0+4+5+6+7 = 16$

다른 풀이

두 조건 p, q의 진리집합을 각각 P, Q라 하자.
조건 p에서
$|x-k| \le 2$, $k-2 \le x \le k+2$이므로
$P = \{x | k-2 \le x \le k+2\}$
조건 q에서
$x^2 - 4x - 5 \le 0$, $(x+1)(x-5) \le 0$
$-1 \le x \le 5$이므로
$Q = \{x | -1 \le x \le 5\}$
명제 $p \to q$와 명제 $p \to \sim q$가 모두 거짓이므로
$P \not\subset Q$이고 $P \not\subset Q^C$
즉, $P \not\subset Q$이고 $P \cap Q \ne \varnothing$이어야 한다.
위 두 조건을 만족시키는 두 집합 P, Q의 관계는 다음과 같아야 한다.

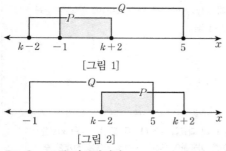

[그림 1]

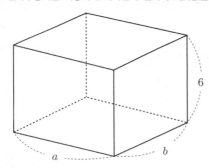

[그림 2]

$P \cap Q \neq \varnothing$ 를 만족하려면

두 집합의 교집합에 원소가 1개 이상 있어야 하므로

k가 최솟값일 때는 [그림 1]에서 $k+2 = -1$일 때이다.

따라서 k의 최솟값은 $k = -3$이다.

마찬가지로 k가 최댓값일 때는 [그림 2]에서 $k-2 = 5$일 때이다.

따라서 k의 최댓값은 $k = 7$이다.

$P \subset Q$를 성립하는 경우는 $k-2 \geq -1$이고 $k+2 \leq 5$일 때이다.

즉, $1 \leq k \leq 3$이면

$P \subset Q$가 되어 조건을 만족시키지 않는다.

그러므로 만족하는 모든 정수 k의 값은

-3, -2, -1, 0, 4, 5, 6, 7이고

그 합은 $-3-2-1+0+4+5+6+7 = 16$

●핵심 공식

▶ 명제 $p \rightarrow q$ 의 참, 거짓

(1) 두 조건 p, q로 이루어진 명제 'p이면 q이다'를 기호로 $p \rightarrow q$로 나타낸다.

(2) 명제 $p \rightarrow q$에 대하여 두 조건 p, q의 진리집합을 각각 P, Q라 할 때

  ① $p \rightarrow q$가 참이면 $P \subset Q$이고, $P \subset Q$이면 $p \rightarrow q$는 참이다.

  ② $p \rightarrow q$가 거짓이면 $P \not\subset Q$이고, $P \not\subset Q$이면 $p \rightarrow q$가 거짓이다.

---

16 절대부등식의 활용   정답률 57% | 정답 ①

❶ 한 모서리의 길이가 6이고 부피가 108인 직육면체를 만들려고 한다. 이때, 만들 수 있는 직육면체의 대각선의 길이의 최솟값은? [4점]

① $6\sqrt{2}$ ② 9 ③ $7\sqrt{2}$ ④ 11 ⑤ $8\sqrt{2}$

STEP 01   다른 두 모서리의 길이를 미지수를 이용하여 두고 ❶에서 관계식을 구한 후 절대부등식을 이용하여 대각선의 길이의 최솟값을 구한다.

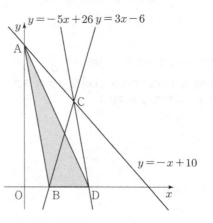

그림과 같이 직육면체의 세 모서리의 길이를 각각 a, b, 6이라 하자.

$6ab = 108$이므로 $ab = 18$이고

직육면체의 대각선의 길이는 $\sqrt{a^2+b^2+6^2}$이다.

$a > 0$, $b > 0$이므로

$\dfrac{a^2+b^2}{2} \geq \sqrt{a^2 b^2}$ (단, 등호는 $a^2 = b^2$일 때 성립한다.)

$a^2 + b^2 \geq 36$

$\sqrt{a^2 + b^2 + 36} \geq 6\sqrt{2}$

따라서 직육면체의 대각선의 길이의 최솟값은 $6\sqrt{2}$

●핵심 공식

▶ 산술평균과 기하평균의 관계

두 양수 a, b에 대하여 $\dfrac{a+b}{2} \geq \sqrt{ab}$ (단, 등호는 $a = b$일 때 성립)

---

17 직선의 방정식   정답률 65% | 정답 ②

그림과 같이 좌표평면에서 직선 $y = -x+10$과 y축과의 교점을 A, 직선 $y = 3x-6$과 x축과의 교점을 B, 두 직선 $y = -x+10$, $y = 3x-6$의 교점을 C라 하자. x축 위의 점 $D(a, 0)(a > 2)$에 대하여 ❶ 삼각형 ABD의 넓이가 삼각형 ABC의 넓이와 같도록 하는 a의 값은? [4점]

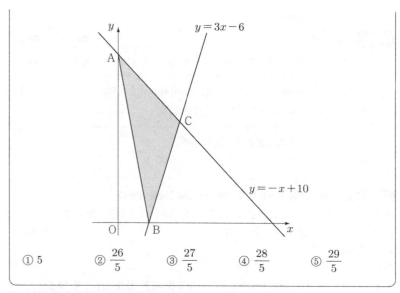

① 5 ② $\dfrac{26}{5}$ ③ $\dfrac{27}{5}$ ④ $\dfrac{28}{5}$ ⑤ $\dfrac{29}{5}$

STEP 01   ❶을 성립하도록 하는 점 D의 위치를 파악한다.

x축 위의 점 $D(a, 0)(a > 2)$에 대하여

삼각형 ABC의 넓이와 삼각형 ABD의 넓이가 같으려면

직선 AB와 점 C 사이의 거리와 직선 AB와 점 D 사이의 거리가 같아야 하므로

점 C를 지나고 직선 AB에 평행한 직선 위에 점 D가 있어야 한다.

STEP 02   세 점 A, B, C의 좌표를 각각 구한 후 직선 AB의 기울기를 구한다. 점 C를 지나고 직선 AB에 평행한 직선의 방정식을 구한 다음 x절편을 구하여 a의 값을 구한다.

직선 $y = -x+10$의 y절편이 10이므로 점 A의 좌표는 $(0, 10)$이고

직선 $y = 3x-6$의 x절편이 2이므로 점 B의 좌표는 $(2, 0)$이다.

두 직선 $y = -x+10$, $y = 3x-6$의 교점 C의 좌표는 $(4, 6)$이다.

직선 AB의 기울기는 $\dfrac{0-10}{2-0} = -5$이므로

점 C를 지나고 직선 AB에 평행한 직선의 방정식은

$y - 6 = -5(x-4)$, $y = -5x+26$

점 $D(a, 0)$이 직선 $y = -5x+26$ 위의 점이므로

$0 = -5a + 26$

따라서

$a = \dfrac{26}{5}$

●핵심 공식

▶ 직선의 방정식

(1) 기울기가 m이고 점 (x_1, y_1)을 지나는 직선 : $y - y_1 = m(x - x_1)$

(2) 두 점 (x_1, y_1), (x_2, y_2)를 지나는 직선 : $y - y_1 = \dfrac{y_2 - y_1}{x_2 - x_1}(x - x_1)$

(3) x절편이 a, y절편이 b인 직선 : $\dfrac{x}{a} + \dfrac{y}{b} = 1$

▶ 일차함수 $y = ax + b$

(1) 기울기 $= a$

(2) x절편 ($y = 0$일 때의 x값) $= -\dfrac{b}{a}$

(3) y절편 ($x = 0$일 때의 y값) $= b$

▶ 기울기

좌표평면 위의 두 점 $A(x_1, y_1)$, $B(x_2, y_2)$에 대하여 직선 AB

(1) 기울기 : $a = \left(\dfrac{y값의 \ 증가량}{x값의 \ 증가량}\right) = \dfrac{y_2 - y_1}{x_2 - x_1}$

(2) 평행한 두 직선의 기울기는 같다.

(3) 수직인 두 직선의 기울기의 곱은 -1이다.

18 나머지정리   정답률 30% | 정답 ②

최고차항의 계수가 1인 두 이차다항식 $f(x)$, $g(x)$가 다음 조건을 만족시킨다.

> (가) $f(x)-g(x)$를 $x-2$로 나눈 몫과 나머지가 서로 같다.
> (나) $f(x)g(x)$는 x^2-1로 나누어 떨어진다.

❶ $g(4)=3$일 때, $f(2)+g(2)$의 값은? [4점]

① 1   ② 2   ③ 3   ④ 4   ⑤ 5

STEP 01 두 조건을 이용하여 두 다항식의 공통인수를 구한다.

조건 (가)에 의해 $f(x)-g(x)$를 $x-2$로 나눈 몫과 나머지를 a라 하면
$f(x)-g(x)=(x-2)a+a=a(x-1)$
$x=1$을 대입하면
$f(1)-g(1)=0$ … ㉠
조건 (나)에 의해 $f(x)g(x)$를 x^2-1로 나누었을 때의 몫을 $Q(x)$라 하면
$f(x)g(x)=(x^2-1)Q(x)$
$x=1$을 대입하면
$f(1)g(1)=0$ … ㉡
㉠, ㉡에 의해 $f(1)=g(1)=0$이다.
인수정리에 의하여 $f(x)$와 $g(x)$는 각각 $x-1$을 인수로 가진다.

STEP 02 미지수를 이용하여 두 다항식을 놓고 ❶을 이용하여 $g(x)$를 구한 후 조건 (나)의 식을 이용하여 $f(x)$를 구한 다음 $f(2)+g(2)$의 값을 구한다.

$f(x)=(x-1)(x+p)$, $g(x)=(x-1)(x+q)$라 하자.
$g(4)=(4-1)(4+q)=3$이므로
$q=-3$
$g(x)=(x-1)(x-3)$
$f(x)g(x)=(x-1)^2(x-3)(x+p)=(x^2-1)Q(x)$
$x=-1$을 대입하면
$(-2)^2\times(-4)\times(-1+p)=0$에서
$p=1$
$f(x)=(x-1)(x+1)$
따라서 $f(2)+g(2)=3+(-1)=2$

★★ 문제 해결 꿀~팁 ★★

▶ 문제 해결 방법
최고차항의 계수가 1인 두 이차식의 차는 일차 이하의 식이므로 $f(x)-g(x)$를 $x-2$로 나눈 몫과 나머지는 상수항이다. 따라서 $f(x)-g(x)=(x-2)a+a=a(x-1)$이라 할 수 있고 여기서 $f(x)$, $g(x)$가 모두 $x-1$을 인수로 가짐도 알 수 있다.
그러므로 $f(x)=(x-1)(x+p)$, $g(x)=(x-1)(x+q)$라 놓으면 된다. $g(4)=3$임을 이용하여 $g(x)$를 구하고 조건 (나)를 정리하면 $f(x)g(x)=(x-1)^2(x-3)(x+p)=(x^2-1)$ $Q(x)=(x-1)(x+1)Q(x)$이므로 $p=1$이다.
이 문제풀이에서 반드시 알고 있어야 할 사항은 이차항의 계수가 같은 두 이차식의 차는 일차이하의 식이고 일차식을 일차식으로 나누었을 때 몫과 나머지는 모두 일차미만의 식이어야 하므로 상수항이라는 것이다. 아울러 참고로 두 다항식의 덧셈, 뺄셈, 곱셈을 한 식은 반드시 두 다항식의 공통인수를 인수로 가진다는 사실 또한 알아두는 것이 매우 편리하다.

19 사차방정식   정답률 48% | 정답 ①

곡선 $y=x^2$ 위의 임의의 점 $A(t, t^2)$ $(0<t<1)$을 직선 $y=x$에 대하여 대칭이동한 점을 B라 하고 두 점 A, B에서 y축에 내린 수선의 발을 각각 C, D라 하자. 다음은 사각형 ABDC의 넓이가 $\dfrac{1}{8}$이 되는 상수 t의 값을 구하는 과정이다.

> 점 A에서 y축에 내린 수선의 발이 C이므로 $\overline{AC}=t$
> 점 B에서 y축에 내린 수선의 발이 D이므로 $\overline{BD}=t^2$
> $\overline{DC}=\boxed{(가)}$ 이므로
> 사각형 ABDC의 넓이는 $\dfrac{1}{2}t^2\times\left(\boxed{(나)}\right)$
> 사각형 ABDC의 넓이가 $\dfrac{1}{8}$이므로
> ❶ $\dfrac{1}{2}t^2\times\left(\boxed{(나)}\right)=\dfrac{1}{8}$
> 따라서 $t=\boxed{(다)}$

위의 (가), (나)에 알맞은 식을 각각 $f(t)$, $g(t)$라 하고, (다)에 알맞은 수를 k라 할 때, $f(k)\times g(k)$의 값은? [4점]

① $\dfrac{\sqrt2-1}{4}$ ② $\dfrac{\sqrt3-1}{2}$ ③ $\dfrac{\sqrt3+1}{4}$

④ $\dfrac{2\sqrt2-1}{2}$ ⑤ $\dfrac{2\sqrt2+1}{4}$

STEP 01 대칭이동을 이용하여 점 B의 좌표를 구한다. 두 점 A, B의 좌표를 이용하여 (가)를 구한다. 사다리꼴의 넓이를 이용하여 (나)를 구한다. ❶을 전개한 후 인수분해하여 (다)를 구한다. $f(t)$, $g(t)$, k를 찾아 $f(k)\times g(k)$의 값을 구한다.

점 B는 점 $A(t, t^2)$을 직선 $y=x$에 대하여
대칭이동한 점이므로 점 B의 좌표는 (t^2, t)이다.

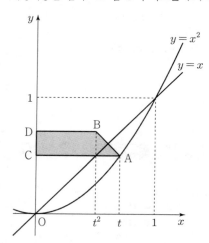

그림과 같이 점 A에서 y축에 내린 수선의 발이 C이므로 $\overline{AC}=t$
점 B에서 y축에 내린 수선의 발이 D이므로 $\overline{BD}=t^2$
$\overline{DC}=\boxed{t-t^2}$ 이므로 사각형 ABDC의 넓이는
$\dfrac{1}{2}(t+t^2)(t-t^2)=\dfrac{1}{2}t^2\times\left(\boxed{1-t^2}\right)$
사각형 ABDC의 넓이가 $\dfrac{1}{8}$이므로
$\dfrac{1}{2}t^2\times\left(\boxed{1-t^2}\right)=\dfrac{1}{8}$
$t^2(1-t^2)=\dfrac{1}{4}$, $(2t^2-1)^2=0$
따라서 $t=\boxed{\dfrac{\sqrt2}{2}}$ $(0<t<1)$
$f(t)=t-t^2$, $g(t)=1-t^2$, $k=\dfrac{\sqrt2}{2}$이므로
$f(k)\times g(k)=f\left(\dfrac{\sqrt2}{2}\right)\times g\left(\dfrac{\sqrt2}{2}\right)$
$=\left(\dfrac{\sqrt2}{2}-\dfrac{1}{2}\right)\times\left(1-\dfrac{1}{2}\right)$
$=\dfrac{\sqrt2-1}{4}$

●핵심 공식

▶ 도형의 대칭이동
(1) 점 (x, y)를
x축에 대하여 대칭이동 : $(x, y)\to(x, -y)$
y축에 대하여 대칭이동 : $(x, y)\to(-x, y)$
원점에 대하여 대칭이동 : $(x, y)\to(-x, -y)$
직선 $y=x$에 대하여 대칭이동 : $(x, y)\to(y, x)$
(2) $f(x, y)=0$이 나타내는 도형을
x축에 대하여 대칭이동 : $f(x, y)=0\to f(x, -y)=0$
y축에 대하여 대칭이동 : $f(x, y)=0\to f(-x, y)=0$
원점에 대하여 대칭이동 : $f(x, y)=0\to f(-x, -y)=0$
직선 $y=x$에 대하여 대칭이동 : $f(x, y)=0\to f(y, x)=0$

20 이차함수의 그래프   정답률 43% | 정답 ⑤

이차함수 $f(x)$가 다음 조건을 만족시킨다.

> (가) $f(-4)=0$
> (나) 모든 실수 x에 대하여 $f(x)\le f(-2)$이다.

〈보기〉에서 옳은 것만을 있는 대로 고른 것은? [4점]

―――――――― <보기> ――――――――

ㄱ. $f(0)=0$

ㄴ. $-1 \le x \le 1$에서 함수 $f(x)$의 최솟값이 $f(1)$이다.

ㄷ. 실수 p에 대하여 $p \le x \le p+2$에서 함수 $f(x)$의 최솟값을 $g(p)$라

　　할 때, 함수 ❶ $g(p)$의 최댓값이 1이면 $f(-2)=\dfrac{4}{3}$이다.

① ㄱ　　　② ㄱ, ㄴ　　　③ ㄱ, ㄷ　　　④ ㄴ, ㄷ　　　⑤ ㄱ, ㄴ, ㄷ

STEP 01 두 조건을 이용하여 이차함수 $f(x)$의 그래프를 그린다.

조건 (가), (나)에 의하여

함수 $f(x)=ax(x+4)$ $(a<0)$이고 함수 $f(x)$의 그래프는 다음과 같다.

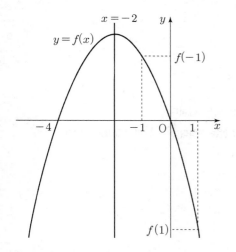

STEP 02 ㄱ. 그래프에서 대칭축과 조건 (가)를 이용하여 참 거짓을 판별한다.

ㄱ. 함수 $f(x)$의 대칭축이 $x=-2$이고

$f(-4)=0$이므로 $f(0)=0$ ∴ 참

STEP 03 ㄴ. 그래프를 이용하여 참 거짓을 판별한다.

ㄴ. 위 그림과 같이 $-1 \le x \le 1$에서 함수 $f(x)$의 최솟값은 $f(1)$이다. ∴ 참

STEP 04 ㄷ. p의 범위를 나누어 $g(p)$를 구한 후 ❶을 이용하여 a를 구한 다음 $f(-2)$의 값을 구하여 참 거짓을 판별한다.

ㄷ. 함수 $f(x)$에서

(ⅰ) $p=-3$일 때

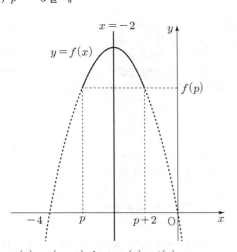

$f(p)=f(p+2)$이므로 $g(p)=f(p)$

(ⅱ) $p<-3$일 때

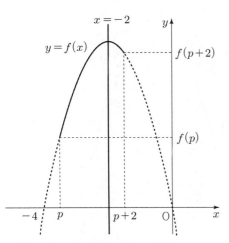

$f(p)<f(p+2)$이므로 $g(p)=f(p)$

[문제편 p.189]

(ⅲ) $p>-3$일 때

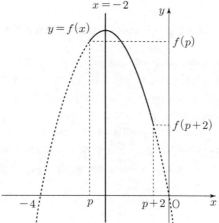

$f(p)>f(p+2)$이므로

$g(p)=f(p+2)$

(ⅰ), (ⅱ), (ⅲ)에 의하여 함수 $g(p)$는 다음과 같다.

$$g(p)=\begin{cases} f(p) & (p \le -3) \\ f(p+2) & (p>-3) \end{cases}$$

$p \le -3$인 모든 p에 대하여 $g(p) \le f(-3)$이고 $p>-3$인 모든 p에 대하여 $g(p)<f(-3)$이므로 $g(p)$의 최댓값은 $f(-3)$이다.

$f(-3)=1$에서 $a=-\dfrac{1}{3}$이므로

$f(-2)=-\dfrac{1}{3} \times (-2) \times (-2+4)=\dfrac{4}{3}$ ∴ 참

따라서 옳은 것은 ㄱ, ㄴ, ㄷ

★★★ 등급을 가르는 문제!

21 집합의 성질　　　정답률 32% | 정답 ②

전체집합 $U=\{x \mid x$는 20 이하의 자연수$\}$의 부분집합

$A_k=\{x \mid x(y-k)=30, y \in U\}$

$B=\left\{x \mid \dfrac{30-x}{5} \in U \right\}$

에 대하여 ❶ $n(A_k \cap B^C)=1$이 되도록 하는 모든 자연수 k의 개수는? [4점]

① 3　　　② 5　　　③ 7　　　④ 9　　　⑤ 11

STEP 01 두 집합의 조건을 이용하여 각 집합의 원소를 구한 후 $A_k \cap B^C$를 구한다.

집합 A_k는 전체집합 U의 부분집합이므로

x는 20 이하의 자연수이고 $y-k$는 30의 약수이다.

$y \in U$이고 k는 자연수이므로 $y-k<20$이고 $x \neq 1$

$x \in U$이므로 $x \neq 30$

$y-k$와 x 사이의 관계는 아래 표와 같다.

$y-k$	2	3	5	6	10	15
x	15	10	6	5	3	2

$A_k \subset \{2, 3, 5, 6, 10, 15\}$

$\dfrac{30-x}{5} \in U$에서 $30-x$는 5의 배수이므로

$B=\{5, 10, 15, 20\}$

$(A_k \cap B^C) \subset \{2, 3, 6\}$

STEP 02 $A_k \cap B^C$의 원소가 될 수 있는 각 원소에 대하여 만족하는 k의 범위를 구한 후 ❶을 만족하는 k의 범위를 구한 다음 만족하는 모든 자연수 k의 개수를 구한다.

(ⅰ) $2 \in (A_k \cap B^C)$일 때

　　$x=2$, $y-k=15$이고 $y=15+k \le 20$, $k \le 5$

(ⅱ) $3 \in (A_k \cap B^C)$일 때

　　$x=3$, $y-k=10$이고 $y=10+k \le 20$, $k \le 10$

(ⅲ) $6 \in (A_k \cap B^C)$일 때

　　$x=6$, $y-k=5$이고 $y=5+k \le 20$, $k \le 15$

(ⅰ), (ⅱ), (ⅲ)에 의하여

$k \le 5$일 때 $A_k \cap B^C=\{2, 3, 6\}$

$5<k \le 10$일 때 $A_k \cap B^C=\{3, 6\}$

$10<k \le 15$일 때 $A_k \cap B^C=\{6\}$

$n(A_k \cap B^C)=1$이므로 $10<k \le 15$

따라서 모든 자연수 k의 개수는 5

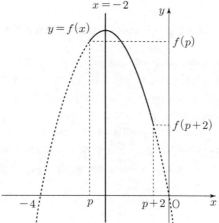

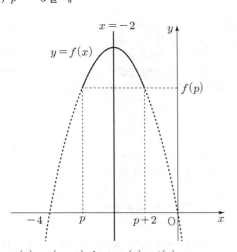

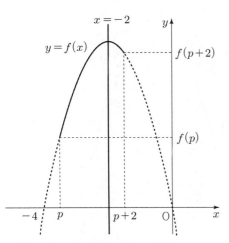

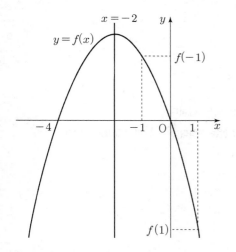

04회

▶ 문제 해결 방법

집합 B의 원소는 20이하의 5의 배수이고 집합 A_k의 원소는 30의 약수 중 1을 제외한 20이하의 자연수이다.
두 집합의 원소 모두 x이므로 집합 A_k에서 y, k는 일단 신경 쓰지 않는 것이 좋다. 두 집합을 원소나열법으로 구하면 $A_k \subset \{2, 3, 5, 6, 10, 15\}$, $B = \{5, 10, 15, 20\}$이므로 $(A_k \cap B^C) \subset \{2, 3, 6\}$이다. $n(A_k \cap B^C) = 1$이므로 $A_k \cap B^C$는 2, 3, 6중 하나의 원소만을 가져야 한다. 각 원소에 대하여 k의 범위를 구하면 x가 2, 3일 경우는 $n(A_k \cap B^C) = 1$을 만족하지 못하므로 $A_k \cap B^C = \{6\}$이고 $10 < k \le 15$이다.
처음부터 y, k에 집중하지 않고 일단 만족하는 두 집합과 $A_k \cap B^C$를 구한 후 나머지 조건인 $n(A_k \cap B^C) = 1$을 만족하는 y, k에 집중하는 것이 보다 쉽게 문제를 해결할 수 있는 방법이다.

---

22 집합   정답률 89% | 정답 6

전체집합 ❶ $U = \{1, 2, 3, 4\}$의 부분집합 $A = \{4\}$에 대하여 집합 A^C의 모든 원소의 합을 구하시오. [3점]

STEP 01 ❶에서 A^C을 구한 후 모든 원소의 합을 구한다.

$A^C = \{1, 2, 3\}$이므로 집합 A^C의 모든 원소의 합은
$1 + 2 + 3 = 6$

---

23 순열   정답률 83% | 정답 6

❶ $_3\mathrm{P}_2$의 값을 구하시오. [3점]

STEP 01 순열을 이용하여 ❶의 값을 구한다.

$_3\mathrm{P}_2 = 3 \times 2 = 6$

---

24 행렬의 곱셈   정답률 52% | 정답 13

두 실수 x, y에 대하여 두 행렬 A, B를
$$A = \begin{pmatrix} -1 & x \\ 3 & 0 \end{pmatrix}, \quad B = \begin{pmatrix} -2 & 2 \\ y & -1 \end{pmatrix}$$
이라 하자. ❶ $(A+B)(A-B) = A^2 - B^2$일 때 $x^2 + y^2$의 값을 구하시오. [3점]

STEP 01 ❶에서 행렬의 곱셈의 성질로 x, y를 각각 구한 후 답을 구한다.

$(A+B)(A-B) = A^2 - AB + BA - B^2 = A^2 - B^2$
이므로 $AB = BA$
$$AB = \begin{pmatrix} -1 & x \\ 3 & 0 \end{pmatrix}\begin{pmatrix} -2 & 2 \\ y & -1 \end{pmatrix} = \begin{pmatrix} 2+xy & -2-x \\ -6 & 6 \end{pmatrix}$$
$$BA = \begin{pmatrix} -2 & 2 \\ y & -1 \end{pmatrix}\begin{pmatrix} -1 & x \\ 3 & 0 \end{pmatrix} = \begin{pmatrix} 8 & -2x \\ -y-3 & xy \end{pmatrix}$$
따라서 $x = 2$, $y = 3$
그러므로 $x^2 + y^2 = 13$

---

25 조합   정답률 58% | 정답 10

어느 세 점도 한 직선 위에 있지 않은 5개의 점 중 세 점을 꼭짓점으로 하는 삼각형의 개수를 구하시오. [3점]

STEP 01 조합을 이용하여 답을 구한다.

어느 세 점도 한 직선 위에 있지 않으므로 5개의 점 중에서 3개를 택했을 때, 삼각형이 만들어지지 않는 경우는 없다.
따라서 서로 다른 5개의 점 중에서 3개의 점을 택하면 그 세 점을 꼭짓점으로 하는 하나의 삼각형이 결정되므로
$$_5\mathrm{C}_3 = \frac{5 \times 4 \times 3}{3 \times 2 \times 1} = 10$$

★★★ 등급을 가르는 문제!

26 원의 성질의 활용   정답률 10% | 정답 256

좌표평면 위의 ❶ 두 점 $A(5, 12)$, $B(a, b)$에 대하여 선분 AB의 길이가 3일 때, $a^2 + b^2$의 최댓값을 구하시오. [4점]

STEP 01 ❶에서 두 점 사이의 거리를 이용하여 점 B의 자취를 구한다.

두 점 $A(5, 12)$, $B(a, b)$에 대하여 선분 AB의 길이가 3이므로
$$\sqrt{(a-5)^2 + (b-12)^2} = 3$$
$$(a-5)^2 + (b-12)^2 = 9$$

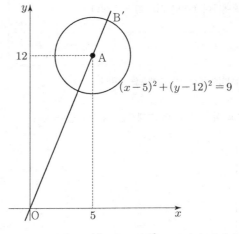

점 B는 원 $(x-5)^2 + (y-12)^2 = 9$ 위의 점이다.

STEP 02 $\overline{OA}$와 반지름의 길이의 합을 구하여 $a^2 + b^2$의 최댓값을 구한다.

원점 O에 대하여 $a^2 + b^2 = \overline{OB}^2$이므로
$\overline{OB}$의 길이가 최대일 때 $a^2 + b^2$이 최댓값을 갖는다.
직선 OA가 원과 만나는 두 점 중 원점에서 더 멀리 있는 점을 B$'$라 하면 선분 OB의 길이의 최댓값은 선분 OB$'$의 길이와 같다.
$$\begin{aligned} \overline{OB'} &= \overline{OA} + \overline{AB'} \\ &= \sqrt{5^2 + 12^2} + 3 \\ &= \sqrt{169} + 3 \\ &= 13 + 3 \\ &= 16 \end{aligned}$$
선분 OB의 길이의 최댓값은 16
따라서 $a^2 + b^2$의 최댓값은
$16^2 = 256$

▶ 문제 해결 방법

선분 AB의 길이가 3임을 이용하여 식을 세우면 $(a-5)^2 + (b-12)^2 = 9$이다. 즉, 점 B는 점 A를 중심으로 하는 반지름의 길이가 3인 원 위의 점이다.
여기서 이 사실을 파악하지 못하면 문제풀이에 어려움을 겪을 것이다. 반면에 이 사실만 파악하면 $\overline{OA}$에 반지름의 길이 3을 더하면 쉽게 답을 구할 수 있다. 그래프를 그려보면 더욱 쉽게 이해될 것이다. 이 문제풀이에 어려움을 겪었다면 원의 정의를 복습해야 한다.

---

27 대칭이동   정답률 38% | 정답 12

좌표평면 위에 두 점 $A(1, 2)$, $B(2, 1)$이 있다. x축 위의 점 C에 대하여 삼각형 ABC의 둘레의 길이의 최솟값이 $\sqrt{a} + \sqrt{b}$일 때, 두 자연수 a, b의 합 $a+b$의 값을 구하시오. (단, 점 C는 직선 AB 위에 있지 않다.) [4점]

STEP 01 점 B를 x축에 대하여 대칭이동한 후 $\overline{BA}$, $\overline{AB'}$의 길이를 구하여 삼각형 ABC의 둘레의 길이의 최솟값을 구한다.

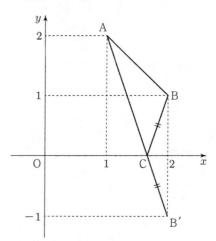

삼각형 ABC의 둘레의 길이는
$$\overline{AC} + \overline{CB} + \overline{BA}$$

점 $B(2, 1)$을 x축에 대하여 대칭이동한 점을 B'이라 하면
점 B'의 좌표는 $(2, -1)$이다.
$\overline{AC} + \overline{CB} = \overline{AC} + \overline{CB'} \geq \overline{AB'}$이고
$\overline{BA} = \sqrt{2}$, $\overline{AB'} = \sqrt{10}$이므로
삼각형 ABC의 둘레의 길이의 최솟값은
$\sqrt{2} + \sqrt{10}$
따라서 $a + b = 12$

---

28 집합의 포함관계   정답률 49% | 정답 189

1보다 큰 자연수 k에 대하여 전체집합
$$U = \{x \,|\, x 는 k \text{ 이하의 자연수}\}$$
의 두 부분집합
$$A = \{x \,|\, x 는 k \text{ 이하의 짝수}\}, \ B = \{x \,|\, x 는 k \text{의 약수}\}$$
가 ❶ $n(A) \times n((A \cup B)^C) = 15$를 만족시킨다. 집합 $(A \cup B)^C$의 모든 원소의 곱을 구하시오. [4점]

STEP 01   ❶을 통해 $n(A)$가 될 수 있는 값을 나눈 후 $n(A) = 1$일 때 만족하는지 알아본다.

$n(A) \times n((A \cup B)^C) = 15$에서 $n(A)$는 15의 양의 약수이다.
(i) $n(A) = 1$일 때
   $A = \{2\}$이므로 $k = 2$ 또는 $k = 3$
   $k = 2$이면 $U = \{1, 2\}$, $B = \{1, 2\}$에서
   $(A \cup B)^C = \varnothing$, $n((A \cup B)^C) = 0$이므로 조건을 만족시키지 않는다.
   $k = 3$이면 $U = \{1, 2, 3\}$, $B = \{1, 3\}$에서
   $(A \cup B)^C = \varnothing$, $n((A \cup B)^C) = 0$이므로 조건을 만족시키지 않는다.

STEP 02 $n(A) = 3$일 때 만족하는지 알아본다.

(ii) $n(A) = 3$일 때
   $A = \{2, 4, 6\}$이므로 $k = 6$ 또는 $k = 7$
   $k = 6$이면 $U = \{1, 2, 3, \cdots, 6\}$, $B = \{1, 2, 3, 6\}$에서
   $(A \cup B)^C = \{5\}$, $n((A \cup B)^C) = 1$이므로 조건을 만족시키지 않는다.
   $k = 7$이면 $U = \{1, 2, 3, \cdots, 7\}$, $B = \{1, 7\}$에서
   $(A \cup B)^C = \{3, 5\}$, $n((A \cup B)^C) = 2$이므로 조건을 만족시키지 않는다.

STEP 03 $n(A) = 5$일 때 만족하는지 알아본다.

(iii) $n(A) = 5$일 때
   $A = \{2, 4, 6, 8, 10\}$이므로 $k = 10$ 또는 $k = 11$
   $k = 10$이면 $U = \{1, 2, 3, \cdots, 10\}$, $B = \{1, 2, 5, 10\}$에서
   $(A \cup B)^C = \{3, 7, 9\}$, $n((A \cup B)^C) = 3$이므로 조건을 만족시킨다.
   $k = 11$이면 $U = \{1, 2, 3, \cdots, 11\}$, $B = \{1, 11\}$에서
   $(A \cup B)^C = \{3, 5, 7, 9\}$, $n((A \cup B)^C) = 4$이므로 조건을 만족시키지 않는다.

STEP 04 $n(A) = 15$일 때 만족하는지 알아본다.

(iv) $n(A) = 15$일 때
   $A = \{2, 4, 6, \cdots, 30\}$이므로 $k = 30$ 또는 $k = 31$
   $k = 30$이면 $U = \{1, 2, 3, \cdots, 30\}$, $B = \{1, 2, 3, 5, 6, 10, 15, 30\}$에서
   $(A \cup B)^C = \{7, 9, 11, 13, 17, 19, 21, 23, 25, 27, 29\}$, $n((A \cup B)^C) = 11$
   이므로 조건을 만족시키지 않는다.
   $k = 31$이면 $U = \{1, 2, 3, \cdots, 31\}$, $B = \{1, 31\}$에서
   $(A \cup B)^C = \{3, 5, 7, \cdots, 29\}$, $n((A \cup B)^C) = 14$이므로 조건을 만족시키지 않는다.

STEP 05   앞선 과정을 토대로 답을 구한다.

(i)~(iv)에서 두 집합 A, B가 조건을 만족시키도록 하는 k는
$k = 10$이고
$U = \{1, 2, 3, \cdots, 10\}$, $A = \{2, 4, 6, 8, 10\}$, $B = \{1, 2, 5, 10\}$,
$(A \cup B)^C = \{3, 7, 9\}$이므로
집합 $(A \cup B)^C = \{3, 7, 9\}$의 모든 원소의 곱은
$3 \times 7 \times 9 = 189$

★★★ 등급을 가르는 문제!

---

29 이차함수와 이차방정식의 관계   정답률 13% | 정답 231

자연수 n에 대하여 이차함수 $y = 2x^2$의 그래프와 직선 $y = nx$의 교점 중 원점이 아닌 점을 A, 이차함수 $y = 2x^2$의 그래프와 직선 $y = (n+2)x$의 교점 중 원점이 아닌 점을 B라 하자.
다음은 삼각형 OAB의 넓이를 $S(n)$이라 할 때, $S(n) > 100$을 만족시키는 n의 최솟값을 구하는 과정이다. (단, O는 원점이다.)

이차함수 $y = 2x^2$의 그래프와 직선 $y = nx$의 교점 A의 x좌표를 구하면 $2x^2 = nx \,(x \neq 0)$에서 $x = \dfrac{n}{2}$ 점 A를 지나고 x축에 수직인 직선이 직선 $y = (n+2)x$와 만나는 점을 A'이라 하자.
선분 AA'의 길이는
$$\overline{AA'} = \boxed{\text{(가)}} - \dfrac{n^2}{2}$$
이므로 삼각형 OAB의 넓이 $S(n)$은
$$S(n) = \dfrac{1}{2} \times n \times \left(\boxed{\text{(나)}} \right)$$
따라서 ❶ $S(n) > 100$을 만족시키는 자연수 n의 최솟값은 $\boxed{\text{(다)}}$ 이다.

위의 (가), (나)에 알맞은 식을 각각 $f(n)$, $g(n)$이라 하고, (다)에 알맞은 수를 k라 할 때, $\underline{f(k) + g(k)}$의 값을 구하시오. [4점]

STEP 01   점 A'의 좌표를 구하여 (가)를 구한다.

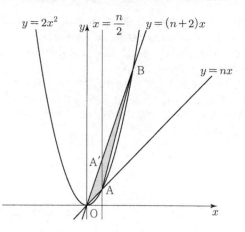

점 A는 이차함수 $y = 2x^2$의 그래프와 직선 $y = nx$의 교점이다.
$2x^2 = nx$에서 $x \neq 0$이므로 $x = \dfrac{n}{2}$
∴ 점 A의 좌표는 $\left(\dfrac{n}{2}, \dfrac{n^2}{2} \right)$
점 B는 이차함수 $y = 2x^2$의 그래프와 직선 $y = (n+2)x$의 교점이다.
$2x^2 = (n+2)x$에서 $x \neq 0$이므로
$x = \dfrac{n+2}{2}$
∴ 점 B의 좌표는 $\left(\dfrac{n+2}{2}, \dfrac{(n+2)^2}{2} \right)$
점 A를 지나고 x축에 수직인 직선이 직선 $y = (n+2)x$와 만나는 점을 A'이라 하자.
점 A'의 좌표는 $\left(\dfrac{n}{2}, \dfrac{n^2 + 2n}{2} \right)$
선분 AA'의 길이는 $\overline{AA'} = \boxed{\dfrac{n^2 + 2n}{2}} - \dfrac{n^2}{2} = n$

STEP 02   두 삼각형 OAA'와 ABA'의 넓이의 합을 구하여 (나)를 구한다.

삼각형 OAB의 넓이 $S(n)$은 삼각형 OAA'의 넓이와 삼각형 ABA'의 넓이의 합이므로
$$S(n) = \dfrac{1}{2} \times n \times \dfrac{n}{2} + \dfrac{1}{2} \times n \times \left(\dfrac{n+2}{2} - \dfrac{n}{2} \right)$$
$$= \dfrac{1}{2} \times n \times \left(\boxed{\dfrac{n}{2} + 1} \right)$$
$$= \dfrac{n(n+2)}{4} > 100$$

STEP 03   ❶의 부등식을 만족하는 자연수 n의 최솟값을 구하여 (다)를 구한다. $f(n)$, $g(n)$, k를 각각 찾아 $f(k) + g(k)$의 값을 구한다.

부등식 $n(n+2) > 400$의 양변에 1을 더하면
$(n+1)^2 > 401$, $n + 1 > \sqrt{401}$
$20 < \sqrt{401} < 21$이므로
$\sqrt{401} = 20 + \alpha \,(0 < \alpha < 1)$
∴ $n > \sqrt{401} - 1 = (20 + \alpha) - 1 = 19 + \alpha$
따라서 $S(n) > 100$을 만족시키는 자연수 n의 최솟값은 $\boxed{20}$ 이다.

$$f(n) = \frac{n^2 + 2n}{2}, \quad g(n) = \frac{n}{2} + 1, \quad k = 20 \text{이므로}$$

$$f(k) + g(k) = f(20) + g(20) = 220 + 11 = 231$$

★★ 문제 해결 꿀~팁 ★★

▶ 문제 해결 방법

이러한 유형(풀이과정의 빈칸을 채우는 유형)의 문제는 풀이과정의 흐름을 따라 식을 세우고 구하라고 하는 것을 구하여 빈칸을 채우면 된다.

선분 AA'의 길이를 구하여야 (가)를 구할 수 있고 그러기 위해서는 두 점 A, A'의 좌표를 구하여야 한다. 점 A의 x좌표를 알려주었으므로 $y = nx$에 대입하면 점 A의 y좌표를 구할 수 있고, $y = (n+2)x$에 대입하면 점 A'의 y좌표를 구할 수 있다.

$\overline{AA'} = \boxed{(가)} - \frac{n^2}{2}$에서 $\frac{n^2}{2}$이 점 A의 y좌표이므로 (가)=(점 A'의 y좌표)이다.

다음으로 (나)를 구하는 과정을 살펴보면 삼각형 OAB의 넓이 $S(n)$을 구해야 하는데 삼각형 OAB= 삼각형 OAA'+삼각형 ABA'이므로 각 점들의 좌표를 이용하여 각 삼각형의 밑변과 높이의 길이를 구하여 두 삼각형 OAA'와 ABA'의 넓이를 구한 후 합을 구하면 (나)를 구할 수 있다.

다른 시각에서 보면 두 삼각형 모두 밑변의 길이가 n으로 같으므로 두 삼각형의 넓이의 합 $S(n) = \frac{1}{2} \times n \times \left(\boxed{(나)} \right)$에서 (나)는 두 삼각형의 높이의 합, 즉 점 B의 x좌표이다.

마지막으로 $n(n+2) > 400$을 만족하는 최소의 자연수 n을 구하면 되는데 쉽게 생각해서 $20^2 = 400$, $18 \times 20 = 360$이므로 $n = 19$ 또는 20이다. 그러므로 19×21을 계산하여 값이 400을 넘는지 확인하면 된다. 값이 400초과이면 $n = 19$이고 400미만이면 $n = 20$이다. $19 \times 21 = (20-1)(20+1) = 400 - 1 < 400$이므로 $n = 20$이다.

자연수 n의 최솟값은 여러 가지 방법으로 구할 수 있으나 이렇게 직관적으로 구하는 것이 가장 시간을 단축할 수 있는 좋은 방법이다. 또한 가장 피해야 할 풀이방법은 $n(n+2) > 400$을 전개하여 인수분해하려고 시도하는 것이다. 인수분해가 안 되면 또다시 고민해야 하고 여러 가지로 소모적인 일이다.

★★★ 등급을 가르는 문제!

30 직선의 방정식
정답률 8% | 정답 130

그림과 같이 좌표평면 위의 네 점 $O(0, 0)$, $A(4, 0)$, $B(4, 5)$, $C(0, 5)$에 대하여 선분 BA의 양 끝점이 아닌 서로 다른 두 점 D, E가 선분 BA 위에 있다. 직선 OD와 직선 CE가 만나는 점을 $F(a, b)$라 하면 ❶ 사각형 $OAEF$의 넓이는 사각형 $BCFD$의 넓이보다 4만큼 크고, ❷ 직선 OD와 직선 CE의 기울기의 곱은 $-\frac{7}{9}$이다. 두 상수 a, b에 대하여 $22(a+b)$의 값을 구하시오. (단, $0 < a < 4$) [4점]

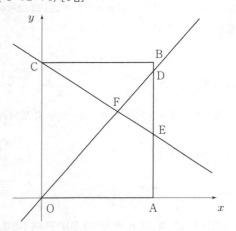

STEP 01 ❶을 두 삼각형 OAD, CEB에 이용하여 두 변 $\overline{DA}$, $\overline{BE}$의 관계식을 구한다.

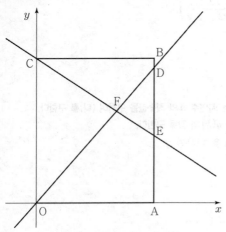

사각형 $OAEF$의 넓이와 삼각형 DFE의 넓이의 합은

삼각형 OAD의 넓이이고
사각형 $BCFD$의 넓이와 삼각형 DFE의 넓이의 합은
삼각형 CEB의 넓이이므로
삼각형 OAD의 넓이는 삼각형 CEB의 넓이보다 4만큼 크다.

$\overline{OA} = \overline{CB} = 4$이므로 삼각형 OAD의 넓이는 $\frac{1}{2} \times 4 \times \overline{DA}$이고

삼각형 CEB의 넓이는 $\frac{1}{2} \times 4 \times \overline{BE}$이다.

$$\frac{1}{2} \times 4 \times \overline{DA} = \frac{1}{2} \times 4 \times \overline{BE} + 4$$

$$\overline{DA} = \overline{BE} + 2$$

STEP 02 ❷에서 $\overline{BE}$를 구한다.

$\overline{BE} = k$라 놓으면, $\overline{DA} = k + 2$

직선 OD의 기울기는 $\dfrac{k+2}{4}$

직선 CE의 기울기는 $-\dfrac{k}{4}$

직선 OD와 직선 CE의 기울기의 곱은 $-\dfrac{7}{9}$이므로

$$\left(\frac{k+2}{4} \right) \times \left(-\frac{k}{4} \right) = -\frac{7}{9}$$

$$9k^2 + 18k - 112 = 0$$

$$(3k - 8)(3k + 14) = 0$$

$$k = \frac{8}{3} \text{ 또는 } k = -\frac{14}{3}$$

$k > 0$이므로 $k = \dfrac{8}{3}$

STEP 03 두 직선 OD, CE의 방정식을 각각 구한 후 교점의 좌표를 구한 다음 $22(a+b)$의 값을 구한다.

직선 OD의 방정식은 $y = \dfrac{7}{6}x$

직선 CE의 방정식은 $y = -\dfrac{2}{3}x + 5$

두 직선이 만나는 점은 $F\left(\dfrac{30}{11}, \dfrac{35}{11} \right)$

$a = \dfrac{30}{11}$, $b = \dfrac{35}{11}$

따라서 $22(a+b) = 130$

★★ 문제 해결 꿀~팁 ★★

▶ 문제 해결 방법

두 사각형 $OAEF$와 $BCFD$의 넓이의 관계를 알려주었다고 하여 두 사각형의 넓이를 구하려는 시도를 해서는 안 된다. 두 사각형에 모두 삼각형 DFE를 붙이면 두 사각형 모두 직각삼각형이 되고 공통으로 삼각형 DFE를 포함하고 있으므로 두 삼각형 OAD, CEB의 넓이의 관계가 두 사각형의 넓이의 관계와 동일하다. 따라서 두 삼각형 OAD, CEB의 넓이를 구하여 비교하면 $\overline{DA} = \overline{BE} + 2$를 구할 수 있다.

다음으로 두 직선 OD, CE의 기울기를 구하고 곱이 $-\dfrac{7}{9}$임을 이용하여 식을 세우면 k를 구할 수 있다. 궁극적으로 구해야 할 것이 점 F의 좌표이고 점 F는 두 직선 OD, CE의 교점이므로 이제 두 직선의 방정식을 구한 후 연립하여 교점의 좌표를 구하면 된다. 두 사각형의 넓이를 삼각형으로 바꾸어 비교하여 관계식을 구하면 그 다음 과정들은 큰 어려움 없이 해결할 수 있다. 복잡한 모양의 도형의 넓이를 구할 때 공통으로 포함될 수 있는 다른 도형을 붙이거나 빼서 또 다른 도형을 만들 수 있는지 고민해 보아야 한다.